中國歷代書目題跋叢書

王國維 撰
王亮 整理
吳格 審定

傳書堂藏書志

上

圖書在版編目(CIP)數據

傳書堂藏書志 / 王國維撰；王亮整理；吴格審定.
—上海：上海古籍出版社，2020.3
(中國歷代書目題跋叢書)
ISBN 978-7-5325-9501-3

Ⅰ.①傳… Ⅱ.①王… ②王… Ⅲ.①私人藏書—圖書目録—中國—近代 Ⅳ.①Z842.6

中國版本圖書館 CIP 數據核字(2020)第 037753 號

中國歷代書目題跋叢書
傳書堂藏書志
(全三册)
王國維　撰
王　亮　整理
吴　格　審定
上海古籍出版社出版發行
(上海瑞金二路 272 號　郵政編碼 200020)
(1) 網址：www.guji.com.cn
(2) E-mail：guji1@guji.com.cn
(3) 易文網網址：www.ewen.co
蘇州越洋印刷有限公司印刷
開本 850×1168　1/32　印張 47.875　插頁 15　字數 800,000
2020 年 3 月第 1 版　2020 年 3 月第 1 次印刷
印數：1—1,100
ISBN 978-7-5325-9501-3
G·723　定價：198.00 元

《中國歷代書目題跋叢書》出版説明

漢代劉向、劉歆父子編撰《别録》《七略》，目録之學自此濫觴，在傳統學術中發揮了重要作用。歷代典籍浩繁龐雜，官私藏書目録依類編次，繩貫珠聯，所謂「類例既分，學術自明」（《通志·校讎略》），學者自可「即類求書，因書究學」（《校讎通義·互著》），實爲讀書治學之門户。而我國典籍屢經流散之厄，許多圖書真容難睹，甚至天壤不存，書目題跋所録書名、撰者、卷數、版本、内容即爲訪書求古的重要綫索。至於藏書家於題跋中校訂版本異同、考述版本淵源、判定版本優劣、追述藏弆流傳，更是不乏真知灼見，足以津逮後學。

我社素重書目題跋著作的出版，早在二十世紀五十年代，我社就排印出版了歷代書目題跋著作二十二種，後彙編爲《中國歷代書目題跋叢書》第一輯。此後，我社又與學界通力合作，精選歷代有代表性和影響較大的書目題跋著作，約請專家學者點校整理。至二〇一五年，先後推出《中國歷代書目題跋叢書》第二至四輯，共收書目題跋著作四十六種，加上第一輯的二十二種，計六十八種，極大地普及了版本目録之學。面對廣大讀者的需求，我社將該叢書陸續重版，並訂正所發現的錯誤，以饗讀者。

上海古籍出版社
二〇一八年八月

整理説明

浙江南潯蔣氏傳書堂，又號密韻樓，爲清末民初江南著名私家藏書樓。蔣氏藏書延歷數世，至蔣汝藻（一八七七—一九五四）而復盛。所藏薈萃范氏天一閣、汪氏振綺堂、陳氏聽詩齋、蔣氏鐵華館、汪氏萬宜樓、吴氏兩罍軒、陳氏三百堂、繆氏雲輪閣、馮氏醉經閣、泰州劉氏染素齋等各家精槧名鈔，與劉氏嘉業堂、張氏適園暨北方傅氏藏園並稱近世藏書大家。

傳書堂藏書自二十世紀二十年代後陸續散出，商務印書館東方圖書館購藏之本，「一·二八」淞滬戰役中有毁於敵寇轟炸者。遺存善本，現分藏海内外各大圖書館。其宋元本菁華，多已影刊於《四部叢刊》暨《中華再造善本》。《傳書堂善本書志》及《傳書堂善本書目》，實出先曾祖王國維（静安）先生手，曾先後影印問世。

蔣氏先世由江蘇常熟遷浙江安吉，明季遷南潯鎮之南鄉。世代業農，至蔣汝藻高祖蔣純，始以資雄鄉里，爲國學生。曾祖蔣炳，亦爲國學生。炳子維基，字子厚，號厚軒，别號蟄安居士，國學生，候選布政司經歷，其藏書處曰儷籯館、茹古精舍、匯英堂、集古齋。次子蔣鋅，字寄嵚，號季卿，譜名維培，附貢生，候選訓導，其藏書處爲求是齋。兄弟二人聚書各萬卷，多精鈔舊刻。静安先生《傳書堂記》謂「初道咸之間，西吴藏書家數蔣氏」，「大江以南精槧名鈔麕走其門」。藏書而外，維基、維培昆仲並熱心存古，刊録文獻。如施國祁《元遺山詩注》、汪曰楨《天算長術》諸書，皆蔣維基經手刊刻。據《觀堂集林》蔣汝藻序，蔣維培曾校勘嚴可均《全上古三代秦漢三國六朝文》，後人得其校本，始刊成於粤東。咸豐同治年間，太平天國戰亂綿延十餘年，維基、維培昆仲挾書避地江蘇海門，至蔣汝藻父蔣錫紳（一八五五—一九〇四），藏書多已亡失。錫紳字書箴，號葵生，别號嬰寧居士。早年從同里汪曰楨受學，光緒五年（一八七九）己卯舉人，入資爲内閣中書，以績學聞，名所居爲「傳書堂」。沈曾植《蔣君墓表》謂其好圖籍金石，絀於事力，未充其志。張謇經營紗廠，引爲助手，以「開爽警敏」見稱。光緒二十二年羅振玉等在上海創辦農學會，蔣錫紳也具名參加。

蔣汝藻字元采，號孟蘋，别署樂庵。錫紳長子。生於清光緒丁丑（一八七七）年［一説爲丙子（一八七六）］，朱卷履歷則作庚辰（一八八〇）年，兹據先曾祖《壽序》］，世居南潯鎮西栅唐家兜，分居南栅蓮界衖，故稱「南林蔣氏」，又曾寄籍南通州。光緒二十九年（一九〇三）舉人，後投資實業，民國初任浙江省軍政府鹽業局局長，又曾兼任上海輪船招商局和中華書局董事。民國南潯富家有「四象八牛十六狗」之目，蔣氏列爲一狗（一説爲牛）。蔣氏一九二五年秋貿遷折閲後，債負巨大，被迫以善本書抵債。晚年入上海市文史館，一九五四年去世。汝藻事業重心在上海，藏書地也自湖州移至上海。蔣氏生平及藏書始末，具見先曾祖王國維撰《傳書堂志》、《樂庵居士五十壽序》。

蔣汝藻弟汝蘋，字號爲雅初、印龕、觀復齋，也鑒藏金石書畫舊籍。鄭振鐸《西諦書跋》記民國三十四年夏「偶過漢學書店，店中書櫝雜列，簡編驟多，皆吴興蔣氏散出者。蔣爲孟蘋弟，忘其名」、「聞蔣氏有印譜七八十種同時散出，爲王富山所得，不知將歸之何氏」云云。

蔣汝藻長子蔣祖詒（一九〇二—一九七三），字穀孫，號顯堂，又號峴翁。生於清光緒壬寅，早年曾從靜安先生問學，克紹家業，即倫明《辛亥以來藏書紀事詩》所謂「階前又茁小蘭枝」者。著述有《思適齋集外書跋輯存》一卷（民國二十四年吴鄒百耐百擁樓鉛印本）。靜安先生謂「年甫逾冠，濡染家學，嗜書不亞於居士，其於舊槧若南北宋之别、浙本建本之異同，一見即能辨之。又嗜古器物，所私蓄若唐鏤牙尺、若金元鈔板，皆宇内絶品」。家道中落後，以精鑒碑帖書畫版本之眼力經營牟利，當時往來者如吴湖帆、龐萊臣、張珩、葉恭綽、譚敬、徐懋齋、許姬傳、沈尹默、潘宗周皆一時名流，經藏名跡更僕難數。蔣汝藻舊藏多未鈐印，蔣祖詒仍襲用乃父「密均樓」藏書印，故父子所藏不易區别，後期又有「烏程蔣氏書籍之記」無框印。吴湖帆一九三二年日記記在蔣祖詒處「觀宋刻《草窗韻語》及宋本《公羊疏》、宋本《新定續志》，皆極精孤本，密韻樓之精華也」，可知密韻樓書留存在他手中的爲數不少，後仍陸續散出。他如《龔定庵書寱詞卷》則於近年復流歸大陸。盧錦堂先生《歷劫不磨話國家圖書館珍藏古籍文獻》一文，述及「中央圖書館」在臺復館之初，館長蔣復璁得知蔣祖詒收藏雷峰塔出土五代吴越國王錢俶所刻《陀羅尼經卷》二份，一再與之情商，希望能讓售一卷，未獲應允。直至大陸出版一套《中國版刻圖録》，臺灣不易得，以臺幣兩千元委託正中書局在香港購到一部與之交换，始得入藏云云。晚年曾往日本搜求圖籍，並授教於臺灣大學，指導學生論文有《王石谷遺跡年表》。與臺静農、莊嚴交密，二氏應囑爲蔣氏書作題跋若干（臺静農集中有《題顯堂所藏書畫録》九篇）。臺大歷史系王德毅教授撰作静安先生年譜，亦曾過從諮詢。蔣祖詒搜藏數十年，經眼舊籍之庚，更在乃父之上。

穀孫子蔣孝瑀曾任臺灣大學歷史系教授、系主任，治西洋史，早年曾著有《明史藝文志史部補》，晚年移居美國，將家藏書捐送加州大學柏克萊分校，可謂清芬世守不墜。

蔣氏藏書特出之處，約有數端：

一曰重父祖舊藏。收回先世舊藏，「頗不計值，故亦頻有所獲」，其數幾近百種。自述先世藏書之美及端委，娓娓可觀。觀堂先生皆爲補入《藏書志》中。

一曰重鄉邦文獻。如鄉賢汪曰楨稿本及手寫本，陸心源捐送國子監南學散出之書。

一曰精擇善本。不取常見版本。所藏四部書在五千種以上，入《藏書志》者居其半。

一曰多名家鈔校。僅黄丕烈「士禮居」批校題跋本即有四十四部之多。曲阜孔繼涵「微波榭」抄本亦三十多部。王欣夫《蛾術軒篋存善本書録》謂「今觀目録所載，宋元本尚矣。余尤所心醉者，厥爲名人抄校，既美且富，有非諸家簿録所及者」。

一曰史部書美備。靜安先生一九二〇年致羅雪堂先生劄，謂「史部書極佳，遠在丁氏（丙）之上，恐陸氏（心源）亦不能抗也」。

葉恭綽《荀齋讀書圖》題詞（民國二十八年）有「顧念董陶蔣，鑒儲見淵識」之句，並非虛譽。

天一閣藏書於民國初年失竊後，部分爲蔣氏所得。陳乃乾《上海書林夢憶録》：「民國三年，有鄉人馮某串同黨徒夤夜越牆而入，竊出書籍千册，陸續運帶至滬。其中一部分售六藝書局，每册僅二角許，後散售於藏書之家。此外大部分售於來青閣書肆，這批書正打算寄往日本，不久事發，遂以書歸烏程蔣氏，得價八千元。」朱彭壽《安樂康平室隨筆》則謂經手人爲中國書店金頌清。

湖州陸心源於光緒十四年進呈家藏書籍一百四十餘種，由浙江學政瞿鴻禨奏請發交國子監南學儲藏，庚子之亂，散失殆盡。蔣於癸丑冬季見鈔校本二十餘種於海王邨肆中，以有關鄉邦文獻，悉數購歸，面葉皆有「國子監印」、「光緒戊子湖州陸心源捐送國子監之書匱藏南學」木記。

傳書堂主人藏書多得友人之助。除張元濟、劉承幹二氏外，如張澍輯晉皇甫謐《帝王世紀》十卷手稿本，係沈尹默代爲物色者；元刊元印本《周易鄭康成注》一卷，係孟森貺遺；宋刊本《晦庵先生語録大綱領》十卷《附録》三卷，則友人孫俶仁所饋致。清沈聯芳《邦畿水利集説》四卷爲陳奂（碩甫）舊藏原稿本，有吴昌綬跋。《卷盦書跋》中《松鄰遺集》條，謂「大約此書由印臣讓歸傳書堂，再轉入涵芬樓者」。他若《桂苑筆耕集》、《文泉子集》茹古精舍抄本，爲平湖葛氏所收。一九一九年冬，葛詞蔚許以他書相易，遂得收歸。

孟蘋先生藏書，無前人罕秘自惜之弊，學人每從借觀。如傅增湘曾商借清抱經堂鈔本《十一經問對》勘讀自藏通志堂本，補正數百字。《易林注》一書，京師圖書館有不全刻本八卷，張宗祥主持館務時，自傳書堂借毛氏影寫本，由錢念劬先生攜書北上，影鈔配全。

蔣氏民國間刊書，以精善見重於世。其選目囑託静安先生，襄助刊書者，爲當時以此專門名家的董康。《密韻樓叢書》又稱《藥地庵叢書》，最後刊成者計七種，但以超邁前人傳諸後世爲念，精益求精，不計工本。《草窗韻語》民國間羅振玉、董康、蔣汝藻凡三刻，俱稱精善，而仍以密韻樓本爲上駟。道光間捕雀童子所得宋本《妙法蓮華經》七卷及《尊勝等靈異神咒》二十道，蔣汝藻於上海收得。一九二二年冬，姚文旉與徐乃昌發願影印，蔣與徐冠南贊助之，次年印成。

傳書堂影宋書版片，今仍有存世者。

藏書志合題跋與書目於一體，此種體式，清代中後期方始確立。周中孚代李筠嘉編《慈雲樓藏書記》、洪頤煊代孫星衍編《平津館鑒藏記書籍》、葉昌熾代潘祖蔭編《滂喜齋藏書記》，繆荃孫、吴昌綬、董康代劉承幹編《嘉業堂藏書記》，均爲一時之選。《傳書堂善本書志》稿本九册，由趙萬里收藏多年，張元濟編訂《涵芬樓燼餘書録》時曾向趙氏借閱，瞿鳳起先生又曾向張氏借録，得諸家題識凡百餘篇。王大隆先生也曾轉録此《密韻樓藏書題識》。稿本今藏北京國家圖書館，篇目較蔣氏家藏本少五百餘種，編次亦未謹遵《四庫》類目，内雜有觀堂先生擬文初稿多篇。臺北藝文印書館影印底本爲「密韻樓寫本」，蓋倩書手寫録，其中又多有蔣穀孫先生親筆繕録者，惟子部多爲静安先生手跡，可視爲清抄稿本。穀孫先生曾作校勘，改正誤字，密韻樓寫本經部卷末有「庚寅（一九五〇）四月朔校畢。祖詒」識語。

《書志》按語雖用蔣氏名義，實爲觀堂目録學代表作之一。静安先生爲此用時五年，用力精勤，絶非世人想像中之「學人餘緒」。《五代兩宋監本考》、《兩浙古刊本考》，實發軔於此。《書志》體例精善，裁斷矜嚴，徵引富而有當，及於新發現的敦煌文獻、域外漢籍。其考鏡源流，每有特發之覆，足正前代大家之誤，試舉數例：

清澤存堂刊本《廣韻》五卷，黄丕烈手臨段玉裁校語，黄氏道光甲申識語，謂「中有朱墨圈及尖角在每字旁者，不知命意所在。姑於上卷臨之，然卒茫乎未有知也，遂輟而不臨。先生於韻學甚精，著有成書，此必其所自爲記認之處，惜傳授無人，不能得其綱領，惟就正誤之處纖悉臨摹，已見校勘此書之精，無踰此本矣」。《書志》則揭出「卷一所臨字旁朱墨圈及尖角，皆段氏自爲識别之處，大字傍尖角皆標自古韻他部轉入此部之字，殊爲重要，蕘翁不諳韻學，故不解耳」。

清初顧亭林《日知録》引艾南英説，謂嘉靖中姚江之學雖盛行於世，而士子舉業尚謹守程朱，自李春芳、徐階兩執政尊王氏學，於是隆慶戊辰《論語》程義首開宗門，此後浸淫殆無底止。本《書志》明刊本《嘉靖三十一年浙江鄉試録》一卷觀堂先生按語：「是録程文，首柳汝劭，《四書》義大結中用『知行合一』語，知王氏之學之入舉業，自嘉靖中葉而已然矣。」於瑣微處見其犖犖大者，足徵史識。

陳乃乾《上海書林夢憶録》述傳書堂藏書歸宿，謂「以書質於□□銀行，即據靜安所編之目録移交，故明人集部獨留。其經、史、子三部中之最精宋本數種，亦爲蔣氏截留。當時□□銀行點收之人非知書者，且以此爲暫時抵押性質，故不注意及此。迨抵押期滿，書爲涵芬樓收購，亦即由銀行移交。時傳書堂善本書雖全部歸於涵芬樓，而宋刻《草窗韻語》、《新定嚴州續志》、《吴郡圖經續記》、《館閣録》、《朱氏集驗方》諸書獨歸他姓，而明人集部六百八十餘種則别售於北平圖書館」。當時移交目録，陳叔通先生民國二十三年猶及見之，並函告張元濟先生。今上海圖書館藏有《涵芬樓所藏蔣氏密韻樓藏書目録》油印稿本一册，有張元濟先生手批、施圈標識，並過録傳增湘識語，爲考察蔣氏藏書入藏商務和在「一・二八」戰事中毁損情狀的第一手資料。檢核張元濟先生《涵芬樓燼餘書目》，蔣氏舊藏毁於「一・二八」戰事者，有盧文弨（抱經）手校《古今逸史》巨帙，天一閣舊藏明代登科録數十種等，實爲民族文化一大浩劫。燼餘書後多轉歸北京圖書館。

鄭偉章先生《文獻家通考》載，曾見一《傳書堂善本書目》鈔本，目上標注「歸劉晦之」（劉體智）、「歸張芹伯」（張乃熊）、「歸西諦」（鄭振鐸）、「歸潘明訓」（潘宗周）等字，謂當係書散時據此目以清點而標記者。按民國學人鄭振鐸先生、王欣夫先生均抄録《傳書堂善本書目》暨《補遺》，明集具在，入録種數則仍視《書志》有闕。

據王有朋爲《中國大陸存藏古籍概況》所撰上海辭書出版社圖書館簡介，一九四一年原中華書局以僞法幣十五萬元收得蔣氏遺存，共得古籍四一九四部、五四三六六册，其中地方志有千種左右，「間有罕見之本」。

臺灣「國家圖書館」所入藏者有宋刊《中興館閣録、續録》、金刊本《重校地理新書》、宋刊《冥樞會要》、宋刊小字本《妙法蓮華經》、宋刊《佛頂尊勝陀羅尼等靈異咒》、明鈔《姬侍偶稿》等，多數爲抗戰期間吴興張乃熊所讓售，經文獻保存同志會鄭振鐸、蔣復璁諸先生的努力，收歸當時的中央圖書館公藏。

蔣氏後人蔣孝瑀所藏錢謙益稿本《大佛頂首楞嚴經疏解蒙鈔》、孟蘋先生影抄宋本《重校鶴山先生大全文集》殘本等舊籍二箱百餘種，已於二〇〇三年捐贈美國加州大學柏克萊分校圖書館。蔣汝藻手抄殘宋本《公羊疏》，與嘉業堂藏書一起散出，今藏筆者供職的復旦大學圖書館。

傳書堂書志存世者，有北京圖書館藏《傳書堂藏書志》十册，爲當時觀堂先生自存之本。另有蔣氏所藏清稿本三十餘巨册，即臺灣藝文印書館一九七四年影印和臺湾大通書局《王國維先生全集（續編）》影印所據底本。二〇一〇年五月由浙江人民出版社、廣東人民出版社共同推出的新版《王國維全集》，卷九、卷十收録的《傳書堂藏善本書志》，爲《藏書志》首度整理標點。《全集》本以臺灣大通書局一九七六年版《王國維先生全集》本爲底本，整理者雖參校了北圖藏本，實仍未能充分利用。如大通本雖係影印，但較諸臺灣藝文印書館一九七四年影印的線裝本有闕頁。

此次整理標點，以臺灣藝文印書館線裝影印的《傳書堂藏善本書志》謄清稿本爲底本，參校國家圖書館善本部所藏《傳書堂藏書志》初稿本，篇次率依藝文本。底本所無據稿本補入者，書名前加記號標識。本書整理過程中，業師吴格先生、友人李士彪通閲一過，指正違失極多，余穗祥先生曾審閲經部整理稿，感切心銘；煮雨山房姜尋先生提供了大通《全集》本影本，中國國家圖書館陳力先生先後惠示初稿本掃描件，復遠貺國家圖書館出版社影印初稿本。百朋之錫，誼當申謝。

王　亮

二〇一一年五月

整理凡例

一、以臺灣藝文印書館影印線裝本《傳書堂藏善本書志》謄清稿本爲底本，參校國家圖書館善本部所藏《書志》稿本；篇次、文字率依《全集》本。底本所無據稿本補入者，書名前加＊號標識。

二、著録項（書名、著者、版本）因撰鈔明顯訛誤者，隨文改訂，並作校記，衍、誤之字置於圓括號内，補、改之字置於方括號内，有闕字或字跡漫漶難辨者以「□」標識。有異同處加注，注文列本條後。

三、引録原書序跋有不全或誤書者，盡可能以原本（或影印本）核校；傳鈔不全或節引者則不再增補。

四、著録、提要文字中單行、雙行小字者，改爲大字，加括號以爲標識。

五、手書之異體、簡體、俗體字，一般改爲規範繁體漢字，版本項或稱「明復宋本」，或稱「明覆宋本」，茲統一爲「明覆宋本」；清代避諱字逕予回改。

六、稿本著者項或著者朝代項爲原書所無補入者加框爲標識，整理本仍之。

七、稿本中撰者、注者、刊者連署者加空格界分，同項下人名連署者加頓號界分，以清眉目。

八、書志引録原書序、引、表、牒、凡例、綱領、附録僅列名目者均分行單列，不另加書名號。

九、書末附王國維撰《傳書堂記》、《樂庵寫書圖序》。

十、書後附四角號碼書名索引。

目録

《中國歷代書目題跋叢書》出版説明……一
整理説明……一
整理凡例……一
傳書堂藏書志卷一……一
經部……一
傳書堂藏書志卷二……一五七
史部……一五七
傳書堂藏書志卷三……四七九
子部……四七九

傳書堂藏書志卷四 …… 八四三
集部 …… 八四三
附録 …… 一四〇九
傳書堂記 …… 一四〇九
樂庵寫書圖序 …… 一四一一
書名索引 …… 1

傳書堂藏書志卷一

經部

易類

周易兼義九卷音義一卷略例一卷 宋刊明修本

國子祭酒上護軍曲阜縣開國子臣孔穎達奉敕撰

自序

每半葉十行，行大十八字，小二十四字。板心上記字數，下記刻工姓名，明修補之板甚多。板心有「正德十三年懷浙胡校」、「運司蔡重校」、「林重校」等字。

周易鄭康成註一卷 元刊元印本

［宋］浚儀王應麟伯厚甫纂輯

自序

跋(癸酉季夏)

此《玉海》附刊本，元時舊裝，即《墨莊漫録》所謂粘葉本也。陽湖孟蒓生(森)贈，時甲寅春日，同客都門。

安定先生周易口義十二卷 鈔本

[宋倪天隱述]

卷三、卷四、卷五面葉均有「揚州府儒學訓導丁德明録」一行。

解義易傳十卷 鈔本

深父龔原撰

鄒浩序(嘉祐十二年)

此書宋元豐後嘗用以取士，與王介甫《三經義》並行，王氏學廢，此書亦微。竹垞《經義考》云「未見」，《四庫》亦未著録，阮文達始寫以進呈。前有鄒道鄉序，署「嘉祐十二年」。攷嘉祐紀元止八年，無十二年，而序中述及深父之卒，則爲徽宗時作矣。又道鄉當哲宗時爲右正言，有請以王安石《三經義》發題試舉人者，浩論其不可而止。而序中乃稱「自熙寧以來，凡學《易》者莫不以先生爲宗師，因以取上科、躋顯位」云云，似亦非道鄉之言，蓋出後人依託也。有「范陽盧氏」、「文弨讀過」、「何元錫印」、「棲鳳軒」諸印。

了齋易說一卷　歸安陸氏傳鈔文瀾閣本

［宋陳瓘撰］〔一〕

吾郡陸存齋先生心源於光緒十四年進呈家藏書籍一百四十餘種，由浙江學政瞿鴻禨奏請發交國子監南學儲藏，庚子之亂，散失殆盡。余於癸丑冬季見鈔校本二十餘種於海王邨肆中，以有關吾郡文獻，悉數購歸，此其一也。面葉皆有「國子監印」、「光緒戊子湖州陸心源捐送國子監之書匱藏南學」木記。

〔一〕按：初稿著者項下有「此書自《直齋書録解題》以訖《四庫總目》均作《了翁易説》，此作『了齋』，與《宋史・藝文志》合」一行。

讀易詳說十卷　歸安陸氏傳鈔文瀾閣本

［宋李光撰］

有「國子監印」、「前分巡廣東高廉道歸安陸心源捐送國子監書籍」二印，「光緒戊子湖州陸心源捐送國子監之書匱藏南學」木記。

漢上易傳十一卷漢上先生履歷一卷　汲古閣景宋鈔本

［宋］翰林學士左朝奉大夫知制誥兼侍讀兼資善堂翊善長林縣開國男食邑三伯户賜紫金魚袋朱震集傳

此本前無序文及進書表，書前後題但書「周易上經乾傳第一」、「周易雜卦傳第十一」等，而版心則標「漢上易傳卷一」至「卷十一」，後附除官告詞及答詔廿一篇、胡文定公啟一篇、晏敦復等祭文一篇，前後題「漢上先生履歷」，而版心仍標「漢上易傳卷□」，蓋此書之附録。通志堂所刊《易傳》十一卷，依景宋本，殆與此本同源而改其行款。其《卦圖》三卷、《叢説》一卷，則依西亭王孫鈔本，蓋流傳宋本只此十一卷也。此書著録家皆稱《漢上易傳》，然進書表自稱《周易集傳》，晁氏《郡齋讀書記》亦稱「朱子發《集傳》」，蓋「集傳」其所自題，「漢上易傳」則卒後刊書者所題也。書爲毛氏景宋鈔本，每半葉十行，每行二十一字，精雅絶倫，三百年來未經名人收藏，誠罕覯之秘籍矣。卷首有「宋本」、「甲」、「玉雨草堂」三印，每卷前後有「毛晉私印」、「汲古主人」二印。

周易程朱先生傳義附録二十卷　元刊本

［宋］後學天台董楷纂集

自序

自識

吴氏手跋云：　宋董正叔《周易傳義附録》雖刊於《通志堂經解》中，而舊本極爲難得，此乃元至正壬午桃谿居敬堂刊本。　乾隆癸卯冬日重裝并識。（下有「兔床」印）

每半葉十二行，每行二十二字。卷末有牌子云「至正壬午桃谿居敬艸堂刊行」。此書通志堂刊本與《四庫》本皆云十四卷，此本則前爲朱子《易圖説》，次爲《周易上下經程朱先生傳義附録》十五卷，次《繫辭附録》上下兩卷，次《説卦》、《序卦》、《雜卦附録》三種，篇葉雖少，然亦自爲起訖，通爲二十卷。末附程子《上下篇義》、朱子《周易五贊筮儀》，則用朱子《周易本義》例，不入卷數。《也是園書目》與《皕宋樓書目》云二十卷，是也。《傳是樓書目》云十八卷，蓋以《説卦》至《雜卦》爲一卷。《愛日精廬書目》云十七卷，則但計上、下經與《繫辭傳》，不數《説卦傳》以下，實則皆一書也。《拜經樓藏書題跋記》有此書跋，與手跋有異同，乃云此書十四卷，蓋用前人之説，未檢本書卷數也。有「周春」、「松靄」、「臣籥」、「槎客」、「兔牀」、「拜經樓吴氏藏書」、「新坂鄉校」、「小桐谿上人家」、「竹下艸堂」諸印。

直音傍訓周易句解十卷　景元鈔本

盧陵朱祖義子由

每半葉十二行，行二十三字。此書諸家均未著録。《經義考》有朱氏祖義《周易句解》十卷，注云「佚」。此鈔板心有「安樂齋」三字，書法精整，似從元刊本影寫。有「安樂堂藏書記」、「聖清宗室盛昱伯羲印」二印。

周易旁注四册不分卷　鈔本

[明]新安朱升旁注

升字允升，休寧人。元至正乙酉舉人。入明官至翰林學士。《明史》有傳。前有自序并圖説。《四庫存目》有升《周易旁注圖説》二卷，云「原本十卷，冠以《圖説》上下二篇，上篇凡八圖。下篇則全録元蕭漢中《讀易攷原》之文。萬曆中姚文蔚易其旁注，列於經文之下，已非其舊，此本又盡佚其注，獨存此《圖説》二篇」云云，是乾隆間已無完書。此本全書完善，惟不分卷，又《圖説》亦不分上下篇，前有目，共二十圖，而中廁以淳安夏氏《讀易十家樞》、自撰《讀易三大義》及蕭漢中《讀易攷原》全書。然則《四庫》所收不獨佚其旁注，即圖説亦非完帙矣。前後有「□山文獻」、「仁圃藏書子孫保之」、「鴻壽私印」、「曼生」、「絜園主人」諸印。

周易養蒙意見五卷　明刊本

韓邦奇圖解

蘇祐序（嘉靖十三年）

韓文序（正德八年）

自序（弘治十六年）

李滄跋（正德甲戌）

此韓氏《性理三解》之一，上題「性理三解卷之厶」，下題「周易養蒙意見厶」。舊有平陽刊本，卦畫多缺筆，濮陽蘇祐得其改定之稿，重刊於上谷。有「□安縣印」、「平湖縣儒學記」二印。

古易世學二卷　稿本

宋御史中丞兼侍講贈禮部尚書縉雲郡開國□謚清敏丹陽豐稷向之正音

大明國子司業贈徵仕郎兵科給事中十二世孫四明復齋豐寅初復初略説

賜進士出身通奉大夫河南右布政司簡庵豐慶文慶續音
建安王教授封奉直大夫右春坊右諭德十三世孫豐耘用之補音
賜進士及第翰林院學士贈禮部侍郎十四世孫豐熙原學傳義
賜進士出身承德郎吏部考功主事詔進翰林修撰十五世孫豐道生人季考補
賜進士出身中憲大夫浙江等處提刑按察司前翰林院□□門生金陵謝少南應午續考
門生張覲光、邵城惟固、邵培惟因校正

是書《四庫存目》所録本十七卷,《明史藝文志》、《千頃堂書目》、《經義考》皆作十五卷,此本《易彖上經》「考補」云,東萊《古周易》不考於《石經》之古文,以復於孔門十有七篇之舊,是四庫館所見十七卷本乃完書也。此僅存《彖上經》、《彖下經》二卷,經文皆用古籀書之,經下「正音」、「略説」、「傳義」、「考補」諸字,皆用陰文大木戳印於其首,以相識别。卷首書題及諸人銜名爲考功手書,復於自己結銜中塗去「詔進翰林修撰」六字,校正三人銜名後亦塗去。又《略説》、《傳義》、《考補》、《續考》中,考功增改之處甚多,即經文古籀,考功自謂「出於《石經》古文」者,亦先後有改竄。昔儒謂,《石經》及豐氏先世與其門生諸説,皆考功一手僞造。今得此書,可謂發露真贓矣。卷首一葉乃釋《春秋左氏傳》者,版心有「案斷卷十三」諸字,即其《春秋世學》之初稿,又可知《春秋世學》本名《春秋案斷》也。全書版心均有「鄞豐氏萬卷樓」六字。范氏天一閣藏書。

周易解十卷 鈔本

朱修伯手跋云：此書不著撰人名氏，予得之於京都書肆，舊爲怡邸藏書。有上、下《經》而無《繫辭》、《説卦》、《序卦》、《雜卦》，不知其完缺也。書中引蔡虚齋之説，知爲明中葉以後人。稱陸績爲「家公紀」，則其人姓陸可知。而《經義考》及諸家書目俱無之，終莫能定其爲何人。説《易》之書傳者最多，不外理、數二家。陸氏於虞、荀舊説引證頗不少，然不盡從之，雖以程朱爲宗，而駁正亦多。大指言數而不支離，言理而不虚無，在《易》説中最爲明暢。至引《急就》、《本草》以釋「鮒」，引《公羊》以釋「沛」，則徵實之學，尤與空談不同。惟每引郭氏之説以改經文，而解《既濟》、《未濟》之「水火」，兼及於鉛汞之説，則以《參同契》言《易》，俞玉吾附之《易外别傳》，而陸氏以之釋經，則不免爲先儒所惑矣。同治四年六月朔，朱學勤識。

不著撰人姓名，每卷首題「周易解」，版心題「周易詳解」。舊爲怡邸及朱修伯藏書。有「明善堂覽書畫印記」、「朱學勤印」、「修白」三印。

周易廣義殘稿不分卷 手稿本

[明鄭敷教撰]

王芾卿手跋：右鄭桐庵《易經廣義》手稿，戊寅秋得之星谿趙氏。府志稱桐庵著述甚富，尤深於《易》，即謂是書也。桐庵説《易》大氐宗宋儒義理，此册存《咸》至《未濟》，《上經》及《繫辭》以下並佚。

士禮居舊藏，卷首楬櫫審是蕘翁所書。桐庵當勝國之季，與楊維斗、張天如齊名，鼎革後隱居不出，文章風節，照灼前古。二百年來留此片羽，殆有真靈護持者耶。趙氏尚有《桐庵古文》一册，熊魚山評點，值昂未敢問津也。光緒己卯竹醉日，晚學王頌蔚記。下有「咈卿翰墨」一印。

右殘稿前後闕，存《易下經》自《咸》至《未濟》三十二卦注。無書題及撰人名氏，惟書中有「鄭敷教印」、「敷教之印」、「士敬滎陽」諸印，知爲有明遺老鄭桐庵先生手稿也。先生字士敬，吳縣人，崇禎庚午舉人，在復社與張天如、楊維斗齊名，國變後家居教授終其身，徐俟齋先生其弟子也。先生有《周易廣義》四卷，此爲初稿，尚未分卷。舊爲黄蕘圃、蔣薌生、王茀卿藏書，有蕘翁題籤。前後有「陳兆嘉印」、「鳴九」、「兆嘉」、「陳子鳴九」、「長洲蔣鳳藻印信」、「長壽」、「秦漢十印齋藏」、「蔣香生鑒賞」諸印。

周易疏晦十册不分卷 稿本

［詹大衢撰］

洪之傑序

任琪序

王熺序

吳升東序

金德嘉序

曹宜溥序

自序

大衢字學海，一字麗明。黄岡人。康熙戊午舉於鄉。此書其需次京師所寫定也。自序前後有「大衢」、「字學海號涉園」、「白燕齋」三印。每册有「犀庵藏書」印。

周易觀象補義略十三卷 手稿本

後學諸錦

戴松門手跋：父執諸草廬先生品德兼重，經學湛深，允爲儒林冠冕。嘉慶二十四年彙題，俞允從祀鄉賢。後生小子雖未能親炙光儀，然每侍先府君傳述緒論，真第一流人也。先生著述甚富，惜少傳人，盡皆散失。數年前曾見遺照《清露點朝衣圖》，題者皆一時名宿，今不知歸於何所。生平所著《毛詩説》、《饗禮補亡》、《夏小正注》、《絳趺閣集》，皆刊刻行世。又手輯《國朝風雅》，浙中諸家之詩凡十餘册。其他説經之書甚夥，或未經編定，遂少流傳。此《周易觀象補義》四册，予見之吴門舊藏書家，自《易本》至《傳異》，皆手書編定，彙爲全書，内惟《上經》至《下經》「姤」卦則他手鈔録而先生校之，真世間未有之本。主人視之不甚重，因購之以示蕘圃黄君。蕘圃嘆羡，以爲禾中先輩之書應歸於禾。此天假之緣，非吴人之無眼力也，因并記之。嘉慶二十五年四月十日，同里後學戴光曾謹識。

此書首卷爲「總論」，後以《上下經》及「十翼」分爲十二卷。嘉興諸襄士先生手書清本，惟《上經》至

《下經》「姤」卦爲他人所書。而他卷末皆題「子壻范成編次」，上經末獨題「子壻范成編寫」，蓋即成所録也。有「嘉興戴光曾珍藏經籍書畫印」一印。

書類

尚書白文不分卷 明初刊本

此書無序跋及刊刻時代。每半葉八行，行十七字。書中削去百篇之序，而《武成篇》後附今考定《武成》，知用蔡氏《集傳》本也。此本經文如《大禹謨》「夔夔齋慄」不作「齊栗」，「益稷州十有二師」不作「有十」，《泰誓》「無辜籲天」不作「籲天」，《金縢》「惟朕小子其新逆」不作「親迎」，《酒誥》「又惟商之迪諸臣惟工」不作「百工」，「弗蠲乃事」不作「汝事」，《君奭》「越我民罔尤違」不作「曰我」，《費誓》「勿敢越逐」不作「無敢」，皆與陳仲魚《經籍跋文》所記宋本《蔡傳》經文合，蓋猶明初舊刊也。

附釋音尚書註疏二十卷 宋刊明修本

唐國子祭酒上護軍曲阜縣開國子臣孔穎達等奉敕撰

每半葉十行，每行大十七字，小廿三字。此本明補甚少，成、弘以前印本也。

書六卷 元刊本

蔡沈集傳　鄱陽鄒季友音釋

蔡沈序（嘉定乙巳）
朱子説書綱領
尚書纂圖
孔安國書序

每半葉十一行，行廿字。《説書綱領》後有一牌子云「兩坊舊刊《詩》、《書集傳》俱無音釋，覽者有遺恨焉。今將《書傳》附入鄱陽鄒氏音釋，《詩傳》附入金華許益之《名物鈔》音釋，各依名儒善本點校句讀，仍取《纂圖》置之卷首，大字刊行，精加校正無差，庶幾讀者豁然無疑矣。與坊中舊本玉石判然，收書君子幸監。至正甲午孟春日新書堂謹識」。又《孔序》後有一牌子云「至正甲午孟春日新書堂新刊」。此本只存前三卷，後半配以別本，亦元刊元印，每半葉十三行，行經文二十二字，注低一格，字稍小，不作雙行，行二十四字，音釋雙行，字數與注同。卷末有「至正乙酉菊節虞氏明復齋刊」牌子。前半有「平生減産爲收書，三十年來萬卷餘。寄語兒孫勤讀誦，莫令棄擲飽蟫魚」、「蕘友氏識」、「清吟堂圖書」、「虞山張蓉鏡芙川印信」、「蓉鏡私印」、「琴川張氏小琅（環）[嬛]福地藏書」、「小琅（環）[嬛]福隆祕笈」、「張蓉鏡讀書記」諸印。［後半有「葉盛」、「與中」、「菉竹堂」、「汪士鐘曾讀」諸印。］

書經集註十卷　明刊本

蔡沈集註

自序（嘉定乙巳）

書序後有「嘉靖癸未季春月刊行於贛州府清獻堂」牌子。有「瑞軒」印。

敷文鄭氏書說一卷 歸安陸氏鈔本

宋鄭朴撰

趙輯寧跋（嘉慶元年）

前有「國子監印」及陸氏二朱記。書中朱校皆存齋先生手筆也。

洪範統一一卷 歸安陸氏鈔本

宋趙善湘撰

自序（開禧三年） 後序

前有「國子監印」及陸氏二朱記。書中朱校皆存齋先生手筆。

尚書疑義不分卷 明鈔本

明馬明衡撰

存《周書・泰誓》至《秦誓》，無撰人姓名。范氏天一閣藏書。案《經義考》著録馬明衡《尚書疑義》一卷。《明史藝文志》與《千頃堂書目》均作六卷。《四庫》據天一閣本著録，亦云六卷。此本存《周書・泰誓》至《秦誓》，應得全書之半，而卷首但有書名，不署卷第，以下亦不復分卷，與《四庫》所據天一閣本不同。然《提要》謂馬書於《洪範》「日月之行」用沈括説，於《金縢》頗有疑辭，皆見此本中，實係一書，蓋范氏所藏別本也。明衡字子萃，莆田人，官至監察御史，附見《明史·朱淛傳》。

禹貢詳略二卷 明刊本

［明］韓邦奇撰

自序（弘治丁巳）

薊州歐思誠跋（嘉靖乙巳）

每卷有「雪苑王夐宴家藏書」、「曾在王鹿鳴家」、「寄齋」三印。

書經直解十三卷 明内府刊本

［明］少師兼太子太師吏部尚書中極殿大學士臣張居正謹輯

此書《經義考》云八卷。前有萬曆十八年錢與映序，云「萬曆丙戌，不佞計偕得之京邸，歸授家庭兒周刊行，傳之通都大邑」。是朱氏所見乃錢氏翻刻之本，故分卷不同。此本十三卷，猶用《唐石經》卷數。錢氏改爲八卷，失之矣。有「世太史氏」印。天一閣藏書。

尚書古文疏證八卷朱子古文書疑一卷 鈔本

太原閻若璩撰　太原閻詠復申甫輯

胡渭序（康熙四十五年）

書疑自序（康熙甲申）

王西莊光禄藏書。有「王鳴盛印」、「鳳喈」、「西莊居士」三印。眉間識語皆光禄手筆。

尚書大傳三卷 稿本

吴興董豐垣編輯

董熜序（乾隆三年）

此書舊有孫晴川輯本，雅雨堂所刊三卷本云出吴中藏書家，當時以爲原本，然世人莫之信也。此後盧氏文弨、王氏謨均有纂輯，及侯官陳氏壽祺本出而諸本皆廢。此爲吾鄉董塈之先生所輯，引據頗博，復旁引各書以校其同異，與陳氏例同。書中别有他人夾籤，語多精確。其一條云「董氏以馬氏《尚書》爲杜林漆書，大謬。近日孝廉王君鳴盛亦用其説」，是籤此書時西莊尚爲孝廉，當出乾隆中葉老輩手矣。

尚書天地圖説六卷 鈔本

尉氏潘咸著

此書雜引《注疏》及宋人説，并采西法。［不及盛氏《尚書天地》遠甚也］。

詩類

附釋音毛詩註疏二十卷 宋刊明修本

存卷八至卷二十。此與《書疏》，略有明初補刊之葉，皆成、弘以前印本。

詩輯三十六卷 明刊本

宋朝奉大夫臣嚴粲述

魯詩世學三十二卷詩傳二卷 稿本

［世學首卷題］

宋御史丞兼侍講贈禮部尚書縉雲郡侯謚清敏豐稷相之正音

明進士及第翰林院學士進階朝列大夫國史總裁豐熙原學正説

男道生人季考補

門生邵城維固續考（卷十六題「門生邵培維因續考」，卷廿四題「門生何昆汝僉續考」、卷廿七題「門生李文濂容之續考」，餘與卷一同。他卷不題姓名。）

［詩傳題］

宋禮部尚書縉雲郡開國侯謚清敏豐稷相之正音

明賜進士出身通奉大夫河南右布政豐慶文慶續音

奉直大夫右春坊右諭德豐耘用之補音

賜進士及第翰林院學士進階朝列大夫豐熙原學正説
男道生人季考補
門生邵培續考
黄佐序

案豐氏此書，其所引《石經》經文、子貢《詩傳》、申公《詩説》皆所僞託，又以「正音」託之其遠祖稷，「正説」託之父熙，「考補」託之邵城、邵培等，序託之黄佐，實則皆其一手所撰，《經義攷》辨之詳矣。豐氏曾以古籀自書《詩傳》、《詩説》，刊以行世，而未刊全書，故此書傳世之本頗有異同。《千頃堂書目》及《經義考》皆云三十六卷，蓋并《詩傳》計之，與此本卷數合。又注云「一作十二卷」，則係一別本。《四庫存目》著録三十二卷本，而云「附以門人何昆續攷」，此本則《世學》署門生邵城、邵培、李文濂等續考，《詩傳》署門生邵培續考，惟卷廿四署門生何昆續考，則《四庫》所録又一別本也。又此本自卷二至卷六、又自卷十六至卷十九，每篇之後空數行或十數行不等，蓋未定之本，自留後日增補餘地。而目録與書亦不相應，目録卷一分上下而書不分，又卷卅二亦分上下而書則上下兩卷經文全同，惟注有詳略，蓋其初稿清本也。書中所定三百篇次第，又與所刻僞《詩傳》、《詩説》不同，刻本合《豳風》、《魯頌》之詩爲《魯風》，列於二《南》之次，此本則《豳》仍列《國風》之末，《魯》則去其「頌」名而列之《商頌》後。刻本《曹》在《鄶》、《鄭》之前，而此本則在其後。其他字句不同者，尤不勝枚舉。可知此本爲初稿，而所刊《詩傳》、

《詩説》爲改定之本也。夫豐氏於《詩》之次第，自云本之《石經》，其《詩傳》、《詩説》二書亦云《石經》所載，安有同一《石經》而二本互異，其僞造之跡即此業已顯然。然此稿不出，又安知其作僞之拙至於此極乎。舊爲鄞范氏天一閣藏書。有「天一閣」、「古少司馬」印。

毛詩訂詁三十卷附録二卷　稿本

錫山顧棟高復初氏著

武進楊椿序（乾隆十七年）

自序（乾隆辛未）

此書專論詩事、詩義條例，先儒之説或加辨證，語極平實，蓋與所撰《毛詩類釋》專講名物者相輔而行。然《類釋》得録入《四庫全書》，而此書不顯，蓋以多采宋儒之説，爲近世學者所不喜歟。

三家詩拾遺十卷　鈔校本

會稽范家相輯

此書經盧抱經先生手校。首有「范陽盧文弨增校」一行，在撰人姓名後，爲先生手書，蓋欲刊刻而未果者。有「抱經堂藏書印」、「歙西長塘鮑氏知不足齋藏書印」、「六一山房藏書」、「鄞六一山房董氏藏書」諸印。

詩外傳十卷 明刊本

漢韓嬰撰

錢惟善序（至正十五年）

林應麒刻韓詩外傳序（嘉靖戊戌）

版心有「通津草堂」四字。

韓詩外傳十卷 明刊本

［漢］韓嬰［撰］

錢唐楊祜序（嘉靖十八年）

濟南鵲湖陳明序（同上）

薛來跋（嘉靖己亥）

版心有「芙蓉泉書屋」五字。有「宗室盛昱收藏圖書」印。

禮類

周禮十二卷 校明刊本

鄭氏注

錢聽默手跋：《周禮》宋本「纂圖互注」者流傳尚多。庚子歲余得京本《校注鄭注周禮》，内附《釋文》，係巾箱本，因取此本於邗上旅寓校讐一過，是正頗多。然此本亦翻宋刻佳本，尚多誤謬，信書之不可不參校也。庚子孟夏，聽默識。

黄復翁手跋四十一則：

聽默者，姓錢字景凱，住山塘，書賈中識古之人也。《天禄琳琅》云「白隄錢聽默經眼」，即其鈐於古書之圖記也。復翁識。（下有「丕烈」印）

案此本最佳。錢云尚多誤謬，此惑於他本也。

《周禮》「纂圖互註」本曾見宋刻，非佳本也。經注本此爲最善，不附《釋文》，尤爲可寶。是書藏某家，因有錢聽默校宋本，物主視爲奇貨。余因集各本校此書，不得不購此一明刻損污之本，出番餅十枚置之，可云書魔矣。乙亥秋九月小盡，復翁。（首有「千頃陂」，末有「老蕘」印）

某家得此時，見有校宋本在上，已出重貲，故此時購之必索重直，且經估人之手，宜其增至十番也。又余所見互注本而《秋》、《冬》二官非互注者，向在海寧陳氏，今聞已轉徙矣。十月二十七日，復翁。

十一月十一日，亦取「纂圖互注」本參校一過。未知與錢所校本同否，所校時有出入。

董本每葉二十二行，每行大二十一字、小二十六字。

「纂圖互注」本每葉廿四行，每行大廿一字、小廿五字。注後加一圈方附《釋文》。「重言」、「重意」

以墨匡陰文，皆取本書相類之文，互注則取證他書。

又以董本覆校。（以上卷一）

以「纂圖互注」本參校。

以董本覆校。（以上卷二）

周香巖書屋藏岳板真本，存《地官》、《春官》，計三、四、五、六卷。乙亥秋校。

岳本校，每葉二十行，行十七字。

此二卷已校真岳板，略參校「纂圖互注」。

岳板第三卷共三十七葉無缺。

以「纂圖互注」本參校。（以上卷三）

《春人》下以翻岳本補校。

以「纂圖互注」參校。（以上卷四）

岳板第五卷廿七葉無缺。

以「纂圖互註」本參校。（以上卷五）

岳板第六卷共五十七葉（最後一葉不全）。

以「纂圖互註」本參校。

此嘉靖本《三禮》中之《周禮》也。昔以青蚨六百餘文購一塾師讀本，已點污矣，久而失去。兹復置此，污損更甚，卷中紅筆是也。老蕘記（以上卷六）。

小字宋本校，共十八葉，内缺十三、十四兩葉。

以岳本覆。

以「纂圖互注」本參校，與錢校合。（以上卷六）

小字宋本校。共十八葉，此卷全。

以岳本覆。

以「纂圖互注」參校。

余於去秋校《周禮》，曾借五柳居所收小字宋本，校《天官》上下卷於毛刻《注疏》本上。後屬陸東蘿覆校。付刊之様，以嘉靖本爲主，其他宋本有勝於嘉靖本處，時一參之，故此刻《天官》上下有小字本，皆就舊校毛本上臨出也。原校小字宋本係首册，《天官》上、下全，《地官》止有上卷，因向有真岳本，故未校。頃從書友又獲一小字宋本，即五柳居所收原帙而散佚者，係《夏官》上、下。余《秋官》止有上卷，急收之而校於此，間有一二佳處，其誤者亦復不少。援前校例，《秋官》向有蜀大字本，故亦不校也。丙子閏月十有二日，竭竟日之力校之。復翁記。（以上卷八）

蜀本每葉十六行，行十六字。

宋本《秋》、《冬》二官無「纂圖互注」者，係配在「纂圖互注」本後，用以校此經注，在既校蜀本後。

（以上卷九）

蜀本校。共三十葉，無缺。

以宋本校。

蜀本《秋官》二卷，向藏虚白堂楊氏，余從惕甫乞得，遂爲己有，入諸《百宋一廛賦》。今秋又從香巖精舍購獲岳板真本《地官》、《春官》四卷，與此適得《周禮》之半，凡天下事得半已足矣，寧復全耶。此外余本藏顧氏，董本藏蔣氏，皆非全璧也。復翁。（以上卷十）

以岳本校。

以宋本校。

校余仁仲本在岳本上，據校。（以上卷十一）

此本卷一末有錢聽默跋，云得京本校注《秋官》，又多蜀本校字。余兹校德興董學士宅集古堂本于汲古《注疏》本上，復以董本參錢所校者，但就錢校處參校董本經注，與此本異同字不復校上者以有全校本在毛刻上也。董本有鈔補卷，故宋刻標曰「董本」，缺卷標曰「鈔補」云。復翁。

以岳本校。

丙子十月，借鈕非石手校顧抱沖藏余仁仲本又一校。

海寧陳仲魚僑吴之時，與余同好收書，故彼此所收，非見知即聞知也。渠從嘉禾金公手得宋刊《周禮》經注，《天官》至《夏官》皆「纂圖互注」本，《秋》、《冬》二官則單注有經文者也。仲魚歸隱向山閣，蹤跡不常晤。今秋思校《周禮》經注付梓，因購各家宋本，遂往借之，適已轉徙他所。幸他所反近在吾郡，仍託友借之，校如右。兼用墨筆黄筆者，以先有二色筆校別本也。竊思天壤間事每相左，即如陳本不能守而轉徙他所，董本余不能收而已售他人，皆事之相左者也。今將以嘉靖本付梓，而以各本異同入《札記》中，聊以償余宿願也耳。乙亥十一月十五日，復翁。

陸東蘿識語五則：

戊寅四月廿有七日覆勘一卷。損之。（卷一後）

廿八日竟此卷。損之。（卷二後）

廿八九日校盡此卷。損之。（卷三後）

五月十六日校盡此卷。損之。（卷四後）

丁丑孟夏，又用海寧吴查客藏「重言重意」宋本校《夏官》下卷。損之。（卷八後）

右嘉靖徐刻《周禮注》，錢聽默以「纂圖互注」本校，黄蕘翁復以集古堂董氏本、互注本校《天官》，以董本、岳本、互注本校《地》、《春》二官，以董岳互注本、小字本校《夏官》，以董本、蜀大字本校《秋官》，以董本、宋單注本、余仁仲本校《冬官》。又屬陸東蘿再校。朱黄粲然，即《士禮居叢書》付刊之底本也。諸本異同，其大者已具蕘翁《札記》中，然終不如此校本之詳悉。今諸宋本已大半亡佚，則此書殆可作百衲本觀也。本爲朱文游藏書。有「滋蘭堂藏書印」、「敬輿珍賞」二印。

周禮十二卷 明覆宋本

鄭氏注

此余所藏明嘉靖間徐刻《三禮》之一，即吳門黃氏《士禮居叢書》本所自出也。黃本盛行於世，羣推爲善本。其後附《札記》，自發其例云：於經注訛舛之字，皆校宋刻正之；至於嘉靖本之獨勝於諸本者，不敢易以他本。又云：此刻係校宋本，故改字獨多，然必注明以何本改定，非妄作也。然瑞安孫仲頌比部以原本校黃刻，謂其言頗不售。孫氏云，原刻經文大致依《開成石經》，譌捝頗少。今檢黃本，如《追師》經「爲副編次」，「次」譌作「取」。《大司徒》「阜蕃」，「蕃」譌作「藩」。《遂師》經「抱磨」，「磨」譌從「广」、「墓」。《大夫》經「居其中之室以守之」，「以」譌作「而」。《射人》經「其摯」，「摯」譌從「執」。《大司寇》經「凡萬民之有罪過而未麗於灋而害於州里者」，上「於」字譌作「于」（經例用古字，宜作「于」，而此經各本皆作「於」，蓋其譌已久。且黃本於下「於」字仍依原本作「於」，則上「于」字非因字例校改明矣）。《掌囚》經「適市」，「市」譌作「士」。《弓人》經「斲摯必中」，「摯」譌作「贄」。皆原本不譌而黃本轉譌者。注中譌字尤不可枚舉，如《小宰》注「要會謂計最之簿書」，「謂」譌作「諸」。《庖人》注「禽獻」，「獻」譌作「獸」。《醫師》注「身傷曰瘍」，「傷」譌作「瘍」。《大司徒》注「通財」，「財」譌作「材」。《載師》

注「在野則曰草茅之臣」，「茅」譌作「莽」。《司門》注「死國事者之父母也」，挩「者」字；「而止客以俟逆」，「逆」譌作「迎」。《委人》注「謂疏材」，「疏」譌作「歛」。《職喪》注「含襚」，「襚」譌作「隧」。《詛祝》注「使祝爲載書」，「書」譌作「辭」。《小史》注「欲誅於祝史」，「誅」譌作「誄」。《司弓矢》注「弱弩發疾也」，「疾」譌作「矢」。《大司寇》注「封之外朝門左」，「封」譌作「樹」。《士師》注「舒民心也」，「舒」譌作「紓」。《大行人》注「以所貴寶爲摯」，「摯」譌作「贄」。《陶人》注「觳受三升」，「受」譌作「實」。《匠人》注「正門」，「門」譌作「朝」；「杜子春云」，「杜」譌作「鄭」。《弓人》注「栗讀爲榛栗之栗」，首「栗」字譌作「㮚」(「㮚」、「栗」古今字，注例用今字，當作「栗」)。皆原本及宋以來諸本皆不譌而黄本獨譌。又如《瘍醫》注「丹沙」，宋、明各本皆作「砂」，俗字也，惟嘉靖本作「沙」爲近古，此正所謂獨勝於諸本者，而黄本轉改從俗，斯尤僨矣。又有明刊誤而黄本失校者。如《天府》注「司禄文昌第六星」，「文昌」譌作「文星」。《伊耆氏》注「當以王命受杖者」，「受」譌作「授」。《弓人》注「邪行絶理者」，重「絶理」二字。黄本均沿襲未及改正。又如《大司徒》注「核物梅李屬」，各本皆作「李梅」。《小宗伯》注「鄭司農立讀爲位」，各本「立」上並有「云」字。《冢人》注「大夫士以咸」，各本並無「士」字。《喪祝》注「防爲執披」，各本「爲」並作「謂」。以上諸條阮《記》亦失記。若此諸條，義雖可通，而與舊本迥異，黄本《札記》亦絶無榻著，皆其疏也云云。余復以此本校黄本一過，知黄刻疏處尚不止此，如《司諫》經「而可任於國事者」、《司市》經「各於其地之敘」，黄本並改「於」作「于」。《舍人》經「車米筥米芻禾」，「禾」譌作「米」。《大宗伯》經「告備于王」，「王」譌作「玉」。《職方氏》注「虖池出鹵城」，「出」譌作「在」。《輪人》注「壼中當輻菑者也」，「輻」譌作「幅」。亦原本及各本皆不譌而黄本獨譌者。又如《考工記》「陶瓬」，及《瓬人》之「瓬」，《唐石經》及宋以後諸本皆譌作「旊」，獨此本不譌，而黄氏《札記》云「瓬」譌「旊」，據《説文》改正。《輪人》注「謂殺輻之數也」，余仁仲及岳倦翁本「之」作「内」，此本仍作「之」，而《札記》云「之」誤「内」，據宋單注本及董本改，尤爲傎倒事實。又有此本絶勝處爲黄刻妄改者，如《戴師》注「故書漆林爲桼林」，惟故書作「桼林」，故杜子春改讀爲「漆林」，若本作「泰林」，則諸本「桼林」皆譌作「泰林」，黄改從之。「泰」本「漆」之正字，又何煩改讀乎。又《巾車》注「勒面謂以如王龍勒之韋爲當面飾也」，岳本同，黄刻從余仁仲本改「如王」作「如玉」，阮《校》亦云「玉」是「王」非。實則「龍勒」爲王革路之勒，此王后重翟車，亦用龍勒之韋爲面，故云「以如王龍勒之韋爲當面飾也」。又《朝士》注「若今加貴取息坐贓」，「加貴取息」即《漢書·王子侯表》所云「取息過律」也，觀上注意自明。黄據《司厲》注改爲「加責取息」，語不可通。凡此諸條，孫氏皆未校出，設無此本，又安知黄刻之疏誤至是乎。又此本祖本，阮文達定爲北宋本，孫比部以書中「桓」字闕筆，謂係南渡初翻刊北宋本。余以岳倦翁《九經三傳沿革例》證之，知出宋建大字本。倦翁謂《小宰》經「贊王幣爵之事」，諸本「王」皆作「玉」，惟越《註疏》本及建大字本作「王」。此本正作「王」，而又不附《疏》，其出建大字本無疑。建大字本宋人謂之「無比《九經》」，觀上所舉諸條，殆不愧此稱。自來目録家無知是爲建本者，故特著之。

周禮十二卷 明覆宋本

鄭氏注

單注，附音、附句讀。每半葉八行，行十七字。每卷每葉右角記「某官上」或「某官下」，與相臺本諸經同，蓋有明中葉所翻岳本也。岳本《周禮》傳世者僅有殘帙，吴門黄氏舊有《地》、《春》、《夏》三官六卷，阮氏《周禮校勘記》每卷間引證岳本，而前引據各本目録不列其書，蓋僅據傳校之本，不獨未見原書，即此明代覆本亦未之見也，故於岳本佳處頗不能盡舉。如《冬官·弓人》經「夫筋之所由蟾」，岳本「蟾」下有「也」字。《地官·掌蜃》注「天王使石尚來歸蜃蜃之器，以蜃飾」，岳本上兩「蜃」字皆作「脤」。《秋官·司刺》注「若閒帷幄，忘有在焉，而以兵矢投射之」，岳本「在焉」下有「者」字。《司約》注「大亂謂僭，約若吴楚之君」，岳本「君」下有「僭稱王」三字。此皆與諸本異而勝於諸本者，阮《校記》中均未拈出。此雖明代覆本，而紙墨精湛，首尾完具，致可寶也。舊爲吴縣潘文勤藏書，有「吴縣潘氏鄭庵藏」分書長印。

周禮六卷考工記一卷 明刊本

漢鄭玄註　後學陳鳳梧編次

陳鳳梧序（嘉靖丁亥）

此書陳氏用宋俞壽翁、元吴草廬、明舒國裳説，亂五官次序，并移以補《冬官》而別附《考工記》於後，頗爲專輒。然猶是明中葉舊帙，且注文全用鄭注，所附「釋音」亦無删節，頗足爲校經之助。有「少溪私印」、「子信」、「檇李項藥師藏」、「萬卷堂藏書記」諸印。

周禮六卷 校本

漢鄭康成注　唐陸德明音義　長洲陳碩甫先生校

卷末有識語曰：道光五年八月二十五日校《周禮漢讀考》一遍，時在武林錢河署也。碩甫陳奂。

周禮句解十二卷 明刊本

［宋］魯齋朱申周翰

有「鳴西堂張氏藏書印」、「張羅山收藏印」二印。

周禮集説十一卷附復古編一卷 明刊本

［元］吴興後學陳友仁君復編　［卷三卷四下題］關中劉儲秀編補

陳氏自序（至正戊子）

江浦張瑄跋（成化甲午）

儀禮十七卷 明刊本

單經無注，似正德、嘉靖間刊本。凡南北監本經文挩落處，此本皆完具，蓋猶出宋元舊槧也。

儀禮十七卷 明覆宋本

此徐刻《三禮》之一。佳處多與嚴州本合。其與嚴本異者，多從北宋監本，亦間用張忠甫《識誤》之説，蓋原本刊行在浙本之後也。版式與徐刊《周禮》、《禮記》同，蓋亦出建大字本。

儀禮十七卷 校本

袁又愷手跋：乾隆甲寅七月借瞿氏嘉靖本校，十一日勘畢此篇。廷檮。

又跋：校增之字悉從嘉靖本。瞿鏡濤以各本校於嘉靖本上，今並録於上方。所稱「此本」者，嘉靖本也。其又以《開成石經》所校之字，則以墨筆别之。鏡濤名中溶，號安槎，爲錢少詹佳壻，家有醉經樓，藏書甚富。

又跋：甲寅八月十日校畢，嘉靖本之異同並著於下方。袁廷檮。

又跋：越六日覆校一過，五日而卒業。

陳碩甫跋：此本袁又愷（廷檮）所校各本之異同，特爲精備，余得諸吴有堂（志忠）家。陳碩甫奂記。

費屺懷跋：辛丑二月，從郋亭師假讀，臨校一過。念慈記。

此袁又愷手跋本，校于張氏《儀禮鄭注句讀》上。前有「曾在三百堂陳氏處」一印。

儀禮注疏十七卷 明刊本

漢鄭玄注　唐賈公彦疏　後學廬陵陳鳳梧編校

賈公彦序

《南雍志》云，《十三經注疏》刻於閩者（謂十行本，附釋音，《注疏》後版歸南監），獨缺《儀禮》，以楊復《圖説》補之。嘉靖五年，巡撫都御史陳鳳梧刻於山東，以板送監。是此本即明南監本。金氏曰追《儀禮正譌》謂爲元陳鳳梧本，誤也。其後李元陽本、北監本、毛子晉本皆自此出，諸本經注多譌脱，亦始於此本云。

儀禮經傳續二十九卷 明刊本

［宋黄榦撰］

楊復序（嘉靖辛巳）（在卷十六後）

儀禮圖十七卷儀禮旁通圖一卷 宋刊本

［宋楊復撰］

顧千里手跋：余爲蕘圃校《儀禮》，嘗見此書，其中無《筭爵圖》暨《司射誘射》、《聘禮》之《授使者幣》、《使者受命》諸圖，凡諸舊本俱有脱誤，獨此無絲毫舛錯，洵善本也。（下有「顧廣圻印」）

此書每半葉十行，行二十字。前有晦庵朱文公《乞修三禮奏劄》及賈公彦《儀禮注疏序》，而闕楊氏自序，與張氏愛日精廬藏本正同。舊爲明菉竹堂葉氏藏書，先後歸常熟蔣文肅、吴門蔣薌生，今又在余齋，可謂吾家故物矣。有「葉盛」、「與中」、「菉竹堂」、「宋刊奇書」、「蔣廷錫印」、「西谷王圖炳印」、「歆州」、「虞山張蓉鏡鑒定宋刻善本」、「虞山張蓉鏡芙川印信」、「張伯元別字芙川」、「蓉鏡私印」、「蓉鏡」、「芙川」、「琴川張氏小瑯嬛福地藏書」、「小瑯嬛清閟張氏收藏」、「在在處處有神物護持」、「茂苑香生蔣鳳藻秦漢十印齋秘篋圖書」諸印。

儀禮十七卷儀禮圖十七卷儀禮旁通圖一卷 元刊明修本

晦庵朱文公乞修三禮奏劄

楊復序（紹定戊子）

陳普序（大淵獻之歲）

每半葉十行，行二十字。前有寧德陳普序，云「大淵獻之歲，昭武謝子祥刊《儀禮》本經十七篇及信齋楊氏圖成」云云，但著歲名，不記年號，殆刊於元之初葉。行款與宋本同，即自宋本覆刊也。明南監《十三經注疏》無《儀禮》，即印此以代之。明補甚多，板心有「正德六年刊」、「正德十二年」、「閩何校林重校」等字。

鄉射禮集要一卷 明刊本

明華亭儒學教諭三山傅鼎撰

自序（弘治甲子）
北地王綸跋（同上）
劉希跋（正德三年）
此正德戊辰通城學覆刊弘治本。前有「周宫之印」、「東序」二印。

禮記不分卷 明刊本

單經無注。前有陳澔序。《中庸》、《大學》皆有録無書，蓋即用《集説》本經文上木也。

禮記不分卷 明刊本

單經無注。《中庸》、《大學》二篇有録無書，下注「朱子章句」四字，蓋亦用《集説》本。卷首有「武昌朱廷立校」六字。

禮記 宋刊宋印本

鄭氏注

宋撫州刊本。每半葉十行，行大十七字、小二十三字。存卷三至卷五、卷十六至卷二十，而卷三又闕首葉，卷四闕末葉，卷五首尾各闕二葉，卷十六闕首十葉，卷二十闕末二葉，計存八卷一百三十六葉。中惟八葉爲淳熙四年原刊，餘皆宋時補板。其署「壬戌刊」者，嘉泰二年也。署「開禧乙丑换」者，開禧元年也。署「壬申」、「癸酉」、「甲申刊」者，嘉定五年、六年及十七年。署「辛卯刊」者，紹定四年。「壬寅」、「戊申刊」者，淳祐二年及八年。「癸丑」、「丁巳」刊者，寶祐元年及五年也。淳熙舊板至是更换殆盡，故與陽城張氏所刊淳熙本校，頗有異同。如張本卷三「使子貢問之」，此本「子貢」改「子路」，與岳倦翁所舉興國及建諸本同。卷五「犧牲毋牝」，此本「牝」上有「用」字，與毛居正所舉建本同。卷十九「慎靜而寬」，此本「寬」上剜增「尚」字，與岳倦翁所舉興國本、建大字本、余仁仲本同。又卷十六「《詩》云予懷明德」，此本「云」作「曰」，與余家所藏宋刊「纂圖互注」本及嘉靖刊本同（以上三條二本亦與此本同）。又卷三注「他志謂利心」，「利」此本剜改作「私」。又注「謂高四尺所」，此本無「所」字。卷四注「并四十九」，此本「九」作「六」。「丁亥萬用入學」，此本「用」作「舞」。卷十六注「此顯也」，此本「顯」作「頌」，卷十七注「讀如禾氾移之移」，此本「禾」作「水」；「此皆相爲昏禮」，此本「相」下有「與」字；「言此緇衣者」，此本「緇衣」上有「衣」字。卷十九注「此兼上十五儒」，此本「十」上有「有」字。並與宋刊「纂圖」本及嘉靖重刊宋建大字本合，蓋宋世補刊淳熙本時，又據各本校改也。至卷十八經「有賓後至者」，此本與各本皆同，張本「賓」作「先」，而校記不出此條，蓋張本寫刊之誤，非出淳熙原本也。此本爲明文淵閣舊藏，雖淳熙原板所存無多，而後來修板校改之字反藉此本而存，亦可云祕籍矣。

纂圖互註禮記二十卷　宋刊宋印本

鄭氏註

尤悔庵手跋：　康熙丙子上元後一日，長洲西堂老人尤侗借讀。

錢夢廬手跋：　右宋板《纂圖互註禮記》，今年秋金閶友人攜來，余苦於阮囊羞澀，因極力慫恿胡聳篴江購藏。彼漫不知省，任友人攜去，悵然累日。小春二十八日，琴川張芙川先生遠寄是書屬跋，復得重觀，不勝欣幸。因有「玉磬山房」及「三橋」等藏印，其第一卷缺二十五葉，鈔補者疑是待詔、學博二公手筆，其實非是，細審是學博長子子悱先生所書。先生爲文肅公之父，隆慶戊辰恩貢生，初任浦江令，升衛輝府同知，頗著賢聲，卒後私謚端靖先生，從祀蘇州府學鄉賢祠及浦江縣名宦祠。著有《蘭雪齋稿》、《清涼居士集》、《文奉議集》、《學圃齋隨筆》、《續隨筆》等書，惜俱未得寓目。諸文書畫傳世尚多，獨先生遺跡甚尠。其藏印有「劉履」、「坦齋」，是明初人，曾著有《選詩補註》者。國朝中又藏海昌查初白先生家，亦有印記，流傳有自，足寶貴耳。今爲芙川先生得之，慶此書之得所歸矣。爾來古籍日稀，幸善藏之。道光十二年壬辰小春二十八日，嘉興錢天樹識。（下有「天樹印信」、「子嘉」二印）

又跋：　上有清悶閣印，是元時藏倪雲林家也。中又有得樹軒及蔣揚蓀印記，則又曾在南沙相國處。芙川值又同里，更宜珍重。同日燈下又識。（下有「夢廬」一印）

楊恬莊手跋（道光癸巳）。

李申耆手跋：　此宋刻「纂圖互註重言重意」本，義例無足取，而鄭注具在，賴可校正時俗之本。如《檀弓》「司徒旅歸四布」節「曾子言喪禮祖而讀賵」，「喪」作「非」，「祖」作「祖」；「天子之棺」節「凡棺因能濕之物」，「因」作「用」。《王制》「凡四海之内」節「盈上四等之數并四十九」，「九」作「六」；「天子之縣内諸侯」節「不能位」，「位」作「世」。《儒行》「席上之珍」節，注三十三字爛奪訛誤，此不誤。《鄉飲酒義》「鄉人士君子」節「不敢專大惠」下注脱一百八字，此不脱。又《檀弓》「舉者出户，出户袒」與《石經》同，《王制》「亦弗故生也」與《石經》同，皆可與阮氏《校刊記》參證。其餘小小異同處定是不少，若依《校刊記》撰次補入，亦足廣異文也。芙川以此本見示，録所見如此。道光甲午初秋，李兆洛識。（前有「養一」、後有「申耆」二印）

吴小軒手跋：　甲午冬，芙川以宋刻「纂圖互註重言重意」本《禮記》見示，其義例爲初學而設，無關得失，惟鄭注單行，附以陸氏《釋文》，可藉以校正別本。因於前李跋所舉外，更爲攷正。如《王制》「此四誅者不以聽」節「爲其爲害大而辭不可習」，「習」作「明」。《文王世子》「遂設三老五更」節「帝位之處」，「帝」作「席」；「既歌而語」節「諸合樂之所美」，「諸」作「説」；「下管象舞」節「前歌後武」，「武」作「舞」。《禮器》「三代之禮」節「青尚黑」作「黑尚青」（當云「黑尚青」作「青尚黑」）。《内則》「羹食自諸侯以下」節「庶羞亦異耳」，「亦」作「乃」。《玉藻》「君衣布搢本」節「去珽荼佩士笏也」，「佩」作「飾」；「出杅履蒯席」節「連同也」，「同」作「飾」；「肆束及帶」節「約組之餘組也」，上「組」作「紐」。《喪服小記》「生不及祖父」節「不貴非時之恩」，「貴」作「責」。《大傳》「一曰治親」節「察存仁愛也」，「存」作「有」，「也」作「者」。《少儀》「其有折俎者」節，「尺柄」作「柄尺」。《祭義》「居鄉以齒」節「雖貧見無子孫」，「見」作「且」。《表記》「君子不自大」節「行過不復循行」，作「過行」；「子曰后稷天下」節「恭儉者之祭」，「恭」作「共」。《昏義》「古者天子后立六宫」節「有象大數也」，「大」作「天」。又《檀弓》「孔子之喪設披周也」節「崇牙」，「崇」字上重一「崇」字。《禮運》「作其祝號」節，「蒻蒲」下有「席」。《坊記》「此令兄弟」節，「猶更」下有「也」字。《中庸》「是故不賞」節，「百君盡刑之」下有「謂」字。《表記》「《詩》曰惟此文王」節「言述行上帝德」，「德」上有「之」字，「《詩》云莫莫葛藟」節「不爲回邪之行要之」，「行」字下有「以」字。皆是書精善處，足以訂惠本之失，且可補阮氏《校勘記》所不及。至《鄉飲酒義》「鄉人士君子」節，李跋謂坊本脱注一百零八字，此本不脱。然攷注内「不敢專大惠」下「鄉人士君子」一百零八字，皆陸氏《釋文》，本未加圈間隔，遂混鄭注，而檢查別本，亦俱在《音義》，並未脱去，中耆先生偶未詳審也。而此本誤處亦復迭出，取惠氏、阮氏諸本復加校勘，改正經文誤字十、注誤字九十七、補脱字二十四、刊衍文十二，正《釋文》羼入鄭注十處，俾是書益臻完善。惟自念學業衰落，老眼昏花，遺漏必多，倘有精於校對者更爲審定，始無遺憾。至卷首鈔補二十五葉，書法欠工，訛謬不少，其爲庸手無疑，可置勿論。時道光乙未立春後一日，小庵居士吴憲澂識。（下有「憲澂」、「霄顯氏」二印）

張尔旦手跋（道光丁酉）。

季錫疇手跋（道光丙午）。

張芙川手跋：　宋刊「纂圖互註」本《毛詩》，每葉二十四行，每行大二十一字、小二十五字。余於愛日精廬見之，蓋南宋刊本也。壬辰十月，書友邵松巖以此「纂圖互註重言重意」本《禮記》來售，行款與《毛詩》同，知宋時所刊原不止一經也。重以宋鍥宋印，遂以重價購之。寄賞於錢夢盧翁，玩其跋語，以首册所缺二十餘葉爲文子悱先生手鈔。細審「劉履」印鈐於補鈔首葉紙上，是非文氏所鈔，劉氏所補録也。夢庵特未加詳審耳。「纂圖互註」本，所見惟宋本卷中有清閟閣印，是在元時已知珍重，宜文氏父子之寶愛也。國初入蔣文肅公家，未知何時流傳郡中。今爲小讀書堆散佚，仍歸海禺。聚散無常，煙雲過眼，不獨爲是書慨也。近來宋槧真本罕覯，偶得一二，殘編斷簡居多，若此墨香紙韻者，尤不易得。癸巳夏，倩善工重加潢治，漫誌數語，俾讀是書者知所授受，後之視今，當更爲感慨耳。六月十一日，蓉鏡艸識。（下有「張蓉鏡印」一印）

又跋：卷首有錢選方印，朱色已脱。元時未知由錢入清閟閣，抑不識舜舉向倪氏借讀也。又記。（下有「芙川氏」一印）

程春海篆書跋：道光庚寅三月二日，古歙程恩澤觀於芙川先生齋頭，因識。（下有「雲芬」、「程恩澤印」二印）

陳鑾手跋（道光甲午）。

每半葉十二行，每行大二十一字、小二十五字。每卷首行題「纂圖互註禮記卷第厶」，次行頂格題「篇名第厶」，又次行低二格題「禮記」二字，又空七格題「鄭氏註」三字。每葉闌外記篇名、卷數、葉數，與宋建安坊肆所刊「纂圖互註」四字同，蓋同時所刊也。闕卷一前二十五葉，舊鈔補足，上鈐「劉履」、「坦齋」二印。坦齋明初人，則尚是元人鈔補也。書中「殷」、「匡」、「恒」、「貞」、「桓」、「慎」、「敦」諸字多闕筆，蓋刊於光、寧二宗以後。余曩以明吴中徐氏覆宋本校撫州本一過，今又以此本校之，知此本佳處與徐刻十合八九。徐刻《三禮》余曩定其出建大字本，此本亦然。如毛誼文《六經正誤》引建本《曲禮上》注「睇，眄也」，《檀弓下》注「專猶司也」，《月令》經「犧牲毋用牝」，岳倦翁《九經三傳沿革例》引建大字本《檀弓下》「使子路問之」，《少儀》「頬杖」，《儒行》「慎靜而尚寬」，此本皆同。惟倦翁引《射義》注「稱猶言也，道猶行也，言行也者不」，此本無「道猶行也言」五字，乃與余仁仲本合，與建大字本不合。蓋建安所刊經本極多，有「經注」本，有「經注附音」本，有「經注附音句讀」本。此爲「纂圖附註經注附音」本，其與大字本相去，中間尚有「經注附音」本及余氏「附音兼句讀」本在，故不盡從大字本也。此本宋末在吾郡錢舜舉家，元時入無錫倪氏清閟閣，明初爲上虞劉坦之所藏。後遞藏吴中文氏、常熟蔣氏、海寧查氏，又從吴中顧氏小讀書堆入常熟張芙川家。上元庚申，此書出自虞山，余介張君菊生搆之。菊生爲涵芬樓購得，以即入《四部叢刊》，約後仍以歸余。《叢刊》既成，菊生遂踐宿約。良友嘉惠，不可以不誌也。有「錢選之印」、「清閟閣書」、「劉履」、「坦齋」、「文彭」、「文壽承氏」、「壽承氏」、「玉磬山房」、「文元發印」、「子悱」、「元發」、「文氏子悱」、「蔣揚孫讀書記」、「海寧查慎行字夏重又曰悔餘」、「南書房史官」、「得樹樓藏書」、「臣名岐昌」、「字曰藥師」、「味夢軒」、「天樹印信」、「蓉鏡芙川」、「張伯元別字芙川」、「蓉鏡珍藏」、「曾藏張蓉鏡家」、「味經書屋」、「小琅嬛福地」、「石友過眼」、「舊山樓」諸印。

禮記二十卷　明覆宋本

鄭氏注

此亦徐刻《三禮》之一。徐刻傳世甚希，故阮文達作《禮記校勘記》時未見此本，惟張古餘作《撫州本禮記考異》，始著此本異同。余以此本勘撫本一過，始知張氏所舉尚有未盡，其與撫本異而與他宋本同者姑置勿論，兹舉其獨勝於諸本者。如《月令》注引《王居明堂禮》曰「帶以弓韣，禮之禖下，其子必得天材」，自《正義》以來諸本皆如此。此本「下」字作「卜」，與《大戴禮·帝繫篇》「帝嚳卜其四妃之子而皆有天下」合。《明堂位》注「刮，刮摩也」，此本作「刮劘」，與《釋文》所據本合。《深衣》注「言可苦衣而易有也」，此亦《正義》本已如是，此本「苦衣」作「善衣」，蓋鄭以「善」訓經「完」，以「易有」訓經「弗費」，且與下經「善衣之次也」相應。皆以此本爲長。此本原本亦出宋建大字本，毛居正《六經正誤》引建本《曲禮上》注「睇，眄也」、《檀弓下》注「專，猶司也」、《月令》經「犧牲毋用牝」、岳倦翁《九經三傳沿革例》謂《檀弓下》經「使子路問之」，建諸本作「子貢」，《儒行》經「慎靜而寬」，建大字本有「尚」字，此本皆與之合。惟倦翁謂《少儀》「頖杖琴瑟」，建諸本作「頖」，此本乃作「頒」，殆覆刊時之誤。又謂《射義》「旄期稱道不亂者」，監、興、余本注云「稱猶言也行也」，越本、建大字本云「稱猶言也，道猶行也，言行也」，多五字。此本卻與監、興、余三本合。然以《周禮》證之，則徐刻《三禮》同出建大字本無疑。豈當時《禮記》建本中有闕卷，因以他本補之與。又此本《中庸》篇目下有鄭《三禮目録》語，則羼入《正義》。又《中庸》注羼入《釋文》二條，《大學》注羼入一條，殆亦建大字本所闕，因以附釋音《注疏》中經注補之與。此本每篇目下必具大題，較之撫、岳諸本尤爲嚴整。百年以來徐刻《三禮》單種尚不易覯，吾齋乃藏此全帙，雖出明覆，然其可貴不在宋本下矣。

附釋音禮記注疏六十三卷 宋刊明修本

唐國子祭酒上護軍曲阜縣開國子臣孔穎達等正義　國子博士兼太子中允贈齊州刺史吴縣開國男臣陸德明釋文

禮記正義序

禮記集説十六卷 明刊巾箱本

元後學東匯陳澔著

自序

凡例

此書舊本或分三十卷，或分十卷。此分十六卷，與天曆刊本及常熟瞿氏所藏一元本同。此本行款亦同瞿本，蓋即從瞿藏元本出。卷末有「太歲丁巳克復書堂新刊」牌子。有「雲間顧仲寅圖籍印」。

禮記十六卷 明内府刊本

元陳澔集説

序

凡例

輯盧氏禮記解詁一卷 稿本

臧鏞堂輯

前有盧抱經先生序，後有附録。末有「庚子十二月讀《易》東窓鈔本」一行。附録後有朱書「五千四百八十七字」，則在東先生手書。蓋當時欲刊入臧氏《述録》而未果者也。

析城鄭氏家塾重校三禮圖二十卷 蒙古刻本

宋通議大夫國子司業兼太常博士柱國賜紫金魚袋臣聶從義集注

竇儼序

李至三禮圖記（至道二年）

昌元王履後序（丁未）

每半葉十三行，行大二十一字、小二十九字。後序云「《三禮圖》余襲藏久矣，常欲刊之梓，與同志共之，家貧未之能也。中間遼東唐括（師皋）爲置書板矣，工費猶無所從出。丙午，余以涪翁《易》、文定公

《春秋傳》授諸生於葛廬，時潞城王貢文舉，暨濮陽聶君天佐來過。聽講畢，偶及是圖。文舉曰：無它求，鄭侯歸，當爲先生成之。未幾，文舉不幸不起，余哭之館中。後數日，鄭侯北還，次日過余衡茅，共話文舉，憫悼久之。又次日，乃遣其客于寅子佳來曰，君所欲之書何在，請工計之」云云。末題「次年季春朔旦長南陽山昌元王履書於楚梓堂」，是此書爲王履所刊，而鄭侯助以刻貲，故題「析城鄭氏家塾重校」。王履不知何時人，鄭侯並不著其名。履自講《易》及《春秋》於葛廬，葛廬謂南陽諸葛草廬，又自署「長南陽山」，蓋縣南陽書院山長也。析城亦在南陽，其地本漢弘農郡析縣，金時置淅川縣，屬鄧州，後并入内鄉（《元史・地理志》謂元初所并，然《金史・地理志》鄧州無淅川縣，蓋金末已廢）。此稱析城，蓋即淅川人矣。至刊此書之年，後序但書「丙午」之次年而無年號，蓋蒙古定宗二年（當宋理宗淳祐七年），下距世祖中統紀元尚十三年，時猶未立年號。往讀程雪樓《南陽書院碑》，云至大初始建廟學，皇慶元年落成，置山長一人，名曰南陽書院。跋此書之王履爲南陽山長，則此書似刊於皇慶之後。然皇慶後丁未乃元亡之年，此書字跡決非元明間刊本，其可定爲定宗二年刊者。蓋太、定二宗時正值金亡之後，金唐、鄧諸州始爲宋有，旋入蒙古。蒙古又屢寇蜀地，故王履以蜀人長南陽山，蓋蒙古之俘虜也。《宋史・孟珙傳》載珙奏「襄蜀蕩析，士無所歸，蜀士聚於公安，襄士聚於郢渚。臣作公安、南陽兩書院，以没入田廬隸之，使有所教養」。此事在宋淳祐五年，即蒙古定宗即位之前一年。蓋金時鄧州故有南陽書院，宋人因之，及地入于蒙古，孟珙乃設之於郢口，以居襄鄧之士。其實此時蒙古之鄧州亦有此書院也，元初中廢，程雪樓之記乃誤以復舊爲創始耳。此汲古閣藏書，毛子晉、何義門皆目爲宋本，實則鄧州此時地不屬宋，乃蒙古刊本也。通志堂所刊即據此本而改其行款。何義門評通志堂本云「汲古宋本序文稍有譌處，已經改正。書中譌錯頗多，以不依宋本款式也」。今以此原本校之，如卷四《宮寢圖》前有宮寢制，及天子五門曰皋、曰庫、曰雉、曰應、曰路，注「舊本只圖五門而無名目，今特添設之」，共二行，通志堂本移在此節之末。卷八并夾圖中有一矢，通志堂本失畫矢形。卷十三斛釜後有三鼎序一行，通志堂本奪。皆由不遵原本行款，故有此失，則義門之言不誣。此本刊印皆精，惟闕前三卷，明人景寫補全，字畫亦精雅。有「宋本」、「甲」、「毛晉」、「汲古主人」、「毛氏子晉」諸印。

新刊三禮考注四十八卷 明刊本

元翰林學士臨川吴澄幼清撰　明翰林修撰吉豐羅倫校　建昌知府長樂謝士元重校刊行

羅倫序（成化九年）

楊士奇跋

夏士正跋（成化九年）

此本羅序後有《序録》、《綱領》二篇，目録後有「龍飛戊子歲孟夏月詹氏進賢堂刊」一牌，《儀禮》及夏跋後各有「嘉靖戊子孟夏月詹氏進賢堂刊」一牌，《儀禮》及夏跋後各有「嘉靖戊子孟夏之吉書林清江書堂重刊」一牌，《周禮》後有「嘉靖七年孟夏清江書堂重刊」一牌，似嘉靖間覆刊之本，實則不然。蓋成化本《周禮考注》十六卷、《儀禮》三十八卷、《曲禮》十卷，三《禮》各自爲卷，合爲六十四卷。至嘉靖間，書賈得其板而佚去《儀禮》本經十七卷，乃改刻目録，分《周禮》爲十七卷，以《儀禮逸經》、《儀禮傳》接《周禮》之後，復以《曲禮》卷數接《儀禮》後，而《曲禮》卷三以下目録仍未改刻，版心亦未改，故有此差池。實則此本只四十七卷，非四十八卷，其板亦即成化原刊，非嘉靖重刊也。《周禮》末有朱書題識云「乾隆辛丑秋八月讀於金閶寓齋。泳」，審是錢梅溪手筆。又有「南陽講習堂」、「沈廷芳印」、「椒園」、「紅椒庭院」、「王定安印」、「鼎丞珍賞」、「俵陵王氏寶宋閣收藏之印」、「寶宋閣」諸印。

三禮纂注四十九卷 明刊本

［明貢汝成撰］

宋儀望序（萬曆乙亥）

自序

前有翰林院印。《四庫存目》即據是本。

大戴禮記十三卷 校明刊本

漢九江太守戴德撰

宋潁川韓元吉序

全書以朱墨校改。卷一有識語曰「篇中字與《小戴》異者，後人或據彼文妄改，並從《大典》及至正本校定。乃孔叢伯先生手筆也」。有「高不騫印」、「布衣釋褐」、「華亭高氏耆書堂印章」、「勃海伯子」、「不騫勘本」、「文宣王七十世孫廣林藏書」諸印。

禮書一百五十卷 宋刊本

［宋］左宣義郎太常博士臣陳祥道上進

進禮書表

禮書序

每半葉十三行，行廿一字。開卷有「東觀後學」印。

文公家禮儀節八卷 明刊本

後學丘濬輯

丘濬序（成化甲午）

引用書目

文公家禮自序

丘濬序（成化庚子）

據瓊山跋，此書初刊於廣州，多誤字，攜至京師校之，又加句讀，付建陽書肆重刊。此正德翻刊本，復去句讀。卷末有「正德戊寅孟秋吉日直隸常州府重刊」一行。有「俞立功印」、「見性」二印。

春秋類

春秋不分卷 明刊本

單經，無傳注。末有「弘治丙辰進士莊繹刊」一行。天一閣藏書。

春秋經傳集解三十卷 明覆宋本

杜氏
春秋序
春秋諸國地理圖
三王五帝諸國世次圖
春秋名號歸一圖(凡二卷)
諸國興廢
春秋總例
春秋始終
春秋傳授次序
後序

卷末有圖記云「謹依監本寫作大字，附以《釋文》，三復校正刊行。如履通衢，了無窒礙處。兼列圖表於卷首，跡夫唐虞三代之本末源流，雖千歲之久，豁然如一日矣，其明經之指南歟。以是衍傳，願垂清鑑。淳熙柔兆涒灘中夏初吉，閩山阮仲猷種德堂刊」。

每半葉十行，每行大十八字、小二十二字。常熟瞿氏有宋刊本，此則明代覆本也。此本據仲猷題識云依監本，然往往與建上諸本合。如僖二十五《傳》「懷與安」，岳倦翁謂建上諸本作「懷其安」，監本作「懷與安」，此本仍作「其」。僖三十年《傳》「若不闕，秦將焉取之」，諸本多無「若」字與「將」字，建上諸本則有之，此本雖有「若將」二字，而此行字數增多，有剜改之跡，蓋初刊無此二字，後從建本增入也。原書刊於閩中，其兼用建本亦固其所。此書爲先大父舊藏，以貽長姑丈秀水王夢仙景曾先生。先生以同治丁卯舉人，官刑部員外郎，病歿於京邸，其眷屬不盡在京，故遺書頗有散出。事隔三十餘年，余復從滬肆得之，楚弓楚得，不徒以舊本重矣。有姑丈及先大父藏印。

春秋經傳集解三十卷 明覆岳本

杜氏註

春秋序

怡邸藏書。前有「明善堂覽書畫印記」印。

春秋左傳注疏六十卷 校本

晉杜氏註　唐孔穎達疏

北監本。錢竹汀先生以《開成石經》校經文，以陸氏《釋文》校經注。其餘考訂頗多，並有可廬先生録竹汀語及自加考訂之處，則稱「竹汀曰」或「大昭案」以別之。乃錢氏家塾書也，有「錢氏藏書」、「大昭」、「晦之」三印。

春秋公羊疏七卷 宋刊本

無序及撰人姓名。每半葉十五行，行二十五六七字不等。存首七卷，餘闕，又卷二闕末半葉，卷三闕首七葉，卷七闕第七葉，又闕末第十一、第十二兩葉。其分卷與十行《注疏》本不同，卷一「隱公一」起序，盡元年正月。卷二「隱公二」，起元年三月，盡二年。卷三「隱公三」，起三年，盡十一年。卷四「桓公一」，起元年，盡六年。卷五「桓公二」，起七年，盡十八年。卷六「莊公一」，起元年，盡六年。卷七「莊公二」，起七年，盡十三年。宋諱「敬」、「殷」、「恒」、「貞」、「完」、「桓」諸字俱缺末筆，乃南渡後重刊北宋監本。而卷三第十一、十二兩葉，卷六第十二葉均明初刊補，乃明初南監印本也。此本與舊所得《爾雅疏》皆明文淵閣舊藏。《爾雅疏》二百年前已流出人間，此本近時始出，又未見有他本，故自來收藏家未見著録。其全書宋以後官書簿録皆云三十卷，明黄佐《南雍志·經籍攷》亦有《公羊傳疏》三十卷，卷數與宋以來所云單疏本合，而與十行《注疏》本不合，即是本也。宋刊本單疏傳世者，臨清徐氏有《周易疏》，日本有

《尚書》、《毛詩》二疏，前吴門黄氏有《儀禮疏》，吾郡陸氏及寒齋並有《爾雅疏》。其餘《左氏》、《穀梁》二疏，僅存寫本，而《穀梁疏》又僅存前半，比《公羊疏》所存雖不及四分之一，亦可云希世秘笈矣。疏中記經注起訖，與十行本殊有異同，其餘足正十行本譌奪者甚多。如卷一，二葉「得端門之命」，十行本「端」譌「瑞」；三葉「致他問難」，「他」譌「地」，「説義不是」，「是」譌「足」；四葉「將欲存立」，「欲」譌「慾」；六葉「以其春作秋成」，「春」譌「書」；七葉「必告示象使知命」，「示」譌「云」，「春秋之信史也」，「史」譌「忠」；八葉「實不相干涉」，「實」譌「雖」；十一葉「故偏道之矣」，「偏」譌「徧」；十三葉「莊五年冬公次于郎」，「五」譌「三」。卷二，一葉「即恐下三國不是」，「三」譌「二」；四葉「云下士略稱人者」，「士」譌「言」；八葉「襄三十年夏五月王子瑕奔晉」，「三」譌「二」，案「襄三十年夏五月甲午宋災」，「三」譌「公」；十葉「録季子之遏惡也」，「遏」譌「過」；十一葉「未書楚滅穀鄧」，「未」譌「末」；十三葉「即《昏禮記》云宗子無父」，「宗」譌「言」。卷三，八葉「前此則曷爲始乎」，「此則」譌「貶」；九葉「是以不得復發傳」，「發」譌「祭」；十葉「正見上二年冬」，「上」譌「注」；十三葉「五月不言初者」，「初」譌「於」；十四葉「叔孫州仇」，「仇」譌「氿」。卷四，二葉「叔仲惡伯直見殺耳，不如苟息死之」，「見」譌「是」、「如」譌「知」；四葉「恩痛王文深厚」，「痛」譌「事」；七葉「則如此皆堂豆數也」，「皆」譌「者」。卷五，四葉「晉矦獳卒」，「獳」譌「孺」。卷六，四葉「即隱二年冬十月伯姬師于紀」，「二」譌「三」。卷七，二葉「其歸字有作販字者」，「販」譌「敗」（字當作「皈」，六朝人以「皈」爲「歸」字）；四葉

「故以君薨稱子某言之者」，「某」訛「其」；七葉「謂作徒役也」，「役」訛「設」；「雝塵塞也」，「塵」訛「壅」（按《疏》引李巡訓「雝」爲塵塞，乃取《詩》「維塵雝兮」爲説，若云「壅塞」，「壅」即「雝」字）。又卷一，一葉「所以《春秋》言志在，《孝經》言行在者」，十行本奪「者」字；六葉「左氏首已有成解，不能重載」，十行本奪「有」字，於「能」下增一圓圍。卷三，九葉「獨自考宮，以非禮書而已」，十行本奪「書」字。卷六，十三葉「何故不致會而致伐者」，十行本奪「會」字。又卷五，三葉不複「曷爲待君命然後卒大夫」十字，皆以此本爲優。至此本複舉經注之文，亦有可資考證者。如卷七，一葉複舉經文「列星不見，何以知夜之中」，知《疏》所據經「見」下無「則」字，與《唐石經》異。又卷一，十四葉複舉注「禮，男至如之」，知《疏》所據注云「禮，男子年六十閉房」，與鄂州本同，十行本因注奪「禮」字，遂刪此疏「禮」字，殊爲失之。

余既以此《疏》校十行本，因著其畧於此。

監本附音春秋公羊註疏二十卷　宋刊本

何休學　唐徐彦疏

中書門下牒（景德二年）

何休序

每半葉十行，行大十七字、小二十三字。無明代刊補之葉，惟缺三十餘葉耳。此亦建本，其題「監本附音註疏」者，謂合監中經注本及《疏》本，又附以《音義》。近人或以此爲即宋監本，誤也。

春秋公羊傳注疏二十八卷　校本

何小山跋（康熙五十六年）

又（康熙己亥）

惠定宇跋（乾隆壬申）

又（癸酉）

李柯溪手跋：嘉慶己巳王西莊鳴盛所藏萬曆二十一年刻板，是何仲友借李廣文官本手校，又有惠定宇棟黑筆批，索價甚鉅。今與殿本勘校，殿本經館閣鉅公校，較宋本稍有互異，良於汲古本遠甚。其高頭黑筆，皆惠定宇筆。其下與毛本校者，乃近人吴門周有香與殿本校，從此毫髮無誤。何仲友本今聞程□以二十金得之，友香《十三經》校本亦歸程□矣。庚午上巳泊潮上海黄浦舟中，柯溪識。

此武英殿本。行間録惠定宇校宋本，眉頭録定宇考訂語，下録周有香校語。惠氏首以宋本校六、七、八三卷，復得何小山校宋本通校全書。二家所據宋本，爲蜀大字本及鄂州之學官書，而卷末又録《石經》及余仁仲本字數，殆惠氏所增校。其所稱「官本」者，鄂州本也；「大字本」者，蜀本也；單稱「宋本」者，余仁仲本也。惠氏眉間考訂，本作草書，柯溪所録，頗有誤字。又有眉間朱字校語，不類惠語，殆出何小山也，以李跋未及，故著之。

春秋啖趙二先生集傳辨疑十卷 明刊本

［唐］陸淳纂

朱臨序（慶曆戊子）

華察跋（嘉靖庚子）

此吳縣令汪旦所刊。後附柳宗元《陸文通先生墓表》及《答元饒州論春秋書》。天一閣藏書。

音註全文春秋括例始末左傳句讀直解七十卷 元刊本

［卷一、二題］林堯叟注 ［卷三題］後學梅溪林堯叟唐翁

綱目

四凶圖

十二國戰國圖

春秋序註解

每半葉十二行，行二十一字。有「徐氏廷美」印。

春秋經左氏傳句解七十卷 明刊本

林堯叟注

春秋左氏傳括例始末句解綱目

此明初刊本，視元刻無《四凶圖》、《十二國戰國圖》及《春秋序句解》，其餘皆同。林書元刊，自陳仲魚爲之表章，始顯於世。此本則自來未見著録。《經義考》載林氏《春秋左傳句解》四十卷，書名略同而卷數則異，蓋未見此本也。舊爲果邸藏書，全書用朱墨二筆圈點，《綱目》後有果邸手書曰「議論好紅連圈，其次紅單圈，述典禮紅尖圈，敘情生動及句法摇曳處紅連點，當看者紅單點」。又曰「敘事有法者黑連點，有神采者黑連圈，通篇章法黑連圈，料其事源委者黑尖圈」。此爲其圈點凡例。果邸所批點《左傳》曾精刊行世，此其底本也。凡例後有「果親王府圖籍印」，前後有「三省堂」、「益壽主人」、「□□堂□氏珍藏圖書」、「果親王寶」、「月讀左傳一過」諸印。

春秋五論一卷　明姚舜咨手鈔本

［宋］樸鄉先生温陵吕大圭述

姚舜咨手跋曰：舊借故編修王堯衢懋中家藏本手録。堯衢則自其内兄荆川宫諫處得之者也。隆慶改元夏六月五日，皇山樗老姚舜咨重録，時年七十有三。

范彭壽手跋。

此天一閣藏書。首葉有「吕氏春秋五論」六字。范彭壽跋以爲其遠祖堯卿侍郎手書。有「東浙藏書第一家」、「范彭壽印」、「寅卿」諸印。

古文春秋左傳十二卷　鈔校本

［宋］浚儀王應麟撰集

吴兔牀手跋曰：　乾隆癸卯從歸安丁君小疋借録，九月晦日校於臯亭道中。烏柏醉霜，青山如畫。

中有朱墨筆校補數十條，皆出兔牀先生手。有「新坡鄉校」及「事學鍾離存義槩書求宛委續餘編」二印。

春秋提綱十卷　影元鈔本

［元］鐵山先生陳則通撰　小山先生陳應龍編

陳應龍序

胡光世序（至正丁亥）

天一閣藏書。

春秋諸國統紀六卷　影元鈔本

［元］沙麓齊履謙敘類

柳貫序（泰定二年）

目録自序（延祐四年）

思恭跋（延祐丁巳）

每半葉十一行，行二十字。有「毛氏子晉」、「汲古閣」、「開卷一樂」、「惠棟之印」、「定宇」、「汪士鐘印」、「閬原父」諸印。

春秋諸傳會通二十四卷 元刊本

［元］廬陵進士李廉輯

凡例

讀春秋綱領

春秋諸傳序

每半葉十二行，每行二十二字。卷末有正書牌子云「至正辛卯仲冬虞氏明復齋刊」，虞氏建安書肆也。有「叢書堂印」、「何焯之印」、「兔牀經眼」諸印。

春秋胡氏傳纂疏三十卷 元刊元印本

［元］新安汪克寬學

吳國英跋（至正八年）

此書本有虞道園序及自序，今闕。每半葉十一行，行二十一字。建安劉叔簡所刊。有「渭仁」、「徐紫珊祕篋印」二印。

春秋敂鑰龍虎正印五卷 明鈔本

［元］廬陵進士彭飛南冥校

彭飛序（至正己酉）

此元人帖括之書，論作《春秋》義要訣者。序稱「近見舊時《春秋啓鑰龍虎正印》之文」，而不言作者爲誰氏。《千頃堂書目》有熊釗《春秋敂鑰》，不著卷數。釗，元明間人，或即此書歟。范氏天一閣藏書。

春秋屬辭十五卷春秋左氏傳補注十卷春秋師説三卷附録二卷 元刊本

［元］新安趙汸學

屬辭自序

補注自序

師説題辭

金居敬跋

每半葉十三行，行二十七字。《屬辭》末有「前鄉貢進士池州路儒學正朱叔校正、學生倪尚誼校正、金居敬覆校」三行（左行），附録二卷，則録黄楚望《思古吟》十章，吴草廬所撰《六經辨釋補注序》、《易學濫觴》、《春秋摘要序》及汸所撰《黄楚望先生行狀》也。此先大父儷籯館舊藏，亂後入仁和朱氏，復入永清朱氏藏。丙辰，復得之滬上。有先大父名印。

春秋長歷十卷 鈔本

右諭德陳厚耀撰

杜預春秋長歷序

卷一「歷證」，卷二「古歷法」，卷三至卷八「歷編」，卷九、十「歷存」。「歷存」至僖五年止，計下當尚有四五卷，此與刊本均闕。有「謏聞齋藏秘籍」、「顧氏敦復珍藏」、「竹泉」諸印。並有謏聞齋主人木記，共一百七字。

春秋説十五卷 鈔本

侍讀學士惠士奇撰

顧氏藝海樓鈔本。前録《四庫總目》洪咨夔《春秋説》提要，蓋當時誤以爲洪氏書也。

春秋經傳考正三十卷春秋外傳考正二十一卷 鈔校本

元和陳樹華芳林

自序（乾隆三十五年）

論例

外傳論例

此盧抱經先生從陳氏稿本轉寫。稿本初不分卷，自序眉端有抱經先生手書云「卷數陳氏未定，今依

《釋文》分三十卷」，則此乃抱經手編本。行間眉上，校改極多。有云「文弨案」者，則抱經筆。有著「孫詒穀曰」或「孫曰」者，則孫侍御志祖筆也。有「盧文弨印」、「弓父」、「抱經堂寫校本」諸印。

春秋繁露十七卷 影宋鈔本

漢董仲舒撰

樓郁序（慶曆七年）

題跋（《崇文總目》、《中興館閣書目》、晁公武《郡齋讀書志》、六［一］先生《書春秋繁露後》、新安程大昌泰之《書祕書省繁露後》）

樓鑰跋（嘉定三年）

胡槼跋（嘉定辛未）

每半葉十行，行十八字。影宋嘉定江右漕司刊本。宋諱多闕筆，書法雅健，似尚出名人手。有「仰□生印」、「胡憲仲印」、「庚戌進士」、「畧觀大意」、「四泖陳氏家藏」諸印。

春秋繁露十七卷 明覆宋本

漢董仲舒撰

樓郁序（慶曆七年）

題跋附（《崇文總目》、《中興館閣書目》、晁公武《郡齋讀書志》各一則，六一先生《書春秋繁露後》、新安

程大昌泰之《書秘書省繁露後》）

樓鑰跋（嘉定三年）

胡榘跋（嘉定辛未）

孔氏手跋曰：　乾隆三十八年癸巳十一月，借錢獻之校《永樂大典》本重校一過，凡四日訖。孔繼涵記於京師貝蔭胡同。

此書每半葉九行，行十七字。明人重翻宋江右漕司本。孔葒谷先生先以蘭雪堂活字本校，後用《永樂大典》本重校，補正極多，時《大典》本尚未刊行也。有「孔繼涵印」、「葒谷」、「鳳翰之印」諸印。

孝經一卷 吴荷屋手寫本

吴氏手跋云：　日本國本，道光十有九年歲次己亥二月丁卯朔，恭祀大成至聖孔子先師於福州文廟，禮成，書於拜經堂。南海吴榮光敬識。

此本分注一章、傳十四章。經文用古文《孝經》所定次序與所删字句，與朱子《孝經刊誤》本一一皆同，蓋日本人得朱子《刊誤》本而刊之。荷屋中丞復從日本本録此，未暇考訂，遂以爲日本國本耳。有「吴榮光印」、「伯榮」二印。

易經白文四卷書經白文六卷詩經白文四卷禮記白文不分卷春秋白文二卷 明初刊本

易程傳序

書蔡沈集傳序
詩朱子集傳序
禮記陳澔集説序

此書用摺葉式，與宋元以來釋藏書同。每紙三開，每開二十行，行二十字，字體精雅，似元時舊帙。然《禮記》用陳氏《集説》本，乃明永樂以後之制。《明史·選舉志》：太祖初設科舉，《易》主《程傳》、朱子《本義》，《書》主《蔡氏傳》及古注疏，《詩》主朱子《集傳》，《春秋》主左氏、公羊、穀梁三傳及胡安國、張洽傳，《禮記》主古注疏。永樂間頒《五經四書大全》，廢《注疏》不用，其後《春秋》亦不用張洽傳，《禮記》止用陳澔《集説》。此書《易》用《程傳》本，《繫辭傳》、《説卦傳》分章又用朱子《本義》，《書》用《蔡傳》本，《詩》用朱子《集傳》本，《禮記》用陳澔《集説》本，《春秋》無傳，即用《胡傳》經文，與《五經大全》正同。蓋永樂時既刊《大全》，復刊《大全》中經文，以便誦讀，或民間即據《大全》本經文刊之。然字畫端雅，猶有元人遺意，當是永樂刊本。明代所刊《五經》白文至多，當以此本爲嚆矢矣。有「吴縣潘氏鄭庵藏」一印。

周易兼義十三卷釋文一卷略例一卷尚書註疏二十卷毛詩註疏二十卷周禮註疏四十二卷儀禮註疏十七卷禮記註疏六十三卷春秋左傳註疏六十卷春秋公羊傳注疏二十八卷春秋穀梁傳註疏二十卷孝經註疏九卷論語註疏解經二十卷孟子註疏解經十四卷爾雅註疏十一卷 明閩刊九行本

[易上下經]魏王弼註
[繫辭傳以下]晉韓康伯註　唐孔穎達正義
[書]漢孔氏傳　唐孔穎達疏
[毛詩]漢鄭氏箋　唐孔穎達疏
[周禮　儀禮]漢鄭氏註　唐賈公彦疏
[禮記]漢鄭氏註　唐孔穎達疏
[左傳]晉杜氏註　唐孔穎達疏
[公羊]漢何休學　□□□疏
[穀梁]晉范寧集解　唐楊士勛疏
[孝經]宋邢昺註疏
[論語]魏何晏集解　宋邢昺疏
[孟子]漢趙岐註　宋孫奭疏
[爾雅]晉郭璞註　宋邢昺疏

此明李元陽刊本。《易》卷首有「李元陽校刊」一行(此行用墨戳加上),《公羊》卷首有「明御史李元陽、提學僉事江以達校刊」一行,是此本乃福建省官刊本。世皆謂之「李本」,更無言江氏者。江能文章,見《明史·文苑傳》。有「陳寶儉印」、「芸閣」二印。

周易兼義十三卷釋文一卷略例一卷尚書註疏二十卷毛詩註疏二十卷周禮註疏四十二卷儀禮註疏十七卷禮記註疏六十三卷春秋左傳註疏六十卷春秋公羊傳注疏二十八卷春秋穀梁傳註疏二十卷孝經註疏九卷論語註疏解經二十卷孟子註疏解經十四卷爾雅註疏十一卷 明北監刊本

撰人同上

此明北京國子監刊本。自萬曆十四年刊起，至二十一年刊成，中易祭酒八人、司業七人。《孝經疏》板心題「萬曆十四年刊」。每卷首題「皇明朝列大夫國子監祭酒臣韓良能奉敕重校刊」。《易》、《論語疏》亦十四年刊，祭酒李長春校。《書疏》十五年刊，祭酒李長春、司經局洗馬管司業事盛訥校。《禮記疏》十六年刊，祭酒田一儁、黄鳳翔，司業王祖嫡、楊重元校。《詩疏》十七年刊，祭酒黄鳳翔，司業楊起元、劉元震校。《孟子疏》十八年刊，祭酒劉元震、盛訥，司業楊起元、蕭良有校。《左傳》十九、二十年刊，祭酒盛訥、曾朝節，右春坊右中允管司業事蕭良有校。《周禮》、《儀禮》、《公羊》、《穀梁》、《爾雅疏》均二十一年刊，祭酒曾朝節，司業劉應秋、周應賓校本。依閩九行本開雕，故行款仍閩本之舊。乾隆武英殿本即用其式。此本十三經首尾完善，又當時初印，故特著於録。有「楊超曾印」、「孟班」諸印。

周易傳義大全二十卷書傳大全十卷詩經大全二十卷禮記集説三十卷春秋集傳大全二十七

卷四書大全三十六卷 明内府刊本

[明胡廣等撰]

御序(永樂十三年)

進書表

經典釋文三十卷 潘鱕廷臨諸家校本

唐國子博士兼太子中允贈齊州刺史吴縣開國男陸德明撰

管吉雲跋: 咸豐甲寅秋冬表弟馬燕郊借得黄蕘圃臨本,屬爲照録。余既以朱墨謹依原書摹出一本以應命,復用丹、黄兩色録此一本以備插架。憶余於道光二十六年春,曾於坊友蔣恕齋處借得江鐵君所臨惠、段、臧、顧諸家評閲本,亦曾照録一通。今取以對勘,互有詳略,暇日當取二本一一細校,庶稱完美云。時乙卯二月初九日,元和管慶祺書於體經堂。

又跋: 黄蕘圃所臨原本係用朱墨兩色,今因此書中先有孫淵如墨筆校改處,若仍用墨筆,恐與孫校無别,是以凡黄氏所臨墨筆處今俱改用黄筆。吉雲又識。

潘鱕廷手跋: 丁巳九秋余從同郡管吉雲茂才假得手臨黄蕘翁校臨惠松崖先生評閲本,通部改用朱筆校臨,注明某某校改,其有原用朱筆未注何本,卷末又無識語,則但照録其字云。十月初十日,潘錫爵鱕廷父。

又跋：丁巳十月余又從同里顧河之孝廉假得伊令先祖澗蘋先生用朱筆手録臧在東校復自加墨筆批校本，因照録一通。其用朱筆者仍注明臧校，恐與前臨黄本孫改無别也。二十八日校畢，錫爵鰯廷又識。

又跋：是時又借得管吉雲所藏校臨常熟某家所藏本，亦臧、段、鈕、顧諸家所校，與河之本詳略不同，跋語亦稍異。據吉雲云，某家本不肯假出，此係託何心耘倩人就校，真贋不可知，譌脱無從校，恐不足憑。余以其中頗有足資考訂者，故用青筆備録之，以别於前此之用朱墨筆也。其原本用紅筆者，則旁一紅圈或一紅點以爲標識，其與河之本同者則不復著云。臘月初二日，鰯廷氏。

又跋：戊午正月中旬又假得管吉雲所臨江氏校本，與前此所臨諸家校本詳略又有不同，因備録上下方以廣異聞，其同者則但加雙圈以别之，或注明朱書墨書云。二月下旬潘錫爵鬯侯甫校畢書。

此元和潘鰯廷臨吴門乾嘉諸家校本。先是，吴縣朱文游藏葉林宗影宋鈔《釋文》，惠定宇先生從之借校，所校於《易釋文》爲詳。後葉本歸周漪塘，段懋堂先生復從借校，而以其事付臧在東。其後黄蕘圃臨惠校本，顧千里、江鐵君臨段、臧校本，同時袁綬階、鈕非石、顧抱沖等均有附益。而段、黄、二顧復據單行諸經《音義》校之。千里所校又不止一本，其書流傳吴中，鰯廷既臨校諸本，復以宋大字本《孝經》、《論語音義》再校，補其未備，要皆以葉林宗鈔本爲主。盧刊《釋文》時雖亦見葉本，然頗爲諸家所譏。後世欲求影宋本真面目，當於此本求之矣。

五經文字三卷新加九經字樣一卷 校本

張參五經文字序(大曆十一年)

唐玄度新加九經字樣序(開成丁巳)

開成二年牒

□仲平手跋: 雍正四年丙午春正月用石本、板本各校勘一過。仲平。

葉元習手跋: 乾隆五十二年十月初一葉斆元習按知不足齋藏本點過。(下有「葉斆」一印)

此項氏刊本,前人用石本及景鈔元大德寧國本校,並録寧國本跋云「《五經文字》、《九經字樣》便于後學檢閱,憲使牧庵先生俾謙刊之學宫,以廣其傳。大德癸卯十一月望日,寧國路儒學教授河南後學雲謙再拜謹書」云云。有「葉斆」、「元習」二印。

十一經問對五卷 校鈔本

[元何異孫撰]

自序(戊戌)(大德二年)

盧抱經跋(見《抱經堂文集》)。

又手跋: 乾隆四十一年八月十九日盧抱經閱。是日於鍾山書院中砌芍藥花臺。(卷一後)

八月二十八日閲。接儀徵汪庸夫書,以《孟子章指》借我。予辛巳年所見本尚缺末一卷,今得録全

矣，快甚。抱經盧文弨識。（卷二後）
九月七日燈下校。日苦不足，奈何。（卷三後）
丙申八月二十五日燈下閲。（卷四後）
是卷亦八月十九日寫畢，既校之。東里盧文弨書。（卷五後）
嚴修能手跋：此書《通志堂經解》所刻者失其自序，末二卷多闕字。裒經學士得元板鈔此本。乾隆甲寅學士曾郵示予，未及録副。次年予得明人藍格鈔本，較此更勝，即以呈學士。卷中字畫不甚明了者，即據予本校改。時學士年七十有九矣，是年冬下世。學士既没，藏書星散，盡落估人手。仁和宋助教大樽與估人約，凡學士手校書，每一册易以銀錢一餅。此書亦歸助教，予以明鈔本易得之，重是名儒手澤，珍祕不敢褻視。予别有校通志堂本，已貽錢唐何夢華。嘉慶十年歲在乙丑秋八月十二日，歸安嚴元照書於畫扇齋。（有「香修」小印）
此書經抱經學士兩校，並有嚴修能訂正之語。有「裒經手校」、「虎林」、「盧文弨寫本」、「抱經堂藏」、「嚴氏元照字九能今改字修能」、「張氏秋月字香修一字幼憐」、「香修」、「芳茉堂」、「蕙櫋」、「畫扇齋」諸印。

經書補註二卷 影鈔明弘治本

［明黄潤玉撰］

自序（天順壬午）

此書卷首爲《道器圖》、《文王後天入用卦位圖》、《周易六十四卦互易圖》、《深衣古制圖》、《五裒古制圖》。卷一爲《小學》、《大學》、《論語》、《孟子》、《中庸》補注，卷二爲《周易》、《尚書》、《詩經》、《儀禮》、《周禮》補注，後附《武經孫子十三篇體要》、《周易參同契綱領》二種，首尾完具。《明史·藝文志》、《千頃堂書目》、《經義考》皆云四卷，又《譜》一卷，蓋與此本編次不同。又《經義考》云此書未見，則在今日誠爲罕覯之秘帙矣。卷首末有「皇明弘治戊申正月甲寅吉日，四明黄潤玉注，六安潘積校正」三行。天一閣藏書。

石渠意見拾遺二卷補闕一卷　鈔本

［明王恕撰］

自序（弘治癸亥）

此王文毅暮年讀經注時所記，撰《拾遺》時年八十六，撰《補缺》時年八十有八矣。有「賀瑗仲肅」一印。

説經劄記八卷附太極問答一卷　明刊本

［明］德清蔡汝楠講説

潘子正原經（嘉靖庚戌）
劉𪫺序（同上）
祝詠序（同上）
劉宧序（同上）
自撰題辭（同上）
李初後序
楊儲後序（同上）

版心有「衡湘書院校刊」六字。有「吴城」、「敦復」、「繡谷亭續藏書」、「願流傳勿污損」諸印。

讀書隨筆十二卷 鈔本

婺源江永慎修著

自序（乾隆二十五年）

慎修先生此書不見於戴東原所撰《行狀》，其中《周禮隨筆》一種過于全書之半，即《四庫》著録之《周禮疑義舉要》也，蓋當時以諸經隨筆中惟《周禮》最詳，故録出别行耳。有「胡赓善印」、「北泉」二印。

九經古義十六卷 鈔本

東吴惠棟學

述首

李嗇生教授保泰手跋云：乾隆癸巳壬辰間留滯都門，時吾鄉錢獻之坫在令叔學士竹汀先生邸寓，相與過從。借鈔此本，學士所手寫也。未幾，學士門人益都李文藻付之剞劂，頗有流傳。余既往來南北，息影邗上，久置叢書，不多省視，無能通其義恉。惠氏之學風行者閱數十年浸盛，頃華亭姜氏女夫臯來，語及此書，重與檢閱。當時在長安人海中矻矻事此，迂疏可笑。猶憶排日刻程，課授之暇，繼以宵燈。素拙於書，猶復整理端勻，今且懶捉筆矣。遲莫無成，俯仰垂四十年，學士及獻之俱逝，爲之歎喟。嘉慶戊午小春廿日，嗇生老人記。（有「保泰」及「嗇生居士」二印）

周禮通釋六卷毛詩釋地六卷四書集註箋四卷經學博采録十二卷説文部首句讀一卷附行述一卷 鈔本

南海桂文燦

南海桂子白爲陳蘭圃先生弟子，其學兼綜漢宋，著書甚多。此其子壇上國史館之本，其行述即壇所撰，繆蓺風據之作傳，今書中鉤乙處是也。

論語十卷 影鈔日本正平刊本

何晏集解

序

黄復翁跋。

黄桐叔手跋：　日本鈔何晏《論語集解》，原本向爲先君子所藏，後歸虞山張氏，故是跋輯入《愛日精廬藏書志》。今履卿尊丈得此錢氏副本，命録先君子原跋於後。永懷手澤，不禁潸然。道光癸卯秋七月五日，黄壽鳳敬録並識。（有「壽鳳」、「壽生」二印）

翁海村跋。

翁叔均手跋云：　先徵君跋何晏《論語集解》，曾手書於蕘圃先生所藏錢氏原本，厥後歸虞山張氏，故《愛日精廬藏書志》中亦有此跋。此本爲郡城韓履卿先生所藏，每卷之首有「虞山錢曾遵王藏書」朱文長印，蓋即錢氏副本也。先生以正平年號世尟知者，而先君子之跋攷核綦詳，命録於後。大年昔侍先徵君訓，嘗讀日本物茂卿所著《論語徵》，今又獲觀此書，豈非厚幸，而尤不能無感。翁大年謹書。（有「大年」、「叔均」二印）

每半葉六行，行大小十三四字，末有「堺浦道祐居士重新命工鏤梓，正平八年五月吉日謹誌」二行。有「虞山錢曾遵王藏書」、「麗農精舍藏書」、「金匱蔡氏醉經軒攷藏章」、「廷相」、「伯鄉父」、「芷源」、「梁溪蔡氏」、「蔡廷楨印」、「寀如」諸印。

論語註疏解經二十卷　校明閩刻本

魏何晏集解　宋邢昺疏

序解

前人臨琴川毛氏校本，又以二宋本校毛校。每卷或越二三卷輒題校勘之日，并補正若干字。卷末識語署毛晉名。又有一跋云「金友來雍先以岳本校，余再用盱郡重刻本覆勘，二本雖刻有精好潦草之别，要爲同是翻廖本，安得更有别本校之耶。仲子記」。案何心友煌、顧雨時若霖皆字仲子，兩人同時，又皆有校書。此校筆迹類何義門，殆出心友手矣。有「寶德堂藏書印」。

昌黎先生論語筆解十卷　鈔本

昌黎韓愈　趙郡李翺

秘書丞許勃序

劉彦清手跋云：吴澧帥購得此書鈔本，爲錢遵王舊藏，有其印記。予以同治甲子倩龐香蓀妹壻過録此册。復檢《藝海珠塵》内有此刻本，校勘一周。其紫筆補注者，刻本所載鄭崟陽評語也。六月十日，江山劉履芬記於袁浦寓樓。

有「江山劉履芬觀」、「彦清」、「彦清珍祕」諸印。

大學古本一卷中庸古本一卷　明刊本

王守仁大學序（正德戊寅）

又中庸序

林吉人手跋：壬戌夏六月於裝潢家獲觀先生篆書商銅槃銘，筆意古甚，因勾摹一紙。陳先生衎題云：唐舒元輿爲《李斯李陽冰篆書贊》云「斯生千年，冰生唐時。冰復去矣，後來者誰。後千年有人，譸能待之。後千年無人，篆止於斯」。文氣跌宕可喜，然元輿豈知今日吾郡之有林公也。公名天駿，字守良，嘉靖中官膠州知州。後學林佶題記。（有「林佶之印」、「鹿原」二印）

康熙戊辰十月高其倬讀。

乾隆辛卯春暮，錢陳羣觀。（有「集齋」印）

乾隆壬辰三月，孫鎬芑經氏得之吴郡珍藏。（有「西京」、「孫鎬」二印）

嘉慶丙子夏，蕘夫黄丕烈假觀三復識。（有「丕烈」印）

道光辛卯四月十六日，虞山辛峯老民蔣因培觀。（有「因培」印）

案全書及序皆用古籀文寫刻。《大學》首有「閩後學林天駿篆」七字，《中庸》末有「潯陽龔文盛刊」六字。首載陽明先生《大學序》，即陽明《古本旁釋序》。經文次序亦用小戴本，與陽明《古本大學》同。其書雖用古文寫刻，然與豐坊《石經大學》顛倒經文者不同。疑林氏不滿於豐氏書，而爲是以相抗者。其古籀亦取之《汗簡》、《古文四聲韻》及宋人鐘鼎款識之書，不盡鑿空。陽明《大學序》與行世本文句頗異，而此本輒勝，疑得陽明別本書之。《經義攷》未録此書，蓋三百年來已罕傳本矣。有「九牧世家」、「鹿庵林氏藏書」、「侯官鄭氏藏書」、「從庵」、「林鼎□印」、「鉉甫」、「孫鎬」、「芑溪」、「裘日修審定」諸印。

孟子註疏解經二十八卷 明鈔本

[宋]孫奭疏

題辭解

黄蕘圃手跋云：是書於辛亥歲從學餘書肆中得來。始余於肆中見有是書，攜歸繙閲，見有殘闕，心不甚喜，因還之。偶檢錢曾《讀書敏求記》，其所載《孟子注疏》十四卷，是叢書堂録本，簡端五行爲匏翁手筆，古人於《注疏》皆命侍史繕寫，好書之勤若是。間以監本、建本校對，踳謬脱落，乃知匏翁鈔此爲不徒也云云。方悟所見之本爲也是翁故物，亟往索之，云已攜至玉峰書籍街去矣。迨至書船反棹，而是書依然在焉，喜甚，攜之歸。視此五行，果與後之筆跡迥殊，其爲叢書堂録本無疑。至卷中鈔寫不全，想係照宋刻録出之故。容俟暇日取他本校對，以證此本之善。噫，遵王所藏，曾幾何時而已入書賈之手，豈不可惜。然猶幸余因《敏求記》中語而知是書而寶之，不亦快哉。壬子九月四日命工重裝，書此數語於後。黄丕烈。（有「丕烈私印」、「蕘圃」二印）

此本經與《注疏》皆作大字，注及疏或低一格，或低二格，前後不同。每卷皆題「孫奭疏」，而卷首《題辭解》前題「朝散大夫尚書兵部郎中充龍圖閣待制知通進銀臺司兼門下封駁事兼判國子監上護軍賜紫金魚袋臣孫奭撰進」，結銜與《孟子音義序》及僞《正義序》同，而卻不載僞《正義序》，與十行以後本異，或尚出宋末舊本歟。板心有「叢書堂」三字。有「士禮居藏」、「曾藏汪閬源處」二印。其書尚是黄氏舊裝，書匣刻字亦蕘翁手書。

孟子通十四卷孟子集註通證二卷 元刊元印本

朱子集註　　後學胡炳文通　［通證題］新安後學張存中編

　　此胡氏《四書通》之一。泰定三年建安余志安所刊。每半葉十一行，行二十二字。有「周良金印」、「毘陵周氏九松迂叟藏書記」、「周氏藏書之印」、「鵞湖唐氏聚經書屋審定善本」、「王定安印」、「鼎丞珍賞」、「寶宋閣」、「徠陵王氏寶宋閣收藏之印」諸印。

大學章句一卷中庸章句一卷論語集註十卷孟子集註十四卷 元刊本

朱子大學章句序

中庸章句序

論語序説

讀論語孟子法

孟子序説

趙鳳儀跋（延祐丙午）

　　每半葉七行，行大小並十五字。闕《論語》卷六、卷七及《孟子》卷九至卷十四，凡八卷。每卷後多有「温州路學稽古閣書」亞形牌子及「學録周習甫繕寫校正」一行。《大學序》後有「周習甫書校」、《論語》

卷三後有「學録周習甫書校」各一行。趙氏跋云「余官京師時，士大夫之仕于温者以泮宫《四書》見贈，視其句讀明白，心甚嘉之。暨來爲守，則板籍皆煨燼矣，□□□重刊以惠後學。會建稽古閣，乃俾學録周習甫詳加校正，大字繕寫，聚工鋟梓。通三百五十餘板，庋列于閣，願摹者聽焉，庶家有是書，由口誦而躬行，實美教化之一助也。時延祐戊午長至日，古汴趙鳳儀書」云云。案朱子《四書註》初刊於臨漳，其後州郡往往有刊本，其傳於今者有淳祐壬子當塗郡齋本，又舊翻淳祐丙午泳澤書院本，又有宋刊兼《或問》本，均與今本不同。此本《孟子集註》分十四卷，又《論語序説》後有《讀論語孟子法》，並與宋刊諸本同。其經文如《大學》「其命維新」作「惟新」。《中庸》「黿鼉蛟龍」作「鮫龍」，「考諸三王而不謬」作「不繆」。《論語》「女得人焉耳乎」作「爾乎」，「没階趨進，翼如也」無「進」字。《孟子》「其如是，孰能禦之」作「其若是」，「王曰吾惛」作「吾惽」，「古公亶父」作「亶甫」，「凶年饑歲」作「飢歲」，「思以一毫挫于人」作「一豪」，「泰山之於邱垤」作「太山」，「矢人惟恐不傷人，函人惟恐傷人」並作「唯恐」，「吾聞之也，君子不以天下儉其親」無「也」字，「又從而爲之辭」無「而」字，「古之爲市者」作「市也」，「其命維新」作「惟新」，「井地不均」作「不鈞」，「有攸不爲臣」作「惟臣」，「南面而征北狄怨」作「北夷」，「《泰誓》曰」作「《太誓》曰」，「此率獸而食人也」，「獸」上有「禽」字，「事在易而求諸難」作「求之」，「王使人瞯夫子」並「吾將瞯良人之所之也」，並作「瞷」。均與宋刊諸本同。注則《大學》「古之欲明明德」注「欲其必自慊」，作「欲其一於善」。《中庸》「予懷明德」注「德輶如毛」，作「德輕上天」，「之載」作「之事」。《論語》「夏禮章宋殷之後」，作「商之後」。亦同宋本。惟《中庸》首章及「天下國家可均也」章注乃與今本合，與宋刊本不同，乃從朱子自改定之本。《大學》「詩云於戲」節注「詠歎淫泆」，不作「淫液」，則王伯厚所見本已如是，蓋亦出于宋本，不自此本始矣。此本有圈以别句讀，亦出温州舊本。有明人所鈐「復卦」及「靜菴」二印。

大學章句一卷中庸章句一卷論語集註十卷孟子集註七卷 明刊

［宋朱子撰］

俞時及序（嘉靖庚戌）

羅其賢序（同上）

凡例

大學章句序

中庸章句序

論語序説

孟子序説

此筆峰書院刊本。每半葉九行，行十七字。眉頭附音，多與今本同。

大學一卷中庸一卷論語二十卷孟子十四卷 明刊本

［宋朱子章句集註］

大學章句序（淳熙己酉）

中庸章句序（同上）

論語序説

孟子序説

嘉靖間刊讀本。

四書内外傳殘本四十册 稿本

明齋安易道暹曦侯父

吴兔牀手跋云：《四書内外傳》，明黄岡易曦侯氏所著，見於《千頃堂書目》及《經義存亡考》者俱不著卷數，而竹垞則云未見。客冬得殘本於粥瓷者擔頭，惜止《大學外傳》、《論語外傳》，而《論語》又缺《陽貨》、《微子》二卷。訊厥由來，蓋故家用以易茗椀，而《中庸》、《孟子》竟莫可蹤跡，并不知《内傳》何如，不禁爲之搤擥。易氏所注尚有《易傳》，《三楚文獻録》云「未行於世」。嗟乎，曦侯一書生耳，矻矻窮經，著作滿家，一旦遭罹世難，慷慨蹈義，父死於忠，子死於孝，豈非吾夫子所謂志士仁人者耶。具書之在天壤間，固當與姚江黄氏之《四書箴》、上虞倪氏之《兒易内外儀》、嘉定黄氏《四書大旨》、漳浦黄氏之

《易象正》等並垂不朽，何以流傳極少，幸而斯編厪存，又決裂於愚夫愚婦之手，不亦重可歎哉。爰爲裝整而藏諸拜經樓，異日訪得全本，當亟鈔補以成完璧。曦侯之死，《明史》以爲崇禎癸未，《三楚文獻録》以爲乙亥，陸元輔以爲壬午，三説各不同，附志於此，以竢知者諗焉。乾隆甲午春日，吴騫識。（有「兔牀」印）

此殘本，存《大學傳》一卷，《論語傳》二十卷，又闕十七、十八兩卷。《大學》闕首葉，不見書題。《論語》前十卷題《論語外傳》，後八卷題下《論易傳》，稱名雖異，體例則同，「易」者其姓也。兔牀先生據《三楚文獻録》，疑《四書内外傳》外尚有《易傳》者非是。兔牀於此書中題識校正不下數十處，復手録《明史稿·忠義傳》及唐宜之與易曦侯書於卷首。有「兔牀」、「九杞山人」、「竹下草堂」、「真率會」、「夢禎」、「潘世璜印」、「理齋」諸印。

大樂律吕元聲六卷考註四卷　明刊本

［明］莆田兩山李文利著

范永鑾進大樂律吕元聲書（嘉靖三年）

范輅引（同上）

李元序（弘治辛酉）

楊月湖論元聲書

書末有「嘉靖十四年刊於浙江布政司」一行。天一閣藏書。

文廟樂章一卷鹿鳴樂章一卷鷹揚樂章一卷五倫樂章一卷附自警樂章一卷 明刊本

明福州府儒學訓導保昌鄧鳴鸞校註音律

校正鹿鳴鷹揚二宴雅樂引（嘉靖壬子）

跋（嘉靖癸丑）

此書所載《文廟樂章》，與《明史·樂志》同。《鹿鳴樂章》詩五篇、《鷹揚》四篇、《五倫》二十五篇、《自警》一篇，字旁次行注工尺，其次行又注律吕。其中《鹿鳴》、《四牡》、《皇華》、《魚麗》、《嘉魚》、《南山》、《關雎》、《卷耳》八篇，在宋時所傳《風雅十二詩譜》中，而此書所注律吕與宋時所傳舊譜不同，餘篇又本無舊譜，疑皆鄧氏所自爲也。

八音樂器總説不分卷 稿本

不著撰人姓名。此但説樂器一門，似全書尚不止此。

爾雅疏十卷 宋刻本

宋翰林侍讀學士朝請大夫守國子祭酒上柱國賜紫金魚袋臣邢昺等奉敕校定

序

每半葉十五行，行三十字。宋南渡後重刊北宋監本，中有元明補刊之葉。此書海内舊有二本，一藏袁氏五硯樓，一藏黄氏士禮居，本合周香嚴、顧五癡兩家殘本配成，周藏前三卷，顧後七卷。後袁本歸黄氏，黄氏乃以己所藏本售諸海寧陳仲魚，即此本也。仲魚《經籍跋文》記得書本末及此書佳處甚詳。吾郡陸氏十萬卷樓所藏又别一本。今袁本已佚，陸本又流出海外，惟此本爲碩果矣。袁本據阮文達《校勘記》，謂多明補之葉。陸本用元至順公牘紙印。此本前三卷亦用公牘紙，屢見「洪武二年」字，則爲明時印本矣。故每卷中皆有元明補刊之葉，卷七一卷補葉殆居其半。陸存齋先生序其所刊《爾雅疏》，謂此書爲咸平原刊、宋元修補。海寧王君静安爲余跋此本，據書中欽宗嫌名「亘」字、高宗諱「構」字皆闕末筆，定爲南宋監本。其言曰：「宋初刊《五經正義》成於淳化五年，《七經正義》成於咸平四年，南宋重刊諸經《正義》成於紹興末年。北宋監本諸經悉爲金人輦之而北，故南渡即行重刊。如日本竹添氏所藏《毛詩疏》，乃紹興九年紹興府開雕。又《玉海》載紹興十九年博士王之望請羣經義疏未有板者令臨安府雕造（《建炎以來朝野雜記》亦記此事），則高宗末年羣經義疏當已盡有印板矣。此種州郡刊板，當時即入監中，故魏華父、岳倦翁並謂『南渡後監本盡取諸江南諸州』，則此即南宋監本也。元時板在西湖書院，明初復取入南監。明黄佐《南雍志·經籍考》所載經疏舊板，有《周易註疏》十三卷、《儀禮註疏》五十卷、《春秋正義》三十六卷、《春秋公羊傳疏》三十卷、《春秋穀梁傳疏》十二卷、《爾雅註疏》十卷，其書雖或稱『正義』，或稱『疏』，或稱『註疏』，而其卷數無不與北宋單疏本合，而與南雍之十行本《註疏》不合，皆南宋所刊單疏舊板也。以其書久闕不印，又明人但知有《註疏》不知有單疏，故即以《註疏》目之。此本用洪武中公牘紙印，又有明初補板，乃明南雍印本可知。《南雍志》之《爾雅註疏》十卷即是此本，而其他《周易》、《儀禮》、《三傳》諸疏，卷數同於單疏本而不同於南雍《注疏》本者，其爲南宋單疏舊板，蓋可識矣。南雍十行本《註疏》向無《儀禮》、《爾雅》二種，故元明間尚補綴單疏本，以彌十二經之闕，是以二疏後世尚有傳本，餘疏自元以後蓋已不復印行矣」云云。其考此本源流至爲精確，故備録之。有「文淵閣印」、「鱣讀」、「陳鱣收藏」、「仲魚圖象」、「得此書費辛苦後之人其鑒我」、「汪士鐘印」、「閬原真賞」、「焦訢印」、「泰州劉麓樵購于揚州癸丑兵火之後」諸印。

附校記

卷一

「五自英儒(博)[贍]聞之士至序末」(「末」阮訛「未」)

「詠者，永言也」(「詠」阮訛「詞」)

「儒學寖衰」(「寖」阮改「寑」)

「易之謙謙」(「謙」阮改「嗛」)。《校勘記》云，單疏本舊亦描改爲「謙」，今訂正。案此本此葉係原刻，正作「謙謙」，並非描改，阮《記》誤)

「云豹鼠既辨」(「辨」阮改「辯」)

「嗜嘉肴」(「肴」陸訛「有」)

「惟此五家而已」（「惟」阮訛「爲」）

「物狀難辨者」（「辨」阮改「辯」）

「別爲音一卷」（「一」陸訛「十」）

「釋曰『上者對中下生名』以下二十六字」（阮本移入《爾雅》卷上下郭璞注下）

「肇祖元胎」（「肇」陸訛「肈」）

「云胚胎未成」、「胚，婦孕一月也」（「胚」阮本皆改「胚」）

「齊宋之間曰碩」（「宋」陸訛「朱」）

「凡人大謂之奘」（「奘」陸誤分作「壯」、「大」兩字）

「而已皆弇於私也」（「皆」阮訛「弇」）

「介、忳、夏、幠、蒙、贖、昄，皆大也」（陸改「介、純、夏、幠、蒙、晊、昄」）

「先祖於摧者」（「於」阮改「于」）

「以禦魑魅」（「魑」阮改「螭」）。阮《記》謂《註疏》本作「魑」非，然此本亦從「鬼」，字雖漫漶，尚可辨）

「謂祥、淑、鮮、（藏）［臧］」、（令、嘉）［嘉、令］、「穀」（「穀」字此本右旁下微泐，陸作「㲉」，譌）

「詩文作夷說豈槃□」（阮本誤以闕字在「豈」字下，《校勘記》不誤）

「皆謂謀議也」（「謀」陸訛「謨」）

「違者，離遠也」（「違」阮訛「遠」）

「《召南・殷其靁》云」（「靁」阮作「雷」）

「四者又爲遐也」（「爲」阮訛「遠」）

「《書序》曰祖乙圮于耿」（「序」阮改「敘」。書中「序」字阮皆改「敘」，後不復舉）

「主事者必有宷地」（「主」陸訛「王」）

「三歲貫女」（「女」陸訛「汝」）

「《漢書・律曆志》云十丈爲引」（「漢」字陸本空闕，「丈」訛「史」）

「引者信也。顔師古曰，信讀曰伸，言其長」（陸本正文「也」字及注文「顔師曰伸言」五字皆空闕）

「延，季長也。凡施於季者謂之延」（「季」陸均訛「季」）

「又曰，宋衛荊吴之間曰融」（阮本奪上「曰」字）

卷二

「卬者，郭云卬猶姎也」（「者」陸訛「也」）

「晉卦（象）［彖］辭也」（「卦」陸訛「封」）

「加增弼輔」（「增」阮訛「弼」）

「罄空畢罄」（「罄」陸訛「罄」）

「戎醜猶行」(「猶」阮改「攸」)

「瘽者，《小雅·十月》云」(「十」阮本作「正」。《校勘記》引浦鏜曰「十」誤「正」，然此本正作「十月」，不誤)

「疷者」、「俾我疷兮」(「疷」阮均改「疷」)

「皆謂憂愁也」(「謂」阮訛「言」)

「云哀我瘽人者」(「瘽」阮改「憚」)

「倫、勩、邛、敕」(「邛」陸訛「卭」)

「故《采薇》序曰，杕杜以勤歸」(「杕」陸訛「杖」，「歸」阮訛「之」)

「《大雅·民勞》云，□汔可小康」(阮删空字)

「頻仍、(脾)[埤]益」(「頻」陸訛「類」)

「肶、毗、膍音義同，笁與篤同」(阮奪下四字)

「顯、昭，皆明見也」(阮奪「皆」字)

「云戾、底義見《詩》者」(「底」阮改「底」)

「豫、射，猒也。○注，《詩》曰服之無斁。○釋曰，謂猒倦也。云《詩》曰者，《周南·葛覃》文也」(阮本作「豫、射，猒也。○釋曰，謂猒倦也云。○注，《詩》曰服之無斁。○釋曰，《詩》曰者，《周南·葛覃》

文也」）

「《大雅・板》篇云」（「篇」阮訛「田」）

「《大雅・抑》篇云，鮮不爲則」（阮奪「抑」字）

「蠱、諂、貳，疑也。○釋曰，皆謂疑惑也。郭云，蠱惑，有貳心者皆疑也者」（阮本於「惑也」下增「○蠱惑至不諂○釋云」九字，删「郭」一字）

「浡然，興作貌」（「浡」陸訛「悖」）

「其興也悖焉」（「悖焉」阮改「浡然」）

「皆是言也」（「言」阮改「習」）

「當東晉時」（「東」阮訛「時」）

「釋曰皆相親與也。郭云」（阮本於「與也」下增「○注公羊至及也○釋曰」十字，删「郭」字）

「踚音躍」（陸空「躍」字）

「云《國語》曰，水涸而成□梁者」（阮删空字）

「注鴻雁至相代」（阮改「鴻昬至代也」）

「饋者以食遺與也，野饋曰饁」（上「饋」字阮作「饁」，下「饋」字作「食」）

「曰臣得賢人」（「人」陸訛「文」）

「《左傳》云后緍方娠」（「緍」阮訛「婚」）
「自搖動貌」（「自」阮改「皆」）
「晉衛燕魏曰台」（「魏」阮訛「趙」）
「鬱陶、繇，喜也。○注孟子至字耳。○釋曰，皆謂歡悅。鬱陶者，心初悅而未暢之意也」（阮本移「○注孟子至字耳○」八字於「意也」下，下又增「釋曰」二字，分爲兩節）
「伐執之曰取」（阮本於此下增「○書曰至取也○」七字）
「各首其義，故云善惡不嫌同名」（阮本「首」訛「有」，「名」訛「稱」）
「謂相逢迎也，郭云」（阮本於「迎也」添「○注《公羊》至跛者○」八字，删「郭」字）
「宣二年《左傳》曰」（「二」阮改「三」）
「謂頭首也」（「頭」陸訛「顱」）
「狄人歸先軫之元者」（陸本空「狄」字）
「八月戊子晉侯敗狄于箕」（「子」阮改「午」）
「即，尼也」（「即」陸訛「耶」）
「貊，靜也」（「貊」阮改「貉」）
「德正應和曰貊」（阮奪「正」字，「貊」改「貉」）

「徂落、殪，死也」（「徂」陸訛「殂」）

「鄭注云異死名者」（「者」阮訛「也」）

卷三

「成是南其」（「其」阮、陸均改「箕」）

「駰、遽，轉也」（「轉」阮改「傳」）

「注《禮記》曰男唯女俞者」（阮奪「注」字）

「又《莊子》云大儒臚傳是也」（「臚」陸訛「鴻」）

「敖、撫，傲也」、「毋撫毋敖」（「撫」阮並改「憮」）

「幼、鞠，離也」（「離」阮改「稚」，是）

「桄、頻，充也」（「桄」陸訛「桃」）

「孫叔然本挄作光」（「挄」阮改「恍」）

「楚曰飵」（「飵」阮訛「飫」）

「或曰飵或曰粘」（「飵」阮訛「飫」，「粘」阮改「餂」）

「鞠、究，窮也」、「鞠哉庶正」（「鞠」阮並改「鞫」）

「流是覃也」（阮删「是」字）

「所以約勒謹戒衆也」(「勒」阮訛「勤」)
「下云髦俊也」(「云」阮訛「士」)
「基，牆下止也」(「止」阮改「土」)
「注謂緣飾見《詩》者」(阮奪「注」字)
「《埤蒼》云悽，慄也」(「悽」阮改「淒」)
「《周禮》曰，以猷鬼神祇者」(「祇」阮訛「祗」)
「樊光曰，坎卦水也」(阮删「卦」字)
「彊，暴也」(「彊」阮改「强」，下同)
「彊梁者好淩暴於物」(「淩」阮改「凌」)
「注《詩》曰戴弁俅俅」(「戴」阮改「載」)
「榛所以爲藩」(阮本「榛」上加「棘」字)
「謂糧食也」(「糧」阮訛「粻」)
「乘桴浮于海」(「于」阮改「於」)
「《大雅・桑柔》云，菀彼桑柔」(「菀」阮改「宛」)
「逮，遝也」(「遝」即「遻」之訛，陸改「還」)

「是不非也」（阮奪「也」字）

「局，分也。○釋曰，郭云謂分部」（阮奪「郭云」以下五字）

注《詩》曰天子葵之者」（「注」阮訛「法」）

《周南·汝墳》云」（「墳」阮改「濆」）

「釋曰，注云謂厚重」（「注云」二字阮本奪）

「砧（苦學切），當從告。《説文》别有硈（苦八切），石堅也」（「苦」陸並訛「若」）

「釋曰，䀏然，閑暇貌」，「釋曰，謀慮以心」（二疏皆重注文，阮並删去）

「獻，聖也」（阮作「嚻閑至聖也」）

「皆，堪可也」（「堪」阮訛「肯」）

「郭云今河北人呼食爲餐」（「餐」阮訛「粲」）

「還，予授子之粲兮」（「粲」陸訛「餐」）

「《説文》云，跋，蹎（都年切）；　跲，躓（竹二切）」（阮本音切並改大字，「都年切」改「丁千切」）

「戎，相也（如字，注同），一云相助也（息亮切）」（阮本删「戎」「也」二字，又小字皆作大字，陸本「注」訛「庄」）

「《周禮·典瑞》云」（「典」阮訛「其」）

「孫之猶言爲孫」（阮改「孫之爲言猶孫」）
「祈，叫也」（「祈」陸訛「所」）
「皇，君威之正」（「威」阮訛「成」）
「惡積而不可揜」（阮奪「揜」字）
「振者奮訊」（「訊」阮改「迅」）
「宣，緩也。釋曰，謂寬緩也」（阮本删下六字）
「杜云，翫愒者貪也」（「翫」阮改「忨」）
「煖，温也」（「煖」陸作「燠」）
「注，《外傳》曰，枕凷以塭。釋曰」（阮本奪「釋曰」二字）
「《説文》云，（璞）［墣］（匹角切）」（阮改三小字爲一大字。「匹」陸訛「回」）
「注，《書》曰，闢四門」（阮本奪「注」字）
「舒，緩也」（阮本「舒」字上有「鬻麋也」三字）
「翿，纛也」（阮本「翿」作「翢」，下同）
「左右騑馬頭上」（「騑」阮訛「騈」）
「肦肉及庾車」（「庾」阮訛「庫」）

「《左傳》云屬役賦丈」(「丈」陸訛「文」)

「《左傳》曰□□濟師於王」(阮補「盍請」二字)

「以同于王庭」(阮奪「王」字)

卷四

「玄謂土訓能誦説土地善惡之勢」(「土訓」二字剜擠補入,阮删)

「及人所作爲久時事」(「久」阮訛「及」)

「舍人曰斤斤者」(阮奪「曰」字)

「此皆恐動趨步」(「步」阮訛「走」)

「此皆危恐戰懼也」(「戰懼」二字阮誤倒)

「洋、養音義同」(「洋」阮訛「羊」)

「《鄭風・子衿》云」(「衿」阮訛「矜」)

「謂以樂樂己也」(阮訛「謂以樂己也也」)

「謂耕墾開辟土田」(「墾」阮訛「懇」)

「載弁俅俅」(「弁」陸訛「并」,下三「弁」字同)

「此道人君之顒望也」(「顒」阮改「德」,是)

「今以履霜送轉餫」(「以」陸訛「之」)
「東人勞苦而不見謂勤」(阮奪「勤」字)
「故郭云,賢者陵替,姦黨熾盛」(此本「盛」字剜擠,初刊當無此字,阮未删)
「故字從宀(音眠)」(「音眠」二字阮改大字)
「信誓旦旦然」(「然」陸訛「毛」)
「故郭云傷見絶棄,恨士失也」(陸空「士」字,此本尚可辨認)
「制,法也」(「法」下阮增「則」字,是)
「賢云永哀」(「云」阮改「士」,是)
「念其窮迫也」(「念」陸訛「憂」)
「《小雅·正月》云蔌蔌方有穀,《毛傳》云,蔌蔌,陋也」(阮奪「蔌蔌方有穀,《毛傳》云」八字)
「德音清明也」(「明」阮改「泠」)
「郭云謂牽拕」(「拕」陸訛「挽」)
「故郭云不可待」(阮奪「故」字)
「蹟軌迹也」(阮奪「蹟」字)
「《小雅·沔水》云」(「水」阮訛「彼」)

「言爲語辭之雖」(「語辭」二字阮誤倒)
「遠爲百穀祈膏雨」(「爲」阮訛「謂」)
「此舉《衛風·淇奧》篇文」(「奧」阮改「澳」)
「言道之學以成德」(「之」阮改「人」)
「僩,寬大也」(「也」阮改「貌」)
「内心寬裕也」(「内心」阮作「又内」)
「皆水溼之疾也」(「溼」阮作「濕」)
「論五方人言是子也」(「人」阮訛「之」)
「猶云是此子也」(「云」阮作「言」)
「《桃夭》傳云之子」(「之」阮改「嫁」)
「云輂者也者」(阮奪上「者」字)
「郭云無舟楊」(「楊」阮改「楫」)
「謂慰恤也」(「恤」阮改「卹」)
「謂恩愛相流湊也」(阮奪「也」字)
「云《詩》曰,曰嬪于京」(下「曰」字阮改「聿」)

「先生於父則繼世者也」（阮奪「世」字）
「有親者服，各以其屬親疏」（「各」阮訛「名」）
「故曰玄孫也」（阮奪「也」字）
「舅孫謂毁榆」（阮本「榆」下增「也」字）
「夫之舅弟何以無服也」（「之」阮訛「人」）
「言兩人相謂，謂長者爲姒」（阮奪一「謂」字）

卷五

「由命士以上」（「命士」二字阮誤倒）
「天子設屏風之狀於牖户之間」（「狀」阮改「扆」）
「此別室中四隅之異名也」（「室」阮訛「宫」）
「注，官見禮亦未詳」（「官」陸訛「宫」，阮改「宧」，是）
「從徹者而入」（「徹」阮訛「散」）
「棖謂梱上兩旁木」（「上」陸訛「土」）
「其持樞之木」（「木」陸訛「十」）
「《郊特牲》曰」（「特」陸訛「持」）

「塗工之作具也」(「工」陸訛「土」)

「崇坫亢圭」(「亢」陸訛「元」)

「此二者在兩楹之間」(「二」阮訛「三」)

「惟其塗塈茨」(「塈」阮訛「暨」,下同)

《玉藻》云」(「玉」陸訛「王」)

「不敢縣於夫之楎椸」(「椸」阮作「箷」,下同)

「因名鄉也」(「鄉」阮訛「云」)

「僖宮之(闕)[門]是也」(「宮」陸訛「公」)

「皆命曰別大夫」(此本「別」字描過,陸亦作「別」,阮改「列」,是也)

「一云即橋也」(「云」阮訛「名」)

「注,或曰石絶水者爲梁」(阮奪「者」字)

「漆飾朱中」(陸空「朱」字)

「口足徑一尺」(「足」陸訛「圓」)

「爻辰在木上,直東井,井之水可以汲」(阮奪一「井」字)

「瓬(音岡),瓶(都感切)」(陸本「岡」訛「同」,又「瓶」字誤作「瓦」、「冘」二小字)

「其中者謂之瓿甊」（「瓿」陸訛「⿰言瓦」）

「罃謂之甄（鼓鼙），「⿸鹿瓦謂之⿱甚瓦」（陸奪「鼓」字，「⿸鹿瓦」訛「⿱雔瓦」）

「陳魏宋楚之間謂之⿺是瓦（杜啟切）」（陸空「切」字）

「鏄耨及定當是一器」（阮删「鏄」字）

「斫謂之鐯」（「鐯」陸訛「鍺」，阮改「鐯」，是。此本下文亦作「鐯」）

「趙魏之間謂之臬（音鍪）」（此本「鍪」字係後人描改，阮亦作「鍪」，陸作「鍪」，是也）

「籠一名篧」（「篧」陸訛「籗」）

「其罔名罬」（「罬」阮訛「羅」）

「如刀衣鼻在屨頭是也，或曰絇履屬」（阮本「屨」、「履」二字互訛）

「金飾龜目」（「龜」阮訛「黽」）

「則以上同用梓而加飾耳」（阮奪「而」字）

「毛説言大一碩」（「説」阮改「詩」）

「褸謂之衽」（「褸」阮訛「縷」）

「褘交落帶繫於體」（「褘」下阮增「邪」字）

「百羽爲摶」（「摶」阮訛「搏」）

「釋曰，案《晉語》獻公使大子申生(代)[伐]東山」(阮奪「案晉」以下五字)

「而玦之以金者銑寒甚矣」(「者銑」阮改「銑者」，非)

「或曰拘腸」(陸空「或」字)

「或謂之鈀(音葩)」(「葩」陸訛「葩」)

「《檀弓》曰華而睆」(「睆」阮改「皖」)

「故云未詳」(阮奪「云」字)

「今大子樂官有之」(「大」陸訛「天」，「子」阮改「予」，是)

「連底挏之」(「挏」阮誤「桐」)

「投椎於中而檀之」(「檀」阮改「撞」)

「其中不大不小者名篞，小者名篎」(阮奪「名篞小者」四字)

卷六

「此爲二十八宿周迴直徑之數也」(「周」阮訛「所」)

「正月假上八萬里」(「上」陸訛「土」)

「又於日與日相會」(「日」陸改「及」)

「滿則缺也」(「缺」阮改「闕」)

「先儒因其自然」（阮奪「其」字）
「故異義天號」（「天」阮訛「同」）
「故以遠人言之」（「人」阮改「大」）
「旻天不弔」（「旻」阮改「昊」）
「而又從歐陽之説」（阮奪「之」字）
「歲時者何，謂春夏秋冬也」（阮奪「者」字）
「景風即祥風也」（「祥」阮訛「和」）
「其雨時降」（「其」阮改「甘」）
「《詩·小雅》云降喪饑饉」（阮奪「詩」字）
「又謂之大侵」（「侵」陸訛「祲」）
「謂連歲不熟也爲荐饑」（阮删「爲荐饑」三字）
「二月得乙則曰橘始」（「始」阮改「如」）
「注，《離騷》至孟陬之義」（阮删「義」字）
「《詩》零雨其濛」（「濛」阮改「蒙」）
「雨霓爲霄雪者」（「霓」阮訛「霓」）

「《鄭箋》云，將大雨雪，始必微温」（「微」阮訛「徵」）

「李巡云，水雪雜下」（「水」阮訛「氷」，下文「水雪俱下」同）

「所封封域皆分星」（「皆」下阮增「有」字）

「東宫倉龍」（「倉」阮改「蒼」，下同）

「析木之津者」（阮奪「者」字）

「日在析木之津皆是也」（「皆」阮訛「者」）

「案襄二十八年《左傳》云」（「案」阮訛「宎」）

「顓頊之虚。虚也者，虚星，又謂之顓頊之虚」（阮作「顓頊之虚也」，奪一「虚」字，又奪「者虚星」以下十字）

「謂玄枵也」（阮奪「謂」字）

「營室謂之定者」（「定」下阮衍「室」字）

「甘氏，不出三月，迺生天欃，左右鋭」（「欃」阮改「槍」）

「自殷以上」（阮奪「自」字）

「祭天燔柴者」（阮本「祭天」下有「曰」字，此本「燔柴」二字占三格，疑本有之，後剜去）

「鄭注云，禋之言煙」（阮奪「注」字）

「是禰是禡，師祭也者」（「禰」、「禡」陸訛「禰」、「禡」）
「類於上帝」（「於」阮改「乎」）
「表貉則爲位」（「位」陸訛「禡」）
「馬祖天駟，上文云天駟房也」（阮奪「上文云天駟」五字，錯在下文「先牧始養馬者」上）
「賓尸是此祭之事」（「此」阮訛「其」）
「肜者相尋不絶之意也」（「者」阮訛「日」）
「夏曰復胙者」（阮奪「夏」字）
「擇其懷任者也」（「其」阮改「去」，下「擇其」同）
「社，所以冢地之道也」（「冢」阮改「神」，此本「冢」字後補）
「戎，大也」（「大」陸訛「犬」）
「幼賤在前貴勇力」（「勇力」下阮增「也」字）
「使不曳地以朱縷」（「朱」陸訛「失」）

卷七

「江南揚州」（「揚」阮改「楊」，下同）
「注，自河東至濟」（阮奪「東」字）

「注，今鉅鹿此廣河澤是也」（「此」阮改「北」）

「豫州云導菏澤」（「菏」阮改「荷」）

「《左傳》亦作孟諸」（「諸」陸訛「豬」）

「鄡丸澤在北」（「丸」阮改「九」）

「整居焦護是也」（「護」阮改「穫」）

「此亦題上事也」（「題」陸訛「隄」）

「是縣因山爲名，故云山名」（「云」阮譌「爲」）

「注，會稽至縣也」（「縣」阮改「篠」，是）

「士佩瑞玟」（「瑞」阮改「礝」）

「財物之所藏也」（「藏」阮訛「聚」）

「皆美物之所聚藏」（阮奪「藏」字）

「崇五山有鳥」（「五」阮改「吾」）

「西方至之蟨」（「蟨」阮改「蹷」，下同）

「蟨則肩卑」（「卑」阮訛「痺」）

「則皆資而走」（「皆資」阮改「背負」）

「云《吕氏春秋》者，案《漢書藝文志》，《吕氏春秋》二十六篇」（阮奪「吕氏春秋者」以下十一字）

「秦相吕不韋輯，□略士作也」（阮補「智」字）

「引之反以證邛邛（岠）［岠］虚之形也」（「反」阮改「乃」）

「自驗知之也」（「自」阮改「目」）

「其地可長木林」（「木」阮改「平」）

「乃得爲人動作」（「動作」二字陸誤倒）

「新田，□成柔田也」（阮補「新」字）

「遼西令支有孤竹城是乎」（「乎」陸訛「也」）

「夷者柢也」（陸空「柢」字）

「依《東夷傳》」（陸空「依」字）

「畎夷一夷」（「一」陸改「于」）

「四曰滿飾」（「滿」陸訛「蒲」）

「五曰鳧更」（「更」陸訛「吏」）

「七曰索家」（「家」陸訛「豕」）

「四曰跂踵」(「跂」阮譌「跛」)
「七曰狗軌」(「軌」陸譌「軹」)
「二曰戎夾」(「夾」阮譌「夫」,陸譌「失」)
「棄(市陵切)」(阮改小字爲大字)
「《春秋》莊十□年」(阮、陸並作「莊十年」)
「雨水停止」(「雨」阮改「潦」)
「故名戴丘」(「名」阮譌「爲」)
「東至博昌入泲」(「泲」阮譌「沛」)
「而北至博昌入泲也」(阮奪「也」字)
「《詩》云者,《鄘風·載馳》篇文也」(「詩云」下阮增「陟彼阿丘」四字)
「隈當作鞠,傳寫誤也」(「傳」陸譌「博」)
「謂窮困不通之水」(「通」陸譌「過」)
「其山鎮曰嶽」(阮本「嶽」下增「山」字)
「孔注云,衡山江所經」(「注」陸譌「江」)
「南曰衡山是也」(「山」阮譌「也」)

「注，今中嶽高山」（「嶽」下阮增「嵩」字，是）
「崧本不指中嶽，今之中嶽名嵩高」（阮奪「今之中嶽」四字）
「小山岌，大山峘」（「峘」陸訛「垣」）
「注，山上平」、「言山形上平者」（「上」陸並訛「土」）
「謂未及頂上」（「上」陸訛「土」）
「巒山隋」（「隋」阮訛「墮」）
「山墓有重岸也」（「墓」阮改「基」）
「多大石礐」（「礐」阮改「礐」）
「《白虎通》云，嶽者何謂」（「謂」阮訛「爲」）
「張楫《廣雅》云」（「楫」阮改「揖」）
「注，太室山也，釋曰」（阮改「釋曰太室山也」）
「祀分野星辰山川也」（「川」陸訛「山」）
「謂人壅畜此水」（「壅畜」二字阮本誤倒）
「以入砥柱之一流」（「一」阮改「中」，陸改「下」）
「薢是大絙」（阮奪「大」字）

「謂注溝水入之者名澮」（阮奪「者」字）

「注，溝曰澮，廣二尋，深二仞」（「注溝曰澮」阮作「注云澮」，又「深二仞」下復衍此四字）

「實惟河源」（「惟」阮譌「爲」）

卷八

「隸變作艹（七老切），《説文》別有草字（自保切）」（小字阮皆改作大字）

「生山中者名茖」（「中」陸譌「巾」）

「椵木槿」（「椵」阮改「椴」）

「故《月令》仲夏云木槿榮」（「槿」阮改「堇」）

「菉，鹿蓐也」（「蓐」陸譌「蓐」）

「于以采蘩」（「蘩」陸譌「繁」）

「匪莪伊蔚」（「莪」阮、陸並譌「我」）

「蓾鼠莞」（「蓾」阮改「庳」）

「莞草可以爲薦」（「薦」阮改「席」）

「一名大薺，俗呼老薺，似薺而葉細」（阮奪「俗呼老薺似薺」六字）

「莖斑而葉圓是也」（「斑」阮譌「班」）

「孟狼尾。○一名孟」（「孟」陸訛「盂」）

「此味苦可食之菜也」（阮奪「也」字）

「郭云今茺蔚也」（阮奪「今」字）

「葉似荏」（「荏」陸訛「茬」）

「米黏」（「米」陸訛「不」）

「其莖稈似禾」（「稈」阮訛「稗」）

「一名玉門精」（「玉」阮訛「王」）

「《説文》云，蓍蒿屬也，生千歲三百莖」（阮奪「説文云」三字，「生」訛「年」）

「生水澤旁」（「旁」阮訛「中」）

「葖，蘆萉」（「萉」陸訛「肥」）

「頌磬東面」（「面」阮訛「西」）

「浮在（草）［水］上」（「上」陸訛「土」）

「釋曰菲一名芴」（阮奪「菲」字）

「藥草也，一名榮」（「榮」阮訛「熒」）

「葋竹（篇）［萹］蓄」（阮無「葋」字，此本亦後補）

「孫炎，某氏引《詩·衛風》云」(阮本「炎」下有「曰」字)

「呼爲馬歸決明」(「歸」阮改「蹄」)

「一名蔽薚(音殿唐)」(阮奪「音」三字)

「《爾雅》，莁荑一名蔱蘠」(「莁」阮改「蕪」)

「而在木部」(「木」阮訛「本」)

「(䪥)[䪥]鴻薈」(「(䪥)[䪥]」陸訛「䪥」，下同)

「穤，黏稻也」(「穤」阮改「糯」)

「江東呼(稬)[稬](乃亂切)」(音三字阮改大字)

「釋曰箋者」(「釋曰」二字阮作「案」)

「遵暢厥旨」(「旨」陸訛「言」)

「非全文也」(「文」陸訛「丈」)

「《山海經》又名寇脱」(「寇」阮訛「冠」)

「零桂人人且日貫之」(陸本删一「人」字)

「音氈氍毹者」(「氈」陸訛「同」)

「握出隨生」(「握」阮改「掘」)

「一名水瀉」（「瀉」阮改「舄」）
「爲席有精有麤」（「麤」阮作「粗」）
「作菹及羹之佳」（「之」阮改「亦」）
「注，《禮記》曰苴麻之有蕡。○釋曰，《儀禮・喪服》傳文也」（阮作「注，禮記至有蕡。○釋曰，『《禮記》曰苴麻之有蕡』者」《儀禮・喪服》傳文也）
「菲，一名息菜」（「息」阮改「蒠」）
「今關西亦呼爲蓫，江東呼爲當陸」（阮奪「亦」字及下「呼」字）
「案《本草》商陸」（「商」阮改「蔏」）
「《毛傳》云藚，水蕮是也」（「是也」二字阮誤倒）
「翹出衆草」（阮本「翹」下衍「生」字）
「一名蘧麥，藥草也」（「藥草」二字阮誤倒）
「齧，苦菫」（「菫」阮改「槿」）
「一名覆葐」、「其實名覆葐子」（「葐」阮並作「盆」）
「嫌讀爲菫荁之菫」（「荁」陸訛「荳」）
「苧麻母，疏，一名苧。（至）盱虺牀，疏，近道田野墟落間甚」（此一葉此本闕，阮、陸二本有）

「幽州人謂之爵耳是也」（阮奪「人」字）
「蕎邛鉅」（「邛」陸訛「卬」，阮改「邛」，是也）
「似覆葢而大赤」（阮奪「赤」字）
「今遠⿱艹志也」（「⿱艹志」阮改「志」，下同）
「一名海蘿」（「蘿」阮作「羅」）
「隰有萇楚」（「萇」阮訛「長」）
「郭云今甘草也」（「草」阮訛「藥」）
「蔓延生」（「延」陸訛「生」）
「三老掌教化」（「掌」阮訛「業」）
「皆萑茅之屬」（「萑茅」阮訛「雀矛」）
「葭一名華」（「一」陸訛「二」，「華」阮改「葦」）
「蒹一名薕」（「蒹」陸訛「葭」）
「青徐人謂之薕」（「薕」阮訛「蒹」）
「空中可食者爲茭」（「茭」阮改「茇」）
「實發實秀」（「發」、「秀」二字阮誤易）

卷九

「方俗無名此爲栲者」（「栲」阮訛「樗」）

「可爲車輻」（「輻」陸訛「幅」）

「許慎正以栲讀爲糗」（「讀」陸訛「櫟」）

「（椵）［椴］，柂」（「（椵）［椴］」阮訛「椵」）

「椵一名柂」（陸作「杝」，上仍作「柂」）

「《禮記·檀弓》云杝棺一」（阮奪「一」字）

「赤心，華赤黄」（陸空上「赤」字）

「櫠椵」（「椵」陸訛「椴」）

「芝栭蔆椇是也」（「蔆椇」阮訛「淩椇」）

「檴落」（「檴」陸訛「穫」）

「《小雅·大東》云無浸穫薪。《鄭箋》云：穫，落木名」（「穫」阮並改「檴」）

「今棚榆也」（「棚」阮改「榔」）

「今之杜梨」（「梨」阮改「棠」）

「《本草》謂之牡桂者是也」（「謂」陸訛「爲」）

「河東聞喜縣東北有董澤陂」（「董」阮訛「黄」）
「杞枸檵」（「檵」陸訛「檵」）
「春生虆茹微苦」（「春生」下阮增「作」字）
「東海諸島上」（「諸」陸訛「之」）
「今人謂之苦楸是也」（「謂」陸訛「爲」）
「又《山海·南荒經》云」（「山」陸訛「三」）
「赤黑恬美是也」（「恬」陸改「甜」）
「或曰木蓼」（「木」阮訛「本」）
「一曰鼠梨」（「鼠」字此本漫漶描失，陸空此字）
「膾炙與羊棗孰美」（「孰」陸訛「熟」）
「山有苞櫟」（「苞」陸訛「枹」）
「名爲櫰」（「櫰」阮訛「懷」）
「守宮槐晝聶宵炕」（「晝」陸訛「書」）
「白者即名（楝）［梀］」（「即名（楝）［梀］」阮改作「名白（楝）［梀］」）
「榆之皮色白者名枌」（「者名枌」阮改「名白枌」）

「名楷亦名柯，木無枝相長而殺者」(「柯」阮改「散」，「相」阮改「柯」。此本「柯」字剜補，初刊當是「散」字，當由欲剜「相」字而誤剜「散」字也)

「以當死害生曰菑」(阮删「當」字)

「樹枝曲卷如鳥毛羽名喬」(「枝」陸訛「皮」)

「木枝上竦而曲卷者亦名喬」(「木」阮訛「本」)

「枝皆翹竦」(「翹」阮改「喬」)

「檄則擢也」(「則」陸訛「者」)

「蜚，厲蟲也」(「厲」陸改「閩」)

「自關而東謂之蟦蠀」(「蟦」阮訛「蚰」)

「或謂之蚨虷(扶于二音)」(「蚨」陸訛「蚗」，阮删「二音」二字)

「蚍奴六切，蜫音尼」(「尼」阮訛「泥」)

「齊謂之蟿螽也」(「謂」陸訛「爲」)

「注，夏小至音荑」(「荑」陸改「夷」)

「有文者謂之蜻蜻是也」(此本「之蜻蜻」三字占二格，係剜改。阮本據注又改「蜻蜻」爲「蠑」。此本「蜻蜻」二字原係一字，恐本是「蠑」字也)

「或謂之蛉蛄（音零），或謂之蝭蟧（音帝）」（阮移「音零」、「音帝」四字於「蛉」字、「蝭」字下）

「螻蛭謂之螻蛄（音窒）」（「窒」陸訛「窄」）

「蛄𧓍强蛘」（「蛄」陸訛「蛘」）

「其子蜱蛸」（「蜱」陸訛「碑」）

「一名螳蜋」（「螳」阮改「蟷」）

「蜋馬蠽」（「蜋」阮訛「蜆」，下同）

「俗呼馬蠽」（「蠽」陸訛「蠽」）

「一名蜙蝑」（「蜙蝑」陸訛「松楈」）

「其股似蝳蜎」（「蜎」陸訛「蜎」）

「土螽一名蠰谿」（「土」陸訛「上」）

「今謂之工蝶」（「工」阮訛「土」）

「莫貈螳蜋蛑」（「螳」阮改「蟷」）

「或謂之虰」（「虰」阮訛「町」）

「鼠背負之」（「背」陸訛「皆」）

「一名莎雞」（「莎」陸訛「沙」）

「是謂緇爲經也」(「謂」陸訛「爲」)

「蚳蜉至子蚳」(「子」陸訛「於」)

「此辨蠭在土在木之異也」(「也」陸訛「民」)

「嫌讀爲蛩蟺之蟺」(「蛩」阮譌「蛩」)

「土蛹蠁蟲是也」(「土」阮訛「上」)

「蜾蠃負之」(「蜾」阮改「果」)

「其本者謂之蠮螉」(「本」阮改「小」,是)

「《説文》云,細要土蠭。《説文》地之性」(下「説文」二字此本描失,陸本亦同誤。阮改「也天」二字,是也)

「或在草菜上」(「菜」阮改「萊」)

「小蟲似蜹亂飛者也」(「蜹」阮改「蚋」)

「蟓桑至蕭蠨」(「蕭」陸訛「肅」)

「言其姦冥冥難知也」(「冥」阮訛「螟」)

「故曰蟦也」(「蟦」阮改「蟦」)

「則鯉鮪鱣鮥」(「鮥」陸訛「鮪」)

「今鯉魚也」(「鯉」阮改「鱧」，是)
「故注云，今青州呼小鱺爲鮵」(「鱺」陸譌「麗」)
「魚禁鯤鱬」(「鱬」陸改「鮞」)
「釋曰，鮡魚名」(「鮡」阮改「鱯」，是)
「宓子賤仕魯」(阮奪「仕魯」二字)
「入界見魰者」(「魰」阮譌「魰」)
「腴細而長」(「腴」陸譌「腰」)
「九江有之，亦呼爲魴魚」(「魴」阮改「魡」，是)
「魴，今伊洛濟潁魴魚也」(下「魴」字陸空闕)
「《周禮》謂之貍物」(「謂」陸譌「爲」)
「蚹蠃螔蝓」(「螔」陸譌「蜣」)
「蠃小者蜬。○釋曰」(阮奪此七字。「蜬」陸譌「蛹」)
「云俯者靈者」(阮「俯」上有「龜」字)
「龜俯者靈，仰者繹」(阮奪「龜」字)
「西伯既戡耆」(「伯」陸譌「北」)

「紂囚之牖里」（「牖」阮改「羑」）

「大如大車之渠，以備其辜」（「備」阮改「贖」，「辜」改「皐」）

「以其同名鰿也」（「鰿」阮改「蟦」）

「其循幾何」（「循」陸訛「楯」）

「秦晉西夏謂之守宮」（「秦」陸訛「奏」）

「或謂之刺易（南陽人呼蝘蜓）」（「南陽人」以下六字阮改大字，「人」、「蜓」二字，陸訛爲「一」、「以」字）

「驂青虯」（「虯」陸訛「糾」）

「雲黄璐」（陸訛作「黄雲絡」）

「（旦）［且］魚亦蟲之屬也」（「也」阮改「乎」）

卷十

「江東名爲烏鴟」（「鴟」阮訛「鵙」，陸訛「鴨」）

「似鴟而短頸」（「頸」阮訛「鵛」）

「不注《尚書》百篇内」（「注」阮改「在」是）

「且鄭玄郭璞（郭）［陸］機」（「璞」阮訛「樸」）

「自關而東謂之鸋鴂」(「鴂」陸訛「鴃」)
「或謂之(幭)〔幭〕爵」(「(幭)〔幭〕」阮訛「韈」)
「燕領雞喙」(「喙」陸訛「呀」)
「高文二」(「文」阮改「丈」，是)
「郭云雅烏也」(「雅」阮作「鴉」)
「脰頸也。頸項也」(阮奪「頸也頸」三字)
「《詩·邶風》衛莊姜送歸妾之詩也」(阮奪上「詩」字)
「案《商本紀》云」(「商」陸訛「商」)
「謂雞雉之屬也」(「謂」陸訛「爲」)
「注，《國語》至爰居」(「至」陸訛「云」)
「或謂之鷽鼠」(「鷽」陸改「鸒」)
「晨風一名鸇鸇，鷙鳥也」(阮奪一「鸇」字)
「青黄色，燕領句喙」(阮奪「青」字、「燕」字。此本描過。陸作「斑」)
「名之曰白鷺縗」(「縗」陸訛「纕」)
「鷂雉者」(阮奪「鷂」字)

「案《山海經》牝山之上」(「牝」陸訛「牡」)
「今白鶬出」(此本「出」字描失。陸作「山」。阮作「也」,是也)
「五雉分屬五工」(「工」阮改「土」)
「郭璞《圖讚》云」(此本「讚」字描失,作「譛」)
「養由不晛」(「由」陸作「田」,此本亦是「田」字,後描改)
「齊人謂之擊征」(「齊」陸訛「一」)
「飛則伸其脚」(「伸」陸訛「仲」)
「其名爲鶅鶔」(「鶔」陸訛「一」)
「魯宣公夏濫於淵」(「淵」上阮增「泗」字)
「絶有力者名迅」(「絶」陸訛「不」)
「或謂之貕(音奚)」(「音奚」二小字阮改大字,陸訛爲一「豬」字)
「出蜀郡」(「郡」陸訛「中」)
「似熊小頭庳脚」(阮奪「似」字)
「反辟濕」(「反」阮改「皮」,是)
「郭云,漢宣帝時」(阮奪「郭云」二字)

「獻其皮骨爪牙」（「牙」下陸衍「秭」字）

「其雌者名澀」（「澀」阮改「貙」）

「遣使文時詣闕師子」（阮於「闕」下增「獻」字）

「柏夭曰」（「曰」陸訛「氏」）

「彙毛刺，釋曰」（阮奪）

「梟羊在此朐之西」（「此」阮改「北」，「朐」阮訛「胸」，陸訛「昫」）

「狒狒怪萌」（「萌」陸改「獸」）

「爲物健捷，《山海經》曰鬲山多猨蜼是也」（「山海經」以下十一字，阮本移在上文「印鼻而尾長大」句下）

「能緣不能窮木」（「木」陸訛「水」）

「能走不能免人」（「免」阮改「先」）

「跳舞善鳴」（「跳」阮訛「號」）

「今江東呼齝爲齛」（「齝」阮訛「齨」）

「咽中裏食處」（「裏」阮改「裹」，是）

「頰裏貯食處」（「裏」阮訛「裹」）

「天子至領頸」（阮作「天子至千里馬」）

「俗所謂漫髗徹齒」（「髗」阮訛「驢」）

「今名騆馬也」（「騆」陸訛「絹」）

「文似鰕魚也」（阮奪「文」字。「鰕」阮、陸並訛「騢」）

「今之淺黃色者爲騧馬」（「爲」陸訛「名」）

「言似魚目也」（「似」阮訛「以」）

「今之犪牛也」（「犪」阮訛「犪」）

「此牛出上庸郡」（「庸」阮訛「鄘」）

「其實白羊牝者名牂」（「白」陸訛「曰」）

「注，《周禮》至爲龍」（「龍」阮改「駥」）

爾雅三卷 元刊本

郭璞注

自序

江秋史手跋： 乾隆乙巳人日，江德量以之校汲古閣本，三日而畢。所正甚多，且多弘農舊音，宜春浦之祕枕中也。（下有「秋史」一印）

孫子瀟手跋：元槧《爾雅》，谿百宋一廛歸於味經書屋。心青居士識。（下有「己丑太史」一印）

姚芙初女史手跋：此元槧佳本也。道光戊子夏日得之士禮居，懽喜贊歎者久之。黄初女史姚畹真記。（下有「姚氏畹真」一印）

李申耆手跋：道光乙未花朝李兆洛觀。（下有「養一」一印）

每半葉八行，行十五字。每卷後附《音釋》，序後有「大德己亥平水曹氏進德齋刊行」牌子，凡九十字。《爾雅》除宋刊外，以此本爲最善。每卷後所附《音釋》，每字一音，蓋出蜀僧智騫。日本所刊北宋小字本、虞山瞿氏所藏南宋初刊本皆有之，蓋均自蜀本出也。眉頭有江秋史朱墨筆校語。又有云「玉麐案」者，不知何人。卷末附粘校籤有云「德量按」者，出江秋史。有云「瑶田按」者，則出程易疇手跡也。有「馬氏叢書樓珍藏圖記」、「半查」、「竹農真賞」、「虞山張蓉鏡監藏」、「姚氏畹真」、「黄初女史」、「畹真女史」、「双芙閣」、「小琅嬛福墜祕笈」、「味經書屋」、「天真閣」、「方氏若蘅曾觀」諸印。

爾雅三卷 明刊本

郭璞注

自序

張蓮洲手跋：此舊刊十行本，家伯樂得之邑中鮑君芳谷家。初見之字跡惡劣，尋常謬誤往往而有，疑非善本。以校所藏大德小字本及顧澗蘋翻刻吴元恭本，其佳處悉與符合，而有更勝於兩本者。《釋言》：「舫，泭也」，注「水中簰」。按《吴志・妃嬪傳》「伐蘆葦以爲泭」，裴松之注引郭璞《方言》曰「泭，水中簰也」。今本《方言》無此注，此本正與之合。兩本「簰」下並衍一「筏」字，非矣。竊謂《方言》「泭謂之簰」，語自明了，郭氏注例此不贅衍，裴之所引，或當本爲《爾雅》肊記之誤。《釋艸》「綸似倫」，注「綸，今有秩、嗇夫所帶青絲糾繩」。案邢疏引張華之「綸如宛轉繩」以證注中「繩」字，是邢氏所見本不誤，此本正與之合。兩本「繩」皆作「綸」，非矣。《釋魚》「鮥鮛鮪」，注「今宜都自荆門以上」。案王伯厚《地理通釋》，魏武置臨江郡，蜀改爲宜都，有荆門、虎牙兩山。然則陸議父子規據宜都，所謂「國之西門」者，正恃兹山之險要矣。《御覽》引《爾雅注》亦作「荆門」，此本正與之合。兩本皆作「京門」，非矣。此三事固最有確據者。又《釋詁》「儀，亡也」，注引《國語》「丹朱憑身似儀之」，與元刻《注疏》本合。今明道本、宋庠《音義》本皆作「以儀之」，各本同之。詳其事本屬鬼神惚怳之談，非爲紀實，「似儀」爲善。「酬酢侑報也」，注「此通謂報答，不主於飲食」，攷《儀禮》凡酬酢言「飲酒」，凡侑言「食」，此注當兼飲食，各本作「飲酒」，誼有未該，「食」字爲善。《釋訓》「晏晏、旦旦，悔爽忒也」，注「傷見絶棄，恨自失」，此正本《氓》序「因而自悔」語，不當斥士，以經「女也不爽」，「爽」以女言參之，其誼自見，各本作「恨士失」，失其恉矣，「自」字爲善。《釋草》「椵，木槿。櫬，木槿」，注「或呼曰茇」，以下經「茇，堇草」參之，此正與之異物同名。《月令》「木堇榮」作「堇」，是其證。以兩物並得「堇」名，故《爾雅》或言木、或言草以别之，要皆草屬，故並入《釋草》。陸德明《莊子音義》「朝菌」引潘尼云「木槿也」，足知其爲草屬，而其引司馬彪注云

「大芝，天陰生糞上，見日則死，故不知月之終始」，此别爲一物，非郭氏所謂「似李樹花，朝生夕隕」者。不知後人牽合兩説，遂疑《爾雅》此注「日」譌爲「曰」，「及」譌爲「芨」，奮然改爲「日及」而莫有悟矣。又「莔，山莓」，注「今之木莓也，實似藨莓而大，赤可食」，與下經「藨，麃」注「藨即莓也，今江東呼爲藨莓，子似覆葐而大，赤，酢甜可食」句例正同，物亦相類。今本「赤」作「亦」，與上「茭，牛蘄」注「似芹，赤可食」作「亦可食」，「亦」之爲言皆上無所承，其誤等矣，此本皆作「赤」字爲善。他若經文「萍，蓱」之同雪牕書院本，「柀檆」之同《類篇》，「蛙，蠹」之同《説文》注文，逐末詳之，不衍「戮」字，合於本注。「攸飯」之不作「餈」，合於元刻。「擔者」之不作「檐」，合於單疏。「蛾，蛘」之不作「蟻」，合于《方言》。「狀如䕲」之不作「狀䕲豘」，合于邢疏。亦皆鑿鑿可據。自餘佳者，尚不可枚舉，輒舉其犖犖大者如右，以著此本之可貴云。咸豐丁巳重陽後一日校《爾雅疏》畢，金匱張步瀛識。（有「步瀛」、「蓮洲」二印）

每半葉十行，行二十二三字不等。每卷後亦附《音釋》。此景泰中京兆馬諒刊本，而脱其序跋，其源尚從宋本出也。有「慶時」、「從淳」、「桃源衣冠」、「席鑑之印」、「席氏玉炤」、「虞山席鑑玉炤氏收藏」諸印。

爾雅三卷 明覆宋本

晉郭璞注

吴元恭序（嘉靖十七年）

郭璞序

每半葉八行，行十七字。有「汪啟淑印」、「曾在蕭山陸氏香圃處」、「五橋珍藏」、「慈谿馮氏醉經閣圖籍」諸印。〔一〕

〔一〕底本此條後重「爾雅疏十卷」一條七百餘字。

爾雅注疏十一卷 元刊明修本

郭璞注　邢昺疏

爾雅注疏序

每半葉九行，行大字二十字，小字二十二字。有「王元讓印」、「存谿」、「王元讓存谿印」三印。

釋名八卷 明覆宋本

〔漢〕劉熙字成國撰

吕柟重刊釋名後序（嘉靖三年）

此明吕涇野覆刊宋臨安府陳道人書籍鋪本。每半葉九行，行二十字。前尚有儲良材序、劉熙自序并陳道人識語，此本皆奪。又吕氏後序後尚有一跋，亦並割去。有「嗣璩私印」、「臣嗣璩」、「查浦」、「德尹號查浦」、「黄玉堂印」、「署伯」、「紫衣郎」、「小快士」、「吴下蔣郎」、「秦漢十印齋藏」、「香生祕玩」諸印。

釋名八卷　明刊本

劉熙字成國撰

儲良材序（嘉靖甲申）

自序

陳道人識語

此本從吕本翻刊，但每半葉增一行爲十行耳。有「韓維鏞印」、「桐山」、「金黿山房藏書印」諸印。

釋名八卷　明刊本

漢劉熙成國撰　明畢效欽校刊

劉熙序

每半葉九行，行二十四字。有「曾在蕭山陸氏香圃處」一印。

博雅十卷　校明刊本

魏張揖撰　隋曹憲音解　後學吴郡皇甫録校正

皇甫沖序

上廣雅表

黄復翁手跋：乙亥花朝，收得李鑑明古家藏本一單，不下百餘種，其可珍者十之二三，就中最嘉則明刻之皇甫録本《博雅》、吴元恭本《爾雅》而已。先是囊無餘錢，因約友人張訒菴剖分之，吴本《爾雅》歸之訒菴，余乃留此。兩本之序皆扯落，以殘紙夾本書中，想欲去明刻之跡。然《爾雅》卷中無某人刻字樣。《博雅》則諸卷皆有皇甫録姓名，止損一序，無爲也。重付裝潢，以殘序登之卷首，毋失其真，未知何日得遇斯刻之有全序者，可重補之。裝成再記。復翁。（有「丕烈」印）

戊寅夏季，聞濂溪坊蔣氏書散出，間爲余友所得，告余某書若干價，耳聞之，目未見也。云尚有檢存零種，不甚緊要之物在某坊，因尋蹤求觀。見單上有《博雅》一書，請觀其書，竟得皇甫録本。又喜前所失序具存，蓋至是而向願始償。復翁立秋後二日記。（有「老蕘」印）

戊寅春初，從醋坊橋陳雲濤舍人家見有陳少章先生手批《絳雲樓書目》，於《博雅》下注云「皇甫本佳」，是前輩識多見廣，自媿後生不如多矣。蕘記。

書本之善者，不必定以宋元本爲可貴也。即如《博雅》，惟《敏求記》載有繕録本爲最古矣，但藏諸故家，一時傳布未廣。昔賢讀書，亦講善本。陳少章先生曾有手注《絳雲樓書目》，在陳雲濤舍人家，張秋塘録副，因得寓目。少章云《博雅》皇甫本佳，則明刻之可貴不亞宋元，推此種爲最，後人勿輕視之。復翁。

高郵王懷祖先生著《廣雅疏證》，其所引據各本，有影宋本，有皇甫本、畢本、吴本，所云「影宋本」蓋即余家藏《敏求記》中正德乙亥支硎山人手跋本也。「皇甫本」未之見，未知所刻如何。「畢本」者，畢效欽《五雅》中本也。「吴本」者，吴琯《古今逸史》中本也。此外有堂策檻本，是即郎本，王未之及，想未以爲善本耳。王云《廣雅》諸本以明畢效欽本爲最善，以余觀之，此殊不然。余嘗以影宋本較畢本，脱誤仍不免。今得皇甫本，出影宋本勘之，行款悉同，即邊幅之濶狹、字體之大小亦無弗同，是影宋本與皇甫本出同一源矣。且影宋本與皇甫本同出於一時、同出於一地。一爲正德乙亥支硎山人手跋，謂鈔自士人袁飛卿，一爲皇甫録校正，有其子皇甫沖序，皆爲吴郡人。攷其登第年代，與袁飛卿後先不遠，或宋本在吴中某家，而一借鈔之，一校刻之，故大略相同也。每葉十四行、每行十五字無不同，所異者卷端書名標題後多撰人姓名耳。皇甫本字較影宋本稍誤，暇日當取影宋本勘之，或留此清本以存真面目云。復翁。

（有「老蕘」印）

予得皇甫録本二部，久思以影宋本校於皇甫本矣。因思向時顧千里館余家，爲余校書，曾用畢效欽本以影宋本校之，於佳字一一記出，有長跋可證。又於部葉上標題云「影宋鈔本校影宋本，已誤者悉不改正」，蓋非昔人所云死校法也。既而予亦用紅筆略識其字之與畢本異者，恐後人莫辨，認顧校之紅筆爲一，故特表明。而此番用黑筆校皇甫本，復參顧校，於顧校未記出，仍以黑筆記出，擬仍昔人死校法也。然細玩顧校紅筆，亦不甚於影宋本作依樣葫蘆，殆斟酌其是非出之。且影宋本不過就其大槩言之，非如毛氏影鈔，纖悉必遵。故每遇脱字，或補於行末，或于行末空一格，取不走行也。而宋本原屬舊鈔，筆畫未必無訛舛，畢本又屬細字後印，故字體亦「未」必全是。惟此本大字悦目，與影宋結體相同，用以校勘，實爲相宜。兹之所校於影宋佳字固無一遺，就千里所記悉爲表明，而影宋本之誤字未能盡載，與死校之法仍有未遵，蓋舊鈔究非精鈔，故從違相半耳。老蕘記。

余向以王云《廣雅》諸刻本以明畢效欽本爲最善，此説殊不然者。今用影宋本校皇甫本，又參畢本，始信余説之非妄。就顧校記出影宋佳處有二十八條，皇甫本未誤與之合者十七條，與畢本同誤者十一條。至畢脱而皇甫本未脱者，當别記之。老蕘又識。

甲申二月下澣，雨窻用影宋本校，又參顧千里舊校影宋。影宋佳處無遺矣。
用影宋本校，復參顧千里舊校影宋本，甲申三月二十七日校竣。今日未雨，晚晴。

右皇甫録重刊宋本，每半葉八行，行十五字。黄復翁以影宋本校，并參顧千里舊校影宋本佳處。顧千里有跋記之，見《思適齋集》。皇甫本勝于畢本處，復翁亦略記之書眉。此書宋本世已斷種，黄氏所藏影宋鈔本今已不知存佚，此本既係影宋刻本，又以影宋鈔本校，《廣雅》善本當首推此本矣。封面有「李鑑明古家藏，嘉慶乙亥花朝士禮居收得重裝」、「道光甲申二月手校影宋本」二行，亦復翁手書。有「黄丕烈印」、「蕘圃」二印。

博雅十卷　明刊本

魏張揖撰　隋曹憲音解　明畢效欽校刊

上廣雅表

每半葉九行，行十八字，行款與畢刻他種不同，似從舊本翻刊。王懷祖先生極推重此刻，除余所藏皇甫本外，自以此刻爲最善矣。有「曾在蕭山陸氏香圃處」、「五橋珍藏」、「慈谿馮氏醉經閣圖籍」諸印。

廣雅十卷 校注本

魏張揖纂集　隋曹憲音釋

此郎氏刊本，錢竹汀先生校，又引《方言》、《説文》、《玉篇》、《廣韻》諸書箋之，眉頭行間細書殆徧。復手書張氏《上廣雅表》於卷首。籤題「廣雅張揖撰」隸書五字，亦先生手書。有「錢大昕印」、「竹汀」二印。

重刊埤雅二十卷 明初刊本

宋中大夫守尚書左丞上柱國吴郡開國公賜紫金魚袋陸佃撰

陸宰序（宣和七年）

每半葉十行，行十九字。昔人所謂宋刊或元刊皆即此本也，然實則建文二年刊本。余家藏正統九年刊本，前録舊序，有京口張存《重刊埤雅序》云「宣和七年，其子宰始敘以傳。其後五世孫嶜由祕閣修撰來知贛州，再用刻於郡庠。當□□天子□□□□，會奉議大夫江西□□□按察□司僉事古閩林公瑜字子潤巡按贛上，訪於耆民黄維得是書，諭於衆曰：吾欲散是書與四方學者共之，當今屬官，誰可與者？僉曰，莫如太守陳大本。乃命鳩工刻之」云云。序末紀年題「天運庚□」。案正統本闕處與此本同，實出此本，而彼本有鄭暹跋云「近獲先太守陳公真本，遂命工繡梓」，是此本當即陳本。又張序題「重刊埤雅序」，而此本亦題「重刊埤雅」，則張序即此本之序也。張序紀年題「天運庚□」，考古無天運年號，而建文二年歲在庚辰。其云「江西□□□按察□司」，當云「江西道肅政按察使司」，亦建文官制。蓋正統時再刊，張序削除建文年號及其時官制，并序中天子嗣位等語，故序有闕文，并闕「庚辰」之「辰」字，其避當時禁忌蹤跡甚明。此本割去張序，亦由是故，則此本乃建文庚辰刊本也。目録中卷九、卷十、卷十三、卷十四下，注皆云共幾簡、缺第幾簡，而此本雖有缺簡，葉數尚校原簡爲多，蓋刊時不據宋本行款也。然正統本所據之本原缺卷六，而此本獨完。正統去建文不過四十年，已不獲此刊全本，則此本之可貴可知矣。

有「嚴可均印」、「鐵橋」二印。

埤雅二十卷 明刊本

［宋］中大夫守尚書左丞上柱國吴郡開國公賜紫金魚袋陸佃撰

張存重刊埤雅序（天運庚□）

陸宰序（宣和七年）

鄭暹跋（正統九年）

每半葉十二行，行廿三字，即翻建文本而改其行款者。於建文本闕葉之外，又闕卷六全卷，蓋所據本偶闕也。有「莫友芝圖書印」一印。

爾雅翼三十二卷 明刊本

宋新安羅願著　明新安畢效欽校

自序(淳熙改元)

行款與畢刻《釋名》同。有「汪啓淑印」、「曾在蕭山陸氏香圃處」、「五橋珍藏」、「慈谿馮氏醉經閣圖籍」諸印。

爾雅翼三十二卷 明覆宋本

宋羅願撰

新刊爾雅翼序

姪曾孫震跋(淳祐□□)

方回跋(咸淳庚午)

此書每半葉十行。行十九字。出宋咸淳庚午新安守王伯厚刊本,爲羅氏十一世孫文殊所刊。前有重刊序,不著作者姓名及年代,或在都元敬本之前。有「楊之翰印」。

爾雅翼三十二卷 明刊本

新安羅願端良撰　洪焱祖潛夫釋

李化龍序

自序（淳熙改元）
王應麟序
洪焱祖識（延祐七年）
方回跋（同上）
羅炌跋（崇禎六年）
此本有洪氏《音釋》，與《四庫》著録本同。方跋後有「天啟丙寅從裔孫羅朗重訂」一行。有「培蘭書塾珍藏」一印。

爾雅一切注音十卷 手稿本

歸安嚴萬里鐵橋纂輯
此鐵橋先生手稿，字迹與余家舊藏先生手校《初學記》合。有「嚴可均之印」、「鐵橋」二印。

説文解字三十卷 景宋刊本

漢太尉祭酒許慎記 ［宋］銀青光禄大夫守右散騎常侍上柱國東海郡開國子食邑五百户（臣）徐鉉等奉敕校定
進校定説文表
雍（正）［熙］三年牒

費屺懷手跋云：此本與敝篋所藏陳南園本，皆斧季第一次校改，僅剜四處。從郘亭師叚觀，篝燈互勘，録陳跋於後。庚子閏八月十七日費念慈記。

附陳碩甫先生跋云：汲古閣初印本仿北宋刻者，毛氏斧季共校改五次。四次以前微有校改，至五次則校改特多。今取段先生《説文訂》考之，其不同初印者，若叒部「湯谷」，改「暘谷」；水部「浪」下「南入海」，「海」改「江」；「滹」下「《詩》曰滹沱北流」，「沱」改「池」；丿部「丿」下「房密切，又匹密切」，改「於小切」。僅有四處剜過，餘俱與初印本悉合。比坊間之所流傳皆五次校改，繆戾多端，真懸霄壤，可寶也。道光二十有九年冬十、十一月，陳奐讀記。

此錢唐汪氏藏汲古閣第二次校改本，末有「後學毛晉從宋本校刊男扆再校」一行，無斧季跋。有「平江石氏圖書」、「韞玉」、「執如」、「海寧楊芝士藏書之印」、「勉學老人鑒定」、「屺懷校讀」諸印。

説文解字三十卷 校宋本

孫氏手跋云：光緒乙酉春仲，郘亭師叚海源閣楊氏小字《説文》屬校。書中宋諱間有不避，佳處固多，謬處亦不少，其爲元覆宋本可知。吴縣〔孫〕傳鳳識於山左之小小滄浪。

此復孫刻小字本，孫氏以宋刻精校。宋刻頗有不避諱者，孫氏以爲元覆本，未盡然也。

説文解字三十卷 校本

汲古閣刊本。孫子瀟手録惠定宇先生校語於上。卷首有「東吴惠棟閲」、「昭文孫原湘臨讀」二行，卷三末亦有題記。有「孫原湘印」、「字子瀟」、「卓犖觀羣書」、「康」、「子晉」、「海陵錢氏青燈閣藏書畫(之)圖書」、「韻初所藏」諸印。

説文解字三十卷 校本

汲古閣本。魏春松録惠氏校語。卷首題云「是書爲汀州伊墨卿所贈。時乾隆甲寅中夏望後五日,魏春松記」。有「魏成憲印」。

説文解字三十卷 校本

汲古閣本。昔人據諸書所引《説文》以校本書。無題識印章。

説文解字三十卷 校本

汲古閣本。丁儉卿以《繫傳》及諸書校,並多辨正字之正俗。卷首及末均有題識。有「山陽丁晏之章」、「字儉卿號柘塘」二印。

説文解字繫傳四十卷 校本

汪啟淑刻本。陳仲魚以大徐《説文》(王、周二氏藏宋刊本,葉石君、趙靈均鈔本、汲古閣初印本等)、《五音韻譜》、《古今韻會》及諸字書手校,訂正頗多。卷末有「儀徵阮元借觀」隸書一行。有「中魚」、「士鄉堂」、「曾在上海郁泰峰家」諸印。

重刊許氏説文解字五音韻譜十二卷 宋刊明修本

［宋李燾編］

説文序

許沖表

徐鉉等序

進書表（雍熙三年）

中書門下牒

每半葉七行，行大十三字、小十九字。序中「慎」字皆易以「御名」二字，蓋宋季重刊李氏原本，間有明代補板。闕卷六及卷五之半，以明初刊黑口本補全。黑口本行款並同，但書題中無「重刊」二字。萬曆間陳大科刊本亦出于此，又删去書題中「五音韻譜」四字。明季人誤以此書爲汷長原書，職是故也。有「高氏鑒定宋刻版書」、「吴江崔氏書畫」二印。

説文解字篆韻譜五卷 先大父手鈔本

［南唐徐鍇撰］

徐鉉序

徐鉉後序（雍熙四年）

先大父手寫精校，復據《説文》補其闕字至三百餘，以朱書别之。先大父覃精小學，與叔祖寄廞先生齊名。喪亂以後，手澤所存，寥寥無幾。此册完整，彌足寶矣。有先大父名字印。

説文解字篆韻譜五卷 先仲父手鈔本

此先仲父杞生先生手寫本。先大父嘗自課諸父，故諸父多攻小學。此本乃仲父中年所書，篆書精勁，雅似元周伯温諸公。卷末有「光緒戊戌小暑後三日書畢。烏程蔣氏偶庵識」一行。

玉篇三十卷 （闕卷一至卷五）景宋鈔本

每半葉十行，每行大字二十、小字二十六。原出北宋本，與澤存堂刊本同源。闕卷一至卷五。有「法時帆藏書印信」、「梧門書畫之印」、「詩龕書畫印」諸印。

大廣益會玉篇三十卷 明刊本

顧野王序

又啟

玉篇廣韻指南

每半葉十二行，行二十八字。闕卷十九至卷二十二，明人影鈔《全補切義玉篇廣韻》四卷補之。書題不同，然體例一也。此明内府刊本所從出。

大廣益會玉篇三十卷廣韻五卷　明内府刊本

大中祥符元年牒

顧野王玉篇序

顧野王進玉篇啟

玉篇廣韻指南

此明内府翻元刊本。每行字數均與元泰定中圓沙書院所刊《篇韻》相同，唯元本每半葉十二行，此改爲九行耳。有「周之臣」、「岩公」、「周嵓公一字余曰之臣」、「豫章曹氏石倉鑒藏」、「石倉審定」諸印。

干禄字書一卷　校本

唐朝議大夫滁沂（豪）［濠］三州刺史贈祕書監顔元孫撰　第十三姪男金紫光禄大夫行湖州刺史魯郡開國公真卿書

錢學淵手跋云：徐鉉本《説文》「衮」字注云「從衣公聲」，不合形聲之恉。惟《爾疋音義》引《説文》云「從衣從㕣」，當爲近之。元孫亦以從「公」者爲通，從「㕣」者爲正，可證陸氏所引之不誤，鉉所見則傳寫訛謬之本耳。讀《説文》者，宜據此改正。庚子夏末，東吴錢塘跋。

此馬氏重刊宋寶祐本。翁蘇齋學士以蜀石本及張力臣手寫本校之，並録顧亭林先生論韻之語，皆用朱筆書。

佩觿三卷 明覆宋本

朝請大夫國子周易博士柱國郭忠恕記

每半葉八行，行大十八字、小二十六字。每葉板心有「萬玉堂雕」四字，卷上末葉板心有「周潮繕寫」四字。案萬玉堂所刊《太玄經》末葉亦有「海虞周潮寫」五字，蓋同時所刊也。避宋諱至「貞」、「讓」二字止，而「頊」字不避，當猶出北宋官本。而萬玉本《太玄》則翻南宋本，知「萬玉堂」乃明人堂名，昔人或以爲宋人，誤也。張氏澤存堂刊本即自此本出。此本間有誤字，張刻已多改正。亦有此本不誤而張本反誤者，如卷上「比人言者多爲一例」，「比」誤作「北」；「夭折之夭」，「夭」誤作「矢」。卷中「幗」字注「單帳」，「單」誤作「禪」；「蚳」字注「音祇」，「祇」誤作「柢」；「網」字注「文枉翻」，「文」誤作「父」；「貧、眢」，「眢」誤作「貧」；「𤙖、桶」，「𤙖」誤作「捅」；「相」字注「五涽翻」，「五」誤作「丑」。卷下「祋」注「丁外翻」，「丁」誤作「于」，「淠」注「浮四翻」，「四」誤作「匹」。此本均不誤。有「潘氏家珍」、「滎陽潘氏圖章」、「田耕堂藏」、「郁松年印」、「泰峰」諸印。

歷代鐘鼎彝器款識法帖二十卷 鈔本

宋薛尚功撰

朱謀垔序（崇禎癸酉）

此影寫朱謀垔刊本。後有趙孟頫、周密、柯九思、張雨、泰不華、王行、周伯琦、豐坊諸題。有「繆彤之印」、「任見龍印」、「歸安吴雲」、「吴雲私印」、「平齋」、「吴雲平齋」、「吴雲平齋考訂金石文字之印」、「歸安吴氏二百蘭亭齋藏書之印」、「二百蘭亭齋」諸印。

漢隸字原六卷 批校本

［宋婁機撰］

歸安丁小雅教授批校，餘姚盧抱經學士過録。首有「盧文弨過批本」印，又有「吴雲私印」、「吴平齋讀書記」、「二百蘭亭齋」諸印。

班馬字類五卷 景宋鈔本

［宋婁機撰　李曾伯補遺］

洪邁序（淳熙甲辰）

婁機序（淳熙辛丑）

李曾伯序（景定甲子）

此汲古毛氏景寫宋景定刊本。每半葉八行，行大字十六、小字二十二。卷末有「門生三山潘介校正」一行。此李氏補遺本傳世甚稀，惟黄氏士禮居有舊鈔本，袁又愷、顧千里皆從之傳録。袁本今在常熟瞿氏，顧本前在郡中陸氏。二本洪序前尚有樓攻媿序，此本無之。然此乃毛氏景鈔本，當在黄氏舊鈔本上，更無論袁、顧二本矣。有「宋本」、「甲」、「毛晉私印」、「子晉」、「毛晉之印」、「毛氏子晉」、「毛晉」、

「汲古主人毛扆之印」、「斧季」諸印。

龍龕手鑑殘本一卷 宋刊宋印本

釋行均字廣濟集

存卷二，闕卷一、卷三、卷四三卷。每半葉十行，每行大小字相錯，字數不等。卷前有子目，與正文相連。宋諱多不闕筆，蓋從遼本翻刊。然如第十四葉「漭」字注，第十九葉「黨」字「爣」字注，第四十五葉「駔」字注，第五十三葉「酼」字注中五「朗」字，第十五葉「澍」字注中「樹」字，第二十五葉「萑」、「藋」、「莞」三字注中三「桓」字，皆闕末筆，蓋由刻工習省一二筆，故與全書不同，可證此本乃宋代翻刊遼本，且避及「桓」字，知在南渡以後矣。然字體方健古樸，雅近北宋，又紙色如玉，墨光如漆，實爲南渡初精絶之刻。板心所記刻工姓名有徐彦、朱礼二人，與紹興十九年明州所刊《徐公文集》同，當係同時明州所刊。江安傅氏藏宋刊全書，余從之借校，知傅本實重刊此本，凡傅本誤字，此本多不誤。兹舉其大者：如手部正文「扭」字注「側加反」，此本從「且」，是也，而傅本誤從「旦」作「担」。「扏」字注「音求」，此本從「九」是也，而傅本誤從「丸」作「执」，注中「杋」字亦訛爲「杋」。「搼」字注「書容反」，此本從「舂」是也，而傅本誤從「春」作「捀」。「揔」字乃「摠」之别搆，傅本誤從「思」作「揌」。「掀」字注「陟利反」，此本作「掀」是也，而傅本訛爲「擬」。「抰」字注「于丈反」，此本從「央」是也，而傅本訛爲「抉」。至於注文，則「摸」字注「以手摸搭也」，傅本「手」訛「乎」。「挻」字注「取也」，傅本「取」訛「耳」。「捎」字注「又芟也」，傳本「芟」訛「莄」。「撣」字注「又掉也」，傳本「掉」訛「摶」。「摲」字注「必迷反」，正作「摲」，傳本「摲」訛「摲」。「揜」字下有旁注「一古字」，傳本奪去。「抴」字注「五切任便用用之」，傳本「任」訛「在」。「撫」字注「又存恤也」，傳本「又」訛「反」。「攘」字注「攘攘，木盛茂皃」，傳本一「攘」字。「抵」字注「抵掌也，《説文》云側手擊也」，傳本「掌」訛「堂」，「云」訛「去」。「撓」字注「申打也」，傳本「申」訛「由」。「担」字注「又俗音涅」，傳本「涅」訛「湟」。「扜」字注「扜，報物也，報音尼展反」，傳本「報」皆訛「投」。「搁」字注「捎搁，舁舉也」，傳本「舁」訛「畀」。「擳」字注「巾擳也」，傳本「巾」訛「申」。「挾」字注「胡貼反」，傳本「貼」訛「貼」。「拔」字注「又迴拔也」，傳本「迴」訛「通」。「揪」字注「揪目也」，傳本「目」訛「日」。此一部六七葉中，可正傳本訛字者多至二十有餘，而字畫小有異同者尚不能計，他部是正數亦略同，可見宋刻之中前後又大有優絀也。傳本有明徐興公跋，疑爲統和原刊，今以此本校之，知尚刊於此本之後。其書不避宋諱，而「鏡」、「敬」、「朗」、「桓」、「樹」、「恒」等字間或闕筆，與此本同，而字體精勁遠遜此本，疑即從此本覆刊。常熟瞿氏所藏宋刻毛鈔補本，亦與傳本同。此本雖不全，恐爲宇内最古之本矣。有「華山老衲」、「道存」二印。

六書統二十卷六書統溯源十三卷　元刊本

［元］奉直大夫國子司業楊桓弜集

倪堅序（至大元年）

劉泰序

自序

是書每半葉九行，行大字十四、小字二十三。元至大元年江浙行省刊本。卷二十末有「□□三年江浙等處儒學提舉余謙補修」一行。張氏《愛日精廬藏書志》以「三年」上所闕當爲「元統」二字，吾鄉陸存齋觀察以爲「至正」二字。此本「三年」上一字尚存下半，仍是「大」字，非「統」、「正」二字也。《溯源》十三卷行款與原書同，亦同時所刊。有「武陵長君家藏圖書子孫永保」、「江左元方氏收藏」、「安樂堂藏書記」、「明善堂覽書畫印記」諸印。

說文字原一卷六書正譌五卷 元刊元印本

［元］鄱陽周伯琦編

宇文公諒序（至正十五年）

字原自序（至正九年）

敘贊

正譌自序（至正十一年）

吳當後序

此元平江路刊本。每半葉五行，行小字二十字。卷末有「男宗義及門人謝以信校正」十一字。有

「賜硯堂書畫印」、「藝海樓藏書印」、「映之鑒賞圖書」、「名余曰瑩兮字余曰韞輝」、「玄山道人」諸印。

續古篆韻六卷 鈔校本

魯郡吾衍編集

先大父手鈔本，並據知不足齋藏本校。有名諱印及「蔣氏茹古精舍鈔本」諸印。

續古篆韻六卷 先叔祖手鈔本

［元］魯郡吾衍編集

丁龍泓跋：元吾邱竹房所集，明甬上范氏卧雲山房鈔本。又云從天一閣中所得。敬身叟記。

此先叔祖寄嵚公諱維培、後改名鑃手寫本。先叔祖著述遺稿，光緒丁亥盡毀于火，今手澤存者惟此册耳。有先叔祖名號二印。

續復古編四卷 鈔本

（元曹本撰）

自序（至正十二年）

蔣景武序（至正十年）

楊翮序（至正十一年）

危素序（至正十二年）

李桓序（至正十五年）
宇文公諒序（至正十八年）
克新序（至正二十二年）
自跋（至正十五年）
張紳跋

此先大父手寫本。後有朱筆跋云「此借郡中陸氏舊鈔本傳録，乙亥六月二十三日寫畢，並依原本對校一過」一行。眉頭訂正原本處極多，手澤僅存，至可寶貴。

草書集韻五卷 明刊本

蜀王序（成化十年）
歷代草書人姓氏
□珗跋（成化甲午）

此書不著撰人姓名。其書則出於金張天錫集《草書韻會》，所列「草書人姓氏」亦與張書同，惟增金張天錫、元鮮于樞二人，而分部用《洪武正韻》，則是明人之作也。有「吏治之印」、「素臣」、「得此書費辛苦後之人其監我」、「仲魚圖象」諸印。

古篆分韻五卷 明刊本

［明劉□□撰］

杜柟序（嘉靖己丑）

序稱「範東劉子謫許三越月，大山鍾子來守，屬輯是書」。劉氏不著其名，不知爲何人也。

六書精藴六卷音釋一卷 明刊本

［明魏校撰］

自序

卷末有「光禄勳掾從弟魏庠刻版家塾」、「門人吴下徐官寫秆音釋」、「從孫太學生魏太順校正」三行，嘉靖間刊本也。有「甓錯齋藏書印」、「曾在都渚張芝限家」、「張遁印」諸印。

同文備考八卷首一卷附聲韻會通一卷韻要粗釋一卷 明刊本

［明王應電撰］

自序（嘉靖己亥）

毛希秉序（嘉靖辛丑）

纂輯凡例

周士淹聲韻會序（嘉靖十九年）

羅洪先書後（嘉靖丁巳）
朱柔嘉後序（同上）
自書古文篆書後（同上）
卷首分上中下册，列《書法指要》、《六義貫珠》、《布字原病》、《翻楷舉要》、《字聲定母》、《經傳正譌》六目。應電爲魏莊渠校弟子，故其書頗用魏説。有「賀黄公藏書印」一印。

草韻辨體五卷 明刊本

（明神宗御撰）
御序（萬曆十二年）
歷代名書姓氏
御跋（同上）
閔夢得跋（崇禎癸酉）
卷末有「崇禎癸酉夏草莽臣閔齊伋摹」一行。閔夢得跋後有「臣夢得」、「春宫太保夏官上卿」二印。

説文解字韻原十二卷韻原表一卷 手稿本

南豐劉凝二至編
自序（康熙戊申）

《四庫存目》載劉氏所撰《韻原表》一卷，而未見全書，并謂凝曾作《文字韻原》，則所稱書名亦誤。此本首尾完具，中間改竄處與原鈔爲一人之筆，蓋猶是手稿本也。

説文新附考六卷 手稿本

［鈕樹玉撰］

鈕氏手跋云：《説文新附》四百一字，又傀入正文十九字。徐氏辨正俗書有未確者五字，凡四百二十五字。經典相承且見於漢碑者固已十之七八，而《説文》不著，要非漏略也。嘗泛檢羣書，得之師友，録成六卷，曰《説文新附考》，欲藉此以求文字之所由來，非敢與前人立異也。而淺見狹聞，良多謬誤，所望博識，起而正之。時乾隆六十年歲在旃蒙單閼余月辛巳朔十九日己亥，鈕樹玉録畢於洞庭山中。

費氏手跋云：匪石先生撰《新附字考》三卷，假而讀之，大約確然可信者什之七，其尚可疑者什之一，用心亦精且博矣。古字本多假借，讀是書者，愈可以證假借之義云。丁巳二月，弟費士璣謹跋。

此匪石先生初稿本，全書增竄至多，又有友朋訂正之處。有錢竹汀先生一籤。又瞿木夫案語數則，書於眉端。

説文廣詁十二卷 鈔本

棲霞郝懿行撰

蘭皋先生此書，同治、光緒兩刻皆未之及。此雖傳鈔本，亦足珍也。有「江標經眼」印。

説文疑疑不分卷 鈔本

江陰孔廣居藁

板心有「餘樂軒手鈔本」六字。

説文校議議三十卷 稿本

歸安嚴章福撰　海昌許槤、烏程蔣維培商訂

自敘（咸豐丙辰）

後序（同治辛酉）

後序言「周氏學濂、汪氏曰楨、戴氏宗洛、蔣氏維培、許氏槤，與余爲文字交。余草創此書，蔣氏尤多辨難，獲益倍廣。許氏亦以書往來，藉資商訂」，則是書之成，先叔祖有力焉，故卷端獨列先叔祖及珊林先生名。每卷書題下題「近許齋彙編第一」，蓋猶當時寫定清稿也。

諧聲表十七卷 鈔本

嘉應余效班學

自序

凡例

此書據段氏《六書音韻表》中《諧聲表》爲之，於學者頗便。

大宋重修廣韻五卷 景宋鈔本

景德四年牒

大中祥符元年牒

陸法言切韻序（隋仁壽元年）

長孫訥言切韻箋注序（唐儀鳳二年）

孫愐唐韻序（天寶十載）

每半葉十行，每行大字二十、小字二十七。源出北宋本，與澤存堂本、《古佚叢書》本同源。有「法時帆藏書印信」、「詩龕書畫印」、「詩龕居士」、「存素堂圖書印」、「陶廬藏書」諸印。

大宋重修廣韻五卷 校本

何氏手跋：楝亭重開此書，亦據一宋本，而箋中頗有删動，不如吾郡張氏所據之本尚在其前也。康熙戊戌秋，偶取二本，校對數處，漫記。義門老民何焯。

又卷五後跋云：平、上、去三聲，每字皆反切在後，此卷獨在前，蓋別自一本。字下注删節□□，與顧寧人刻於楚州者無異也。

廣韻五卷 明內府刊本

陳州司馬孫愐唐韻序

玉篇廣韻指南

此明内府翻元圓沙書院本。有「鮑氏觀古閣藏」、「曾在鮑子年處」諸印。

廣韻五卷 校本

段懋堂跋：《廣韻》，句容裴生名玉字蘭珍物也。乾隆戊子予館于裴，此書相隨三十餘年，手訂譌字極多。後之人將有取于此。嘉慶壬戌四月十四日，玉裁記于下津橋朝山墩之枝園。

又跋：竹汀云，《廣韻》卷首云「凡二萬六千一百九十四言」，《唐韻》序乃云「前後總加四萬二千三百八十三言」，不應《唐韻》字轉倍《廣韻》，意兼注中字而言耳。玉裁案，孫愐序「上陳天心」以上，愐自謂也，以下謂元青、吉成所增也。然則加四萬二千三百八十三言，元青、吉成所爲。《雲谷雜記》所謂《廣唐韻》，蓋即此與。愐所爲以開元三十年爲限，元青、吉成所爲成于天寶十載，疑本是二書，此序恐非愐原文也。俟更攷。丁卯十一月玉裁識。

黄復翁手跋：是書爲段若膺先生手校本，有朱、墨兩筆卷。首跋語兩通。首墨次朱，想先後所校，故以朱、墨兩筆識别也。先生手校書甚夥，身後以白鏹三千金歸諸壻家龔闇齋觀察。先生有令似兩人，伯氏安貧，依然儒素，仲氏與乃姊丈關部事，頗以多財著，并徙而他宅，不復守枝園舊宅矣。伯氏余與之蹤跡亦殊疏濶，今夏持先生墓誌文過余，余亦遂往答之，遂及伊家事，始知楹書俄空，爲雲煙之散。詢以手澤，因出此《廣韻》相示，并許見借。暑天無暇，入秋天氣漸涼，從事校勘，悉照校語臨之。中有朱墨圈及尖角在每字旁者，不知命意所在。姑於「上平」臨之，然卒茫乎未有知也，遂輟而不臨。先生於韻學甚精，著有成書，此必其所自爲記認之處，惜傳授無人，不能得其綱領，惟就正誤之處纖悉臨摹，已見校勘此書之精，無踰此本矣。甲申秋閏七月十三日，古吴黄丕烈識。

又跋：望後覆勘一過，自二卷至五卷有校語及勘正處悉録，大字及小字之○、△，不盡臨矣。老蕘。

此澤存堂刊本，黄復翁手臨段校。卷一所臨字旁朱墨圈及尖角，皆段氏自爲識别之處，大字傍尖角皆標自古韻他部轉入此部之字，殆爲重要。蕘翁不諳韻學，故不解耳。有「嫏嬛仙館蔡氏藏書印」。

韻補五卷 明刊本

［宋吴棫撰］

陳鳳梧序（嘉靖改元）

徐蕆序（乾道四年）

韻補書目

此明河南巡撫何道亨刊本，佳處多與宋本合，蓋從宋嘉興刊本出也。天一閣藏書。

增修互註禮部韻略殘本一卷 元刊本

衢州免解進士毛晃增註　男進士居正校勘重增

每半葉十一行，行小字二十八字。存卷三一卷。天一閣藏書。

古今韻會舉要三十卷 元刊本

［元］昭武黄公紹直翁編輯　昭武熊忠子中舉要

劉辰翁序（壬辰）

熊忠序（丁酉）

余謙序（至順二年）

孛朮魯翀序（元統乙亥）

陳宗識語（在熊序後）

凡例

禮部韻略七音三十六母通考

每半葉八行，行小字二十二字。有「舀城尹氏」、「剛光景仁」、「觀穻堂」諸印。

四聲等子一卷 鈔本

序

經史正音切韻指南一卷 明刊本

［元劉鑑撰］

自序（至元二年）

雲中古谿序（天順八年）

增廣事類吟料詩韻集大成二卷 元刊本

元廬陵胡繼宗編集　廬陵胡古林重校

目録前有牌子云「是韻一書，兩坊板行久矣。惜乎元本於中七言吟料獨少，使學者往往病焉。今本堂增廣事類，七言隨韻添入，以活套體字散聯加於韻下，精校梓行，以便檢閲。幸鑒。」此書祇平聲，無仄聲，蓋爲作近體詩者設。上、下平各十五部，與平水韻同。然目録猶仍《禮部韻》之舊。如「一東」下注「獨用」，「二冬」下注「與『三鍾』通」，「四江」下注「獨用」，「五支」下注「與『六脂』、『七之』通」，仍不改宋韻面目，蓋猶出南渡末舊帙也。

洪武正韻十六卷玉鍵一卷 明刊本

［明樂韶鳳等撰］

宋濂序（洪武八年）

張士佩玉鍵序（萬曆甲戌）

韻要五卷 明刊本

韓克濟刻詩韻敘（嘉靖丙午）

潘子正跋

此貴州鎮遠府所刊。

韻要粗釋一卷 明刊本

〔明王應電撰〕

此書平、上、去三韻分三十六部，入聲分二十部，均以喉音字爲韻目，以代東、冬、江、支諸字。又以「乾坤清寧日月光明天子聖哲丞弼乂英兵法是恤禮教丕興同文等字」二十八字爲母，以代見、溪、羣、疑諸字。每韻中復以母分類，無此母字則闕之。每字以母、韻二字連讀，即得此字之音，蓋於韻書中別創一體者。又每字之止皆冠以古文，王氏本魏校弟子，故用其師書例也。舊爲天一閣藏書。

韻略易通二卷 明刊本

高平趙偉校刊

自序（正德庚辰）

此書分二十韻部，每部復以「東風吹早梅」等二十字母次之，合四聲爲一。其注則取諸《禮部韻略》。卷末有「正德庚辰歲季冬月吉旦校正刊行」牌子。有「大中丞印」、「濟南周氏藉書園印」、「林汲山房藏書」諸印。

改併五音類聚四聲篇十五卷改併五音集韻十五卷 明刊本

滹陽松水昌黎郡韓孝彦次　男道昭改併重編

滕霄序（正德十五年）
嘉靖己未修補五音篇韻字板序説
韓道昇四聲篇序（泰和八年）
又集韻序（崇慶元年）

此萬曆刊大字本，卷首書題皆冠以「某年重刊」字樣，或云至元庚寅，或云成化庚寅，或云正德乙亥，或云萬曆乙亥，或云萬曆己丑。實則一時所刊，其不删至元、成化、正德年號者，蓋不欲没重刊之次數及年月也。

四聲切韻表補正五卷 手稿本

婺源江永慎修編　烏程後學汪曰楨剛木補正
顧廣譽序（同治二年）
自序（同上）

先生此書成於道光丁酉，稿在先叔祖季卿先生處。咸豐庚申，先大父偕先叔祖避寇海門，攜書自隨，既而病卒。同治癸亥，先大父亦避地崇明，招先生同居，檢先叔祖遺篋，得此書初稿。先生意不自慊，復自修正，手寫淨本，即此稿是也。後刊入《荔牆叢刻》中，仍以此稿付先君。嗚呼，即此一書，先生與我家數世之交誼在焉，後之人其寶之。又卷首别有修正初稿，因附入此本之後。

傳書堂藏書志卷二

史部

正史類

史記一百三十卷 元中統刊本

補史記序

三皇本紀

別本前尚有中統二年董浦序、裴駰《集解序》、司馬貞《索隱序》，此本均奪。董序云，平陽道參幕段君子成懇求到《索隱》善本，募工刊行。是此書乃重刊舊本。攷宋時《集解》、《索隱》合刊者，惟蜀小字本與耿秉重修張杅刊本。張序云，搜笥中書，蜀所刊小字者偶隨來，遂命中字書刊之。案張本半葉十二行，此半葉十四行，視張本字小而皆兼《索隱》，則此本殆從蜀小字本出矣。故此本佳處遠出諸本之上，即以《五帝本紀》言之，如「螺祖爲黄帝正妃」，《索隱》「不得如謚所説」下尚有「太史公據《大戴禮》以累祖生昌意及玄囂，玄囂即青陽也。皇甫謐以青陽爲少昊，乃方雷氏所生，是其所見異也」四十三字（單行本《索隱》同）。宋以來《集解》、《索隱》、《正義》合刻本錯入「是爲青陽」下《集解》，不獨以小司馬説爲裴説，即《索隱》前説亦不完矣。又「帝嚳娶陳鋒氏女。生放勛」下有「《索隱》曰：鋒音峯。按《系本》作陳酆氏。皇甫謐曰陳鋒氏女曰慶都，慶都，名也」二十八字（單行本同），三注合刻本脱。又「窮蟬」下《索隱》「《系本》作窮係，宋衷云一云係窮，謚也」，諸本皆作「一云窮係，謚也」，則語不可通。一卷之中異同已如此，則全書可知。又嘗取以校汲古單行本《索隱》，但述贊一項改正至數十字。《集解》、《索隱》合刻本自蜀本始，蜀本既亡，張耿本又改其行款，則在二注合刻本中當以此爲第一善本矣。原闕卷三十至卷四十三，以游明本補。游本雖出此本，而字體較大，又無闌外標題。《海源閣書目》著録之元本實即游明本，非此本也。又海寧吴氏拜經樓所藏亦號中統本，而《田敬仲完世家》作《後齊世家》，與此本及諸本皆異，恐又一翻中統本也。

按稿本提要作：每半頁十四行，行二十五字。與元中統本同。海昌吴槎客藏中統本，首有校理董浦序云「平陽道僉事段君子成募工刊行」，此本無之。而此本每頁欄外上角標題篇名，回避宋諱與吴本同。又《五帝本紀》「登熊湘」注「益陽縣」，奪「陽」字。《夏本紀》「以出納五言汝聽」，奪「聽」字。《司馬相如傳》「相如乃馳歸成都，家居徒四壁」，有「成都」二字；「赤玉玫瑰」注「郭璞曰，赤瑾也」，「赤瑾」上無「赤玉」二字。均同吴本。惟《田敬仲完世家》，吴本作《後齊世家》，此本不誤。此本原闕卷三十至卷四十三，以他本補之，其行款亦與游本同，而每頁欄外上角不標篇題，恐楊本即游本，而吴本即此本也。聊城楊氏亦藏一本，行款均同，惟每頁外角不標篇名，與此本及吴本異。而《田敬仲完世家》不作《後齊世家》，又與此本同。此本刊於中統二年，其間避宋諱，蓋亦翻印宋本。字體精整，猶有宋中葉間意，董浦序所謂「段君子成求到善本募工刊行」是也。段君子成疑即段成己，别字誠之，於中統元年爲平陽儒學提舉，不赴。然其集中有《（錢）總管李侯移鎮京兆》詩云「十年潦倒（龍）〔登〕門客」，則誠之嘗入平陽幕矣。有「古瓦山房尤氏珍藏」印。

史記一百三十卷 明覆中統本

董浦序（中統二年）
史記集解序
補史記序
史記索隱序
索隱後序
史記正義序
史記正義論例謚法解
三皇本紀

每半葉十四行，行廿五字。與中統本行款同，而板式微大。此書有《集解》、《索隱》，而無《正義》，其《正義序》及《論例》皆此本所增。又此本《索隱》二序、《正義序》及《論例》、《三皇本紀》下皆題「豐城游明大昇校正新增」，蓋謂增入《正義序》、例也。有「泰峯」印。

史記一百三十卷 明刊本

無名氏刻史記序
吴節刻補史記序（景泰癸酉）
裴駰史記集解序
小司馬氏三皇本紀

每半葉十行，每行十八九字。有《集解》，無《索隱》、《正義》。自卷首行頂格「五帝本紀第一」，次行低一格列子目，黄帝、顓頊、帝嚳、帝堯、帝舜各一行，又次行頂格「史記一」（此與北宋監本卷首同，但監本不列子目），餘卷皆小題在上大題在下，乃白鹿洞書院翻南監本。前有國子祭酒吴節舊序，謂「南雍舊梓《史記》凡三本，多蠹蝕，惟中本字稍完明，而缺亦不少。大司寇楊公彦謐政暇閲而惜之，因捐俸刊補」云云。又有無名氏序，記白鹿書院翻刊此書緣起，不書年號，惟云「六年，李獻吉至院，始定著田志。十年，余巡南康，計院穀所剩羨，因刻《史記》」云云。攷李獻吉爲江西提學副使在正德六年，則此書乃正德十年所刊，其所用者南雍中字本也。金臺汪諒所刊《史記》前有費懋中序，云「《史記》陝西有翻刻宋板本，江西有白鹿書院新刻本，弗可輒得」，又云「白鹿本無《正義》」云云，皆謂此本也。此本流傳極少，三百年來校勘家與收藏家都未寓目，致足珍也。有「眉田」、「瀨江書屋」、「書淵」、「儒林清暇」諸印。

史記一百三十卷 明震澤王氏覆宋本

［漢司馬遷撰　宋裴駰集解　唐司馬貞索隱　張守節正義］

裴駰集解序

司馬貞索隱序

補史記序

張守節正義序

每半葉九行，大字十八、小字二十三。《集解序》後有「震澤王氏刻於恩褒四世之堂」十二字，目録後有「震澤王氏刻梓」六字。他本尚有《索隱後序》與王延喆跋，此本奪。

史記一百三十卷 明金臺汪氏覆宋本

［漢司馬遷撰　宋裴駰集解　唐司馬貞索隱　張守節正義］

費懋中序（嘉靖四年）

正義序

索隱序

補史記序
集解序
索隱後序

陳碩甫先生手跋云：《史記》向有金朝刻本，蘇州汪君閬源以千金購置，惜未之借校一過。有明以來，柯本最爲善，舊藏璜川吴氏。吴有堂志忠在余爲中表兄弟。余亦不吝重財，取歸家塾。友人嘉興錢警石泰吉憑藉柯本成《史記校勘》。咸豐四年夫容山寓人長洲陳奂補識。（下有「陳奂」、「碩父」二印）

行款與王刊同，目録後有「明嘉靖四年乙酉金臺汪諒氏刊行」二行，《三皇本紀》篇題下有「甫田柯維熊校正」七字。他本有柯氏跋，此本奪。有「曾在三百堂陳氏處」一印。

史記一百三十卷 明秦藩仿宋本

秦藩允中道人序（嘉靖庚戌）
補史記序
索隱序
正義序
集解序

索隱後序

黄臣書後(嘉靖甲午)

行款與王刻全同。秦藩序云「予叔老定王得蘇州本,命工刻之」,則此本似覆王本。然王所據本缺《周本紀》第二十七一葉,王刻以意補足,此本獨完,則又非出王本也。有「芸樓」、「黔李氏藏書」二印。

史記正義一百三十卷 文淵閣鈔本

[唐張守節撰]

提要(乾隆五十一年)

自序(開元二十四年)

每半葉八行,行二十一字。每卷首行頂格題「欽定四庫全書」,次行低一格題「史記正義卷幾」,又次行低一格題篇名。書口題「欽定四庫全書」大字,下旁題「史記正義」及「卷幾」皆小字。每册後有「總校官檢討臣彭元琉」、「編修臣羅修源」、「校對監生臣鄭槐」三行。首有「詳校官檢討臣蕭九成」一籤。每册首有「古稀天子之寶」,末有「乾隆御覽之寶」小璽。

史記一百三十卷 評校本

明末金陵蕴古堂刊本,錢梅溪評點。首葉有梅溪隸書題識二行,云「乾隆壬寅六月立秋日讀始。泳識」。有「錢泳」、「某溪」、「吴越王孫」、「壬寅」、「吴平齋讀書記」、「歸安吴氏兩罍軒藏書印」諸印。

史記天官書星度釋署六卷　手稿本

［嘉興沈可培撰］

唐翰題手跋（戊辰）

可培字蒙泉，號向齋。官安肅知縣。晚年主講濼源書院，有《濼源問答》十二卷行世。此手稿，未刊行。

漢書一百二十卷　宋刊元明遞修本

漢班固撰　唐祕書監上護軍琅邪縣開國子顔師古注

黄再同手跋

每半葉十行，行大十九字、小二十五字至二十七八字不等。每卷首行小題在上、大題在下，中有「班固」二字，師古銜名在次行，與淳化本同。板心有「大德八年」、「大德九年補刊」字樣，悉被塗割。卷一首葉次行師古銜名，改爲「顔師古注」四字，移於首行之末，而次行則改刊「鎮守福建都知監少監栝蒼馮讓宗和重修」十七字。《善本書室藏書志》言所見一本有天順五年孟冬讓修刊福唐郡庠書板跋，云「予奉命來鎮福建，福庠書集版刻年深，詢知模糊殘缺過半，不便觀覽，心獨惻然，鳩工市版補刻」云云。此本奪去黄再同跋此本，遂以讓爲元人，非也。然其所修之板實是宋刊，此本《五行志》卷七末有「對勘官左通直郎知福州長樂縣主管勸農公事劉希亮」一行，此係南宋初人結銜，知宋時福庠舊有此板，自元至明遞有修補。此本元明補葉居什七八，宋時舊板所存已無幾矣。有「古潭州袁臥雪廬珍藏」、「貴筑黃氏珍藏」、「訓真書屋」、「臣國瑾印」、「再同」諸印。

漢書一百二十卷 元刊本

班固　正議大夫行祕書少監琅邪縣開國子顏師古注

祕書丞余靖上言（景祐二年）（前一行題「景祐刊誤本」五字）

孔文聲識語（大德乙巳）

每半葉十行，行二十二字。小題在上，大題在下。元太平路刊本。孔文聲跋後有「承務郎太平路總管府判官劉遵督工」、「中順大夫江南建康道肅政廉訪副使伯都提調」二行。有成化十六年、十七年、十八年補刊之葉。《本紀》八至十二、《志》一至三闕，明人影鈔補足。

前漢書一百二十卷 明南監刊本

漢蘭臺令史班固撰　唐正議大夫行祕書少監琅邪縣開國子顏師古註　大明南京國子監祭酒臣張邦奇、司業臣江汝璧奉旨校勘

顏師古敘例

祕書丞余靖上言

宋景文公參校所用諸本目

慶元校刊所用諸本目

建安劉之問識語（慶元嗣歲）

此明南監所刊。出宋建安劉之問本，與淳化、景祐、大德本均不同。每半葉十行，每行二十一字。每葉板心均有「嘉靖八年刊」或「嘉靖九年刊」五字，無修補之葉。

前漢書一百三十卷 明閩刊本

漢班固撰 唐顏師古注 明汪文盛、高瀔、傅汝舟校

祕書丞余靖上言（景祐二年）

此本亦小題在上、大題在下。每半葉十二行，行大二十二字、小二十八字。有「泰州鎦漢臣麓樵氏審藏善本」印。

漢書一百二十卷 校本

汲古閣本。昔人以宋本、監本、汪本校，並有評騭改訂之語。有「碧柰仙龕」、「程沂補之印」二印。

漢書疏證殘藁三卷 手稿本

沈欽韓撰

此文起先生手稿，存卷三十至卷三十二三卷。板心刻「織簾選著」四字或「枕經樓」三字。此稿舊在郁氏宜稼堂，爲莫子偲借去，後入馮敬亭宮允家。余所得僅此一册，餘不知流落何所矣。浙江書局從傳

鈔本刊，全書頗多謬誤。此殘本雖不及全書什一，亦可貴矣。有「寧國縣儒學記」一印。

後漢書一百二十卷　明正統刊本

宋范曄撰　唐章懷太子賢注

此本行款與宋福庠本《漢書》同。版心有「正統十年刊」字樣，亦被塗劃。卷末有「右奉淳化五年七月二十五日敕重校定刊正」二行，蓋福庠舊有宋覆淳化本《前》、《後書》，至正統間書板壞，乃復重刊其《前書》。至天順，修補尚可印行，故流傳本往往此二書合行也。有「古潭州袁卧雪廬珍藏」印。

後漢書一百三十卷　元刊本

［紀傳題］唐章懷太子賢注　［志題］劉昭注補

祕書丞余靖上言（景祐元年）

每半葉十行，行二十二字。元寧國路儒學刊本。余靖上言後有「大德九年十一月望日寧國路儒學雲教授任内刊」二行。每卷後多題校刊姓名，或題「張臬王鰲叟校正」，或題「張臬同胡大用程紹慶校正」，或題「王師道校正」，或題「張臬同李荊安校正」，或題「張臬校正孫張能官□□」，或題「寧國路學正王師道校正」，或題「張臬校正」、或題「王鰲叟校正」，或題「張臬同李繼善校正」，或題「張臬同許應斗李荊安校正」，或題「張臬同胡大用許應斗校正」，或題「張臬同胡大用李荊安校正」。有明成化十六、十七、十八年補刊之葉。有「卓峯居士」、「王子丞圖書」、「三槐之裔」、「七十二峯深處」諸印。

後漢書一百二十卷 明南監刊本

宋宣城太守范曄撰　唐章懷太子賢注　大明南京國子監祭酒臣張邦奇、司業臣江汝璧奉旨校刊

祕書丞余靖上言（景祐元年）

行款與《前漢書》同。每葉版心有「嘉靖八年刊」或「嘉靖九年刊」五字。無補刊之葉。

後漢書一百二十卷 明閩刊本

南宋范曄撰　唐章懷太子賢注　志劉昭補注

祕書丞余靖上言（景祐元年）

此亦汪刊，行款與《前漢書》同。每卷首葉次行「明汪文盛高瀔傅汝舟校」十字已剜去。

後漢書一百二十卷 校宋本

顧雨時手跋云：崑山徐庶常駿以狂悖伏誅，其藏書散佚。有元人評點宋槧本《前》、《後漢書》爲金閶王卓人購去，祕不肯出。後聞鹽商馬氏收書，遂倩何心友攜至維揚，善價售之。去秋馬以《范書》三十册寄吴下重裝，余因貨賂工人借歸校勘，原評有可采者亦并録之。校勘將畢，余亦購得宋槧本《後漢書》，較馬氏所收者更爲精好，喜不自勝，因附誌於此。雍正癸丑中秋月下書。顧霖。（有「顧仲子」、「不緇道人」二印）

此亦汪文盛本，但卷首剜去「明汪文盛高瀔傅汝舟校」十字，而改刻「明福建按察司按察使周采提學

副使周琉巡海副使何喬校刊」二十五字，卷末又增「嘉靖己酉年孟夏月吉旦侯官縣學署教諭事舉人廖言監修」二行。顧仲子以宋本通校全書，並録元人評語，至爲精審。所據宋本未著行款，惟卷一末有「武夷吴驥仲逸校正」一行，蓋亦閩本，疑即汪本所自出，故不復記其行格也。仲子爲吴中藏書家，其藏書、校書絶少流傳，至爲可貴。有「吴下阿霖」、「勤有堂」、「勤有堂藏書處」、「天山下吏」、「金氏藏書」、「林氏收藏」、「又蘇老人」諸印。

後漢書一百二十卷 校本

何義門跋（帝紀、列傳、志後凡三跋）

徐賡良手跋： 戊辰立秋後五日，從吴江沈丈冠雲（名彤）所假何義門先生本，課餘傳録。間有管窺，以墨筆附識，不敢自慁前賢，猶前志也。識闇思鈍，漏義尚多，俟他日與同好討論。小雪前一日，敦復記於衮繡坊寓齋之留雲書屋。

孔葒谷手跋： 此本何義門於康熙三十年校批，敦復於乾隆十三年謄校。予於乾隆三十八年癸巳十一月八日冬至癸卯日得於京師琉璃廠之五柳居陶氏，計已七十有三年矣。孔繼涵記。

汲古閣本。敦復録何義門校。敦復者，徐氏，字賡良，吴縣諸生，與錢唐吴甌亭之字同，非甌亭也。自卷三至卷九之半，義門以包山葉氏所藏殘宋本校，其餘又別據一本。卷首録一牌子云「本宅依監本寫作小板大字鼎新雕開的無隻字舛訛幸天下學士精鑒隆興二祀冬至麻河劉仲立咨」。蓋義門所據以校全書者即劉本也。有「完」、「臣完」、「勉之」諸印。

三國志六十五卷 宋刊明修本

［晉平陽侯相陳壽撰］

存《魏志》卷一至卷十九、又卷二十八至卷三十，《吴志》二十卷，共四十二卷。每半葉十行，行大十九字、小二十二三字。《魏志》卷十四、卷二十八卷、二十九、卷三十後並有「右修職郎衢州録事參軍蔡宙校正並監鏤板」、「左迪功郎衢州州學教授陸俊民校正」二行，行款與北宋國子監所刊《史記》、《前》、《後漢書》、《唐書》並同，而校正銜名散官冠以左、右字，乃紹興間制，則此爲南渡初衢州重刊北宋監本也。此板後入明南京國子監。此明中葉印本，有弘治、正德補刊之葉。其正德補刊板心多題「正德十年司禮監谷刊」，或題「正德十年谷刊」，「谷」即宦官谷大用，蓋出資補刊是書者。余前得明季印本，宋刊已更换略盡，此本原刊居十之七，補刊僅十之三，亦可云善本矣。

三國志六十五卷 宋刊明修本

晉平陽侯相陳壽撰

每半葉十行，行十九字，小二十一字。每卷首行上題「ム紀」、「ム傳第ム」，中題「ム書」，下題「國志第ム」。《魏志》卷十九、卷二十、卷二十一、卷二十三、卷二十七、卷二十八、卷三十四，《蜀志》卷五，《吴志》卷十九後並有「右修職郎衢州録事參軍蔡宙校正兼監鏤板」、「左文林郎衢州州學教授陸俊民校正」

二行。蓋本南渡初衢州刊本，後取其板入太學，元明遞加修補。此明中葉後南雍刊本，以元明舊補及嘉靖間補刊之葉爲多，宋刊之葉幾無一存者矣。

三國志六十五卷　校本

孔葒谷手跋：

丙申五月廿三日點。（卷一後）

乾隆丁酉八月十一日，補點於壽雲簃。早起微陰，已著綿衣也。誧孟記。（卷二）

八月十一日。（卷三）

壬辰之夏，借程選曹魚門同年本，缺首册。丙申之夏，程乃檢出付謄。丁酉八月望前點完。十二日午前微陰，孔繼涵記於京師小時雍坊之貝纓胡同。（卷四）

乾隆壬辰謄。（卷三十一）

乾隆丁酉秋七月初五日立秋雨窗點。（卷三十三）

乾隆丁酉七月二十日癸未，雨窗點於壽雲簃。（卷三十八）

丁酉七月廿一日，雨窗假日，謄於敏事齋。（卷四十一）

廿一日。（卷四十二）

乾隆丁巳七月廿二日，雨窻鈔。（卷四十三）

廿二日，連雨，下午開霽。歸自周韓江許，校此。（卷四十四）

丁酉七月二十三日，誧孟重膳。（卷四十五）

二十三日校。（卷四十六）

二十九日，黄小松來談，薄暮微雨。三十日癸巳，晨起終卷。早起晴爽，頗涼。（卷四十七）

丁酉八月甲午朔，校於敏事齋。是日得廣栻濟南信。（卷四十八）

八月二日，周林汲晨過。飯後錢篆秋、黄小松來坐竟日，薄暮乃去。篝燈終卷。誧孟記。（卷四十九）

初三日，壽雲簃校。（卷五十一）

初五日校。（卷五十二）

初六月晨起自朝歸，校終卷。（卷五十三）

丁酉八月初六日。（卷五十四）

初七日早晨校。韓譜華自寧武來。（卷五十五）

初七日，下午微陰。（卷五十六）

初七日，燈下完。（卷五十七）

丁酉八月初八日，晨起雨窗校於敏事齋。（卷五十八）

丁酉八月初八日，雨中同程吏曹晉芳、黄易、潘舍人有爲飲於翁編修方綱詩境小軒，朱編修筠、羅孝廉有高未至。翼日朝姓校此。（下有「葒谷」印。卷五十九）

八月初九。（卷六十二）

八月初十日癸卯。（八分書。卷六十二）

乾隆丁酉八月初十日點完。自壬辰起，已歷六年矣。「子曰何哉，爾所謂達者」，「回之爲人也」，「其進鋭者其退速」。是日知頭場題，遂記之。（卷六十五）

右孔葒谷手臨何義門、小山兄弟評校本，並加句讀。有「孔繼涵印」、「葒谷」、「微波榭」諸印。

晉書一百三十卷 宋刊元明遞修本

唐太宗文皇帝御撰

每半葉十行，行十九字。每葉闌外右角標題篇名，補刊之葉則否。宋諱多闕筆。此本佳處殊勝諸本，如《宣帝紀》「權果遣將襲公安，拔之，羽遂爲蒙所獲」，宋大字本及元以後諸本均足〔一〕「襲羽公安」，然此時羽不在公安，則有「羽」字者非也。《鐵琴銅劍樓書目》謂此本有「羽」字，以爲勝諸本，則誣此本（丁氏《書目》襲其語，殊失檢），亦誣諸本矣。此本補葉雖多，尚是元代及明初補刊，要非大德本所能及也。

〔一〕「足」疑當作「作」。

晉書一百三十卷音義三卷 元刊明修本

唐太宗文皇帝御撰　［音義題］弘農楊正衡撰

趙凡夫手題十八則：

萬曆壬辰二月廿日初昏，來鳳閣閱。（卷一後）

次三日再閱。（卷四後）

壬辰四月朔定昏，内閱。（卷十後）

萬曆庚戌玄月廿六，胡蜨寢緟閱。（卷十三後）

庚戌子月晦定昏，緟閱。（卷十八後）

庚戌子月十七，胡蜨寢重閱。（卷廿五後）

萬曆庚戌十一月廿七定昏，閱於吴寒山胡蜨寢之右个，時寒甚，手不勝筆矣。（卷三十後）

萬曆己酉相朔，緟閱於寒山青霞榭。（卷三十一後）

己酉七月前一日，小宛堂再閱。（卷三十六後）

庚戌季秋十月定昏，再閱於胡蜨寢左个。（卷四十四後）

庚戌季秋十九，胡蜨寢左个閱。（卷五十一後）

萬曆辛亥三月，胡蜨寢閱。（卷五十八後）

辛亥□日定昏，胡蝫寢閱。（卷六十三後）

萬曆丙申夏廿一，野鹿園閱一卷。辛亥仲如廿一日，再閱。（均卷七十二後）

萬曆丙申夏且望，閲一册。（卷八十後）

辛亥五月十九日，胡蝫寢閱。（卷八十七後）

壬子中秋前二日，小宛堂一閱。（卷九十四後）

每半葉十行，行二十字。間有修補之葉。板心題「正德十年司禮監谷刊」，乃歸南監後印本也。趙凡夫題記皆篆書，評語用行書。卷首又有「崇禎庚辰七月既望錦柎主人閱」一行。有「吴中尤氏昷庵圖書」、「吴郡趙頤光家史志」、「趙氏青泥□史志」、「野鹿園春秋藏」、「伊卿」諸印。

晉書一百三十卷 明覆宋本

唐太宗文皇帝御撰

此本目録首葉題「唐太宗文皇帝御撰」，小題在上、大題在下。每卷首行行末只題「御撰」二字。每半葉九行，行十六字。宋諱皆闕筆，《音義》附於每卷之末，不自爲卷。明中葉後所覆宋本也。計闕帝紀卷七、卷八，志卷一至十一，列傳卷七至卷十五、卷十七、卷十八、卷廿一至卷廿六、卷廿八、卷廿九、卷三十三、卷三十四、卷三十九、卷四十、卷四十三、卷四十八、卷五十四至卷六十三、卷六十五、卷六十八至卷七十，載記三十卷全闕。

庚申復得一殘本，存志卷十九，又列傳卷七至卷十一。有「吴縣潘氏鄭菴藏印」。又載記三十卷，闕卷四、卷五、卷六、卷二十一、卷二十二五卷，有「顧氏家藏」印。

晉書一百三十卷　校本

武英殿本。李寶山以毛本校。有「粤人吴榮光印」、「吴氏筠清館所藏書畫」、「曾在吴石雲處」、「李氏汝金」、「寶山自課」、「桐蔭軒李校藏」諸印。

宋書一百卷　宋刊明修本

臣沈約新撰

每半葉九行，行十九字。明南監所藏宋時刊板，有嘉靖八年、十年修補三葉。《宋》、《梁》、《陳》、《魏》、《北齊》、《後周》六書，板式皆與此同，世謂之「眉山七史」，亦謂之「蜀大字本」。實則北宋監本南渡後江南、蜀中皆有翻刊，而今日所傳南監印本皆江南本，非蜀中本也。《玉海》卷四十三載「嘉祐六年八月庚申詔三館祕閣校理宋、齊、梁、陳、後魏、周、北齊七史，書有不全者訪求之」。七年十二月詔「以《七史》板本（疑「校本」之訛）四百六十四卷付國子監鏤板」，是爲《七史》第一刻。晁氏《讀書志》：嘉祐中，以《宋》、《齊》、《梁》、《陳》、《魏》、《北齊》、《周書》舛謬亡闕，命館職讎校。治平中，曾鞏校定《南齊》、《梁》、《陳》三書上之，劉恕等上《後魏書》，王安國上《周書》。政和中始皆畢，頒之學官（嘉祐鏤板至政和始畢者，蓋謂校畢。宋世諸史往往刊後再校，校畢修板。《史記》、《漢書》諸校本皆如是）。紹興十四年井憲孟爲四川漕，始檄諸州縣學求當日所頒本。時四川五十餘州皆不被兵，於是《七史》遂全，因命眉山刊行，此刊於蜀中者也。《玉海》載紹興九年九月七日「詔下諸郡索國子監元頒善本校勘鏤板」，此刊於江南者也。今世所傳《七史》，元時板在西湖書院，明時移入南監，則非蜀中刊本而爲江南刊本可斷言也。世人見宋大字本，輒謂之蜀本。如日本所覆《爾雅注》，末有李鶚書一行，明係南宋所覆五代舊監本；又如南監所印大字本《史記》，乃淮南轉運司所刊，題記具存。世皆謂之蜀本，則於南北朝《七史》又何怪焉。此本有「廷檮之印」、「袁氏又愷」、「五硯樓袁氏收藏金石圖書印」、「五硯樓」諸印。

南齊書五十九卷　宋刊明修本

臣蕭子顯撰

臣鞏等敘

行款與《宋書》同。有嘉靖八年、十年刊補之葉。有「葛鼒私印」、「龔調」二印。

梁書五十卷　宋刊明修本

散騎常侍姚思廉撰

行款與《宋書》同。有弘治、嘉靖間刊補之葉。

陳書三十六卷　宋刊明修本

散騎常侍姚思廉撰

臣鞏等敘

板式與《南齊書》同。有嘉靖八年補刊之葉。先叔祖舊藏，有「求是齋」收藏印。

魏書一百三十卷 宋刊元修本

齊魏收撰

臣頒等序

魏收等前上十志啟

行款與《宋書》同。此本自卷十六至卷二十一、卷三十六至卷四十八、卷五十四至卷五十八、卷六十二至卷七十、卷九十三、卷九十四、卷一百十一至卷一百十四、卷一百十六、卷一百三十，凡三十九卷，皆以元時公文紙印。有至元、延祐、至正等年號，皆宋刊及元補刊也。餘卷以明印本配補，則有嘉靖補刊之葉。

魏書殘本六卷 宋刊元修本

存列傳卷十七、卷十八、卷四十七、卷四十八、卷五十四、卷五十五，凡六卷。用明洪武年公牘紙印，無修補之葉。有「鸞臺學士」、「四箴堂記」二印。

魏書殘本十七卷 宋刊元修本

存本紀卷一至卷十七。用成化公牘紙印。

北齊書五十卷 宋刊明修本

隋太子通事舍人李百藥撰

行款與《魏書》同。有嘉靖九年、十年修補之葉。

周書五十卷 宋刊明修本

令狐德棻等撰

臣希等敍

板式與《北齊書》同。有嘉靖間修補之葉。

隋書八十五卷 宋刊本

［紀傳題］特進臣魏徵上 ［志題］監修國史趙國公長孫無忌等撰

蔣拙存手跋：種石兄架上見宋板《隋書》一册，世云九行廿字本即此書，係宋時天聖間刊本。内有明崑山菉竹堂葉文莊公藏書印，又汲古閣毛子晉印。惜内有南宋時補板十之一。是書宋本中要謂完璧，後得價三百金。余家有毛刻《隋書》，向種石兄借此書對校，閱三月校畢，知宋本美處，約補三千餘字。拙老人蔣衡偶記。

每半葉九行，行廿一二字。目録前有總目八行，云「總目」（一行），「隋書八十五卷」（二行），「帝紀五卷」（三行），「特進臣魏徵上」（四行），「卷三十五卷」（五行），「太尉揚州都督監修國史上柱國趙國公臣長孫無忌奉敕撰」(六行),「列傳五十卷」(七行),「特進臣魏徵上」(八行)。宋諱間有闕筆,似宋元間刊本,其補葉十之一,則明刊也。吾家湘帆先生所加簽校至數百條,今以校元瑞州路刊本,皆以此本爲勝。有「葉氏菉竹堂藏書」、「吴蔚光印」、「林橋」、「毛氏圖史子孫永保之」、「季振宜藏書」、「席鑑之印」、「席氏玉照」、「張月霄印」、「愛日精廬藏書」諸印。

隋書八十五卷 元刊本

特進臣魏徵上

每半葉十行,行二十二字。元瑞州路學刊本,明補極少。有「南京國子監官書記」一印。

南史八十卷 元刊明修本

李延壽

無名氏序(大德丙午)

每半葉十行,行二十二字。明南監印本。有「徐通德印」、「鞠圃」、「延閣校書」三印。

北史一百卷 元刊明修本

李延壽

行款與前書同。元信州路刊明南監印本。

北史一百卷　元刊元印本

李延壽撰

每半葉十行，行二十二字。行款與信州本同，而刊在信州之前。卷後多題校勘人姓名，或云「周已千孫粹然校正」，或云「方洽周益周已千孫粹然校正」，或云「周益校正」，或云「方洽周益周之冕孫粹然校正」，或云「方洽周益周之冕校正」，或云「方洽周益周之冕陳萃校正」，或云「楊燧校正」，或云「鄭道寧王烈校正」。中間微有闕葉，以信州本補足。有「三餘齋圖書印」、「泰峯所藏善本」二印。

唐書二百卷　明覆宋本

監修國史推誠守節保運功臣特進守司空兼門下侍郎同中書門下平章事上柱國譙國公食邑五千户食實封四百户臣劉昫等奉敕修　皇明奉敕提督南畿學政山東道監察御史餘姚聞人銓校刻　蘇州府儒學訓導門人嘉興沈桐同校

楊循吉序（嘉靖十七年）

文徵明序（嘉靖己亥）

沈桐識語（嘉靖十八年）

他本前尚有聞人銓序，此本脱。

唐書二百二十五卷　元刊本

［紀志題］翰林學士兼龍圖閣學士朝散大夫給事中知制誥充史館修撰判祕閣臣歐陽修奉敕撰

［列傳題］端明殿學士兼翰林侍講學士龍圖閣學士朝請大夫守尚書吏部侍郎充集賢修撰臣宋祁奉敕撰

曾公亮進新唐書表（嘉祐五年）

戚瑞明序（大德丁未）

建康路明道書院監造

建康路溧水州儒學監造本學教諭朱祐之李君實

建康路溧陽州儒學監造本學教諭趙寄孫

建康路儒學監造前祁門縣儒學教諭陳宣南

建康路儒學直學馬琪沈振祖

建康路儒學監造前□陵州儒學學正侯起莘

建康路明道書院山長張坦

建康路儒學學録戚明瑞

建康路儒學學正劉子壽

建康路溧水州儒學教授屠鈞

建康路溧陽州儒學教授仇遠
建康路儒學教授趙由暐

每半葉十行，行廿二字。元建康路刊本，無明代補刊之葉。闕二百十七、二百十八二卷。有「田耕堂藏」一印。

新唐書糾繆二十卷 明刊本

宋咸林吴縝纂
自序（元祐四年）
進書表（紹聖元年）
吴元美跋（紹興戊午）

每半葉九行，行十八字。此書宋時有吾鄉刊板。此有吴元美跋，殆自宋湖州本出。每卷末有「海虞趙開美校刊」一行。有「古潭州袁氏卧雪廬收藏」一印。

五代史記七十四卷

歐陽修撰　徐無黨注
陳師錫序

每半葉十行，行二十二字。卷末有「宗文書院刊」五字。明時板入南監。此本雖非初印，尚無明代補葉，殆明初印本也。此先大父藏書，有名字圖記，丁巳冬於京師廠肆得之。年來收回先世舊藏頗不計值，故亦頻有所獲，然尚不及百之一二也。有「張之洞審定舊槧精鈔書籍記」、「壺公」、「宗室盛昱收藏圖書印」諸印。

五代史記七十四卷 明刊本

宋歐陽修撰徐無黨注　明汪文盛、高瀫、傅汝舟校

陳師錫序

楊皜生手跋(康熙丙辰)

每半葉十二行，行廿二字。與汪氏所刊《兩漢書》行款同。有「楊紋洮印」、「皜生」、「陳聖典印」、「允襄父」、「猗猗軒」、「劉漢臣字麓樵」、「海陵劉氏染素齋藏書印」諸印。

五代史記七十四卷 校本

宋廬陵歐陽文忠公著　守成泰山從孫徽柔重刊

陳師錫序

徐無黨識語

周子義識語(萬曆丁丑)

歐陽徽柔重刊南監本。江秋史校訂并録何義門評校語。卷首有識語云「何義門勘本，乾隆丁亥閏

七月廿六日對起」。卷末題「丁亥九日對畢」。不署姓名，亦無圖記，然校語中多稱「德量案」云云，筆跡與録義門校語相同，知爲江秋史筆也。又全書有圈點，蓋本之錢牧翁，見義門校語中。

宋史三百五十七卷 明刊本

開府儀同三司上柱國録軍國重事前中書左丞相監修國史領經筵事都總裁臣脱脱等奉敕修

朱英序（成化十六年）

進宋史表（至正五年）

修史官員

刊書聖旨

行省提調官

袁禎後序（成化十六年）

遼史一百十六卷 元刊元印本

開府儀同三司上柱國録軍國重事中右丞相監修國史領經筵事都總裁臣脱脱奉敕修

脱脱等進遼史表（至正四年）

修史官員銜名

每半葉十行，行廿二字。目録後有「校勘臣彭衡、岳信、楊鑄、年思善、卜勝、楊模」姓名二行。

金史一百三十五卷 元刊元印本

開府儀同三司上柱國録軍國重事前中書右丞相監修國史領經筵事都總裁臣脱脱奉敕修

每半葉十行，行廿二字。目録後有「校勘臣彭衡、臣倪中、臣麥澂、臣岳信、臣楊鑄、臣年思善、臣卜勝、臣李源、臣楊模、臣丁士恒」姓名四行。

金史詳校十卷 汪剛木先生手寫本

烏程施國祁學

自序

例言

史論五答

此剛木先生手寫本。自己巳三月寫起，至庚午六月畢。卷末有手記云「同治庚午烏程汪曰楨校寫。己酉初校寫本兵燹無存，此爲第二次校寫之本」。

元史二百十卷 明初刊本

翰林學士亞中大夫知制誥兼修國史臣宋濂、翰林待制承直郎兼國史院編修官臣王褘等敕修

李善長等進元史表（洪武二年）

凡例

宋濂記（洪武三年）
每半葉十行，行二十字。偶有嘉靖間補刊之葉。

漢紀三十卷 明刊本

漢荀悦著　明吕柟校正
何景明序（正德十五年）
吕柟序（正德辛巳）
此明高陵令翟清刊本，吕涇野爲之校勘。昔人謂勝黄省曾刊本。有「池北書庫」、「石帆亭圖書印」、「國子祭酒」、「李文駒藏書印」諸印。

前漢紀三十卷後漢紀三十卷 明覆宋本

漢祕書監侍中荀悦　晉東陽太守袁宏
黄姬水刊兩漢紀序（嘉靖戊申）
荀悦前漢紀序
袁宏後漢紀序
王銍後序（紹興十二年）
每半葉十一行，行二十字。吴門黄氏以雲間朱氏舊藏宋刊本付梓。有「高明私印」、「高明誠之」、

「趙坦之印」、「清歗閣書畫記」、「吴蘭林西齋書籍章」、「龍紱祺印」、「長沙龍氏子璜收藏」諸印。

編年通載四卷 宋刊宋印本

起居舍人直集賢院同知審官西院事兼刺史館臣章衡上進

章衆刊印編年通載序（元祐三年）

進書表

黄蕘圃手録諸家書目九則

黄蕘圃手跋：章衡《編年通載》，世間向無傳本。偶於友人處見一書估，爲余言是書，友人亦爲余言是書之善，蓋書估先以此書質諸友，而爲之評論其價值也。既而書友引至某坊，往取樣本示余。詭云有他人已先取觀，未敢與君議交易，則其緣由本坊物，而爲伊所涉手者。余亦不辨爲誰之物，第問其價，則同然一辭，必得白金五十兩而後可。余雖愛其書，然彼既以他人先取爲辭，未便持此樣本歸。越日，探知書賈已還某坊，遂從某坊得之，竟予以四十金。以四金勞書估，爲其先爲余言也。及交易後，某坊始爲余言，初不識此書之貴，四十金之數即友人所定云。因誌其顛末如此。復翁。

又跋：余既得章衡《編年通裁》四卷殘本宋刻，爲之誌其顛末，并歷攷自宋以來之書目爲之引證矣。欣喜之情，有不能已於言者，復爲之跋于尾曰：余性喜讀未見書，故以之名其齋。自後所見往往得未曾有，始信天之於人必有以報之也。古人云「思之思之，鬼神通之」，余之於書，蓋造斯境與。即如此書，雖歷載於宋人諸家目録及明朝收藏諸家，然世間絶無其書，今得見宋刻殘本，足徵古書授受源流，爲之拍案叫絶。一、卷數之可信。向傳十五卷，聞《通志畧》云十卷，此序云列爲十卷，其可信者一。一、收藏之可信。《文淵閣書目》載有二部，一十册，一五册。此第三卷有「文淵閣印」，其可信者二。一、殘闕之可信。十册，五册，《文淵閣》、《菉竹堂》（五册）所載如是；二册，《内閣》、《絳雲樓》、《述古堂》所載又如是。其裝四册者，或十册、五册之有所失，二册之有所分。其第五卷以下皆闕，與《内閣藏書目録》合，其可信者三。至以圖記之冠以「南昌」，標題之訖於「西晉」，皆向來藏弆之淵源，足以傳信者也。

後跋：書一葉，適紙盡，因輟筆。至九月廿有七日，尋獲故紙，補書後一葉。時病手腕軟，强爲之，筆跡與前稍殊也。復翁又識。

己巳正月，見甲申歲刊于白鷺州書院《前漢書》，其卷首有云「今本注末入諸儒辨論，具列於左，都載章衡《編年通載》」。是在宋時其書固盛行也，因并記之。復翁。

光緒五年己卯冬十月十三日，新建勒方錡、吴縣潘遵祁、中江李鴻裔、元和顔文彬、長洲彭慰高、吴縣潘曾瑋、歸安沈秉成集吴氏聽楓山館，同觀志喜。（篆書）

原書十卷，存前四卷。每半葉大字五行，行十七字，小字約十五行，行約三十字，中用表式者行款不等。此書於神宗甲寅進御，在温公《通鑑》成書之先。至元祐三年，其叔質夫粢序而刊之。書中宋諱缺筆至「桓」、「構」二字止，孝宗以下皆不缺，字畫精嚴，有北宋遺意，蓋南渡初重刊本也。卷首結銜稱「起居舍人直集賢院同知審官西院事兼判史館」，乃衡熙寧進書時官，至元祐初則已拜寶文閣待制，出知秀、襄諸州矣。此本闕後六卷，自明中葉已然，宇内更無完書，則此殘帙彌可寶矣。有「文淵閣印」、「南昌袁氏」、「忠孝世家」、「讀書林」、「書林相□」、「黄丕烈」、「復翁」、「士禮居藏」、「汪士鐘印」、「三十五峯園主人」、「三十五峯園主人所藏」、「平江汪氏藏書印」、「憲奎」、「秋浦」、「平江汪憲奎秋浦印記」、「吴雲平齋」、「吴雲字少青號平齋晚號退樓」、「吴平齋讀書記」、「吴平齋收藏印」諸印。卷首又有一正書木記曰「《顔氏家訓》曰：借人典籍，皆須愛護。先有闕壞，就爲補治。此亦士大夫百行之一也。或有狼藉几案，分散部帙，童幼妾婢所點汙，風雨蟲鼠所毀傷，實爲累德。南昌袁氏誌」，共五行，行十三字。

資治通鑑卷二百七十（宋刊本）

每半葉十一行，行十九字，下附音義。廣都費氏□本。明文淵閣藏書。

資治通鑑二百九十四卷 明刊本

朝散大夫右諫議大夫權御史中丞充理檢使上護軍賜紫金魚袋臣司馬光奉敕編集

孔天胤題辭（嘉靖乙巳）

治平資治通鑑事畧

進資治通鑑表

每半葉十行，行二十字。明提督浙江學校楊、按察副使孔天胤刊于杭州。序云「自嘉靖甲辰六月開局，明年春三月完其書，凡二百九十四卷，另《攷異》三十卷。俱從唐太史家宋板文字」。然行款與杭、蜀二本不同，蓋出宋本而非仿宋也。

資治通鑑二百九十四卷資治通鑑釋文辨誤十二卷 元刊本

朝散大夫右諫議大夫權御史中丞充理檢使上護軍賜紫金魚袋臣司馬光奉敕編集　後學天台胡三省音注

胡三省序（旃蒙作噩） 至元二十二年

司馬公進書表

獎諭詔書

元祐元年校定銜名

紹興二年校勘監視銜名

每半葉十行，行二十字。目録家多謂之「興文署本」，其實元臨海縣刊本也。鄱陽胡氏翻刊此本，前有翰林學士王磐序云「京師創立興文署，署置令丞并校理四員，咸給廩禄，召集良工剡刻諸經子史，板布天下，以《資治通鑑》爲起端之首」云云。然此序非爲胡注本作，其證有三：考興文署之設在至元十年以前。王磐致仕在至元二十年二十一年之間，磐序結銜稱翰林學士，則尚在未致仕時。而胡氏《通鑑》注成在至元二十二年，次年寇作，尚藏窨中，決無於二十一年刊行之理。一也。磐序但言刊刻《資治通鑑》，無一語及胡氏注。二也。此本與諸家所藏元刊本皆無王序，獨《天禄琳瑯》所著録一本及鄱陽胡氏覆刊本有之，明係從他本攙入。三也。此書書板明時在南京國子監，自是南方刊本。《四庫總目》及孫氏《平津館鑒藏記》引明黄溥《簡籍遺聞》云「是書刊於臨海，洪武初取其板藏南京國子監」，似得其實。攷此書行款與《玉海》同，其刊刻時代殆與《玉海》相先後。臨海爲梅磵鄉里，其刊此書亦如慶元路之刊《玉海》也。若與文署所刊，當是温公原書，非梅磵注也。

資治通鑑考異三十卷 校明刊本

端明殿學士兼翰林侍讀學士大中大夫提學西京嵩山崇福宫上柱國河内郡開國公食邑一千六百户食實封一千户臣司馬光奉敕編集

此明嘉靖甲辰杭州刊本，自唐荆川家宋本出。葉茗生以胡注本通校全書，注於行間，其用正史及《通鑑》原書校者則加箋識。茗生《吹網録》中論《通鑑》一卷，實根據此校而作也。有「致遠」、「武靜」、「袁廷檮印」、「又愷」、「茗生□印」、「葉廷琯」、「曾在葉調生家」、「老茗」、「楙花盦主」、「二十五匱藏書家」諸印。

資治通鑑釋文三十卷 宋刊本

右宣義郎監成都府糧料院史炤

馮時行序（紹興三十年）

每半葉十二行，每行大字約二十二字，小字約三十字。黄復翁藏書，有復翁手書籤題及櫝上刻字。

書作粘葉裝，亦與復翁舊藏《中興館閣録》及《續録》正同。吾郡陸氏舊藏一本刊於《十萬卷樓叢書》者，存翁作刊書序並《皕宋樓藏書志》，均謂是百宋一廛故物。然《儀顧堂題跋》則謂是書有查初白藏印，而不言有復翁題識印記，蓋陸本自是得樹樓物，此則復翁所藏者也。此本板式字跡乃宋季建陽刊本，非紹興原槧，然字體疎朗悦目，正《百宋一廛賦》所謂「行明字繶，終卷無修」者。惟卷末一葉乃近世補刊，而上有復翁印記，則亦刊在復翁以前矣。前人於古書闕葉少者往往刻一二葉補之，余家所藏《吳郡圖經續記》末葉即是補刊，與此本同。此書除此本外，世所知者有吳門蔣氏、盩厔路氏及陸氏三本。然復翁謂，蔣本字裏行間，未若此本之明繶。陸本未識何如，然其重刊本，即以首葉言之已訛數字。如「石室金匱」注「匱，《漢書》作鐀」，「鐀」訛「饋」。「采經」注「倉宰切」，「倉」訛「會」。「雄長」注「展兩切」，「展」訛「居」。一葉之中已訛三字，固由校勘之疏，殆原本亦不如此本之清朗矣。有「襟江帶海黄如山之印」、「黄丕烈」、「蕘夫」、「黄丕烈印」、「復翁」、「百宋一廛」、「士禮居藏」、「平江黄氏圖書」、「勤有堂讀書處」諸印。

資治通鑑釋文辨誤十二卷 元刊本

天台胡三省身之

自序（丁亥至元廿四年）

行款與《通鑑注》同。有正德二年補刊二葉。

續資治通鑑長編一百七十五卷　影宋鈔本

［宋李燾撰］

進書表（乾道四年）

每半葉十三行，行二十三字。原一百八卷，又分子卷，共一百七十五卷。起太祖、訖英宗五朝事。仁父於乾道四年上進。宋時有刊本，在季滄葦家，後入内府。神宗以後迄靖康則未經鏤板，書亦散佚。《四庫本》從《大典》輯出，已非完書。此百七十五卷，尚從宋本鈔出。卷末有金沙沈景泗魯東氏手跋小字兩行。卷首後附録《文獻通攷》、《玉海》等十五則，則寫書者所益也。有「復旃」印，乃黄復翁藏書。

入注附音司馬温公資治通鑑一百卷　宋刊本

每半葉十四行，行大二十三字，小二十五字。闌外右角標題「某朝某帝」，眉端亦有標注。闕卷十五至卷二十三、卷四十九、卷五十、卷六十三至卷六十六、卷八十至卷八十三，共十九卷，以他宋本補，每半葉十五行，行二十五、六字不等。書題板心並已塗改，每卷首葉題「□□□□□□□□□資治通鑑卷第幾」。案宋時《通鑑》節本甚多，除温公自撰《通鑑舉要歷》八十卷不傳外，曰《吴文資治通鑑詳節》一百卷，見《傳是樓書目》。曰《陸狀元集百家注資治通鑑詳節》一百二十卷，見《愛日精廬藏書志》。曰《增節音注資治通鑑》一百二十卷，見《四庫存目》。二書皆題「陸唐老」名。曰《吕祖謙資治通鑑詳節》一百卷，見《傳是樓書目》；曰《吕大著點校標抹增節備注資治通鑑》一百二十卷，見《千頃堂書目》，今在常熟瞿氏，二書皆託之於東萊（東萊歷官終於著作郎，故謂之大著，唐人所謂大著作是也）。曰《入注附音司馬温公資治通鑑詳節》一百卷，見日本森立之《經籍訪古志》，即此本是也。此本每卷前後題云「入注附音司馬温公資治通鑑卷幾」，而「卷幾」以下數字皆剜補，必原有「詳節」二字而後去之。其後題中亦有剜而未改，致「通鑑」與「卷幾」之間中空二字者。又卷五十一首葉以元刻補，與宋刻行款同，而板心稍小，其篇題亦同，唯「通鑑」下有「詳節」二字，當從初印本翻刻。均足證原有「詳節」二字，後復删之以充完書，皆書估之所爲也。森氏《經籍訪古志》著録日本昌平校藏本，行款全與此同，惟卷一前題云「入注附音資治通鑑外紀卷之一」，而復題仍作「入注附音司馬温公資治通鑑詳節卷之一」，實與此本同源，其剜改書名，則亦書估譸張滅裂之爲，直不可究詰矣。彼本目録後有識語云「以明州原本摹寫刊行，仍參監中正本校定」云云。彼本爲元修本，而此本除卷五十一首葉外皆係宋刊，則此本殆即明州本歟。所補十九卷，行款與瞿氏所藏「吕大著本」同，每卷篇題於「資」字上剜去十一字，而補寫「入注附音司馬温公」八字，所割去之字數正與「吕大著點校標抹增節備注」十一字數合，即彼本也。惟二本卷數不同，故補卷中多割裂耳。二本相校，此本於音註外兼采吕成公、胡致堂諸家議論，而補卷無之，然音註皆取諸史炤《釋文》則所同也。此本通全書無前人題跋印記，蓋從未入目録家之目，信希世之祕笈也。

皇宋十朝綱要二十五卷 鈔本

眉山李埴編

文公先生資治通鑑綱目五十九卷　明初刊本

古舒慈湖王幼學集覽　後學布衣尹起莘發明　後學新安汪克寬攷異　後學毘陵陳繼正誤　建安京兆劉寬裕刊行

朱子綱目序例（乾道壬辰）

王幼學集覽敘例（泰定元年）

尹起莘發明序

每半葉十二行，行廿二字。麻沙書肆刊本。明弘治壬午，莆田黄仲昭取尹起莘《發明》、劉友益《書法》、王幼學《集鑑》、徐昭文《攷證》、陳濟《集覽》、《正誤》、馮智舒《質實》、汪克寬《攷異》合刊之，是爲今本之始。此本只有《集覽》、《發明》、《攷異》、《正誤》四種，尚在黄刊之前，殆黄刊又因此本附益歟。有「周聞先印」、「梅山」、「瞿香」、「音昭」諸印。

續資治通鑑十八卷　鈔本

朝散郎尚書禮部員外郎兼國史院編修官李燾經進

李燾進續資通鑑長編表（乾道四年）

此書即《宋史全文》之前十八卷，其非李仁甫作，《四庫總目》已辨之。《宋史全文》亦題《續通鑑長編》，此本則題《續資治通鑑》。吾郡陸氏舊藏元刊本，題《續宋編年資治通鑑》，與劉時舉書同，其目録後有「建安陳氏餘慶堂刊」圖記，亦與劉書同。此本目録失去，蓋亦如是。攷餘慶堂所刊劉書，目録題《續宋編年資治通鑑》，而每卷題《續資治通鑑後集》。此書亦餘慶堂刊本，而標題亦全與劉書同，則劉書爲後集而此書爲其前集矣。後又合并二書爲《宋史全文》，皆麻沙坊肆所爲，不足深究矣。

續宋編年資治通鑑十五卷 元刊本

通直郎户部架閣國史實録院檢討兼編修官劉時舉

每半葉十三行，行二十二字。闕卷八至卷十五凡八卷。目録後有「陳氏餘慶堂刊」一行。又有牌子云「是書繫年有攷據，載事有本末，增入諸儒集議，再三校正，一新刊行。宋朝中興，自高宗至於寧宗四朝，政治之得失、國勢之安危，一開卷間瞭然在目矣。幸鑒」。板心書「通鑑後集」，每卷前後題上書「續資治通鑑」，下書「後集」，或只書一「後」字，則尚有《續資治通鑑前集》故也。

皇朝編年備要三十卷 鈔本

壺山陳均編

自序

真德秀序（紹定二年）

鄭性之序（紹定己丑）

林岊序（紹定二年）

凡例　引用諸書

此記東都九朝事，故《四庫》本題《宋九朝編年備要》。此本書題於「編年」二字下亦空二格，明刊本已如是，不知所空何字也。

通鑑續編二十四卷 元刊明修本

陳桱

張紳序（至正廿二年）

陳基序（至正十八年）

書例

舊有周伯琦、姜漸及陳氏自序，此本奪。每半葉九行，行二十二字。元季刊於松江。明代修補之葉，板心下魚尾下有「訓導錢紳訓導錢如塤校正」、「教授陳道曾校正」等字。有「蕉林藏書」、「觀其大畧」、「北平黃氏萬卷樓圖書」、「欽簡」、「夏迪氏」諸印。

大事記續編七十七卷 明刊本

金華王禕子充著

贈官賜謚制（正統六年）

潘瑋識語（成化甲辰）

每半葉十行，行二十二字。此書本蜀藩録本，成化中都憲池陽孫公撫蜀，命知成都府陸淵之刊之。舊爲無錫顧子方藏書，有「顧杲之印」、「華氏明伯」、「劍光閣」三印。

續資治通鑑綱目廣義十七卷 明刊本

後學雲間張時泰著

羅玘序（弘治己酉）

進書奏稾（弘治元年）

□□後序（有闕葉）

此天一閣藏書。《四庫總目》及《存目》均未著録。《奏稿》稱「憲宗純皇帝命儒臣纂修《續資治通鑑綱目》頒示天下，臣謹摘要條，發揮奥旨，猶尹起莘發明朱子《綱目》之意」，則此書爲商輅等所撰《續資治通鑑綱目》作也。《續綱目》二十七卷，此書僅十七卷，蓋於義無所廣者即不録原書，故亦用尹氏《綱目發明》例也。

續資治通鑑六十四卷 明刊本

皇明中奉大夫山東等處布政司左布政使臨海王宗沐編

續資治通鑑義例

萬曆初年刊本。有「星渚王元仲珍藏書籍」、「九葉傳經子子孫孫引無極」諸印。

資治通鑑續編一百二十七卷 稿本

吴郡嚴衍彙編　黄淳耀、男恒參校

板心刻「續資治通鑑删補」七字，與各卷書題不同。永思先生《資治通鑑補》一書，錢竹汀先生作先生傳，極推重之。咸豐元年江夏童氏曾以活字板印行，世間絶少傳本。此本則錢傳並未言及，《明史藝文志》及《千頃堂書目》均未著録，蓋世間僅存之孤本也。書凡一百二十七卷，與薛應旂書同，即删補薛氏書，猶《資治通鑑補》之删補温公書也。《振綺堂書目》有鈔本八卷則係此書殘本。有「梁國治印」、「璜川吴氏收藏圖書」二印。

皇明通紀二十四卷 高麗刊本

東莞陳建輯著　舜水孫鑛原訂　舜水馬晉允增定

馬晉允序（崇禎己卯）

凡例

陳建序

陳氏原書訖於正德。馬氏因諸家之書，正以《實録》，以續陳氏書，具見《凡例》。此乃高麗活字本，前有墨書云「康熙三十八年閏七月初九日，内賜承政院假注書尹致和《皇明通紀》一件，命除謝恩。行都承旨臣宋押」。又有「宣賜之印」方記，亦東藩故實也。

明紀六十八卷 稿本

陳鶴撰　陳克家續

此本無序跋，不具撰人姓名。全書板心刊「明紀」二字，後數卷刊「桂門初稿」四字，乃當時稿本，江蘇書局即據此稿付刊。全書有作者增訂語，亦有局中諸人校改之籤。惟吾鄉曲園老人所校訂者，每條皆注一「樾」字，餘皆不著姓名。每册封面題字皆莫子偲手書。有「吴平齋讀書記」、「歸安吴氏二百蘭亭齋藏書之印」、「歸安吴雲平齋攷藏金石文字印」三印。

成祖實録不分卷 明鈔本

存自永樂二年正月至九年四月，又自十二年正月至廿二年六月，計闕三年餘事。天一閣藏書。

憲宗實録三十一卷 明鈔本

孝宗御序（弘治四年）

全書二百九十三卷，此存前三十一卷。天一閣藏書。

大明穆宗莊皇帝實録七十卷 明鈔本

存卷二十二至卷四十六。余别得一殘明鈔本，乃得補全。然别本目卷四十七至卷五十七不題卷數，直接卷五十九，中間計闕一卷。然以隆慶四、五年月數與原書每月一卷計之，實無闕佚。天一閣藏書。

大清太宗文皇帝本紀四卷世祖章皇帝本紀八卷聖祖仁皇帝本紀二十四卷世宗顯皇帝本紀

八卷 鈔本

右五朝本紀。闕太祖一代,即自《國史》抄出別行者。乾隆時鈔本也。

東華録十六卷 鈔本

湘源蔣良騏千之父

自跋

此初稿本,與覆刊大、小二本迥異。有「吴平齋讀書記」印。

通鑑記事本末四十二卷 宋刊本

建安袁樞編

楊萬里序(淳熙元年)

趙與𥲅序(寶祐丁巳)

每半葉十一行,行十九字。此書淳熙初刊於嚴州,寶祐丁巳趙節齋重刊於嘉興。元時板入嘉禾郡庠,明時又移入南監。他本尚有延祐元年陳良弼序,此本失之。有「汪士鐘字春霆號朖園書畫記」一印。

通鑑紀事本末四十二卷 明刊本

宋建安袁樞撰

楊萬里序

趙與簒序
陳良弼序
此萬曆二年湖廣巡撫豐城李栻刊本。每半葉十二行，行二十八字。與嚴本、禾本行款均不同，然卷數則遵禾本。又載禾本趙、陳二序，而無嚴本章大醇序，知從禾本出也。目録首葉「宋建安袁樞編」下，原有「明豐城李栻校刊」一行，此本割去。此書雖非影刊，而遇宋諱仍闕筆，刊印均精，亦一善本也。

春秋左氏傳事類始末五卷 明鈔本

宋章冲撰
謝諤序（淳熙十五年）
自序（淳熙丁未）
此書淳熙乙巳冲假守山陽時刊於郡庠，字多繆誤，後知台州，乃覆刊於台學。此書自序及目録均題「春秋左氏傳事類」，卷一題「春秋左氏傳事類始末」，他卷皆題「春秋左氏傳事類本末」，蓋原本如是。此明藍格精鈔本，遇宋諱皆闕筆，蓋猶從宋本出也。有「虞山毛氏汲古閣」、「查氏珍賞圖書」二印。

三朝北盟會編二百五十卷 明鈔本

朝散大夫充荆湖北路安撫司參議官賜緋魚袋臣徐夢莘編集
自序（紹熙五年）

引用書目

此書經明人點校，又曾爲黄復翁借讀，復翁從觀稼樓鈔本補此本紙損處缺文十五則，書於别紙。有「季振宜印」、「滄葦」、「御史之章」、「季振宜藏書」、「祕册」、「張月霄印」、「愛月精盧藏書」、「汪士鍾字春霆號朖園書畫印」、「張承涣印」、「子謙」諸印。兩葉接處又有印縫圖章，一云「躋德樓藏」，一云「何子宣躋德樓封識」。邵恩多跋罟里瞿氏本云「季滄葦家鈔本每葉有何子宣騎縫圖記者最古」，即謂此本。子宣名鈁，嘉靖乙卯舉人，官至淮王左長史。

三朝北盟會編二百五十卷附校勘記二卷校勘記補遺一卷 鈔本

自序

此本前無引用書目，而有各卷總目。卷首不著徐氏銜名，而後數十卷卻有之。版心有「清白艸廬」四字。有「王宗炎印」、「南書房翰林文淵閣直閣事吴省蘭印」二印。

蜀鑑十卷 明刊本

宋李文子　郭允蹈撰

李文子序（端平三年）

方孝孺序

張佳胤序（嘉靖乙卯）

李文子跋（嘉熙丁酉）

古郢別□跋（淳祐二年）

張嵐山序此書謂「宋刻《蜀鑑》甚精，藏李蒲汀司徒家，後歸澶汾晁太史。余尹滑，乃從晁太史所借而録之」。是此本從宋本出也。

汲冢周書十卷 明刊本

晉孔晁注

前有序云「升庵家有善本，以人所罕見，汲汲焉欲梓以傳，余故序而刻之」云云，蓋正嘉間刊本也。其作序人姓名已割去，殆書估欲以充舊本耳。

逸周書十卷 校鈔本

盧抱經手跋：

己亥六月十八日，弓父校。周生辰所見，亦殊有可采。（卷二後）

七月二日校寫此卷。周生今日辭歸江寧。（卷三後）

七月四日校。將仍往湖上。（卷四後）

三月四日，慶春門外接駕回閲。（卷五後）

庚子三月十二日，子刻冒雨出武林門，至謝村候送聖駕，歸來閲。（卷六後）

三月十六日閲。種花數種，所苦無隙地耳。（卷七後）

三月十八日閲。（卷八後）

三月十八日閲。壯兒多談，是日廢書。（卷九後）

乾隆庚子三月十四日校。鮑以文兄貽余《叢書》五集。（卷十後）

陳仲魚手跋：　去年除夕吴中度歲，往縣橋巷黄蕘翁家作祭書之會，因得明嘉靖廿三年四明章檗刻本《逸周書》，係顧君千里依元刻手校本。余既跋而藏之，新歲攜示同里吴槎翁，嘖嘖稱善，遂取其舊藏章刻本録顧校文於上，且以明鍾人傑校本及汪士漢刻入《祕書》本重加參閲。跋云「惜抱經學士刻本案頭適乏，異日當取而重勘之」。余曾以槎翁所校補入章本，比至吴，復從水關書肆獲一鈔本，乃抱經學士未刻此書繕寫手校底本，上作細楷書，朱墨雜陳，極其精致，不勝狂喜。學士校此書時在乾隆庚子春日，越七年丙午始付諸梓，故校語與定本多有增損，所謂積數年校勘之功，蓋其慎也。猶憶庚子三月鱣偕槎翁造訪，學士欣然出見，曰「頃自慶春門外歸，今日家屬亦往縱觀」。前輩風流可挹，惜其遺書多不能保，新橋第宅半屬他人，《逸周書》之板已鬻諸坊間矣。展閲手筆，又不勝浩歎。時嘉慶十一年丙寅三月，陳鱣記。（下有「臣鱣」、「仲魚」二印）

鍾子勤手跋：　同治六年丁卯歲三月庚午，嘉善鍾文烝見此書於上海，善價得之。

余藏抱經先生手校《逸周書》凡二。一《古今佚史》本，先生於乾隆戊戌年所校，在鈔此本一二年前，後於癸卯、甲辰復有增補。此則己亥、庚子所校，而卷首校讐所據舊本内，以朱筆增入章椠本，此先生癸卯所見，則此本亦有癸卯以後增補也。卷首有黄復翁訂正二條。末附陳仲魚《偕吴槎客游花溪》五律一首，蓋此書又從向山閣歸拜經樓，見《拜經樓題跋記》。有「海寧陳鱣觀」、「陳仲魚讀書記」、「千元十駕人家藏本」、「鍾文烝」、「伯美」、「伯孅」、「子勤」、「魏塘鍾氏信美齋庚申以後所得書」諸印。

通志二百卷 元刊本

右迪功郎鄭樵

自序

每半葉九行，行二十一字。元三山郡庠刻本。前有至治元年福州路總管可堂吴繹《募印造通志疏》并至治二年印書序。蓋是書刊於元初，至治中，繹捐己俸并募僚屬出錢，募褙五十部，散之江北諸郡，並紀其事。是其序乃印書序，非刊書序也。書板明時入南監，此本偶有成化十年補刊之葉，乃南監印本也。有「華陰王氏嘯月樓珍藏」印。

東都事畧一百三十卷 明鈔本

承議郎新權知龍州軍州兼管内勸農事管界沿邊都巡檢使借紫臣王偁上進

洪邁劄子

告詞

謝表

目録後有「眉山程舍人宅刊行已申上司不許覆板」二行。有「兆洛審定」、「申耆」、「養一」諸印。

東都事畧一百三十卷 鈔本

此本前有汪鈍翁《校正東都事畧前序》，後有一跋，蓋從鈍翁家校本鈔出也。

東都事畧一百三十卷 校本

吴兔牀手跋云：昔錢遵王有宋槧《東都事畧》，榮木樓屢求不與，蓋宋槧最爲難得。丁酉之秋，偶從貢院前書肆收得景宋鈔本，雖亥豕間或不免，然視翻刻之妄改錯誤，則猶是中郎之虎賁也。適從知不足齋主人借得是本，因屬朱君允達彼此互校而還之。百卅卷之書，輒復求將伯之助，予之勤惰，於是亦可徵矣。是臘月既望，兔牀記。

朱巢飲手跋云：乾隆丁酉，依拜經樓吴氏影宋本校。

此振鷺堂刊本，舊爲鮑渌飲藏，吴兔牀、朱巢飲以影宋本校。有「兔牀經眼」、「書癖」二印。

路史前紀九卷後紀十四卷國名紀七卷發揮六卷餘論十卷 明刊本

廬陵羅泌　男苹承命注

自序（乾道庚寅）

費煇序（丙申）

卷一首行下有「錢唐洪楩校刊」六字。嘉靖間刊，在喬可傳、吴宏基二刻之前。有「大司空章」一印。

大金國志四十卷 校鈔本

宋宇文懋昭撰

進書表（端平元年）

有朱、墨二筆校勘，補正甚多，未知出何人手。有「查慎行印」、「慎行」、「初白菴主」、「南書房史官」、「得樹樓藏書」、「豫齋」、「豫齋珍藏」、「沈善登印」諸印。

宋史新編二百卷 明刊本

明南京户部主事莆田柯維騏編

黄佐序（嘉靖三十四年）

凡例

鄭應旂頌（壬辰）

吾學編六十九卷 明刊本

臣海鹽鄭曉

雷禮序（隆慶元年）

子履淳敍畧

子履準序

怡邸藏書。有「明善堂覽書畫印記」、「安樂堂藏書記」二印。

謝氏後漢書補逸五卷　鈔本

錢唐姚之駰輯　後學孫志祖增訂　［卷五題］仁和孫志祖續輯

汪輝祖序（嘉慶元年）

嚴元照序（乾隆乙卯）

姚之駰序

謝承《後漢書》久佚，康熙中姚氏撰《後漢書攷逸》，輯成四卷，尚多訛漏。孫頤谷侍御以各書校注，又增續輯一卷。何夢華有鈔本，後從丁氏八千卷樓歸仁和楊君見心。後乙卯春留京師，從見心假何本手録一過。此書世無傳本，嚴序《悔菴學文》中亦未載。

國語二十一卷　校明覆宋本

韋氏解

韋昭序

段懋堂先生手跋云：此《國語》爲孔繼涵誧伯所贈，與嘉靖戊子澤遠堂刊本無異，於時本爲勝，而闕誤尚多。因借東原先生以明道二年刻本合宋公序《補音》刻本校補者正之。明道二年本蘇州朱奐文游所藏。嘉靖本有「嘉靖戊子吴郡後學金李校刻於澤遠堂」十六字，在韋氏序後。書中多避宋諱字，蓋仿宋刻也。或鑱去十六字，僞爲宋刻。乾隆己丑五月五日跋於櫻桃斜街寓齋，時將至山右。段玉裁。

每半葉十行，行二十字。明覆宋公序本，段懋堂臨戴校天聖明道本於上，顧千里復爲之校補，即段氏敘黄刊《國語》所謂「顧君千里細意校出，讀之始知外間藏書家《國語》皆自謂明道二年本，而訛踳奪漏、參差乖異，皆傳校而失其真者也」。别有段氏校訂之語，黄氏《札記》往往引之。又有「廣圻案」、「逵案」云云，則顧千里及抱冲所附也。有「黄丕烈」、「蕘翁」、「顧千里印」、「汪士鐘藏」諸印。

國語二十一卷 明刊本

韋氏解

韋昭敘

每半葉十行，行二十字。敘後原有「嘉靖戊子吴郡後學金李校刊於澤遠堂」一行，此本剜去，蓋當時以充宋刊也。有「弱侯」、「吴克元印」、「戊戌進士」、「古修堂珍藏圖書」、「李慎勤伯家藏」、「儉德齋」諸印。

國語二十一卷補音三卷 明刊本

韋氏解

韋氏序

唐龍序（嘉靖五年）
宋庠補音敘録
趙仲跋（嘉靖丙戌）
　九行二十字，巡按陝西御史郭白微所刊，源出南監本。

國語二十一卷　校本

　陳碩甫手跋云：道光乙未寓杭郡汪小米家，爲讎許、李刻公序本於黄刻明道本上，因自録一過。
　此黄刊本，陳碩甫先生以明許宗魯及金李二刊本校，跋中所云「許、李」，乃「許、金」之譌也。有「曾在三百堂陳氏處」一印。

戰國策十卷　校本

　明吴勉學刊本。臧在東以諸本校。有「在東閲過」印。

戰國策十卷　明刊本

宋鮑彪撰　元吴師道註
劉向序
曾鞏序
鮑彪序（紹興十八年）

吴師道序(泰定二年)
王覺題
陳祖仁序(至正十五年)
耿延禧括蒼刊本序(紹興四年)
姚寬序
李文叔書後
姚宏題(紹興丙寅)
吴師道識(至順四年)

明弘、正以前刊本。每半葉十行,行二十字。有「八千卷樓所藏」一印。

鮑氏國策十卷 明覆宋本

縉雲鮑彪校注
自序(紹興十七年)
曾鞏序
劉向序
自跋(庚午)

李文叔書後
王覺題
每半葉十行，行二十字。卷末有「嘉靖戊子後學吴門龔雷校刊」篆書一行。

帝王世紀十卷 手稿本

晉孝廉方正皇甫謐篹　武威介侯張澍編輯
張澍序
考證
此書有宋于庭、張介侯兩輯本。宋本已刊入《浮溪精舍叢書》。張本雖載《二酉堂叢書》目，而有録無書。此張氏輯本出於京師書肆，乃其初稿，於輯録本書外兼加攷證，行間增注及箋識甚多，皆手筆也。沈君尹默爲物色得之。

貞觀政要十卷 明内府刊本

唐衛尉少卿兼修國史修文館學士吴兢撰　元戈直集論
御製序（明成化元年）
吴澄題辭
郭思貞題辭（至順四年）

戈直序
吴兢序
集論諸儒姓名
此明經廠刊本。劉若愚《酌中志·内板經書紀畧》，有《貞觀政要》八本三百七十葉，即此本。有「存存老人積書教子」、「子孫寶之」、「事事修理」、「旹敏齋鄭氏積書之章」、「好古敏求」、「梅釴之印」、「隅菴」諸印。

渚宮舊事五卷補一卷 鈔校本

將仕郎守太子校書余知古撰

此盧抱經先生家鈔本，復自據諸書校之。卷末有朱書「庚子二月十八日盧弓父閱連日陰雨」十五字。有「盧文弨」、「抱經手校」、「抱經堂寫校本」、「桐城姚伯昂氏藏書記」、「古潭州袁卧雪廬收藏」諸印。

建炎復辟記一卷 鈔本

建炎筆録三卷 鈔本

宋趙鼎撰

每葉闌外有「瓶花齋鈔本」五字。

松漠紀聞二卷續一卷 影宋鈔本

宋洪皓撰
男适跋(紹興丙子)
男遵跋(乾道九年)

每半葉十行，行十八字。洪景嚴跋云「先忠宣《松漠紀聞》，伯兄鋟板歙越。遵來守建鄴，又刻之」，是此本乃建康所刻也。有「顧曾壽印」、「遠香」、「顧芸臺印」、「臣顏鎰印」、「雲樵」、「閭邱小圃」、「秀埜草堂藏書印」、「劉彦冲印」諸印。

南燼紀聞一卷 校鈔本

宋辛棄疾撰

知不足齋鈔本。鮑淥飲以朱筆校。

南燼紀聞一卷附阿計替本末一卷 鈔本

冀之黄氏序(皁昌丁巳)

康熙五十一年歲在壬辰五月夏至二日，養素齋主人漫録。

江建霞手跋：

此書自來説者以爲辛稼軒撰。或有疑之，亦未知撰者何人。是本有黄氏自序，足徵非稼軒撰。攷皁昌丁巳爲金齊阜昌七年，亦即宋紹興七年也。養素齋主不知何人，書法頗精，中用硃筆校改處亦不苟。光緒壬午八月，應秋試過金陵得之。江標記。有「三十未有二十餘」印記。又跋：攷書中紀年均不合，天輔無十一年，天眷無五年，貞元無四年。且序既爲阜昌七年作，何以所撰之書竟至正隆，亦一疑竇。俟攷。建霞再記於燈下。

有「雪廬珍賞」、「張氏循齋」、「小平安館」、「建霞所藏善本」諸印。

南燼紀聞一卷 鈔本

冀之黄氏序（阜昌丁巳）

後序

此本紀事至天輔十五年二帝遷五國城止，又有後序。與他本不同。

南燼紀聞一卷附阿計替本末一卷 鈔本

冀之黄氏序（阜昌丁巳）

此本後附《南渡録》大畧，旁注「宋辛棄疾著」，亦他本所無。有「江山劉履芬觀」一印。

裔夷謀夏録二卷 鈔本

宋劉忠恕撰

胡濇序

知不足齋鈔本。案《直齋書録解題》：《裔夷謀夏録》六卷，翰林學士新安汪藻彦章撰。此本卷數與撰人均不合，且多記遼亡事，亦覺名實不符，疑後人依託爲之也。

襄陽守城録一卷 鈔本

門生忠信郎鄂州都統司同副將特差兼京西北路招撫使準備差遣趙萬年編

此紀開禧初京西北路招撫使趙淳守襄陽事，末題「開禧三年三月既望謹誌」。萬年爲淳編此書，故自署「門生」。《四庫》著録兩淮馬裕家藏本，云「文多殘闕，不盡可辨」。此本則書至精，首尾無一字訛闕。有「馬氏吟香仙館藏印」、「二槎藏本」、「漢晉齋印」三印。

南遷録一卷 鈔本

宋張師顔録

自序（大定甲戌）

浦元玠跋（大德丙午）

又跋（至正戊戌）

知不足齋鈔本。

錢唐遺事十卷 鈔本

武陵劉一清編

有「戈小蓮祕笈印」、「半樹齋戈氏藏書印」、「臣戈載印」、「順卿」、「劉履芬印」、「泖生」諸印。

漢唐祕史二卷 明初刊本

皇明寧王□奉敕編

自序(□□辛巳)

安王楹序(壬午)

此寧獻王權於洪武二十九年朝京師時奉敕所編,至建文辛巳於燕山旅邸序之。其刊刻在永樂時,故序中「辛巳」上二字作墨釘未刻。安王序作於建文四年,則不書年號矣。此書前後題作「漢唐祕史」,旁注「宏綱本末」四字,而板心則題「漢唐史鑑」。上卷一百十一葉,下卷百五十葉,古人分卷未有如此繁重也。有「戴震」、「東原」、「芸香館珍藏書畫印」諸印。

國初事跡一卷 明鈔本

明劉辰撰

後題作「國初外史」。前無書題,惟有「北京刑部左侍郎劉辰今將太祖高皇帝時進呈國初事跡開寫」二行。末有「永樂九年二月二十日北京刑部左侍郎臣劉辰」二行。後題下有「正德二年寓南京翰林院録,嘉靖二年夏月江藩鈔謄」一行。天一閣藏書。

按：稿本有「前十餘頁紙損有缺字，然宇内只此孤本，無從寫補也」一行。

永樂聖政記三卷　明鈔本

奉天靖難推誠宣力武臣特進光禄大夫左柱國太師英國公臣張輔等監修進實録表（宣德五年）

天一閣藏書。此名「聖政記」，即《實録》也。原本一百三十卷，此存首三卷。事訖永樂元年。薛氏《天一閣現存書目》以爲全書，誤也。

三朝聖諭録三卷　明鈔本

明楊士奇編

自序（正統壬戌）

記成祖、仁宗、宣宗三朝口諭，體例與《宋宰相日録》爲近。天一閣藏書。

大明英宗睿皇帝寶訓十二卷　明鈔本

御序（成化三年）

此明憲宗初國史成書，因命儒臣采輯英宗言行政事之可師法者，别爲一書，自爲之序。天一閣藏書。《閣目》作十三卷，誤也。

否泰録一卷附録不分卷 明鈔本

保定劉定之

天一閣藏書。薛氏《見存書目》有《否泰録》一卷，刊本，《附録》六册，鈔本。此《正録》與《附録》皆鈔本，共六册。首册《正録》後有袁彬成化元年所上《北狩事跡録》并奏疏，又録李賢《天順日録》十數條。次五册排纂瓦剌入寇事，起正統十二年正月，至天順四年，皆採奏疏、諜報及當時小説、文集爲之，于忠肅《奏議》十卷悉行採入。蓋後人所附輯，惜次序頗凌亂，未能盡正也。

天順日録一卷 明刊本

明李賢撰

此成弘間刊本。無撰人姓名，亦無序跋。天一閣藏書。薛氏《見存書目》疑其有闕。今以《國朝典故》中鈔本校之，實完帙也。

皇明政要二十卷 明刊本

明婁性撰

戴金新刻序（嘉靖五年）

婁性上皇明政要表（弘治十六年）

後序（弘治乙亥）

目録前有「臣儲巏恭校」一行。天一閣藏書。

癉惡續録一卷 明鈔本

不著撰人姓名。分「譏侮誹謗」、「累惡不悛」、「貪贓害民」、「詐死在逃」、「聚衆拒捕」五項，前列罪人案件，末附誥誡臣民之語，皆洪武間事，當時官撰頒行天下者也。杭州府學教授徐一夔、訓導景德輝獲罪事，即此書中第一案也。又太祖時曾頒《彰善癉惡録》，故此題《續録》。天一閣藏書。

欽明大獄録二卷 明刊本

此明嘉靖間張璁等奏讞張寅全牘。張寅即《明史·郭勛傳》所謂「妖人李福達」也。前有賜張璁等敕諭四道，後附張璁、桂萼、方獻夫謝恩奏。嘉靖六年由内閣刊行，頒布天下，並令如式翻刊。此本後又有巡按江西監察御史儲公文一道，蓋江西省翻本也。天一閣藏本。

安南奏議一卷議處安南事宜一卷平蠻録一卷東征紀行録一卷 明鈔本

此亦《國朝典故》中零種。天一閣藏書。

議處安南事宜一卷 明刊本

無書題，與《國朝典故》中《議處安南事宜》全同。後附欽差參贊軍務太子少保兵部尚書兼右都御史毛伯温三疏，爲《國朝典故》本所無。天一閣藏書。

楚藩逆案一卷　明鈔本

無書題。首云「刑部爲親王暴薨重大事情」，末云「右咨禮部嘉靖二十四年五月二十四日對同都吏李杲咨」，乃楚世子英燿弑逆全案也。天一閣藏書。

刑部等衙門尚書等官聞等奏盤獲姦細事一卷　明鈔本

［明聞淵等］

此嘉靖二十四年十二月十三日刑部奏審奸民張文博等勾結小王子入寇事。案《明史·代簡王桂傳》：嘉靖二十四年，和川奉國將軍充灼坐罪奪禄，怨代王充燿不爲解，乃與襄垣中尉充燉謀引敵入大同殺王。會應州人羅廷璽以白蓮教惑衆，見充灼，爲妖言。因畫策奉小王子入塞，藉其兵攻雁門，取平陽，立充灼爲主，事定即計殺小王子。充灼然之，先遣人陰持火箭焚大同草場五六所，而令通蒙古語衛奉闌出邊。爲總兵周尚文邏卒所獲，並得其所獻小王子表，鞫實以聞，逮充灼等至京賜死。此即其審訊全卷，張文博亦通事之一也。首云「刑部尚書等官聞等」者，攷是歲刑部尚書爲聞淵也。天一閣藏書。薛氏《見存書目》有《張文博招》一册，即是書。書每行上端損一二字不等，後半完好。

鴻猷録十六卷　明刊本

京山高岱編輯　縉雲鄭文茂　門人劉侃校正

自序（嘉靖丁巳）

紀明一代大事，自「龍飛淮甸」，訖于「追戮仇鸞」，凡六十事。序後及卷末並有「嘉靖乙丑年四月吉旦男思誠梓行」一行。

宣靖備史四卷　鈔本

［明陳霆撰］

自序（嘉靖癸卯）

道光五年經鋤堂鈔本。前臨鮑淥飲所録《趙文敏藏書法》一則，蓋從知不足齋鈔本出也。

今言四卷　明刊本

海鹽鄭曉

自序（嘉靖丙寅）

天一閣藏書。

鳳洲筆記續集四卷後集四卷　明刊本

東吳王世貞著　黄美中刊

《續集》記事，《後集》爲史論及策。有「許心扆印」一印。

昭代典則二十八卷　明刊本

賜進士太子少保刑部尚書晉江黄光昇編輯　吴郡陸翀之校閲　金陵周曰校刊行

序（闕名，萬曆庚子）

紀洪武迄隆慶十一朝事。金陵萬卷堂刊。

憲章録四十七卷 明刊本

賜進士中憲大夫陝西按察司副使奉詔致仕前提督浙江學校臣薛應旂編述

自序（萬曆元年）

陸光宅跋（萬曆二年）

此書據《寶訓》、《實録》二書編年紀載。始洪武，訖正德，乃繼其所編《宋元通鑑》而作也。

九朝談纂十三卷 明鈔本

不著編纂人姓名。記洪武至正德九朝事。前有《引據書目》四十三種，皆雜史、小説、詩話之屬，然書中所注出處頗有出於目録之外者。

清流摘鏡六卷 鈔本

明吴嶽輯

引（崇禎元年）

蔣香生手跋：

此《清流摘鏡》六卷，鈔本劣甚，然亦罕覯之祕。余於奉差福寧東冲海防局時，瀕行之際，花巷李氏以先世蘭皋都轉舊藏本見示，匆匆購貯，不啻珍珠船也。香生記。

又跋：傅節子太守以禮搜羅前明野史最備，而以此書獨尚未購獲，可知其珍祕矣。光緒乙酉夏五，蔣鳳藻記。

周季貺手跋：乙酉四月廿六日，假香生太守新得本閱過。周星詒在福州記。

又跋：文字訛闕偶正一二，未能盡也。唐以前古書通假文字不可妄改，明人文字當從時爲是。

此書序後題「崇禎元年五月大樗山人祕藏」，蓋紀黨禍書莫先於此。卷一《黨禍根源》，卷二《黨禍發端》，卷三《特旨處分》，卷四《特疏糾彈》，卷五《守正諸臣》，卷六《建祠諸臣》。其紀事始於甲子夏，訖于丁卯秋，直書時事，不加是非。余藏全謝山先生《甲申野史彙鈔》中有此書，此本即從彼本影寫者也。顧亭林先生文集中有《與湯荊峴論修明史書》，云目所嘗見之書，其刻本如《清流摘鏡》等。是此書國初實有刊本，今則寫本亦罕覯。又亭林先生謂此書係王嶽撰，此書作吴嶽，殆亭林誤記也。

門户志畧一卷 鈔本

吴下遺民姚宗典輯

此書大題已爲書估剜去，次行題輯者姓名，又次行低二格題「門户志畧」，計此外當有他種也。此種記東林事，不知何人所撰，末稱「文毅先公一生閱歷記述，皆有次第，小子櫝而藏之」云云，是此書所記皆本諸其父，然不知「文毅」者何人謚也。有「璜川吴氏收藏圖書」印。

棗林雜俎六卷 鈔本

鹽官談遷孺木著

高弘圖序（崇禎甲申）

自題

每葉闌外有「述鄭齋鈔本」六字〔一〕。世間傳鈔本或三卷，或五卷，或八卷，皆未足。此本六册，以「智仁聖義中和」爲次，共十八門，與《海昌藝文志》所載胡爾榮藏本合。

〔一〕「六」當作「五」。

天南紀事一卷 鈔本

紹興胡欽華蒬巷氏述

紀明永曆播遷本末。

山書十八卷 鈔本

予告休致光禄大夫太子太保都察院右都御史兼吏部左侍郎孫承澤輯

前有康熙四年一月二十四日「徵求天啟崇禎二朝事跡」上諭，末云「《崇禎事跡》十八卷裝成七本」。此因諭旨徵求天、崇事跡，故謂此書爲《崇禎事跡》，非此書有異名也。卷末闕數葉。有「璜川吳氏收藏圖書」、「平陽汪氏」、「藝芸精舍」三印。

明季遺聞四卷 鈔本

江左鄒漪流綺輯

自序(順治丁酉)

記李自成倡亂,訖順治七年平定閩廣之事。有「吴氏小匏菴珍藏圖記」、「吴仰賢字魯儒號牧騶」、「魏塘寄巢」、「牧騶手校」諸印。

甲申野史彙鈔四十一卷 鈔本

全祖望輯

平叛記二卷

東萊毛霦荆石甫編

紀孔有德、耿仲明事。

圍城日録一卷

不著撰人姓名。紀崇禎八年二月至四月守萊州事。以書中事實攷之,實明贈兵部尚書山東巡撫徐公從治撰也。紀事至四月十四日止,而公即以十六日中礮死。事詳《明史》本傳。前有自序,似賊圍稍弛時作。

金陵野鈔十四卷附南都死難畧紀一卷

吴郡顧苓云美

紀南都甲申三月至乙酉五月事。

四藩本末四卷

錢名世編

崇禎閣臣事畧一卷

四川陳盟撰

殷頑録六卷

國朝楊陸榮撰

兩朝剥復録六卷

明吴應箕輯

清流摘鏡六卷

明吴嶽輯

有引。

甲申朝事小紀五編四十卷 鈔本

之江抱陽生輯

藍格鈔本。每葉書口有「甲申小紀卷厶」及「層麻草盦繕本」十一字。采摭極富，甲申前後事與故國相涉者，無不備紀。書中有校改增加處，似當時清稿也。

先朝遺事一卷附先朝佚事一卷 鈔本

《遺事》後題「舊史氏程正揆偶記」，《佚事》後題「弘光元年都察院左僉都御史臣鄒之麟記於公署」。又一行云「江上外史笪重光觀於毘陵楊氏園亭」，皆從手跡録出。《遺事》後題云「右清谿手書墨册二十七翻」，《佚事》後題云「右手書墨册十一番」，皆神廟佚事也，不知何人所集。首有「御獎陳編世守之家」，又有「老見異書猶眼明」，乃長塘鮑氏藏書。

續幸存録二卷 鈔本

明夏完淳撰

自序

此本後附《建夷授官始末》、《瀋遼失守始末》，《擬謚遜國諸臣評》，蓋鈔書者所附。與《土室餘編》同册。

續幸存録二卷 鈔本

與《粤渚記聞》同册。

土室餘編一卷 鈔本

明夏完淳撰

其目爲《北變死事録》、《南變死事録》、《絶命書》、《絶命詩》、《家書》、《大哀賦》、《亡命時杖頭日記》七種。末有屈翁山、朱竹垞、鍾廣漢、沈墨庵論夏氏語，則編次者所附也。

粤游紀聞一卷 鈔本

前行人司行人瞿共美記

紀唐王隆武二年事。案共美爲瞿志宣族，所著尚有《天南逸史》，疑即此書也。

聖安本紀六卷 鈔本

崑山遺民寧人氏顧炎武著

自序

案先生《與戴耘野書》云「昔年有纂録南都時事一册，可付既足持來」，則是書僅一册。通行刊本《聖安皇帝本紀》亦祇二卷。此本六卷，細書三厚册。疑此爲初稿，二卷乃删定之本也。末有「崑山後學慎軒氏胡慕椿鈔」十一字。有「曾在三百堂陳氏處」、「管慶祺印」、「吉雲」、「東吴管氏收藏」諸印。

酌中志四卷 鈔本

纍臣劉若愚謹輯

自序（崇禎七年）

酌中志餘不分卷 鈔本

明劉若愚編

計《東林朋黨録》、《東林點將録》、《東林同志録》、《東林籍貫》、《盜柄東林夥》，魏應嘉《夥壞封疆録》、《天鑒録》、《欽定逆案》，陳悰《天啟宫詞》，唐宇昭《擬故宫詞》十種，目録前有小引。

唐大詔令集一百三十卷 校鈔本

宋宋敏求編

每半葉十五行，行二十六字。宋諱皆闕筆，蓋源出宋刊本。闕卷十四至卷二十四、卷八十七至卷九十八，與諸本同。顧千里以《文苑英華》諸書手校，並注《英華》卷數。有「顧廣圻印」、「澗薲」、「節壽堂」三印。

西漢詔令十二卷東漢詔令十一卷 元刊本

西漢宋林虙編　東漢宋樓昉編

洪咨夔兩漢詔令總論

程俱序（大觀三年）
林慮序（同上）
蔣瑎序（同上）
林慮識語
程俱後序（以上西漢詔令）
鄭清之序（紹定癸巳）
范光跋（紹定戊子）
樓昉自序（嘉定十五年）（以上東漢詔令）

每半葉十行，行十八字。《直齋書録解題》分録二書，此本《西漢》、《東漢》亦各自爲卷，而目録首則署「兩漢詔令」，蓋元時所合刊也。闕《西漢》卷二，各家藏本皆然，以目録考之，僅惠帝一詔耳。鄭序後有「學生汪衛社校正」一行。有「獨山莫氏銅井文房之印」一印。

御製大誥一卷 明刊本

御序（洪武十八年）

洪武間南京國子監刊本。中有補刊之葉。天一閣藏書。

皇明詔敕不分卷 明刊本

自洪武元年至宣德元年。計四册。天一閣藏書。

皇明詔赦四卷 明刊本

自永樂二十二年至嘉靖二十四年。天一閣藏書。

皇明詔赦殘卷 明刊本

自正德五年至嘉靖十五年。與前書同板，而書題不著卷數，次序亦異。天一閣藏書。《閣目》云鈔本，誤也。

范文正公政府奏議二卷 元刊本

［宋范仲淹撰］

每半葉十二行，行二十二字。别本目録後有「元統甲戌褒賢世家歲寒堂刊」篆文牌子，又有八世孫文英跋，此本皆闕。全書作行楷，爲錢良右所書，雅近趙文敏。有「書史之記」、「汲古閣」、「毛氏家藏」、「朱陸印」四印。

宋丞相李忠定公奏議八十五卷 明刊本

後學同郡畏庵朱欽彙校　文林郎邵武縣知縣泰和蕭泮繡梓　邵武儒學署教諭事嚴陵洪鼐校正

像贊

陳俊卿序（淳熙戊戌）
朱子序（淳熙十年）
林俊後序（正德丙子）
胡文靜跋（正德十一年）
李忠定公祭田記（正德丙子）

凡表劄、奏議六十四卷，劄子二卷，申狀三卷，附《靖康傳信録》三卷、《建炎進退志》四卷、《建炎時政記》三卷、表本詔書一卷、擬制誥一卷，共八十五卷。陳俊卿跋謂「其子秀之編其表章奏劄爲八十卷」，蓋舉其成數也。此正德丙子邵武祠堂刊本。卷末有「邵武縣縣丞吴興陸讓同刊、鄉耆李軒同校」二行。

太師王端毅公奏議十五卷 明刊本

明王恕撰

王九思序（正德辛巳）
李東陽序（弘治四年）
成廷珙序（成化乙巳）
小象（張元禎贊）
成公琳後序（成化十八年）

李東陽後序（弘治壬子）
楊循吉跋（弘治十八年）
程啟元後序（正德七年）
崔銑跋（嘉靖甲子）

王端毅奏議弘治中刊於姑蘇者，凡六卷，名《介庵王公奏議》。此十五卷，正德七年知三原縣程啟元刊，板藏三原弘道書院。有「素園圖書」、「素園珍藏書畫圖記」二印。

關中奏題稿十卷 明鈔本

［明楊一清撰］

陳唐甫跋（嘉靖乙酉）

此從嘉靖乙酉鎮江刊本鈔出。有「俞彥真石倉齋藏書記」一印。

少保胡端敏公奏議十卷 明刊本

明胡世寧撰　閩令顧霑、學生黄以賢校

天一閣藏書。

江西奏議二卷 明刊本

明唐龍撰

張邦奇序
吕柟序（嘉靖四年）
姜麟序（正德十八年）
王邦瑞跋（嘉靖乙丑）
胡堯時跋
陸杰序（嘉靖癸巳）

唐漁石巡按江西在宸濠平後，其善後之政具在諸奏議中。嘉靖癸巳按察使嘉興陸杰刊之。天一閣藏書。

秀峯奏議二卷附文集一卷 明刊本

［明石天柱撰］
楊慎序（嘉靖辛亥）
馬貞圖跋（嘉靖壬子）
行狀

奏議二十五篇，皆正德季年所上。其諫游幸諸疏，語尤切至。天一閣藏書。

轂原奏議十二卷 明刊本

明蘇祐撰

李汝寬跋(嘉靖戊申)

計《巡按疏議》一卷、《巡撫疏議》四卷、《督序疏議》七卷,各自爲書。板心皆署「轂原奏議卷厶」,乃其總名。轂原自山西巡撫爲宣大總督,久居北邊,故所陳皆邊事也。

渭厓疏要二卷 明刊本

明霍韜撰　葛澗編

江藩栱樋子深序(嘉靖乙巳)

此明宗室寧藩所刊。栱樋者,建安王栱榐之弟,官輔國將軍。書眉間刻「厓南子評」,即其人也。天一閣藏書。

館省書疏三卷 明刊本

[明鄭一鵬撰]

柯維騏序(隆慶戊辰)

林潤序(同上)

姪孫茂後序

孤應齡書後

此鄭給諫嘉靖初所上書疏，其子應齡編輯。給諫以上書廷杖知名，此編中其《劾武定侯郭勛疏》、《論戚里張鶴齡山海關田土疏》皆不載，則所輯尚未賅備。又卷一載《上内閣石齋楊公書》，以書冠疏前，亦失體裁。天一閣藏書。

小泉奏稿一卷續録一卷 明刊本

［明林廷棉撰］　直隸蘇州府知府王儀　同知黄希雍梓行　男禮部郎中炫　國子官生煬校

徐縉序（嘉靖十六年）

林霽跋（嘉靖丁酉）

黄希雍跋（同上）

天一閣藏書。

桂洲集四卷桂洲奏議二十卷奏議外集二卷 明刊本

貴溪夏言

《桂洲集》四卷，皆奏謝疏稿。《奏議》二十卷，則八卷爲《奏議集》、十二卷爲《南宫集》。《外集》二卷，又二集之餘。《四庫存目》有王暐刊本，與此本同，惟無《桂洲集》四卷，或彼本偶脱耳。

南宫奏議三十卷　明刊本

［明嚴嵩撰］

張璧序（嘉靖乙巳）

唐龍序（同上）

徐階序（同上）

江汝璧序（嘉靖甲辰）

首卷首行上題「南宫奏議卷第一」，下題「鈐山堂集卷四十一」，以下放此。世多傳夏文愍《南宫奏稿》，而嵩書不行。然明代典制至嘉靖而一大變，嵩與文愍前後同掌禮部，其言爲一代典制之所係，不容以人廢之也。天一閣藏書。

南宫疏畧八卷　明刊藍印本

［明嚴嵩撰］

自序（嘉靖丁未）

潘潢序（嘉靖戊申）

歐陽德序（嘉靖丁未）

黄佐序　陳德文跋（嘉靖戊申）

此節前書爲之。天一閣藏書。

江西巡撫奏議四卷 明刊本

明周相撰

何鏜序（嘉靖四十四年）

相於嘉靖四十五年巡按江西時，彙其任内三年中所上奏疏爲三卷，其第四卷則他文牘及未至江西時疏稿附焉。天一閣藏書。

掌銓題稿三十四卷 明刊本

明高拱撰

自序（隆慶壬申）

此隆慶四年至六年拱以大學士掌吏部時所上奏疏，皆所自草也。

掖垣疏草七卷 鈔本

明翁憲祥撰

李維楨序

吴之焕序

張延登序

王在晉序
陳禹謨序
陸化熙序
錢謙益序(萬曆丙辰)
王志道跋(同上)

翁松禪相國手跋:　完虚公《掖垣疏草》七卷,以刻本校正譌字數處。其中有録無疏者凡五十八篇,附録文移十二篇全佚,刻本亦同,疑經删訂者也。明神宗時,世運否塞,玄黄濁亂時也。公居諫垣,凡所論列,必持「中正」二字,故直而不傷于訐。嗚呼,公乎其如夢夢天醉何也。此本爲二房族孫之麒所藏。同龢校讀一過,敬記于後。時光緒二十八年歲次壬寅十二月十三日。

此明常熟翁太常奏稿,馮己蒼《虞山妖亂志》所記,即其家事也。

王文端公奏疏四卷詩集二卷尺牘八卷　明刊本

[詩集尺牘均題]山陰對南王家屏著　定襄門人傅新德校
沈珣奏疏序
盛以弘詩集序(萬曆壬子)
韓爌尺牘序(萬曆丁巳)

譚襄敏公奏議十卷 明刊本

知宜黄縣事後學武原顧所有纂修

曾同亨序(萬曆二十八年)

顧所有序(萬曆庚子)

凡例

李希哲後序

黄濯纓後序

鄒啟元後序

貴陽陳氏藏書

黄侍御疏草三卷 明刊本

東海黄宗昌著

歸允肅序

宋璉序

此書目録及中、下二卷寫刻皆精。而上卷迥異,乃入國朝後覆刊。二序亦作於明亡之後。疑上卷糾周延儒、温體仁二疏,明亡後頗有改易也。《明史》修宗昌傳,即據此本。

國朝諸臣奏議殘本二十三卷 宋刊宋印本

存目録乙集一卷，又卷九至卷十一、卷二十九至卷三十一、卷三十八至卷三十九、卷五十六至卷五十九、卷七十一至卷七十二、卷九十至九十二、卷一百四十四至卷一百四十六，計目一卷、書二十二卷。每半葉十一行，行二十三字。有「汪士鐘字春霆號朖園書畫印」一印。

會通館校正宋諸臣奏議殘本三卷 明活字本

存卷九十九、卷百三十二、卷百三十四三卷。

永昭二陵題稿一册 明刊本

萬曆九年題。板心有「允釐堂」三字，工部堂名也。天一閣藏書。

西漢書疏八卷東漢書疏八卷 明刊本

縉雲周瓘編校

林俊序（弘治乙卯）

邵寶序（弘治十四年）

此明弘治間瓘子湖南憲副文化刊於江西，板藏南昌分司。卷末有一牌子云「嘉靖十四年春二月三日弼教堂吴。書疏板告殘闕，崧少山人張鯤補校」。天一閣藏書。

東漢書疏八卷 明刊本

即前本，而去其卷末牌子以充舊刻者。

表文一册 明鈔本

無書題。鈔撮賀表、謝表等以爲程式。其前後或署「大學士嚴」、「大學士徐」、「大學士李」、「禮部尚書吴」、「兵部尚書楊」等，皆嘉靖間所上也。天一閣藏書。

明奏疏二册 明鈔本

無書題及編者姓氏。自嘉靖元年至十四年。天一閣藏書。《閣目》有《明朝奏疏》十二册，此其零種也。

皇清奏議四册 鈔本

存嘉慶四年至二十五年。不知何人所編。

南都蓋言録三卷 鈔本

不著撰人姓名，亦無序跋。卷一爲奏疏，卷二爲策議書函，卷三爲誓檄，皆甲申、乙酉作也。

東家雜記二卷 影宋鈔本

右朝議大夫知撫州軍事兼管内勸農使仙源縣開國男食邑三百户借紫金魚袋孔傳編

自序（紹興甲寅）

杏壇説
北山移文
擊蛇笏銘
元祐黨籍
袁則明跋（成化乙巳）
席鑑跋（康熙著雍閹茂）

每半葉十行，行十八字。何義門家藏宋本，毛省庵從之影鈔。其書後歸席玉炤，此余屬工從席藏本影寫者。卷末續添《襲封世系》十三葉，元本所無而宋本有之。此係孔氏後人所增，因所紀直至五十三代衍聖公，非傳所能知也。

東家雜記二卷 元刊本

右朝議大夫知撫州軍事兼管内勸農使仙源縣開國男食邑三百户借紫金魚袋孔傳編

自序（紹興甲寅）

此本卷首無《杏壇説》四篇，卷末亦無續添《襲封世系》，是其祖本尚在傳世宋本之前。前有《孔聖生年日月攷異》，下署「辛亥淳祐十一年秋九月戊午朔去疾謹書」，則宋本所無。每半葉十行，行十八字，與宋本同而板式較大。

闕里志十三卷 明刊本

明陳鎬撰

李東陽序（弘治乙丑）

凡例

徐源後序（弘治乙丑）

自書後（正德紀元）

天一閣藏書。

兩程故里誌六卷 明刊本

明邊華編

凡例

王官之書後（正德十四年）

此都御史李士修巡河南時命諸生程放採集，而屬提學副使邊廷實編訂之。天一閣藏書。

尊聖録一卷 明刊本

通郡陳堯撰

自序（隆慶庚午）

自跋

天一閣藏書。《四庫》著録天一閣所進「陳堯道《尊聖集》四卷」，當是一人所撰，而彼書「堯道」，衍一字，不識何以致誤。

三遷志六卷 明刊本

明史鶚、費增同撰

史鶚序（嘉靖壬子）

費增後序

孟公肇後序

晏子春秋八卷 明活字本

劉向敘録

每半葉九行，行十八字。有「唐宇肩印」、「子堅」二印。

韓忠獻公別録三卷 明鈔本

宋王巖叟撰

天一閣藏書。《四庫》著録即據是本。

豐清敏公遺事一卷附録一卷 鈔本

門人章贛李朴編次　附録題孫慶編次　後學天台陳聰看詳

自跋

朱子後序（紹熙二年）

豐慶跋（景泰十年）

紹陶録二卷 鈔本

泰山王質述

自序

昭明太子事實二卷 校鈔本

宋趙彦博撰

方懋序（乾道戊子）

陳直齋曰：知池州趙彦博富文編。昭明廟食於池，頗著靈響。元祐初，賜額曰「文孝」。卷後附題跋、祝文、疏語及名賢題詠。名爲《事實》，實祠録也。序後有「淳祐丁巳旌表義居方氏重刊」一行。先伯祖静洲先生手鈔本。伯祖筮仕江蘇，適當寇擾，馳驅戎馬，早廢筆墨，此殆少年時書，向藏叔祖寄欽先生所，不知何時散失。余無意中得之，爲之狂喜。有叔祖「求是齋」藏印。

鄂國金佗粹編二十八卷 元刊本

孫奉議郎權發遣嘉興軍府兼管内勸農事岳珂編進

自序（嘉定著雍攝提格）

戴洙後序

每半葉九行，行十七字。此書岳氏初刊於嘉興，重刊於廟塾。此則元至正二十三年江浙行省所刊，板藏西湖書院。前有臨海陳基序，此本奪。明初板歸南監。此明代印本，闕首三卷及卷四之半，以影鈔補之。有「味辛齋」印。

鄂國金陀粹編二十八卷續編三十卷 明覆元本

孫奉議郎權發遣嘉興軍府兼管内勸農事岳珂編進 ［續編題］孫朝請大夫權尚書户部侍郎總領浙西江東財賦淮東兵馬錢糧專一報發御前軍馬文字兼提領措置屯田通城縣開國男食邑三百户賜紫金魚袋岳珂編

張鏊序（嘉靖壬寅）

陳基序（至正二十三年）

自序（嘉定著雍攝提格）

戴洙後序

續編自序（紹定改元）

自跋（端平元年）

洪富後序（嘉靖壬寅）

此明巡按浙江御史唐臣所刊，即翻西湖書院本者。有「瑞軒」一印。

運使復齋郭公言行録一卷編類運使復齋郭公敏行録一卷 影元鈔本

福州路儒學教授徐東述

黄文仲序（至順辛未）

林興祖序（皆言行録、敏行録各一）

單學傳手跋（道光十年）

繆藝風手跋：《復齋郭公言行録》、《敏行録》，昭文張芙川影元寫本。此書自阮文達公進呈後，間有傳本。芙川選工精寫，尚有邑先輩綘雲、汲古之遺風，而署改徐東所編書例，似乎不合。藏印纍纍，内有「芷湄借觀」、「叔芷女士」、「若蘅」三印，皆閨閣中物。若蘅，方襄勤公弟五女也。宣統辛亥閏六月江陰繆荃孫識。

每半葉九行，行十八字。昭文張月霄藏元刊本，此本當從之景寫。二《録》前均有劉星軺萬程篆書署首。有「張燮」、「蓉鏡私印」、「蓉鏡收藏」、「芙川張蓉鏡心賞」、「琴川張氏小琅嬛福地繕鈔珍藏」、「琴川張氏小琅嬛清閟精鈔祕帙」、「琴川張氏小琅嬛福地繕鈔祕册印」、「琴川張氏小琅嬛福地藏書」、「小琅嬛福地張氏藏」、「小琅嬛清閟張氏收藏」、「小琅嬛福地」、「倚青閣」、「佛桑仙館」、「芙初女史姚畹真印」、「畹真」、「芙初女史」、「心蓮室」、「叔芷」、「叔芷女史」、「若蘅」、「芷湄借觀」、「太宰之章」、「祕殿紬書」諸印。

大明開國輔運推誠宣力武臣榮禄大夫柱國西平侯追封黔寧王謚昭靖沐公行狀一卷大明故驃騎將軍都督府僉事西平惠襄侯沐公行狀一卷大明顯忠輔運推誠宣力武臣特進榮禄大夫右柱國太傅黔國公追封定遠王謚忠敬沐公行狀一卷 明刊本

首卷泰興朱綝撰　次翰林侍講會稽唐愚士撰　次雲南嵩明州儒學訓導當塗豐疇撰

平顯跋（洪武壬年）

鄧浩跋（嘉靖壬寅）

此沐英、沐春二《狀》乃洪武三十二年刊，嘉靖中，襲黔國公朝輔覆刊沐晟《狀》附之。朝輔，即鄧跋所謂「文樓上公」也。天一閣藏書。《閣目》載「沐英行狀一册，明豐疇撰」，實則此册爲黔寧父子三人行狀，亦非疇一人所撰也。

翊運録一卷 明刊本

明劉廌編

首題「誠意伯劉先生文集翊運録卷之一」，乃正德乙卯處州府知府林富所刊《全集》本，尚未附入嘉靖襲爵事。中録誠意所撰表頌五篇，此本已有之。《四庫提要》以爲誠意九世孫瑜增入，非也。天一閣藏書。

宋氏傳芳録八卷 明刊本

後學同郡潘璋𣏌夫校輯

方孝孺序（洪武十二年）

王汶跋（成化二十一年）

此宋潛溪生前諸門人輯其所被誥敕詩及公卿大夫投贈詩文共爲六卷，門人王博士紳録其稿，其孫汶復續輯先生殁後行狀、墓志、祭文，并其父子碑銘，爲七、八兩卷。四川提學潘𣏌夫刊之。天一閣藏書。

忠義録一卷 明初刊本

明袁忠徹編

鄭珞題後（正統五年）

王驥後序

此宋四明進士袁鏞德祐中戰死事實，其玄孫明尚寶少卿忠徹所編。凡象贊七篇，傳三篇，記一篇，誄二篇，跋四十三篇，詩十篇，皆明洪武、永樂間人所撰也。天一閣藏書。中闕一葉，此書世罕傳本，恐末由鈔補矣。

楚昭王行實一卷 明刊本

明楚王繼垵撰

寧王權序（正統八年）

正統中楚藩刊本。天一閣藏書。《閣目》：《楚昭王行實》一册，明寧王權撰。實則昭王孫襄楚王繼埏所撰，而寧王序之，《閣目》誤也。

尚書章恭毅公年譜一卷　明刊本

南京工科給事中男玄應述　鴻臚寺序班男玄會録

李東陽序（弘治己未）

成化二十三年九月贈官予謚制

象贊

汪循後序（弘治辛酉）

鄧槐後序（同上）

此明章侍郎綸年譜。綸以景泰中請復儲廷杖知名，疏載譜中。天一閣藏書。

朱子實紀十二卷　明刊本

明戴銑編

李夢陽序（正德八年）

自序（正德丙寅）

年譜舊序三首

像　凡例

汪愈後序（正德癸酉）

此正德癸酉歙人鮑雄刊本。有「詹鈇」、「景利」二印。

崔清獻公全録十卷 明刊本

唐胄序（嘉靖十三年）

天一閣藏書。

崔清獻公全録十卷 明刊本

與上同板。有「金元功藏書記」一印。

楓山先生實紀一卷 明刊本

明章接編次

唐龍序（嘉靖十八年）

此明蘭谿章尚書懋事實，其少子接所編次者也。其目爲誥、敕、諭、祭文、傳、狀、贊、序、祠堂記、祭文等。天一閣藏書。

先君事畧一卷 明刊本

明章藹撰

此明蘭谿章尚書極事畧，其子藹所撰。後附王大用所撰墓志銘、顔應祥所撰神道碑，及尚書奏疏二篇，藹所撰《白羊佳兆記》一篇。天一閣藏書。

忠烈編十卷 明刊本

明孫堪等編

嚴嵩序（嘉靖辛亥）

唐龍序（嘉靖戊戌）

謝九儀序（嘉靖壬子）

趙繼本序（嘉靖庚子）

陳一德跋（嘉靖庚子）

此明孫忠烈公燧江右死節事，其子都督堪、尚寶墀、少宗伯陞所編。吴郡推官陳一德及教授郭愷所刻也。天一閣藏書。原闕第十卷。

安楚録十卷 明刊本

明惲□□編

魯鐸序
秦忠敏公傳
王濟後序
王廷陳書後
胡俸跋

此集録明少保南京兵部尚書秦忠敏公金功績也。卷一敕諭，卷二、卷三奏疏，卷四檄文，卷五文移，卷六敘、碑文，卷七詩詞，卷八歌、頌、賦，卷九啟劄，卷十附録《封丘遺事》。金撫楚時，平賊賀璋、廖琪，及征苗傜有功。及宸濠之役，復拒江彬等横索，故楚人德之，爲作是録。又爲河南左參政時，曾保鄣封丘，故以其事附焉。魯鐸序謂是録集於惲東麓憲副，惲名佚，俟攷。有「沈德壽印」、「授經樓珍藏祕笈之印」二印。

傅尚書傳一卷 明刊本

南京禮部右侍郎前詹事府少詹事兼翰林院侍讀學士門人相臺崔銑撰

此崔文敏所撰清苑傅尚書珪傳，後附禮部題本及李時所撰行狀、馮蘭所撰神道碑、直隸保定府詳修祠堂文、祭文等。天一閣藏書。

家乘一卷 明刊本

明王梃集

此明廣西道監察御史象山王毅齋涣卒後，其子梃集其碑傳彙刊之。首爲梃所撰墓誌銘，次羅洪先所撰傳，次鄒守益所撰神道碑，次唐順之所撰誄各一首。天一閣藏書。

天枝旌孝編一卷 明刊本

明成皋王載垸編

張寰序（嘉靖乙酉）

方正梁後序（嘉靖甲寅）

成皋王跋

此明成皋王所編其父趙康王厚煜事也。首右長史馬承學所撰趙王純孝事畧，次鄭吉庸、皇甫冲所撰頌，次朱希周等三十一人詩，大都吴中人士，乃趙王生前所刊也。天一閣藏書。

太師楊文敏公年譜四卷 明刊本

明楊肇撰

龔用卿序（嘉靖壬子）

自序（同上）

像贊

七世孫棐後序（嘉靖壬子）

文敏舊有吏部驗封司員外郎蘇鎰所撰年譜，頗有漏畧。其六世孫肇復廣之，巡按御史曾公爲刊其書。天一閣藏書。

先考奉國公年表一卷 明刊本

不肖男睦㰂泣血謹撰

此明西亭宗正爲其父奉國將軍安河所作年表也。天一閣藏書。

純孝編四卷 明刊本

子睦㰂類次

康朗序（嘉靖甲子）

此亦西亭王孫爲其父作。卷一爲制詞、奏疏、公移，卷二以下爲贈言。天一閣藏書。

考亭淵源録二十四卷 明刊本

後學莆陽宋端儀初稿　後學武進薛應旂參修　後學莆陽林潤校正

徐階序（隆慶己巳）

薛應旂序（隆慶戊辰）、又書目録後

此林念堂潤撫吳時刊本。

厲樊榭先生年譜一卷 手稿本

歸安嚴元昭輯

此稿無撰人姓名，前有近人題識，謂係吾鄉嚴修能先生手稿。以書跡核之，乃先生晚年筆也。首録全謝山所撰墓碣銘及《杭州府志》、《詞科掌録》本傳，後附詩集目録及集中所見友朋姓名，蓋將攷證入譜者，乃未成之稿也。

卹典題呈一卷 明刊本

此明萬曆五年致仕南京兵部尚書張時徹卒後，其子邦伊并寧波府縉紳屠大山等、生員袁大谷等、里老書手耆民徐邦寧等各爲請卹，浙撫徐栻爲之題請禮部復題准者，張氏自彙爲一編刊之。天一閣藏書。

光潛録一卷 明刊本

明同安縣知縣徐明誥敕、墓誌、行狀，凡三種，彙刻一册。敕文爲萬曆六年十二月初一日給，墓誌禮部尚書汪鏜撰，行狀則福建提學趙魯參撰。天一閣藏書。

老父雲游始末一卷 汪剛木先生手鈔本

錢唐陸莘行纘任

吳磊跋（丁亥）

丁丙跋（同治七年）

汪剛木先生手跋云：　右錢唐陸講山先生名圻、字麗京雲游始末，其女適袁花祝氏名華行、字纘任所記也。余向修《南潯鎮志》，徧搜記載涉及莊史事者，編入《志餘》，至盈兩卷。聞鹽官某氏有是書，託友人借閱。謂語涉嫌諱，堅不肯出。竟不得編入，耿耿不釋于懷。頃方從武林丁君松生處借録之，實無嫌諱，某氏何太過計耶。記中伯兄或稱「桂兄」，仲兄或稱「冠兄」，伯姊或稱「吴姊」，乍讀之幾若兩人，蓋隨筆所記，未經修飾也。人名多誤，如「王于一」誤「于益」，「莊廷鑨」誤「龍」，「莊廷鉞」誤「廷月」，「朱佑明」誤「右民」。又茅元銘居歸安花村，而稱「花里茅某」。趙君宋乃湖州府學教授，而稱「趙教諭」。地名、官名亦小誤，乃傳説未得其真耳。至云莊索賄於右民，右民命次子以二百金付之，中道而復，莊不遂意，仇口扳誣。則全非事實，此大誤也。當吴之榮罷歸安令，以贓繫獄數年，釋放後到處橫詐，索賕于朱、莊及董帷儒漢策。董見機贈以三千金，竟得免禍。莊既不許，朱聽其次子彦紹之言亦不許，皆至滅門。佑民搏顙自悔，并責其次子，以此故也。若莊與朱無隙，且亦鉅富，豈屑取此二百金哉。莊廷鉞供詞力辨與朱佑明父子無干，矢口不移，其非莊氏扳誣明矣。又云「同拘陳永樣，自云罪不過笞，亦竟斬首」，爲他書所未載。案中有前湖守陳永命自縊戮屍，其弟江寧知縣永賴論斬，永樣蓋亦其兄弟行也。記後吴磊萃山跋云「所誅不下千餘人」，顧氏《亭林文集》則云「所殺七十餘人」，多寡懸絶，當以鈕氏《觚賸》「二百餘人」爲是。吴江翁氏海村名廣平，有《書湖州莊氏史獄》一篇頗詳悉，然尚多誤處。海寧管子湘庭芬爲之跋，引此記云「廷鉞妻潘氏入臬獄，聞其夫已受極刑，一慟而絶」，因謂莘行全家入獄所目擊者，以駁翁記潘氏没于戍所、義僕計阿翁拾骸歸葬之説。余初信之，今見是記云「朱右民出凌遲，三子斬，妻聞驚怖立殞，廷鉞妻潘氏給邊」，是死者乃朱佑明妻，莊廷钺妻給邊，正與翁説合。此管氏徒憑記憶、未及覆檢之失，不足爲據，非此記别有異本也。且諸人羈滿洲營，非臬獄，莘行已放回家，亦非目覩，管説殊誤。《記》云「郡守譚公菘任三月」，證以他書俱合。時歸安訓導王兆禎署烏程教諭，不半月事起，後與譚並坐絞。全氏移屬譚守，誤也。莘行别有《尊前話舊》一篇，畧云：丙申七月伯姊歸於吳，即萃山先慈也。姊時二十歲。戊戌八月，姊從翁姑之任，姊翁婦父執吳公錦雯爲蘇郡司□。予方七齡，與父母兄姊各有送行詩，凡六首，父一，母一，從兄拒石一，仲兄冠周一，字沈仲姊一，纘任一也。由是逆推，知纘任生于壬辰，至癸卯當十二歲，乃此記云「冒稱侄孫女文姑，年方七歲」，殊不合。以十二歲冒稱七歲，恐無是理，疑此記「七」字有誤。全氏《陸麗京先生事畧》謂「乙酉難後薙髮爲僧，母趣之歸，藉醫養親，史案後復遁去」。據此記，則丁未冬祝髮，距母殁已數年，母在時未嘗爲僧，此亦全氏之譌。朱氏《曝書亭集》有《零丁一篇爲陸進士寅作》，其序云「錢唐陸先生圻，字麗京，一字景宣，高尚之士也。甲申後，賣藥海寧之長安市。會湖州有私撰《明史》者，爲人告訐，辭連先生。既而論釋，游嶺南。時前進士、知臨清州事金君堡遁跡浮屠，南雄陸太守世楷爲闢丹崖精舍，緪鐵索以上，先生依焉。一夕夢至琳宫，丹梯碧瓦中有神建龜蛇之旐。寤對寺僧言狀，僧楚人，謂曰此太和山也。先生乃易道士衣往訪，竟不知所終。其子寅舉進士，既釋褐，擬微服往求。爰效東漢戴良體作《零丁》一篇授寅，持以入楚云」。寅字冠周，即記所稱「仲兄」也。金堡，即《記》所稱「金道隱師」也。世楷，即《記》所稱「孝山叔」也。光緒元年四月八日録竟因識。烏程汪曰楨，年六十有四。

虚庵奉使録一卷 明刊本

明李實撰

江朝宗序（成化丁未）

此録虚庵奉使瓦拉時所撰，後有誥命、諭祭文及投贈、哀詩文，并其夫婦墓誌，則其子貺所附入也。

天一閣藏書。

宸翰録三卷 明刊本

明楊一清編

前有□縉序。末闕一葉，卷一亦缺首二葉。乃楊文襄哀録嘉靖初所賜詩歌、敕諭及表疏後之批答，而即以表疏附焉。天一閣藏書。

恩綸録二卷 內刊本

臣張學顔敬刻

中佐序（隆慶六年）

李栻序（萬曆元年）

自跋（萬曆四年）

此明兵部尚書張學顔巡撫遼東時，録其身及祖父所得誥命、敕命，洳爲一書。並御製試題亦行附入，頗失限斷。天一閣藏書。

劉向古列女傳八卷　明刊本

吴郡黄魯曾贊　吴郡朱景固校正

黄魯曾序（嘉靖三十一年）

王回序（嘉祐八年）

曾鞏序

目録　頌義小序

蔡驥跋（嘉定七年）

此本前有王回、曾鞏二序並蔡驥跋，與余仁仲本同，蓋亦自宋刊本出。然王回本分《古列女傳》七卷、《續列女傳》一卷，余本第八卷前亦題《續傳》。此本概題《劉向古列女傳》而卷八不標《續傳》，失之。又別《頌義小序》于目録外，自爲一篇，亦與余本不同。其《頌義大序》已佚，則余本已然矣。有「臣保塘印」、「蘭坡」、「陸氏秉鋏」、「南屏」、「秉鋏」、「彤采」、「臣鋏私印」、「石泉」、「秉鋏私印」、「字曰彤采」、

「石泉逸史」、「留耕齋圖書印」諸印。

經進皇宋中興四將傳四卷附种太尉傳一卷韓世忠傳一卷 校鈔本

史官章穎纂

進表

黄蕘圃手跋：己卯秋，借周香嚴藏旧鈔本校補闕文并表。蕘翁。

又手跋：余向藏《南渡十將傳》元刊本，中有闕葉，因借周丈香嚴所藏《中興四將傳》，手補其可補處。繼爲友人指名相索去，案頭無此書，心殊怏怏。今年於劉時舉編《中興通鑑》頗校勘再三，因思類於此等書者莫如《十將傳》，適書友以此舊抄《四將傳》來，即收之。惜中多闕文，香嚴又化去，不知前借之書可蹤跡否。姑訪之，得於伊令郎漱六之手，遂復手補之，誠快事，亦幸事也。原本种、韓二傳，别令寫出儷之。己卯秋孟下澣四日，復翁手識。

此《中興四將傳》皆章氏所撰，源出宋本。至元刊之《南渡十將傳》，則因章氏書而附益之者也。此本後附种、韓二傳，《种傳》題「河汾散人趙起得君撰」，《韓傳》不著撰人，文與《宋史》本傳大同。後論稱「史臣曰」云云，疑即録《四朝國史》本傳。元人修《宋史》，亦用當時國史也。黄蕘圃得舊鈔，用周本校正，後復鈔此本，眉端又有補正之處。有「臣植」、「培之」、「戴芝農收藏書畫印」、「于公子孫」諸印。

國朝名臣事畧十五卷 校明鈔本

趙郡蘇天爵伯修輯

王理敘（至順辛亥）

黄復翁手跋：道光癸未照校元刻。每半葉十三行，行二十四字。此第二卷計脱五十二行，以元刻行款核之，適脱二葉。兹校補手録之。蕘夫。

又：道光癸未照校元刻。每半葉十三行，行二十四字。此第九卷計脱二十六行，以元本行款核之，適脱一葉，兹校補手録之。蕘夫。

又：道光癸未照校元刻，每半葉十三行，行二十四字。此第十一卷計脱一百五十六、七行，以元本行款核之，爲六葉多一行。兹校補手録之。蕘夫。自二十至二十四畢工校補。

又：蘇天爵《名臣事畧》一書世多抄本，其元板甚鮮。往年吴枚庵家有之，爲張訒庵所得。時與訒庵未甚稔，謀諸師德堂主人，以抄易刻，俾校已刻，因是訒庵有抄校本而予則有元刻矣。年來力絀，宋元板書日就散佚，元刻歸琴川愛日精廬，余則抄本亦無，故未再校。適見此淡生堂抄本，復易諸友人所，而借訒庵手校元本增補缺失，改正訛謬。於去冬十一月中手校一過，凡所增補，悉附于後，恐失真也。書之貴元刻而舊抄之不可信有如此者，校本之重，職是故耳。道光四年甲申二月花朝後一日，老蕘識。

右明鈔本，每葉板心有「淡生堂鈔本」五字，目録後有「元統乙亥余志安刊於勤有書堂」一行，蓋亦從元刻鈔出。而中有訛闕，黄蕘翁以校元本校正，并補闕十有三葉及許有壬序一首，遂爲完本。有「王鳴盛印」、「西莊居士」、「平原士咢」、「貝墉所藏」諸印。

名臣言行録前集十卷後集十四卷續集八卷别集二十六卷外集十七卷 明覆宋本

《前集》、《後集》題「晦庵先生朱熹纂集、太平老圃李衡校正」，《續集》、《别集》、《外集》題「後學朋谿李幼武纂集」，全集均題「安福張鰲山校正重刊」。

朱子序

李居安序（寶祐戊午）

趙崇硂序（景定辛酉）

廣陵九賢事實始末九卷 鈔本

元道士彭士奇編

姚舜咨跋（嘉靖辛酉）

九賢者：歐陽文忠修，楊忠襄邦乂，歐陽監丞珣，胡忠簡銓，周文忠必大，楊文節萬里，胡剛簡夢昱，歐陽巽齋守道，文信公天祥。彭氏撰此書後，曾乞趙文敏書以勒石。至明，佚歐陽巽齋一卷，而文信國傳元本亦畧。姑蘇張叔倫守廬陵，始補其闕畧而梓之。均見姚舜咨跋。先伯祖静洲先生手鈔。有叔祖

「求是齋」藏印。

古今列女傳三卷 明初刊本

御製序（永樂元年）

此用劉向《列女傳》舊文而頗有删節，復以魏晉迄明列女續之。卷上爲后妃，卷中命婦，卷下士庶人妻。永樂元年奉敕編刊，板在南監。《南雍志・經籍攷》「《古今列女傳》三卷，存者一百另四面，失者七面」。此書連序目共一百十一葉，正與之合。

徐蘇傳二卷 明刊本

南昌棲碧李庭貴編　南昌李貞士廉校刊　南昌王遜之增録

胡儼序

右録《後漢書》徐孺子、《宋史》蘇雲卿二傳，並附後人題詠。詩文卷末有「南昌黎彦常、李衢、李瑛、徐瑨、張俊、邱讓捐貲鋟梓」牌子，又有「永樂甲辰正月上澣刊」一行。

忠孝集一卷 明刊本

明何自學輯

自序（正統八年）

吴餘慶跋

此專輯元黄待制溍、宋葛氏二孝女事，凡碑傳、題詠若干篇。黄與二孝女皆金谿人，何氏亦金谿産也。天一閣藏書。

皇明名臣琬琰録後集二十二卷 明刊本

明徐紘編

天一閣藏書。首尾均有闕葉，序跋亦闕。此書《前集》二十四卷、《後集》二十二卷。此本卷首板心均有《後集》二字，《閣目》以爲《前集》闕二卷者非也。

廣信先賢事實録六卷 明刊本

廣信府知府四明姚堂編集

自序（丙子景泰七年）

張淵跋（景泰七年）

陳廷璉跋（弘治二年）

此書分道學、相業、高風、忠節、政事、文章。所録凡唐人一，宋人十四。首像贊，次事實始末，次雜文，乃姚氏與上饒縣教諭張淵共撰，弘治初知府陳廷璉重刊。姚氏尚有《潤州先賢録》六卷，《四庫》入《存目》。此天一閣藏書。

名臣録贊一卷 明刊本

明彭韶撰

自序（成化十四年）

跋

此書録徐中山王至葉文莊共三十一人，《贊》後各有小傳。有「四明包氏天禄閣藏書印」、「天禄閣鄞山氏純珍藏印」。

臨江先哲言行録二卷 明刊本

後學清江龔守愚編

凡例

成弘間刊本。天一閣藏書。

皇明開國功臣録三十二卷 明刊本

定遠黄金

黄珣序（正德二年）

自序

弘治甲子黄清書後

自跋

男淮跋

金嘗爲吏部稽勳司郎官，故得見勳簿，又蒐采諸書數十年而成。其自序曰「制、誥、敕、碑、記、誌、銘、序、贊、表、傳得之於諸籍及諸世家，曰御書、行軍、事畧、券文、贈言、家傳、［行］狀得之於其後裔，史論得於學士大夫，傳聞得於故老，外是祀典以稽，國志以參，而土册互以考」云云，知其所採者博矣。

勳臣襲爵始末不分卷 明鈔本

無書題及撰人姓名。自忠勇王金忠，至鎮安伯魏英，共六十八人，紀以立功受封及絶續始末。天一閣藏書。《閣目》有《勳臣世系》一册，鈔本，或即是書也。

莆陽文獻十三卷列傳七十四卷 明刊本

明鄭岳編

杜俊序（嘉靖甲申）

凡例

此嘉靖甲申所刊。鄭氏原書，《四庫》著録福建巡撫採進本，則萬曆間黄起龍所重訂也。卷末有明人手書一行曰「此雙石公賜書，中川方玄靜識」，下押「性初」印。有「明善堂覽書畫印記」、「安樂堂藏書記」、「芸香館珍藏書籍印」諸印。

新刊皇朝名臣言行録四卷 明刊本

［前二卷題］豐城楊廉纂集　［後二卷題］海鹽後學徐咸纂集　鄭曉校正　濠梁崔鼎梓行

魏有本序（嘉靖辛丑）

楊廉序（弘治戊午）

徐咸序（嘉靖丁卯）

鄭曉跋（同）

徐咸跋（壬辰）

崔鼎跋（同）

天一閣藏書。此楊氏書，徐氏續之。《閣目》專屬之楊氏，非也。

崑山人物志十卷 鈔本

明方鵬撰

自序（嘉靖辛卯）

顧夢圭序後（嘉靖丙申）

《四庫存目》謂此書首「名賢」六人，次「節行」二十人，次「文學」三十七人，次「列女」三十人，次「藝能」三十一人，次「游寓」二十一人，而以「雜志」終焉。此本則「節行」二十人、「文學」後有「政績」廿二人、「隱逸」三十人、「孝友」十七人，共十目，爲十卷。末附「或問」七條，則論所以去取之意，《四庫》所據本或未足也。末有「世壽堂」藏書印。

國寶新編一卷 明刊本

明顧璘撰

袁袠序（嘉靖丙申）

自序（同上）

袁褧跋（丁酉）

陳東跋（戊戌）

此顧東橋爲其友李獻吉等十五人所撰小傳，並系以贊，初名《亡友録》，後改今名。自序又言「銓次十五人之詩若干篇附諸録後」，此本有録無詩，或當時僅刻此録也。天一閣藏書。

建寧人物傳四卷 明刊本

郡人李默編輯　建陽縣知縣李東光校刊

汪佃序（嘉靖戊戌）

天一閣藏書。

殿閣詞林記二十二卷 明刊本

明廖道南撰

自序（嘉靖乙巳）

此書前十卷不著撰人姓名，卷十一後題「皇明賜進士南京國子監祭酒黄佐、翰林院侍講學士廖道南撰」，蓋多采黄泰泉《翰林記》語也。有「曾在南雲蔡氏猶半軒羣籤之内」、「經腴堂章」、「辛巳以後蕉窗所記」諸印。

國朝祥符鄉先賢傳八卷 明刊本

邑後學李濂著　邑後學陸東書

賈詠序（嘉靖二十四年）

自序（嘉靖二十二年）

凡例

陸東後序（嘉靖二十四年）

李濂後序（嘉靖乙巳）

李華叟跋（同上）

李洛書後（嘉靖二十三年）

天一閣藏書。

碩輔寶鑑要覽四卷 明刊本

明耿定向撰

胡直序（嘉靖四十五年）

自序（嘉靖乙丑）

凡例

附録

楊肇重刻序（萬曆己卯）

天一閣藏書。

循良彙編十二卷 明刊本

桂林李仲僎輯傳　景陵魯彭校正

徐楚序（嘉靖二十九年）

李八龍序（嘉靖甲寅）

天一閣藏書。

善行録八卷 明刊本

通議大夫兵部左侍郎張時徹編

自序（嘉靖三十二年）

天一閣藏書。《四庫》著録内府藏本，尚有《續録》二卷，此本無。

隱逸傳不分卷 錢罄室手稿本

［明錢穀編］

沈明臣手書序：余習隱句章之墟，有年所矣，輒思輯一隱書以自見，而未之能也。乃游吴門，見錢叔寶氏几上有書數百卷，皆手鈔，意深心念之，曰勤哉，其叔寶氏也。乃借其《歷代隱逸傳》以歸，期亦手鈔之。而今乃四易寒暑，卒不能隸一字，空歸璧於錢氏。噫，何懶哉，其不佞也，睎叔寶有愧色矣。蓋叔寶真隱君子也，人徒知其以畫隱吴門，而不知第藉此以食其家人耳，非叔寶之所以爲叔寶也。叔寶固儒者，不習舉以干時進，而事母以孝聞，嗜道安貧，抗浮雲之志，不屑屑以伎售人。而人慕悦叔寶者踵接于門，率多以非意干請，而叔寶應之無倦色，間有以資舉火者，蓋又一長者也，其以書畫沾沾自喜而因以沽名漁貨者，不同日語矣。余嘗過叔寶委巷中，蕭然一室曰「懸罄」，叔寶旦暮處其中，客去手一編，筆不停綴，諷不輟口，年近七十，矻矻然若一少年書生，其殆淫於書者也。以故吴門稱掌古文太史後無如叔寶，而叔寶固不自有也。奇書隱帙、奥編異典滿架上，皆其所校定，而手跡宛然，垂五十年如一日，是叔寶於書若天性，然而隱君子之操，亦信莫有過之者。昔有顯人題目吴門高士，而顧不及叔寶，亦獨何哉，亦獨何哉。叔寶爲人及其所鈔書目，具載王元美《傳》中，不佞無能爲役，徒敘其所鈔《歷代隱逸》以歸之，而且以志不佞之懶，深有愧于叔寶，不足以稱隱人也。萬曆四年丙子秋日，友人四明沈明臣嘉則書。（下有「稗官氏」、「沈明臣印」、「嘉則」三印）

錢氏手跋：予閒居無事，撿闢靜坐，飽食之暇，檢閱史籍，手録三代而下至於有元隱逸之士，爲其立傳者二百二十有三人，釐爲二帙，并述贊一首，藏諸篋笥，以便展覽，使人有敦薄俗、振皇風之感焉。贊曰：《易》稱肥遯，史著超俗。養素全真，隱形邁躅。遠彼囂喧，蕭然榮辱。豐草長林，高巖邃谷。止兢激貪，鏘金振玉。嘉靖丁巳冬十一月既望，錢穀叔寶於十友齋記。（下有「叔寶」、「十友齋」二印）

董宜陽贊：叔寶高尚，謝世囂喧。游心圖史，抗節丘園。同氣相求，寤寐往哲。逸駕杳攀，遺芳可掇。上下千載，俯仰一編。德音宛在，清風灑然。嗟余小子，敬贊德美。彤管日新，景行行止。癸亥三月，雲間董宜陽子元甫造。（下有「紫岡居士」、「董氏子元」、「白沙翠竹江村」三印）

王芾卿手跋：光緒庚辰冬孟，王頌蔚觀於秦漢十印齋。（有「蒿隱過眼」印）

葉緣裻手跋：錢叔寶游文待詔門，晚葺敝廬曰懸罄室，王元美賦詩所謂「空梁頗受落月色，北窗靜竢涼風眠」者也。聞有異書，雖病必强起，扶服請觀，露鈔雪纂，垂老不休。子允治，字功父，酷肖其翁。嘗謂東澗翁曰「吾藏書多人間未有本，公明日來，當作蔡邕之贈」，既而竟不肯踐諾。功甫殁後，蕩爲雲煙，流落人間者僅泰山一毫芒耳，幸而得之，雖殘鱗片羽皆瓌寶也。況此五巨册叔寶手跡，自首至尾，一筆不苟，豈不重可寶耶。前有四明沈嘉則序，後有董宜陽贊。董字子元，自號紫岡山樵，上海諸生，與張之象、何柘湖、徐長谷齊名，世所謂「雲間四賢」也。香生太守聞余篤嗜古籍，伻來賚示，留五百經幢館十日，展卷摩挲，如與先民相對。先生所纂尚有《續吴都文粹》、《南北史摭言》、《三刺史詩》，皆手抄成帙，異日復出，吴酸窮眼，尚幸得寓目焉。光緒丙戌，同郡後學葉昌熾。

此錢罄室先生所抄《歷代隱逸傳》，自《史記·伯夷列傳》至《元史·隱逸傳》止，《三國志》兼抄裴注於正史外，並及陸氏《南唐書》。首尾完具，所用藍格紙，板心有「三國文章類抄」六字，後鑿去「三國」二字，意先生當有諸史文章類抄之作，不知成否，恐此書與《南北史摭言》均其目也。有「錢叔寶氏」、「三徑」、「子子孫孫永寶用享」、「伊臣過眼」、「許烈之印」、「子宣」、「紫仙審定真跡」、「鳳藻」、「香生眼福」、「蔣香生鑒賞」、「吴下蔣郎」、「亚亭侯裔」、「秦漢十印齋藏」諸印。

皇朝中州人物志十六卷　明刊本

東陂居士睦㮮著

朱睦㮮跋（隆慶二年）

金立敬後序（隆慶四年）

此西亭王孫纂修《河南通志》時録出别行者，弟睦㮮刊之。天一閣藏書。

高奇往事十卷 明刊本

栝蒼何鏜輯

陳文燭序（萬曆庚辰）

何氏題辭（萬曆己卯）

有「延令季氏圖書記」、「木樨香館范氏藏書」、「静寄東軒」三印。

續吴先賢讚十五卷續吴録二卷 明刊本

沛國劉鳳子威撰

自序（萬曆大淵獻）

續吴録自序

魏學禮後序

□□後序

鹽梅志二十卷 明刊本

河南李茂春纂

葉向高序（萬曆己酉）

李維楨序（萬曆戊申）

張邦紀序(萬曆己酉)
王三才序(同上)
傳古宰相言行,自皋陶至范純仁,凡六十六人。

儒林宗派十六卷 鈔本

四明萬斯同季野輯

十五國人物志八册 手稿本

上元龔翰著
倪燦序
楊和金陵前輩列傳序
纂輯十五國人物志徵言

龔氏手跋: 予著《十五國人物志》未畢時,有一友見之,抄出數傳,因演成一書,稱《留溪外傳》,傳内論贊,亦仿予稱「外史」。不知予之所以稱「外史」者,以其時予方以歲貢考授教職,教職稱「外翰」,故予稱「外史」。此友以布衣而稱「外史」,頗無所據。且其傳甚多,不知其所自來,亦不如予之確有所據、無道聽耳食之事也,因記之以爲他日異同之辨。蒼岳識。

此龔氏纂輯明代人物傳,以十五布政司分類,故名《十五國人物志》。首「靖難諸臣」,末附《明季殉節雜傳》、《幸緬靖節雜傳》、《甲乙以後女貞雜傳》、《甲乙以來忠節雜傳》，均極簡略，惟金陵一地較詳，因龔氏别有《金陵前輩列傳》，後即併入此書故也。全書皆所手寫，惟前有《徵言啟》二葉刊刻。末云「四方郵贈希寄至江寧府南門内油坊巷口翔鸞廟前龔宅」，與陳鼎《留溪外傳》前刊啟事例同。龔氏跋中頗詆諆陳氏，陳書固不足言，然此書體例龐雜，亦與陳氏相伯仲。卷首序文題名四字，已以濃墨塗去，旁改「錢唐倪燦」，疑亦龔氏自撰而假倪名，亦明季遺習也。龔氏名翰，字文思，半千賢之弟，又字廓圖，而倪、楊二序皆稱之爲「廓園先生」，不知何故。書面隸書之字，似鄭谷口手書。有「龔翰之印」、「廓圖」、「蒼岳著書之印」、「藏之名士傳之其人」諸印。

先賢事狀一册 手稿本

［彭紹升撰］

書後

沈韻初手跋：讀二林先生《名賢事狀書後》，知原纂十五篇，而此册只九篇，當再有一册，惜不知散何所矣。同治辛未九月鄭齋記。

此册爲魏果敏、湯文正、熊文端、于清端、徐公肅相國、李文貞、陸清獻、楊文定九公事狀，後附《彭氏家傳》、《曹孝子傳》二篇。面葉有「沈樹鏞鄭齋收藏印」。

求退録三卷 明刊本

明李東陽撰

自序(正德癸酉)

此李文正於正德壬申致仕後,自裒其自弘治乙卯入閣後乞退之疏及慰留之諭而爲此書,蓋欲以雪「伴食中書」之謗也。末闕數葉。天一閣藏書。

紹興十八年同年小録一卷 明覆宋本

紹興十七年三月二十四日御筆手詔

紹興十八年四月初三日御試策

敕差知貢舉等官銜名

鄭紀跋(弘治辛亥)

王鑑之重刊晦庵先生同年小録後序(弘治辛亥)

據是録,是歲二月十八日、十九日、二十日引試詩賦論策三場,二十二日、二十三日、二十四日引試經義論策三場,四月初三日(録中誤作「一月一十三日」,據策問正)引試御試。其二月試詩賦、經義、論策者,省試也。省試敕差知貢舉一人、同知貢舉二人、參詳官二人、點檢試卷官二十人。又别試(《宋史·選舉志》: 先是,國子監開封府所貢士與舉送官爲姻戚,則兩司更互攷試。至真宗初,始命遣官别試)

考試官一人、點檢試卷官四人。至御試則初攷官三人、覆考官三人、詳令官三人、編排官二人，初考、覆考點檢試卷官各一人，共同考校官六人。其加恩次第，則四月十七日唱名，十八日赴期集所，二十九日朝謝，五月初二日拜黄甲、敘同年，初五日赴國子監謁謝先聖先師。其立石題名與賜聞喜宴皆空其日，蓋在《小録》刊成之後。是科第一甲王佐等十人，第二甲甘焯等十九人，第三甲索揚等三十七人，第四甲孟致誠等一百二十二人，第五甲戴幾先等一百四十二人，特奏名准録俞聖凱一人。朱子則第五甲第九十人也。明會稽王鑑之初得鈔本於國子祭酒鄭廷綱紀，繼又得宋刊本於句容江璽家。璽即録中第四甲第一百五人江賓王後人，世守是録。王氏屬徽守李宗仁刻置紫陽書院。此本後有「歲嘉靖甲午秋七月朔日奉祠裔孫鐨、鎬、銘重刊」二行，則又朱子祠堂覆刊本也。傳世鈔本尚有附録，乃後人所增輯，此本無。

天一閣藏書。

紹興十八年同年小録一卷附録一卷 明刊本

紹興十七年御筆手詔

紹興十八年御試策

敕差知貢舉等銜名

王鑑之後序（弘治辛亥）

張朝瑞跋（萬曆乙未）

程春祺手跋。（道光乙未）

鮑淥飲手跋：乾隆乙酉三月十三日，蘆渚購歸。

又跋：丁亥十月，從錢塘汪氏東軒藏本補鈔附録三紙、後序一篇。十六日，知不足齋書。

又跋：是科自王佐以下，共賜及弟、出身者三百三十一人。考録中僅三百二十四人，以他板本對亦祇此數。末有一行云「以下四百五十六人缺」，此四百餘人何人耶？當□□博識者。

又跋：□□□□附録第一甲三人。策畧大都迎合上意，俱以不用兵爲□□□□□□漢光武不足深羡。嗚呼，其有媿於寳祐四年□□□□□□□矣。不有朱子，此録必不傳，即傳又何足□□。

又跋：□□□□□□□□□□不附秦熺罷歸。及檜、熺□□□□□□領右司。檜妻王氏乞未得恩數，自□□□□佐駁之，卒奪王氏先生號，其人亦有可□□□□没也。丁亥八月廿三日記。

此本刊於嘉靖中，與《寳祐四年登科録》行款相同，蓋一處所刊。有附録一卷，載一甲三人策畧，并一甲五人及胡元質以下二十六人歷官本末，或注「《宋史》有傳」，蓋元明人所附益。然策畧必出於原録，非後人所能見也。前有「翰林院印」，則此書曾入四庫館。

寳祐四年登科録一卷 明刊本

寳祐四年五月八日御試策

敕差詳定等官銜名

此録不書省試官，但書御試詳定官三人、編排官二人、初考官三人、添差官初考官三人、覆考官三人、添差覆考官三人，初考、覆攷點檢試卷官各一人（其覆考點檢試卷官爲王應麟），對讀官五人、封彌官二人、巡捕官二人。其加恩次第，則五月二十四日唱名，同日赴期集所，六月七日謝闕，十三日謁謝先聖先師，六月二十九日賜聞喜，夏七月四日拜黄甲敘同年，二十五日立題名碑石於禮部貢院。其次序與《紹興小録》稍異。是科進士共六百一人，第一甲文天祥等二十一人，第二甲謝枋得等四十人，第三甲鄭必復等七十九人，第四甲楊奇遇等二百四十八人，第五甲喻用國等二百一十三人。五甲第百九十人以下姓名闕。傳世鈔本有附録，亦後人所增輯，此本無。天一閣藏書。

成化十四年會試録一卷　明刊本

劉吉序

彭華序

録中首載知貢舉等官銜名。凡知貢舉官二人，以禮部尚書、侍郎任之。考試官二人，以翰林院學士任之。同考試官十二人，則翰林院官八人、科一人、部屬二人、九卿屬一人。監試官二人，用監察御史。提調官二人，用禮部儀制司員外郎、主事。此外印卷官二人、收掌試卷官二人、受卷官三人、彌封官四人，謄録官、對讀官各三人，巡綽、監門官六人，供給官三人。次一二三場題。第一場《四書》義題三道，《五經》義題，每經四道。第二場論一道，詔、誥、表共三道，内科一道，判語五條。第三場策問五道。次題名中式舉人梁儲以下三百五十名。次文録，則《四書》義三篇，《五經》義每經各二篇，論、表各一篇，對策五篇。至前後二序，則考試官二人爲之，凡鄉會試録皆同。自此下八十二録，均天一閣藏書。

成化十九年順天府鄉試録一卷　明刊本

倪岳序

董越序

首提調等官銜名。提調官二人，以順天府府尹及府丞任之。考試官二人，欽差翰林院官。同考試官八人，聘他省教官。監試官二人，監察御史。其餘印卷、受卷等官各有差。惟巡綽官外又置搜檢官，則會試所無也。其一二三場題制如會試。是科中式舉人張贊等一百三十五名。

弘治二年福建鄉試録一卷　明刊本

濮琰序

周詔後序

首監臨等官銜名。監臨官一人，以巡按御史爲之。提調官二人，以布政司參政、參議爲之。監試官二人，以按察司按察使及僉事爲之。考試官二人，同考試官八人，皆聘他省教官爲之。是科中式舉人傳鼎等九十名。餘均與前録同。

弘治三年會試録一卷 明刊本

徐溥序

汪諧後序

是科同考試官十四人，較成化十四年增二人。中式舉人錢福等三百名。餘制與《成化録》同。

弘治八年順天府鄉試録一卷 明刊本

張昇序

馬廷用後序

是科中式舉人張禬等一百三十五名。餘制與《成化順天鄉試録》同。

弘治八年浙江鄉試録一卷 明鈔本

濮琰序

鄭緯後序

是科中式舉人陶諧等九十名。其監臨官以下人數，與《弘治二年福建鄉試録》同。

弘治九年會試録一卷 明刊本

謝遷序

王鏊後序

是科中式舉人陳瀾等三百名。餘制均與《弘治三年録》同。

弘治九年進士登科録一卷　明刊本

首玉音，次讀卷等官銜名，次恩榮次第，次三甲進士題名，次御試策，次一甲三名對策三通。是科讀卷官十二人，以大學士、尚侍、九卿任之。提調官二人，以禮部尚侍任之。監試官二人，以監察御史任之。受卷官四人、彌封官十人、掌卷官五人，均以翰林院、九卿、科臣任之。巡綽官七人，以錦衣金吾衛指揮僉事任之。印卷官三人，以禮部儀制司郎中、員外郎、主事任之。供給事官五人，以禮部、光禄寺屬官任之。其恩榮次弟，則以三月十五日諸貢士殿試，十八日唱名，十九日賜宴，二十日賜狀元朝服冠帶及進士寶鈔，二十一日謝恩，二十二日謁至聖先師，禮部奏請令工部於國子監立石題名。是科賜進士及第出身、同出身凡二百九十八人，第一甲朱希周、王纘、陳瀾三名，第二甲李永敷等九十五名，第三甲汪偉等二百名。其題名與宋《録》異者，彼有小名小字，而此無之；彼於州縣下兼著鄉里名，而此則著官民醫軍匠鹽竈馬船等籍；彼但著兄弟若干人，而此則各著其名；彼載一舉、二舉，而此但著鄉試、會試名次。其餘與宋《録》大同。

弘治十一年浙江鄉試録一卷　明刊本

吴伯淳序

張翰後序

是科中式舉人胡鐸等九十名。

弘治十四年湖廣鄉試録一卷 明刊本

陳訥序

戴顯後序

是科中式舉人廖珊等八十五名。

弘治十四年浙江鄉試録一卷 明鈔本

喻端序

董俸後序

是科中式舉人田惟祜等九十名。

弘治十七年應天府鄉試録一卷 明刊本

白鉞序

費宏後序

是科中式舉人眭紘等一百三十五名。餘制與《成化十九年順天府鄉試録》同。

弘治十七年湖廣鄉試録一卷 明刊本

王珙序

馬文後序

是科中式舉人王相之等八十五名。

正德五年陝西鄉試録一卷 明刊本

余大綱序

王學夔後序

是科中式舉人吉體仁等一百名。其設官則無試官二人、同考官六人，餘與他省同。

正德十四年浙江鄉試録一卷 明刊本

申偉序

張玠後序

是科同考官七人，餘官同前。中式舉人豐坊等九十名。録中載坊所撰《四書》義一篇、《春秋義》一篇、論一篇、對策一篇。是時武宗方南巡，坊於對策中論巡狩事，頗多陳古刺今之語。經義與論，亦均謹飭，絶不類晚年説經之狂易也。

嘉靖元年山東鄉試録一卷 明刊本

商大節序

程霆後序

是科考試官二人，同考試官七人，餘官與他省同。中式舉人封尚章等七十五名。

嘉靖元年福建鄉試録一卷 明刊本

李翱序

章琥序

是科考試官二人，同考試官七人，餘官與《弘治二年録》同。中式舉人邱愈等九十名。

嘉靖四年廣西鄉試録一卷 明刊本

林瓚序

蔡伯祥後序

是科考試官二人，同考試官六人，餘官與他省同。中式舉人李文鳳等五十五名。

嘉靖五年會試録一卷 明刊本

賈詠序

董玘後序

此科命官與前《弘治録》同，惟同考試官增十七人（翰院十一人、科三人、部三人）。中式舉人趙時春等三百名。

嘉靖五年進士登科録一卷 明刊本

是科讀卷官大學士費宏以下十六人，賜進士及第、出身、同出身三百一人。第一甲龔用卿等三名，第二甲袁袠等九十名，第三甲余棐等二百八名。

嘉靖十年山東鄉試録一卷 明刊本

施昱序(闕)

吴鵬後序(闕後半)

案前此各省考試官，除兩京外皆聘他省教官任之，是科則考試官爲武部河南司主事、署員外郎施昱，及兵部職方司主事吴鵬，皆京職也。考《明史·選舉志》，初制，兩京鄉試主考皆用翰林，而各省考官先期於儒官、儒士内聘明經公正者爲之。景泰三年，令布、按二司同巡按御史推舉見任教官年五十以下、三十以上文學廉謹者聘充考試，於是教官主試遂爲定例。嘉靖七年，用兵部侍郎張璁言，各省主試皆遣京官或進士，每省二人馳往。初，兩京房考亦皆取教職，至是命各加部科官一員。閱兩科，兩京房考復罷，部遣勿遣，而各省主考亦不遣京官，故嘉靖十三年後各省鄉試録其考試官仍如舊制也。是科同考試官七人，中式舉人郭鋐等七十五名。

嘉靖十年江西鄉試録一卷 明刊本

王守序

朱子和後序

是科考試官二人，爲户部給事中王守、刑部陝西司主事朱子和。同考試官九人。中式舉人歐陽果等九十五名。

嘉靖十年浙江鄉試録一卷 明鈔本

潘大賓序

郭宗臯後序

是科考試官二人：潘大賓，兵科給事中；郭宗臯，刑部河南司主事。同考試官十人。中式舉人張濂等九十名。

嘉靖十年廣西鄉試録一卷 明刊本

吕希周序

阮朝東後序

是科考試官二人，吕爲刑部雲南司主事署郎中，阮爲户部雲南司主事。同考官五人。中式舉人黄瑶等五十五名。

嘉靖十三年山東鄉試録一卷 明刊本

彭參序

王伯鸞後序

是科中式舉人靳學顔等七十五人。各省考試官復聘用教職，不簡京官。

嘉靖十三年湖廣鄉試録一卷 明刊本

陳待科序

莫如爵後序（闕）

是科考試官二人，同考試官七人。中式舉人汪宗伊等八十五名。

嘉靖十四年會試録一卷

張璧序

蔡昂後序

是科中式舉人許穀等三百二十名。

嘉靖十六年山東鄉試録一卷 明刊本

蘇民望序

冼謨後序

是科考試官二人，同考試官八人。中式舉人七十五名，姓名皆闕。

嘉靖十七年會試録一卷 明刊本

顧鼎臣序

張邦奇後序

是科中式舉人袁煒等三百二十名。時嚴嵩以禮部尚書知貢舉，而吾浙沈忠愍公鍊以一百七名中式，胡宗憲亦以八十四名中式也。

嘉靖十七年進士登科録一卷 明刊本

是科讀卷官李時等十三人。賜進士及第、出身、同出身三百二十人。第一甲茅瓚、羅珵、袁煒三名，第二甲張惟一等九十五名，第三甲劉洵等二百二十二名。是科得人以吾浙爲最盛，第一甲茅、袁皆浙人，而沈忠愍鍊與吾鄉茅順甫先生坤，名皆在三甲。忠愍，《明史》云會稽人，而題名則云「貫浙江紹興衛軍籍，麗水縣人」，蓋籍會稽而居麗水也。宋紹興、寶祐二《録》以朱子及文山、疊山諸賢重，此《録》當以忠愍重矣。

嘉靖十九年浙江鄉試録一卷 明刊本

馮友序

朱袞後序

是科考試官二人，同考試官六人。中式舉人王交等九十名。

嘉靖十九年福建鄉試録一卷 明刊本

馮體立序

林正後序

是科中式舉人鄭啟謨等九十名。

嘉靖十九年廣西鄉試録一卷 明刊本

許滄序

趙鳴鳳後序

是歲中式舉人陸萬鍾等五十五名。

又二册 同上

嘉靖二十二年順天府鄉試録一卷 明刊本

秦名夏序

浦應麒後序

是科攷試官二人、同攷試官九人，皆教官，無科都官。中式舉人沈紹慶等一百三十五名。

嘉靖二十二年浙江鄉試録一卷 明刊本

陳烜序

陳雍後序

是科中式舉人沈束等九十名。束以忤嚴嵩繫獄十八年,今於此録裒然居首,可謂不負科目者。録中有束《四書》義一篇、《易》義一篇、論一篇、對策一篇。

嘉靖二十二年福建鄉試録一卷 明刊本

蕭廷相序

王治後序

是科中式舉人黄繼周等九十名。

嘉靖二十二年廣西鄉試録一卷 明刊本

翁健榮序　張鳴鶴後序

是科考試官、同考試官各二人。中式舉人唐朝德等五十五名。

嘉靖二十二年雲南鄉試録一卷 明刊本

陳以道序

沈一元後序

是科考試官二人,同考試官五人。中式舉人張九淵等四十名。

嘉靖二十二年貴州鄉試録一卷 明刊本

是科考試官二人，同考試官三人。中式舉人熊旃等二十五名。

穆旺後序

楊伯元序

嘉靖二十三年進士登科録一卷 明刊本

是科讀卷官大學士嚴嵩以下十人，賜進士及第、出身、同出身三百十二名。第一甲秦鳴雷等三名，第二甲涂鉉等九十三名，第三甲曹三暘等二百十六名。吾浙沈宗安東以三甲一百十三名成進士。嘉靖十七年録有沈忠愍，此録有沈宗安，足以相輝映矣。

嘉靖二十五年順天府鄉試録一卷 明刊本

李本序

吴山後序

明制，兩京鄉試主考簡翰林官，其同考試官皆用教職。嘉靖七年用張璁言，命兩京房考各加科部官二員。閲兩科而罷。此科同考試官九人，首爲吏部文選司辦事進士李攀龍，次兵部車駕司辦事進士畢鏘，次工部都水司辦事進士藺子充，次山東東昌府推官王德，次浙江蘭谿縣知縣林松，惟末戴邦行等四人爲教職耳。於教官之外兼用京外諸官，與《十七年會試録》迥異。案《明史·選舉志》，嘉靖二十五年從給事中萬虞愷言，各省鄉試精聘教官，不足則聘外省推官、知縣以益之。此順天鄉試兼用京官進士及外省推官、知縣，蓋亦用虞愷之言，而《明史》失載，幸此録尚存，得以見一時之制。是科中式舉人祝尚義等一百三十五名。

嘉靖二十五年山東鄉試録一卷 明刊本

馮繼科序

馬志德後序

是科考試官二人，同考試官七人。中式舉人陳其藴等七十五名。

嘉靖二十五年浙江鄉試録一卷 明刊本

馮世昌序

胡寧後序

是科中式舉人高鶴等九十名。

嘉靖二十五年廣西鄉試録一卷 明刊本

趙祖元序

陸嵩後序

是科考試官二人，同考試官七人。中式舉人宋廷表等五十五名。

嘉靖二十五年雲南鄉試録一卷 明刊本

朱佐序

彭洛後序

是科考試官二人，同考試官四人。中式舉人李廷詔等四十名。

嘉靖二十五年湖廣武舉鄉試録一卷 明刊本

劉寅序（右布政使）

巡按湖廣監察御史高出示兵部武舉條例

楊勉學後序（按察副使）

是科監臨官一人，提調、監試、監射、考試、同考試官各二人，其印卷、掌試卷、受卷、彌封、謄録、對讀、巡綽、搜檢、監門、記箭、供給等官亦各有差。監臨、提調、監試官亦巡按藩臬任之，與文試同。監射用都指揮司簽事。考試官二人則武昌、漢陽二守，同考試官二人則武昌府同知及推官也。第一場馬上箭，第二場步下箭，第三場策、論各一道。中式武舉田芝等二十六名。録策、論各一篇。

嘉靖二十五年廣東武舉鄉試録一卷 明刊本

張鏊序（布政司左參政）

陳嵦後序（按察司副使）

是録但書印卷、收掌試卷、受卷、彌封、謄録、對讀、監箭、掌號、監門、搜檢、巡綽、供給等官，而監臨至考試官皆不書。惟張鏊序中畧舉之，而不分舉其職事。三場試策二道、論一道，與湖廣異。中式武舉范德榮等三十三名。録對策二篇、論三篇。

嘉靖二十八年江西鄉試録一卷 明刊本

徐鵠序

莊應元後序

是科考試官二人，同考試官十人。中式舉人何濤等九十五名。

嘉靖二十八年湖廣鄉試録一卷 明刊本

姚本崇序　徐觀瀾後序（闕）

是科考試官二人，同考試官一人。中式舉人吴國倫等九十名。

嘉靖二十八年雲南鄉試録一卷 明刊本

林茂桂序

侯維藩後序

是科中式舉人張文奎等四十名。

嘉靖二十八年貴州鄉試録一卷 明刊本

周文燫序

劉尚平後序

是科考試官二人，同考試官三人。中式舉人鮑國臣等三十名。

嘉靖三十一年山東鄉試録一卷 明刊本

彭輅序

劉熠後序

是科考試官二人，同考試官五人。中式舉人王肇林等七十五名。

嘉靖三十一年河南鄉試録一卷 明刊本

劉存義序

方沂後序

是科考試官二人，同考試官五人。中式舉人紀朝宗等八十名。

嘉靖三十一年浙江鄉試録一卷 明刊本

胡大慶序

王三聘後序

是科考試官二人，同考試官八人。中式舉人諸大圭等九十名。昔顧亭林先生《日知録》引艾南英説，謂嘉靖中姚江之學雖盛行於世，而士子舉業尚謹守程朱。自興化、華亭兩執政尊王氏學，於是隆慶戊辰論義、程義首開宗門，此後浸淫，殆無底止。案是録程文首柳汝砌《四書》義，大結中用「知行合一」語，知王氏之學之入舉業，自嘉靖中葉而已然矣。

嘉靖三十一年廣西鄉試録一卷 明刊本

熊勳序（前闕）

陳至言後序（後闕）

是科考試官二人，同考試官八人。中式舉人鄧洪震等五十五名。

嘉靖三十一年雲南鄉試録一卷 明刊本

楊道南序

陳英選後序

是科考試官二人，同考試官五人。中式舉人于泰光等四十名。

嘉靖三十四年福建鄉試録一卷 明刊本

李楝序　蔣遵正後序

是科考試官二人，同考試官六人。中式舉人黃懋冲等九十名。

嘉靖三十四年廣西鄉試録一卷 明刊本

徐希周序

彭汝賢後序

是科中式舉人鍾大章等五十五名。

嘉靖三十七年河南鄉試録一卷 明刊本

魏體謙序

鄭延年後序

是科考試官二人，同考試官八人。中式舉人劉奮庸等八十名。時范堯卿侍郎以河南左布政使充提調官，録中侍郎之字爲「安卿」，不云「堯卿」。

嘉靖三十七年山西鄉試録一卷 明刊本

吴桓序

吴謙後序

是科考試官二人，同考試官六人，中式舉人李尚思等六十五名。

嘉靖三十七年福建武舉鄉試録一卷 明刊本

楊承志序（右布政使）

武舉條例
劉天授後序（按察副使）
　　是《録》書監臨等官，而不書考試官。中式武舉秦舜牧等五十名。
嘉靖三十七年廣東武舉鄉試録一卷 明刊藍印本
田楊序（布政司右參議）
王惟恕後序（按察副使）
　　是科中式武舉黎紹周等三十六名，所書官與前《録》同。又前《録》有報前官，是《録》有引馬官，均二十五年湖廣、廣東二《録》所無。
嘉靖四十年順天府鄉試録一卷 明刊本
裴宇序
胡正蒙後序
　　是科同考試官九人，皆用教官，與二十五年制不同。中式舉人金一鳳等一百三十五名。
嘉靖四十年應天府鄉試録一卷 明刊本
吴情序
胡杰後序

是科考試官二人，同考試官八人。中式舉人許國等一百三十五名。

嘉靖四十年山東鄉試録一卷 明刊本

劉璞序

康求德後序

嘉靖四十三年陝西鄉試録一卷 明刊本

是科考試官二人，同考試官七人。中式舉人崔桓等七十五名。

黄尚質序

俞璉後序

嘉靖四十三年湖廣鄉試録一卷 明刊本

是科考試官二人，同考試官六人。中式舉人温純等六十五名。

戴汝愿序

佘奕後序

嘉靖四十三年貴州鄉試録一卷 明刊本

是科中式舉人劉守泰等九十名。

龍堯達序

趙佑卿後序

是科考試官、同考試官各二人。中式舉人許一德等三十名。

嘉靖□年四川鄉試録一卷 明刊本

是録前後闕。舉人題名亦闕前半。

隆慶元年江西鄉試録一卷 明刊本

陳應秋序

王應桂後序

是科考試官二人，同考試官八人。中式舉人蔡貴等九十五名。

隆慶元年雲南鄉試録一卷 明刊本

馮惟敏序

周文化後序

是科考試官二人，同考試官四人。中式舉人王制等四十名。

隆慶四年雲南鄉試録一卷 明刊本

張同明序

陳鑛後序

是科考試官二人，同考試官五人。中式舉人王高選等四十名。

萬曆元年山東鄉試録一卷 明刊本

黄雄序

陳應秋後序

是科考試官二人，同考試官四人。中式舉人陳勗等七十五名。

萬曆元年江西鄉試録一卷 明刊本

秦致恭序（前闕）

李基後序

是科中式舉人徐尚實等五十五名。

萬曆元年廣西鄉試録一卷 明刊本

朱洛序

蔡存省後序

是科考試、同考試各二人。中式舉人徐尚實等五十五名。

萬曆七年貴州鄉試録一卷 明刊本

方應禎序

謝殿後序

是科考試官二人，同考試官三人。中式舉人鄧雲龍等三十名。

萬曆十年河南鄉試録一卷 明刊本

狄綸序

陳榮後序

是科中式舉人周九皋等八十名。

萬曆十年浙江鄉試録一卷 明刊本

周溥序

程端容後序

是科考試官二人，同考試官七人。中式舉人姜鏡等九十名。

毓慶勳懿集八卷 明刊本

襲封武定侯玄孫良頓首輯録　太保武定侯來孫勛俯顒刊行

費宏序（正德十一年）

王瓚序（同上）

湛若水序

此郭勛自集其家所得御書敕誥并其先人碑傳爲一書。天一閣藏書。

姚氏家乘七卷 明刊本

明姚應期撰

張世美序(嘉靖乙丑)

沈愷序

莫如忠序

林樹聲序

夏時序

楊豫孫序(嘉靖丙寅)

徐時行序

自序(嘉靖四十四年)

此華亭姚氏家譜。天一閣藏書。

統宗譜述八卷 明刊本

明陳紹儒撰

自序(萬曆四年)

孔平序（正統八年）
黎邦琰後序（萬曆四年）
　　此南海陳氏家譜。天一閣藏書。

文氏族譜續集一卷　稿本

宗孫含書深氏修
楊繩武序（雍正辛亥）
沈德潛序（雍正癸丑）
彭啟豐序（雍正甲寅）

　　此蘇州文氏族譜，文書深撰。書深，文休承嘉之五世孫也。先是，待詔父林撰《衡山新譜》，南雲先生點又撰《文氏族譜》。此譜雖以續南雲書爲名，實則兼綜舊譜，自爲一書，體例精嚴，爲家譜中之最善者。有「康保之印」、「潘秋谷」、「秋谷藏書」諸印。

夏氏畧一卷　手稿本

秀水萬光泰著

　　前有小引云：予既作《金元諸氏畧》，因雜采宋傳、遼紀、金表作《夏氏畧志》。末題「乾隆十有□年十一月」。案柘坡先生頗爲姓氏之學，余曾見先生手輯《廣韻》姓氏爲一書，此雖不及張介侯《西夏姓氏録》之詳，然已具大畧矣。

諸史提要十五卷 宋刊宋印本

宋錢端禮撰

劉孝韙序

每半葉九行，行大十四字、小二十八字。卷末有「迪功郎前監潭州南嶽廟李龜朋校正」、「從事郎前平江府吴縣尉主管學事徐似道校」、「迪功郎紹興府學教授胡紘校正」三行。案《四庫存目》，謂此書刊行在端禮執政時，攷《宋史・宰輔表》，端禮以隆興二年十一月權參知政事，十二月即真，次年（乾道元年）八月罷。如《存目》，當是乾道初所刊。然校正是書者爲紹興府教授胡紘，則是越州所刊。攷《嘉泰會稽志》，端禮以乾道九年知紹興府，紘爲教授亦在此時，則此書乃知紹興時所刊，非執政時也。此書傳世甚希，明以來惟絳雲樓、傳是樓曾有宋本，此本乃商邱宋氏所藏，後入内府，《四庫著録》即據此本。書凡五册，每册籤題猶當時供奉諸臣手筆也。南宋刊板以杭越爲最精，此本刊于越州，故渾厚端勁，尚有北宋遺意。有「高陽郡圖書印」、「湘雲館」、「悉仁」、「華亭朱氏」、「文石朱爲宫氏」、「横經閣收藏圖籍印」、「商邱宋犖書畫府印」諸印。

通鑑總類二十卷 宋刊本

宋沈樞撰

樓鑰序（嘉定刊本）

每半葉十一行，行二十三字。板心上題書名卷數，下題所分各門。此本以嘉定初刊於潮陽。元至正覆刊本與此行款相同，但板心不記字數，又加句度耳。舊爲汪文端藏書，有「由敦珍藏」、「任邱縣印」二印。

漢雋十卷 明刊本

宋林鉞撰

袁桷後序（延祐七年）

每半葉十行，行廿七八字。此書宋淳熙十年刊於象山縣學，元時板亡重刊。此明刊本，式亦古雅。前有鉞自序，此本失之。有「季振宜印」、「滄葦」、「雲間陸氏秦川圖書記」、「文登于氏小謨觴館藏書之印」諸印。

東萊先生增入正義音注史記詳節二十卷諸儒校正西漢詳節三十卷諸儒校正東漢書詳節三十卷東萊先生標注三國志詳節二十卷東萊校正晉書詳節三十卷東萊先生校正南史詳節二十五卷東萊先生校正北史詳節二十八卷東萊先生校正隋書詳節二十卷諸儒校正唐書詳節六十卷東萊校正五代史詳節十卷 宋刊本

每半葉十四行，行二十四字。間避宋諱，宋季建陽書肆刊本也。此書標題各史不同，於《史記》則云「東萊先生增入正義音注」，於《三國志》則云「東萊先生標注」，餘皆云「東萊先生校正」，或云「東萊校正」，不云東萊所纂。其兩《漢書》、《唐書》則止云「諸儒校正」。又《漢書》前諸家注釋姓氏四十九人中有「東萊先生呂氏」，在「致堂先生胡氏」與「永嘉陳氏」、「説齋唐氏」之間，則此書不出東萊手明矣。而《史記詳節》本紀自項羽以降、世家自陳涉以降、列傳自張耳陳餘以降，凡事實已見《漢書》者均從省，而止録太史公諸論、小司馬諸贊，則《史記詳節》之成在《漢書》後，然則「東萊先生增入正義音注」云云，亦不足據也。舊爲九松迂叟藏書，有「檇李仙根」、「傲骨」、「毘陵正學世傳」、「周氏子孫保之」諸印。

東萊先生史記詳節二十卷西漢書詳節三十卷東漢書詳節三十卷三國志詳節二十卷晉書詳節三十卷南史詳節二十五卷北史詳節二十八卷隋書詳節二十卷唐書詳節六十卷五代史詳節十卷　明刊本

栗永禄序（隆慶庚午）

李堅序（正德戊寅）

劉弘毅跋（正德丙子）

此明嘉靖丙寅甘肅所刊，至隆慶己巳畢工，即翻刊慎獨齋本也。有「張金輿印」、「華岩」、「香雨堂圖書記」諸印。

宋史畧四卷　明初刊本

不著撰人姓氏，亦無序跋。每半葉十四行，行廿四字。首述「帝紀大畧」，每紀後附諸臣小傳。按《千頃堂書目》及《明史藝文志》有梁寅《宋史畧》四卷、《元史畧》四卷，此本書名卷數並與之合，即寅書也。

晉書摘鈔不分卷　鈔本

南史刪三十一卷　增補明刊本

唐李延壽撰　明茅國瑨刪次

此書行間眉上增補極多，或補人，或補事，或補字句。卷首有朱筆「晚合老人增補雍正十年」十字。有「潘曾沂印」、「吴中篠橋盛氏鑒藏」二印。

歷朝志畧四卷　明刊本

信陽州知州毘陵唐琺纂集　署學正事舉人黄時校刊　訓導渭南雷動、平山林鸞同校

唐琺序（嘉靖癸巳）

此節鈔《史》、《漢》至《元史》諸志通論，以便初學。蓋帖括之書也。天一閣藏書。

史略殘卷　手稿本

［翁方綱］

此覃溪學士讀史時手録，自《史記》至《後周書》凡一册，有足供攷證及詞藻者，或録全文，或提撮大畧，其有疑問處亦摘出以俟攷訂，實備忘之記，意不在著書也。卷首隸書「史畧」二字亦學士手書，下注「至北周」，又注卷次「一册至後五代」，則此外尚有一册，今不知存佚矣。有「葉志詵」、「東卿過眼」、「翁引達」、「蘇孫過眼」、「四明烏氏」、「振芳」、「四明墨海樓蔡氏鈐記」、「壺客」諸印。

吴越春秋十卷 明覆元本

後漢趙曄撰

徐天祜序

「大德十年歲在丙午三月音註，越六月書成刊板，十二月畢工」。

「前文林郎國子監書庫官徐天祜音註。紹興路儒學學録留堅、紹興路儒學學正陳昺伯、紹興路儒學教授梁相、正議大夫紹興路總管提調學校官劉克昌」。（右六行，在卷十後）

此弘治十四年巡按御史袁經大綸授知吴縣事鄺廷瑞重刊大德本。有「四明包□」、「子用」、「古柱下史」、「東里圖書」諸印。

華陽國志十二卷 明刊本

晉散騎常侍導江常璩道將撰　明華陽署吏安陸何宇度仁仲梓

李長春序（萬曆壬寅）

呂大防序
李長春序(嘉泰甲子)
何宇度跋(萬曆壬寅)
此書卷十分上中下三卷,《漢魏叢書》及《古今佚史》本均存下卷而闕中上二卷,惟張佳胤本與此本獨全,明刊中之佳者也。

吴越備史四卷 吴枚庵手鈔本

武勝軍節度使掌書記范坰、武勝軍節度巡官林禹撰

錢曾跋

吴枚庵手跋: 右書凡四卷,係述古堂錢氏鈔本,最爲精善。今藏揚州江氏,予借得録之。原本無上跋,從《讀書敏求記》中録附卷尾,以資考核。書中凡劉姓悉易爲彭城,避武肅嫌諱也。又諱「佐」,凡官名「左」者悉改爲「上」,書中所云「上右」乃「左右」也。丙申嘉平五日,雪牕呵凍書。(下有「枚庵漫士」印)

按此書載《通考》者有二: 《吴越備史》九卷,注吴越掌書記范坰、林禹撰; 又《吴越備史遺事》五卷,注全州觀察使錢儼撰,并引陳直齋言,謂《備史》亦儼所爲,託名林、范者,儼,元瓘之子也。又明初刊本武肅王二卷,文穆王、忠獻王、吴越國王各一卷,凡五卷,又補遺一卷。或云錢德洪,或云馬蓋臣撰,卷

帙不同，未知孰是，識之以質博雅者。十一日雨窗枚庵漫士吴翌鳳又書。

卷中凡低一格者原本俱雙行分注，兹從馮本《三國志》裴松之注例，欲便觀覽，應不嫌其改易行第也。明年正月二十日，枚庵又書。

有「祕本」、「翌鳳鈔藏」、「吴枚庵校定本」、「泰峯」諸印。

江南野史十卷 鈔本

螺川龍衮撰

趙輯寧跋（乾隆壬子）

芝跋（庚寅）

陸存齋捐送國子監本，有「國子監印」及陸氏諸印。

江表志三卷 鈔本

宋鄭文寶著

自序（庚戌即大中祥符三年）

長塘鮑氏知不足齋鈔本。

五國故事二卷 校鈔本

余寅序

此與《江表志》係一手所寫，鮑渌飲以朱筆細校。凡所校正，悉與《鮑氏叢書》本合，蓋從仁和吴氏所藏明劍光閣鈔本校正也。

九國志八卷 鈔本

宋路振撰

孔葒谷手跋：乾隆丙申中秋日抄完。

周有香手跋：路振《九國志》原四十九卷，各爲「世家」、「列傳」，雜記吴、吴越、南唐、前後蜀、東漢、南漢、閩、楚，凡九國。又末二卷爲北楚，記高季興事，張唐英補撰，共五十一卷。今散見《永樂大典》中，「世家」全闕，「列傳」亦闕佚過半。邵二雲太史欲編輯之，未克成書。乙未冬，二雲南旋，以副本留葒谷農部處。丙申初秋，農部出副本屬予就所存署爲編次，得「列傳」一百三十四篇，離爲八卷，以付鈔胥。於中秋日鈔竟，復校而歸之。乾隆四十一年八月二十八日。古吴周夢棠記於因居。

此周氏編定後第一寫本，每條下皆注《大典》卷數、葉數，足資檢覈。金山錢氏刊本亦有周氏跋，而分十二卷，每國之首又補「世家」目，與此本不同，蓋彼爲定稿，此則初稿也。有「孔繼涵印」、「葒谷」、「石瓶庵」諸印。

九國志十二卷 鈔本

宋路振撰

此本與錢刊本同，而少周氏一跋。有「大梁宫氏怡古堂珍藏」、「常桂潤讀書印」、「蘭穆齋藏書印」、「南海伍元華家藏書印」、「南海伍氏元華家藏」、「伍氏聽濤山館」諸印。

南唐書三十卷 明刊本

宋馬令撰

自序（崇寧乙酉）

姚昭跋（嘉靖庚戌）

每半葉十行，行二十字，刊印極精。末姚昭跋失去，余從江陰繆氏藏本鈔補馬令自序一篇，他本僅存首篇，此本獨全。有「萬玉樓印」。

南唐書十八卷音釋一卷 錢罄室手鈔本

［宋陸游撰］

趙世延序（天曆二年）

王西室跋：余嘗閱馬令《南唐書》，未及見陸放翁書也。聞陸子虚家藏宋刻本，借而讀之。夏日課農田舍，攜之篋笥，因手録一帙，計百有五十六葉。昉五月十三日，迄六月十三日，間嘗還家數日，置而不録，實二十日而告成。然余以始衰之歲，觸炎履畝，揮汗濡豪，形既仍勞，目亦時眩，或手隨意勧，或心以言馳，多致脱訛，難免塗竄，殊爲潦草，聊備覽觀云爾。嘉靖二十九年歲在庚戌夏六月十五日，王穀祥識於婁東别業適志軒。

錢罄室手跋：　陸放翁《南唐書》本紀三卷、列傳十五卷，乃西室吏部王公手録本也。嘉靖甲子上元，大病初起，静坐齋閣，屏謝人事，日無聊藉，遂借録一過。所恨目力昏眊，用意疏脱，塗抹太多，殊不成書。間閲馬令書，互有不同，抑不知胡恢所著又何如耳。他日覓得善本，併録置齋中，用備考校，亦快事也。二書人物損益、褒貶去取，史家自有法度，非穀所知，兹不敢贊。録成，謹記歲月於後。是歲三月初七日，錢穀於縈木軒中書。（有「錢氏叔寶」印）

此本前有天曆二年趙世延序，後有戚光《音釋》，乃出元集慶路刊本。王西室跋以爲宋本者，誤也。每卷首題「南唐書第幾」，不著小題，與元本亦不合，蓋西室手録時所改，而罄室仍之，非原本如是也。紙用十行藍格，板心有「□□文章類抄」六字，上二字剜去，與罄室《隱逸傳》手稿格紙同。余既得《隱逸傳》全稿，復得此書，古緣可云厚矣。有「三徑主人」、「子子孫孫永保用享」、「毛晉之印」、「毛氏子晉」、「毛晉私印」、「汲古主人」、「虞山毛晉」、「子晉書印」、「汲古得修綆」、「希世之珍」、「審定真跡」、「開卷一樂」、「毛扆之印」、「斧季」、「吴興周氏」、「泰州劉漢臣麓樵審定善本」諸印。卷末有一印云：「趙文敏公書卷末云：　吾家業儒，辛勤置書。以遺子孫，其志何如。後人不讀，將至於鬻。穨其家聲，不如禽犢。苟歸他室，當念斯言。取非其有，無寧舍旃。」又目録首葉有墨印木記云：「賣衣買書志亦迂，愛護不異隨侯珠。有假不返遭神誅，子孫鬻之何其愚。」

南唐書十八卷音釋一卷 校明刊本

宋陸游撰　明沈士龍、胡震亨同校

沈士龍題辭

胡震亨題辭

此本卷一首行上題「烈祖本紀第一」，下題「南唐書一」，與舊刻諸史例合。全書用朱筆校正，首有「同治癸亥十一月朔校一過」一行，不知何人之筆。有「秀水莊氏蘭味軒收藏印」、「莊兆鈐印」、「和菴號曰仲韜」三印。

南唐書十八卷 鈔本

宋陸游務觀

沈士龍題辭

胡震亨題辭（後闕）

此本卷一首行題「南唐書卷一」，次行題「宋陸游務觀」，又次行低二格題「烈祖本紀」，與舊本不同。有「韓履卿藏經籍金石書畫印」、「元和江標建霞之印信」、「江標經眼」、「師許堂藏書」、「師鄦乙酉歲暮檢書印」諸印。又有一朱記曰：「江標像。大清光緒十二年十二月朔三十日，書窟弟子江標敬造長恩像一區，願鼠不敢嚙，蠹魚不生，永充供養。」

南唐書十八卷 拜經樓鈔本

［周在浚箋注］

趙世延序（天曆元年）

沈士龍題辭

胡震亨題辭

箋注凡例

戚光唐年世總釋

馬令南唐書建國譜

吴非三唐傳國編年圖

楊維楨正統辨

李清南唐書年世總釋前例

邱鍾仁南唐續唐疏論（皆附卷末）

朱竹垞與蔣蘿村二札

陳焯跋

吴兔床手跋：　大梁周雪客先生箋註《南唐書》，當時最有名，以未有刊本，故流傳絶少。昔襄平蔣蘿村、梅中兄弟合刻馬、陸二書時，曾得此校閲。既以示朱竹垞檢討，竹垞極賞，謂蘿村已刻馬、陸二書，是以不便從臾。攜過廣陵，曹荔帷先生見之，勸其弟燕客郡丞開雕，卒未果，迄今又七十三載餘矣。吾友張君文漁從易州山中得此書，數千里懷之以歸，喜不自勝，亟謀付之梨棗。予間從借讀，觀其徵引之富，真竹垞所謂「具費苦心」者。第其間亥豕脱謬，尚所不免，因與朱君允達據予家所有之書逐條校勘，凡諸異同，悉筆之簡端，還以質於文魚。至於箋中有繁者宜删、複者宜去、互異者應别其是非、附傳者當標其出處，若斯之類，皆私心所未安，而深望二三同志之共訂者也。文魚博雅嗜古，汲汲以表章爲事，試更以芻蕘之言，斟酌盡當而刊焉，非特爲山陰陸氏之功臣，抑亦雪客先生之益友矣。庚子端陽後二日，海昌吴騫跋。

周耕崖手跋：　歲壬寅，從兔牀借觀是書，於王氏藜照書屋，隨葉粘籤。十年以來奔馳南北，忽忽幾忘之矣。壬子春因纂修《廣德州志》，意其注中事有涉廣德者，復借閲一過。重檢舊簽，竟無新得以益之。二壬之間，白髮頻添，依然故我，可歎也。歲暮攜歸，輒附數言於末。十二月一日，海昌周廣業識。

此海寧吴氏拜經樓鈔本，吴槎客與朱巢飲以諸書細校，周耕崖復加籤識至數百條。吴、朱但校文字同異，耕崖商畧體例，蒐補事實，所裨甚多。有「紅藥山房收藏私印」、「拜經樓印」。

日本國考畧一卷補遺一卷　明刊本

梓山宗正老儒薛俊纂述　文林郎知定海縣事王文光增補重刊

鄭餘慶序（嘉靖癸未）
王文光序（嘉靖庚寅）
天一閣藏書。《四庫》著録即據是本。

南詔事畧一卷 明刊本

明顧應祥撰
自序（嘉靖壬辰）
王閣跋
天一閣藏書。《四庫》著録即據是本。

滇載記一卷 明刊本

新都楊慎
姜龍序（嘉靖癸卯）

滇載記一卷 明鈔本

新都楊慎編纂
卷首書題下題「説選十九」（編記十六），乃從《古今説海》本録出。天一閣藏書。

東國通鑑五十六卷　明鈔本

馬笏齋手跋：《東國通鑑》五十六卷，朝鮮國史臣撰。是書來自海外，前明藏書家罕著録者。近惟吴太史志伊撰《十國春秋》、厲徵君樊榭撰《遼史拾遺》始引用《東國通鑑》，而是書遂見知於世。或惜作者姓氏不傳。今案卷三十七有「史臣李齊言曰」云云，卷四十四有「史臣元松壽曰」云云，卷四十六有「史臣河寬曰」云云，卷五十五有「史臣陳子誠曰」云云，卷五十六有「史臣鄭井曰」云云，則其爲史館諸臣所撰無疑。其稱「我太祖」者即李成桂也，「我太宗」者即李芳遠也。始新羅紀景明王二年，至高麗紀恭讓王二年止。此書得自秀水陳氏，尚係明人舊鈔，有吴任臣二印。斷珪殘璧，彌可寶貴，未容以殘缺廢也。道光十五年歲在旃蒙協洽新秋，海鹽馬玉堂識于讀史精舍。

又跋云：書友顧培珍爲余言，曾在嘉禾博古堂見舊鈔本八册，亦有缺卷，後歸王江涇楊成齋廣文。未識與此本有異同否，俟其喆嗣至郡城，當屬訪之。笏齋載筆。

此本闕卷一至卷十一、卷二十二至卷二十五、卷四十至卷四十三、卷四十八至卷五十，共二十一卷，亦失序跋，故不見撰人姓名。予藏朝鮮安鼎福《東史綱目》，其「檢據書目」引及此書，云「本朝徐居正、崔溥等奉教撰」。居正又有《筆苑雜記》，亦在安氏引據書中。安氏云「徐居正字剛中，號四佳，達城人。溥字淵淵，號錦南，羅州人」，而李齊言、元松壽諸人，安氏皆不之及。蓋徐、崔爲總裁，而李、元諸人或纂修官也。有「吴任臣志伊氏」、「玉京書□」、「馬玉堂印」、「笏齋」、「漢唐齋」、「凌淦字麗生一字儷笙」、「吴江淩氏藏書」、「鷗寄室王氏收藏」諸印。末有「道光乙未歲武原馬氏漢唐齋收藏書籍」楷書木記。

東史綱目三十二卷附録四卷 高麗寫本

漢山安鼎福撰

自序(聖上即阼之二年戊戌)

卷首

凡例

傳授圖

地圖

官職圖

尹東奎跋(在卷首末)

此書原十六卷,每卷分上下,其附録亦分上中下。上卷爲《東史攷異》,中卷爲《怪説辨證》,下卷則分爲《雜説》及《地理考》二卷,故合爲三十六卷。雖用朱子書例,以書法爲重,然攷證詳確,頗訂金富軾《三國史記》、鄭麟趾《高麗史》及《東國通鑑》之誤,蓋東國史書之善者也。《麗史》、《通鑑》中土猶間有傳本,此則更罕見矣。舊鈔精湛,似彼土官書。

四時氣候集解四卷 明刊本

明李泰撰

姚福後序（景泰六年）

韓士英刻書序（嘉靖十九年）

天一閣藏書。前闕四葉。

三輔黄圖六卷 元刊元印本

序

苗昌言題（紹興癸酉）

每半葉十一行，行二十一字。目録後有「致和戊辰夏五余氏勤有堂刊」牌子，而苗昌言跋猶作行書，蓋覆刊紹興撫州本也。

四都賦一卷 明刊本

明方詔撰

王交刻賦後語（隆慶戊辰）

天一閣藏書。前闕一葉。四都者，興都、中都、南都、北都也。

元和郡縣圖志四十卷 鈔本

金紫光禄大夫中書侍郎同中書門下平章事兼集賢殿大學士監修國史上柱國趙國公臣李吉甫撰

自序

程大昌跋（淳熙二年） 又跋（同上）

洪邁跋（淳熙三年）

張子顔跋（同上）

王西莊手跋：吉甫薨於元和九年，此書第五卷第四葉河南道有懿宗咸通間事，殊不可解。辛卯八月初七日記，王鳴盛。

此從淳熙襄州本出，闕佚處與館本同，中多王西莊攷訂之處，封面亦西莊手題。有「王鳴盛印」、「鳳喈」、「西莊居士」、「光禄卿之章」、「汪士鐘讀書」、「修汲軒」、「汪振勳印」、「梅泉」諸印。

元和郡縣圖志四十卷 鈔本

序跋闕佚，均與前本同。卷首題「武陵盧文弨手校」，蓋從抱經先生校本迻録也。有「鈞」、「國維氏」、「一字西陶」、「敦仁堂」、「道甫曾經借讀」諸印。

九域志十卷 校鈔本

王存等進書表

盧抱經手跋：

乾隆乙巳五月八日東里盧文弨閱。時擬刻《春秋繁露》。（卷一後）

乙巳四月二十五日閱。（卷二後）

乙巳四月十七日，孫淵如來晤，將往中州畢中丞署。言及《山海經》肅慎國雒常樹下「先入伐帝」乃「聖人代帝」之誤，《太平御覽》不誤。（卷三後）

乙巳四月初八日閱。（卷四後）

乾隆乙巳四月庚辰朔，此卷先鈔完。盧弓父記。（卷五後）

乙巳四月十二日閱。（卷六後）

乙巳四月二十日寫竟。盧弓父記。（卷七後）

乙巳四月二十九日閱。（卷八後）

此與第一卷同時寫竟，乙巳五月八日記。（卷九後）

乙巳五月十一日鈔畢，家人將還杭州，可以元本還知不足齋主人矣。東里盧文弨，時在鍾山書院。（卷十後）

乾隆五十一年九月，以馮集梧新刻本校，其里數異同姑從略。弓父又識。（卷一後）

丁未三月二十七日，因別鈔有古跡之本，乃借之吴葵里者，復對閱一過。（卷五後）

丁未四月又鈔得有古跡本，對校一過。二十四日弓父記。（卷十後）

此盧抱經所鈔知不足齋本，復以馮刻與吳兔牀本校過，而於吳本異同記之最詳，每卷後均有題識。有「盧文弨」、「弓父手校」、「抱經堂寫校本」、「武林盧氏」、「抱經堂書」、「文弨之印」、「白首尚鈔書」諸印

新定九域志十卷 校鈔本

承議郎知制誥同修國史同判太常寺兼禮儀事判祕閣祕書省兼詳定郊廟奉祀禮文上騎都尉丹陽縣開國子食邑三百户賜紫金魚袋臣王存等奉聖旨删定

周有香手跋：案宋《九域志》大中祥符六年修定，熙寧八年七月十一日辛丑詔館閣校勘曾肇、光禄寺丞李德芻删定，以知制誥王存審其事。既以舊書不繪地形，難以稱圖，賜名《九域志》。凡壤地之離合、户版之登耗、名號之升降、鎮戍城堡之名、山澤虞衡之利，皆著于書。始四京，終化外羈縻州，總二十三路，京府四，次府十，次州十，州二百四十二，軍二十七，監四，縣一千一百二十五，爲十卷。元豐元年閏九月延和殿進呈，六年閏三月詔鐫，八年八月頒行。今是書卷帙無闕，前有卷首一卷，蓋完本也。於府、州、軍、監、縣均添入「古蹟」，蓋即元豐刻本而益之者也，故晁公武有「新舊《九域志》」之目。卷首、卷二闕文數處，餘卷亦有脱訛，因無别本可校，惟據《宋地理志》及《寰宇記》、《輿地廣記》參證，補闕文二十餘處，正訛五百餘字。其無可據者，以俟再考。又案，是書頒行在元豐八年，卷一内載元祐元年復鄭州榮

陽、滎澤、原武三鎮爲縣，或亦當時所補入歟。丙申十一月十六日甲午，有香周夢棠識於因居。

此孔葒谷所抄浙江進呈汲古閣景宋寫本，即抱經所謂有「古跡」本。卷一「四京」别出爲卷首，與官本不同。周有香爲之校正。又有嘉慶戊午無名氏手録朱竹垞跋，蓋出孔氏子弟手也。有「孔繼涵印」、「葒谷」、「長毋相忘」、「孔安樂印」諸印。

輿地廣記三十八卷　影宋鈔本

宋歐陽忞撰

自序（政和□年）

周有香手跋：　乙未冬，農部假抄兩浙進本，出以屬校，而未得暇也。今冬十月校《寰宇記》，竟姑從事焉。按是書共三十八卷，前三卷肇自《禹貢》，迄于五季，爲總敘；第四卷標宋州縣總目；後三十四卷自四京迄廣南化外州，分二十三路。敘山川古蹟，較《寰宇記》爲簡要，而于歷代州郡分合廢置及舊縣沿革尤爲詳審，《元和志》所未備也。中間脱簡五葉，其三十二、三十八兩卷闕佚幾半，餘卷亦多脱訛。因無别本可校，即以《元和志》、《寰宇記》並諸史志參證，補闕文千餘字，正訛六百餘字，其脱全葉者無從補也。又案忞自序誌「政和年三月」，佚其年分。陳振孫《書録解題》亦渾云「政和中」，不及詳核。今攷記中所載，如戎州之改名敘州，淯井監之改置長寧軍，俱在政和四年，若政和五年龍州改名政州，南劍州關隸縣改名政和縣，俱仍舊名，未經載入，則斷手應在四年，而書成作序或在五年三月也。丙申十一月十

六日，有香周夢棠識於因居。（下有「夢」、「棠」連珠印）

此孔葒谷所鈔浙江經進鮑氏知不足齋本，行款、闕佚均與宋本同，周有香爲之校正。孔氏於四庫館各家進本所鈔甚富，往往託友人代爲校勘。如《元和郡縣志》屬趙待詔東校，此與《新定九域志》屬周有香校也。後有嘉慶三年五月無名氏手録朱竹垞跋，下署「微波榭記」，亦葒谷子弟輩所書。有「孔繼涵印」、「長毋相忘」、「孔安樂印」、「新昌里印」諸印。

新編方輿勝覽七十卷 宋刊本

建安祝穆和父編

吕午序（嘉熙己亥）

自序（同上）

每半葉十四行，行二十三字，大字跨兩行，行約十四字。缺卷四十四至卷四十八、卷六十八至卷七十，皆前人影鈔補足。

聖朝混一方輿勝覽三卷 元刊本

不著撰人姓名，亦無序跋，唯卷一書題下有一牌子云「唐虞三代以來之州域北不逾幽并，南不越嶺徼，東至于海，西被于流沙，其間蠻夷戎狄之地亦有未盡啟闢者。方今六合混一，文軌會同，有前古所未有之天下，皇乎盛哉。是編凡山川人物、沿革本末，靡不具載，學士大夫端坐窓几而欲周知天下，操弄翰墨而欲得助江山，不勞餘力，盡在目中，信乎其爲勝覽矣」云云。觀其板式行款，蓋建陽書肆所編撰也。每半葉十二行，行二十字，大字跨兩行，體例畧與祝穆書同。元人地理總志自《大元一統志》已佚，僅有此書，然藏書家多未著録，惟吴氏拜經樓有之，是可寶矣。有「汪士鐘印」、「閬源真賞」、「平陽汪氏藏書印」、「郁松年印」、「泰峰」諸印。

大明一統志九十卷 明内府刊本

御製序（天順五年）

進書表

奉敕修大明一統志官屬職名

修攘通考六卷 明刊本

［明何鏜集］

自序（萬曆六年）

沈惟龍跋（萬曆十年）

首歷代輿圖，即宋無名氏《地理指掌圖》，前有蘇軾、趙亮夫二序。次桂萼《皇明輿圖》一卷，前有嘉靖八年進書疏。次許論《九邊圖論》一卷，有進書疏及張瓚題稿，謝少南序，宋宜、劉希簡二跋。次羅洪先《廣輿圖》二卷，有自序。

輿地圖不分卷 鈔本

不著撰人姓名，亦無序跋。首輿地總圖，次京師輿圖，次江南輿圖，次山東，次山西，次陝西，次河南，次浙江，次江西，次湖廣，次四川，次福建，次廣東，次廣西，次雲南，次貴州。圖前各有總説，後有各府州縣表，並具沿革貢賦、形勢大畧。

皇輿考十卷 明刊本

明張天復撰

自序（嘉靖丁巳）

目録後有「武昌府學教授廖恕學生李元敬校正」一行。

讀史方輿紀要一百三十卷 鈔本

［顧祖禹撰］

魏禧序

彭士望序

總序三篇

凡例

有「吴省蘭印」、「稷堂」、「文淵閣校理」、「翰林院編修吴省蘭之印」諸印。

吴郡圖經續記三卷　宋刻宋印本

自序（元豐七年）
常安民書後（元祐元年）
林慮後序（元祐七年）
祝安上後序（元符庚辰）
孫佑跋（紹興甲寅）
［宋］朱長文撰

黄蕘圃手跋：余向聞任蔣橋顧氏有宋刻《吴郡志》，倩人訪求，得諸華陽橋顧聽玉家，蓋華陽即任蔣之分支也。聽玉之祖雨時先生喜蓄異書，手自讐勘。余從其裔孫處得舊鈔本《續圖經》，有跋云「雍正十二年夏五月既望，於崑山徐氏購得葉文莊所藏宋刻本，校勘一過」，始知顧氏所蓄宋刻地志之書，范成大《吴郡志》而外又有朱長文《續圖經》。一日觀書華陽，適覩是書，楮墨精良，實勝范志。爰詢其直，需白鏹六十金，心愛甚而未之得也。閱載餘，以他事故至聽玉家，聽玉云「此書於子爲雙璧之合，吾且非子不售矣。子曷歸之，以比延平劍乎」。余重其書之不易覯，遂以五十金得之。卷中有鈔補處，皆明人錢罄室手跡。余嘗見錢氏有刻本，云是從宋本校勘者。今取宋本對之，不特行款弗同，且訛舛誠復不少，則宋本之可珍益信。卷中又有新刻以僞亂真者兩半葉，亦後人過於求全，固無損宋刻面目。今而後搜輯吾郡故實者得此，益徵詳備焉。乾隆六十年十二月醉司命日，郡中棘人黄丕烈書於讀未見書齋之北窗。

胡心耘手跋：吴郡朱樂圃先生續大中祥符《圖經》，爲是記三卷，元符二年祝公安上曾爲鏤板，旋遭兵燹。紹興四年孫公佑覆刊行，此本是也。明錢罄室有翻宋刻本，摹印亦稀。據黄氏後跋所云，已不能如是本之善。此書刊至再三，而流傳於世者即鈔本亦不易有。伏讀《四庫全書總目》云「州郡志書五代以前無聞，北宋以來未有古於《長安志》及是記者。朱彝尊跋《咸淳臨安志》，歷數南北宋地志，不及此記，知彝尊未見其書，爲希覯之本」，「徵引博而敘述簡，文章爾雅，猶有古人之風」。其推重此書若是。近時《學津討源》嘗經收刊，而竄改特多，如「寺院門」第六條「十六羅漢」改爲「十八」，不知二尊者乃後代增入，宋時未有此數也。「山門」第三條「横山在吴縣西南」，下句引《十道志》以證之，改爲「在吴縣西南十里」，不知《十道四番志》乃古書之名。「園第門」第十一條「范文正公少長於北，及還吴」云云，其所謂「北」即應天府也，改爲「少長於此」，不特未明范公出處，且與下句不相屬。此皆未審考，趁臆改之。全書謬誤甚多，不能備指。此外尚有《得月簃叢書》刻本，亦非完帙。惟此確係宋本，靈光巋然。今以番銀七十餅得自山塘汪氏，始有以證俗刊之謬。念吴郡地志，唐陸廣微書已經後人重輯，宋時官撰圖經又久佚不傳，三吴文獻幸而僅存，可不奉爲至寶也哉？咸豐二年十月，仁和胡珽書。（有「胡珽□染詞翰」、「琳瑯主人」二印）

光緒五年己卯冬十月十三日，新建勒方錡、吴縣潘遵祁、中江李鴻裔、元和顧文彬、長洲彭慰高、吴縣潘曾瑋、歸安沈秉成集吴氏聽楓山館同觀。（有「文彬」、「西圃」、「成」、「曾瑋」、「慰高私印」、「李鴻裔觀」、「臣勒方錡」、「悟□」諸印）

翁相國手跋：宋刻《吴郡圖經》三卷，海内孤本也。自菉竹堂葉氏、傳是樓徐氏流轉至黄氏百宋一廛，今歸郎亭汪侍郎萬宜樓。侍郎錢唐籍，而世居於吴，則亦吴人也，其得此書爲宜。余有舊鈔半部，欲假以鈔補，忽聞北方兵警，遂至中輟。余邑距郡九十里，欲遣一力賷還，則山中皆農夫，欲付航船，船人又未可恃也，因留案頭久之。案樂圃先生著是書在元豐七年，閲十六年而始鐫板，蓋沈霾於郡閣久矣，豈亦如石湖《志》爲人所譁而未之刻耶，抑是時太守章公固無意於斯耶。章公健吏也，與前守范公、晏公之禮賢士、獎儒術、勤水事者異矣，宜其惘然自足，不知文章著述爲何事也。近年以來，風氣迭變，余與郎亭伏處家衖，未嘗通賓客，而客亦莫之顧。郎亭文望重一世，又熟于故事，庶幾無愧樂圃，而余則頽然老矣。光緒二十六年五月七日，常熟翁同龢記。（下有「常熟翁同龢印」、「松禪居士」二印）

每半葉九行，行十八字。自序首葉與卷下第十八、十九二葉皆錢叔寶手鈔，又卷下第三十四葉前半葉及孫佑跋後半葉，乃後人補刻羼入，黄跋所謂「新刻以僞亂真者兩半葉」是也。又卷下第十九葉，後人撤去錢氏補鈔葉，而易一影鈔者，後闕四行（錢鈔同），不知據何本影寫，疑即用錢氏刊本也。書以紹興甲寅刊于平江，故端重清勁，猶有北宋遺風，與同時杭越諸州刊本可稱伯仲。吴中舊志存者莫古於此，故葉文莊、徐健庵、顧雨時、黄蕘圃、汪閬源、胡心耘、吴平齋、汪郎亭先後珍弆。卷末又有「吴松漁隱」、「陸氏大用」二印，當亦崑山人。此書自徐入顧，由顧入黄，則此書之在陸氏，當在健庵以前矣。顧雨時名若霖，字仲子，余藏其所校《後漢書》全部，書法遒美，有義門之風。葉、陸、徐、顧、黄、汪皆吴人，胡、吴、汪皆浙人而旅吴者，蓋此書自摹印後垂千年，至今日始離吴郡也。有「葉氏菉竹堂藏書」、「葉文莊家世藏」、「吴松漁隱」、「陸氏大用」、「乾學」、「徐健庵」、「平陽汪氏藏書印」、「汪文琛印」、「臣文琛印」、「厚齋」、「士鐘」、「閬源父」、「長洲汪士鐘閬源父印」、「三十五峯園主人」、「民部尚書郎吴雲」、「平齋」、「吴雲字少青號平齋晚號退樓」、「吴平齋祕篋記」、「吴平齋讀書記」、「歸安吴氏兩罍軒藏書印」、「兩罍軒藏書印」、「宋本」、「開卷一樂」諸印。

吴郡圖經續記三卷 校鈔本

朱長文撰

自序（元豐七年）

常安民書後（元祐元年）

林虙後序（元祐元年）

祝安上後序（元符庚辰）

孫佑跋（紹興甲寅）

蘇軾等劄子（元祐元年）

吴兔床手跋：《續吴郡圖經》世間傳本絶少，而此係秀水濮自崑先生手校，尤爲可寶。余三十年嘗偕鮑渌飲遊吴中購得之，珍藏至今。每一展卷，覺古香襲人，後世其善視之。嘉慶辛酉，兔床騫記。

陳仲魚手跋：嘉慶十一年秋，郭海陳鱣借校一過。時寓中吴别業。

此舊鈔本。卷上後有「淳熙改元三月琴川徐日新觀於中山書樓」二行，此宋人舊題，當自宋本出也。秀水濮自崑手校。自崑爲義門弟子，故述其師説每冠以「先生曰」、「先師曰」或「義門先生曰」云云。即不著何氏説者，如卷下《事志》「齊何求字子有」條評云「樂圃文筆高雅，能傳吾家三高之事，當採入世譜中」，此亦義門語。則濮校殆全臨義門校語也。吴兔床、陳仲魚續有補正，陳氏復以宋本補脱文數條，蓋即據黄氏藏本也。後附《餘事集》、《翰林要訣》、《湛園題跋》三種，共爲一册。前二書濮氏手評甚多，似亦録義門語，有「拜經樓吴氏藏書」、「吴兔床書籍印」、「同治甲子潘康保三十一歲後所得」諸印。

新安志十卷　鈔本

［宋羅願撰］

自序（淳熙二年）

趙不悔跋（淳熙二年）

此明末國初鈔本。前有九圖，曰徽州路總圖，曰徽州府城圖，曰總管府治圖，曰歙縣圖，曰休寧縣圖，曰祁門縣圖，曰績谿縣圖，曰黟縣圖，曰婺源州圖。其地名、官名皆用元制，則此諸圖乃元時所補，此本恐亦從元刊出也。前人以刻本通校，箋其異同不下百條，其最著者則卷十「物理」一門，與「記聞」末二葉，均刻本所無，則此信善本矣。有「歙吴束三藏書」、「一字弘澤」、「甹公」、「汪士鐘藏」、「平陽汪氏」、「汪振勳印」、「梅泉」諸印。

嚴州圖經三卷 影宋鈔本

［宋劉文富編］

劉文富序（淳熙丙午）

董弅舊志序（紹興己未）

丁丙跋

存前三卷，每半葉十行，行二十字。錢唐丁松生影鈔吾郡陸氏宋刊本，以寄袁爽秋京卿，京卿刊入《漸西村舍叢書》者即此本也。錢竹汀先生跋《新定續志》云「此志創於董弅，題《嚴州圖經》，經陳公亮重修。實則公亮守嚴州時命教授劉文富訂正，非出公亮手也。書成於淳熙中，而知州、正倅、添倅并進士題名，記至寶祐四、五年，蓋後人續有增入。宋時官志、地志皆如此。板心有「漸西村舍」四字，乃袁氏付刊時所加。原本「添倅」題名中一葉，錯入「正倅」題名中，亦袁氏付刊時所改正也。有「朱檉之印」、「九丹」、「九丹一字淹頌」、「永清朱玖聃藏書記」、「君耆」諸印。

三山志四十二卷 校鈔本

宋梁克家撰

自序（淳熙九年）

程心齋手跋： 道光屠維作洛之歲孟陬月，據劉燕庭方伯所藏明人寫本對勘一過。烏程程慶餘記于吳中寓齋。

每半葉九行，行十八字，平闕之式皆同宋本，蓋自宋刊傳鈔。原鈔缺字，校補無多，蓋明鈔亦已殘闕。有「慶餘經眼」、「心齋」二印。

吳郡志五十卷 校宋本

吳郡范成大撰

趙汝談序（紹定二年）

宋賓王跋（卷六後不著名氏）

陸拙生手跋： 嘉慶辛未初冬，借士禮居藏宋賓王校宋本傳校。吳郡陸拙生記。

十月初六日，又借宋本覆校。拙生。

初，華亭王顓庵相國家藏宋本《吳郡志》，宋賓王從之借校，其書後歸黄氏士禮居，而錢遵王所藏宋刻本後亦歸黄氏。陸氏借此二本，校于汲古閣刻本上，又以《吳都文粹》及舊鈔郡志細校，可云善本矣。

有「佩初」、「複壁藏書」二印。

會稽志二十卷續志八卷 明覆宋本

宋施宿撰　續志宋張淏撰

陸游序（嘉泰元年）

張淏續志序（寶慶元年）

王綎書後（正德庚午）

每半葉十行，行二十字。卷末有「皇明正德五年龍集庚午九月初吉重刊」一行。正志後原有識語云「紹興府今刊《會稽志》一部二十卷，用印書紙八百幅、古經紙一十幅、副葉紙二十幅、背古經紙平表一十幅，工墨錢八百文，每册裝背□□文，右具如前。嘉泰二年五月□日手分，俞澄、王思忠具，安撫使司校正書籍」云云，此本奪去。末附《紹興名宦鄉賢録贊》一卷，則明山陰王綎所撰。前有自序，明刻本多無之。舊闕卷十七至卷二十，前人影鈔補足。有「五橋珍藏」、「慈谿馮氏醉經閣圖籍」二印。

寶慶四明志二十一卷開慶四明續志十二卷 鈔本

宋羅濬撰　續志梅應發、劉錫撰

提要

劉錫續志序（開慶元年）

有「胡惠孚印」、「曾藏當湖胡篴江家」二印。

新定續志十卷　宋刊本

［宋鄭瑶等修］

方逢辰序（景定壬戌）（闕前二葉）

顧澗蘋手識：宋本《新定續志》闕序之一二葉，《蛟峰集》有其文，兹從録出，依後葉款式而縮於一紙，以備讀而已。倘天壤間有原刻出，幸勿執而求其合也。嘉慶庚申五月十有七日，澗蘋居士記。（有「思適齋印」）

錢竹汀手識：庚申六月，竹汀居士錢大昕假讀一過。（有「錢竹汀印」）

又手跋：此志創於董弅，題《嚴州圖經》。經陳公亮重修，亦仍其舊。而《直齋書録》、馬氏《文獻通考》皆作《新定志》。即志所載書籍，亦但有《新定志》，初無「圖經」之目。蓋宋人州志多以郡名標題，不妨一書兼有二名，以此所續者即董、陳兩家之志耳。志成於錢可則莅郡之日，當在景定間，而卷首載咸淳元年《陞建德府省劄》，其「知州題名」可則後列郭自中等八人，此後來次第增入，宋時志乘大率如此。庚申中伏，大昕書於紫陽寓館。（有「大昕私印」、「竹汀」、「七十三年矣」三印）

又手跋：此書當刻於咸淳七八間。蕘圃定爲宋槧，自無可疑。咸淳終於十年，又二載而疆域全入於元矣。轉瞬之間，便隔兩朝，何怪乎板式之相類耶。大昕又記。（有「竹汀」印）

瞿木夫手識：庚申五月，瞿中溶藉觀。（有「瞿萇生印」）

黄蕘圃手跋：嘉慶庚申，吳門黄氏收藏，重裝四册。宋刻一百五十六葉。（有「黄丕烈」、「蕘圃過眼」、「士禮居藏」三印）

又手跋：往余從書友包中見殘宋本《嚴州圖經》，因徧閲諸家書目，以究其書原委。恭讀《四庫全書總目》，僅於《景定嚴州續志》條下載有「紹興舊志今佚」之語，而所收者爲《新定續志》，然民間未有此書也。歲庚申，聞浙省書坊從故家買得舊志，書幾至充棟，相傳有景宋鈔《寶慶四明志》，因屬書友之往浙省者，贈以盤纏，爲余代訪。越半月，僅以一種來，啟包見板口闊而黑，視之則《新定續志》也，心疑爲非宋刻，即持示同人。賣書人如錢聽默，藏書家如周香嚴，雖皆素稱識書者，然但詫爲未見書，而宋刻與否，初不敢以意定也。惟西賓顧澗蘋與余賞析，謂非宋刻而何。因思余所藏《中興館閣録續録》有咸淳時補板，皆似此紙墨，款式間有闊黑口者，可知宋刻書非必定白口或細黑口也。蓋古籍甚富，人所見未必能盡，欲執一二種以定之，何能無誤耶。是書前有方逢辰序，存三四五葉，然其中序述志成之由，謂「出於錢可則之守嚴」，而志中「書籍」載有「《新定續志》，知郡華文錢寺丞任内刊」云云，此爲向所未經表明者，故特著之。至於編纂爲「浙漕進士州學學録方仁榮、迪功郎差充嚴州州學教授兼釣臺書院山長鄭珤」，目録後及卷十終皆兩載之，亦可以得其始末矣。書凡十卷，目録完好，惟序闕三葉，前或别有序，皆不可知。顧余獨有奇焉者，序第五葉末餘紙，有字跡反印者，當是水濕所致，驗之爲前志所載《太宗皇帝詔敕文》。爰憶曩所見《嚴州圖經》中有之，且版刻紙墨與《圖經》無二。或二書本藏一處，相爲比附而行，不知何時散佚，令人區而二之，留此以待他日延平之合。蓋《嚴州圖經》僅載於《宋史・藝文志》，謂是「董弅撰，八卷」。《解題》及《通攷》皆云「《新定志》八卷，董弅令升撰，紹興己未也。淳熙甲辰陳公亮重修」。不知宋之志藝文者，何以知爲《嚴州圖經》而不云《新定志》，抑或淳熙重修，故改此名歟（按方序中亦有「淳熙後闕而不修」之語），安得《圖經》並列，一一相爲證明也（《嚴州圖經》爲嚴姓物，於數年前得之於崑山書集街，價止青蚨三兩二錢，藏經紙面，裝四册，止存三卷、一百十九葉，云是太倉金元功家物。余檢葉文莊《菉竹堂書目》載有《嚴州圖經》，無卷數、册數，當是葉傳金而金又散出者也。先是，書友攜是書來，索直百千文，余未及還價而即取去。後嚴持示錢竹汀先生，先生以爲祕籍，世無二本，當寶愛之。故近日欲請觀，每託言爲友人借去，不能再見。然屬書友及與嚴素識者往探消息，總以議價定妥，然後索歸，則此書猶非不可復合者。惜余買書金盡，不能如數與之，以致書不能復合。司書鬼與司錢神，其能爲我一爭勝耶。可嘆可恨）。余既收得此未見書，因坐齋中讀之而誌其顛末如此。嘉慶五年閏四月芒種後三日雨窗書，黄丕烈。（有「黄丕烈印」）

又手跋：是書之來，湖人施錦章爲我向伊親陶士秀處訪來。所云故家，未知誰何。卷中有「吴焯」、「尺鳧」、「西泠吴氏」圖章，當是瓶花齋物也。先是，士秀以番錢四枚買得宋刊《司馬温公集》，易余六十金而去。今聞其得故家書有三間屋，價止青錢二十四兩，令人可嘆可笑。此書以白金三十金相易，則其他之直錢不從可推乎。然余謂書友之書，賺錢原爲貿易常態，而此人頗不俗。蓋書友得書，總以完善爲妙，若此書自目録後俱全，且有圖章鈐于首，倘欲求盡善，何不以破碎不全之序文而去之乎。即此以見其有識者，爲誌其姓氏云。（有「蕘圃過眼」印）

每半葉八行，行十八字。目録及卷十後並有「編纂浙漕進士州學學録方仁榮、迪功郎差充嚴州州學教授兼釣臺書院山長鄭珤景定時刊」。其卷一《陞建德府省劄》及「知州題名」，郭自中以下八人，則咸淳時所增入也。近日桐廬袁氏叢書所刊據文瀾閣本，其源亦出宋本，而舛誤殊甚。如卷六「知州題名」，此本用表式分爲四格，首姓名，次官階，次到任、去任年月，次政績，而袁本則姓名用大字，餘三格并爲小注，不復區别。此外譌奪處殆數十條，而修志之「鄭珤」乃譌爲「鄭瑶」，尤爲顯然者。至卷四「書籍板門」有《爾雅義》一種，攷《直齋書録解題》，陸佃《爾雅新義》，其曾孫子遹刊於嚴州，今州學書板有《爾雅義》而無《爾雅新義》，則「義」字上奪「新」字可知。此宋本已然，非自閣本始也。有「董其昌印」、「寶田堂書畫記」、「吴焯」、「尺鳧」、「西泠吴氏」、「宋本」、「黄丕烈印」、「蕘圃」、「黄丕烈」、「蕘圃過眼」、「蕘圃卅年精力所聚」、「讀未見書齋收藏」、「書魔」、「讀未見書齋」、「士禮居」、「百宋一廛」、「江夏無雙」、「汪士鐘」、「閬源真賞」、「吴雲平齋」、「吴雲私印」、「吴平齋祕篋記」、「二百蘭亭齋」、「歸安吴氏兩罍軒藏書印」、「兩罍軒藏書記」、「論語春秋在此璺」諸印。

重修毘陵志三十卷 鈔本

宋史能之撰

自序（咸淳四祺）

吴翌鳳跋（乾隆甲辰）

張德榮跋（乾隆乙巳）、又跋（丙午）、又跋（同上）

此書舊鮮傳本。吴枚庵初從王西莊借鈔，僅二十卷，前十九卷具存，惟闕卷二十，以卷二十四代之。後從趙味辛借得不全刊本，僅後十卷鈔補完竣，然尚闕第二十一卷，而卷十一亦闕首葉。趙氏重刊本同。張氏從枚庵兩次借鈔，此又從張氏轉録者也。有「汪士鐘讀書」印。

咸淳臨安志一百卷 青欞書屋鈔本

宋潛說友撰

自序

凡例

朱彝尊跋

杭世駿跋

張燕昌跋

孔葒谷手跋：　乾隆乙未之冬，自周書昌編修許得見「浙江省經進遺書」壽松堂孫仰曾家鈔本，云缺七卷，即從秀水朱氏本録出，假歸寫之。所闕之卷，即六十四之志「歷朝人物」，六十五、六十六之志「本朝人物」，九十之記「遺事」，九十八、九十九之記「遺文」，一百之志「歷代碑刻目」也。丙申二月，將爲裝緝，因識得書之由，并録朱跋于上。十八日春陰欲雨，孔繼涵記。

案此孔葒谷所鈔浙江經進本，每卷首題「錢唐黄沄瀠江手鈔」，其源出小山堂趙氏本也。前朱、杭、張三跋皆葒谷手書，板心有「青檽書屋」四字。有「孔繼涵印」、「葒谷」、「孔氏家藏」、「孔昭詠印」、「雈舟」、「費」、「西蠡所藏」諸印。

咸淳臨安志一百卷　鈔本

自序

凡例

行在所録自序（存半葉）

朱彝尊跋

盧文弨跋

吳翌鳳跋

莫棠手跋

此出抱經堂本。弓父先生以鮑渌飲所藏宋刊殘本校，并補卷六十五、六十六兩卷。吴枚庵從之借鈔，此又從吴氏鈔本出也。後人復臨盧、吴二家校語，似出章紫伯手。有「瓜纑外史」、「章紫伯所藏」、「章綬銜印」、「紫伯過眼」、「歸安章綬銜字紫伯印」、「日鑑」、「鐵華珍賞」、「吴興陳經印信」、「蕭穆字敬孚印」、「蕭穆讀本」諸印。

嘉禾志三十二卷　校鈔本

元徐碩撰

郭晦序（至元戊子）

唐天麟序（至元著雍困敦）

黄蕘圃手跋：《嘉禾志》向蓄袁氏貞節堂鈔本，而借嘉定錢少詹家藏鈔本手校一過。袁本亦從錢本鈔出，訛謬更甚，行款亦多改移。今吴枚庵家書有此鈔本，雖非絶精，然與錢本多同，間有一二似勝錢本，爰以臨寫錢本覆勘。卷中紅筆爲枚庵所校，余續校者於紅筆多用名以别之。時嘉慶癸亥冬至後九日。蕘翁記。

此本經吴枚庵、黄蕘翁先後讐校，足稱善本。有「士禮居藏」、「曉滄經眼」二印。

嘉禾志三十二卷　鈔本

元徐碩撰

郭晦序（至元戊子）

唐天麟序（至元著雍困敦）

王西莊藏書。有「王鳴盛印」、「西莊居士」、「甲戌榜眼」、「光禄卿章」、「曾藏汪閬源處」諸印。

四明志十七卷 校鈔本

元袁桷撰

陳子相手跋：同治七年戊辰長夏校閲。

同治七年戊辰秋七月朔日校。（下均有「陳勱借觀」印）

此《延祐四明志》闕序及卷九、卷十、卷十一三卷，又目録闕前三十葉，各本皆同。中有校訂數處，乃錢竹汀先生筆，餘皆陳子相所詳校也。有「抱經樓」印。

四明續志十二卷 校鈔本

元王元恭撰

自序（至正二年）

陳子相手跋：同治七年戊辰，縣有修志之舉。從余壻王菁史借得至正《四明續志》十二卷。是書爲其大父曙山丈所藏，筆畫端好，與余所見抱經樓盧氏《延祐志》同出一手，而卷帙之高低廣狹亦復相似。惜其中訛脱，觸目皆是，因取煙嶼樓校刊本及劉藝蘭所藏鈔本子細讐校，多所更正。雖未能盡復舊觀，然錯誤處已十去五六矣。菁史其善藏之。是歲仲冬月下旬，子相甫陳勱識。

同治戊辰十一月校讀一過，陳勱記。

蘇州府志五十卷圖一卷 影鈔明洪武刊本

郡人盧熊輯

宋濂序（洪武十二年）

姑蘇地志自《吴郡志》後，宋末章悊作《吴事類補》，其稿散佚。元總管趙鳳儀嘗集諸儒論次遺闕，書亦未就。至洪武中，盧氏爲吴縣教諭，始成之。盧氏於此書用力最久，其刊行《中吴紀聞》在元至正二十五年。其跋云「非區區留意郡志，則其書将泯没而無聞矣」，則其從事此書，蓋歷十餘年。書刊于洪武十二年，宋景濂爲之序，然傳世頗希，惟黄氏士禮居、陳氏稽瑞樓藏有原刊本。黄本後歸吾鄉陸氏。此本爲陳碩甫所鈔，殆自黄本出。今黄本已流出海外，則此影鈔本益足貴矣。板心有「三百堂陳氏鈔本」七字。有「曾在三百堂陳氏處」印。

新編嘉祥縣誌六卷 明刊本

儒學教諭姑蘇周紹編輯　訓導李輔婁奎校正

婁奎序（成化甲辰）

周詔序（成化二十年）

李輔序(成化二十二年)

此成化中所刊,而卷五「名宦人物」、卷六「文章題詠」均嘉靖中事,乃嘉靖中增入也。嘉祥爲漢金鄉縣東境。誌載「漢太子墓在縣南三十里紫雲山西,上有石亭堂三座,俱淤入土,止有三四尺在土之上。石之堂壁有刻伏羲以來祥瑞之物者,有刻古之忠孝故事者,千狀萬態,纖巧無比。北有漢碑一通,上露尖頂三尺,中有一孔,文字模糊,相傳以爲漢太子之墓」云云。此《水經·濟水注》所記金鄉魯恭(當作「峻」)冢前石室,今之孝堂山石室也。以此誌觀之,「孝堂山」即「享堂山」之訛,因有享堂,故俗以名其山云。

休寧志三十卷 明刊本

明程敏政撰

自序(弘治四年)

凡例

休寧縣境之圖

每半頁十二行,行二十一字。志十八卷,餘皆所附詩文也。弘治四年刊本。有「程時義印」、「宜生」、「時義」、「子愃」諸印。

睢州志九卷　明鈔本

明李孟暘等編

自序（弘治十八年）

圖

凡例

此志撰於弘治，然各門紀事並訖嘉靖，蓋嘉靖末所續修。又目録卷九爲「祥異」、「方術」、「仙釋」三門，而本書則「方術」、「仙釋」附卷八後，卷九則「祥異」後附「睢州詩文」，蓋目録爲弘治本之舊，而志則嘉靖增修也。有「壽陽祁氏藏書」一印。

嘉興府志補十二卷　戴松門手鈔本

賜進士嘉興府知府萊陽于鳳喈修纂補遺　嘉興府儒學教授岳陽何鑑校正　東邱子郡人鄒衡編輯

陳琳序（正德壬申）

何鑑後序（正德元年）

鄒衡序（同上）

戴松門手跋：是書頗不易得。嘉慶己未至庚申，修志年餘，志將竣，始購得此二册，亟手録藏之。凡柳志所未備者，賴此得多所徵信云。松門記。嘉慶庚申二月録畢於鴛湖書院。

志局原本多訛，鈔本不一，應覓刻本細心校正。松門記。

鄒東邱舊志無傳，余採《嘉禾獻徵録》特爲立傳，入「文苑」中，庶足爲留心文獻者勸也。立秋後二日，松門書。

此補弘治壬子柳琰所修《嘉興府志》者。正德元年知州陳琳刊之，久無傳本。此出戴松門手録，行楷精雅，尤可珍重。有「戴光曾印」、「博求文獻」、「購此書是不易」、「嘉興陳其榮珍藏記」、「荄盦漫士鑑藏」、「朱士楷藏書章」諸印。

重修富春志七卷 明刊本

明吴堂修

聶大年序（正統五年）

正統初知富陽縣事吴堂所修。序後有「正德十六年三月吉日知縣安福劉初重刊」一行。然書中「官師題名」及「科貢」二門直紀至萬曆中，此二門板刻亦迥異，則又萬曆時所增入也。有「彭城開國」、「汲古閣」二印。

新修兖州府鄒縣地理志四卷 明刊本

鄒縣儒學訓導湖南湘漣後學謝秉秀輯　鄒縣儒學教諭河南睢陽後學王憲校閱　署鄒縣事郯城縣縣丞江西新建後學戴光修刊

孟公肇序（嘉靖乙酉）
謝秉秀跋（同上）

漳浦縣志十二卷 明刊本

明林梅撰
林魁序（嘉靖九年）
凡例
林梅書後（同上）

漳浦前未有志，林氏始創爲之，大章取材於成化《八閩通志》及正德《清漳志》。此志刊於嘉靖九年，而卷九、卷十一末各有嘉靖季年時，乃後有增入也。天一閣藏書。

廣西通志六十卷 明刊本

明黄佐等撰
蔣冕序（嘉靖壬辰）
林富序（嘉靖辛卯）
舊志序
凡例

黄佐後序

廣西舊有弘治癸丑周孟中所撰通志。嘉靖乙酉，提學僉事唐胄、參政黄芳續修未成。至黄佐爲提學，始成之。有「稽瑞樓」、「廣東肇陽雁道關防」二印。

明固原州志二卷 明刊本

進士楊經纂輯

唐龍序（嘉靖壬辰）

天一閣藏書。

山東通志四十卷 明刊本

明陸舉之等撰

方遠宜序（嘉靖癸巳）

楊維聰序

陳沂序

張寅序傳

王應槐序後

此山東提學副使陸舉之得前憲副志稿十二卷，因而廣之。佐之者張通判寅、王知縣應槐等十餘人也。

鄒平縣志四卷 明刊藍印本

鄒平縣知縣葉林校修

自序（嘉靖癸巳）

天一閣藏書。

萊州府志八卷 明刊本

明胡仲謨撰

毛紀序（嘉靖乙未）

胡仲謨後序（同上）

天一閣藏書。

廣德州志十卷 明刊本

明鄒守益等撰

鄒守益序（嘉靖丙申）

朱麟序（同上）

闕末三卷，即人物、祥異、藝文三志。有「陸羽儀印」「用爲氏」二印。

僊遊縣志八卷 明刊本

明林有年撰

林富序（嘉靖戊戌）

凡例

仙遊縣前後修志姓氏

林有年後序（嘉靖己亥）

卷末有「署仙游縣事平海衛經歷周聰刊行」一行。

天一閣藏書。

隨志一卷 明刊本

不著撰人姓名，亦無序跋。考《四庫總目》地理類存目：《隨志》二卷，明隨州知州蓬溪任德屬州人顏木撰。上卷編年，紀事始自羲皇，迄於明代。下卷皆録詩文。其編年之例，全仿《春秋》經文，稱隨爲「我」，而以地方沿革、宦之遷除，士之中鄉會試、貢太學者按年紀載。以此書證之，一一相合，即木書上卷也。天一閣藏書閣中又有《隨志》二册，亦明鈔本，其書紀明一代大事，至嘉靖中葉止，《閣目》入史部編纂類，與此書絶異。疑亦顏木所撰。范堯卿侍郎嘗知隨州，故並有其書也。

湖州府誌十六卷 明刊本

明中順大夫湖州府知府壺關張鐸書、歸安教諭吴郡浦南金輯　烏程教諭古閩卓邦清、武康教授古閩魏濠同校

劉麟序（嘉靖壬寅）

張鐸後序

浦南金跋

此書出浦氏手，刊于嘉靖壬寅。卷一郡紀，卷二帝胄表、疆域表，卷三、卷四古今守令表上下，卷五古今科第表上下，卷六國朝人物表，卷七山川志，卷八食貨志，卷九建置志、學校志，卷十秩祀志、兵志、溝洫志，卷十一藝文志上下，卷十二名宦列傳上下，卷十三宦業、武功列傳，卷十四儒林、文苑列傳，卷十五忠烈、孝友、烈女傳，卷十六寓賢、隱逸、方技列傳，凡爲紀一、表七、志九、列傳十二。跋後皆附以論贊，稱「郡史氏曰」云云，全用正史體例，爲《談志》後第一善本。末有同事生員八人姓名：湖州府學嚴大觀、潘伯驤，烏程縣學錢棠、陸涇、湯□材、王道隆，歸安縣學顧震，武康縣學徐大化。印本稍漫漶，舊闕卷三，從别本鈔補。有「吴勤邦印」、「兩旌孝義十世封贈之家」、「秋芸館珍藏圖籍之印」諸印。

太倉州志十卷 明刊本

［明張寅撰］

王積序（嘉靖戊申）
王忬序
周鳳岐序
張寅後序（嘉靖戊申）
金江跋（同上）
　　太倉志前有陸文量容、桑民懌悦、都元敬穆三家書，此志成于張曉川，而陸之箕、之裘佐之，故頗詳贍有法。太倉自元以後爲海運及海外諸夷互市之所，當時謂之「六國馬頭」，故明鄭和使西洋，亦由州屬劉家港放洋。此志所載《海運攷》及朱清、張瑄遺事，鄭和等七次使番事蹟石刻，皆足資攷證。原印多闕葉，皆影鈔補足，然尚有空白二葉，蓋明末板已殘闕。書中有識語，乃乾隆後修《太倉志》者所加。有「陸時化印」、「聽松山人」、「翠華軒收藏書畫記」諸印。

嘉興府圖記二十卷 明刊本

皇明中順大夫嘉興府知府三原趙瀛校定　奉政大夫通政司左參議慈谿趙文華編輯
趙瀛序（嘉靖己酉）
趙文華序（嘉靖戊申）
　　有「温陵黄俞邵藏書印」、「慈谿馮氏醉經閣圖籍」、「五橋珍藏」諸印。

江陰縣志二十一卷 明刊本

前史官邑人張袞修

自序

唐順之序（嘉靖戊申）

凡例

宋志全境圖

山川圖

四境圖

縣城圖

趙錦後序

存前六卷，卷七以下影鈔補足。有「晉江黄氏藏書」、「稽瑞樓」、「雲輪閣」、「荃孫」諸印。

商畧商南縣集八卷 明刊本

郡人任慶雲重編

李鴻漸序

朱朝弼後序（嘉靖三十一年）

此商南縣學教諭朱朝弼所編，郡人任慶雲重修，實商南縣志也。任意欲修商州志，以此編入其中，故題此名。

貴州通志十二卷 明刊本

欽差巡視提督學校貴州按察司副使謝東山删正　貴州宣慰使司儒學訓導張導編纂　學生湯建中、馬陽、吴鎧、李樸、汪藻、倪世傑、馬希龍、孫世賢、任懋中、胡禾同編。

楊慎序（嘉靖三十四年）

天一閣藏書。

河南志四十五卷 明刊本

明李濂、朱睦㮮等撰

鄒守愚序（嘉靖十四年）

潘恩序

孫昭序（嘉靖三十五年）

李濂序

朱睦㮮序（嘉靖三十五年）

河南舊有成化通志，頗簡畧。此志出李川父、朱灌手，朱、李皆熟於河南掌故，故其書獨詳贍。天一閣藏書。

高唐州志七卷　明刊本

知州事龍泉胡民表總裁　同知州事義烏金江撰次　郡人穆伯澄、熊芝、崔若無、劉仲龍校正

金江序（嘉靖癸丑）

纂修凡例

敘志

　天一閣藏書。

陵縣志八卷　明刊本

進士野史少岱谷蘭宗裁正

邢如默序（嘉靖癸丑）

孫禹序（同上）

凡例

梅思後序（同上）

賈鴻漸跋（同上）

　天一閣藏書。

武平縣志六卷 明刊本

明徐甫宰等修

王時槐序（嘉靖己未）

修志姓名

凡例

張岩後序（同上）

天一閣藏書。

蒲州志三卷 明刊本

明邊象撰

王輪序

邊象跋（嘉靖己未）

天一閣藏書。

寧波府志四十二卷 明刊本

南京兵部尚書郡人張時徹纂修　寧波府知府蜀威遠周希哲訂正

范惟一序（嘉靖庚申）

聞淵序（同上）

張時徹序（嘉靖三十九年）

葉照序

修志氏名

四明志自乾道、寶慶、延祐、至正四修，成化中楊寔復修之。此志修於嘉靖乙未，逾年而成，所據者成化志者也。今宋元四志具存而楊志罕傳，攷明以後事實者不能不據此書矣。

吳興掌故集十七卷 明刊本

九靈山長徐獻忠輯　延州布衣吳夢暘閱　後學茅獻徵校

范惟一序（嘉靖庚申）

茅瑞徵序（萬曆乙卯）

李松書翰

茅獻徵跋

全書十六門，每門爲一卷，獨「藝文」分上下，此因浦表過簡，補所未備而作。

浙江通志七十二卷 明刊本

［明薛應旂編］

徐階序（嘉靖辛酉）
例義
全浙地里圖
自序
校録姓名

每半葉十行，行二十字。此嘉靖壬子薛方山督浙江學政時，因華亭相國視學時所集志稾，着手編纂。越十年家居，始成此書，故華亭爲之序。（此本闕前九卷并序跋。天一閣藏書。有「天一閣」、「四明山水埜」、「四明陳氏文則樓藏書記」諸印。）〔一〕

〔一〕此據稿本補入。

山西通志三十二卷 明刊本

明周斯盛等撰
楊宗器序（嘉靖四十三年）
王好問序（嘉靖癸亥）
熊迴序（同上）
周斯［盛］序（同上）

周序後有「山西按察司副使提督學政閩中陳瑞重加校刊」一行，又有校修生員姓氏。有「知非樓所藏書」一印。

徽州府志二十二卷 明刊本

明何東序編

闕卷一及卷十七、卷十八三卷。案《千頃堂書目》：何東序《徽州府志》二十二卷，嘉靖丙寅修。此本卷數同，而「職官」中知府姓名迄於蕭敏道，注云「萬曆三年任」，餘官均迄於嘉靖四十五年，則猶是何修者也。

蘭州志三卷 明刊本

肅莊王金城志序（永樂四年）

文志貞蘭縣志序（成化甲午）

李泰蘭州志序（正德七年）

凡例

張天錫後序（正德七年）

此書備載前志各序，而無序跋及撰人姓名。惟凡例題「生員陳繼先校録」一行，蓋嘉隆間所刊也。天一閣藏書。

雲南通志十七卷 明刊本

明李元陽等撰

李元陽後序（隆慶六年）

正德庚午周季鳳修《雲南志》，凡四十四卷，《天一閣書目》有之。此僅十七卷，乃簡於前志矣。

銅梁縣志二卷 明刊本

明高啟愚撰

張佳胤序（萬曆元年）

自引（隆慶六年）

自跋

杜凌雲跋（隆慶六年）

天一閣藏書。有「古司馬氏」、「天一閣」二印。

紹興府志五十卷 明刊本

明張元忭、孫鑛等修

趙錦序

張元忭序（萬曆丙戌）

修志姓名

蕭良榦跋（萬曆丁亥）

越志自嘉泰、開慶二志後，迄明之中葉，未嘗續修。弘治中訓導戴冠、嘉靖初知府南大吉相繼修之。戴書未刻，藏張元忭家，南書亦止刻十二卷而未竟。萬曆中蕭良榦知府事，乃延元忭與孫鑛共修之，即此志也。卷二十一至二十三鈔補。

上海縣志十卷 明刊本

明張之象等修

陸樹聲序（萬曆戊子）

旧志序四篇

纂修名氏

上海爲縣，立於元初。至明弘治末，邑人唐士絅、朱士易等始爲志十卷。嘉靖初，高企又續之，凡十五卷。此萬曆丙戌重修，敘次簡要，爲明志中之佳者。

秀水縣志十卷 明刊本

明黃洪憲等修

黃洪憲序（萬曆二十四年）

修志職官名氏
汪文璧後序

廣西通志四十二卷 明刊本

明蘇濬修
楊芳序（萬曆己亥）
蔣冕序（嘉靖壬辰）
蘇濬後序（萬曆二十五年）

新修上虞縣志二十卷 明刊本

明徐待聘等編
徐待聘序（萬曆三十四年）
朱敬循序（萬曆丙午）
卷首（嵩序　修志公移　修志姓名　凡例）

此知上虞縣事虞山徐待聘所修，在明志中頗爲詳核。有「桐城蕭氏敬孚藏書」一印。

華陰縣志八卷 明刊本

邑令古穰王九疇總訂　錢萊山人張毓翰删次　邑庠諸生石承恩、陳纘虞、張桂芳、陳可績纂録

王九疇序（萬曆甲寅）
馮從吾序（同上）
張毓翰敘志卮言
高皇帝夢游西嶽文
圖

固原州志 明刊本

安邑劉敏寬纂次
自序（萬曆四十四年）
圖
纂校姓名
董國光後序（闕末葉）

重修常州府志二十卷 明刊本

郡人唐鶴徵纂修　庠生湯桂禎參訂
唐鶴徵序（萬曆四十六年）
劉廣生序（同上）

舊序六首

纂修裁定分閲姓名

卷四至六、卷十六至十八六卷舊闕，從繆氏藝風堂影鈔補完。

海鹽縣圖經十六卷 明刊本

明胡震亨等撰

樊維城序（天啟二年）

吴興備志三十二卷

烏程董斯張遐周彙編

自序（天啟甲子）

董迎年手識： 康熙己丑歲孟冬旬有三日，姪曾孫朝柱謹録。

董熜手跋：

先高叔祖遐周先生博雅嗜古，家有藏書，朝夕穿穴，所著書極富，皆刊行于世。晚與同郡閔康侯、子京兄弟共纂《吴興備志》三十二卷，凡帝胄、宫闈、封爵、官師、人物、笄幃、寓公、藝術、象緯、建置、巖澤、田賦、水利、選舉、戰守、賑恤、祥孽、經籍遺書、金石書畫、清閟、方物、瓌詭之類皆有徵，而以「匡籍譌」終焉。其采擷博而裁削嚴，誠上掩顔清臣談論之疏畧矣。此書成于天啟中，而遐周先生即世，草稾粗具，幾于失次。從父迎年先生爲整齊而手録之，可謂賢矣。頃熜乃得請而讀之，愛玩如拱璧，顧亦疑其採風雖博而不及《寰宇記》、《元和郡縣志》、《九域志》、《方輿勝覽》諸書，於「巖澤徵」尚有未備。從父早棄場屋，游心載籍，盍於藏書家借鈔地志，以補其闕乎。因還其書而謹識其後。丁酉冬十月既望，熜記。

近讀「匡籍謁」一卷，於古今人書關涉吴興者，原其來歷，辨其異同，裁其舛錯，一字一句，毫不假借，則知全志之所徵考皆實録也，惜乎後之修志者用罔承訛，皆不足信，而此書未有刊行之者。然得旃檀一銖，香聞四十里，豈與劫外之寒灰而俱盡乎。後九日又書。

此書實續《吴興掌故集》而作。彼云《掌故集》，此云《備志》，蓋以私家著述，不敢以圖志自居也。其書亦私淑徐氏，而每條必注出處，尤爲翔實。此本自手稿録出，爲此書第一清本。末有族孫熜跋，字未詳，蓋董謂煊（熜）兄弟行也。此先大父儷籝館舊藏，有「烏程汪氏」、「汪氏傳書樓珍藏書畫印」諸印。

南潯鎮志十二卷　鈔本

吴江潘爾夔友龍原编　樂清夏光遠永賓增輯　里人陳可昇補亭、張鴻雋醴源續輯　裘莊方熊飛崖、方燾淞洋增訂　梅林董肇鏜梅圃參訂

圖四幅

潘爾夔序（順治元年）

張鴻雋南潯文獻誌存（乾隆二十三年）

方熊序（乾隆二十六年）
方燾序（乾隆五十年）
董肇鎧後序（乾隆五十一年）
例言

是書創始于潘友龍，曰《南潯鎮志》，後陳、夏諸氏補輯，至張醴源易名《南潯文獻志》。復經二方氏、董氏增補，仍名《南潯鎮志》。向無刊本，此本爲董蓉徵春墅手鈔，增補處亦不少。有至道光二十九年者，蓋又後人所增補也。書中有葉茗生廷琯一札，有轉致汪謝翁語，蓋此即謝城先生藏書。謝城先生《南潯鎮志》誠爲精博，此則見大略椎輪，亦可寶也。

水經四十卷 校明刻本

漢桑欽撰　後魏酈道元注

此黄省曾刊本，前脱序文。惠定宇先生手校。黄本出自宋本，在明代刊本中爲最古。定宇先生復取羣書校訂，所正頗多。有「惠棟之印」、「定宇」、「紅豆齋收藏」、「純楠之印」、「楚良」、「谷友齋藏書印」、「慶善字叔美印」諸印。

水經四十卷 校明刊本

漢桑欽撰　後魏酈道元注　明吴琯校

王世懋序（萬曆乙酉）

黄省曾序（嘉靖甲午）

汪道謙手跋：　勝國朱謀㙔鬱儀有《水經注箋》，李長庚序云，《水經》楊用修始搜刻而去其注，近有吴（嘉靖甲午刻，合《山海經》，有黄省曾序，朱刻所云「黄本」是也）、歙（即此本，朱刻所云「吴本」是也）二刻，并注盛行於世，不無訛謬。南州王孫鬱儀專攻是書，李克家嗣宗佐有勞勩。朱自序云，與友人綏安謝耳伯、婺源孫無撓商榷讐校，齊安李公分陜江右，捐鍰梓之，嗣宗董其事，時萬曆乙卯崇禎己巳。武林嚴忍公與聞子將有重開本，蜀中朱之臣無易校選，卷首有譚友夏序，簡上時有譚與鍾伯敬評，跋語無甚發明，自餘悉遵王孫原本。吾朝揚州有刻本（亦合《山海經》），或云譌處踵武王孫。顧鬱儀與武林刻，校對精審，誤特萬之一耳。架上適無揚本，未及檢閲，想由校書人草草卒事。鬱儀實酈氏功臣，未許輕議也。乾隆八年借武林本校，凡其中所辨晳，蓋並採其不可易者。間有以己意據古人參訂處，不敢謬附前賢，標「可事」二字別之。道謙識。

中間注「徐云」者，徐名敦復，字賡良，吴縣諸生，善讀書，證據古今，多輔余未逮，益友也。不敢掠美，特標出以誌所自云。

此吴琯刻本，汪氏以武林刻朱箋本校，其自校訂之語亦多精確。又有校箋，題「耕案」云云，疑亦徐賡良語，而汪氏未采入者也。有「張勳之印」、「載常」、「念鞠齋」、「拳石山房」諸印。

通惠河志二卷 明刊本

明吴仲撰

工部尚書秦金等題（嘉靖十二年）

吴仲題（嘉靖九年）

《四庫》著録馬裕家藏本，多附録一卷，爲碑記詩章。此本無之，蓋進呈之本自不應及詩文，非有闕也。天一閣藏書。

治河通考十卷 明刊本

明劉隅輯

崔銑序（嘉靖癸巳）

吴山後序

河南舊有《治河總考》一書，頗疏舛。此巡撫吴山命許州判官、前御史劉隅重輯。後附嘉靖十四年及二十六年治河公牘二通。天一閣藏書。

河防一覽十四卷 明刊本

明潘季馴撰

自序（萬曆庚寅）

邦畿水利集説四卷九十九淀考一卷 藁本

元和沈聯芳蕺山編輯

沈欽裴序（道光三年）

自序（嘉慶八年）

汪喜孫手跋：　昔趙先生一清、戴先生震同撰《直隸河渠志》，後有妄人竊取以獻於朝，遂得官。於後王先生念孫熟於北河水利，嘗爲河圖以示喜孫。喜孫讀之，歎先生經世之學未竟其用，疾惡如風，遂爲忌者所中，一蹶而不可振也。沈君是書，貫串直隸水道形勢、宣泄之法，可備採擇，見諸施行。世之高牙大纛、虚耗河餉、賊害生民者，三復此册，尚亦泚然汗下哉。道光二年十二月，汪喜孫跋。

龔定庵手識：　仁和後學龔自珍敬讀數過，時道光壬午閏三月。

此稿陳碩甫先生得於京師，欲爲刊行而未果。前有目録，爲龔定庵手補。有「曾在三百堂陳氏處」印。

南岳總勝集一卷 明鈔本

無序跋及撰人名氏

案趙希弁《讀書附志》：《南岳總勝集》三卷。傳世影宋鈔本、鈔本同題「道士陳田夫撰」。其中卷敘寺觀及所産草木鳥獸，此本紀宮觀十有三，蓋即自全書中卷摘出拟入《道藏》者也。卷首署「鞠九」二字，即《道藏》號數。《道藏》目録「鞠」字號《南嶽總勝集》一卷，即是本也。天一閣藏書。

西嶽華山誌一卷 明刊本

蓮峯逸士王處一編

謝少南序（嘉靖癸丑）

劉大用序（大定丁卯）

劉序稱「吾友王公子淵方畢婚娶，棄家入名山，取舊藏《華山記》一通，慮有闕遺，更閱本郡圖經及劉向《列仙》等傳，有載華山事者，悉採括而附益之」云云。末署「大定癸卯」。則處一字子淵，金時道士也。其紀事迄於宋紹興間，紹興時華山已入金版圖，而猶著宋年號，亦不忘舊俗者歟。天一閣藏書。

續修龍虎山志三卷 明刊本

元翰林院侍講學士元明善輯修　明工部左侍郎兩山張鈜較閲　正一嗣教五十代天師心湛張國祥續修

正一嗣教五十一代天師九功張顯庸仝修　建武後學屋山居士王三極續較

黄汝良序

程鉅夫序（延祐改元）

吴全節上表（延祐元年）

卷上分三卷，卷中一卷，卷下二卷，實六卷。

重修江南華蓋山志五卷 明刊本

明張宇初撰

自序(永樂五年)

宇初爲四十三代天師,永樂時撰此志。此嘉靖乙卯所刊,中有正統、成化、嘉靖時敕諭詩文,則重刊時增入也。天一閣藏書。

大嶽太和山志十五卷 明刊本

[明任自垣撰]

進書表(宣德六年)

此書據目録及《天一閣書目》,均十五卷。此闕末三卷,宣德中刊。卷十一「詔誥」末有景泰中詔,蓋後人增入也,天一閣藏書。

金山志四卷 明刊本

廬陵前岡胡經撰正　廣陵龍渠郝梁校勘　寺僧味泉智宜采輯

胡經序(嘉靖丁亥)

施儒跋

文徵明跋(正德辛巳)

蔣山卿書後（嘉靖丁亥）
智宜跋（同上）
卷上、下各分二卷。天一閣藏書。
太嶽誌畧五卷 明刊本
明方升撰
王鎔序（嘉靖丁酉）
方升序（嘉靖丙申）
凡例
天一閣藏書。
九華山志六卷 明刊本
仁和王一槐撰
陳鳳梧序（嘉靖戊子）
天一閣藏書。
北嶽編三卷 明刊本
明皇甫涍撰

許宗魯序（嘉靖壬辰）

施山序（同上）

題辭（岳祀攷證）

天一閣藏書。

西樵山水文獻總志〔一〕 明刊本

順德周學心編輯　東莞鍾景星校正

冼桂奇序（嘉靖丙午）

周學心引

方瓘跋（嘉靖十六年）

湯霞跋（嘉靖戊申）

西樵爲湛甘泉講學之地，周氏乃甘泉弟子，故編此志。《四庫總目》謂「萬曆辛卯郡人霍守尚初爲之」，誤也。天一閣藏書。

〔一〕《書目》作六卷。

太岳太和山誌十七卷 明刊本

［明慎旦撰］

慎旦跋（嘉靖丙辰）

陳詔跋（同上）

原闕前三卷，《天一閣見存書目》已然。宣德志闕後三卷，此後半完具，可互相補。天一閣藏書。

泰山志三卷 明刊本

明巡按直隸監察御史婺吴伯明裁定　山東按察司僉事大梁曹金校訂　順天府儒學訓導歙汪子卿編輯

沈應龍序（嘉靖甲寅）

雍焯序（嘉靖乙卯）

洪章序（嘉靖二十九年）

無名氏書後

天一閣藏書。

羅浮山志十二卷 明刊本

明黎民表撰

黄佐序（嘉靖三十六年）

黎民表後序

天一閣藏書。

齊雲山志八卷 明刊本

序例

敕命

奏稿

朱有孚後序（嘉靖三十四年）

此書不著撰人姓名，惟目録後有識語云「齊雲邇來已兩修志，歲乙卯，郡侯朱公命寅復修之」，而末不署姓名，未知寅爲何人也。天一閣藏書。

廬山記事十二卷 明刊本

明廣陵桑喬

自序（嘉靖辛酉）

此書詳贍有法，引書皆記所出，爲明山志中之佳者。天一閣藏書。

岱史十八卷 明刊本

明查志隆編

毛在序（萬曆丙戌）

譚耀序（萬曆丁亥）

于慎行序（同上）
岱史公移（萬曆十四年）
凡例

虎阜雜志三卷 稿本

句吴錢泳梅溪輯　男曰壽校字

前有總目，分巡幸、記事、名勝、寺院、祠廟、坊表、墳墓、溪橋、金石、題詠、寓賢、物産、善舉、會館、技藝、載記十六門，而「溪橋」、「會館」二門有録無書，「物産」、「技藝」亦止各有一條，殆未成之稿也。封面題「雲巖初稿」，下注「即虎阜雜志」，係梅溪手書，又手補之處尚多。梅溪《履園叢話》記修虎邱志，爲郡人所詆諆，此稿即是也。有「錢泳私印」、「吴越王孫」、「梅叟」、「江山劉履芬彦清父收得」諸印。

洛陽伽藍記五卷 明刊本

魏撫軍府司馬楊衒之撰
自序（武定五年）

板心有「如隱堂」三字。天一閣藏書。

鶴林寺志不分卷 明刊本

鶴林比丘明賢銓次　延陵賀烺幽伯訂正

陳繼儒序（萬曆甲寅）

長安志二十卷長安志圖三卷　鈔本

［志］龍圖閣直學士右諫議大夫修國史特贈尚書禮部侍郎常山侯宋敏求撰　［圖］河濱漁者編類圖説

前進士頻陽張敏同編校正

趙彦若志序（熙寧九年）

李好文圖序（至正二年）

黄虞稷跋（庚寅）

朱竹垞手跋：　韋述《東西京記》，世無完書。宋敏求本之撰《河南》、《長安》二志，世稱其該洽。《長安志》舊有雕本，第字畫粗惡。斯編借録於汪編修文升，善本也。惜乎《河南志》不可復得，爲之憮然。金風亭長朱彝尊識。

此桐鄉汪晉賢森所鈔汪退谷本，竹垞翁为之題識。其原本舊在温陵黄氏，諸家鈔本均從之出，黄復翁謂是成化刊本。此本每半葉十二行，行二十二字，似尚用成化本行款也。又《長安志圖》據李好文序，即係好文所撰，而此本題「河濱漁者編類圖説」，「河濱漁者」殆好文别號。李序謂「《長安志》舊有圖七，今益以十五，爲二十二圖，名之曰《長安志圖》」，明所以圖爲志設也。則此圖本名《長安志圖》，而《四庫總目》乃疑之，豈《四庫》所録明李經刊本失李好文序，亦如所録《長安志》失趙彦若序歟。有「桐鄉汪氏擁書樓所藏」、「臣垕之印」、「承齋圖書」、「四明盧氏抱經樓藏書」諸印。

幽蘭居士東京夢華録十卷 影元鈔本

[宋孟元老撰]

自序(紹興丁卯)

趙師俠跋(淳熙丁未)

每半葉十四行,行二十二字。字體圓活,似從元翻淳熙本出。卷三末「天曉諸人入市」、「諸色雜賣」二條稍有修節,似非宋本之舊。餘與明季刊本異處,皆以此本爲長。有「汲古閣主人」、「子晉」二印。

雍録十卷 明刊本

新安程大昌泰之

李經序(嘉靖十一年)

此嘉靖初西安府知府李經刊於郡齋。卷三至卷十撰人姓名後均有「錫山安國民泰校正」一行。攷安桂坡平生未嘗至關中,豈安氏曾刊此書,李氏又翻刻之歟。天一閣藏書。

北户録三卷 明景宋鈔本

萬年縣尉段公路纂　登仕郎前京兆府參軍崔龜圖註

陸希聲序

每半葉十行，行十八字。目録後有「臨安太廟前尹家書籍鋪刊行」一行。有「席存□」、「琴川席氏子臨珍藏」二印。

岳陽風土記一卷 明鈔本

宋宣德郎監岳州在城酒税務范致明撰

范寅秩跋（紹興丙辰）

劉谷堅跋（淳熙六年）

陸埛跋（嘉靖甲辰）

此從嘉靖刊本録出。天一閣藏書。

六朝事跡編類二卷 鈔本

新安張敦頤編

自序（紹興庚辰）

韓仲通跋（同上）

馮武跋

此從常熟馮竇伯校宋本出，有「席氏存□」、「琴川席氏子臨珍藏」二印。

中吴紀聞六卷 元刻本

崑山龔明之

自序（淳熙元年）

盧熊跋（至正二十五年）

每半葉十一行，行二十一字。武寧盧熊所刊。熊序稱「家藏本散脱數紙，後得周正道本，遂得校正增補，尚恨未完」。是此刻本有闕佚，故卷六「石湖」、「丁令威宅」、「周朝宗」、「蘇之繁雄冠于浙右」、「朱光禄」、「翟超」、「正訛」、「叔父記館中語」八條，皆有目無書。何義門所校葉氏菉竹堂本，多出「翟超」一條，而葉本亦出盧氏，蓋盧氏得彼本，已在此本刊成之後矣。汲古閣刊本從此本出而頗有增竄。此本闕字或以意補足，非見此本，不能發其覆也。

中吴紀聞六卷 校汲古閣刊本

崑山龔明之

自序

盧熊跋

晚合老人手跋：庚戌穀日，借得語古小齋校對本，粗臨一過。晚合老人記于南九曲灣寓齋。

晚合老人所録舊校本前有題志云：毛斧季從崑山葉九來借得舊録本，乃其先人文莊公菉竹堂所藏故物，開卷有文莊公名字三印。卷末一行云「洪武八年從盧公武假本録傳。此書始自公武訪求校定，復出于世。此同邑録傳之本，宜其可從是正也」。此跋不著姓名，世頗傳何義門校葉氏本，當即義門跋也。盧公武即熊字，在元時曾刊此書。然此本所校出者乃與元刊大異，且往往勝於元刊，蓋盧氏得此書在其刊成之後也。此本録何校以朱筆，盧抱經先生又以緑筆再校，海寧吴氏拜經樓本則從此本移録者也。有「沈樹鏞印」、「鄭齋」、「鄭齋所藏」諸印。

會稽三賦一卷 明刊本

宋永嘉王十朋撰　明渭南南逢吉校注

南大吉序（嘉靖二年）

宋史王龜齡傳畧

宋紹興府圖記

《三賦》有宋周世則、史鑄二注，越中舊有刊本。嘉靖初南大吉知紹興府，以舊板摩滅，乃命其弟逢吉校注之，實則仍多襲舊注也。天一閣藏書。

夢粱録二十卷 鈔本

宋吴自牧撰

自序（甲戌）

王鏊跋（正德甲戌）
都穆跋
錢曾跋
朱彝尊跋（辛巳）
北苑跋

目録後有「臨安府棚北大街睦親坊南陳解元書籍鋪刊行」二行，蓋從宋刊本鈔出也。

夢粱録一卷 明鈔本

錢唐吳自牧

天一閣藏書。卷首書題下有墨書一行曰「此南峰楊循吉所删范堯卿侍郎筆也」。朱竹垞先生跋此書云「曩從古林曹氏借鈔《夢粱録》，係楊禮部南峰節文，止得十卷」。此本又止什之一，殆又從南峰節本鈔出别行歟。

高寄齋訂正武林舊事十卷 鈔本

泗水潛夫輯　明繡水沈德先、沈孚先校
忻德跋（至元後戊寅）
祝靖跋（弘治乙卯）

鑒閣跋(己亥)

彭文勤手跋：此從瓶花齋本鈔，須觀鮑氏叢書所刻並諸序跋方晰。

身雲居士周季貺手跋。

有「遇者善讀」、「南昌彭氏知聖道齋藏書」、「江山劉履芬彥清父收得」、「古紅梅閣」諸印。

吳中舊事一卷　周香嚴手鈔校本

[元陸友仁撰]

顧德育跋(隆慶改元)

周香嚴手跋：此華陽橋顧氏校，周錫瓚臨。

沈均初手跋：周薌巖手鈔精校本。同治甲寅六月旅居吳門得此，鄭齋記。時下榻花橋巷潘宅致虛守靜之廬。

此周氏臨華陽橋顧氏校本。顧校題乾隆三年，蓋出顧雨時手也。有「沈樹鏞印」、「韻初」、「鄭齋所得金石書籍記」、「松江沈氏鄭齋收藏金石圖籍之印」諸印。

平江記事一卷　周香嚴手鈔校本

建德總管郡人高德基編

與《吳中舊事》同册。原闕第十二葉末五行及第十三葉。

金陵古今圖考一卷 明刊本

明陳沂撰

自序（正德丙子）

陳氏於弘治乙亥修《應天府志》，因復爲此考。凡圖十有六，考準之，頗能貫串羣籍，文亦雅馴。天一閣藏書。

西吴里語四卷 明刊本

吴興宋雷著

自序（嘉靖丁未）

男鑒跋（癸丑）

此書刻本傳出頗希。余藏吴氏瓶花齋鈔本，卷二闕末葉，卷三闕五、六兩葉，及末男鑒跋，書中亦有闕字。此本首尾完具，殊可寶也。天一閣藏書。

西吴里語四卷 鈔本

此吴氏繡谷亭鈔本。每葉闌右有「繡谷亭鈔」四字。有「吴焯」、「吴蘭林西齋書籍刻章」、「焯筆」諸印。

續吴録二卷　鈔本

［序］沛國劉鳳子威撰

貝簡香手跋：　道光戊子秋九月，得於同郡姻家周氏香嚴室。重裝讀一過，識于卷尾。千墨庵主人貝墉。

案此書意在續張勃《吴録》，然記中實以蘇州一府爲限，所記皆明代事也。有「貝墉」、「見香居士」、「貝墉簡香印」、「平江貝氏文苑」、「千墨庵」、「小頑如不可」、「叔美讀過」、「周摶」諸印。

歷代宅京記二十卷　鈔本

顧炎武撰

徐元文序（庚午）

男衍生跋

此書亭林先生殁後，稿爲徐相國取去。先生卒於康熙癸亥，越八年庚午，始序而歸諸其家，故衍生跋語頗致不滿。案先生有鼎貴之甥，而身後刊其遺書者乃爲門人潘稼堂，則衍生之不平蓋有由矣。有「載福堂珍藏古書真跡」印。

晉褌十卷　稿本

不著撰人姓名。録山西金石之有關考證者，以補地志之闕。眉間有魏稼孫校語。有「績語堂印」

一印。

閩越叢談三册 手稿本

檇李沈可培養元氏手輯

此向齋旅閩時所輯。凡古書中有涉閩事者胥録之，并加考證。

山海關志八卷 明刊本

角山詹榮修輯

敘

葛守禮題後（嘉靖十四年）

張敕跋（嘉靖己未）

前有圖二十八葉。紀山海關至黄花鎮駐兵之處并兵數甚詳。天一閣藏書。

龍飛紀畧内外圖二卷 明鈔本

明吴□撰

天一閣藏書。卷首及中間多闕佚。《天一閣書目》史部奏議類有「《沿海經畧》□卷，明羅通編」，即謂是書。實則此書前載疆吏題本有羅通名，然非純爲奏議，亦非通所編也。上卷存者首爲《遼東圖》，次《宣府圖》，次《大同圖》，次《延綏寧夏圖》，次《甘肅哈密圖》，每圖復各録題本之涉攻守形勢者附焉。後多殘闕。次卷首題「龍飛紀畧外圖」，前有自序，末題「嘉靖癸卯仲夏中旬一日閩僑微臣吴某書于□□衛鎮撫黄沙」云云，則此書實吴某所撰，但其名不著。下卷共二十一圖：一《京師諸水圖》，二《黄河圖》，三《交州形勢圖》（並《水勢圖》），四《海外諸夷》，五《沿海形勢》，六《順天府形勢》，七《南直鳳陽府形勢》，八《安慶府形勢》，九《湖廣襄陽形勢》，十《鄖縣形勢》，十一《河南南陽形勢》，十二《陝西西安形勢》，十三《雲南大理形勢》，十四《山西潞安形勢》，十五《遼州及平定州形勢》，十六《開平地理》，十七《興和地理》，十八《中京大定府地理》，十九《陝西豐州受降城地勢》，二十《甘肅沙州地理》，二十一《羅護形勢》。其下卷中盛言互市之利，爲閩人所撰無疑。

籌海圖編十三卷 明刊本

明少保新安胡宗憲輯　孫舉人胡燈重校　崑山鄭若曾編次

茅坤序（嘉靖壬戌）

凡例

盧鏜跋（同上）

此鄭開陽重編本，較梅林原書大有增益。盧跋後有寫刊諸人姓名，乃浙江官刊本也。

石湖居士吴船録二卷驂鸞録一卷 明校鈔本

[宋范成大撰]

案卷末有「歲壬戌新春之望約齋館録」一行。明人以朱筆通校。天一閣藏書。

游名山録四卷 明刊本

鄞陳沂魯南

此游泰山、廬山、西山、勞山所作記及詩，每山爲一卷，末卷後闕。

徐霞客游記十二卷 鈔本

[明徐宏祖撰]

楊名時序(康熙庚寅)

徐霞客傳

趙味辛手跋：《徐霞客游記》二函，計十二卷。往年無刊本，以白金六兩得之，今聞江陰已梓行矣。丁酉秋日，白門抱疴歸，檢理書籍，爰識于首。褱玉億生甫。

有「趙生印」、「曾在味辛齋中」、「億生流覽所及」、「味辛齋」、「宮保世家」諸印。

大唐西域記十二卷 日本舊活字本

三藏法師玄奘奉詔譯　大總持寺沙門辨機撰

燕國公序

每半葉十行，行二十字。四周無闌。乃日本舊活字本，在承應活字本之前。卷二、卷八首並有崇寧二年福州等覺禪院沙門普明題，乃從福州東禪寺藏本出也。

燕國公序

西域記十二卷 明鈔本

唐三藏法師玄奘奉詔譯　大總持寺沙門辯機撰

徐時棟手跋：《大唐西域記》十二卷五本，同治八年十二月城西草堂徐氏收藏，十二月重裝訂。《提要》述此書崖略，與此本悉合。惟云第十一卷僧伽羅國中有妄加明永樂間事數百字，疑「注者附記之語，吴氏刊本誤連正文」者，今此本絶無此語，是猶未經竄亂，出吴本之上，可寶貴矣。此本爲吾鄉盧氏物，盧氏藏書印記多白文方印（「四明盧氏抱經樓藏書印」十字）或長方印（「抱經樓」三字），此獨每本用朱文印文曰「四明盧氏抱經樓珍藏」，蓋亦視爲罕覯之珍笈也。其書所述，畧與《水經注》中所引佛記相似，雖怪異荒誕，並難究詰，而筆致幽秀，突過茲編。是則六朝初唐爲時既遠，風會所趨，即作者亦不能自主耳。九年二月朔日，芙蓉山人徐時棟識。

此本除卷四與卷八外，每卷標題下有「孰一」至「孰十」字，此全藏中號數，但未知出於何時藏本也。有「四明盧氏抱經樓珍藏」、「徐時棟祕笈印」、「柳泉書畫」、「城西草堂」諸印。

宣和奉使高麗圖經四十卷 鈔本

奉議郎充奉使高麗國信所提轄人船禮物賜緋魚袋臣徐兢撰

自序（宣和六年）
徐蕆序（乾道二年）
姚士粦跋
鄭弘跋
明夏客跋
張孝伯撰宋故尚書刑部員外郎徐公行狀
此從明姚叔祥刊本出。有「宋筠」、「蘭揮」、「宋氏蘭揮藏書」、「善本」、「己丑進士」、「太史圖書」、「友竹軒」諸印。

宣和奉使高麗圖經四十卷 鈔本

奉議郎充奉使高麗國信所提轄人船禮物賜緋魚袋臣徐兢撰
自序（宣和六年）
徐蕆序（乾道二年）
此微波榭鈔本，與姚本不同。有「孔繼涵印」、「葒谷」二印。

星槎勝覽四卷 明鈔本

［明費信撰］

自序(正統元年)

此書卷一首行上題「星槎勝覽」,卷一下題「説選」,二十又注「編記十七」(小字雙行),乃從《古今説海》鈔出也。天一閣藏書。

朝鮮賦一卷　明刊本

奉議大夫右春坊右庶子兼翰林院侍講寧都董越撰　賜進士文林郎知泰和縣事石埭吴必顯刊徵仕郎中書舍人孫男韓重刊

歐陽鵬序(弘治三年)

王政後序(同上)

周尚文跋(正德辛巳)

此文僖長孫韓所刊。末闕一葉,刻一空板補之,蓋重刊時已闕也。天一閣藏書。

朝鮮志二卷　明鈔本

無序跋及撰人姓名。天一閣藏書。前有題記云「萬曆十年五月借自蘇州劉御史鳳,字子威,號羅陽,有文名」,乃范侍郎手筆也。案《四庫》著録《朝鮮志》二卷,分京都、風俗、古跡、山川、樓臺六門,與此書合。惟此書後有闕佚,故「樓臺」一門不見耳。又《存目》有《朝鮮國志》一卷,分門相同,惟少「樓臺」一項。二書皆據天一閣本,蓋范氏別有全書,其《朝鮮國志》一卷則從此不全本鈔出,實則一書也。此本

「京都」門後實尚有「諸司」一門，《提要》不數者，蓋以爲「京都」門中之一目。其實「京都」門志宮殿，「諸司」門則志諸官署也。

職方外紀五卷 鈔本

明西洋人艾儒畧撰

楊廷筠序

此書無艾氏自序，亦不附圖，雖分五卷而不題卷數，蓋未爲善本。吾鄉陸存齋捐送國子監書。

大唐六典三十卷 明刊本

御撰集賢院學士兵部尚書兼中書令修國史上柱國開國公臣李林甫等奉敕注上

詹棫題誌（紹興四年）

卷末詹跋後有「嘉靖甲辰長至浙江按察司校録重刻」一行。案正德乙亥浙江按察使席文同刊紹興温州本於蘇州。每半葉十二行，行三十字。板早漫漶，故不及三十年復行補刻。板式較舊本稍大，又每半葉復減去一行。然其譌闕處均與正德本同，知即從正德本翻刊也。攷正德本雖自宋紹興温州本出，然已改其行款。宋本每半葉十行，正德本則增爲十二行。又所據之温州本中有脱葉，如卷二第十八葉第十行，正德本「絲布二匹」下原本脱去一葉，正德覆刊時不覺，而即以次葉繼之。又卷十八五、六二葉中有空白二十餘行未刊，此本皆承其譌奪。又曾子固《元豐類稿》記所見館閣本並所得不全本，首有元宗御序，此與正德本皆無之，則恐温州本已如是矣。然此書傳世者僅有殘温州本在京師圖書館，即正德本與此本亦不數見，是亦足寶也。有「曾藏汪閬源處」一印。

麟臺故事三卷　明影宋鈔本

紹興元年七月朝請郎試祕書少監程俱記

尚書省劄（紹興元年九月）

錢罄室手跋：隆慶元年八月十日，蘇州府前杜氏書籍鋪收。（下有「錢穀」、「叔寶」二印）

黄蕘圃手跋：是書爲影宋舊鈔，惜止三卷，蓋未全本。然實世間希有之書，與聚珍本不同，其中命篇敍次多異。初書友攜來，手校一過，乃知其佳，旋因議價未諧，復攜去。後知歸於西畇草堂，遂倩余友胡葦洲轉假影録一册，積想頓慰。還書之日，謹誌數語以拜嘉惠。是書陳《録》云五卷，爲書十有二篇，今劄云三卷，就不全本影寫時改「五」爲「三」也，於每卷填上、中、下字，欲泯不全之跡爲之耳。「隆慶」云云一行，的係叔寶手跡，尤可寶貴。書之可珍者在真本，此種是也，毋以不全忽之。嘉慶甲戌六月十有一日，復翁。（下有「丕烈」印）

每半葉十行，行二十字。首卷題「麟臺故事卷一上」，次題「卷二中」，次題「卷三下」。首爲官聯、選任，次書籍、校讐，次纂述、國史，三卷共六目。黄復翁謂每卷上、中、下字乃寫書者加入，欲以泯不全之跡，其言是也。然卷下數目字，恐亦非原第。據《直齋書録》及《北山集》中《麟臺故事後序》，則是書爲卷五，爲篇十二。今除此本所有六篇外，《永樂大典》所引尚有沿革、省舍、儲藏、恩榮、禄廪、職掌六目。以體例及次序言之，原書次第當以沿革、省舍、儲藏三篇爲卷一，書籍、校讐二篇爲卷二，修纂、國史二篇爲卷三，官聯、選任爲卷四，恩榮、禄廪、職掌爲卷五。《中興館閣録》卷次具在，可推而知。此本所存當是二、三、四三卷，寫書者以「書籍」一篇不足當首卷，乃以「官聯」、「選任」二篇當之。蓋既欲貌爲全帙，則改易卷第，亦意中事，復翁所言固尚有未盡也。然此書自明中葉以後僅存此殘本，昭文張氏、常熟瞿氏、吾郡陸氏藏本均由此本展轉影寫，以視聚珍本自有真僞之别，至此本失真處亦不可不論也。有「錢穀」、「東吴錢氏收藏印」、「池北書庫收藏」、「惠棟之印」、「字曰定宇」、「紅豆山房校藏善本」、「西昀草堂」、「西昀草堂收藏」、「□山心賞」、「陳墫私印」、「墫印」、「仲遵」、「中尊」、「仲尊攷藏」、「仲遵攷藏」、「陳氏家藏」、「悳啟借觀」、「居明」、「文登于氏小謨觴仙館藏本」、「臣植培之」、「戴氏芷農藏書畫印」、「戴芷農收藏書畫印」諸印。

中興館閣録十卷中興館閣續録十卷 宋刻宋印本

[宋陳騤等撰]

李燾序（存首半葉）

　黄蕘圃手跋：《中興館閣録》十卷、《續録》十卷，見於《直齋書録解題》及《文獻通考》。《通考》載陳氏之言（陳氏曰：祕書監天台陳騤叔進撰。淳熙中騤長蓬山，與同僚録建炎以來事爲此書，李燾仁父爲之序。《續録》者，後人因舊文增附之耳。）并巽巖李氏之序（巽巖李氏序曰：　上世官修其方，故物不抵伏。後世弗安厥官，其方莫修，職業因以放失。夫方云者，書也。究其本原事跡及朝夕所當思營者悉書之，法術具焉，使居是官者奉以周旋，雖百世可考耳。《周官》三百六十官各有書，小行人適四方，則物爲一書，多至五書。蓋古之人將有行也，舉必及三，惟始衷終依據審諦，則其設施斯可傳久。六龍駐蹕臨安踰四十年，三省樞密院制度尚稽復舊，惟三館祕閣巋然傑出，非百司比。自唐開元韋述所集記注，元祐間宋宣獻之孫匪躬作《館閣録》，紹興改元程俱致道作《麟臺故事》，宋氏皆祖韋氏，而程氏《故事》并國初它則多闕，蓋未知其有宋《録》也。惜最後四卷俄空焉。余屢蒐采弗獲，欲補又弗暇，每一太息。今所編集，第斷自建炎以來，凡物巨細，靡有脱遺，視程氏誠富且密。官修其方，行古道者不當如是耶。昏忘倦遊，喜見此書，乃援筆爲之序。）亦可謂詳悉矣。而分門有九，始沿革，終職掌，又詳於《曝書亭集》跋語中（《中興館閣録》十卷分九門：　一沿革，二省舍，三儲藏，四修纂，五撰述，六故實，七官聯，八廩禄，九職掌。淳熙四年秋祕書監天台陳騤叔進所撰，序之者丹稜李燾仁父也。《續録》亦十卷，則嘉定三年館閣重行編次，後人次第補録，迄於咸淳者。二録予鈔自上元焦氏，惜非完書，然官聯尚存，以之續洪氏羣書，下及王氏、商氏之《秘書志》，黄氏之《翰林記》，先正入官之倫序纚可紀述，無憂文獻之不足徵矣。）然竹垞所藏已爲鈔本，且僅云惜非完書，並未著所缺何卷。今予得宋刻本《中興館閣録》，缺「沿革」門，《續録》缺「廩禄」門，其餘闕葉，未可悉誌。李燾之序，厪存半葉，其首云「《中興館閣録》十卷，淳熙四年秋天台陳騤叔晉與其僚所共編集也」，此二十六字《通考》未載。「上世官修其方」已下至「斯可傳久」與《通考》所載文同。後云「彼狡焉棄滅典籍，縱意自如，幸能行」，此十四字與《通考》所載「六龍駐蹕」云云大異，惜乎宋刻殘闕，不能定其是非也。此書外間傳播多屬鈔本，近從顧抱沖家借得影宋鈔本，與宋刻不差毫髮。惟《續録》卷七「提舉編修國朝會要」云云，宋刻此葉板心明係「館閣續録卷第七」，誤訂入前録中卷第七，而影鈔者逕改去「續録」字樣，混廁前録中，殊爲謬妄。且《續録》中有「提舉編修國朝會要」八字刻入板心者兩葉，正當接於「提舉編修國朝會要」一葉後，因宋刻誤訂，故失次爾。殊不思慶元以後三人京鏜、余端禮、謝深甫，文本聯屬，而顧改「館閣續録卷第七」爲「中興館閣録卷第七」，何耶。且有「提舉祕書省提綱史事」兩葉，係《續録》卷七之文，因板心無字，混將補前録中缺葉，而亦填入《中興館閣録》云云，竟似前録本文，殊不思所引官聯，俱在淳熙四年以後耶。宋刻之妙，即此已足正鈔本之訛，後之讀是書者，勿以世有傳録之本而忽視之。乾隆甲寅歲五月夏至日，古吴黄丕烈識。（下有「黄丕烈」、「蕘圃」二印）

又手跋：宋刻有原刻、補刻之異，故板刻字跡迥别。至每卷排比葉數，原刻數目本可循序以稽。自有補刻之葉添入，則數目不同，無從稽考矣。矧經妄入點竄，更覺糊涂。今悉據本書文義序次，統補刊空白之葉，於每卷注明每葉數目，填於旁紙，庶無紊亂之虞焉。若宋刻原本序次顛倒，又得嘉定錢竹汀、海鹽家椒生兩家舊藏鈔本，悉心對勘，俾免舛錯。内有文字同而重出者一葉，未識當時是否錯簡，反致衍

文，不敢删削，仍舊並存。信以傳信，疑以傳疑，吾於古書，亦守斯訓爾。蕘圃又識。（下有「丕烈私印」、「蕘圃」二印）

光緒五年己卯冬十月十三日，新建勒方錡、吴縣潘連初、中江李鴻裔、元和顧文彬、長洲彭慰高、吴縣潘曾瑋、歸安沈秉成集吴氏聽楓山館，同觀宋本書籍。其爲當世希有者，如朱長文《吴郡圖經續記》、章衡《編年通載》、《嚴州新定續志》，法穎編《參寥子集》，已各署觀款，彙注數語於此，以志欣賞。藏書者歸安吴雲，即聽楓山館主人也。（有「文彬」、「西圃」、「成」、「曾瑋之章」、「慰高私印」、「李鴻裔觀」、「臣勒方錡」、「悟九」諸印）

每半頁九行，行十八字。《續録》目録後有識語云「《中興館閣録》淳熙四年成書，其後附録者多訛舛缺畧。嘉定三年十月重行編次，是正訛舛，其缺畧者增補之，名曰《館閣續録》。逐卷之末不題卷數，貴在他日可以旋入施繼。今每於歲杪分委省官，取歲中合載事畧加删潤，刊於卷末」云云。知《續録》於嘉定四年以後，各條皆每歲刊入，故鐫刻頗不整齊，理宗中葉以後尤爲草草，然皆當時原刊也。原闕《前録》卷一、《續録》卷九，然《續録》卷九尚存首葉首行，則本有録無書，非後闕也。《永樂大典》所引亦闕《前録》「沿革」一門，知明初已缺首卷，與此本同。諸家所藏鈔本皆出此本，則等之自鄶焉。有「黄丕烈印」、「復翁」、「士禮居」、「百宋一廛」、「蕘圃卅年精力所聚」、「汪士鐘印」、「閬源真賞」、「紳之」、「吴下汪三」、「汪振勳印」、「振勳」、「汪氏梅泉」、「汪氏梅泉印記」、「梅泉」、「平陽叔子」、「唐越國公四十二孫」、「小謨觴仙館」、「不夜于氏藏書印」、「吴雲私印」、「兩罍軒」、「歸安吴氏兩罍軒藏書印」、「兩罍軒藏書印」諸印。

元豐官志不分卷 鈔本

趙善沛序(淳熙二年)

傳鈔藝風堂本。此書紀事迄於宋末,乃鈔撮《文獻通攷》諸書成之,既非元豐之制,亦遠出淳熙之後,與書名及趙序皆不相應,實僞書也。

河東鹽池録四卷 明刊本

明李鑑撰

自序(弘治己未)

弘治十一年鑑以廣東道監察御史案河東鹽政,因爲是録,實即《河東鹽政志》也。天一閣藏書。

鹽政志十卷 明刊本

河南道監察御史通山朱廷立等修

唐龍序(嘉靖己丑)

周瑯序

凡例

編纂姓氏
引用古今書目
陳克昌後序(己丑)
嘉靖八年春廷立奉命督兩淮鹽政,因撰此志。後人遞有增補,至嘉靖廿八年止。天一閣藏書。

長蘆運司志七卷 明刊本

明郭五常、冷宗元撰
林庭棉序(嘉靖十三年)
倫以訓序(嘉靖甲午)
岑萬後序(同上)
郭五常跋(同上)
志成於嘉靖十三年。時案鹽政者爲御史鄧直卿,五常、宗元則運使及同知也。天一閣藏書。

吏部職掌六册 明刊本

無序跋。文選司二册,驗封、稽勳司各一册,考功司二册,嘉靖時纂修。天一閣藏書。

户科兵科名例仕籍不分卷 明刊本

無書題及撰人姓名。彙紀各給事中銜名及歷官本末,紀銜名者曰「名例」,紀本末者曰「任籍」。自洪武至嘉靖十八年止。天一閣藏書。

徐州洪志十卷 明刊藍印本

工部都水清吏司主事古鄞陳穆纂輯

蕭與成序（嘉靖壬寅）

作志大意

吴金浚序

徐州洪即百步洪，亦即吕梁洪。明代以工部主事一人駐洪，督糧運事，是爲工部分司。此即分司志也。天一閣藏書。《四庫存目》有《吕梁洪志》一卷，工部主事馮四雍撰，成於是志之後。

皇明太學志十二卷 明刊本

明郭盤等修

明郭盤序（嘉靖三十六年）

序目

修志職名

此北雍第一志也。分典制、謨訓、禮樂、政事、論議、人材六門，有子目。《南雍志》世尚多傳本，北雍則僅見此本而已。天一閣藏書。

南京吏部志二十卷 明刊本

明孫瑋等修

孫瑋序(天啟壬戌)

汪宗伊序(隆慶五年)

王逢年提綱

纂修姓氏

王逢年跋(天啟壬戌)

此志創于隆慶五年，頗草畧。天啟中，尚書孫瑋檄華亭貢生王逢年重修。

欽定國子監志六册 稿本

存經藉、藝文二門。紅格鈔本。板心有「欽定國子監志」六字，首葉但有書題，不著卷數。按《四庫總目》：《欽定國子監志》，「經籍」二卷、「藝文」二卷。此則「經籍」一册、「藝文」五册，猶是當年未編定之稿也。

文武敕劄一卷 明鈔本

無書題。書脚有「文武敕劄」四字，乃給文武官敕書及劄付定式也。前後有闕佚。天一閣藏書。

醒貪録一卷 明鈔本

不著撰人姓名，亦無序跋。案《明史·藝文志》：《醒貪簡要録》二卷，洪武中頒行。此僅一卷，又無「簡要」二字，蓋修《明史》時所見乃别本也。此書雖以「醒貪」名，實則明初制禄之書，前後附以教戒，蓋承太祖意爲之。天一閣藏書。

牧民忠告二卷經進風憲忠告一卷廟堂忠告一卷 元刊本

［元］齊東野人張養浩 ［後二種題］資善大夫陝西諸道行御史臺御史中丞臣張養浩

林泉生風憲忠告序（至正乙未）

子引進風憲忠告表（至正元年）

進廟堂忠告表（至正元年）

郭蘭石手跋：右張文忠公《三事忠告》，其言明且清，信能體而行之，雖一命之士，於物必有所濟也。《牧民忠告》近有刻爲單行本者，《風憲》、《廟堂》二篇則自元以來未有重刻本也。絳雲樓焚而此巋然如魯靈光，意固當有神物護持乎。辛卯五月，莆田郭尚先記。（下有「郭尚先印」、「司經局洗馬章」二印）

每半葉八行，行十七字。首二卷字體稍異，疑明初重刻也。《廟堂忠告》闕末一葉。郭蘭石寫刊本即據此本。有「絳雲樓藏書印」、「香谷」、「馬氏珍藏之印」三印。

吏學指南八卷 元刊元印本

吳郡徐元瑞君祥纂

石林允敬序

歷代吏師類録

每半葉十行，行大十八字、小二十五字。第八卷半葉十一行，行二十四字。其書多釋律令及文移用語，頗有依據。所引書如《字寶》等，亦佚書也。有「黄一鸞印」、「黄伯羽」、「碧梧亭」、「王懿榮」、「福山王氏正孺藏書」諸印。

吏學指南八卷 明刊本

前無石林允敬序，有「正德乙卯孟秋月翠巖堂刊行」牌子。天一閣藏書。《閣目》題明徐元瑞撰，未知此書有元刊也。

爲政準則三卷 明刊本

李元序（嘉靖二年）

雲方氏序（洪武十六年）

王魯序（洪武壬申）

李録跋

不著撰人姓名。中有提刑按察司語，則洪武初年所撰也。天一閣藏書。

牧民心鑑三卷 明刊本

檇李朱逢吉編　古松李興校

李興序（成化十四年）

王佐後序（成化十四年）

天一閣藏書。

通典二百卷 明刊本

唐京兆杜佑君卿

李翰序

每半葉十行，行二十三字。明嘉靖間刊本。有「荃孫」、「雲輪閣」二印。

杜氏通典二百卷 明刊本

唐京兆杜佑君卿纂　明御史後學李元陽仁甫校刊

李翰序

天文地理世次等十八圖

唐書本傳

增入宋儒議論姓氏

校刊官生姓氏

李伯仁跋（大德丁未）（卷一百後）

此本卷一百後有李仁伯跋，乃自大德臨川本出。每卷書題之下有「增入宋儒議論」六字，近人多以此爲李元陽所爲。然常熟瞿氏有至元丙戌重刊《增入宋儒議論杜氏通典詳節》四十二卷，所列「諸儒姓氏」，自歐陽公至葉水心，俱注「有文集現行」，與此本同。余又見宋刊殘本，亦同。蓋所謂「增入議論」，南宋止呂祖謙、陳傅良、葉適三人，餘皆北宋人，則其增入當在南渡中葉，不但不始於元陽，亦不自至元、大德始矣。此蓋南宋人科舉之書，故多取宋人議論制度之文，與古制相附。《文獻通攷》附載「諸儒議論」，即用此例。所引文字頗有世所不經見者，如杜鎬、孫洙、鄭少梅、馬子才等集，今已亡佚。又如蔡淳祖《宋官制舊典》三卷、黄琮《國朝官制沿革》一卷，見於《宋史·藝文志》及晁、陳二目者，自元以來久無傳本，今此書卷二十一、二十三諸卷多引蔡書，卷十九末載黄氏書至八葉有半，雖非全者，殆可十得六七。不得以科舉書少之也。

五代會要三十卷　孫潛夫鈔本

推忠協謀佐理功臣光禄大夫守司空兼門下侍郎同中書門下平章事修國史上柱國太原郡開國公食邑一千户食實封四百户臣王溥纂

文彦博跋（慶曆六年）
施元之跋（乾道七年）
孫潛夫手跋：丁未年假葉林宗所鈔本寫出，爲日□□□□，用紙四百零一番。九月九日早晨卒業，記此。葑園孫潛。
何義門手跋：康熙己卯從金陵書肆市歸。辛巳春日工人郁生爲余重裝，因記其後。濠梁何焯。
彭文勤手題：知聖道齋重過定本。
卷末有「校勘官前將仕郎試秘書省校書郎守秦州天水縣令宋璋」一行，此虞山孫潛夫手鈔，彭文勤以定本校一過。定本，蓋謂《四庫》本也。有「孫潛之印」、「潛夫」、「豪上」、「南昌彭氏知聖道齋藏書」、「遇者善讀」、「冢宰之屬」諸印。

五代會要三十卷 校鈔本

宋王溥撰
提要
校勘官前將仕郎試祕書省校書郎守秦州天水縣令宋璋（卷三十後）
文彦博跋（慶曆六年）
施元之跋（乾道七年）

貴仲符手跋(嘉慶十八年)

此自武英殿聚珍板本鈔出。貴仲符以歐、薛二史參校,於論樂及州縣分道改置諸條,是正甚多,復鈔此清本。有「貴徵仲符」、「己酉進士」、「仲符藏書之印」、「御試第二」、「校勘石經」諸印。

東漢會要四十卷 宋刊本

奉議郎武學博士臣徐天麟上進

葉旹序(寶慶丙戌)

進東漢會要表(寶慶二年)

自序(同上)

每半葉十一行,行二十字。舊粘葉裝。闕卷四至卷十五、又卷二十六至卷三十,共十七卷。又别本存卷四至卷八五卷,亦粘葉裝。皆明代文淵閣舊物也。余别有汲古閣影寫本全帙,即從此本出。

東漢會要四十卷 影宋鈔本

奉議郎武學博士臣徐天麟上進

葉時序(寶慶丙戌)

進東漢會要表(寶慶二年)

自序(同上)

每半葉十一行，行二十字。汲古閣影宋寫本。《四庫》著録范氏天一閣鈔本亦出宋刻，然闕卷三十七卷、三十八兩卷，又卷三十六、卷三十九兩卷亦佚其半。此本繕寫精絶，又一無闕佚。此等書只下宋刻一等，非元明後刊所能比也。有「宋本」、「希世之珍」、「汲古主人」、「毛氏子晉」、「毛晉私印」、「汲古得修綆」諸印。

建炎以來朝野雜記甲集二十卷乙集二十卷　校鈔本

［宋李心傳撰］

宣取高宗皇帝繫年要録指揮

付出高宗皇帝繫年要録指揮

朝省坐國史院劄子行下隆州取索孝宗光宗繫年要録指揮

國史院遵奉聖旨指揮下轉運司鈔録孝宗皇帝光宗皇帝繫年要録指揮

甲集自序（嘉泰二年）

乙集自序（嘉定九年）

吴城跋

孔葒谷手跋：　右甲、乙二集四十卷，乾隆三十八年浙江巡撫三寶進鮑士恭家鈔本，校勘精審，因俱謄鈔。内有明萬曆間趙琦美（清常）校、康熙辛丑蔣繡谷（深，字樹存）校、乾隆丁亥鮑廷博（倚文）校。乾隆四十一年丙申九月廿六日甲午，誧孟孔繼涵記。

此孔葒谷先生鈔鮑士恭家經進本，先生又手録舊校，並加考訂。其康熙辛丑所校下署「繡谷」或「瓶花齋」者，吴尺鳧焯校也。又乾隆丁亥所校下署「惇典堂」或「繡谿寓舍」者，鮑以文（廷博）也。尺鳧有繡谷亭，爲其藏書之所。葒谷先生疑出蔣樹存手，不知樹存雖號繡谷，亦與尺鳧同時，然校此書者固尺鳧，非樹存也。趙清常校亦鮑以文所録，葒谷先生跋語未諦，因爲分疏之。先生子廣栻、廣權亦各有識語。有「孔繼涵印」、「葒谷」、「孔憲逵」、「憲逵」諸印。

文獻通考三百四十八卷 元刊本

鄱陽馬端臨貴與著

李謹思序（至大戊申）

王壽衍進文獻通考表（延祐六年）

饒州路達魯花赤總管府下樂平州指揮（至治二年）

自序

每半葉十三行，行二十六字。泰定元年杭州路西湖書院刊本。别本有至元又五年江浙等處儒學提舉余謙叙記，此本奪去，而卷末有明人補書「至元又二年十一月江浙等處儒學提舉余謙重修」一行，蓋由至元末校改本補録也。前十五卷明人影鈔。有「建安楊氏書籍之印」一印。

文獻通考三百四十八卷 明刊本

鄱陽馬端臨貴與著

李謹思序（至大戊申）

自序

王壽衍進書表（延祐六年）

饒州路達魯花赤總管府下樂平州公文（至治二年）

余謙敘記（至元又五年）

每半葉十二行，行二十五字。李序後有「皇明己卯歲春慎獨齋刊行」、目録後有「皇明正德戊寅慎獨精舍栞行」、卷末有「皇明正德己卯春慎獨齋刊行」各牌子。又有一牌子云「正德十六年十一月内蒙建寧府張、邵武府同知鄒同校正過，計改差訛一萬一千二百二十一字，書户劉洪改刊」。按正德丙子慎獨齋所刊《十七史詳節》有跋署劉弘毅，此稱劉洪，蓋其應官之名。有「賀氏不波舫收藏印」。

文獻通考三百四十八卷 明内府刊本

憲章類編四十二卷 明刊本

進士出身中奉大夫浙江布政司左布政使臣勞堪編

徐栻序（萬曆六年）

國朝典彙二百卷　明刊本

都察院右僉都御史臣徐學聚編輯　禮部尚書兼翰林院學士臣馮琦訂正

馮琦序（萬曆辛丑）

周應賓序

蔡毅中序

韓敬序

米萬鍾序

凡例（天啟甲子男與參撰）

此書用會要例，纂輯一代政事。首紀朝端大政，餘以大部爲綱，分類纂輯。其材料資於臨朐馮宗伯家所藏實録，故卷首並列馮名。闕末「市舶」一卷。有「實德堂藏書」一印。

歷代封建考二十卷　明初刊本

不著撰人姓名，亦無序跋。卷二首行「歷代封建考」卷之一下注「史書外集三才考人」（八字小字雙行），則此書乃《三才考》中之一種。相其體裁板式，似明初官撰官刊之書。《千頃堂書目》有《歷代公主録》一卷，云洪武時編，自蘭陵公主，終唐襄陽公主，此書殆同時所刊歟。全書歷敘自上古至元諸王及五等封，都二十卷，而卷二十又分上下。今存前十九卷及卷二十上二葉，後有闕佚。天一閣藏書。閣中

《見存書目》云存一册者，誤也。

皇明祖訓一卷祖訓條章一卷 明內府刊本

明太祖高皇帝御撰

御序

此明嘉靖間司禮監刊本。《祖訓條章》與《皇明祖訓》首章辭旨大同，但《祖訓》以示子孫，《條章》以示臣民，故立言小異耳。劉若愚《酌中志》記內板經書云「《祖訓》五十葉，《條章》十三葉」。今《祖訓》止四十葉，條章八葉，與劉記不同，蓋此屬嘉靖刊本，劉所記乃明季重刊本耳。天一閣藏書。

皇明祖訓一卷 明鈔本

前後闕佚。天一閣藏書。

洪武禮制一卷 明初刊本

不著撰人姓名。序云「上雖命禮官宋濂等編録，而規格裁創，悉由神機睿斷，畧非臣下敢贊一辭」，則是太祖御撰也。前後有作序年月及撰序中姓名，悉行剜去。前序末云「學士臣□□拜手頓首謹序」，恐即宋濂所撰，後因獲罪，削其姓名耳。其目一進賀禮儀，二出使禮儀，三祭祀禮儀，四服式，五文武階勳，六給授文職散官定式，七吏員資格，八奏啟本格式，九行移體式，十官吏俸給。有明一代典章，畧具于此。此洪武間刊本，板藏南監，然《南雍志》云此書「存八十三面，缺第五面」，此本連前序僅五十八葉，與彼不同，意《南雍志》所記乃後刊之本歟。天一閣藏書。

禮儀定式一卷 明刊本

禮部題本（洪武二十年）

董倫前序（同）

劉三吾後序（同）

朱宸洪跋（嘉靖辛亥）

此書洪武二十年太祖命禮部尚書李源名等撰，與《洪武禮制》相出入。當時南監刊之，頒行天下，寧獻王又翻刊之。此則獻王玄孫建安簡定王子鎮國將軍宸洪所重刊。天一閣藏書。

累朝榜例一卷 明鈔本

無書題，前有正德二年禮部公文云「奉聖旨：這累朝榜例既查明白，你部裏便通行申明曉諭，著一體遵守」云云。「榜」者，謂長安左右門外所張掛之永樂二年、宣德四年榜文，「例」者，謂成化、弘治間所增各例也。《天一閣書目》題今名，今從之。所定皆百官服色、器用宫室制度，大致與《禮儀定式》同。天一閣藏書。

存心録十卷 明初刊本

不著撰人姓名。《南雍經籍攷》「制書類」中有此書，云「洪武初聖祖命儒臣編次」。《四庫總目》攷爲吴沈等所撰。此南雍舊印本，前缺序文，中間及卷末亦有闕佚。天一閣藏書。

大明集禮五十三卷 明内府刊本

此嘉靖九年司禮監刊本。原有世宗原序，此本奪。

大明新定九廟之頌一卷 明鈔本

前有序，末題「嘉靖十四年□月□日，直隸蘇州府吴縣致仕官、前禮部儀制清吏司主事臣楊循吉百拜謹迎進」。天一閣藏書。

郊廟賦五卷 明刊本

宣城貢汝成著

進賦表（嘉靖十六年）

計《四郊賦》、《九廟賦》、《郊祀四大禮賦》、《廟享四大禮賦》各一卷，附《耕籍親蠶賦》一卷。天一閣藏書。

王國典禮八卷 明刊本

奉敕督理宗學周府宗正勤美編集

張至發序（萬曆四十三年）

臧爾勸序（萬曆乙卯）

王弘祖序

凡例

此書採《祖訓》、《實録》、《會典》、《集禮》及《條例》而成。多附宗正按語。卷末有「武昌孟習孔、關西王弘祖、大梁勤譙參閲」三行。

東朝崇養録一卷 鈔本

徐松輯

自序云：道光十有七年二月，聖駕閲視明陵。先期，恭奉皇太后幸丫髻山。小臣以禮官隨扈，親見千乘萬騎，鹵簿之盛。而皇太后出入，皇子馬上屬櫜鞬導引，雍雍肅肅，禮出天家，侍從懽忻，公卿讚歎。日晡，退休幕次，客有攷詢乾隆年間慈寧太后萬壽盛典者。小臣前在史館，曾於《宫史》及敬事房檔册迻寫慈寧太后萬壽，高宗純皇帝親進「九九典福」帙，檢出示客。帳下傳觀，同詞慫恿，敬請編次《東朝崇養録》一卷，庶奕世臣民仰見國朝聖聖相承，以天下養，重規襲矩，度越千古。方今皇太后聖壽日隆，將見復舉上儀，則討論掌故，尤禮官之職，謹當橐筆以竢。臣徐松記云云。凡録《宫史》一則，又乾隆十六年皇太后六旬聖壽，上恭進九九壽禮，凡五日。又二十六年七旬萬壽，恭進九九壽禮，凡十一日。又三十六年八旬萬壽，恭進九九壽禮，凡三十三日。每日進九品，每品以九爲節，皆《宫史》所載年例外物也。舊爲劉燕庭藏書，有「臣喜海印」一印。

欽定宮中現行則例四卷 内府鈔本

卷一訓諭，卷二名號、玉牒、禮儀、宴儀、册寶、典故、服色，卷三宫規、宫分、車輿、鋪宫、遇喜、安設、進春、謝恩，卷四錢糧、歲修、太監、門禁、處分，共二十一目。「訓諭」録至道光二十八年止，蓋道光末年所修也。

户部奏議一册 明鈔本

無書題。嘉靖二十一年户部尚書張瓚等所上，後有闕葉。天一閣藏書。

户部會議軍儲一册 明刊本

無書題，板心有「會議軍儲」四字，嘉靖三十七年户部奏也。後有闕葉。天一閣藏書。

鄞縣丈量田總一卷 明刊本

明齊禹臣撰

此明嘉靖中寧波府照磨齊禹臣奉欽差巡視海道副使劉檄，丈量鄞縣大界時所成册籍也。天一閣藏書。

熬波圖二卷 閣鈔本

元陳椿撰

提要

自序（元統甲戌）

此四庫館鈔本，雖無「欽定四庫全書」總題，然行款紙墨與文淵閣本全同，繪圖亦精雅。上虞羅氏藏内府鈔本。圖皆設色，極精雅，然羅本圖已由畫院改繪，且補《大典》所闕五圖。此則全依《大典》原圖，尤爲可貴。有「靜讀齋□藏書畫記」印

兩浙南關志六卷　明刊本

明薛僑撰

陸深序（嘉靖十二年）

自序志義（嘉靖壬辰）

歐陽德後序

南關設於杭州候潮門外，擁徽、嚴、金、衢之材木貨於杭者，以給清江衛河漕舟之費。後兼督兩浙造船事，歲以工部主事一人主之。僑於嘉靖壬辰以主事督關事，創爲此志，分建始、關廠、官紀、人役、事例、課單、淺船、條約、因革、事宜、器用、藝彙十二類。後年歷有增補，至嘉靖三十七年止，皆附於各類之後。天一閣藏書。

河西關志二卷　明刊本

濡陽楊濂撰

陳天資序（嘉靖庚午）

自序（同上）

關在北畿滸縣河西，務歲以户部主事一人主之。濂以嘉靖己亥冬督是關，粉爲此志，凡十二類。亦有後人增修語，附各類之後。天一閣藏書。

北關新志十六卷 明刊本

明王廷榦撰

自序（嘉靖二十四年）

徐階序（嘉靖甲午）

關在杭州武林門北。南關榷材木，北關則榷百貨，歲以户部外郎或主事一人主之。嘉靖癸巳廷榦督關，因蓄志成是書，分十六類。天一閣藏書。

荆南榷志十卷 明刊本

仁和邵經邦彙次　閩陳梧增修

汪必東序（嘉靖甲寅）

陳鎏序

陳梧序

邵氏初撰此書，名《荆南榷志存籍》，爲書七卷。陳鎏與陳梧先後增修，乃成十卷，改今名。三人皆以工部主事監荆州竹木稅者也。天一閣藏書。

食貨志選三卷 明刊本

明余思孝編

楊紹芳序（嘉靖十年）

無名氏書後（末闕）

首卷爲「食貨本」，後二卷爲「食貨政」，集諸史及明故事爲之。末有闕葉。天一閣藏書。

鹽法奏議一卷 明刊本

無書題。明監察御史戴金巡撫直隸時，疏陳鹽法十二事，户部刊之，頒行天下。天一閣藏書。

漕運議單一卷 明刊本

嘉靖三十五年户部議。天一閣藏書。

漕運議單一卷 明刊本

嘉靖三十七年户部議。天一閣藏書。

後湖志十二卷 明刊本

南京户科給事中合州趙官編次　南豐李萬實、蘭谿陸鳳儀重修

楊廉序（正德八年）
羅欽順序（正德九年）
凡例
萬文彩序（嘉靖乙酉）
趙官跋（正德九年）
史魯跋（正德甲戌）
徐文溥跋
陸濩跋
潘棠跋
郭斗後序（嘉靖庚申）
王學謨後序（同上）
陸鳳儀跋（嘉靖癸亥）

後湖即玄武湖，明代藏黄册於此，以南京户科給事中一人典之。合州趙氏始爲此志，在正德九年。李氏、陸氏續加修輯，皆主此職者也。前三卷爲「事跡」，後七卷爲「事例」，而以「藝文」二卷附之。然則此書非誌後湖，實誌一代版籍事也。天一閣藏書。

左司筆記三卷 手藁本

太倉吴璟西齋述

自序(康熙癸未)

張子和手跋:西齋先生係梅村先生哲嗣,學問淹博,克繼清芬。此書乃官户曹時所輯,共二十卷,今存三卷。雖殘鱗片甲,而經國大業、不朽盛事,已畧見一斑,因輯而藏諸書庫。他日倘能獲見全豹,則更幸矣。子和氏誌。(下有「張燮」印)

《四庫存目》載此書二十卷,分二十門。今僅存疆域、户口、田地(附屯田)三卷,皆手稿也。有「惠父寓目」印。

補漢書兵志一卷 鈔本

白石先生錢氏撰

陳元粹序(嘉定甲戌)

王大昌跋(嘉定乙亥)

此書文季門人陳元粹刊于池陽縣署,王大昌覆刊于淮南漕廨。此本行款似猶從淮南本出。有「東海徐氏家藏」印。

廣西軍務文牘不分卷 明鈔本

無書題及撰人姓名。前有闕佚。皆正嘉間鎮守廣西地方副總兵奏稿文牘。天一閣藏書。

薊遼題稿不分卷 明鈔本

無書題及撰人姓名，實明薊遼總督薛三才題稿。自萬曆四十一年八月至十二月止，共十三疏。內「建酋納質」及「援救北關」二疏，均足補正史之闕。天一閣藏書。

唐律疏議三十卷 校鈔本

太尉揚州都督監國史上柱國趙國公長孫無忌等撰
趙孟頫刑統賦注序（延祐三年）
柳贇序（泰定四年）
劉有慶唐律纂例序（泰定二年）
唐律釋文序（至正辛卯）
進律疏表

每半葉九行，行十六字。卷末有「考亭書院學生余資編校」一行，乃照鈔元江西省刊本也。前人以藍筆通校。

律十二卷音義一卷　影宋鈔本

［音義題］翰林侍讀學士中大夫尚書兵部侍郎兼羣牧使判國子監太常禮院上柱國樂安郡開國公食邑二千二百户食實封肆伯户賜紫金魚袋孫奭等撰

天聖七年校勘諸臣銜名

海昌吴氏拜經樓藏宋刊本，何夢華從之景鈔，以後江浙藏書家往往有之。此張月霄鈔本，每半葉十行，行十八字，視宋本增出一字，而行數則同。藍格，板心有「愛日精廬彙鈔祕册」八字，格外有「昭文張金吾鈔書」七字。《愛日精廬藏書志》謂從陳君子準景宋鈔本傳鈔者是也。

重詳定刑統三十卷　明照宋鈔本

宋竇儀等撰

每半葉九行，行十七八字。卷十二板心上記字數，下有刻工姓名，似從宋刊本照鈔。案周顯德四年修《大周刑統》，宋建隆四年竇儀等進《建隆重定刑統》，儀有進書表（見《宋文鑑》卷六十三），其畧曰：舊二十一卷，今并目録增爲三十一卷。舊《疏議》節畧，今悉備，又削出式令宣敕一百九條別編，或歸本卷。又編入後來制敕一十五條，各從門類。又録出一部（原訛作「二卷」），餘條準此。四十二條附名例後。字稍難識者，音於本字之下。義似難曉并例具別條者，悉注引於其處。又慮混雜律文本注，並加「釋曰」二字以別之，務令檢討之司曉然易達。其有今皆寖異、輕重難同，或則禁約之科刑名未備，臣等起請，凡三十二條。其格令宣敕削出及後來至今安用者，凡一百六條，今别編分爲四卷，名曰「新編敕」云云。今此本三十卷，具載《唐律疏議》全文及令格式敕，並起請條三十二，與表並合。於《疏議》中「匡救」字下注云「與御名上一字同，改作營」，明是宋太祖朝所撰，是即建隆重定之本也。此書於建隆四年付大理寺刻板摹印，頒行天下。孝宗淳熙四年，復令國子監重鏤《刑統》板頒行。是宋時曾經再刻。此本「徵」字缺筆，避仁宗嫌名，乃從淳熙本抄出也。宋初傅霖以《刑統》不便記誦，作《刑統賦》二卷，自是諸家競誦賦而本書反微。金、元二代亦通行《刑統賦》。至明惟《文淵閣書目》尚有此書，至萬曆中編内閣圖書目録，則已亡佚。此本出於四明范氏天一閣，蓋海内僅存之孤本也。惜賨儀表及目録一卷全闕，卷三十末亦闕數葉，前三卷中紙墨亦有脱爛處。表弟劉翰怡京卿借予此本刊印，即據《唐律疏議》補其闕文。然宋天聖中孫奭校定《唐律》，已謂《律疏》與《刑統》不同本，疏依律生文，《刑統》兼據後敕，雖盡列疏義，頗有增損云云，足見此書正足校刊《律疏》，不獨存有宋一代刑法而已。

大明律三十卷 明刊本

監察御史臣胡瓊集解

律解附例自序（正德辛巳）

御製序（洪武三十年）

劉惟謙等選大明律表（洪武七年）

何孟春後序（正德十六年）

此書每卷首題「大明律卷一」至「卷三十」，而板心則題「律解附例」。又并三十卷爲四卷，蓋每卷一仍《明律》舊卷數，而書口則又以每册爲二卷也。此胡氏巡按貴州時所撰。天一閣藏書。

刑書據會一卷　明刊本

御制大明律序（洪武三十年）

傅作雨序（萬曆丁酉）

盧廷選序（萬曆庚子）

刑部題稿二件

此書前爲《大明律》總目并圖表，後附《招議須知》，蓋當時刑名家節用書也。天一閣藏書。

歷年條例九卷　明抄本

此書全依《大明律》目次編輯，並無闕佚，皆成化、弘治二朝故事也。天一閣藏書。

條例簿三册　明鈔本

末有跋云：　右《條例簿》三册，通計一百七十七件。自成化丁酉春正月起，至甲午冬止，乃憲宗皇帝臨御之初諸司承行之事，悉遵□憲及列聖舊規也。先問書公於壬辰冬奉命撫閩轉汴，命善書胥吏録于行臺，以備檢閲，凡事一依而行，毫髮不敢違也。紙計三百零一片，又親筆題其外簽曰「條例」。手澤宛然，嗚呼慟哉。謹書此于末簡，以識不忘焉。弘治丙辰春三月之吉，東洋山人張紘書于世榮堂之西廂。

天一閣藏書。

條例便覽二卷 明刊本

刑部尚書白昂等題本（弘治十三年）

陳琳跋（正德癸酉）

分名例及吏、户、禮、刑、兵、工七目。每條上有嘉靖間人墨筆題識，或云「存」，或云「新改」，或云「加」，或云「并」，蓋重修條例時即以此書爲藍本者。天一閣藏書。有「范氏堯卿」、「壬辰進士」二印。閣書有圖記者甚少，此獨用名印，則題識疑猶出侍郎手筆也。

吏部文選驗封二司條例一册 明鈔本

無書題。天一閣藏書。《閣目》有《吏部職掌》及《吏部四司條例》各六册，似皆非此書也。

吏部例二册 明抄本

無書題。書脚有「吏例」二字。天一閣藏書。

兵部現行事例一卷 明刊本

嘉靖三十七年四月兵部議奏裁節驛站冗費事例也。末附錦衣衛公文一通。天一閣藏書。

刑部纂集事例一卷 明鈔本

編纂弘治至嘉靖新增事例，分隸刑部四科，凡憲科八十一條，比科三十九條，司門科二十一條，都官科八條。天一閣藏書。

嘉靖新例一卷 明鈔本

凡名例律十九條，吏律十一條，户律十二條，兵律五條，刑律三十九條，附録。天一閣藏書。

嘉靖各部新例十卷 明鈔本

録各檔案，計吏部一册，户部二册，兵部四册，刑部一册，工部一册，都察院、大理院、通政司共一册。天一閣藏書。

刑部題稿一卷 明鈔本

無書題。嘉靖十六年刑部、都察院奏議刑部條例也。天一閣藏書。

恤刑録二卷 明刊本

明孫燧撰

敕諭（弘治十八年）

胡鐸後序（正德壬申）

此弘治十八年孫忠烈爲刑部郎中時審録江西所上奏牘也。攷《明史·刑法志》，審録之制肇於正統六年，至成化八年，分遣刑部郎中劉秩等十四人，會巡按御史及三司官審録敕書，鄭重遣之。至十七年，定在京五年大審，即於是年遣部寺等官分行天下。自是訖明季，遂爲常制。此書中諸疏不著年月，然如葛木《恤刑疏艸》八卷，自嘉靖五年訖嘉靖七年，審録之明，遠亘三年，則《明志》未之詳也。天一閣藏書。

恤刑疏艸八卷 明刊本

明葛木撰

唐龍序（嘉靖己丑）

李士允後序（嘉靖庚寅）

此明嘉靖五年刑部主事署郎中葛木審録江西奏艸也。天一閣藏書。

審録廣東題稿不分卷 明刊本

明林大章撰

嘉靖三十年敕諭

此明嘉靖三十年刑部主事署郎中林大章審録廣東奏牘。天一閣藏書。

恤刑題稿一卷 明刊本

敕諭（萬曆四年）

此刑部江西司盧漸審録福建時所上題稿，存福州、興化、泉州三府，或非全書也。天一閣藏書。

恤刑疏稿一卷 明刊本

此萬曆十年欽差刑部廣西清吏司署郎中事主事霍鎮東審録浙江時所上疏草也。後有闕佚。天一閣藏書。

王恭毅公駁稿二卷 明刊本

明王槩撰

男臣序（弘治壬子）

高銓序

楊峻跋（弘治壬子）

此王恭毅任大理卿所撰駁稿，其門人浙江按察副使高銓所編，屬嘉興守柳邦刊之。天一閣藏書。

批駁抄畧一卷 明刊本

抄撮批駁民間案牘事，殆明時佐治者以爲程式者。天一閣藏書。

比部招議二卷 内刊本

聶賢序（嘉靖甲午）

序謂「少司寇省齋陳公在刑曹所議」，序作于嘉靖十三年，此歲刑部侍郎爲陳□□。天一閣藏書。

讞獄記四卷 明刊本

明樊深撰

何魁序（嘉靖十六年）

序謂「邇瀛海樊公諱深，由進士授蘇州府推，每于折獄之時，必命吏執筆於旁以書其事。予檢文案笥中，得其數葉，遂命梓行，以廣其傳」云云。

教條一卷 明刊本

無書題及撰人姓名。首題「欽差提督學校江西等處提刑按察司副使陸爲學政事凡五十二條」。天一閣藏書。

諭解州畧一卷 明刊本

明吕柟撰

鄧誥序（嘉靖十五年）

王光祖識語

胡大器識語（嘉靖九年）

王溱題

諭俗恒言（嘉靖四年）

程鵬解梁書院志序（同）

羅士賢後序（嘉靖丙申）

此呂涇野嘉靖四年判解州時作，共三種：一《訓蒙俚語》，二《諭俗恒言》，三《解州鄉約》也。嘉靖九年門人王光祖等刊於解州。十五年，門人鄧文誥出守高郵，又重刊之。天一閣藏書。《閣目》以爲明顔□□撰，非也。

河南布政議稿二册　明鈔本

目録後署「嘉靖三十七年目録」。此種議録，殆每歲有之。天一閣藏書。是歲范堯卿侍郎爲河南左布政使，見嘉靖三十七年《河南鄉試録》。

復古議一卷　明刊本

明龐尚鵬撰

馬文煒序（隆慶二年）

自跋（萬曆五年）

此明龐少南督理九邊時過維揚，見其風俗奢靡，因爲此議，以訓僚屬。隆慶二年馬文煒刊于籌邊堂。萬曆五年少南撫閩，復自刊之。全書僅四葉。天一閣藏書。《閣目》云二册，明龐□撰。不知何以互異。

籌邊一得一卷 明刊本

古松藏拙草莽山人易文著

高第序(嘉靖乙亥)

林應采後序

此書高序云「松城儒者易君所著,柏村何公所刊」。書中亦多紀何公卿平番之績。案《明史・四川土司松潘衛傳》:嘉靖五年,命都督僉事何卿鎮守松潘。時黑虎五寨及烏都鵓鴿諸番叛,卿次第平之,降者日至。卿有威望,在鎮十七年,松潘以寧。即序之「柏村何公」也。書中紀松潘建置,與《明史》有異同,足資參證。天一閣藏書。

申明保甲鄉約法一卷 明刊本

此王文成初撫江西時所定保甲、鄉約二法。前有提督軍務都察院右副都御史汪頒行公文。天一閣藏書。

廬陽荒政録四卷 明刊本

賜進士第直隸廬州府推官豐城陸夢麟編集　賜進士第直隸廬州府六安州知州泰和歐陽德校正　直隸廬州府無爲州同知慈谿魏光嗣刊行

歐陽德序(嘉靖癸未)

此紀廬州守攸縣龍孔錫誥救荒事，分奏議、文移、祭告、附録四類。天一閣藏書。

海防録一卷 明刊本

首題「督理蘇松常鎮糧儲山東等處承宣布政使司左參政翁大立爲議處海防事」，凡三十一條，乃嘉靖間防倭時所頒。天一閣藏書。

禦虜安邊策一卷 明刊本

明張鉉撰

嘉靖三十年鉉罷威遠知縣，閑居京師。時俺答入寇，鉉上策十條，後附上大司馬趙公書并所作古詩一首及與京師諸公贈答諸詩文。天一閣藏書。

海防疏一卷 明刊本

嘉靖三十四年督察軍務工部右侍郎趙文華題兵部尚書楊博等議覆共五事。卷首題「督察疏一」，蓋當時所刊不止一疏也。天一閣藏書。

勘處夷情疏一卷 明刊藍印本

明萬鏜撰

無書題。此明嘉靖二十二年欽差湖貴地方勘處夷情，都察院右副都御史萬鏜所上題本四，附致相知士大夫書一。按《明史》鏜傳「湖廣蠟爾山蠻叛起，鏜副都御史相機勦撫。鏜納土指揮田應朝，誘致其酉，督兵破之。條上善後七事，帝咸報可」。此書第二疏所陳善後策，凡十事，殆《明史》有訛字歟。天一閣藏書。

邊政考十二卷 明刊本

巡按陝西監察御史張雨編

自序（嘉靖丁未）

都察院劄（嘉靖二十五年）

張鐵跋（嘉靖丁未）

劄後有「鞏昌府知府李世芳刊、經歷馬堯相督工、教授趙穩校正」六行。

守城事宜一卷 明刊本

首云「欽差提督軍務兼巡撫福建等處地方都察院右僉都御史龐爲守護城池事」，末題「萬曆伍年伍月刊行」。按龐名尚鵬，萬曆四年冬以右僉都御史巡按福建，《明史》有傳。天一閣藏書。

防禦火患一卷 明刊本

前後所題官銜、歲月與前書同。天一閣藏書。

清理錢糧一卷 明刊本

前後所題官銜、歲月與前書同。天一閣藏書。

淮關條約一卷　明刊本

莆陽黄曰敬

此嘉靖二十三年南京户部主事黄曰敬督淮關時所刊告示二通。天一閣藏書。

營造法式三十六卷　影宋鈔本

通直郎管修蓋皇弟外第專一提舉修蓋班直諸軍營房等臣李誡奉聖旨編修

編修營造法式所公文（崇寧二年）

進書序

張美川手跋：《營造法式》自宋槧既佚，世間傳本絶稀。相傳吾邑錢氏述古堂有影宋鈔本，先祖觀察公求之二十年，卒未得見。庚戌歲，家月霄先生得影寫述古本於郡城陶氏五柳居，重價購歸，出以見示。先祖想慕未見之書，一旦獲此眼福，心喜過望，假歸手自影寫。圖像界畫，則畢仲愷高弟王君某任其事焉。自來政書之屬，能羅括衆説、博洽詳明，深悉夫飭材辨器之義者，無踰此書。陳振孫《直齋書録解題》，以爲超越乎喻皓《木經》者也。謹案《四庫全書》本，係浙江范懋柱天一閣所進，内缺三十一卷「木作制度圖樣」，賴有《永樂大典》所載以補其闕，則是書之罕觀益可徵焉。至若《看詳》内稱書凡三十六卷，而此本僅三十四卷。余所藏宋本《續談助》亦載是書卷數，與是本同，蓋自宋時已合併矣。吾邑藏書家自五川楊氏以來，遞有繼起，至汲古、述古爲最盛，百餘年來其風寖微。今得月霄之愛素好古，搜訪祕笈不遺餘力，儲蓄之富，幾與錢、毛兩家抗衡。以蓉有同好，每得奇籍，必以相示，或假傳鈔，畧無吝色。其嘉惠同志之雅，尤世俗所難。録竣，因書數語，以誌欣感，而又以傷感先祖之終不獲見也。道光元年辛未夏六月，琴川張蓉鏡識於小瑯環福地，時年二十歲。（下有「張蓉鏡印」一印）

［二十下當奪一字。宋刊後村集後有道光戊子子芙初女史姚畹真跋云時年二十六歲。戊子爲道光六年，時芙初已二十六，明芙川于道光九年不得年二十也。或指鈔書之歲，則此書鈔於嘉慶二十五年，理亦近之。］

孫子瀟手跋（嘉慶二十五年）

黃復翁手跋（道光元年）

聞箏道人手跋（道光丙戌）

張月霄手跋（道光七年）

邵淵耀手跋（道光四年）

褚逢椿隸書手跋（道光戊子）

孫鋆題詩王婉蘭書（道光戊子）

錢梅溪手跋

原書三十四卷，加《看詳》一卷、目録一卷，共三十六卷。卷末有「平江府今得紹聖《營造法式》舊本並目録、看詳，共一十四册。紹興十五年五月十一日校勘重刊。左文林郎平江府觀察推官陳綱校勘。寶文閣直學士右通奉大夫知平江軍府事提舉勸農使開國子食邑五百户王晚重刊」四行。

每半葉十行，行二十二字。張美川手鈔宋本。嘗見宋刊殘葉，每半葉十一行，板心亦較狹小。則是本乃照宋鈔本，非影寫也。書中圖樣出王君某手，特爲精絶。張月霄跋此本，推爲出原本之上。錢唐丁氏藏本又從此本出，而圖樣五卷遜此本遠甚。丁本又多錢遵王一跋及邵淵耀致美川札。案此本祖本載于《愛日精廬藏書志》者本無錢跋，蓋後人取《讀書敏求記》爲之，邵札則在此本中，今亡之矣。按愛日本出于錢遵王，遵王得之東澗翁，東澗翁又得之趙元度。《有學集》中有此書跋云「《營造法式》三十六卷，予得之天水長公。［長公］初得此書惟二十餘卷，徧訪藏書家罕蓄者，後於留院得殘本三册，又於内閣借得刻本，而閣本卻闕六、七數卷。先後搜訪，竭二十年之力始爲完書。圖樣界畫最爲難事，用五十千購長安良工，始能措手。長公殁，此書歸于予，趙靈均又爲予訪求梁谿故家鏤本，首尾完好，始無餘憾。恨長公之不及見也。靈均嘗手鈔一本，亦言界畫之難，經年始竣事」云云。案東澗翁所藏宋槧，據《敏求記》已燬于絳雲之火，而内閣藏本闕六、七數卷者，余僅見其卷八首一葉，全書蓋已久佚，而趙元度、趙靈均二家本亦不知存亡。此外惟瞿氏尚有鈔帙，亦不及此本之工。今日此書當以此爲第一善本矣。有「張蓉鏡」、「芙川氏」、「蓉鏡珍藏」、「郁松年」、「泰峯」諸印。

興都營建圖式録一卷 明刊本

工部員外郎袁鉞、李汝楫編録　襄陽府同知温秀、德安府通判鄭禧校刊

前有温秀、鄭禧呈欽差工部尚書啟文并批。又有小引云「興都營建自嘉靖十八年三月二十日經始，至嘉靖二十年十二月十五日訖工。謹按宫宇之目與財用之數，備録于左，俾紀事之史考焉」云云。天一閣藏書。

祕書省續編到四庫闕書二卷 鈔本

題「紹興□□年改定」。先大父儷籯館故物。有收藏名印。

昭德先生郡齋讀書志二十卷 校鈔本

門人姚應績編

昭德先生郡齋讀書志序（紹興二十年）

游鈞跋（淳祐己酉）

顧千里手跋：　此衢本《郡齋讀書志》，五硯主人所得，予從之借鈔，凡錯簡十數，一一正之矣。惟史部書目類缺一葉，别集類下《劉筠集》缺者約二三十葉，無從補全也。嘉慶乙丑九月，澗薲居士記。

汪閬源手識：　戊寅五月，借吴枚庵本校。

李鄦沚手跋：　戊寅嘉平七月，李富孫以殿本馬氏《經籍考》校勘一過。

又手跋（嘉慶己卯，見汪刻本，不録）。

錢少詹跋（黄復翁手録瞿氏鈔本）。

此書五硯樓舊藏，後歸汪閬源。閬源先以吴枚庵本校正，又屬李薌沚以瞿木夫所藏舊鈔本並《文獻通考》再校。黄復翁又以瞿本及《通考》覆校，即汪刻底本也。李校在行間，黄校在書眉，黄詳於李。有「五硯主人」、「袁廷檮印」、「蘇州袁氏五硯樓藏金石圖書」、「汪士鐘印」、「汪士鐘讀書」、「三十五峯園主人」諸印。

昭德先生郡齋讀書志二十卷 校汪刻本

顧千里跋：此卷有顛倒之葉，不得舊本，尚無從移定也。或欲將《臨池妙訣》及《唐氏字説解》兩標題互改，以泯其跡者，豈其然乎。思適居士記。

今細讀知當分六段改轉，又記。吴有堂臨校。（卷四後）

吴有堂手跋：衢、袁二本，塗徑各别，夫人而知之矣。以彼補此，非獨譾陋，亦甚無謂，袁本自有專書行世也。亟急删之。志忠識。（卷十九後）

《讀書志》有兩本，而衢本向無刊刻，流布絶少。吾郡汪氏梓行之，善矣。惜校讐經鄙人手，妄意塗注，仍失廬山之面目。其引袁證衢之處，大半非是，即指稱原本之誤，亦多鍛煉周内。今顧澗蘋家所藏鈔本即書中謂之「原本」者，何以勘之未見悉符，知伊刻檢校之不實矣。因從澗蘋假出，録校如右。他日有好事者重爲釐定刊之，是書不勝厚幸也。道光丙戌十一月廿九日，妙道人識。

此吴有堂校顧澗蘋家本。顧本亦出五硯樓鈔本，與汪刻同源。李蓏沚、黄復翁爲汪氏校刻此書，固不能盡善，然澗蘋並其互易《臨池要訣》及《唐氏字説解》二題議之，則亦意氣之爭，非真是非也。有「七哲名家」、「子孫保之」二印。

通志藝文畧八卷 元刊本

此即《通志》卷六十三至卷七十。有「宛平王氏家藏」、「慕齋鑒定」二印。

遂初堂書目一卷 鈔本

尤袤延之

毛扆序

魏了翁跋

陸友仁跋

知不足齋鈔本。

遂初堂書目二卷 鈔本

宋尤袤延之

毛扆序

此本分二卷，又無魏、陸二跋。有「曾在上海郁泰峯家」一印。

百川書志二十卷 鈔本

［明高儒撰］

自序（嘉靖庚子）

有「虞山錢曾王藏書」、「吴越王孫」、「十經齋藏書」、「西田分支」、「曹炎印」、「文侯」諸印。

校經圖二十卷 鈔本

明朱睦㮮輯

自序（萬曆元年）

黄虞稷序

子勤羨跋（萬曆二年）

有「王氏疏雨」、「錢唐朝梧」、「二十四福堂王氏家藏」、「庶常吉士」諸印。

行人司書目不分卷 明刊本

明徐□編

賀爛然序

自序（萬曆壬寅）

凡例
敘分部
任弘道跋
吴中偉跋
分典部、經部、史部、子部、文部、雜部六門。明制，行人乘使車，事竣報命，必購書數種爲公贄，即留署中，故行人司藏書獨多。有「王任堂所藏」一印。

絳雲樓書目二卷 鈔本

此本無序跋。經部書皆注册數，與曹倦圃以後諸鈔帙不同。有「唐栖朱氏結一廬藏書記」一印。

絳雲樓書目二卷 校鈔本

曹溶題辭
又跋
吴枚庵手跋：此册爲張子白華所藏，予嘗借閱。癸巳秋日，得陳丈少章閲本，愛其博洽，爰鈔録如右。張子疑予有藏匿不返之意，索取甚急，幾至面赤不顧，因録置别本，亟以此册還之。張子博雅多聞，獨於書斤斤護惜，古人所謂「讀書種子習氣未除」，然即此知張子能謹守勿替者。丙申秋七月二十四日燈下，枚庵漫士吴翌鳳記。（下有「翌鳳評閲」、「愛讀奇書手自鈔」二印）

此吴枚庵手録陳少章景雲閲本，朱書細字，行間殆遍。枚庵既録於此本，又録置别本，前輩精勤真不可及也。有「吴翌鳳枚庵氏珍藏」、「枚庵流覽所及」、「翰墨緣」諸印。

讀書敏求記四卷 校本

也是翁錢曾遵王

黄蕘圃校注。行間眉上，丹鉛幾滿，多記友朋所得及己所藏書，足與本書相發明者。有「士禮居藏」、「廿止醒人」、「汲古綆」、「東海許生」諸印。

讀書敏求記四卷 校本

吴尺鳬跋七則
吴敦復跋二則
趙谷林跋
朱朗齋跋三則
吴兔床手跋四則
沈韻初手跋

吴兔床手校汪氏振綺堂藏本，並移録吴、趙、朱諸跋。眉頭兔床識語甚多，均記所見、所藏書籍，與蕘圃校本所記皆藏書家故實也。有「拜經樓經籍印」、「兔床經眼」、「忍辱頭陀」、「兔床手校」、「南面百城」、「小桐谿上人家」、「露鈔雪購」、「夢禎」、「沈樹鏞印」、「鄭齋」、「漢石經室」諸印。

千頃堂書目三十二卷 鈔本

温陵黄虞稷俞邰彙輯

杭世駿序

又跋(戊辰)

杭堇浦得朱竹垞家藏本,復加考補,書中注「杭補」者是也。又或注「據盧本補」,或注「據吴本補」,或注「樣客案」,卷目後又有「仲魚過眼」印,蓋即吴兔床、陳簡莊二家詳校後所録之清本,故正文與注比諸家藏本獨多,當爲此書第一足本矣。

湖録經籍考集部六卷 鈔本

浮玉山人鄭元慶輯　同學章廷宏校

鄭芷畦先生所撰《湖録》稿已久佚,此《經籍攷》又僅存集部一門。甲寅春日余客都門,假歸安嚴迪莊敢豐藏本,手自繕録,藉遣朝夕,惜訛脱甚多,無可校勘。以鄉邦文獻所萃,故存之。迪莊又早歸道山,更無從究其所自矣。

金石録三十卷 鈔本

[宋趙明誠撰]

自序
劉跋後序(政和七年)
李易安後序(紹興二年)
趙不譾跋(開禧改元)
葉仲盛跋(成化九年)

李序後有無名氏朱書小識,似魏稼孫手筆。有「靜觀自得」、「曾歸錫曾」二印。

金石録三十卷 鈔校本

宋趙明誠撰

序跋同上,惟多嘉靖三十六年歸有光一跋。

每册有籤題「津逮秘書」。又序跋皆行書,與毛刻《祕書》同式。今傳世《津逮祕書》第六集,《金石録》、《墨池編》二種皆有録無書,此即其未刊稿本也。中有校語,墨書似出嘉道人手,朱書則仁和朱氏校刊時所增,朱氏所刻即據此本。有「朱學勤印」、「修伯」、「臣澂私印」、「子清」、「唐栖朱氏結一廬圖書記」諸印。

隸釋二十七卷 校明刊本

[宋洪适撰]

自序（乾道三年）

此明萬曆戊子知揚州府王雲鷺刊本。前有自序，已奪。卷末有牌子云「萬曆戊□余爲廣陵守，偶得《隸釋》一集於真州僧舍，乃寫册也。或曰此元人手抄，亡其姓氏。余素未覩此集，詢之博雅，皆云坊肆間並未刊布。余因命工依宋板字梓之，以與好古者共覽焉」云。黄蕘圃《汪本隸釋刊誤序》云「王雲鷺本實汪本所自出，點畫之訛，每昉於此，而汪本轉有正其舛、補其脱者，故置不復論」，故其校汪本，專據崑山葉氏舊鈔本。今細校此本，則往往與葉本合，其汪刊誤而此本不誤者殆十之六七，以汪刊故遂薄此本，誤矣。此本又經前人精校，其所引據之本有寧本，有錢竹汀鈔本，亦兼據汪刊及黄氏《刊誤》，然則非徒王刊可珍，即校語亦可寶也。有「新安汪氏啟淑印信」、「文臺校讀」、「潘康保秋谷印信長壽」、「秋谷藏書」、「青芝山館」諸印。

隸續二十一卷 校鈔本

［宋洪适撰］

洪邁跋（乾道三年）

喻良能跋（淳熙六年）

自跋（庚子（淳熙七年））

朱竹垞先生跋：《隸續》二十一卷，范氏天一閣、曹氏古林、徐氏傳是樓、含經堂所藏僅七卷。近客吴關，訪得琴川毛氏舊鈔本，雖殘缺過半，而七卷之外增多一百十七翻。末有乾道三年弟邁後序，繹其辭尚有《隸韻》、《隸圖》，而今不得見矣。又淳熙六年添差通判紹興軍府事喻良能亦有跋尾，稱「《隸釋》二十七卷、《隸續》十卷既墨於版，復冥搜旁取，又得九卷」，則當時刊本亦止十九卷，將毋餘二卷爲《隸韻》、《隸圖》耶。竹垞老人跋後，子甫田書。

此書竹垞先生鈔自汲古閣，原書乃影宋本，即顧千里據以校汪刻者也。後爲吴兔牀所得，復以泰定本校前七卷，又以曹楝亭刻本通校全書。有「秀水朱氏潛采堂圖書」、「愚谷」、「兔床經眼」、「吴氏兔牀書畫印」諸印。又有長印一曰「寒可無衣，饑可無食，至於書不可一日無。此昔人詒厥之名言，是可爲拜經樓藏書之雅則」。

輿地碑記目四卷　鈔本

宋王象之撰

此自《輿地紀勝》中鈔出，殆明人所爲。有「王鳴盛印」、「西莊居士」、「甲戌榜眼」、「光禄卿章」、「小學齋藏」、「黄鈞」、「次歐」、「徐子晉」、「冰香樓」、「古愚」、「鄭齋藏書」之印。

輿地碑目二卷　鈔本

闕後二卷。有「上海徐氏寒木春華館道光壬午後所藏」、「曾爲徐紫珊所藏」二印。

金石韻府五卷 明刊朱印本

毘陵朱雲時望輯纂　雲間俞顯謨子昭校正

豐坊序（嘉靖十年）

俞顯謨跋

此書全用夏英公《古文四聲韻》，而以薛尚功、楊垣諸書附益之。所用韻部亦與《四聲韻》同，惟覃、談、蒸、登之次，則從《廣韻》改正耳。有「沈及之某居記」、「沈恩之印」、「袁巨典印」、「王世熙字備晟號誠齋印」諸印。

寶刻叢編二十卷 鈔本

錢塘陳思纂次

鶴山翁序（紹定二元）

孔山居士序（紹定五年）

陳伯玉序（紹定辛卯）

無名氏序（闕）

保居敬識語（至順改元）

俞子中識語（至正庚寅）

趙霞門手跋：余素好收古碑刻及考證金石典籍，架上所存頗多，惟《寶刻叢編》訪久未遇。今書坊友自琴川來，覓得之，余見之狂喜，以重金易歸。審爲楊大瓢先生所藏善本，内數卷先生手筆，可寶也。讀之惜有訛字及殘闕錯亂，詢之老友陸白齋，云此帙從元朝本録出。有人曾見内府秘笈，向余詳言，殘缺亦如是，想流傳少全本耳。嘉慶十六年小春，霞門趙彤跋并書。

徐子晉手跋：歐、趙、洪三家著録風行海内，陳思《叢編》藏書家所少覯，亦有幸有不幸歟。此爲先友千墨庵主人所藏，後歸滬上徐氏，今又爲韻初兄所購藏，物得其所，真爲欣羡。聞浙江已付手民，惜道梗不得購取一校耳。咸豐十一年仲冬，徐康敬書。

又跋：今年汪氏散書，余得陳思《書苑精華》，詳載晉唐論書之旨，首一序即鶴山翁此篇。簡香翁謂中有大瓢子、霞門，皆係手跡。此論非碻，願以質之韻初。康又志。

此書前十四卷書跡甚佳，後六卷稍劣，然與大瓢山人書法不類，徐子晉以爲非山人書，是也。然并以趙霞門跋爲僞，則殊未是。有「赤泉後裔」、「大瓢山人」、「臣賓之印」、「抱香書屋」、「貝墉既勤曾讀」、「徐渭仁印」、「紫珊」、「上海徐紫珊收藏書畫金石書籍印」、「滬上徐渭仁字紫珊印」、「梁谿鄒氏延喜樓珍藏書畫記」諸印。

寶刻叢編二十卷　校鈔本

韓履卿手跋：庚子六月三日校畢。連旬梅雨，無客到門，閉户展卷，寂歷人外，真別有一天也。履卿手記。

序跋同前，惟多《四庫提要》及朱竹垞跋二篇。後無元人題識。有「韓履卿藏經籍金石之印」、「聽鐘樓藏」二印。

寶刻叢編二十卷 校鈔本

戴松門手跋：四明抱經樓盧氏所藏古香樓汪季青先生舊鈔本。嘉慶元年，託天一閣主人范肖有傳覓傭書鈔此部。計六册，約七百葉，内多訛字脱字，應細校。松門客甬上記。

又跋：原本有殘缺，此本照原缺有空白，當再覓善本校補。

潘秋谷手跋：《寶刻叢編》未見刻本。丁卯夏五得是書於肆中，爲戴松門所藏，錯誤甚多，未獲校補。鐵沙沈均初同年見之，出所藏二本假校。一爲大瓢山人本，後有趙霞門彤題跋，行款與此悉同，當自一本鈔出者，而字畫小誤更甚。一爲韓履卿崇鈔校本，多《四庫全書提要》二葉、小長蘆跋一葉，較此本每行少二字，脱誤及前後錯亂處悉已更正，其中亦有空缺數行，然已釐然可觀，未知據何本鈔録也。因以紅墨照校一過，錯亂太甚者爲重鈔數葉，複者割去之。雖未可遽爲善本，較原書不啻霄壤矣。康保記。

有「戴光曾印」、「松門山人」、「潘秋谷校金石刻之記」、「潘康保印」、「秋谷」、「竹泉珍祕圖籍」、「謏聞齋」諸印。

蘭亭序考一卷 吴枚庵手鈔本

［宋金滋撰］

自序（寶祐甲寅）

陳大章跋（成化壬寅）

吴枚庵手跋：余既抄得桑氏《蘭亭考》、俞氏《蘭亭續考》，復從友生處傳得是本。作者金滋，宋理宗時人，字號爵位無可考，藏書家亦無有蓄之者，真祕册也。丁酉秋仲，吴翌鳳識于求我齋。

此書據金氏序，乃氏自得《定武蘭亭序》，以鄜王家賜本校之，一一脗合，因自爲跋，并録《蘭亭後序》及名賢諸跋于卷後。明陳大章亦獲舊刻《禊序》，復見金氏所録諸序跋，又轉録之。此本殆自陳氏册中鈔出本，非成書，故前人未有著録者。枚庵以桑《考》校之，其中五條爲桑《考》所無，知非鈔撮桑氏書爲之，誠可寶也。有「結一廬藏書印」、「復廬贅姻滬上所得」二印。

金薤琳瑯二十卷 明刊本

太僕寺卿吴郡都穆

法帖釋文考異十卷 明刊本

武陵顧從義編并書　太原王常校

有「葉氏菉竹堂藏書」、「匏如珍藏書籍私記」、「孔子七十一世昭薰琴南氏記」。

求古録一卷 鈔本

崑山顧炎武撰

潘秋谷手跋云： 亭林先生《求古録》世無刻本，《四庫全書簡明目録》載顧氏搜索古碑，手自繕寫，上自漢《曹全碑》，下至明建文《霍山碑》，凡五十五碑。是本爲書友蔣恕齋所貽，因付重裝，并寫目録，僅五十四種，或是鈔本脱簡，或《唐岱岳觀雙碑》原作二種，書以俟考。同治丁卯秋日，潘康保記。

有「潘秋谷校金石刻之記」一印。

求古録一卷 鈔本

東吴顧炎武寧人

提要

自序

此較前本多《提要》及自序二篇，殆出閣本。自序與先生《金石文字記序》前後同，惟中間異百四十餘字，意先生《金石文字記》成，遂棄此稿，故序文亦改此序爲之也。

金石文隨録四册不分卷 鈔本

［明葉樹廉撰］

自序： 崇禎己卯歲，余年二十有一。初冬，同馮己蒼及從兄林宗遊西洞庭，寓於包山之天王殿。見大小石幢各一於荒庭蔓艸中，皆唐人書。摩撫互讀，日隱乃止。夜燈相對，謂古來金石刻足以證正史、辨八法。歐陽公、趙德甫雖有其目，不能槩舉全文。□□□□□□所載，止於漢魏。都南濠、□□□、徐獻忠各有編次，未得詳備。因相約共集其成，以爲讀書之一助。歸而己蒼暨定遠先出所藏，録之以爲權輿焉。後至蘇州訪趙靈均，盡許所有傳録，而趙未幾死。宗人羽遐亦出數篇，且約續訪以致至云。林宗二姪祖德、祖仁亦好斯録，每屬讐寫之任。己酉鼎革之時，羽遐以節死。辛卯，己蒼遭王龍標之禍□死而非其罪。癸巳，祖德病色死。戊戌，祖仁以繼母故不容於父，抑鬱而死。乙巳，林宗因一媳一孫之不肖，媿怒而死。定遠多讀古，善詩能書，窮且老，不諧於世，癸亥冬死，病榻蕭然，猶以黑紙白字展翫，知其好矣。羽遐樸誠無僞，逼似古人。己蒼氣豪放，藏書帖甚夥，每遇不平事，必攘臂以正之，其及於禍，宜矣。林宗性兀奡，壯年自高，罕與人合，暮而不遂，未免易心。祖仁幼聰穎，詩情文筆，能與老宿揖讓於壇墇之間且不相下，惜乎秀而不實。惟定遠立志和平，沉思善慮，詩文妙天下。然其性悠悠忽忽，心之所專，雷霆弗聞，坑坎不見，人世瑣碎之事茫無所喻，蓋一志之士也。衰年獨行，每爲少年戲弄，所如欝欝然，□□不参於唐宋名家，可哀也已。□□春，將有遠行，封置書籍，閲此書。屈指三十年間，人事變遷，死亡殆盡，所存一我，不覺黯然。當時訪問遺文，摩揣殘缺，忘日廢年，不可以朝夕計。因述所由，以志册末。後人閲此，毋或忽焉。

案此書無標題及撰人姓名，序亦不署姓氏，以所云「從兄林宗」云云攷之，知即葉石君筆也。據徐健庵《葉石君傳》，石君之卒年六十七。以序中「崇禎己卯年二十一」推之，當卒于康熙乙丑。而序中記馮定遠之卒在癸亥冬，則此序當是甲子、乙丑兩年中作也。序紀二馮、林宗父子事頗詳，故全録之。錢竹汀《日記》云「讀葉石君《金石文隨録》手藁六大册」，此僅四册，蓋彼爲手稿，此則傳録之本，分册不必同也。然此四册中亦有後人附益之處，如首册載《漢敦煌太守裴岑碑》，此碑雍正時方出土，石君何自録之。又《許長史舊館壇碑》後録顧亭林、朱竹垞、楊大瓢三跋，《姚恭公墓誌銘》後録何義門跋，亦非石君所及知，蓋後人就石本稿本增入也。此書書根題「金石古文册」，首題「古碑證聞」，皆出後人手。惟《竹汀日記》謂之《金石文隨録》，與此書體例合，今從之。

金石表一卷 鈔本

曹溶輯

自序

扶風縣石刻記二卷興平縣金石志一卷 鈔本

錢唐黄樹穀撰

樹穀字松石，小松司馬之父。有「保康之印」、「潘秋谷」、「秋谷藏書」諸印。

京畿金石考二卷 鈔本

賜進士及第刑部直隸司員外郎孫星衍撰

自序(乾隆五十七年)

淵如先生此稿未見刻本,陽湖張紹南撰先生年譜,亦不記有此書,蓋此書本據古書録存碑目,以待蒐訪,並非定本,故不復存此稿歟。有「秋谷藏書」印。

郟縣金石志一卷 鈔本

原任山東博山縣知縣偃師武億、郟縣知縣宛平毛師沆編纂

武虚谷先生所撰偃師、安陽二縣《金石志》皆盛行于世,此書獨罕傳本。有「桂馥印」、「未谷」、「何元錫印」、「勞格」、「季言」諸印。

湖北金石簿不分卷 鈔本

無書題序跋及撰人姓名。共八册,惟有一籤云「湖北金石簿八卷。噩齋記」,題下有「噩齋手校」印。每種皆注存佚,或録文或否,體例不一,蓋未定之稿本也。

寰宇訪碑録三卷 何夢華閲本

魏稼孫手跋: 右《訪碑録》三卷,同治丙寅二月得之吾杭務本堂書肆,乃夢華何氏藏本,册内題字皆手跡也。其於原書或訂正譌繆,或改竄文義,蓋欲編次所藏,自爲碑目,特藉孫録爲稿本,故與校訂體例微别。今與周季貺太守分録副墨,以此原本寄鄭齋主人,因題數字于後。十一月廿三日,錫曾寓福州誌。

周季貺手跋：同治丙寅中冬廿五日，借稼孫鹺尹藏本傳録。周星詒觀並誌，時寓福州楊橋巷。

此實何夢華藏碑目稿本，録中凡夢華館有拓本者，以圈識之。其何有而孫無者，則補書于眉上。有「古杭何元錫印」、「何氏敬祉雙華室」、「魏錫曾私印」、「魏稼孫鑒賞金石文字」、「非見齋」、「曾歸錫曾」諸印。

小蓬萊館金石目金文一卷 藁本

［黄易編］

沈均初手跋：此黄小松司馬所藏金石目，書面八字及校正脱誤處皆親筆也。予所得止此碑目，定多罕見之本，惜不知流落何所耳。書此以竢延津之合。同治丙寅七月既望，鄭齋記。

此目僅存三代至宋元金文目一册。有「小松所得金石」、「漢畫室」、「樹鏞之印」諸印。

金石補編目録一卷 鈔本

無撰人姓名。面葉有「古顔閣備覽」，此海寧許珊林太守槤閣名，當是太守所纂也。

竹崦盦金石目一卷 鈔本

趙魏晉齋

話雨樓碑帖目四卷 鈔本

吴江王楠任堂甫鑒藏　男鯤編次

許槤序（道光辛卯）
錢泳序（道光乙未）
張廷濟序（道光十五年）
王鯤自序（道光十二年）
徐楙跋（道光甲午）

濰縣金石志八卷金石遺文録一卷拓本一卷 清稿

［郭麐撰］
潘祖蔭序（光緒二年）
王懿榮序（光緒丙子）
周錫晉序（光緒丁丑）
陳介祺序（光緒十年）
自序（同治十年）

此志皆據現存金石著録，其文存而器佚者則入《金石遺文録》以相識别。附拓本摹本一卷，則皆卷一中所録銅器。首有題記曰「《濰縣金石志》備摹搨臨本三十七種，其外缺者底本皆在十鐘山房，俟隨後搨臨再補。州縣金石志體例，以此爲最善矣」。藍格，板心上刻「濰縣金石志」五字，下刻「聽漪亭」三字。

有「濰縣郭氏小眉州館印」、「郭子嘉新獲碑」、「聽漪亭藏碑印」、「手摹其文而讀之」諸印。

漢延熹封龍山碑考一卷 鈔本

劉恭冕撰

南潯金石攷證一卷 稿本

烏程沈登瀛柳橋輯

面葉又題「潯故考證糾繆」，此亦糾繆之一種歟。

括蒼金石志十二卷 稿本

嘉興李遇孫金瀾輯　麗水王尚忠芝庭、王尚賡雲舫參

吴方文序(道光十三年)

張祖基序

胡元基序(道光十四年)

凡例

王尚忠跋(道光壬辰)

譚學鎔跋(甲午)

此付刊時清本。譚跋係手寫。中有改正之處，則李金瀾筆也。

金石萃編補正不分卷附澠池新鄭鹿邑碑目一卷 鈔本

方履籛撰

黄志述序（道光十九年）

顧千里跋

趙惠父手跋： 舅氏彦聞先生《金石萃編補正》二卷，黄仲孫志述重編次。此蓋從黄本重録者，用辨志書院紙，則亦同肄業于李鳳台之人。書額朱字，或即李鳳台書。光緒丙子，假之仁和龔君宅耕校讀因記。陽湖趙烈文。

右録六朝至元金石刻凡五十一通，多補王氏《萃編》之遺。《萃編》所有者則校正文字，每篇各附跋尾。有「曾爲徐紫珊所藏」、「天放樓」、「陽湖趙烈文字惠父號能靜僑于海虞築天放樓收庋文翰之記」三印。

三代古匋文字考釋五册 稿本

吴大澂撰

自序

古匋器文字拓本八百紙，皆濰縣陳氏所藏，恒軒中丞爲之攷釋，均以小篆細書，精能之至。匋器本出近世，皆六國物，文字與彝器頗異。中丞此攷，雖未盡當，當爲是學開山。間有陳簠齋題字。有「三代古陶軒」、「三代古陶文字」、「窓齋集古」諸印。

史通二十卷 校明刊本

唐鳳閣舍人彭城劉子玄撰

張之象序（萬曆五年）

序録

訂正史通姓名

陸深跋

此本出梁溪秦氏宋本，在明刻中爲最善。余見顧千里所藏孫潛夫臨葉石君校本，千里復以宋本再校，因臨校一過。孫校用朱筆、顧校用墨筆别之。又孫、顧二校皆在明張鼎思刊本上，其與此本異同，余復以朱筆校於下方，庶乎善本矣。顧跋及繆藝風跋亦並録焉。

史通二十卷 明刊本

王閣序

陸深跋（嘉靖乙未）

高公韶跋（同上）

彭汝寔跋（同上）

此陸儼山校刊本。其祖本頗有闕佚，儼山於《因習》、《曲筆》、《鑒識》三篇疑有錯簡，頗多移易。以宋本校之，非是。然此爲明代第一刻，故特録之。有「泰州劉漢臣麓樵審藏善本」印。

致堂讀史管見三十卷　宋刊本

［宋胡寅撰］

猶子大壯序（嘉定著雍攝提格）

劉震孫跋（寶祐二年）

每半葉十二行，行二十三字。此書嘉定戊寅衡陽郡守孫德輿始墨於板，寶祐初劉震孫覆刊于宛陵郡齋。此宛陵刊本也。此本卷一至卷四，又卷七、卷八、卷十一、卷十二八卷，以別一本配，尤爲初刊時印。有「季振宜藏書」、「崑山徐氏家藏」、「乾學徐健菴」諸印。

致堂讀史管見殘卷　宋刊本

與前本同板，存卷二十六至卷二十九。有「端軒」印。

班馬異同三十五卷　明刊本

宋倪思撰　元劉會孟評　明李元陽校

楊士奇跋（永樂壬寅）

卷末有「嘉靖十六年歲次丁酉山人高瀫覆校」一行。有「泰峰」、「曾寄申江郁氏處」二印。

新刊點校諸儒論斷唐三宗史編句解九卷 元刊本

闕前三卷。「唐三宗」者，太宗、玄宗、憲宗也。太宗四卷，玄宗三卷，憲宗二卷，皆取正史紀傳之文編年排次，其論斷則取諸《唐鑑》。蓋宋元間科場用書，建安書肆所編次也。每半葉十二行，行二十三字。

李侍郎經進六朝通鑑博議十卷 鈔本

宋李燾撰

陳之賢序（紹熙三載）

乞尚史學劄子

劄子後有「畢萬裔宅刻梓於富學堂」牌子。每半葉十二行，行廿二字，與常熟瞿氏所藏宋本合，蓋從宋建安魏氏刻本出也。此孔葒谷鈔本，末有手記云「從胡待詔東表兄假得鮑士恭進本，丙申九月初四日鈔完」。有「孔繼涵印」、「葒谷」、「商邱陳伯恭鑒藏記」諸印。

諸儒集註永嘉陳先生兩漢博議二十卷 明影宋鈔本

［宋陳李雅撰］

此書自元以後未見著録，惟《宋史·藝文志》有陳季雅《兩漢博議》十四卷，而趙希弁《讀書附志》作二十卷，與此本合。季雅仕履無攷，惟《讀書附志》稱其字爲「彥羣」，此本云「永嘉陳先生」，殆與止齋同族，或後人因止齋名重，故借「止齋」之名以行之。此書目録後有「建安魏盈宅刻梓家塾」牌子，蓋猶從宋本鈔出也。前九卷論史事，即依紀傳次序，卷十後多論制度，則分類論之。中多陳事實，不盡議論也。天一閣藏書。

學史十三卷 明刊本

明邵寶撰

陳察序（嘉靖戊子）

張繼芳跋（嘉靖辛卯）

天一閣藏書。《四庫》即據是本著録。

宋論三卷 明刊本

永新後學劉定之著

吴琛序（成化八年）

劉寅之跋（成化壬辰）

舊爲天一閣藏書，乾隆時入四庫館。首有「翰林院印」，又有「乾隆三十八年十一月浙江巡撫三寶送到范懋柱家書《宋論》一部，計書一本」木記（書名、本數均用朱筆填寫）。

世史積疑二卷　明刊本

豫章李士實著

自序（正德七年）

此書刊於正德七年，時士實正爲都御史。《四庫》著録范懋柱家本爲文衡山、項子京旧藏，改序「正德」爲「至正」，《提要》辨之甚確。此亦天一閣藏本，而序末正作「正德」，然則上《四庫》者又一本也。士實致仕後，與宸濠逆謀，爲僞左丞相，伏誅。而明人頗藏其書，亦足異也。

讀史愚見殘卷　明刊本

存卷三。不著撰人姓名。天一閣藏書。

詠史絶句攷四卷　明刊本

新安篁墩程敏政輯録　後學星沙周策攷訂

熊宇序（嘉靖辛丑）

程序（成化十八年）

周序（嘉靖辛丑）

程篁墩選宋元明人詠史絶句，凡二百篇，以訓童子，星沙周獻甫爲之注。天一閣藏書。

讀史歌一卷 明刊本

明張儒撰　賜進士出身門人嘉興戚元輔編輯　後學門人均陽王學校正

自序

林松跋（嘉靖癸丑）

此取史事編爲歌訣，以便童蒙，皆作七言韻語。天一閣藏書。

讀史漫稿一卷 明刊本

慈溪閒山子陳鯨著

陳茂義序（嘉靖己未）

共詠史絶句百四十二首。天一閣藏書。

太史史例一百卷 明刊本

碧山外史雲間張之象彙輯

自序

自序後有「嘉靖乙丑孟夏長水書院刊行」牌子。

評鑑闡要十四卷 進呈寫本

大學士劉統勳等奏（乾隆三十六年）

閣本十二卷。此進御本，乃十四卷，而奏中仍云帙分十二，不知何以致歧。

讀史大畧六十卷 鈔本

江陰定峰沙張白著（原名一卿） 男震豫晉校録

自序（康熙甲子）

前有康熙二十六年江陰縣通詳公文云「康熙二十五年，奉上諭搜訪藏書善本。惟以經學史乘，實有關係修齊治平、助成德化者，方爲有用。其他異端詖説、泛濫詭奇，不得雜收。各省督撫通飭各州縣，定以每縣呈送五部。二十五年十一月，江陰縣知縣陸坎雲遵奉憲行，申送各邑生員陳其難《注解易經古本本義》四本（陳其難字光艱，所著有《周易今本圖系》、《古本古義》二書。《今本圖系》先據揚州泰興縣教諭荆子邁申選，至《古本古義》則詳查舊本朱文公所遵吕氏之文更定者，闡揚剖析，凡經二卷、傳十卷）。二十六年奉憲催提，務足五部之數。續訪得布衣沙一卿手著《讀史大畧》一書，起自開闢，訖于元季，共六十卷。適本人自山左新歸，求其藏稿翻閲，見其書自發議論，不襲唾餘，且深達事體，法戒昭然，正堪應購，借本鳩集繕抄，呈送本府祖布政使司劉江撫都院趙總督部院」云云。康熙時求書及州縣奉行情事，藉此文足以攷見。又前附沙氏疾革時致門人書，付與所著書稿，其目多至二百卷。然除此書外，大抵詩文集也。書之上下方多注史事，又是一人手筆。末有「乾隆壬子春至甲寅秋注閲第一遍。薦亭」一行，則注皆出此人手也。

二十四史日月考二百三十九卷 手藁本

烏程汪曰楨學

此剛木先生手書清稿。凡《史記》七卷、《漢書》六卷、《後漢書》四卷、《續漢書》二卷、《三國志》三卷、《晉書》七卷、《宋書》七卷、《南齊書》二卷、《梁書》三卷、《陳書》二卷、《魏書》十卷、《北齊書》二卷、《北周書》二卷、《隋書》三卷、《南史》六卷、《北史》九卷、《舊唐書》二十五卷、《新唐書》二十卷、《舊五代史》十二卷、《五代史》六卷、《宋史》七十卷、《遼史》二十卷、《金史》十二卷。《元史》僅成三卷，與《明史》均未畢業。前四史面葉均題「第三易稿」，《晉書》題「再易稿」，《宋史》以下均題「初稿」，每册寫定年月。是書之成，前後亘三十餘年。先生母趙太夫人曾於咸豐乙卯預爲之序。先大父爲先生刊《長術輯要》，曾附刊其序於卷首，并列此書目録。以卷帙過鉅，又元、明二史《日月考》亦未成，故未能刊行。先大夫久從先生遊，乃以稿本相付，至今二世傳寶之。案先生《長術輯要》實爲曠世絶作，此稿亦讀史者不可少之書，他日當爲刊行，以卒先世之志。若元、明二史雖未卒業。然有先生《長術》在，學者自能讀之，固不必以未備可憾也。

史記日月考三卷漢書日月考六卷後漢書日月考四卷續漢書日月考二卷三國志日月考二卷三國志日月考三卷晉書日月考六卷 藁本

烏程汪曰楨學

此稿又因前稿增訂，已多命門人清寫者，寫成後先生手自增補尚不少。合前手稿本，則前五史殆無遺憾矣。

十六國紀年表一卷 手藁本

烏程汪曰楨學

案書共二册，一草稿，一淨稿。草稿題「壬戌七月九日寫定，時在上海寓舍」。又淨稿面葉題「十六國紀年表」，旁注「霸史集料第一卷」，卷首則題「霸史集料卷一」，越一行低一格題「紀年表」，蓋先生意尚欲撰《十國紀年表》等，先成此卷耳。

中國歷代書目題跋叢書

王國維 撰
王 亮 整理
吴 格 審定

傳書堂藏書志

中

上海古籍出版社

傳書堂藏書志卷三

子部

儒家類

孔子家語三卷 明刊本

宣聖十一代孫漢諫議大夫孔安國編　五十七代孫階朝列大夫孔諨校正

此書併十卷爲三卷，蓋出於元王廣謀《句解》本而去其註，又別出《七十二弟子解》編於篇首。有「孔子七十一世孫昭薰琴南氏」印。

孔子家語十卷 明刊本

魏景侯王肅註

漢集家語序

王肅序

孔安國傳略
王鏊題辭
陸治題辭
攷證凡例
每篇古文辨義總録
附録
徐祚錫跋（隆慶壬申）

此陸包山重校震澤王氏校本，編次從何孟春本，以卷十《曲禮子貢問》、《曲禮子夏問》、《曲禮公孫赤問》三篇升於卷九，而退卷九之《本姓解》、《終記解》、《七十二弟子解》於卷十末。長洲徐祚錫刊之。序後有「長洲顧櫰書章掖刻」一行。有「永定侯珍藏書畫印章」、「子子孫孫永寶用」二印。

纂圖互註荀子二十卷 宋刊本

唐大理評事楊倞註
楊倞序
劉向敘録
欹器圖

天子大路圖

龍旂九旒圖

每半葉十一行，每行大二十一字、小二十五字。每葉右闌外刻篇名、卷數、葉數。元覆刻本則但記篇名而已。

纂圖互註荀子二十卷 元刊本

唐大理評事楊倞註

楊倞序

天子大路圖

龍旂九旒

行款與宋刊本同，但每葉闌外止刻篇名，亦有不刻者，唯此爲異。前有劉鐵雲跋，稱爲宋本，非也。有「東吴沈□用記」、「新江清隱」、「莚伯」諸印。

纂圖互註荀子二十卷 明刊本

唐大理評事楊倞註

行數與宋元刊本同，而每行字大小俱二十四字，亦建陽書肆所刊。有「江山劉履芬觀」印。

荀子二十卷 明刊本

唐大理評事楊倞註

楊倞序

每葉板心魚尾上有「世德堂刊」四字。天一閣藏書。

孔叢子七卷釋文一卷 明刊本

宋咸進孔叢子註表(嘉祐三年)

宋咸序

王蘭跋(淳熙戊申)

此出宋咸註本,而刊去咸註,蓋明覆宋江右本也。首有「翰林院印」。

新書十卷附録一卷 明刊本

漢長沙太傅賈誼撰

胡价跋(淳熙辛丑)

每半葉九行,行十八字。有胡价跋,似出宋潭州刊本,然字句往往與潭本異,而與盧抱經校本所云「别本」合。余取以校正德中陸良弼刊本,補正奪誤至數百條。卷七《退讓》篇,明刻多闕,而此本獨全,明刻之最善者也。板式古雅,似弘正間所刊。有「蕉林祕玩」、「觀餘道人」、「雪苑王負宴家藏書」、「曾在王鹿鳴處」諸印。

新書十卷 明刊本

漢長沙太傅賈誼撰

（陸）［胡］价跋（淳熙辛丑）

此正德中長沙府知府陸良弼相刊本。前人以朱筆通校。卷末有題識「甲戌十月從錢震瀧閱本校」。有「吉府圖書」、「梁清標印」、「蕉林收藏」、「宗室盛昱收藏圖書印」諸印。

新書十卷 明刊本

黄寶序（正德九年）

此亦陸良弼刊本，無（陸）［胡］价跋而有黄寶序。有「壽祺經眼」印。天一閣藏書。

賈太傅新書十卷 明刊本

郴陽燕泉何孟春訂註

張志淳序（正德十五年）

何孟春序

周廷用跋（正德己卯）

何氏此刊不遵舊本次序，又併爲九卷，别以賈傅所作五賦并傳爲第十卷，與所註《家語》略同。

鹽鐵論十二卷　明刊本

漢汝南桓寬撰　明雲間張之象註

張之象序（嘉靖癸丑）

卷末有「嘉靖甲寅春張氏猗蘭堂梓行」牌子。

劉向説苑十卷　明刊本

曾鞏序

每半葉十行，行十九字。每卷前後題皆作大字跨行。闕後十卷，目録亦作十卷，蓋坊間割去以僞爲全書者。有「劉氏廷美」、「張則之」、「允文」三印。

劉向説苑二十卷　明鈔本

曾鞏序

劉向奏

朱格大字，明内府鈔本。劉向奏後有「嘉靖四年己巳季冬月貴州提學副使餘姚王守仁書」二行。案嘉靖四年文成罷南京兵部尚書家居，則此款必後人所僞託也。有「鄱陽胡氏果泉藏書」、「文登于氏小謨觴館藏本」二印。

卷六《復恩》篇「晉趙盾舉韓厥」一條後，多「蘧伯玉得罪於衛君」一條，與宋咸淳時鎮江刊本同。

劉向説苑二十卷　明刊本

曾鞏序

劉向奏

每半葉十一行，行廿一字。成弘間刊本。

纂圖互註揚子法言十卷　宋刊本

晉李軌、唐柳宗元註　聖宋宋咸、吴祕、司馬光重添註

宋咸序（景祐三年）

宋咸進書表（景祐四年）

司馬光序（元豐四年）

渾儀圖

五聲十二律圖

孫子瀟手跋：

道光丙戌六月，孫原湘從味經書屋借讀。（下有「孫原湘印」一印）

又跋：　此《纂圖互註揚子法言》，逼（「的」字之訛）真宋槧，張生芙川得之黄氏士禮居者也。元刊本即照宋翻刻，不加詳審，往往亂真。按宋本《律吕圖》「徵」字闕末筆，蓋避仁宗嫌諱也，元刻改足。「聖

宋」之「宋」作兩點，亦與宋鍥迥異，爲宋、元兩刻之顯證。至無點畫間之斜整工拙，此又辨别于微茫者矣。卷首序有「晉府畫畫之印」，末有「敬悳臺圖書印」。晉藩儲蓄極富，即此印久爲收藏家所重。蕘翁於是書珎若拱璧，芺川以重價購之，惜蕘翁旋歸道山，未乞其一跋。道光丙戌六月過味經書屋，芺川屬爲記之如此。心青孫原湘。（下有「心青居士」一印）

邵沖友手跋：宋刊《纂圖互注法言》，歷爲鑒家所珍。觀序「廓」字闕筆，知爲寧宗以後槧本。其云「音點大字句解」者，乃别本補入，夾綫外無篇目卷數，可證也。世之收藏家，每以單邊黑口爲宋元之辨。以余所見宋刻，則雙邊爲多。若此書明是南宋本，而板心黑口，與元刊無異。知後人規則，鮮有創前代所未爲者，覽者勿以罕見而致疑怪可耳。道光戊子仲春吉月，充有邵淵耀識于一葉居。（有「淵耀」、「一業居」二印）

陳芝楣手跋：右宋刻《揚子法言》四卷，紙理縝密，墨光照人，宋時巾箱本。小琅嬛主人定爲南渡後建州刻，信然。向見泰州宫氏所藏宋槧本元虞道園點勘者，字法尤秀勁，此豈後拓耶。錢氏《讀書敏求記》多述宋板子書，而《太元》、《法言》均未著録，非以投閣之故存軒輊，亦以精本難得，偶爾缺如，故是卷足貴耳。道光己丑二月十日，陳鑾跋于迎鴻小舫。（下有「鑾」、「芝楣」二印）

蔣伯生手跋：道光九年四月九日雨中，蔣因培觀。諸家考證已詳，不復詞贅。（下有「因培之印」、「蔣氏伯生」二印）

劉星軺手跋：　道光丙申秋九月，同芙川仁兄展讀于菊花影裹，劉萬程識。（下有「星軺」一印）

何女史手跋：　道光己丑立秋日，僭觀于竹西之緑筠閣。天都女史何佩芳佩玉。（下有「佩芳」、「佩玉」二印）

王者香（安）[女]士手跋：　經史而外，子書多矣。韓文公直接孔孟真傳，作《原道》，惟荀與楊著於篇，雖猶病其擇焉不精、語焉不詳，要見涵泳聖涯，覼縷道妙，良足寶貴。小琅嬛清祕珍藏「纂圖互註」宋刊本《揚子法言》，世所罕有。道光己丑冬日，借觀因識。者香王誦莪。（前有「歐白閣」一印，下有「誦莪」、「者香女士」二印）

方畹芳女士手跋：　道光庚寅清明後二日，白下女士方若蘅叔芷氏借讀。（下有「若蘅」、「畹芳」、「勤襄公五女」、「叔芷」四印）

每半葉十一字，行大二十字，小二十五字。每葉闌外有篇名、卷數、葉數，與宋刊《荀子》同。宋咸序後有牌子云「本宅今將監本九經四子纂圖互註，附入重言重意，精加校正，並無一字訛謬，謄作大字刊行。務令學者得以參考，互相發明，誠爲益之大也。建安□□□謹咨」。卷九末缺四葉，以元刊《音點大字楊子法言句解》補之。有「晉府書畫之印」、「敬悳堂圖書」、「子孫永保用」、「葉鳳毛書畫之章」、「虞山張氏蓉鏡」、「臣蓉鏡印」、「蓉鏡私印」、「張伯元別字芙川」、「儂小荷花三日生」、「芙川張蓉鏡心賞」、「蓉鏡收藏」、「虞山張蓉鏡鑒定宋刻善本」、「小琅嬛清閟張氏收藏」、「小琅嬛福地張氏藏」、「小琅嬛福地」、「思初室」、「心蓮室」、「禮蓮室」、「鏡清閣」、「姚氏畹真」、「芙初女史」、「若蘅」、「儂長荷花三日生」、「希銓鑒賞」、「楊氏硯芬」、「芷楣借觀」諸印。

纂圖互註揚子法言十卷 元刊本

晉李軌、唐柳宗元註　聖宋宋咸、吴祕、司馬光重添註

宋咸序（景祐二年）

宋咸進重廣注表（景祐四年）

司馬光序（元豐四年）

渾儀圖

五聲十二律圖

每半葉十一行，行大二十一字、小二十五字。宋咸序後有牌子云「本宅今將監本九經四子纂圖互註，附入重言重意，精加校正，並無一字訛謬，謄作大字刊行，務令學者得以參考，互相發明，誠爲益之大也。建安□□□謹咨」。此係宋建本舊題，而元刊仍之。有「泰州劉漢臣麓樵氏審藏善本」、「購於癸丑揚州兵火之後」二印。

纂圖互注揚子法言十卷 明刊本

晉李軌、唐柳宗元註　聖宋宋咸、吴祕、司馬光重添註

宋咸序
宋咸進重廣註表
司馬光序
與元刊行款同，惟每行大小均二十四字。

監本五臣音註揚子法言十卷 校明刊本

李軌、柳宗元註　宋咸、吴祕、司馬光重廣註
宋咸序
宋咸進重廣註表
司馬光序

世德堂本，前人臨何義門所校宋刊李注本於上。末有「辛卯年除日照批畢，茂堂氏款」一行。有「寶芸齋」、「漢陽葉名澧潤臣甫印」、「葉恩頤印」、「葉恩臣印」、「笙林」諸印。

又一部 明刊本

潛夫論十卷 明刊本

王符

明嘉隆間刊本。與大德刊《白虎通》、《風俗通》行款同，蓋亦影元本也。

潛夫論十卷　明刊本

王符

此嘉靖刊本。後附《後漢書》列傳。有「馮氏三餘堂收藏」、「强學齋圖書」、「茅齋玩賞」、「長樂」諸印。

申鑒五卷　明刊本

漢荀悦撰

李濂序（正德十三年）

尤袤跋（淳熙九年）

丁黼跋（嘉定庚辰）

陳仁跋（大德乙巳）

此李川父刊於沔陽郡齋者，亦从大德本出。天一閣藏書。

顔氏家訓二卷　明刊本

北齊黄門侍郎顔之推撰　建寧府同知績溪程伯祥刊　（卷下題）建寧府通判盧陵羅春刊

張一桂序（萬曆甲戌）

顔嗣慎序（萬曆三年）

卷末有行書題識云「是書歷年既久，翻刻數多，其間字畫頗有差謬。今據諸書，兼取證於先達李蘭臯諸公，尤有未盡，姑闕以俟知者」云云。刊刻頗精，但稍漫漶，余以盧抱經校本勘之，略可讀矣。

文中子十卷 明刊本

阮逸註

阮逸序

文中子纂事

世系

年表

此明翻宋元《六子》本，但此種本無纂圖互註耳。有「書带草堂」、「祝君藏書」、「建緺」、「問詁宧」、「靈鶼閣」、「靈鶼藏書」、「蕭江書庫」諸印。

中説十卷 明刊本

阮逸註

阮逸序

顧春刻六子書跋（嘉靖癸巳）

此書與世德堂本行款同，而板心無「世德堂刊」四字。有「四明范大沖子受氏印」、「□芻堂印」、「崑嵩山人」三印。

帝學八卷 鈔本

左朝散郎試給事中兼侍講充實録修撰兼國史院修撰輕車都尉賜紫金魚袋臣范祖禹上進

四庫提要

齊礪序（嘉定辛巳）

謝克家等劄子（建炎四年）

前有「國子監印」及「光緒戊子湖州陸心源捐送國子監之書匱藏南學」、「前分巡廣東高廉道歸安陸心源捐送國子監書籍」兩記。

横渠經學理窟五卷 明刊本

［宋張載撰］

汪偉序（嘉靖元年）

嚴嵩序（同上）

黄鞏識語（同上）

此書晁氏《讀書志》二卷，陳氏《書録解題》一卷，《宋史·藝文志》三卷，趙希弁《讀書附志》十二卷。此本諸目與趙氏《附志》所紀同，而合爲五卷，前人收入《張子全書》中。此單行本，明黄鞏爲大理府丞時所刊，蓋猶出宋人舊帙也。

二程全書六十五卷　明刊本

河南布政司右參議武定康紹宗重編　河南按察司僉事清江彭綱校正　河南府知府平陽陳宣刊行

李瀚序（弘治戊午。不署姓名）

陳宣跋（弘治戊午）

彭綱題後（同上）

陳宣剏伊洛淵源祠記

計《二程遺書》二十八卷、《附録》一卷、《外書》十二卷、《經說》八卷、《明道文集》五卷、《伊川文集》八卷、《文集拾遺》一卷、《續附録》二卷。此書雖題康氏重編，實用宋元舊本，初無竄亂。其《續附録》則康氏所增。天一閣藏書。

近思録十四卷　宋刊本

［宋朱子、呂祖謙同撰　葉采集解］

朱子序（淳熙乙未）

呂祖謙序（淳熙三年）

葉采進近思録集解表（淳祐十二年）

每半葉八行，行十八字。宋末建陽刊本。有「建報」、「師楚耆好」、「萬宜樓藏善本書印」諸印。

朱子語類一百四十卷 明景宋刊本

宋導江黎靖德類編

彭時序（成化五年）

舊序八篇

朱子語録姓氏

黄氏朱子語類門目

陳煒後序（成化九年）

張元禎後序（成化癸巳）

晦菴先生語録大綱領十卷附録三卷 宋刊本

不著編纂人姓名。從《朱子語録》摘出，凡三百三十一條。每卷次行題「門人十三家所録」。十三家者，廖德明、余大雅、陳文蔚、李閎祖、葉賀孫、潘時舉、楊道夫、沈僩、董銖、金去僞、萬人傑、徐寓、林夔孫也。《附録》三卷，則記朱子與諸家疑難問答。此宋李建陽所刊，刻印俱精，未見諸家著録。友人孫君俶仁所貽。有「叔英」、「吴郡西崦朱叔英書畫印」、「吴郡朱叔英西崦草堂印」、「袁氏供□」、「本□草堂圖書」、「楝亭曹氏藏書」諸印。

潛室陳先生木鐘集十一卷 明刊本

［宋陳埴撰］

鄧淮序（弘治十四年）

陳埴題詞

高賓後序（弘治辛酉）

此瑞安令高舜穆（賓）所刊。自卷五至卷十一皆題「卷某下」而無「卷上」，與《四庫》著録本同。然目録中不分上、下，似無所闕佚也。卷末有「新安仇以忠、以才、廷永、廷海、廷芳刊」二行。有「看緑軒圖書印」、「古槐書屋」、「昭谿閲藏」諸印。

類編標注文公朱先生經濟文衡前集二十五卷後集二十五卷續集二十二卷 明刊本

黄晷序（淳祐辛酉）

楊一清序（正德四年）

此書不著編者姓名，黄俞邰《千頃堂書目》云「馬季機編」。此本有黄晷序，亦云「季機馬兄所編《經濟文衡》」，則黄説是也。《四庫》著録乾隆刊本無此序，乃從程恂序謂爲宋滕珙撰，毫無依據，不知此書自有宋人舊序也。有「黄海程華小石氏藏書」、「海陽程氏蝸篆居藏書印」二印。

真西山讀書記乙集上大學衍義四十三卷　宋刊明修本

［宋真德秀撰］

尚書省劄子（端平元年）

進大學衍義表（同上）

中書門下省時政記房申狀（同上）

自序

此書集二種板所印。前十八卷每半葉十行，行二十字，子目皆白字；後二十五卷每半葉九行，行十七字。皆宋末刊本。又皆有明補之葉，明南雍印本也。有「曾在上海郁泰峰家」一印。

西山先生讀書記乙集下殘本八卷丁集二卷　宋刊本

《乙集》下存卷九、卷十、卷十三、卷十四、卷十六至卷十八、卷二十二，共八卷。《丁集》全。《乙集》每半葉九行，行大小皆十七字。《丁集》行數同，行大十六字、（大）小二十四字。二集非一時所刊，故字數不同。集後並有「監雕迪功郎福州福清縣縣學主學張植」、「提督奉議郎通判福州軍州事兼西外宗正丞黄巖孫」、「提督奉議郎時添差福建安撫司參議官仍釐務涂演」三行。《乙集》中間有延祐五年補刊之葉。皆明初印本也。

西山先生真文忠公讀書記丁集二卷 明刊本

潘璜序（嘉靖十三年）

上卷分「進退」、「取予」二目，下卷分「處貧賤」、「處患難」、「處富貴」、「審重輕」四首，皆立身行己之大，故潘氏單刊此種。天一閣藏書。

尊孟辨三卷續辨一卷附録一卷 鈔本

宋余允文撰

提要

與《周禮復古編》同册。

孔子集語二卷 明刊本

永嘉薛據著　四明范欽訂

自序（淳祐丙午）

中書省看詳所進孔子集語狀

此書閣本三卷。此僅二卷，然爲篇二十，與自序合，並無闕佚也。有「松陵史蓉莊藏」一印。

慈谿黄氏日鈔分類九十五卷附古今紀要十九卷 明刊本

慈谿黄震東發編輯

沈逵序（至元三年）

慈谿黄氏日抄分類八十八卷 明刊本

沈逵序（至元三年）

此本較元刊本少後九卷，目録同。明正、嘉間刊本。

程氏家塾讀書分年日程二卷綱領一卷 元刊本

鄞程端禮述

自序（延祐二年）

每半葉九行，行廿二字。字體與元慶元路所刊《玉海》同，亦分句讀，乃慶元刊本。《至正四明續志》載《讀書分年日程》板九十片，板留程氏家塾，即此刻也。别本尚有余謙、趙世延、李孝光三序，并鄧文原、薛處觀及端禮自跋，此本奪。

管窺外編二卷 明刊本

平陽史伯璿文璣述　後學吕洪校刊

自序（至正庚寅）

吕洪序（成化九年）

毛斧季手跋：史文璣伯璿先生既撰《四書管窺》，以其緒餘爲《外編》。舊有刻板在温州，歲久漫滅。成化間其同邑呂大正洪復校刻之，即此本也。鄉爲焦淡園竑太史所藏，後歸於余。其「天帝」一條内闕二紙，偶訪郡友，見案頭有殘本，又屬大字翻板，而所缺處獨全，因借歸鈔補，遂成完書。但其漫漶處翻本亦缺，無從是正，爲可惜爾。辛巳四月下浣，汲古後人毛扆識。（前有「汲古閣」、下有「西河季子」之印）

此成化刊本，二十九、三十葉爲毛斧季手鈔。有「毛晉之印」、「毛氏子晉」、「汲古主人」、「毛氏子晉」諸印。

性理大全書七十卷 明刊

［明胡廣等纂修］

御製序（永樂十三年）

進書表（同上）

先儒姓氏

纂修姓氏

樊獻科跋（嘉靖三十八年）

程秀氏跋（嘉靖三十五年）

此巡按福建監察御史吉澄所校，建寧府知府程秀民所刊。

五倫書六十二卷 明内府刊本

［明宣宗撰］

御製序（正統十二年）

有「廣運之寶」御璽，暨「陳濂私印」、「瀓之」、「高丘陳濂瀓之氏」、「陳濂字瀓之號丑父章」、「有明東林陳氏端毅世家藏書」諸印。

大學衍義補一百六十卷 明刊本

［明邱濬撰］

十行二十字。卷末有「皇明丙寅歲宗文堂刊行」牌子，乃正德元年刊本也。

筆籌一卷 明鈔本

不著撰人姓名。前有弘治己酉江西右參政盱眙陳道識，云不知作者爲誰。分章三十有二，每章後各識數語，則陳氏所加。天一閣藏書。

傳習録上三卷下五卷續録三卷大學問一卷朱子晚年定論一卷 明刊本

沈寵序（嘉靖辛亥）

王畿序（嘉靖庚戌）

徐愛序

南大吉序（嘉靖三年）
錢德洪續刻序（嘉靖甲寅）
陽明朱子晚年定論序
《傳習録》卷一題「門人徐愛録」，卷二題「門人陸澄録」，卷三題「門人薛侃録」，下五卷題「門人南大吉録」，《續録》題「門人錢德洪、王畿録」。此沈氏巡按福建時所刊，有「錢光繡生平真賞」、「光繡」、「聖月」諸印。

陽明先生則言二卷 明刊本

薛侃序（嘉靖十六年）
此薛氏從贛州所刊《傳習録》、廣德所刊《文録》、姑蘇所益《別録》，撮其精要，成此二卷。天一閣藏書。

聖學格物通一百卷 明刊本

［明湛若水撰］
進書表（嘉靖七年）
謝恩表（同上）
大序（同上）

纂要録

每卷後有「福建布政司右布政使吴昂校刊」一行。

周子抄釋三卷二程子抄釋十卷張子抄釋六卷朱子抄釋二卷 明刊本

後學吕柟抄釋

周子抄釋自序(闕)

二程子抄釋自序(嘉靖五年)

張子抄釋自序(同上)

朱子抄釋自序(嘉靖十五年)

童承敘後序(嘉靖十六年)

此涇野任國學祭酒時,諸生汪克俊等所刊。

大儒心傳語録二十七卷 明刊本

後學金谿王蕡輯

自序(嘉靖二十七年)

章袞序(嘉靖己酉)

顧霑序(同上)

呈江西撫院并批

此集諸儒語録，自周濂溪至胡敬齋，凡二十四人。目録前有「撫州儒學訓導楊演、生員高應乾、吴朝楨校刊」三行。

林子一卷崇禮堂條約一卷明經堂條約一卷 明刊本

龍江道人林兆恩

黄大本敘（嘉靖癸丑）

陳翰崇禮堂條約敘（嘉靖甲寅）

又李長盛敘（同上）

又雲同敘

林兆經明經堂條約序（同上）

鄭泳跋（同上）

天一閣藏書。

胡子衡齊八卷 明刊本

泰安胡直正甫撰

王世貞序

許宗遠序（萬曆癸未）

貴陽陳松山給諫田藏書。

養正圖解不分卷 明刊本

［明焦竑撰］

祝世禄序

自序

此萬曆二十一年皇長子出閣講學，竑爲講官，取故事可以法戒者爲圖并説以進。繪圖者丁雲鵬，書之者吴繼序也。有「吴甲兆印」、「我行氏」、「心賞齋」、「劉氏心周」、「董邦遠印」諸印。

宋五先生學約十四卷 手稿本

北平後學孫承澤銓次

自序（康熙五年）

此書以《近思録》門類編纂，乃退谷七十四歲所次。細書精謹，無一筆苟。且有「北平孫承澤字思仁晚號退翁」、「城南書舍孫炯之印」、「文博」、「北平孫氏珍藏書畫印」諸印。

兵家類

孫子集註十三卷 明刊本

談愷序（嘉靖乙卯）

此即《孫子十家注》，乃宋吉天保所輯。其題「集注」者，《道藏》本舊題也。此本無編輯人姓名，而前有談愷序，《千頃堂書目》及《明史藝文志》遂以爲愷所輯矣。天一閣藏書。

虎鈐經二十卷 明刊本

［宋許洞撰］

上虎鈐經表

自序（甲辰）

自序稱「此書創意於辛丑之初，成文于甲辰之末」，而不署年號。攷洞爲真宗咸平三年進士，則「甲辰」乃景德元年也。此明嘉靖中刊本，卷二十末缺「回兵」一節，而有俞通海、傅有德等戰事共六葉，末仍題「《虎鈐經》卷二十」，實則羼入明人書也。有「浙東沈德壽印」、「授經樓珎藏祕笈之印」、「慈谿沈氏授經樓收藏書籍」諸印。

何博士備論一卷 四庫鈔本

宋何去非撰

提要

蘇軾狀（元祐四年）

又（元祐五年）

歸有光跋

卷首及板心均題「欽定四庫全書」，而無總纂、校勘諸臣姓名，疑是同治間文淵閣補寫本。

武經龜鑑殘卷 宋刊宋印本

［宋王彥撰］

每半葉十二行，行二十二字。存卷一第十四葉至二十八葉，卷二第一葉，共十六葉。按《宋史·藝文志》未著録，彥本傳亦不云有是書。惟《直齋書録解題》云「《武經龜鑑》二十卷，保平軍節度使王彥撰，隆興御製序。其書以《孫子》十三篇爲主，而以歷代事證之」，今此殘本皆先引《孫子》一句，而後引史例證之，與直齋所云合。案彥於建炎中以知兵立功陜右，孝宗時已卒，時鋭意興復，故序其書而刊之。書中「敬」字皆闕末筆，又「朱桓」作「朱元」，「桓將軍」作「元將軍」，乃避欽宗諱，蓋猶隆興官刊本也。板心刻字人姓名有李詢、蔣暉、李文、李俊、李憲、李煥等。千年已佚之書，一旦復見原刊，雖所存不及原書什一，亦可珍也。

十七史百將傳十卷 明刊本

東光張預集

此書無序跋，每傳之後輒引《孫子》十三篇文以論斷之。趙氏《讀書附志》、陳氏《書録解題》並著録。趙氏但言預字公立，而不著其時代官職，殆南宋人也。常熟瞿氏有元刊本，闕後四卷，此明嘉靖間刊本獨全。有「沈氏家藏」、「授經樓藏書印」二印。

百將傳續編十卷 明刊本

浙江何喬新編集

自序（成化十八年）

此即續宋張預《百將傳》者，體例一如預書，何氏巡撫山西時所編也。末有景泰五年羊城陳璉所作《經進百將傳後序》，蓋何氏刊此書時，實并張預書刊之，今惟有此《續編》耳。天一閣藏書。

劍經一卷〔一〕 明刊本

俞大猷編著

此書名爲「劍經」，實棍法也。卷首云「用棍如讀《四書》，鈎刀鎗鈀，如各習一經，《四書》既明，則《六經》之理亦明矣。若能棍，則各利器之法從此得矣」云云。全書皆言棍法，無一語及劍術者。後附與陳貞可談射語録。天一閣藏書。

〔一〕 稿本有批語「入藝術（類）」。

法家類

管子二十四卷 明刊本

唐司空房玄齡註

王世貞合刊管子韓非子序

劉向序

管子文評

凡例

此吴郡趙用賢以宋本校刊。書眉録劉績註。

韓非子二十卷 明刊本

韓非子小傳

評韓非子語

每半葉十行,行二十一字。正、嘉間刊本。卷四《和氏》篇、《姦劫》、《弑臣》篇,卷七《説林》篇,卷十《内儲説下》、《六微》篇,俱有脱佚,與元何犿刊本及《道藏》本同,則此書殆出《道藏》本也。有「范伯子受」印。天一閣藏書。

韓非子二十卷 校明刊本

趙用賢序（萬曆十年）

總評

凡例

沈學子先生大成，以朱、緑二筆兩次點校，乃乾隆癸未四月先生自禾郡赴揚州舟中所閲。每卷末多記途中事。有「學子」、「大成」、「有華書塾珍藏」三印。

又一部

韓非子二十卷 明刊本

古臨川周孔教校刻

自序

每半葉八行，行二十四字。出宋乾道刊本而易其行款，故較元以來諸刻爲足，亦無趙本改字之失。有「修凝齋珍藏」、「先世手澤」二印。

又一部

韓非子二十卷 明刊本

古臨川周孔教校刊

韓非子二十卷 明刊本

趙用賢序

凡例

總評

宋提刑洗冤集録五卷附聖朝頒降新例一卷 元刊本

朝散大夫新除直祕閣湖南提刑充大使行人參議官宋慈惠父編

自序(淳祐丁未)

此書宋淳祐中刊於湖南憲治。此元刊本,每半葉十二行,行二十一字。後附《聖朝頒降新例》,則元時所益也。孫伯淵岱南閣所刊即據此本。有「平江石氏藏書」、「惕甫」、「漚波舫」、「燕園祕笈」諸印。

慎刑録四卷 明刊本

[明王士翹撰]

自序(嘉靖庚戌)

前二卷爲檢法,卷三疑獄,卷四法戒,乃王氏巡案廣西時取《洗冤録》、《風紀輯覽》、《疑獄集》、《明冤節要》、《詳刑集覽》等書關於人命者集爲一書,以頒各屬。天一閣藏書。

農家類

齊民要術十卷 校明刊本

後魏高陽太守賈思勰撰

自序

雜説

葛祐之序（紹興甲子）

王廷伯序（嘉靖甲申）

沈士龍跋

胡震亨跋

袁壽皆手跋：此爲吴枚庵藏書，嘉慶甲子八月得於元妙觀書鋪。借段氏本鈔補缺葉十一葉，并讀一過。五硯主人記。

此《祕册彙函》本，吴枚庵以《廣韻》、《集韻》所引校正譌字。有「吴翌鳳家藏文苑」、「袁又愷藏書授子之章」、「玄鳥山房」、「蔣香生秦漢十印齋攷藏記」諸印。

農桑通訣六卷農器圖譜二十卷穀譜十一卷 明刊本

東魯王禎撰

傅希摯序（萬曆甲戌）

閻閎序（嘉靖庚寅）

山東等處承宣布政使司公文（嘉靖九年）

此書自來著録只此三十七卷，然《農桑通訣》板心題「禮集」，《農器圖譜》題「樂集」，而《穀譜》則題「數集」，嘉靖本同，則此書當尚有「射」、「御」、「書」三集而久失之歟。此本卷末有「大明萬曆二載甲戌濟南府章邱縣刊行」牌子，有「慈谿馮氏醉經閣圖籍」、「五橋珍藏」二印。

救荒本草四卷 明刊本

［明周王橚撰］

李濂序（嘉靖四年）

卞同序（永樂四年）

此本前有李川父序。雖云重刊，然頗似得永樂舊板而重印之，不似明中葉刊本也。天一閣藏書。

馬書十四卷 明刊本

大僕寺卿楊時喬等撰

王士性序（萬曆二十三年）

此書皆言相馬、醫馬之法。所引古書如伯樂《相馬經》、王良《天地五藏論》、馬師皇及《痊驥通元論》，皆金元以前舊帙也。《四庫》著録楊氏《馬政記》十二卷而獨遺此書，則傳本之希可知。有「子晉」、「汲古主人」二印。

醫家類

重廣補註黄帝内經素問二十四卷 明覆宋本

啟元子次註　林億、孫奇、高保衡奉敕校正　孫兆重改誤

林億等序

王冰序（寶應元年）

此嘉靖庚戌上海顧氏重刊宋本。每半葉十行，行大二十字、小三十字。王冰序後有「將仕郎守殿中丞孫兆重改誤」、「朝奉郎守國子博士同校正醫書上騎都尉賜緋魚袋高保衡」、「朝奉郎守尚書屯田郎中同校正醫書賜緋魚袋孫奇」、「朝散大夫守光禄卿直祕閣判登聞檢院上護軍林億」四行。有「南楚車氏鑒藏」、「萬玉樓」、「謝氏伯子」、「東石」、「東山謝氏醒山甫鑑藏金石書畫之章」諸印。

重廣補註黄帝内經素問二十四卷新刊黄帝内經靈樞二十四卷 明刊本

啟元子次註　林億、孫奇、高保衡等奉敕校正　孫兆重改誤　繡谷書林周曰校刊　（靈樞題）繡谷書林周曰校重刊

林億等序

王冰序（大唐寶應元年）

史崧靈樞序（紹興乙亥）

此繡谷書林刊本。《靈樞》獨有二十四卷，與史崧序合。明刊自趙府本以下皆合并爲十二卷，此獨未改宋本卷第，可寶也。二書每卷後皆附「音釋」，《素問》未知誰作，《靈樞》則史崧所增也。

脈經十卷 明覆宋刊本

朝散大夫守光禄卿直祕閣判登聞檢院上護軍臣林億等類次

林億等序

王叔和序

國子監牒（紹聖三年）

何大任後序（嘉定丁丑）

每半葉十二行，行二十字。書後有「熙寧元年七月十六日進呈奉聖旨鏤板施行」三行，後有進書諸

臣及宰職銜名。紹聖中，監中又刊小字本。南渡後，何大任據以覆刊。此有明中葉重刊何本，舊爲日本曲瀨直養安院藏書，楊惺吾自日本購歸。有「剡上」、「戴觀胤字子辰」、「養安院藏書」、「楊守敬印」、「宜都楊守敬藏書記」、「飛青閣藏書記」諸印。

讀素問鈔九卷補遺一卷 明刊本

許昌滑壽伯仁編輯　祁門汪機省之續注

汪機序（正德己卯）

此書卷上之二有休寧率口程玘綱跋（嘉靖乙酉），卷上之三有新溪戴殷跋（甲申），卷下之一有華山吴模世範跋（丙戌），卷下之三有休寧程從遷跋，卷下之四有休寧湖山程文杰跋，皆助刊是書者也。卷下之二有「率口程珂伯玉助刊」一行。

難經二卷 明刊本

吴郡周復吴述解

板心有「六梅館」三字。天一閣藏書。

新編金匱要略方論三卷 明刊本

尚書同封郎中充祕閣校理臣林億等銓次　晉王叔和集漢張仲景述

林億等序

俞橋跋

案《千頃堂書目》：俞橋《醫學大原》。注：海寧人，南京太醫院判。此書有橋跋，殆南京太醫院刊本也。行款與宋本不同，然猶從宋官本出。天一閣藏書。

傷寒論十卷 日本重刊宋本

漢張仲景述　晉王叔和撰次　宋林億校正　明趙開美校刻　沈琳同校

丹波元堅序（安政三年）

林億等序

校勘經進諸臣銜名（治平二年）

國子監公文并銜名（元祐三年）

傷寒卒病論集

堀川濟跋（安政丙辰）

每半葉十行，行十九字。日本重刊明趙清常仿宋本。末有「安政丙辰江户堀川氏開雕」牌子。

外臺祕要四十卷 四庫寫本

唐王燾撰

提要

程衍道序

原劄二(皇祐三年、治平二年)

每卷首行題「欽定四庫全書」,次行低一格題「外臺祕要卷某」,每卷末有「總校官編修臣吴裕德、贊善臣恭泰,校對生員臣祝孝承」三行。又有「詳校官太醫院醫員臣鄧漢」黄籤。闕卷三十三至卷四十八卷。有「古稀天子之寶」、「乾隆御覽之寶」二璽及「保滋堂孫氏藏書印」一印。

銀海精微二卷 文淵閣四庫全書本

唐孫思邈撰

提要

每卷後有「總校官編修臣吴裕德、編修臣吴敬輿,校對監生臣梁承雲」三行,又有「詳校官中書臣徐志晉」二簽。有「古稀天子之寶」、「乾隆御覽之寶」二璽。

重修政和經史證類備用本草三十卷 元刊本

成都唐慎微續證類 中衛大夫康州防禦使句當龍德宫總轄修建明堂所醫藥提舉入内醫官編類聖濟經提舉太醫學臣曹孝忠奉敕校勘

麻革序(己酉)

曹孝忠序(政和六年)

證類本草所出經史方書目録
補註本草奏敕(嘉祐二年)
圖經本草奏敕(嘉祐三年)
證類本草校勘官銜名
宇文虛中書後(皇統三年)
劉祁跋(己酉)

每半葉十二行,行廿三字。元大德間重刊平陽張魏卿本,中附寇宗奭《本艸衍義》。每卷書題下雙行夾注「己酉新增衍義」六字。卷末劉祁跋後有「大德丙午歲仲冬望日平水許宅印」一行。有「秀水朱氏潛采堂圖書」、「仲魚」、「鱣讀」、「孫星衍借觀印」諸印。

類證普濟本事方十卷 鈔本

宋學士許叔微知可氏親述

目録卷一首條爲「治藥制度總例」,此本失鈔。卷十後半亦闕。

三因極一病證方論十五卷 宋刊本

青田鶴溪陳言無擇編

自序(淳熙甲午)

序稱是書爲「三因極一病源論粹」，與本書題不同。每半葉十三行，行廿三字。建陽刊本。書眉有朱筆點校，頗是正訛字，猶是明人筆也。

新刊仁齋直指方論醫脈真經一卷 宋刊本

三山名醫仁齋楊士瀛登文撰次　建陽儒醫翠峯詹涘中洪道校定

自序（景定壬戌）

每半葉十四行，行廿四字。此書《四庫》未著録，錢唐丁氏有明朱崇禎翻刊本，此其原本也。有「金陵世家」、「劉履芬印」、「泖生」諸印。

新刊仁齋傷感寒類書活人總括七卷 宋刊本

三山名醫仁齋楊士瀛登父撰次　建安儒醫翠峰詹宏中洪道校定

行款與前書同。《四庫》以朱崇禎覆刊本著録，此其原本也。有「明善堂覽書畫印記」、「安樂堂藏書記」二印。

類編朱氏集驗醫方十五卷 宋刊宋印本

［宋］湘麓朱佐君輔集

朱景行序（咸淳元年）

每半葉十行，行廿二字。《四庫》未著録，阮文達即據此本繕寫進呈。卷末有孫淵如手記云：「辛未年正月何夢華代購，白銀卅兩。二月廿六日閱一過。」實自吾鄉芳茮堂嚴氏出也。自明以來歷爲各名家藏弆，有「武林高瑞南家藏書畫印」、「高氏鑑定宋刻板書」、「妙賞樓藏」、「女高氏」、「周雪客家藏書」、「澹寧子」、「浪石」、「何元錫印」、「何氏敬祉」、「夢華館藏」、「元照之印」、「嚴氏九能」、「石溪嚴氏芳椒堂」、「石谿嚴氏芳朩堂藏書」、「張氏秋月字香修一字幼憐」、「香修」、「余獨好修以爲常」、「星衍私印」、「五松書屋」、「伯淵宋元祕笈」、「頤烜審定」、「閩中陳開仲芸榭藏書」、「鄭居仁字叔易」、「古閩鄭叔易氏收藏印」、「臣居仁印」、「味無味處求吾樂材不材間置此身」、「博」、「郭外山」、「外山」諸印。

素問玄機原病式二卷 明刊本

[金]河間處士劉完素守真述

留志淑序（嘉靖紀元）

　此嘉靖初杭州本。兩卷末均有闕葉。天一閣藏書。

世醫得效方二十卷 元刊本

南豐州醫學教授危亦林編集　建寧路官醫提領陳志刊行　江西等處官醫副提舉余賜山校正

危亦林序（至元三年）

陳志序（至正三年）

太醫院識（至元五年）

江西等處官醫提舉牒（至元三年）

每半葉十一行，行二十一字。江西官醫提舉司刊本。

活幼心書三卷 元刊本

［元］後學曾世榮編次

和尼赤序（泰定丁卯）

廉公亮引（天曆己巳）

吴剛中序（元貞乙未）

羅宗之序（丁未）

自序（至元甲甲）

像贊

黄復翁手跋：曾世榮《活幼心書》上中下三卷，上卷爲《決證詩賦》，中卷爲《明本論》并《拾遺》，下卷爲《信效方》并《拾遺》。余向見此刻多闕失，故未收。後又收得一本，非此刻矣。適從五硯樓以醫書一廚歸海寧友人，余爲之介，遂檢得是書。中多缺葉，影鈔别本補全，即所收之又一本而非原刻也。重付裝池而識其緣起如此。嘉慶辛未中秋前二日，復翁丕烈識。

繆藝風手跋：此書不經見，遜庵侍郎刻于醫館，又可流傳數百年。曾先生捄世苦心，亦稍慰矣。宣

統庚戌，繆荃孫識．（下有「荃孫」、「藝風珎祕」二印）

每半葉十一行，行廿字至廿四字不等。世榮字德顯，衡之烝西人。傳宋戴堯道克臣及劉祀茂先與其五世孫思道直甫之學，蓋述師説爲是書，故首題「後學」云云。有「計未培印」、「計氏」、「傳弌」、「一經垂統五馬流芳」、「荃孫」、「藝風堂」諸印。

原機啟微一卷　明刊本

［明］吴人倪惟德撰

周相序（嘉靖壬子）

自序（洪武三年）

此眼科書。天一閣藏書。

活人心二卷　明刊本

［明］玄洲道人涵虚子編

自序

此寧獻王權所撰，書中稱「涵虚子」，而序末署「前南極沖虚妙道真君臞仙」，皆獻王道號也。序後有「嘉靖二十九年歲次庚戌孟秋吉日陝西布政使司左布政使德平崔守禮重刊」三行。天一閣藏書。有「壽祺經眼」印。

傷寒明理續論二卷　明刊本

［明］餘杭節庵陶華

自序

此陶氏《傷寒六書》之一。陶氏字尚文，永樂中官本縣訓科，見《千頃堂書目》。此嘉靖重刊本，末有「嘉靖癸巳湖廣布政使司刊行」一行。天一閣藏書。

本草單方八卷　明刊本

［明］杭州府經歷王銓蒐輯　醫士許國校勘　中書舍人王延喆入梓

王鏊序（弘治丙辰）

此文恪在翰林時所鈔集，後屬其弟秉之成之，而自爲之序。與宋王俁書同名，實則未見俁書也。有「明善堂覽書畫印記」、「安樂堂藏書記」二印。

本草單方八卷　明刊本

［明］杭州府經應王銓蒐輯　醫士許國校勘　中書舍人王延喆入梓

王鏊序（弘治丙辰）

李凌雲序（嘉靖戊申）

張齡跋（嘉靖二十七年）

高如極跋（嘉靖己酉）

胡定跋（嘉靖戊申）

此李凌雲守重慶時重刊。天一閣藏書。有「壽祺經眼」印。

醫方捷徑二卷 明刊本

檇陰道者王宗顯著　樗散道人湯文振編

全書皆七言歌括並附註及方。末附《廣成先生玉函經》，僅存下卷，體例亦同。《千頃堂書目》云此書四卷，殆并《玉函經》數之歟。

諸症辨疑四卷 明刊本

括蒼後學茭山吳球撰　奉議大夫同知處州府事西沙董琦校刊　東昌南溪邵瑀訂正

自序（嘉靖九年）

天一閣藏書。

神農本草經疏殘卷 明鈔本

［明繆希雍撰］

存前八卷。天一閣藏書。

醫學綱目殘卷　明鈔本

案《千頃堂書目》有樓英《醫學綱目》四十卷，又有邵弁《醫學綱目》四十卷。《明史·藝文志》削邵書而存樓書，或以爲一書也。《天一閣目》作「婁爽」，不知孰是。此本闕卷一、卷二、卷三、卷九、卷十六、卷十七、卷二十一、卷二十三、卷二十七、卷二十八、卷三十二、卷四十，共十二卷。有「華夏」、「王霖」、「新之」三印。

體仁彙編殘卷　明刊本

存卷三、卷四、卷五三卷。卷三爲叔和《脈訣》，下題「盧陵彭用光集類」。卷四爲《十二經絡臟腑病情藥性》，題「盧陵彭用光集註」。卷九爲《試效要方》并《論》，則用光自撰也。天一閣藏書。

養生大要一卷　明刊本

羅賢跋

無撰人姓名。跋云「錦府千帥吳君所撰」。板心有「敕賜崇古書院」(七)[六]字。天一閣藏書。

痰大點雪二卷　明刊本

太醫院金谿應圓龔居中著

自序

天一閣藏書。

二難寶鑑一卷　明刊本

陳克昌序（嘉靖壬寅）

吴睿序（嘉靖甲辰）

章樂跋（嘉靖甲辰）

陳序云：此編「痘法」集於尚書魏文靖之孫直，而陽明王公刻之，半洲蔡公、西漴洪公再刻於兩廣、貴藩。陽川邢子復合「産法」，增置邵武，名曰《二難寶鑑》。此本則新喻縣重刊也。《千頃堂書目》專題魏直撰，未爲得也。天一閣藏書。

壽命無窮八卷　明鈔本

此明隆萬間人所撰，著者姓名今已剜去。觀其裝褙黄表金箋，猶是有明内府故物也。

天文算法

六經天文編二卷　元刊本

［宋］浚儀王應麟伯厚甫

《玉海》附刊書之一。元慶元路所刊。此雖零種，然猶元時印本也。

革象新書二卷 明刊本

許讚序（王德十五年）

［元趙友欽撰］

宋濂序

王禕序

此毘陵陳公謹刊于宣威公署者。

革象二卷 明刊本

張淵序（嘉靖戊午）

宋濂序

王禕序

岳正題後

此即張淵所刊。天一閣藏書。

大明清類天文分野之書二十四卷 明洪武刊本

不著撰人姓名。前有《凡例》，《凡例》後有一行云「洪武十七年歲次甲子閏十月二十七日進」。其書以分野爲綱，而下列各府州縣建置沿革，語簡而賅。《南雍志·經籍考》所録之《天文志》二十四卷，即是書也。此即南監刊，中闕十數葉，余從他本補完。惟《凡例》第九葉，他本亦闕。天一閣藏書。

授時曆法撮要一卷 明刊本

吴興後學顧應祥編

自序（嘉靖丁亥）

天一閣藏書。

天文集要二卷 明刊本

後學四明陸侹編集

劉汝楠天文地理集要序（嘉靖辛亥）

《千頃堂書目》及《明史・藝文志》有陸侹《天文地理星度分野集要》四卷，此僅存《天文》一種。天一閣藏書。

月離曆指四卷月離表一卷 鈔本

［羅雅谷撰］

敘目

《曆指》封面前大書「崇禎曆書」，後細書「《崇禎曆書法原部月離曆指》」。欽差禮部尚書兼翰林院學士協理詹事府事加俸一級徐光啟奉敕督修。極西耶穌會士羅雅谷撰，龍華民、湯若望同訂。訪舉祝懋元、朱國壽（此據卷二前封面，卷四則題「魏邦綸」、「黄宏憲」），古松庠生陸昌籙校梓」。表前大書「崇禎曆書」，後細書「《西洋新法曆書法數部月離表》」。明禮部尚書兼翰林院學士協理詹事加俸一級徐光啟督修。修政曆法極西耶穌會士羅雅谷撰，湯若望訂。門人陸昌籙、劉有慶、賈良琦、戈繼文、焦應旭、武之彦受法」。又《月離曆指》首卷題「曆指第五卷月離一」。案《千頃堂書目》所載《崇禎曆書》目，《日躔曆指》一卷，《恒星曆指》三卷，故《月離》卷一爲《曆指》第五卷。《明史·藝文志》載《日躔曆指》四卷、《恒星曆指》三卷，則《月離》首卷當爲《曆指》第八卷矣。又《千頃堂書目》及《明志》皆云《月離表》六卷，此本僅四卷，似有闕佚矣。舊爲陳仲魚藏書，有「簡莊藝文」、「仲魚圖象」、「得此書費辛苦後之人其監我」諸印。

歷代長術五十卷附録三卷 手稿本

烏程汪曰楨

題辭（同治壬戌）

附二十四史日月考序目

此書就歷代所用曆法推算朔閏，并列月建大小、二十四氣。此剛木先生手寫淨本，據每册首題字，乃自庚申七月寫起，至辛酉正月寫畢，壬戌七月再行改定。後以此稿繁重，復約之爲《長術輯要》十卷、《附録》二卷，刊入《荔牆叢書》，而附録之《甲子紀元表》則未及刻。此稿首尾完具，《輯要》唯具大略，要以此爲詳備也。

歷代長術輯要十卷古今推步諸術考二卷 稿本

烏程汪曰楨學

自序（丁卯）

題辭（同治壬戌）

附二十四史日月攷序目

此付刊時所寫清本，其中校改皆先生親筆也。

推策小識三十六卷 手稿本

烏程汪曰楨學

《古今推步諸術考》二卷，《歲餘度餘考》一卷，《朔餘考》一卷，《古今朔閏考》十二卷，《疑年表》一卷，《太歲超辰表》三卷，皆咸豐戊午所寫定也。《紀元甲子表》一卷，《四分術章蔀定率表》二卷，《授時術諸應定率表》十卷，《授時術氣朔用數鈐》三卷，皆咸豐庚申所寫定也。此中《古今推步諸術攷》已刊於《長術輯要》之後，《朔閏表》已該於《長術輯要》，《疑年表》、《超辰表》刊入會稽章氏《式訓堂叢書》，其餘均未刊行。此書每卷首上題「推策小識卷某」，下題「日月攷」，蓋先生本以此書爲《二十四史日月攷》之附録也。

夏侯陽筭經三卷 影宋鈔本

序

祕書省

夏侯陽筭經一部上中下共三册

元豐七年九月□日

校定降授宣德郎行祕書省校書郎葉祖治上進

校定承議郎行祕書省校書郎臣王仲脩

校定朝奉郎行祕書省校書郎臣錢長卿

(中隔四行)

奉議郎守祕書丞臣韓宗古

朝請郎試祕書少監臣孫覺

降授朝散郎試祕書監臣趙彦若

(中隔六行)

元豐七年九月二十八日進呈，奉御寶批： 宜依已校定鏤板。

朝奉郎祕書丞上騎都尉賜緋魚袋臣韓治

朝散郎試祕書少監上騎都尉賜緋魚袋臣顧臨
朝議大夫守祕書少監上護軍賜紫金魚袋臣劉攽
（中隔六行）
中大夫守尚書右丞護軍東平郡開國侯食邑二千三百户賜紫金魚袋臣吕大防
通議大夫守尚書左丞上柱國東平郡開國公食邑二千八百户食實封伍佰户臣李清臣
正議大夫守中書侍郎上柱國馮翊郡開國公食邑二千三百户食實封伍佰户臣張璪
正議大夫守門下侍郎上柱國南陽郡開國公食邑二千一百户食實封壹阡户臣韓維
金紫光禄大夫守尚書右僕射兼中書侍郎上柱國東平郡開國公食邑六千二百户食實封壹阡玖伯户臣吕公著
正議大夫守尚書左僕射兼門下侍郎上柱國河内郡開國公食邑四千一百户食實封壹仟伍佰户臣司馬光

此影宋祕書省刊本。每半葉九行，行十八字。後有銜名二葉。諸家所藏影宋《孫子算經》、《五曹算經》、《輯古算經》等均祇有前一葉，無後一葉，惟此本獨全。有「汪士鐘印」、「三十五夆園主人」、「侍直清暇」諸印。

新編四元玉鑑三卷 鈔本

元寓燕松庭朱世傑漢卿編述　臨川琴屋鍾煜叔明校正　國朝甘泉茗香羅士琳次璆演艸
阮元四庫未收書提要

羅士琳跋

此羅氏《四元玉鑑細艸》别本，分卷即依原書，與阮刻分二十四卷者不同。先君子少從汪先生習算術，壬申應童子試，爲亂後第一人，入此書爲賀。故有先君子名字印科名佳話，亦書林之佳話也。特詳志之，昭吾後人。有先君子收藏名字印及「岑仲彭印」一印。

如積引蒙十卷 手稿本

烏程汪曰楨謝城

自序：如積之術爲西法借根方所從出，敬齋李氏之《測海圓鏡》、《益古演段》，松庭朱氏之《四元玉鑑》、《句股啟蒙》備矣。余少而讀之，十餘年不得其解。既而見焦里堂《天元一釋》、李壬叔《四元解》，乃稍稍解悟，誠算術之至巧至捷者也。今歲同里方生沁梧員從余學算，每以天地二元見問，爰借勾股三容術爲八卷授之，末附《居中容方圖》諸問，則方生所創，亦入以二元，因其所已明而啟發之，庶其易悟也。二月初步算，至九月杪而畢。昔敬齋自謂生平著述可盡燔去，惟《海鏡》一書宜藏之以待後世子云，蓋古人著書其矜重也如此。余視古人無能爲役，且無師之學，一知半解，自知算學中無我位置，特以曾費三月心血，于此不忍棄擲，聊録存之示爾，非著書也。咸豐己未夏六月己亥朔十四日壬子，烏程汪曰楨。

（咸豐己未）〔二〕

此先生於咸豐己未以李敬齋天元一術、演句股三容諸問以答同里方沁梧貞元先生者。本書八卷，末附《居中容方圖諸問》二卷，通爲十卷。後復加刪節，語具見本書目録中。

〔一〕汪序據稿本補入。

術數

太玄經十卷釋文一卷 明覆宋刊本

晉范望字叔明解贊

贊

陸績述玄

王涯説玄五篇

玄圖

每半葉八行，行十七字。《説玄》後有「右迪功郎充兩浙東路提舉茶鹽司幹辦公事張寔校勘」一行。板心有「萬玉堂」三字。有「錢桂森辛白父」、「暫爲御史再入翰林」、「教經堂錢氏章」三印。

太玄經十卷釋文一卷 校明覆宋本

何義門手跋：康熙□□□錢求赤所傳馮嗣宗校嘉靖甲申江都郝梁子高刊本，因取此本對校，則郝□□□□有宋善本，其中脱誤甚多，當是麻沙坊刻。此萬玉堂本誤處最少，在前朝□□當爲第一，見則必收之爲副本也。四月晦日燈下，焯記。

此亦萬玉堂本，何義門以郝梁本校，並引他書考訂。有「臣恩復」、「秦伯敦父」、「石硯齋秦氏印」、「濠上」、「臣植」、「培之」、「戴氏芝農藏書畫印」、「戴芝農收藏書畫印」、「芝農書畫」、「良臯」諸印。

太玄經十卷釋文一卷 明刊本

晉范望叔明解贊　明郝梁子高校刊

陸績述玄

贊

玄圖

王涯説玄五篇

郝梁跋（嘉靖甲申）

每半葉十行，行二十八字。郝跋云「余得有宋善本於建業黄氏，即命工刊之」。今觀其本，殆與萬玉堂本同源，避諱亦遵宋刊，惟改其行款耳。

又一部

元包經傳五卷元包數總義二卷 明覆宋刊本

後周衛元嵩述　唐祕書少監武功蘇源明傳　唐國子監四門助教趙郡李江注並序　［總義題］蜀臨邛張

行成述
楊楫序（政和元年）
張純跋（紹興三十一年）

每半葉八行，行十六字。此紹興末年張純臨邛刊本。有「周氏懋琦」、「名鴻寶字韓侯號子玉」諸印。

素問六氣玄珠密語十六卷

鈔本

啟元子述
自序

有「歙鮑氏知不足齋藏書」、「知不足齋藏書」、「鮑以文藏書記」諸印。

天原發微五卷 明刊本

魯齋鮑雲龍景翔編著　虛谷方回萬里校正　謚齋鮑寧庭謐辨正
鮑寧序（天順辛巳）
方回序（至元辛卯）　又（元貞二年）
自序（庚寅）
凡例

各類圖
鮑寧篇目名義
問答節要
費涇跋後（元貞丙申）
戴表元後序（大德己亥）
此天順辛巳鮑寧刊本，中加辨正，乃寧所附入。有「古秀水黎陽郡郁氏伯子萬卷堂藏」印。

天原發微五卷 明刊本

與前本同。中闕卷二上，余由前本補足。天一閣藏書。

大唐開元占經一百二十卷 鈔本

銀青光禄大夫太史監事門下同三品臣瞿曇悉達奉敕修撰
提要
有「竹趣」、「青松白雲處」、「萬福寶硯齋」、「海寧楊芸士藏書之印」、「楊文蓀印」諸印。

開元占經推步三卷 鈔本

徐有壬校
右《占經》卷一百三至一百五，吾鄉徐壯愍公鈔出手校，行間眉上，疏證極多。舊爲汪剛木先生所藏，封面題字即先生手筆也。

觀象玩占五十卷　明鈔本

無序跋及撰人姓名。

星文一卷天文會元占三十三卷〔一〕　明鈔本

無序跋及撰人姓名。首《星文》一卷，序即用《通志·天文略》序，又專解丹元子《步天歌》，殆即《天文鬼料竅》也。至《天文會元占》則分卷而不署卷數，首紫微垣、太微垣、天市垣各一卷，次二十八宿各一卷，惟心宿與房宿共卷，計共三十三卷。書中列引《乾象通鑑》、《景祐乾象新書》、《乙巳占》、《古今占》、《宋天文觀象玩占》諸書，其自爲説，則題曰「增廣攷異」。此書世鮮傳本，惟昭文張氏藏舊鈔本，二十八宿中缺十二宿。此天一閣藏書，首末完具，洵希見之祕帙矣。

〔一〕稿本作三十四卷。

占候圖十二册不分卷　明鈔繪本

無書名、序跋及撰人姓名。列載日、月、五星、風雪及雜占。每占有圖，圖下有説，所取《宋志》、《乾象新書》及朱子語爲多。圖施彩色，出於善繪事者之手，字亦古茂，乃明人舊帙也。每卷有「定遠戚氏繼光珍藏書畫之章」，又有李春湖、陳玉方跋，則坊賈所僞作也。

重校正地理新書十五卷 景寫金刊本

畢履道圖解校正地理新書序（大定閼逢執徐）

張謙精加校正補完地理啟（明昌壬子）

王洙等地理新書序

每半葉十七行，行三十字。按此書出北宋官本，自南渡後未見著録。惟晁氏《讀書志》有「《五行地理新書》三十卷，唐僧一行撰」，蓋非此書。據王洙序，謂唐貞觀中吕才奉詔撰《陰陽書》三十篇，其八篇地理也。宋初司天監王序分門纂輯爲《乾坤寶典》四百五十篇，其三十篇爲地理。至景祐初，詔司天監丞王承用等覆校，又命司天少監楊惟德修正舛盭，别成三十篇，賜名《地理新書》。皇祐三年集賢校理曾公定奏其淺漶疏畧，無益於世，乃命洙等典領監修。於是撰定城邑、營壘、寺署、郵傳、市宅、衢衖爲「地事」，凡二十篇。終以冢穴、埏道、門陌、頃畝爲「葬事」，凡十篇。又爲圖一篇，目録一卷，勒成三十二篇。熙寧三年上之，當時刊板監中。入金以後印本多不全，大定間畢履道校補之，刊於平陽。明昌丙子張謙復加補益，故其目録題「監本補完地理新書」，即此本也。王序謂「地事」二十篇，此本僅十五篇。又謂「葬事」十篇，此增至二十二篇。蓋畢、張二氏所見監本已非全書，而其補益亦不用舊次也。洙書博雅，與同時林億等所校醫方，同爲方伎功臣。即張氏所補，亦多用古書，實人間僅存之舊帙也。金刊本舊爲平江黄氏、上海郁氏所藏，今在豐順丁氏。此外惟聊城楊氏、常熟瞿氏有景鈔本。皆出黄氏此本出郁泰峰家，殆亦黄氏景鈔，字跡精雅。今持静齋書已遭兵火，人間恐惟有三景本矣。

地理發微論集註一卷 明刊本

牧堂蔡發神與著　新安謝昌子期註

李傑序（弘治六年）

屠勳序（弘治十二年）

李訊序（弘治十四年）

謝昌跋（弘治十二年）

附録朱子山陵議狀

沈周歌並跋（弘治己未）

周紘後序（弘治四年）

陳鎬題（弘治壬子）

吴學題（弘治己酉）

朱昱題（弘治癸丑）

每半葉九行，行十八字。《四庫》著録《發微論》一卷，題宋蔡元定撰。《提要》據《地理大全》所載題「蔡牧堂撰」，疑此書當出自西山之父發手。今此本題「牧堂蔡發神與著」，則《地理大全》所題不誤，俗本改題西山名者，蓋以名重故也。原書十六篇，謝子期增《淺深》一篇，亦自爲之註。新安千户于明所刊。有「羅乃倫」、「瞻聖父」二印。

新刊祕傳四先生通天竅甲集一卷 明刊本

無序跋及撰人姓名。首葉次行題「玉川盧正卿家藏本」，三行上題「通天竅祕訣」，下題「楊救貧、曾文展、劉白頭、范越鳳」，蓋即書題中之「四先生」也。後題又云「新刊祕傳四先生相宅鬼靈經」。《四庫》未著録。天一閣藏書。

佐玄直指圖解十卷 明刊本

汪元標序

不著撰人姓名。卷一爲劉基《佐玄直指賦》，後九卷爲《圖解》。與《陰陽寶海》、《三元玉鏡奇書》合刻。天一閣藏書。

游年定宅書二卷 明刊本

易水梁志盛著　甬東屠本畯校　金壇王肯堂同校

王肯堂序（萬曆辛卯）

屠本畯序

梁志盛序

屠序謂是書初名《照水經》，梁山人受之扶溝劉海田，海田受之慶壽僧了元。或言「了元在嘉靖時得之於中貴曹憲，今内府尚存此書」云云，則此書乃舊本，非梁氏所撰也。天一閣藏書。

記師口訣節文不分卷 明刊本

竹山湖惺惺叟序（正德壬寅）

不著撰人姓名。序云此書相傳出曾仲求之手，《地理大全》以爲俞樂山授之仲求，未知孰是。乃節其繁複爲此書。天一閣藏書。

宛陵重刊造福祕訣二卷 明刊本

古歙望江子吴天洪著　男吴國偉編　吴國俊校

許國序（萬曆丙戌　存末葉）

史起欽後序（萬曆丙申）

天一閣藏書。

靈棋經一卷 明刊本

晉駕部郎中顔幼明註　宋御史中丞何承天註　元廬山叔才陳師凱解　大明誠意伯劉基解　監察御史樊獻科校

樊獻科序（嘉靖三十九年）

序卦
李遠序(唐會昌九年)
劉基序
造靈棋法
占儀
祭儀
祝文

《隋志》有《十二靈棋卜經》一卷，蓋即此書。英國倫敦博物館藏唐寫本殘卷，僅存「鬼災」、「空亡」、「不諧」三卦，其卦象作上下下下、上上下、上上下下。此作「一上四下」、「二上一下」、「二上二下」，卦辭亦大畧相同。惟彼本顏注之前尚有舊注，爲此所無，而顏注則稱「顏淵曰」云云，蓋其初託之顏淵，後又撰「晉駕部郎中顏幼明」官爵姓名以實之，足徵唐時已有顏注，可見此書淵源之古矣。此本卷末有「建陽縣知縣鄒可張、崇安縣儒學訓導劉樞同訂刻」牌子。天一閣藏書。《四庫》著録即據此本，而分爲二卷，蓋以卷帙稍巨耳。

易林十六卷 景元鈔本

費直焦氏易林序

王俞周易變卦筮序（會昌景寅）

焦林直日

每半葉八行，行十五字。首行題「易林卷第一」，次行䷀（乾下乾上）乾，又次行低一格書卦辭，又次行低二格爲註，其不註者則云「無註」。其註不知何人所撰。陸敕先以此書校嘉靖本，題爲宋刊本。然余觀卷二「《訟》之《乾》」、「《比》之《既濟》」二注，兩引陰時夫《韻府羣玉》，則註當爲元人而非宋人矣。然從註頗淺陋重複，然其正文則在以後各本之上。陸敕先校本刊行於黄氏《士禮居叢書》者雖據此本，然從瞿曇谷本傳校，故漏略極多。余更以此本校黄本，增補至數千條，則此本之善可知矣。陸校所據本在虞山錢氏，已焚於絳雲樓之一炬。延令季氏亦有十六卷本，後不知所歸。近年内閣大庫發見有殘本，後歸京師圖書館，人皆驚爲孤本，而錢唐趙氏復得汲古閣影鈔本，首尾完具。余既假之影寫此本，内閣殘本亦得從之補完。此書宇内只此三部，洵可貴矣。

易林二卷 校明刊本

王俞周易變卦序

黄伯思校定焦氏易林序

雜識

紀驗

此書分上下二卷，此僅存上卷。成化癸巳彭華刊本，葉石君校正。所改字多與十六卷本同，然亦有出其外者。彭本出明内閣所藏本，蓋亦宋本，與十六卷本淵源不同，故字句多異。舊藏黄蕘翁家，黄氏刻校宋本《易林》所謂「予家又續收得葉石君校本」者也。有「劉氏□□」、「樹廉」、「石君」、「樸學齋」、「士禮居藏」諸印。

焦氏易林二卷 明刊本

王俞周易變卦序
黄伯思校定焦貢易林序
雜識
記檢
陳直齋跋（淳祐辛丑）
彭華題後（成化癸巳）
姜恩序後（嘉靖四年）

此嘉靖四年姜恩知武功時覆刊彭華本。陸敕先校十六卷本即用此爲底本，故黄刻陸校本即用此本行款。

茙元遁甲句解煙波釣叟歌二卷 宋刊本

大宋侍郎同中書門下平章事趙普撰

每半葉十行，《歌》每行十四字，《句解》每行二十四字。上卷六十四葉，末有闕葉，下卷三十一葉闕。首二葉專列遁甲諸局，蓋本書之附録也。《宋史·藝文志》及晁、陳二志均無此書，《四庫總目》亦未著録，惟《存目》載《奇門遁甲賦》一卷，云「末附以《煙波釣叟歌》，程道昌皆已採入《遁甲演義》中。其賦中註釋，則大抵江湖術士摭拾浮談，無所闡發」云云，與此本正合。余藏《虎鈐經》抄本，後亦附此歌。今觀此天水舊刊，則此書之源古矣。首稱趙普撰歌，自是依託。首有張芙川隸書手題一行曰「真宋刊善本，道光戊子秋得之積墨堂」。有「遐」、「蓉鏡珍藏」、「翰林御史」、「希銓鑑賞」、「楊氏硯芬」諸印。

遁甲指南一卷 明抄本

漢槎李清傑重演

有「漢槎一老字□□」印，蓋猶李氏稿本。首葉又有明人書「嘉靖乙丑榜眼」六字，疑即李氏出身脚色也。

六壬集要袖中金四卷 明鈔本

無序跋及撰人姓名。卷一「起例門」，卷二「射覆門」，卷三「建炎邵南彥和先生口鑑撮要歌」，卷四

「甲子表」。然卷四剜改，或中有闕佚也。

珞琭子三命消息賦註二卷　鈔本

宋徐子平撰

提要

有「江山劉履芬彥清父收得」印。

大定新編四卷　明刊本

黄蕘圃手跋：《大定新編》四卷、《大定新編便覽》二卷、《大定續編纂要》一卷，詳載於《讀書敏求記》中，蓋六壬書也。《汲古閣祕本書目》亦載此三書，而其下注云「棉紙舊鈔」，則刻本罕覯矣。郡中故家有《大定新編》四卷，始見其目，後讀其書，雖語言文字全然未曉，而奇書得未曾有，遂手之不置。問其直，索三十餅金，余畏而卻退，置弗問焉。久之無遇而問者，余許以四餅金，物主允易而欲余贈以家刻書，其議始成之。議之日，癸酉中秋日也，越日秋暑甚潮濕，吴諺所謂「木犀蒸」，此其是已。復翁識。

此書無序跋及撰人姓名。按《永樂大典》有《成數大定》一卷，以生人干支合八卦之數，推壽夭富貴貧賤。此書推算略同，然則「大定」者術名也。此明初刊本，有「毛氏子晉」、「黄丕烈印」、「蕘圃」三印。

陰陽寶海三元玉鏡奇書三卷 明刊本

元沙門幕講禪師集　明又玄仙客江之棟孟隆甫輯

李日華序

元沙門法心無著太極數序（至正辛卯）

此書之題下注「一名《三白樞機妙用》，一名《九星鈎玄》」，其目録前又題「三白寶海鈎玄」，與《佐玄直指圖解》合刻。天一閣藏書。

太乙福應一覽不分卷 明鈔本

進書序

不著撰人姓名。其書從宋景祐《太乙福應經》撮其樞要。共列「陰陽遁」各七十二局，每局皆用印成圖式而填字于上，蓋猶當時稿本也。

太乙統宗寶鑑二十卷太乙金鑰匙一卷 明鈔本

曉山老人序（大德七年）

前有張孝忠序，即抄校是書者所爲。有「瑞軒」一印。

太乙統宗寶鑑十四卷 鈔本

曉山老人序（大德七年）

無名氏手跋：余曩得舊鈔本《太乙奇士寶鑑》，不知即《統宗》也。此本得于嘉慶丁巳冬，兩本校勘，互有遺落訛誤，而此本多「命數」二卷。此雖術數書，實罕有，因詳加補緝，其尚有未正者，以待異日覓得善本再爲攷訂也。戊午中秋，素村自識。

此書述古堂本與《四庫存目》本均二十卷，此本十四卷，而首尾完具，似無闕佚，疑分卷有不同也。校注者號「素村」，不知何姓名，其人能通此學，故訂正極多。

星命禽演眞經大全不分卷 明鈔本

無序跋及撰人姓名。其書與《四庫存目》之《演禽圖訣》體例相似。《圖訣》出于范氏天一閣，此亦范氏書，疑即此書，館臣易其名耳。

歷通要覽一卷 明刊本

［明張應隆撰］

王璞序

自序

天一閣藏書。

修方涓吉符一卷 明刊本

四明屠本畯田叔重輯

自序

板心有「四明屠氏家藏」六字。天一閣藏書。

藝術

書斷列傳三卷 宋刊本

唐張懷瓘撰

每半葉十二行，行二十字。宋左圭《百川學海》本，卷一明人景鈔補。有「虞山錢曾遵王藏書」、「季振宜藏書」、「季因是珍藏印」、「錢目天」、「邗江」、「戴大章印」諸印。

唐朝名畫録一卷 明刊本

［唐］吴郡朱景玄撰

自序

五代名畫録補遺一卷 鈔本

［宋］大梁劉道醇纂

與前書同册。並半葉十一行，行二十字，似出宋刊本。

益州名畫録三卷 明仿宋刊本

江夏黄休復纂

李畋序（景德三年）

每半葉十行，行二十字。宋諱多闕筆，當是景刊宋本。天一閣藏書。

圖畫見聞志六卷 鈔本

［宋郭若虛撰］

自序

目録後有「臨安府陳道人書籍鋪刊行」一行。

米海嶽畫史一卷書史一卷 鈔本

［宋米芾撰］

此與《唐朝名畫録》、《五代名畫補遺》、《圖畫見聞志》並一手所鈔，行款並同，疑皆出臨安陳道人刊本也。

書史一卷 宋刊本

［宋米芾撰］

左圭《百川學海》本。書前七葉及末二葉均明人景鈔。有「虞山錢曾遵王藏書」、「季振宜藏書」、

「季因是珍藏印」、「錢目天」、「邗江」、「戴大章印」諸印。

宣和畫譜二十卷 明刊本

楊慎序

原序(宣和庚子)

敘目

不著撰人姓名。

雲煙過眼録二卷別録二卷 校鈔本

宋周密公謹著

丁敬身跋五則

嚴修能手跋：嘉慶八年七月鈔《女真征緬録》、《女真招捕總録》既畢，乃以丁龍泓徵君手鈔此録録一副本。丁本係小行狎書，甚艸艸，脱誤亦極多。余以意標出，未敢輕改。十八日晡時記。

元和顧澗蘋廣圻寄賀納姬詞一闋，調寄《浣溪沙》，又以近作詞五闋寄來。香修病已五日，卧牀矣。修能元照書。(卷上後)

又跋：二十日録畢。昨甚熱，今日午後得雨涼。香修病起，女又病。修能手書。

晚間接到段封翁之訃，金壇段懋堂先生之尊人也。封翁及見元孫，壽九十四，懋堂年已七十矣，真人世奇福。于去冬訪懋堂於其家，曾見封翁，揖讓俯仰，絶無老態。修能又書。

又跋：中夏下旬自杭歸，路經塘棲里，訪宋茗香助教左彝，觀所藏書，借得數種。中有丁龍泓先生手抄《雲煙過眼録》一册，小行狎書，古逸可愛。新秋始凉，以楷書謄之。書中湯允謩、葉森、文璧三人皆有附註。丁抄或别行低一格，或徑襍於各條中，皆非也。又提行分段，亦多灼知其謬者，予悉爲正定。然訛字脱文尚不勝擿，俟訪他本校之。

又跋：公謹引林石橋語，謂當時名琴，樊澤卜氏之「奔雷」居其一。樊澤今屬歸安，距余家不及五里，今有琴堂庵，相傳爲藏琴之所也。又載賈秋壑《祭器銘》，乃景定三年錫家廟於行都而造者。案似道家廟在西湖葛嶺之西，有摩崖大八分書云「景定三年正月八日，賈似道蒙上恩賜家廟第宅於行都，辭勿獲，因集芳園鄰舊居，就給緡錢使營葺焉。用謹欽承，子子孫孫，其毋忘忠報」，共五十四字。志乘無載之者，前臨安知縣金匱華君瑞璜寓居湖上，訪求經年，乃始得之，附載于此。廿一日清晨，嚴元照記於芳茮堂。

向華秋槎先生借得《祕笈》本，研朱校對一過，補入「張萬户所藏」一則，《盧鴻艸堂十志詩跋》，此本亦不載，即校于《别録》，不復補訂矣。其他訛脱亦甚多，與此本相伯仲，雖校之，殊未得爲完善也。十二月十八日，修能校畢識。香修卧病二日矣。（并卷下後）

又跋：廿三日齋，午後録罷。寄楮兮。懋堂先生有札。女病亦不愈矣。修能。（《别録》卷上後）

又跋：　廿五日午後，修能録畢。　即將鈔宋本《夷堅志》矣。

又跋：　宋氏所藏丁徵君手寫《雲煙過眼録》後有《別録》二卷。　前《録》以所藏之人爲目，而此則記某年月日觀於某所，與前《録》多參錯不同。　前後自壬辰至乙未，計四年，乃至元二十九年至元貞元年也。　其年次亦雜亂無序，徵君謂是公謹初藁，殆可信矣。　《盧鴻艸堂圖》其詩前《録》不載，此則全載之，并書人姓名，惜脱誤太多，以前《録》校改一二，殊未能盡。　欲求善本，俟諸異日云。　修能識。（並《別録》卷下。　勞平甫旁注云：　案下卷有己丑、辛卯兩年事，即至元二十六、二十八兩年，其中缺庚寅一年。）

勞平甫手跋：　丁徵君所言張米菴不可得見，以其所著《清河書畫舫》所載者校之，亦有湯允謩、葉森、文璧識，則與寶顔堂、龍泓館兩本故同，惟可正其誤謬耳。　余藏一卷，正以「蘭坡趙都承與懃所藏」爲首，次第與此本多不同，嫌多訛脱，未及參校。　元人鈔本雖燬於火，汲古閣、述古堂俱有影寫之本，當向吴中物色之。　陶南邨《説郛》尚收録，則其本當未盡劣也。　咸豐紀元辛亥三月十二日識。　時欲往湖州訪吾友高宰平司訓，等伴不至，聊檢校一過。　此本向爲宰平借去遺失，展轉數年，今陶林元爲搜得，復歸於余，殊不勝歸趙之喜。　并記。　丹鉛生。

又跋：　《蘭坡趙都承》一則，《清河書畫舫》載之，則殘本故不缺，屬族子□叔秀才據以補寫。　四月望日誌。　時訪宰平司訓於菰城乍歸，行將往杭州赴宰平之約也。（卷下後）

又跋：　此《别録》二卷，係從《志雅堂襍鈔》録出。圖書碑帖全録，諸玩具則録其半，寶器取其一則，爲此録之上卷。下卷全録其《續鈔》，《續鈔》止圖書碑帖一門，又有羼入者數條，並疑非全書也。《雜抄》乃艸窗著述之底本，其中所載且有見於《浩然齋雅談》各書者。若此《别録》，則又後人抄出，殆不足存也。惟謬誤處彼此可以互校，故是一得。《雜抄》吾鄉余秋室學士手寫刊板，此長白榮譽子譽《得月樓叢書》中重刊本也。咸豐紀元三月九日校畢記。（《别録》後）

又跋：　據知不足齋校龍泓館傳抄明人夏頤抄本覆校，并記次第墨筆。（卷首）

又跋：　咸豐壬子四月，以影寫明人鈔本作一卷，與元鈔本同，但多脱誤，爲艸窻定本也。有一人所藏而數見者，乃隨所見先後記之，勘以《雜抄》，無不悉合，此本俱歸并一處。有偶見一二件，第云某人所藏某件者，此本改從一例，前標姓名而列書畫於後。割裂牽合，痕跡宛然。又盡削記録年月及轉徙歸宿及前後重出之語，蓋後人重編本。惟字多異同，又記收藏姓名，恐出别本。又如王子慶、趙太祖、郭祐之，此本有之，而一卷本不載，又有出其外□條。予疑一卷本固有脱佚，重編容從《雜鈔》增入者。亦有一卷本及《雜抄》俱載，此本所無者，則重編時所遺脱也。丹鉛生記。

又跋：　丁隱君所云張米葊本不可得見，據其《清河書畫舫》所載，每與此本合，其次第不同，疑米葊所重定，先書後畫，又略分時代先後，襍抄所記年月及流傳源委，校録爲詳。書中所載已見著述定本，卻與《録》可並行，且有《録》中因其書畫不足重而不載者。雖書賈抄充人，亦一得也。望日又記。

後有得述古、汲古兩家影元寫本及米葊本，自當據元本刊行而置此本於不論，惟元人附識之語，當並存之耳(《清河書畫舫》載之，則米葊本亦有)，亦足爲書畫廣聞見也。燈下又記。

《珊瑚木難》載《弁陽老人自銘》，載其所著《經傳載異》、《浩然齋五筆》、《齊東野語》、《臺閣舊聞》、《澄懷録》、《武林舊事》、《詩詞叢談》，詩文、樂章，而不及此《録》。(并在卷首)

勞季言手跋：　鮑以文先生以陳刻前《録》校，季言勘定。(别録首)

此嚴修能先生手抄丁龍泓録本，自以朱筆校《祕笈》本，又以前後二《録》互校。平甫復以墨筆校鮑校龍泓館所藏傳鈔元人夏頤寫本，以緑筆校所自藏一卷本，又以《清河書畫舫》所引一一校之，最爲精審。勞季言又以鮑以文所校前《録》校《别録》，皆蠅頭細書，丹黄錯雜，僅乃可辨。有二印已剜去。存「今月」、「美人香艸」、「學林堂」三印。

圖繪寶鑑五卷補遺一卷　明刊本

[元]吴興夏文彦士良纂

自序(至正乙巳)

每半葉十行，行二十字。比元刊本少一行，即翻元本也。有「孫純父史籍之章」、「映雪齋」、「蔣長泰學山氏收藏印」、「蔣生」、「元龍」諸印。

圖繪寶鑑五卷補遺一卷 明鈔本

[元]吴興夏文彦士良纂

楊維楨序

自序

有「清鑒閣藏」、「朱氏守中珍藏」二印。

圖繪寶鑑五卷補遺一卷續編一卷 校元本

[元]吴興夏文彦士良纂　玉泉韓昂孟顒續纂

楊維禎序

自序

滕霄續編序

宗林續編跋(正德己卯)

又韓昂跋(同上)

《津逮祕書》本。前人用元刊本校,不審何人筆。

書史會要九卷補遺一卷 景寫明洪武本

[元]南村處士陶宗儀九成著

宋濂序（洪武九年）
曹睿序
自序（洪武丙辰）
孫作南村先生傳
鄭真後序（洪武丙辰）

此景寫洪武丙辰刊本。卷一後題「後山居士張氏瑞卿珤命工鋟梓」，卷二云「三味軒張氏國祥麒助刊」，卷五云「金氏廷用禮、周氏彦實思誠、莊氏子正仁正、錢氏叔謙坰、黄氏性初良、宋氏魯章鼎助貫以刊」，卷六云「徐氏仲寬、王氏復初、吴氏景元本、陸氏伯敬文肅、姚氏舜俞助資刊板」，卷八云「夏氏元威大有、夏氏元舟中孚、張氏公路宗美、章氏叔簡夔命工刻梓」，卷九云「張氏以行存管刻此卷，《補遺》一卷嗣後刊行」，《補遺》後云「張氏昇遠宗禮、賓暘昕、朝陽暾、克宣昭、曦升昉、曦采曄、林氏魯郊坰合貲鋟梓」，則此書爲南村友人集資别行，助刊姓名分書卷［後］，乃用宋人刊《大藏經》之例。眉端有朱筆校訂，不知出何人書。每册面葉題字則孔葒谷手書。有「孔繼涵印」、「葒谷」諸印。

程氏竹譜二卷 明刊本

休寧程大憲敬敷著　孫恩祥、何一鳳校
寫竹説（萬曆己未）

此譜撮諸家之長，分四景、十二種、十式、二十四忌、楷則、雜體等。作者名大憲，蓋即墨工程君房大約兄弟也。有「小輪廖館藏書印」。

續書畫題跋記十二卷 舊鈔本

檇李郁逢慶叔遇父編

楷書精雅，出國初人書。

大觀録十八卷 鈔本

吴郡吴升子敏彙輯

有「吴尚時印」、「吴盂□藏書畫印」、「曾在吴石雲處」、「吴氏筠清館所藏書畫」諸印。

庚子銷夏記八卷 評閲本

［孫承澤撰］

盧文弨序（乾隆辛巳）

何焯跋（康熙癸巳）

翁方綱跋（乾隆四十四年）

吴槎客手跋：乾隆歲在上章困敦寒食前二日，余客武林，得朱君映漘京師書，備述在館中參訂宋元諸史事，爲之一快。既從鮑君以文知不足齋齋頭見何義門太史《銷夏記》評一册，知亦朱君抄寄者，亟假歸録出，并勸鮑君附梓《銷夏記》後，以答朱君之望。回憶北海著書，至今恰已第三庚子，而距義門爲跋日亦六十餘載矣。圖書珍玩，等於雲煙過眼，後之人得以歷歷考證者，賴有前輩之著述存耳。若《江邨銷夏録》，故非此書之儔也。北海遺書尚有《四朝人物志》，昔人著録，皆未之見，其稿具在余家。何時得與朱君論訂，而畀鮑君謀之剻劂氏耶。吴騫。

右何義門評《銷夏記》，吴槎翁屬朱巢飲允達録於鮑氏刻本上，槎翁亦時有改訂，別有抱經學士校語，則手録於籤上。有「兔牀過眼」、「寒可無衣饑可無食至於書不可一日失此昔人詒厥之名言亦拜經堂藏書之雅則」、「潘氏井養齋所藏」諸印

玉臺書史一卷 鈔本

錢唐厲鶚太鴻輯

玄玄棋經一卷 明刊本

[元晏天章撰]

虞集序(至正七年)

歐陽玄序(至正九年)

自序(同上)

首張擬《棋經》十三篇，次《四仙子圖序》，劉仲甫《棋訣》，柳宗元《序棋》，馬融《圍棋賦》、呂公悟《棋

歌》，皮日休《原奕》，班固《奕旨》，後爲奕譜，乃元晏天章所編。天章字文可，廬陵人，爲晏元獻後人。自序作于至正九年，爲元人無疑。《四庫提要》以爲宋人，蓋未見此自序也。首《棋經》十三篇，題「皇祐中學士張擬撰」。《提要》以爲晏氏撰，亦誤。此本板心以「禮」、「樂」、「射」分記葉數，「禮」四十葉、「樂」四十八葉、「射」四十四葉，疑尚有下册「御」、「書」、「數」三種，而此本佚之也。

秋山遺譜前集八卷後集四卷 明刊本

［明褚克明集］

徐懸懷序（嘉靖丁巳）

張擬棋經

劉仲甫《棋法》四篇

圍棋十訣

序言褚君克明性好奕，乃集國工之譜，自唐劉積薪及宋劉仲甫諸人莫不悉備。又時出新意，以補古人之所不及，因刻之。《四庫》著録本卷首尚有馬融《圍棋賦》、班固《奕旨》，而無徐序，故不能得作者姓名，所據殆非原刻。天一閣藏書。

蹴踘譜二卷 鈔本

無書題及撰人姓名。面葉題「蹴踘譜」。書中多言齊雲社事。攷齊雲社乃宋南渡後蹴踘社名，見

《武林舊事》。其所言蹴踘諸法，亦與《事林廣記》所載者合，則此書猶宋人舊帙也。

譜録類

古今刀劍録一卷 宋刊本

梁陶弘景撰

宋刊《百川學海》本。闕前三葉，明人景鈔補足。有「虞山錢曾遵王藏書」、「季振宜藏書」、「戴大章印」諸印。

至大重修宣和博古圖録三十卷 明覆元刊本

［宋王楚撰］

每半葉八行，行十七字。嘉靖四年蔣暘覆刊元本。

嘯堂集古録二卷 景宋鈔本

［宋王俅撰］

李邴序（淳熙丙申）

曾機跋（淳熙丙申）

干文傳跋（元統改元。翁宜泉從陳仲魚藏本録補）

翁蘇齋手跋：《嘯堂集古録》上下二册，宋王俅子弁輯。此本亦景寫。今宋芝山得宋槧本，其字非鋭出者，其卷尾曾、干二跋皆元人手書，信其宋槧矣。曾跋「竣」是「後」之訛，豈宋刻原訛耶。下卷末《谷口甬》文較薩氏款識多「東方西方」四字。薩本則後八字與前篆篆異，又前篆倍大，則顯是拓本移掇差池之跡。以此度之，則豈有夏商周秦漢諸器文皆一律首末鋭出者乎。薩本得真，而此謄寫本失真無疑也。芒山所得宋槧本勝此本，又無疑也。蓋宋槧或非一本，而此亦影宋寫者，觀序跋出一手字體亦可驗也。予收此本亦已三十年，次兒樹培摹干跋于後又十四年矣。今日爲第四兒樹崐娶婦，適因與培兒謀檢篋中古器文裝册文字之詳，喜記于此。嘉慶六年歲在辛酉冬十二月廿有四日，方綱識。（末有「蘇齋墨緣」一印）

又跋：辛酉十二月，以宋芝山所得宋槧本校此，蓋亦影宋寫也。方綱。

陳仲魚手跋右覃谿學士所藏景宋鈔本，陳仲魚以其藏本手校。陳本爲文衡山舊藏，亦明人景宋寫本。所校諸條皆以别紙黏附書上，至學士自以朱芸山藏宋槧本再校，則所補無多。攷此本無干文傅跋而陳、宋二本皆有之，疑陳本即自宋本出，故學士以宋本與此本異同已見陳校，故不復著之歟。李漢老序明刊本與近刊本皆闕前一葉，惟宋本獨全。有「翁方綱印」、「文淵閣校理翁方綱藏」、「陳鱣仲魚過目」、「葉志詵」、「東卿過眼」等印。

嘯堂集古録二卷 明景宋刊本

李邴序

曾機跋（淳熙丙申）

此明景宋刊本，與陳仲魚所藏鈔本多同而與翁本多異，殆與陳本同源。有「王鴻緒」、「鴻緒之印」、「華亭王氏珍賞」、「儼齋祕玩」、「儼齋真賞」、「子孫保之」、「顔太初印」、「莫友芝經眼圖書印」、「莫友芝圖［書］印」諸印。

宣德彝器譜二卷 鈔本

工部尚書臣吕堂奉敕編次

此宣德三年工部鑄銅鼎彝器檔册。年中丞希堯從部中録出，世間始有傳本。此其傳鈔也。

錢鈔部彙考十一卷總論三卷藝文三卷外編一卷 稿本

吴興姚廣平紫垣撰

有「廣平之印」、「紫垣」、「宗之」、「少垣經眼」、「岣嶁書隱」諸印。

硯箋四卷 明鈔本

高氏似孫脩

自序（嘉定癸未）

天一閣藏書。

文房圖贊一卷續一卷補一卷續補一卷 明刊本

［宋林洪撰　羅先登續　明戴冠補　陸奎章續補］

林洪序（闕）

羅先登序（寶祐二載）

戴冠序（弘治庚申）

陸奎章序（正德重光協洽）

葉柏跋（正德八年）

前三書嵊縣舊有刊本，葉氏得陸氏《續補》藁，乃并刊之。林始作「毛中書」等十八贊，羅益十，戴益六，陸益十三，凡文房具四十有七品。葉跋謂「舊本併載琴、棋四輩爲不屬，茶具、丹爐十四輩爲不倫，今予手集僭去之」，則刊時有所删削矣。天一閣藏書。

墨苑十四卷附録九卷 明刊本

［明程大約編］

此書編次與《四庫存目》本不同。《存目》本分六類，曰玄工，曰輿地，曰人官，曰物華，曰儒藏，曰緇黄，各分上下二卷。此本同，而卷六下後接以卷十三，乃補「物華」卷，卷十四爲全書之跋。本書前尚有當時名公之序説題詞及投贈詩文共九卷，視《存目》本增出十一卷，蓋前後編次不同也。寫刻精絶，信人間希覯之本。舊藏吾郡姚文僖家，有「吴興姚氏邃雅堂鑑藏書畫圖籍之印」一印。

方氏墨譜六卷 明刊本

［明方于魯編］

前册皆序引題詠，不能備録，與程君房《墨苑》同。

法墨珍圖記五卷 鈔本

古歙水香居士偶輯

自序

海棠譜三卷 宋刊本

錢唐陳思

自序（開慶改元）

宋刊《百川學海》本。有「虞山錢曾遵王藏書」、「季振宜藏書」、「季因是珍藏記」、「子孫保之」、「錢目天」、「邗江」、「戴大章印」諸印。

百菊集譜六卷菊史補遺一卷 明刊本

宋山陰史鑄著　明新安汪士賢校

自序（淳祐壬寅）

此新安汪氏刊《山居雜志》本。有「子奇氏」、「子孫世昌」二印。

誠齋牡丹譜一卷 明鈔本

［明周憲王撰］

自序（宣德五年）

天一閣藏書。

筍譜一卷 宋刊本

吴僧贊寧撰

宋刊《百川學海》本。闕前五葉，宋人景鈔補完。有「虞山錢曾遵王藏書」、「季振宜藏書」、「錢日天」、「邗江」、「戴大章印」、「堯聲」諸印。

膳夫經手録一卷 鈔本

唐楊曄

西樓跋

有「丁日昌字静持號禹笙」一印。

隨園食單一卷　汪謝城先生評閱本

右汪謝城先生閱本，有先大父圖記，乃五十年前先生館余家時所閱，曩從敗紙堆中檢得重裝。隨園書本不足存，以先世遺澤，大師手蹟，録之。

雜家類

墨子十五卷　明刊本

陸穩序（嘉靖癸丑）

每半葉八行，行十七字。南昌唐堯臣所刊。别本有唐跋，此本奪。有「讀書中祕」、「獨醉堂印」、「嚴氏元照字九能今改字修能」、「張氏秋月字香修一字幼憐」諸印。

墨子十五卷　明刊本

江藩七十七翁白賁枘序

唐堯臣跋

此覆刊唐本，後唐刊不過數年。有「釋文」印。

子華子十卷　明刊本

晉人程本著

劉向序

此弘治丙辰楊文襄一清督陝學時所刊《五子》之一。卷下注「顛三」，卷三下注「顛四」，卷五下注「顛五」，卷七下注「顛六」，卷九下注「顛七」，皆《道藏》本號數也。天一閣藏書。

呂氏春秋二十六卷 明刊本

高氏訓解

高誘序

鏡湖遺老記(在目録)

每半葉十行，行十八字。明許宗魯刊本。多用《説文》字體，與所刊《國語》同。

淮南鴻烈解二十一卷 校宋本

太尉祭酒臣許慎記上

序

陳碩甫手跋：《淮南鴻烈解》有北宋本，藏於吴縣黄蕘圃家。蕘圃手録一過，而以北宋本歸諸山塘汪氏。余向同叔借其尊人所手録者爲過一通。余校不暇，倩吴有堂精意代校。黄校行葉悉依宋本，余校悉依黄校。道光紀元之年，閱今三十年餘。咸豐甲寅三月，陳奂補書。

又跋：此書爲尊湖胞兄所藏，有「尊湖讀書記」及「烜印」圖章。

□□手跋：道光戊戌，穆清借録一過，書以志感。宋本尚有應避字須更正也。

此莊氏逵吉刊本，陳碩甫先生以黄復翁手鈔北宋本校，又倩吴有堂覆校。向見碩甫先生致王文簡札，述爲文簡向黄同叔鈔《淮南》全書，其《天文訓》一篇，復從汪閬源借宋本覆校。先生自校此本，亦在此時也。宋本與莊刊《道藏》本異同甚多，此校并將葉數行數一一記出，可謂精校矣。有「烜印」、「潁川」、「尊湖堂讀書記」三印。

淮南鴻烈解二十一卷 校宋本

楊德堅手跋：光緒二十五年三月廿三日，陽湖楊德堅借譚復堂先生手録各校，並采摘諸書校本謄一過。至四月廿三日過畢，計三十一日。

黄氏藏宋刊《淮南子》有顧千里影鈔本，陳碩甫據之爲蘭鄰校一過。又劉彦清司馬别録得顧千里舊校本，仁和譚復堂先生並録得，又集惠定宇、段若膺、王懷祖、劉端臨、梁伯子諸家校訂之説，書於上下方。此本雖係臨校，然讀《淮南》者當以此本爲最便矣。

淮南鴻烈解二十一卷 校明刊本

漢淮南王劉安著　漢河東高誘注　明姑蘇張象賢訂（或題新安汪一鸞訂）

何義門手跋：《淮南》一書，苦無善本可校，以意改正數字。焯記。

此本注多删節，然佳處多與宋本相合。義門校正雖少，而評騭頗多，有「金」、「麗農精舍藏書」、「潘秋谷圖書記」諸印。

淮南鴻烈解二十八卷 明刊本

漢太尉祭酒許慎記上　後學劉績補註　後學王溥較刊

敘

劉績跋（弘治辛酉）

每半葉九行，行十七字。卷廿八後題「淮南要略閒詁」，與他本異。劉跋謂舊本缺訛，據他書補數千字，改正數百字，删去百字，則頗易改舊本矣。天一閣藏書。

淮南鴻烈解二十八卷 刊本

太尉祭酒臣許慎記上

敘

每半葉十行，行廿一字。敘後有「太歲癸巳孟春安正堂重刊行」牌子。分「禮」、「樂」、「射」、「御」、「書」、「數」六集，「禮」、「樂」、「射」十六卷，「御」二卷，「書」、「數」各四卷。此本闕末三卷。有「馬玉堂印」、「漢唐齋」二印。

淮南鴻烈解二十一卷 明刊本

漢淮南王劉安著　漢河東高誘註

許國序（萬曆辛卯）

每卷首或題「姑蘇張象賢訂」，或題「新安汪一鸞訂」。許序謂汪氏「取吳興、壽陽二本，參復讎定，新付剞劂」。吳興本謂吾郡茅一桂刊本，壽陽本則嘉靖九年王鎣所刊二十八卷無注本也。

淮南天文訓補注二卷 鈔本

漢太尉祭酒許慎記上　後學錢唐綴述〔一〕

翁方綱序（乾隆庚子）

錢大昕序

顧千里手跋：　壬申十月借平津館藏本鈔，工費白金一兩。藏之篋中，暇日當細爲勘定，以俟好事鐫諸木云。澗薲居士記，時寓江寧孫忠愍祠。（下有「顧廣圻印」一印）

此顧千里鈔本，書眉並録錢小盧繹、孫伯淵校補之語。

〔一〕「錢唐」當作「錢塘」。

金樓子六卷 校鈔本

梁孝元皇帝撰

自序

孔葒谷手跋：

丁酉九月初六日雨窻校。（卷一後）
九月初七日新晴，燈下校。（卷四後）
九月初八日庚午，寒露微陰，已刻校。是日順天放榜，榜首王有年。（卷四後）
九日辛未自圓明園歸，校是書竟，風日甚佳。
此書從《永樂大典》卷一萬二百九十一鈔出。目録後有「至正三年癸未歲春二月望日，葉森書於西湖書院大學明新齋」二行，蓋《大典》所收者元刊本也。孔葒谷校訂，復從《東觀餘論》手録黄氏《書後》一篇于卷末。

劉子二卷 明刊本

東郡蓬玄洞居士李先芳校
李先芳序（嘉靖丙寅）
此本出自《道藏》本，而删去袁孝政註，即李先芳所爲。明季無註本皆從此出也。天一閣藏書。

化書六卷 宋刊宋印本

吴相宋齊邱述
每半葉八行，行十六七八字不等。卷一首行題「化書道化卷第一」，卷二題「化書術化卷第二」，次題「化書德化卷第三」，次題「化書仁化卷第四」，次題「化書食化卷第五」，次題「化書儉化卷第六」。宋諱多不闕筆，惟闕一「貞」字，乃南渡後刊本也。有「董俊」、「董氏廷籲」、「唐綸鈞字□書號伊山」、「唐觀濤字用于號海槎」諸印。

太平兩同書二卷

［唐羅隱撰］

天一閣藏書。有「陳氏文卿」、「存春廬珍藏」、「林集虛印」、「心齋」、「四明林氏大酉山房藏書之印」諸印。

經鉏堂雜志六卷 明鈔本

霅川倪思正父

《四庫存目》本八卷。此本六卷，目録具存，並無脱佚。天一閣藏書。

白虎通德論十卷 元刊本

漢玄武司馬臣班固纂集

嚴度序（大德乙巳）

張楷序（大德九年）

無名氏跋二通

每半葉九行，行十七字。元無錫縣學刊本。序云「敬以家藏監本刊行」，則出南宋監本也。有「遂安伯陳氏書畫記」、「松嵒陳氏廷儀收藏書畫記」、「江德量觀」、「芝房過眼」、「泰州錙漢臣麓樵氏審藏善本」諸印。

白虎通德論二卷 明刊本

漢玄武司馬班固纂集

張楷序

嚴度序

無名氏題白虎通德論二通

嚴度序

冷宗元序（嘉靖改元）

每半葉十行，行十六字。遼陽傅鑰重刊大德本，唯改其卷數行款耳。有「文川子」、「子裕」、「東□文獻世家」、「子昔」、「漢陰野叟」諸印。

白虎通德論二卷 明鈔本

漢玄武司馬班固纂集

張楷序

題白虎通德論二通

嚴度序

泠宗元序

此自傳鑰本出，藍格精鈔。有「潘介繁印」、「潘氏桐西書屋之印」、「澗南居士」、「蕉雪道人」、「湖西艸堂」、「東吴陸氏」、「孝行之門」、「月宛樓」、「思原堂」諸印。

白虎通四卷闕文一卷校勘補遺一卷 校盧刊本

抱經樓校刊本。吾鄉嚴修能先生以小字宋本、元大德本重校，凡訂正十餘條。有「元照之印」、「嚴氏修能」、「管香居士」、「畫扇齋」、「芳茉堂印」、「張氏秋月字香修一字幼憐」、「香修」、「我亦前身是秋月」諸印。

崔豹古今註三卷 明刊本

晉崔豹正熊撰

每半葉九行，行廿一字。板心有「白雀山房」四字。闕末一葉。天一閣藏書。

中華古今注三卷 宋刊本

國子監太學博士馬縞集

《百川學海》本。每半葉十二行，行二十字。前二卷影鈔。有「虞山錢曾遵王藏書」、「季因是珍藏印」二印。

中華古今注三卷 明刊本

國子監太學博士馬縞集

張臬序（嘉靖元年）序目

此明浙江按察使孔天胤所刊。序稱「右使文谷子既序刻《西京雜記》，嗣出此刻復刻之」。「文谷子」乃天胤別號，板式字體與所刊《西京雜記》同。天一閣藏書。有「壽祺經眼」印。

資暇集三卷 明鈔本

隴西李濟翁撰

天一閣藏書。

近事會元五卷 鈔本

贊皇李上交撰

自序（嘉靖改元）

馮己蒼跋（乙酉）

吴枚庵跋（甲午）

陸拙生跋（嘉慶十八年）

黄復翁跋五則

吴枚庵舊臨馮己蒼鈔本。黄復翁復屬陸拙生影鈔。此又從黄本鈔出，小楷精絶，題跋亦皆影寫。

近事會元五卷　鈔本

宋李上交撰

提要

原序

书帙有徐星伯先生書籤云「姚石甫自揚州御書樓鈔寄，戊戌二月星伯記」。有「王懿榮印」、「翰林供奉」二印。

東觀餘論二卷　明覆宋本

左朝奉郎行祕書省祕書郎黄伯思撰

黄訒跋（紹興丁卯）

又無名氏跋

樓鑰跋（嘉定三年）

莊夏跋（嘉定庚午）

又跋

潘雪槎手跋二通（下有「宗歐之章」、「似韓」二印）

胡心耘手跋：《東觀餘論》二卷，宋本未見，通行本有二，毛氏《津逮祕書》、張氏《學津討源》是也，二者俱有訛誤。余弱冠時，有陳竹安丈以項氏萬卷堂本贈余，書甚奇祕，惜非完帙，受而束諸高閣者十數年矣。今秋自都門歸，檢理舊篋，是書猶在，終以殘帙藐之。無何，觀書善長巷毛氏，見此完本，向爲叔美先生所藏，亟詢其直，索價頗廉，僅以青蚨三貫易之。歸取篋中舊本一一互校，纖豪無異舊本。書後鈔跋數葉，謹查《四庫提要》，知其跋固在不可少之列，遂移入此册，以成完璧。因思天下事何奇不有，十餘年前闕憾之書，孰知留以待今日之大快乎。而今而後雖有殘闕之書，總當寶而藏之矣。此書末有甲辰秋日潘雪槎題識「惜無足本一快校讐」云云，乃指殘本而言，今既移入足本，此識本宜删去，因其書法尚佳，仍留之。咸豐四年中秋後八日，胡珽識。（下有「胡珽詞翰」、「壺天小晚」二印）

又跋：余得是書後，以《津逮祕書》略爲一勘，即毛刻即從此本出〔一〕，其訛謬處動以百計。《學津討原》又從毛本出，無庸更校矣。毛刻跋中深惜此刻未廣流布，是明代已爲罕覯之奇。今又閲二百餘年，日久月微，幾成斷種，余獨何緣而遇之耶？書中間有缺筆避諱，是猶沿宋槧之舊，即與宋槧本並儲，亦何不可。遂命工重裝，竭十日而竣事。得書之價雖廉，而裝工實倍之。又恐後之閲是書不知珍愛，復恭録《四庫提要》於前、毛刻跋語於後，倘遇博雅君子，其庶幾乎。琳琅主人又題。（下有「胡珽詞翰」、「第一奇書」二印）

光緒五年己卯冬十月十三日，新建勒方錡、吴縣潘遵祁、中江李鴻裔、元和顧文彬、長洲彭慰高、吴縣曾瑋、歸安沈秉成集吴氏聽楓山館，同觀因記。（下有「文彬」、「西圃」、「成」、「曾瑋之印」、「尉高私印」、「李鴻裔觀」、「臣勒方錡」、「吾心口」八印）

每半葉九行，行十八字。《總目》及卷後均有「建安漕司刻梓」一行。《總目》、《法帖刊誤序》又《刊誤》卷上下及本書卷上下後，並有「嘉禾項氏萬卷堂梓」牌子。總目及卷首並有「秀水項篤壽校」一行。別本尚有萬曆甲申項篤壽序，此本奪，乃項子長重刊福建轉運司本也。初紹興丁卯，黄氏子訒刊《東觀餘論》十卷于福建。樓攻媿復以蜀本及三劉本參校，嘉定庚午授福建轉運使莊夏刊之。次年復校正改板，書中時引川本校之。項氏此刊即出樓校，毛子晉謂出川本，非也。有「毛氏仲逵」、「桐坪所藏」、「叔美」、「慶善」、「慶善字叔美印」、「尚友齋印」、「尚友齋書畫印」、「紅豆書樓」、「溪東外史」、「胡珽校勘」、「琳瑯祕室藏書」、「好古」、「流傳」、「子孫保之」、「幸讀文瀾中祕書」、「吴雲平齋」、「吴雲私印」、「吴雲字少青號平齋晚號退樓」、「歸安吴平齋攷藏金石文字印」、「吴平齋讀書記」、「兩罍軒藏書記」、「兩罍軒」諸印。

〔一〕 前一「即」字當作「知」。

東觀餘論二卷 吴枚庵手鈔本

左朝奉郎行祕書省祕書郎黄伯思撰

項篤壽序（萬曆甲申）

黄訒跋

無名氏跋

樓鑰跋

莊夏跋

又跋

此吴枚庵手録項刊本，行草書。有「延陵藏書」、「徐康」二印。

東觀餘論二卷 校鈔本

盧抱經手跋二則（均見《抱經堂文集》。後有「文弨」、「弓父」、「文弨」、「磯漁」四印）。

此本抱經先生先得下卷中題跋數十篇鈔之，題曰「長睿題跋」，後從鮑氏知不足齋借全書補足，並校前所鈔者。末有「嘉慶癸酉八月從錢唐郭懷清書肆得之，戊寅四月四日讀竟，晚聞手記」一行。有「虎林盧文弨手校」、「抱經堂寫樣本」二印。

靖康新雕緗素雜記十卷 明鈔本

建安黄朝英士俊編

此本於每條所引古書皆自爲一行，與閣本異。書名署「靖康新雕緗素雜記」，蓋成書在靖康之前。趙希弁云朝英紹聖後舉子，不必在靖康時也。閣本删去「新雕」二字，不若《讀書後志》但稱《緗素雜記》

爲愈也。天一閣藏書。

能改齋漫録十五卷 鈔本

臨川吴曾虎臣纂

此本十五卷，校《四庫》本缺《事實》二卷。而卷首《事姓》一卷，《四庫》本析之爲二，故彼爲十八卷。書眉有朱筆評校語，不知何人筆。前有「翰林院印」，又有「乾隆三十八年兩淮鹽政李質穎送到馬裕家藏書吴曾能改齋漫録一部計八册」木記，人名、書名、册數均以朱筆填寫。又有「馬氏叢書樓珍藏圖書記」印。

西溪叢語二卷 明刊本

宋剡川姚寬撰

自序（紹興昭陽作噩）

每半葉十行，行廿一字。板心有「鶺鳴館刻」四字。天一閣藏書。有「壽祺經眼」印。

西溪叢語二卷 明刊本

與上本同。

演繁露十六卷續演繁露六卷 鈔本

宋新安程大昌著　明建武鄧渼校

鄧渼序(萬曆丁巳)

自序(淳熙丙子)

此從萬曆刊本鈔出。有「開萬樓印」、「曾爲徐紫珊所藏」二印。

容齋隨筆十六卷續筆十六卷三筆十六卷四筆十六卷五筆十卷 明活字本

[宋洪邁撰]

華燧序(弘治八年)

何異序(嘉定壬申)

續筆自序(紹熙三年)

三筆自序(慶元二年)

四筆自序(慶元三年)

丘𢕔跋(嘉定壬申)

洪伋跋(嘉定十六年)

周謹跋(紹定改元)

嚴修能手跋:此卷中第十七則引《孟子》「行者有裹囊也」,新刻依流俗本改「囊」爲「糧」,此舊書之可貴也。嘉慶八年十一月廿三日雨中書,元照。(在《隨筆》卷一後)

又跋：　世行《容齋隨筆》字畫粗劣可厭。此係翻宋紹定年間刻本，提行、避諱一遵舊式。每葉上方有「弘治歲在旃蒙單閼」八字，右方有「會通館活字銅版印」八字。後有嘉定中邱㮚、洪伋兩序，紹定中周謹跋，前有弘治八年華燧序，皆近本所無，紙墨亦古雅可愛，然亦頗有訛脱。《隨筆》第十一卷合九、十兩條爲一，脱去字二百七十九。《續筆》第三卷又合九、十兩條爲一，脱字百九十七。第九卷末則脱三百有六字，誤雜於十一卷之首一則。凡書中夾注皆不具，蓋由銅板無小字而然。又容齋所自稱名皆脱去「邁」字，不可解也。予既取新刻校而跋之，復書數語于此。予十年前于蘇州萃古齋得宋刻《夷堅》甲、乙、丙、丁共十卷，乙、丙、丁志皆有容齋自序，爲世人所未見者，今又得覯此本，予於容齋之書何多緣也。此本荻港章君文魚所藏，君之少子，予次女桐慶婿也。仲冬之朔訂媚，此書與媒妁同來，兹將附便寄還，乃以香修小印鈐簡端云。嘉慶八年十二月初六日黄昏，蕙櫋書。（下有「元照之印」、「嚴氏修能」二印）

又跋：　竹墩朱履端教諭，章君之師也，今兹年八十有五，猶留館章氏。予於教諭案頭見此書，予與章氏諦昏媚之雅，亦教諭启之。今夕校勘罷，遂作跋，將就寢而教諭之訃至，於今日晡時捐館。其族弟竹海文學館予家，故來報。既送竹海去，復挑燈書於三卷之末。異日章君見此跋，定黯然也。初六日，元照又書。（下有「元炤私印」一印）

每半葉九行，行十七字。惟序跋與書題作大字，餘皆小字雙行。書眉有朱筆評語，不知何人筆。間有嚴修能墨筆。版舊闕《四筆》前八卷，《餘筆》間有闕葉，均以影鈔補。有「香修」、「沈與文印」、「姑餘山人」、「顧宗俊印」、「逸倫」、「清俸買來」、「于昌進鑒賞」、「于昌進珍藏」、「昌進收藏」、「文登于氏小謨觴館藏本」、「于氏小謨觴館」、「小謨觴仙館」、「文登于氏小謨觴館審定善本」、「不夜于氏藏書記」、「蕭穆之印」、「敬孚」、「桐城蕭穆經籍圖記」諸印。

容齋隨筆十六卷續筆十六卷三筆十六卷四筆十六卷五筆十卷 校明刊本

謝三賓序

馬元調序（崇禎三年）

李瀚序（弘治戊午）

何異序（嘉定壬申）

敬堂手跋六通。

何義門跋四通。

筠溪跋一。

金鄂巖手跋：是本（謂筠溪臨何義門評本）今存知不足齋，乾隆辛亥德輿又從淥飲借録一過，甲寅秋又爲念鞠録此。輿附識。

此馬元調刊本，桐鄉金鄂巖録何義門評校于上。義門二次評閱，所記極多。義門跋四通亦並録入。又有敬堂手跋六通。敬堂名集，官湖北知縣。其跋此書在金鄂巖前，因無要語，不録。金鄂巖跋中云爲念鞠録此本，念鞠似即敬堂之子也。何異序後又有吴兔床手書一行。有「程世銓印」、「叔平父」、「元和程生」、「小雅偶得之」、「潘氏井養齋所藏」諸印。

潁川語小二卷 鈔本

宋陳叔方撰

提要

此從閣本鈔出，每卷後有「皇帝六巡江浙之歲良月下瀚乃丐子寫於小春浮」一行。有「王氏書印」、「山陰周氏半樵藏書」二印。

芥隱筆記一卷 明刊本

［宋龔頤正撰］

劉董跋（嘉泰政元）

雍民獻跋

每半葉十行，行十八字。從宋嘉泰東寧郡齋本出，即《顧氏文房小説》本。

賓退録十卷 宋刊本宋印本

大梁趙與旹

自序

自跋（嘉定閼逢涒灘）

元張子昭手題：元統二年八月日重裝於樂志齋，吴下張雯。（下有「張氏子昭」墨印）

每半葉十行，行十八字。原有寶祐三年陳宗禮序，又卷十末葉有「臨安府睦親坊南陳宅書籍鋪印」十三字。此本脱陳序，又卷十末葉影鈔亦脱「陳宅印」一行，實即陳宅印本也。陳氏所刊傳世者多唐宋人詩集，其所刊説部書存者僅《湘山野録》、《續世説》、《燈下閑談》數種，亦只景寫本。此書諸家所藏亦僅景寫本，惟此原刻首尾完具，惟卷四闕二葉、卷十闕一葉，皆明人景鈔補全，致可寶也。張子昭，吴人。鄭元祐《僑吴集》有子昭墓誌，稱其構樓蓄書，自經傳子史下逮稗官百家無不備，元代藏書家也。子昭之前尚有周子一圖記，稱「古杭周氏」，則元初人。有「古杭周氏」、「光霽」、「子一」、「緒一弌圖書」、「光霽家藏」、「張氏子昭」、「志雅齋」、「快閣主人」、「文石」、「文石讀書臺印」、「□海樓藏書印」、「楚蒲圻賀志先家書卷」諸印。

賓退録十卷 鈔本

大梁趙與旹

陳宗禮序（寶祐五年）

自跋（閼逢涒灘）

每葉十一行，行二十字。平闕悉依宋本。有「郛海」、「陳世佺字全之」二印。

鼠璞一卷 景宋鈔本

［宋］桃源戴埴仲培父

每半葉十一行，行二十字。視《百川學海》本減一行而字數則同，即鈔《百川》本也。前有張芙川題籤。有「張燮藏書」、「蓉鏡私印」、「清河世家」、「琴川張氏小琅嬛福地繕鈔祕册印」、「琴川張氏小琅嬛清閟精鈔祕帙」、「琴川張氏小琅嬛福地藏書」、「茂苑香生蔣鳳藻秦漢十印齋祕篋圖書」諸印。

困學紀聞二十卷 元刊本

浚儀王應麟伯厚

牟應龍序（至治二年）

袁桷序（泰定二年）

自識

陸晉之跋（泰定二年）

丁小疋手跋：林汲先生舊藏元板《困學紀聞》一部，每相見必出以共賞。後杰亦得一部，亦此板所印也。假先生藏本以歸，增補闕畫，二本互有脱葉，並爲補完。卷十五第十二葉，兩本俱無。卷十四第十九葉「周世宗見元稹《均田圖》」、「宋太宗惜范質不死」，本非一條，中間尚有五條計三十行，刻本脱去，乃據近日汪刻補之。其摹寫裝治，皆大興金榆亭上舍功也。反原本於先生，得不益加珍惜哉。乾隆壬寅六月朔，歸安丁杰小山題。

每半葉十行，行十八字。卷末有「孫厚孫、寧孫校正，慶元路儒學學正胡禾監刊」二行，此《紀聞》第一刻也。有「周永年印」、「書倉一字書愚」、「借書園印」、「清歡閣書畫記」、「林汲山房藏書」、「傳之其人」、「白醉書塾藏弆」、「于公[子]孫」諸印。

困學紀聞二十卷 元刊本

與前本同。有「甘暝堂藏書記」、「敦恭」、「弘前醫官澀江氏藏書記」、「森氏開萬册府之記」、「星吾海外訪得祕笈」諸印。

困學紀聞二十卷 校本

李憲吉手跋：此本桐鄉所刊，閻、何二家合批，最爲精審。今細加校勘，百詩先生精於攷據，有所駁正，實足補厚齋之闕。何氏略無所見解，時時強作聰明，且率意詆訶，殊非儒者氣象。二家學問優劣於此可見，殊不可以道里計也。中州寓齋苦無他書可資校對，其中徵引之博，實有未能盡悉，誠如何氏所云「甚滋學荒記疏之懼耳」。李旦華識。

沈韻初手跋：汪刻王氏《困學紀聞》六册，李憲吉明經旦華校本，壬申仲春月得于吳門，袁氏五硯樓故物也。（有「沈氏樹鏞」印）

又跋：孫淵如觀察《澄清堂藁》有《爲金雲莊德輿題李憲吉明經遺影》詩。憲吉績學而壽不永，卒年纔二十九耳。

有「袁廷檮印」、「壽階袁又愷藏書」、「授子之章」、「貞節堂圖書印」、「沈樹鏞同治紀元後所得」、「鄭齋所得金石書畫印」諸印。

丹鉛總録二十七卷 明刊藍印本

博南山人叔庵楊慎用修著集　滇南心泉梁佐應台校刊

自序（嘉靖壬寅）

梁佐序（嘉靖三十三年）

天一閣藏書。

又

與前本同。有「慈谿畊餘樓」、「馮氏辨齋藏書」、「武威主人」諸印。

丹鉛續録十二卷 明刊本

新都楊慎著　崑山周復俊校

自序（嘉靖辛酉）

天一閣藏書。

蛾子時述小記二卷初集一卷 稿本

吴興董熜訥夫

原書四卷，此佚後二卷。多攷學術典制，頗與《日知録》相近。《初集》則零星記録，有似《松崖筆記》。後附《讀國語劄記》一卷。有「烏程張鍾校本」一印。

雜家二

風俗通義十卷 明刊本

漢太山太守應劭

李果序（大德丁未）

自序

丁黼跋（嘉定十三年）

此明時重刊大德本。每半葉十行，行十六字。與大德本半葉九行、行十七字者不同，昔人以爲元本，誤也。有「峻瞻」、「何焯之印」、「竹泉珍祕圖籍」、「謏聞齋」、「元本」、「鱣讀」、「簡莊藝文」、「陳仲魚讀書記」、「海寧陳氏向山閣圖書」諸印。

封氏聞見記十卷 明鈔校本

唐朝散大夫檢校尚書吏部郎中兼御史中丞封演

吴岫跋(馮己蒼手録)

馮己蒼手記：

甲戌七月初一夜閲于秉燭齋。(卷六後)

崇禎甲戌七月初二閲，從弟叔昭所書也。孱守居士。(卷十後)

每半葉十行，行十九字。每葉欄外上方有隸書「馮氏藏本」四字。馮己蒼以朱、墨二筆前後手校。予以之校雅雨堂刊本，則卷二「石經」條增出一百六十五字，卷四「尊號」條增二十五字、「露布」條增八字，卷五「燒尾」條增十九字、「圖畫」條增二十四字，其餘補正奪譌之處甚多。有「上鄗馮氏藏書」、「馮己蒼手校本」、「得者寶之」諸印。

封氏聞見記十卷 校本

唐朝散大夫檢校尚書吏部郎中兼御史中丞封演

勞巽卿手跋：咸豐丙辰二月馮己蒼校本勘此，即錢遵王著録於《敏求記》者也。十餘年前以百錢買諸書船。巽記。

又跋：馮鈔格紙，左闌外上方有八分「馮氏藏本」四字。又有「上鄗馮氏藏書」、「馮己蒼手校本」，一在卷端，一在跋後，並朱文。又有「得者寶之」一印，知曾歸孫慶增。

此江都秦氏刊本，勞顨卿臨馮己蒼校本於其上，勞季言又據他書校補。此書卷三、卷八舊有缺佚，季言據《南部新書》補足「高唐館」、「温湯」二條，此外訂正甚多，可謂善本矣。季言所校，以籤條反覆書之，未曾清寫，今皆黏附卷中，異日當手録之。有「平父」、「蟫盦」、「木夫容館」、「勞格」、「季言」、「實事求是多聞闕疑」諸印。

宋景文公筆記三卷 宋刊本

［宋宋祁撰］

李衎跋（寶慶三年）

每半葉十二行，行二十字。宋左圭《百川學海》本。有「虞山錢曾遵王藏書」、「子孫寶之」、「宜子孫」、「季滄葦藏書」、「邗上戴大章印」、「錢目天」諸印。

宋景文公筆記三卷 鈔本

［宋宋祁撰］

李衎跋（寶慶二年）

每半葉十二行，行二十字。出《百川學海》本，與《欒城先生遺言》同册。有「湘西賀瑗所藏」、「學蘧」二印。

王氏談録一卷 明鈔本

［宋王欽臣撰］

卷末有宋人舊跋云「究觀此篇，必嘉祐以前巨公所爲，其志亦可知也。大抵前輩仕進，便作宦業，自致遠大，非若後世碌碌苟科第以盜榮竊寵者。惜哉不見斯人矣。太原王洙敬録於家塾」。又云「是集乃王原叔著，與蔡君謨同時人。約齋山人志」。案此二跋疑皆約齋所書，前跋末本不署名，後人以其記原叔事，因漫題洙名。《四庫全書提要》以爲原叔子欽臣撰，校約齋説爲允也。約齋山人蓋張鎡功甫别號。《提要》未及後跋，殆所見本脱之歟。天一閣藏書。

文昌雜録六卷 鈔本

［宋龐元英撰］

自序

衛傳跋（乾道丁亥）

此書雅雨堂刊本二、三兩卷中有錯葉，此本亦同，閣本始正之。然以此校雅雨堂本，則是正誤字甚多。有「秀水朱氏潛采堂圖書」一印。

夢溪筆談二十六卷 明覆宋本

沈括存中

自序

湯修年跋(乾道二年)

每半葉十二行,行十八字。明代覆刊乾道揚州本,明季馬元調重刊。乾道本避宋諱甚嚴,此多不避,蓋馬所據真宋本,非此本也。此本刻手精雅,幾可亂真。有「某溪」、「甡夆山人」、「徐季子」、「宋筠蘭揮」諸印。

東坡先生志林五卷 校明刊本

趙用賢序(萬曆乙酉)

盧抱經手記:

早起天氣甚清,偶披此卷閲之,殊爽人。甲午四月廿九日,文弨記。(卷一後)

五月一日。(卷二後)

五月八日閲,倦甚欲睡。(卷五後)

五月九日,頗多應酬,燈下不能讀他書,因閲此。(卷五後)

卷四後有「長洲金三校書、趙應期刻」一行。有「葉奕苞印」、「白醉先生」、「江左義之鬼」、「秉忠」、「季良父」、「周季良氏」、「繡海周氏藏書畫印」、「靜軒」、「笨伯」、「古微堂藏書印」、「家承賜書」、「虎林盧文弨家經籍之印」諸印。

晁氏客語一卷 明刊本

澶淵晁説之以道

卷後有「慶元己未校官黄汝嘉刊、嘉靖甲寅裔孫瑮東吴重刊」二行。板心魚尾上有「晁氏寶文堂」五字。天一閣藏書。

石林燕語十卷 明刊本

宋葉夢得譔　子棟、桯、模編

石林山人自序（建炎二年）

楊武後序（正德元年）

每半葉九行，行十八字。明正德元年監察御史楊武刊。天一閣藏書。

石林燕語十卷 校鈔本

子棟、桯、模編　宇文紹奕考異

提要

葉廷琯識（咸豐九年）

石林山人自序

此胡氏琳瑯祕室活字本之底稿。九、十兩卷及附録爲汪剛木先生手書，前亦有先生校語。有先大父藏印。

蒙齋筆談二卷 明鈔本

湘山鄭景望

天一閣藏書。

曲洧舊聞一卷 明鈔本

宋朱弁

原書十卷，此節鈔本，與《説郛》同。朱絲界格，似明内府寫本。疑當時所鈔有《説郛》全部，此其一耳。有「曾藏張蓉鏡家」、「小瑯嬛福地張氏藏」二印。

卻掃編三卷 明鈔本

［宋徐度撰］

每半葉九行，行二十字。末有「門生迪功郎桂陽軍司法參軍徐杰校正」一行，蓋從宋刊本鈔出也。

天一閣藏書。

墨莊漫録十卷 明鈔本

［宋張邦基撰］

自跋（題「張孝基」，不作「邦基」）

此明中葉以前寫本。全書有朱、墨二筆校，亦二三百年前人手筆。有「小仙吴偉」、「毛晉私印」、「汲古主人」、「汲古閣」、「子晉」、「虞山席鑑玉照收藏」、「席鑑之印」、「席氏玉照」、「汪士鐘印」、「三十五峯園主人」、「楊灝之印」、「繼梁」諸印。

欒城先生遺言一卷 明鈔本

［宋］眉山蘇籀記

吴匏庵鈔本。首二行匏庵手書，餘亦學匏庵書，蓋其子弟所寫也。板心有「叢書堂」三字。有「馮彦困收藏記」、「季振宜印」、「滄葦」、「韓氏藏書」、「謙牧堂藏書記」、「嗛牧堂書畫記」、「禮邸珍玩」、「辛夷館」諸印。

欒城先生遺言一卷 鈔本

眉山蘇籀記

與《宋景文筆記》同册。有「瑗」、「仲肅珍祕」二印。

老學菴筆記一卷 明鈔本

［宋陸游撰］

此節鈔本。天一閣藏書。

常談一卷 鈔本

宋吴箕撰

提要

此傳鈔《四庫》本。所用格紙有「汲古閣寫本」五字。有「竹泉珍藏秘籍」、「謏聞齋」二印。

游宦紀聞十卷 景宋鈔本

鄱陽張世南

自序

李發先跋（紹定壬辰）

每半葉十行，行十八字。書中有鮑渌飲校籤，又有渌飲《題嫩儒雪中桃花》二絶句，即《知不足齋叢書》本之底本也。有「文弨借閲」、「璜川吴氏收藏圖書」二印。

梁谿漫志十卷 鈔本

費衮補之

自序（紹熙三年）

每半葉十行，行十九字。行款與宋本同。有「顧明俊印」、「顧氏藏書」、「豐對樓」、「國子監印」、「前分巡廣東高廉道歸安陸心源捐送國子監書籍」、「光緒戊子湖州陸心源捐送國子監之書匱藏南學」諸印。

新刊鶴林玉露十八卷 日本刊本

廬陵羅大經景綸

黄貞升[題]詞(萬曆甲申)

天集自序(淳祐戊申)

地集自序(淳祐辛亥)

人集自序(淳祐壬子)

此本分天、地、人三集,集各六卷,與通行本不同,日本翻刊萬曆本。其萬曆原本,中土向未見著録也。

肯綮録一卷 校鈔本

[宋趙叔向撰]

自序

鮑淥飲手跋: 乾隆壬午五月十一日午刻,從小山堂趙氏本勘一過。

又跋: 甲午十月十六日,飛鴻堂汪氏本覆校。汪本與此誤處一同,無所是正也。

每葉格闌外有「鮑氏困學齋」五字,下有「校」字印。與《隨手雜録》同册。

吹劍録一卷 明鈔本

［宋俞文豹撰］

自序（淳祐三年）

自序前有二行曰「此編已刊行，板留書肆，不可復得，因删舊添新，再與《續集》刊行」。今傳世有《外集》，無《續集》。天一閣藏書。

志雅堂雜鈔一卷 明鈔本

［宋周密撰］

無序跋及作者姓名。末有闕葉。有朱筆校改處，乃明人筆。天一閣藏書。

齊東野語二十卷 校明刊本

齊人周密公謹父

戴表元序（至元辛卯）

自序

胡文璧後序（正德十年）

鄭果後序（正德乙亥）

此明鳳陽府知府胡文璧刊本。顧千里以朱筆校讀，改正誤字甚多。有「汪啟淑印」、「黄海書生」、

「顧千里印」、「一雲散人」諸印。

閒居録一卷　鈔本

元吾衍撰

陸友仁跋(至正五年)

前有黄文獻公《辨史》十三則,從《日損齋筆記》鈔出,與此同册。

草木子四卷　明刊本

括蒼龍泉葉子奇世傑著

廖自顯序(嘉靖己丑)

黄震序後(正德丙子)

有「范氏子受」、「子受」、「子受甫」、「少明」、「大沖」、「碧沚艸堂」、「白鶴山房」、「鎮亭山房所藏」諸印。

讕言長語一卷

[明曹安撰]

自序(成化二十二年)

張天瑞序(同上)

顧純序（成化丙辰）
□□序（弘治壬子）
郭時進序（正德乙亥）
天一閣藏書。
震澤長語二卷 明刊本
［明王鏊撰］
王世隆序（嘉靖丁酉）
自序
馮應元後序（嘉靖十五年）
天一閣藏書。
震澤長語二卷 明鈔本
無序跋。天一閣藏書。
震澤長語二卷 鈔本
此似影鈔明刊本而無序跋。

南園漫録十卷 明刊本

［明張志淳撰］

自序（正德六年）

題後（嘉靖五年）

濯纓亭筆記十卷附禮記集説辨疑一卷 明刊本

長洲戴冠章甫

陸粲序（嘉靖丁未）

華察跋

天一閣藏書。

玉壺冰一卷 明刊本

明都穆撰

自跋（正德己亥）

曾子欽後語（嘉靖乙卯）

天一閣藏書。

又一部 後有闕佚

綠雪亭雜言一卷 明刊本

清江敖英撰

自序（嘉靖戊戌）

天一閣藏書。

雅述二卷 明刊本

浚川王廷相撰

自序（嘉靖十五年）

謝鑑跋（嘉靖戊戌）

卷首書題下題「王氏家藏集卷之五十五」十字係補刊。天一閣藏書。

墅談六卷 明刊本

關西胡侍纂

喬世寧序（嘉靖丙午）

天一閣藏書。

真珠船八卷 明刊本

［明胡侍撰］

自序（嘉靖戊申）

　天一閣藏書。卷一有范堯卿侍郎手記一條。

東巢雜著一卷策斷一卷 明鈔本

［明倪復撰］

陸釴序（嘉靖丁亥）

　此書不題撰人姓名，《四庫總目》攷爲倪復所撰。後附《策斷》一卷，則館本所無。天一閣藏書。

逌旃瑣言二卷 明刊本

穀原山人蘇祐

　天一閣藏書。有范堯卿校改數處。

青溪暇筆一卷 明刊本

金陵姚福撰

　《四庫存目》三卷。此僅一卷，爲小説家言，非雜家言，蓋其初刊本也。天一閣藏書。

閒適劇談四卷 明刊本

三吾寄漫子鄧球撰

自序（萬曆丁丑）

天一閣藏書。

醒心集一卷 明鈔本

天一閣藏書。卷首有范堯卿侍郎手題云「天台王薰著。字簡之，號青林徵士，王中丞之子，游桂文襄門」。卷末題「《青林存稿》第六卷終」，則此乃《存稿》中之一種也。

餘冬序録六十五卷 明刊本

郴燕泉何孟春撰述　男國學生仲方編輯

自序（嘉靖戊子）　又（同上）

有楊守敬印。

焦氏筆乘續集八卷 明刊本

秣陵焦竑弱侯輯　門人謝與棟吉甫、男焦尊生茂直校

寒夜録一卷 鈔本

新建陳弘緒士業著

有「曾在王鹿鳴處」一印。

楝花磯隨筆一卷 校鈔本

［明董説撰］

劉桐跋（庚子）

此若雨先生逃禪後所記，劉疏雨從董氏子孫録得，此又自劉本傳鈔者。書中校改皆汪謝城先生手筆。有「蓮生手寫」一印。

人海記二册不分卷 鈔本

海寧查慎行悔餘纂

此先大父舊藏，經亂散失，表弟劉翰怡大卿購以見貽。有先大父名字印。

松崖筆記三卷九曜齋筆記一卷 鈔本

東吴惠棟定宇氏撰

朱拜衡跋（上章攝提格）

孫伯淵手跋：《松崖筆記》、《九曜齋筆記》爲惠氏棟未成之書，記所閲史傳，稍隱僻故實，時有心得，足資攷證。雖不及《困學紀聞》、《日知録》裒然成集，通人筆墨，蹊徑不同。好事者録爲此册，亦足觀也。星衍書。

書眉行間時有孫伯淵評語。有「何元錫印」、「孫氏伯淵」、「東魯觀察使者」諸印。

西齋偶得二卷 稿本

蒙古博明希哲

翁方綱西齋雜著二種序（嘉慶五年）　又題識二則（皆手書）

自序

此蘇齋編定之本，中有删改移易，皆其手筆。

尖陽叢筆十卷　稿本

海寧吴騫槎客

吴鱸鄉手跋：　是本甫出鈔胥，字多訛舛。先大父晚年審定，尚有增損塗乙及引舊存疑之處，朱墨燦然，皆手筆也。因其中論詩諸條已載《拜經樓詩話》，故此書未即付梓。道光丙申歲九月望日，孫之淳敬識于竹下書堂。（此跋節録）

管芷湘手跋：　書中藍筆所圈，已見别録，係同吴鱸香茂才删訂。時道光乙亥秋日，芷湘記。（下有「管庭芬印」、「子佩」二印）

此清稿本，槎翁手自校改增删，其孫鱸香又校。有「庚寅」、「竹下書堂」、「别下齋藏書」諸印。

負暄野録二卷　鈔本

王東跋（至正七年）

卷末有「雲山埜人德甫乘龍子茅瑞真敬書」一行。有「休寧朱之赤珍藏圖書」、「卧庵道士」、「吴越間人」、「平江黄氏圖書」諸印。

格古要論三卷續附一卷 鈔本

雲間寶古生曹昭明仲著續

自序（洪武二十一年）

後附孫克弘《名家書畫論》、左熙《博古集硯譜》、陽明山人《茶譜》，蓋寫書者所增。有「季振宜印」、「滄葦」二印。

遵生八牋十九卷 明刊本

古杭高濂深甫氏編次

李時英序（萬曆辛卯）

屠隆序（同上）

自序（萬曆十九年）

蔣香生藏書。有「吴門蔣氏秦漢十印齋印」一印。

辨文考制二卷 鈔本

襄陽朱祐槵夏父

施之藩序（成化六年）

是書攷古銅器文字及形製，因爲賞鑒家言，故前人與《格古要論》並鈔。朱祐槵乃襄憲王曾孫，弘治十六年襲封棗陽，則王撰此書時年尚少也。施序云「襄陽朱公出家藏舊本，係好古先民商公所遺，爰茲舊帙，從而訂證」云云，則此書固有所本矣。有「滄葦」一印。

紺珠集十三卷 明刊本

王宗哲序（紹興丁丑）

賀榮跋（天順庚辰） 又跋

每半葉十三行，行二十字。中有校注，乃明人手筆。有「韶州府印」、「徐堅藏本」、「江標汪鳴瓊夫婦同買藏書記」、「汪鳴瓊印」、「靈鶼藏書」、「師鄦齋」、「蕭江書庫」、「獨山莫氏銅井文房之印」諸印。

秇林伐山二十卷 明刊本

新都楊慎著 華陽王詢校

王詢序

天一閣藏書。有「天一閣」、「古司馬氏」二印。

秇林伐山一卷 明鈔本

陳伯子手跋：崇禎元年戊辰正月望日録起，至五月十六日完。道識。（下有「陳伯子」一印）

此節鈔本。板心有「安雅齋」（四）［三］字，有「陳氏錫堅」、「安雅閣圖書記」、「陳浩」、「張燮子和」、「張蓉鏡印」諸印。

因話録二册不分卷 手稿本

［蔣如馨撰］

自序（辛未手書，下有「灌園叟」、「筆畊」二印）

録書畫、詩詞、雜伎并史傳瑣事，彙爲一集。卷首題「檇李六十八老人若林氏書於東園小□，時康熙辛未六月下浣」。有「蔣如馨」、「若林」、「如馨」、「若林拙艸」、「畏人成小築」、「蔣純煒粹堂珍藏圖書」諸印。

意林五卷 校本

唐馬總撰

戴叔倫序（貞元二年）

柳伯存序（貞元丁卯）

閩覆聚珍版本。先是，吾鄉嚴鐵橋先生以《道藏》本校是書，趙悲庵用朱筆臨校於此本上，又以墨筆校廖自顯本。有「二金蜨齋藏書」、「撝叔居京師時所買者」二印。

意林五卷 鈔本

唐扶風馬總元會編　歙縣鮑廷博校録　海寧周廣業附注

御製題意林四絶句

周廣業例言録畧十一則
舊唐書傳
新唐書傳
戴叔倫序（貞元二年）
柳伯存序（貞元丁卯）

經子法語一十四卷一册 明鈔本

宋洪邁

此書前題下旁注「一十四卷」，而書僅一册，不分卷。經則《周易》、《尚書》、《毛詩》、《周禮》、《禮記》、《儀禮》、《公羊春秋》、《穀梁春秋》、《孟子》，凡九種，子則《荀子》、《列子》、《國語》、《太玄經》、《莊子》，凡五種。蓋本每種爲一卷，故爲一十四卷。《直齋書録》及《四庫存目》皆云二十四卷，則十四卷者殆爲别本。而此又其略出之本也，然僅一卷，無闕佚。天一閣藏書。

七十二子粹言二卷 明刊本

[不著編輯姓氏]

都穆跋（弘治壬戌）

跋云「是書士大夫家往往見其録本，惜乎不見纂者姓氏。近余友盧師邵爲之校正，而吴江崔深靜伯壽之于梓。按洪氏《夷堅志》云："朱南功，字元勛，湖州安吉人，嗜書，博覽强記，淳熙中終福州助教。平生手鈔諸子，摘奇全粹，名曰《諸子粹言》。始知是書元勛纂也"云云。前有目録，自《鬻子》至《子華子》，凡七十二家，每家之前各冠以小傳。天一閣藏書。

皇朝仕學規範四十卷 宋刊宋印本

［宋張鎡編］

自序（淳熙丙申）

皇朝仕學規範所編書目

每半葉十二行，行二十五字。計「爲學」三卷、「行己」十卷、「莅官」十五卷、「陰德」三卷、「作文」四卷、「作詩」五卷，皆輯宋人事實及議論成之。前列引據書目多至百種，半爲今已佚之書，且鐫刻精絶，尤爲珍玩。考方回《讀張功甫南湖集詩序》，謂功甫生於紹興癸酉，則刊此書時年纔二十有四。序文乃其手書付刊，可謂貴公子中之佼佼矣。有「查林印信」、「查林讀過」、「稚凱」、「守樗」、「燕山查氏家藏」、「寶拙堂印」諸印。

自警編九卷 元刊本

［宋趙善璙撰］

自序（嘉定甲申）

宋名臣名儒姓名號記

每半葉十行，行二十一字。闕第九卷。

澄懷録二卷 鈔本

齊人周密公謹輯

自序

李光廷手跋

張石翁手跋

此瓶花齋藏本。序稱「『澄懷觀道，卧而游之』，宗少文語也。東萊翁用以名書，因拾古今高勝翁所未録者，附于卷末，名之曰『澄懷』」云云。故此集所集，大抵游事也。弁陽著述存者，惟此書傳世最少。此吴氏進呈《四庫》本，面葉有「乾隆三十八年十一月浙江巡撫三寶送到吴玉墀家藏《澄懷録》一部計書一本」木記。有「翰林院印」、「吴焯之印」、「尺鳧」、「繡谷」、「吴蘭林西齋書籍刻章」、「張丙炎印」、「儀徵清暉堂張氏圖書」諸印。

厚德録四卷 明刊本

百鍊真隱季元綱編 汝南後學何珣校正

前有序，末闕姓名。據序文，此書乃成化十六年衡州守何廷瑞所刊，廷瑞當即何珣字也。此書首刊于宋左圭《百川學海》中，元集慶路儒學又重梓此本，黑口大字，板式古拙，殆自元刊出也。天一閣藏書。

養生雜纂二十二卷 明刊本

窫菴周守忠纂集　鄉貢進士錢塘縣知縣謝頲校正重刊

謝頲序（成化甲午）

《四庫》著録本名《養生雜類》，附《月覽》二卷，此本無之。據謝序，此書乃進士沈瀓文囦所書。有「孔繼涵印」、「葒谷」二印。

師資論統三十九卷 明刊本

無序跋及撰人姓名。集自來論古君臣（自唐虞至元）之文爲一編。有「鐵橋居士」、「葛鼒」、「玉峰葛靜子珍藏書畫印」、「古葛天民」、「方功惠藏書印」、「巴陵方氏碧琳瑯館藏書之印」、「方氏書庫」諸印。

百家類纂四十卷 明刊本

明浙東慈谿後學沈津纂輯

張時徹序（隆慶元年）

凡例總序

王之稷後序（隆慶元年）

楊希淳後序（同上）

胡來藩後序（同上）

所采子部書七十四家，各摘鈔其要語。天一閣藏書。

延生至寶二卷 明刊藍印本

欒城後學馮相編集　江津後學陳渭校刊

馮相序（正德八年）

陳渭後序（同上）

天一閣藏書。

延生至寶二卷 明鈔本

欒城後學馮相編集　江津後學陳渭校刊

馮相序

前有《陰真君還丹歌訣》一卷，題「希夷陳摶注」。已殘缺。天一閣藏書。

便民圖纂十六卷 明刊本

歐陽鐸序（嘉靖甲辰）

呂經序（嘉靖丁亥）

黄昭道跋（嘉靖丁亥）

王貞吉跋(嘉靖甲辰)

不著撰人姓名。開卷《題農務女工圖》云「宋樓璹舊製《耕織圖》,大抵與吴俗少異,其爲詩又非愚夫愚婦之所易曉,因更易數事,采以吴歌」云云,則此書乃吴人所纂也。

感應類編二卷 明刊本

［明蕭世延撰］

自序(嘉靖戊申)

陳拜修序(同上)

天一閣藏書。

新刊諸子纂要大全四卷 明刊本

東川黎堯卿纂　成都張瓛校

黎堯卿序(弘治十五年)

序後有牌子云「正德丁卯歲孟夏月錦江堂刊」。目録後又有牌子,凡一百十餘字,則序也。所鈔書凡七十四種,有目録。天一閣藏書。有「子受之書」、「壽祺過眼」二印。

義命彙編十二卷 明刊本

福建汀州府同知樓林季仲撰傳　長汀縣知縣李應科訂　庠生康誥校正

梁佐序（嘉靖甲寅）
李瑚序（嘉靖癸丑）
楊昱序（同上）
黄康序（嘉靖乙卯）
鄒國卿序（嘉靖癸丑）
自序（同上）
徐浩跋（嘉靖癸丑）
趙文同後序（同上）
羅一鳴後序
康浩書後（同上）

此書分「前定」、「感應」二類，而末卷爲「格言」，雖意在警世，然實小説家言也。

嗜退庵語存外編十卷 稿本

吴興嚴有穀既方著

《四庫》雜家類存目：《嗜退庵語存》十卷，爲其子我斯所刊，「其書凡分三十類，分隸故事，間附論斷。我斯序所謂陰陽圖緯、兵農禮樂則未覩焉，豈皆在外編乎」云云。此本凡「理數」二卷，「象緯」、「輿地」、「學術」、「典籍」各一卷,「國典」二卷,「人事」、「物理」各一卷,凡「陰陽圖緯、兵農禮樂」皆在其中。其書題則署「嗜退庵語存外編卷十一至卷二十」,蓋卷數通内、外編計之,前十卷爲《内編》,後十篇爲《外編》也,我斯僅刊《内編》。此編乃其稿本,其中改竄猶出嚴氏手筆。卷末有「康熙庚子冬蕭山後學張文端雲表借閲」一行。有「蕭山縣儒學記」、「當湖徐氏恩補齋珍藏」二印。

勸世方言一卷　明刊本

慈谿且閒劉鐀著

王良佐序(嘉靖戊子)

向錦序(同上)

無名氏後序

全書作四言韻語,語多淺俗,如唐人《太公家教》。天一閣藏書。

道在録二卷　明刊本

常郡陸奎章撰

自序(嘉靖乙酉)

此書以《大明律》判元世不法事。其判詞作儷語,蓋以文爲戲者。天一閣藏書。

香臺集三卷 明抄本

不著撰人姓名。其書取閨閣事，以四字爲題，首著本事，次作七言絶句各一首，次注詩事。其本事頗取諸元人傳奇，蓋天川後人所纂。天一閣藏書。

目前集二卷 明刊本

摘疑一得二卷 明刊本

不著撰人姓名，首有自序，題「何許先生撰」。其書則宋人《釋常談》之亞也。

毘陵胡統著

自序（嘉靖癸卯）

序自署「省齋子」，乃其居母喪時所著以忘哀者。除首二篇外，餘皆史論也。有「用乾」、「秀水莊氏蘭味軒收藏印」、「戴芸農收藏印」、「戴培之家珍藏」諸印。

存愚一卷 明刊本

永嘉張純纂

王應辰序（嘉靖丙午）

王叔杲序（同上）

天一閣藏書。《四庫》著録即據是本。有「翰林院印」、「教經堂錢氏章」、「錢桂森辛伯父」、「犀盦藏本」諸印。

松窻百説一卷 鈔本

東嘉李季可撰

王十朋跋（紹興丁丑）

葉謙跋（同上）

覿跋（戊寅）

趙居廣跋（同上）

曾幾跋（紹興戊寅）

王剛中劄子

君大任跋（戊寅）

鮑淥飲手跋：　乾隆丙子季冬，傳汪西亭立名寫本於郁佩先禮。明年丁丑正月二十五日，校於知不足齋。

又跋：　戊寅四月二十六日，仍借汪本覆勘一過，更正四五處。惜元本多誤，未得别本正定耳。

又跋：　嘉慶二年正月二日，通介老人重閲於西湖沈氏山莊，去丙子借録時四十二年矣。

又跋：　嘉慶辛酉重陽前二日，風雨閉門，再閲一過，時年七十四。

每葉闌外有「鮑氏困學齋」五字，下皆用「校」字印。

尚論編一卷 明刊本

翰林學士錫山天游子王達善撰

李昆序（正德十六年）

胡錠後序（同上）

此胡氏從《耐軒集》中摘出論周秦以下五十二事刊板别行，書名亦胡氏所加。天一閣藏書。

廓然子五述一卷 明刊本

吴嶽序（隆慶庚午）

自序（嘉靖甲子）

計《天地譚》、《傳道統辨》、《孔樂發》、《聞韶釋》、《曹溪禪發》五篇。自序言「東吴廓然子書于古韶舟次」，吴序稱其「戍游時所作，今爲南光禄卿」，其人俟考。

岷山廣乘八卷 鈔本

百文敏手記：乾隆戊申冬日，菊溪百齡假觀。（下有「百齡」印）

方叔芷女士手跋：此小瑯嬛福地珍藏祕册也。徵引佚書，鈔手精妙，字法褚虞，絶似汪東山殿撰手筆。道光庚寅六月，桐城女士方若蘅叔芷假讀一過。瓶中藕花甚施放，覺花味與古香並襲也。（下有

「叔芷女士」、「若蘅」二印）

唐墨卿手記：同治三年龍集甲子春三月，從芙川先生借觀一過。嘉興唐翰題手記。（下有「唐翰題」印）

此書抄撮史傳小説，無門類，無次序，題云「岷山廣乘」，意鈔者乃蜀人與。格紙中縫有「春明館課」四字，蓋曾入翰苑者。後附張月霄致張芙川手札，謂中引陳耀文説，知係明末人所撰，其説近之。有「張照之印」、「文學侍從之臣」、「徐篤孫印」、「申公」、「裘日修審定」、「錢大昕觀」、「百齡」、「臣張燮印」、「張燮」、「蕘友」、「江南昭文張燮子和小瑯嬛福地藏書記」、「張子龢收藏書畫圖記」、「小瑯嬛福地張氏收藏」、「芙初女史姚畹真印」、「畹真」、「芙初女史」、「佛桑仙館」、「叔芷女士」、「若蘅」諸印。

漢魏叢書節要六册　李墨莊手鈔本

此李墨莊舍人讀《漢魏叢書》時所節鈔。每種首尾頗有攷證，然所鈔實以供文字應用爲主。

世德堂刻六子書六十卷　明刊本

顧春跋（嘉靖癸巳）

老子道德經二卷

河上公章句

葛玄序

沖虛至德真經八卷

列子［撰］　張湛處度註

張湛序

劉向序（永始三年）

南華真經十卷

郭象子玄註　陸德明音義

郭象序

荀子二十卷

唐大理評事楊倞註

楊倞序（元和十三年）

新纂門目五臣音註楊子法言十卷

李軌、柳宗元註　宋咸、吴祕、司馬光重添註

宋咸序（景祐三年）

宋咸表（景祐四年）

司馬光序（元豐四年）

中說十卷

阮逸註

阮逸序

六子全書 明刊本

周祚序（嘉靖癸巳）

周洞跋（同上）

凡《老子》四卷，《列子》八卷，《莊子》十卷，《荀子》二十卷，《楊子》十卷，《文中子》十卷，皆白文，從閩有註本録刊。有「茗仙耿氏藏書」、「强恕堂」二印。

吉府刻二十家子書二十八卷 明刊本

吉藩潭州道人德山子序（萬曆六年）

陳省序（同上）

老子道德經二卷

序

關尹子文始真經一卷

葛洪序

亢倉洞靈真經一卷
序
文子通玄真經一卷
序
尹文子一卷
序
子華子二卷
劉向序
鬻子一卷
序
公孫龍子一卷
謝希深序
鬼谷子一卷
序

列子沖虚至德真經二卷

序

莊子南華真經三卷

序

荀子三卷

楊倞序（元和十三年）

揚子法言一卷

司馬光序（元豐四年）

文中子中説一卷

杜淹文中子世家

抱朴子外篇二卷

自序

劉子一卷

序

黃石公素書一卷

張商英序

玄真子一卷

序

天隱子一卷

序

無能子一卷

序

此吉宣王翊鑾所刊。每葉板心有「崇德書院」四字。凡諸子有註者删去，只存正文，亦頗删節本文，改併卷數。有「廣運之寶」、「吴江播琴堂金氏所藏」印。

二十家子書 明刊本

存《文子》一卷，《尹文子》一卷，《子華子》二卷，《列子》二卷，《莊子》四卷，板心有「崇德書院」四字。

中都四子集六十四卷 明刊本

朱東光序（萬曆己卯）

李太和序（同上）

張登雲序後

老子道德經二卷

秦河上公註釋　明臨川朱東光輯訂　寧陽張登震參補　休寧吴子玉繙校

葛玄序

郭子章題辭

莊子南華真經十卷

晉河南郭象註釋　唐陸德明音義　明臨川朱東光輯訂　寧陽張登雲參補　休寧吴子玉繙校

郭象序

郭子章題辭

管子二十四卷

唐臨菑房玄齡註釋　蘆泉劉績增註　明臨川朱東光輯訂　寧陽張登雲參補　休寧吴子玉繙校

管子傳

郭子章題辭

淮南鴻烈解二十八卷

漢汝南許慎記上　涿郡高誘注釋　明臨川朱東光輯訂　寧陽張登雲參補　休寧吴子玉繙校

高誘序

郭子章題辭

每葉板心上題「中立四子集」，下題本書名。有「佞宋齋」、「季劼」、「夢曦主人藏佳書之印」諸印。

胡維新序（萬曆十年）

兩京遺編四十二卷 明刊本

新語二卷

漢中大夫陸賈撰

賈子十卷

李夢陽序（正德廿年）

春秋繁露八卷

趙維垣序（嘉靖甲寅）

鹽鐵論十卷

漢桓寬撰

都穆後序（弘治十四年）

涂楨後序（弘治辛酉）

白虎通二卷

漢班固纂　明楊祐校

仲長統論一卷

風俗通義二卷

漢太山太守應劭

自序

中論二卷

序

曾鞏序

人物志三卷

魏散騎常侍劉邵撰　涼儒林祭酒劉昞注

阮逸序

文寬甫跋

宋庠劉邵傳　又劉昞傳

王三省序後

蟫醉軒主人手跋：胡氏此刊向來推爲善本，而流傳甚罕，故伯淵孫氏祠堂藏書，影寫此本者咸收入焉，幾與影寫宋元槧同珍，則此刻之重可知矣。兵燹後遺去一二種，然他種固完善無恙，勿以其少有闕也而忽之。蟫醉軒主人識。（下有「十目一行」印）

此書原闕《鹽鐵論》、《潛夫論》、《申鑒》、《文心雕龍》四種，余別得《鹽鐵論》補之，有「秀水莊氏蘭味軒收藏印」、「沈雲麐字翼蒼一字□垞」二印。

百川學海十集一百七十六卷 明翻宋本

左圭序（昭陽作噩）

甲集

聖門事業圖一卷

［宋李元綱撰］

自序（乾道庚寅）

王介後序（乾道壬辰）

自跋（乾道癸巳）

漁樵對問一卷

康節先生邵雍堯夫

趙與峕跋

學齋佔畢（四卷）

［宋史繩祖撰］

自序（淳祐庚戌）

郭[水]跋（景定壬戌）

獨斷二卷

漢左郎將陳留蔡邕撰

呂宗孟跋（淳熙庚子）

李涪刊誤二卷

唐國子祭酒李涪撰

九經補韻一卷

代郡楊伯喦彥瞻集

自序（嘉定十七年）

俞任禮跋（淳祐四年）

中華古今註三卷
國子監太學博士馬縞集
釋常談三卷
序
乙集
隋遺録二卷
唐顔師古撰
跋
翰林志一卷
唐翰林學士左補闕李肇撰
宋朝燕翼詒謀録五卷
［宋王栐撰］
自序（寶慶丁亥）　又
春明退朝録三卷
［宋宋敏求撰］

自敘（熙寧三年）

淳熙玉堂雜紀三卷

［宋周必大撰］

自跋（淳熙壬寅）

丁朝佐跋（紹熙元年）

蘇森跋（紹熙辛亥）

揮麈録二卷

朝奉大夫試祕書監兼侍讀楊萬里編

丁晉公談録一卷

王文正公筆録一卷

王曾

開天傳信記一卷

吏部員外郎鄭綮撰

丙集

厚德録四卷
百鍊真隱李元綱編
韓忠獻公遺事一卷
羣牧判官朝奉郎尚書職方員外郎上騎都尉强至編次
王文正公遺事一卷
[宋王素撰]
自序
濟南先生師友談記一卷
太華逸氏謚超曠文子李廌方叔
可談一卷
朱彧
河東先生龍城録二卷
前定録一卷
崇文院校書郎鍾輅纂
自序

國老談苑二卷

夷門隱叟王君玉編

晁氏客語一卷

［宋晁説之撰］

道山清話一卷

□暐跋（建炎四年）

丁集

畫簾緒論一卷

［宋胡太初撰］

自序（端平乙未）

自跋（寶祐改元）

官箴一卷

紫微舍人吕本中居仁

陳昉跋（寶慶丁亥）

祛疑説一卷

雲間儲泳

因論一卷

夔州刺史劉禹錫

宋景文公筆記三卷

李衎跋(寶慶二年)

鼠璞一卷

桃源戴埴仲培父

善誘文一卷

丹六陳録編施

陳鍊序(嘉定十四年)

序後有「開卷有益爲善最樂」八字。

戊集

東坡先生志林集一卷

螢雪叢説二卷

子俞子撰

自序（慶元庚申東陽俞成元德）

蘇黄門龍川畧志十卷

左迪功郎新授撫州宜黄縣主管學事劉信校正

西疇老人常言一卷

西江何坦

欒城先生遺言一卷

眉山蘇籀記

東谷所見一卷

永嘉東谷李之彦撰

鷄肋一卷

古汴趙崇絢元素

自序

孫公談圃三卷

高郵孫升君孚

劉延世序（建中靖國元年）

己集

王公四六話二卷

［宋王銍撰］

自序（宣和四年）

四六談麈一卷

靈石山藥寮

文房四友除授集一卷擬彈駁四友除授集一卷

陳塏跋（寶祐景辰）

胡謙厚跋（淳祐庚戌）

耕禄藁一卷

括蒼胡鑄國器

自序

子略四卷

高氏似孫續古

自序

騷略三卷

高氏似孫續古

獻醜集一卷

［宋許棐撰］

自序（嘉熙丁酉）

庚集

選詩句圖一卷

高氏似孫續古

石林詩話三卷

六一居士詩話一卷

東萊呂紫微詩話一卷

珊瑚鈎詩話三卷

右丞議郎通判常州軍州事主管學事賜緋魚袋張表臣編

劉攽貢父詩話一卷

後山居士詩話一卷

許彦周詩話一卷

自序（建炎戊申襄邑許顗）

司馬温公詩話一卷

庚溪詩話二卷

西郊野叟述

竹坡老人詩話三卷

論兼跋（丁亥）

辛集

法帖釋文十卷

劉次莊跋（元祐七年）　又

海岳名言一卷
襄陽米芾
寶章待訪録一卷
襄陽米芾
米元章書史一卷
書斷四卷
續書譜一卷
番陽姜夔堯章
謝采伯引（嘉定戊辰）
試筆一卷
廬陵歐陽脩
蘇轍跋（元豐二年）
蘇軾跋（元祐四年）
書譜二卷
吴郡孫過庭撰

末題「嘉定戊辰冬改正三十五字」。

法帖刊誤二卷

左朝奉郎行祕書省祕書郎黄伯思撰

王玠跋（政和甲午）

許翰跋（政和五年）

高宗皇帝御製翰墨志一卷

法帖譜系一卷

［宋曹士冕撰］

自序（淳祐乙巳）

董史跋（淳祐甲辰）　又（景宣壬戌）

壬集

端溪硯譜一卷

榮芑跋（淳熙十年）

硯譜一卷

歙州硯譜一卷附歙硯説一卷辨歙石説一卷

譜末署「大宋治平丙午歲重九日」，目云「洪景伯歙硯譜」，非也。

歙硯史一卷

襄陽米芾

古今刀劒録一卷

梁華陽道士陶弘景撰

香譜二卷

目云洪芻

茶經三卷

竟陵陸羽撰

煎茶水記一卷

江州刺史張又新

茶録一卷

朝奉郎右正言同脩起居注臣蔡襄上進

自序

後序(治平元年)

東溪試茶録一卷

宋子安集

酒譜一卷

竇子野

本心齋蔬食譜一卷

門人清漳友善書堂陳達叟編

筍譜一卷

吴僧贊寧撰

蘭譜一卷

目云陳仁玉

蟹譜二卷

怪山傅肱子翼

癸集

荔枝譜一卷

莆陽蔡襄述

橘録二卷

自序（淳熙臣韓彦直）

南方艸木狀三卷

永興元年十一月丙子振威將軍襄陽太守嵇含撰

竹譜一卷

晉武昌戴凱之慶豫撰

菊譜一卷

彭城劉蒙

後序

菊譜一卷

石湖范成大

自序

菊譜一卷

吴門老圃史正志

後序（淳熙乙未）

梅譜一卷

石湖范成大至能

洛陽牡丹記一卷

慶陵歐陽脩述

牡丹榮辱志一卷

迂愚叟邱璿道源

揚州芍藥譜一卷

將仕郎守大理寺丞知揚州江都縣事王觀撰

海棠譜三卷

目云陳思

師曠禽經一卷

晉太傅張華注

名山洞天福地記一卷

每半葉十二行，行二十字。

國朝典故七十六卷 明鈔本

魯宗臣當泗序（嘉靖壬寅）

天潢玉牒一卷

附《御製皇陵碑》、《敕賜滁陽王廟碑》、《御製周顛人傳》（目録卷一）

不著撰人姓名，紀太祖事，書中稱成祖爲今上，永樂時人作也。

皇明本紀一卷 目録卷二

不著撰人姓名，紀太祖開國事，至洪武五年止。

翦勝野聞一卷 目録卷三

不著撰人姓名，紀太祖時事。

國初事蹟一卷 目録卷四

首題「北京刑部左侍郎劉辰今將太祖高皇帝國初事蹟開寫」，末題「永樂九年二月二十日」。

國初禮賢録一卷 目録卷五

不著撰人姓名。

按《涵芬樓燼餘書録》作二卷。

三家世典一卷 目録卷四十三

［郭勛撰］

楊一清序（正德乙亥）

周尚序（正德十年）

陳金序（正德十一年）

吴廷舉跋（正德十六年）

紀徐中山、沐黔寧、郭武定三家事。據諸序，武定侯郭勛督兩廣時所輯。

御製周顛仙人傳一卷 目録卷四十四

奉天靖難記三卷 目録卷十一至卷十四，共四卷

不著撰人姓名。《明史·藝文志》及《四庫存目》皆四卷，此書目録亦四卷，今闕末卷。

壬午功臣爵賞録壬午功賞別録合一卷 書題下題「《國朝典故》十五」，目録闕

［明都穆編］

自跋（正德壬申）

靖難功臣録一卷 書題下題「《國朝典故》十六」，目録闕

不著撰人姓名。

金文靖公前北征録一卷 書題下題「《國朝典故》十七」，目録卷十六

秦民悦序（成化二十三年）

桑悦序（成化丁未）

金文靖公後北征録一卷 《國朝典故》十八，目録卷十七

羅鑒跋（弘治己未）

北征録一卷 《國朝典故》十九，目録卷十

不著撰人姓名。案即楊榮《北征記》，書口亦作《北征記》，與前後題不同。

建文皇帝事蹟備遺録一卷 目録卷十九

太嶽山人序（嘉靖辛卯）

不著撰人姓名，前題「建文遺録」，後題「建文事蹟」，而序目作「建文皇帝事蹟備遺録」。《四庫》著録張若湝家藏本，與此本同。

革除遺事六卷 目録卷二十至卷二十五

［明黄佐撰］

自序（正德庚辰）

備遺録一卷 目録闕

新淦張芹編　清江敖英校　仁和後學姜南續校增

張芹序（正德丙子）

敖英書後（同上）

《四庫》著録天一閣本。列建文殉節諸臣四十六人，有事實者二十人、無事實者二十六人，而《學海類編》本七十人，則與此本同。《提要》疑芹續有增益，據此本知係姜氏所增，非芹原書也。

立齋閑録四卷 《國朝典故》四十三至四十六，目録卷三十九至卷四十二

［明宋端儀撰］

末有跋云「端儀嘗採取國朝諸公遺文及《聖諭録》、《水東日記》、《天順日録》所載事堪爲法戒者作爲一書」云云。

天順日録六卷 國朝典故五十二至五十七，目録卷四十八

［明李賢撰］

成化間刊本。《四庫》及明代叢書本皆一卷，此本目録亦止一卷。此六卷本，蓋即一卷本分析者也。

王文恪公筆記一卷 目録卷六十一

震澤王鏊著

謇齋瑣綴録八卷 《國朝典故》六十二至六十九，目録卷五十三至卷六十

［尹直撰］

八十一翁謇齋序（正德丁卯）

子達跋（嘉靖七年）

前聞記一卷 《國朝典故》七十八，目録卷六十二

長洲祝允明撰

青溪暇筆二卷 《國朝典故》七十九至八十，目録卷六十三至卷六十四

［姚福撰］

自序（成化癸巳）

寓圃雜記二卷 《國朝典故》八十一至八十二，目録卷六十五、六十六

長洲王錡

病逸漫記一卷 《國朝典故》八十三，目録卷六十七

陸釴鼎儀撰

蓬軒類記四卷 《國朝典故》八十四至八十七，目録卷六十八至卷七十一

吴中黄暐日昇著

王鏊序

案此四卷即陸容《菽園雜記》卷十二至卷十五。《四庫》著録天一閣本《蓬軒類記》五卷，分「功臣紀」、「科第記」等廿八目，蓋黄氏原書。此則取陸文量書充之。

彭文憲公筆記一卷 《國朝典故》八十八，目録卷七十二

［明彭時撰］

此即《四庫存目》之《可齋雜記》也。

菽園雜記五卷 《國朝典故》八十九至九十三，目録卷七十三至卷八十三共十一卷

太倉陸文亮撰

原書十五卷，目録十一卷，蓋已割卷十二至卷十五爲《蓬軒類記》矣。此卷六以下又闕，然卷二首「家藏《唐律疏義》」一條爲《四庫》本所無，蓋所據猶是初稿本。又案陸容字文量，此本作陸文亮撰，誤。

縣笥瑣探一卷 目録卷八十四

吴郡劉昌欽謨纂

瑯琊漫鈔一卷 目録卷八十五

吴郡文林撰

仲子璧跋(弘治庚申)

石田雜記一卷 目録闕

長洲沈周

伍忠光跋

野記四卷 目録卷三十一至卷三十四

句吴祝允明纂

平定交南録一卷 目録卷九十一

大明弘治元年龍集戊申春二月初吉賜進士第資善大夫禮部尚書掌詹事府事國史副總裁前翰林院學士國子監祭酒經筵官瓊臺邱濬撰

安南奏議一卷 目録卷九十二

議處安南事宜一卷 目録卷九十三

皆嘉靖初兵部奏。

平蠻録一卷 目録卷九十四

公安王軾

東征紀行録一卷 目録卷九十五

［張瓚撰］

徐禴跋（成化丁酉）

孝感八窯道人跋（即瓚别字）

星槎勝覽前後集二卷 《國朝典故》一百二十四、一百二十五，目録卷一百四至一百五

［明費信撰］

自序（正統元年）

瀛厓勝覽一卷 《國朝典故》一百二十六，目録卷一百六

［明馬觀撰］

自序　永樂丙申

皇明傳信録七卷 目録闕

不著撰人姓名，記洪武至正德十朝事。

右明寫本《國朝典故》二十四册，猶是明代舊裝，似無闕佚。前有目録共一百十卷，内卷六《平吴

録》，卷七《北平録》，卷八《平蜀記》，卷九《聖政記》，卷十《滁陽王碑》（附見卷一），卷二十六《宣宗御製官箴》，卷二十七《宣宗御製詩》，卷二十八《正統臨戎録》，卷二十九《李侍郎使北録》，卷三十《否泰録》，卷三十五《宸章集録》，卷三十六《敕議或問》，卷三十七、三十八《大狩龍飛録經緯》，卷四十五、四十六、四十七《三朝聖諭録》，卷四十九《李文正公燕對録》，卷五十、五十一《損齋備忘録》，卷五十二《陳石亭畜德録》，卷八十六、八十七《目詢手鏡》，卷八十八《朝鮮記事》，卷八十九《朝鮮賦》，卷九十《平夷賦》，卷九十六、至九十八《馬公三紀》，卷九十九、卷一百《平番始末》，卷一百一《雲中紀變》，卷一百二《使琉球録》，卷一百三《日本攷録》，卷一百七至一百九《後鑒録》，卷一百十《華夷譯語》，皆有録無書。而書中《靖難功臣録》一卷、《備遺録》一卷、《石田雜記》一卷、《皇明傳信録》七卷，亦爲目録所無。又書中小題之下間記大題卷數，往往與目録不合，而最後之《星槎勝覽》、《瀛厓勝覽》下題「國朝典故一百二十四、五、六」，則又踰一百十卷之數。蓋目録中書或未及全鈔，而續鈔之書或在目録外，尚未參照故也。此書《四庫》雖未著録，然《總目》於《靖難功臣録》及《明朝典故輯逸》下兩引此書，又《總目》於《靖難功臣録》既稱「左都御史張若溎家藏本」，又云《國朝典故》所收之本，則桐城張氏亦有是書。攷此書中各種，其未見于明代叢書及有單刊本者凡八九種，而《四庫總目》著録之入叢刊及無單刊之《壬午功臣爵賞録》、《建文事蹟備遺録》、《安南奏議》、《安南事宜》、《東征紀行録》等書皆據張若溎家藏本，蓋即就此書著録也。然亦有此本所有而《四庫》未著録者，豈張本與此本又互有詳略歟。此本爲怡邸舊藏，有「安樂堂藏書記」、「明善堂覽書畫印記」二印。

金聲玉振集六十卷 明刊本

明袁褧編刊

皇王紀年纂要一卷

元察罕編

程鉅夫序（皇慶元年）

黄諫序（景泰六年）

周顛仙傳一卷

明太祖撰

天潢云牒一卷

雲南機務抄黄一卷

張紞序（洪武丁卯）

上皇覽

平吴録一卷

袁褧跋云： 相傳爲吴文定公所撰。

前北征録一卷

臨江金幼孜撰

桑悦序（成化丁未）

後北征録一卷

臨江金幼孜撰

後北征記一卷

太子少傅工部尚書兼謹身殿大學士楊榮著

平蜀記一卷

袁褧跋（嘉靖乙巳）

北平録一卷

（以上征討）

海寇議前一卷

范袁著

海寇後編一卷

袁褧跋

海寇後編下一卷

歸安茅坤撰

謝湖老人跋（嘉靖乙丑）

（以上紀亂）

革除遺事六卷

末有「皇朝嘉靖辛亥歲盛秋七月望日嘉趣堂校過，李宗信雕」行書二行。

北征事蹟一卷

尹直跋

奉天刑賞録一卷

袁褧序（嘉靖丙子）

末有「嘉趣堂雕，李宗信庚戌仲春初六日書」一行。

（以上紀變）

國初事蹟一卷

北京刑部左侍郎臣劉辰

袁褧跋（嘉靖乙巳）

洪武聖政記一卷

臣宋濂

自序

國初禮賢録一卷

（以上考文）

水東日記一卷

崑山葉盛

袁褧跋

寓圃雜記一卷

吳郡王錡元禹

平胡録一卷

雲間陸深著

震澤紀聞一卷

洞庭王鏊

（以上叢聚）

海運編二卷

平度膠萊渱文崔旦伯東甫著

海道經一卷

袁褧跋

末有「嘉靖庚戌藏亭校刊」一行。

海運以遠就近則例之圖一卷

此延祐七年九月日海道都漕運萬户府立石，郡人鄔鼎祖刊書。有袁氏跋云「石在北察院行臺，缺字石損，俟補上下，接刻此文」。中刻道里圖。

供祀記一卷

此至正十三年祀天妃記，翰林直學士知制誥同修國史兼經筵官新授崇文太監嘉議大夫兼檢校書籍事臣周伯琦并書篆（至正十三年十二月立），郡人張克明刻。有袁氏跋云「石在婁門接待寺，伯琦楷書亦佳筆」。

江淛行省興復海道漕運記一卷

附《送中書兵部尚書伯元臣回京敘》。有嘉靖庚戌袁氏跋云「見劉仁本所著《羽庭集》」。

問水集一卷

總理河道都察院右副都御史劉天和著

胡纘宗序（嘉靖十五年）

呂梁洪志一卷

［明馮世雍撰］

袁褧跋（嘉靖庚戌）

三吴水利論一卷

吴郡任餘福著

袁褧跋（嘉靖己酉）

（以上水衡）

西征石城記一卷

鈞陽馬文昇

撫安東夷記一卷

鈞陽馬文昇

興復哈密記一卷

鈞陽馬文昇

廣右戰功一卷

唐潤之撰

西番事蹟一卷

總製尚書王瓊撰

王九恩序（嘉靖庚寅）

北虜事蹟一卷 附《設險守邊圖説》、《定邊營牆塹碑》

王瓊

六詔紀聞二卷

［明俞夔編］

彭汝寔序（嘉靖乙未）

朱世挺跋（同上）

前卷爲《兩省會勘夷情》，後卷爲《南荒振玉》，則夔與僚屬倡和詩也。末有「嘉靖庚戌菊月望日重刻於嘉趣堂」行書一行。

平番始末一卷

許誥奏（嘉靖九年）

茂邊紀事一卷

長洲朱紈

（以上邊防）

讀書筆記一卷

［明祝允明撰］

薛公讀書録一卷

河東薛瑄

末有「嘉靖庚戌孟冬十月望日藏亭較過」行書一行。

空同子一卷

［明李夢陽撰］

闕首半葉，末有「庚戌孟冬十月藏亭較過」行書一行。

大復論一卷

明中憲大夫陝西按察司提學副使海南何景明仲默著

浮物一卷

吴下祝允明

易大象説一卷

少石老人崔銑仲凫甫著

自跋（嘉靖乙未）

小爾雅一卷

崔銑著

有嘉靖庚戌袁褧跋。此即《孔叢子》中之《小爾雅》，袁跋以崔氏所撰，誤。

松窻寤言一卷

崔銑

自跋（嘉靖甲午）

枕易道人跋（同上）

太藪外史一卷

吴郡蔡羽

自序（嘉靖庚子）

卷末有「嘉靖辛巳年三月上巳日劉時美刻」行書二行。

國寶新編一卷

［明顧璘撰］

自序（嘉靖丙申）

袁袠序（同上）

袁褧跋（丁酉）

卷末有「蘇城吴趨坊陸家雕板」行書一行。

［以上著述］

蘇材小纂一卷

蒙泉類博稿一卷

岳正撰

袁褧跋（嘉靖辛亥）

（以上組繡）

卷首題書名，下題「金聲玉振集」，又其下題各類之名，惟《國寶新編》下不著何類。以原本□之，未分□□。右九類五十二種六十卷，吴門袁尚之校刊。天一閣藏書。原闕《周顛仙傳》、《天潢玉牒》、《雲南機務抄黄》、《平蜀記》、《北征事蹟》、《國初事蹟》、《水東日記》、《震澤紀聞》、《問水集》、《吕梁洪志》、《西征石城記》、《撫安東夷記》、《興復哈密記》、《空同子》、《大復論》、《浮物》、《易大象記》、《松窻寤言》，凡十八種，余從同里劉氏嘉業堂藏本影寫補足。劉本亦無總目，故與此本並有失次之處，未識袁氏所刊果盡於此否也。

今獻彙言三十卷 明刊本

蘿山雜言一卷

金華宋濂著

蒙泉雜言一卷

不著撰人姓名

未齋雜言一卷

臨川黎久著

南山素言一卷

上虞潘府著

松窗寤言一卷

鄞郡崔銑著

井觀瑣言一卷

閩南鄭瑗著

正學編一卷

晉江陳琛著

明斷編一卷

樂平程楷著

比事摘録一卷

闕首二葉，失撰人姓名。

演連珠編一卷

江右王子充著

擬連珠編一卷

括蒼劉基著

瑣語篇一卷

西蜀楊慎著

西軒畧談一卷

詢芻録一卷

並不著撰人

讕言篇一卷

松江曹安著

拘墟晤言一卷

四明陳沂著

竹下寤言一卷

海鹽王文禄言

青溪暇筆一卷

金陵姚福言

桑榆漫志一卷

陶輔著

林泉隨筆一卷

淮浦張綸言

春雨堂隨筆一卷

雲間陸深著

賢識録一卷

四明陸釴言

遵聞録一卷

廣右梁億言

損齋備忘録一卷

淮右梅純言

守溪長語一卷

震澤王鏊言

雙溪雜記一卷

洮汾王瓊言

菽園雜記一卷

吴郡陸文量言

平夏録一卷
東海王標言
平吴録一卷
北平録一卷
平定交南録一卷
均不著撰人
撫安東夷記一卷
鈞陽馬文升著
西征石城記一卷
不著撰人
興復哈密記一卷
鈞陽馬文叔言
平夷録一卷
鳳陽趙輔著

東征紀行録一卷

不著撰人

江海殲渠記一卷

長洲祝允明著

醫閭漫記一卷

遼陽賀欽著

右《今獻彙編》三十八卷，無總目及序跋。天一閣藏書。原闕《平夏録》、《平吴録》、《北平録》、《平定交南録》四種，余從書肆得零種，得以補全。又原書頗多闕葉，復假江陰繆氏藏本鈔補，然尚闕十二葉，繆本亦闕。全書實二十八種，種自爲卷。《千頃堂書目》及《明史·藝文志》云二十八卷，蓋「三十八卷」之譌也。

類編古今名賢彙語二十二卷　明刊本

飛來山人序（隆慶辛未）

甲集

庚巳編一卷

長洲陸燦言

乙集

西樵野記一卷

吴郡侯甸言

丙集

客座新聞一卷

東吴沈周著

丁集

閑中今古録一卷

四明黄溥言

志怪録一卷

吴郡祝允明著

戊集

緑春亭雜言一卷

清江敖英言

莘野纂聞一卷

吴郡伍餘福著

己集

枝山前聞一卷

長洲祝允明著

涉異志一卷

江右閔文振著

百可漫志一卷

閩中陳鼐著

庚集

近峯聞畧一卷

吴郡皇甫録言

畜行録一卷

四明陳沂著

三餘贅筆一卷
東吴都邛著
辛集
駒陰冗記一卷
古番闌莊著
聽雨紀談一卷
吴郡都穆言
西京雜記一卷
無爲子楊穆春芳著
壬集
仰山脞録一卷
江右閩文著
中洲野録一卷
鄱陽程文憲言

續己編一卷

杭仁和郎瑛仁寶述

癸集

蘇談一卷

吴郡楊循吉言

寓圃雜記一卷

長洲王錡言

可齋雜記一卷

江南彭時言

此與《今獻彙言》體例板式行款並同，蓋一人所刊。《四庫》著録僅二十卷，蓋佚其一卷也。有「曹氏巢南」、「是亦樓藏書印」二印。天一閣藏書。

古今佚史二百十九卷 校明刊本

［明吴琯編刊］

序

凡例

輶軒使者絶代語釋别國方言十三卷

漢揚雄紀　晉郭璞解　明吴琯刊

郭璞序

李孟傳跋（慶元庚申）

劉歆與揚雄書

揚雄答劉歆書（並盧抱經鈔補）

盧抱經先生手跋：乾隆丙子十一月既望，盧文弨以胡文焕本校。

又：音不知何人所加，必非郭氏元本，且亦有不與其字相直者。丁酉八月三日，弓父閱。

乾隆四十二年八月十日在鍾山講舍校竟，盧文弨字紹弓識。

吴門吴枚菴翌鳳借得錢遵王所藏影宋本校此刻本，余又從吴校本過録。己亥十月十六日，在崇文書院課士閲。

釋名八卷

漢劉熙撰　明吴琯校

自序

癸卯臘月之望，鮑以文從吴門見宋慶元刻本，假以示余，因再閲一過。

盧氏手跋：

乾隆丙子十二月除夕前三日，盧文弨以胡文煥本對校。胡本脱誤甚多，非善本也。

乙巳四月，又以金壇段若膺明府所校何允中校何本，亦有脱漏。

此書盧氏復據古書所引《釋名》詳校。又有數籤乃臧在東筆。

白虎通德論二卷

漢扶風班固纂　明新安吴琯校

張楷序（大德九年）

嚴度序（大德乙巳）

盧氏手跋：

本十卷，有分四卷者。此又止作上下卷。丁酉七月五日，抱經氏校。

二十五年前曾校叢書本一過，即四卷者是。

丁酉廿二日，東里盧文弨。吾鄉有墓祭用樂者，殆未攷此。（在卷末）

甲辰九月二十九日，以小宋本、元大德本覆校，悉以諸書所引異同録此本上。抱經氏。

《漢魏叢書》本具録莊述祖所校訂于上，尤詳備云。

廣雅十卷

魏張揖撰　隋曹憲音解　明吴琯校

進廣雅表

盧氏據古書所引《廣雅》校，并有臧在東等加籤。

風俗通四卷

漢汝南應劭撰　明新安吴琯校

有盧氏手校改一條，加籤二條。

小爾雅一卷

漢孔鮒撰　明吴琯校

有盧氏校改處。

獨斷一卷

漢陳留蔡邕撰　明新安吴琯校

盧氏手跋：中所校改，余別有本記其出處。時乾隆丁丑二月。

刊誤二卷

唐李涪撰　明吴琯校

盧氏手跋：乾隆二十一年丙子春二月上丁日，抱經盧文弨校。乾隆庚戌四月二十三日，七十四叟盧弓父閱。

古今注三卷

晉崔豹著　明吴琯校

盧氏手跋：

乾隆辛未年，盧文弨校。

丁丑正月復閱。

己亥三月得舊本校，乃從明樗齋宗室梓本出者，更溯之則嘉定庚辰東徐丁黼刊於夔門本也。訛脱殊甚，然亦有可採處。

己亥三月廿二日在西湖書院閱。今日東陽兩生葉蓁、陳愛蓮來問業。

己亥三月廿三日，弓文閲竟。

中華古今注三卷

太學博士馬縞集　後學吴琯校

盧氏手跋：仁和盧文弨校。

眉間校語有一條署「大樽識」。大樽者，仁和宋博士咸熙也。

博物志十卷

晉張華撰　明吴琯收

盧氏手跋：

乾隆二十二年歲在丁丑，盧文弨校。

四十三年歲在戊戌正月十日又閲。

盧氏據諸書所引校，又間引孫頤谷侍御校語。

續博物志十卷

晉李石撰　明吴琯校

黄公泰跋（盧鈔補）

盧氏手跋：　乾隆戊戌正月十八日盧弓父閲，時年六十有二。

王子年拾遺記十卷

晉王嘉撰　梁蕭綺録　明吴琯校

蕭綺序

後序（盧鈔補）

盧氏手跋：

《稗海》中陳士元校本多妄竄改，乍讀之覺其詞順，細證之多未符也。且不載蕭綺録語。（辛未）

此書注多雜於正文，宜别出之。（辛未）

陳本亦有是處。（癸巳）

乾隆十一年盧文弨以《稗海》本對校，至三十年又校。七月四日。

此後序與《晉書》微有數字異同，而題曰「後序」，非也。他本有此，因録之，可以證《晉書》誤字。

乾隆癸巳七月二十二日，范陽盧文弨識。

乾隆戊戌正月十四日，又以商濬《稗海》本校一過，弓父。

乾隆己亥四月二日在西湖書院重校，周生辰與有力，距癸巳忽忽七年矣。

山海經十八卷

晉郭璞傳　明吴琯校

郭璞序

盧氏手跋：

己亥正月二日丁亥，步行賀年，汗浹歸，少息，用閲此卷。

癸卯四月十七日，得畢中丞新刊本校。

六月，又以《道藏》本校。（並卷一後）

己亥正月十一日閱。是日子初舉一丈夫子。當屬初十日。（五字後注）。
癸卯六月十日在陽曲校，子小名艮學，名慶宻，已入小學矣。（並卷四後）
癸卯七月庚寅朔校。汪芍陂方伯來晤。（卷六後）
癸卯六月十一日，温屏山臬使見招觀優，不赴。（卷七後）
七月八日校，汪方伯送酒。（卷十三後）
癸卯七月十一日校，有興縣王生映五來謁。（卷十七）
乾隆四十年七月七日，東里盧文弨又細校一過。
四十四年正月十六日校訖，改正甚多。
四十八年，又以山西純陽宫藏本細校。後五卷異同甚多，當善擇。七月十一日，弓父。（并卷末）

海内十洲記一卷

漢東方朔述　明吴琯校

盧氏手跋：乾隆丁丑，盧文弨以李際期本對校。

吴地記一卷後集一卷

唐陸廣微撰　明吴琯校

盧氏手跋：乾隆丁丑四月，盧文弨以李際期本校。

岳陽風土記一卷

宋范致明撰　明吴琯校

盧氏手跋：乾隆丁丑二月，盧文弨以李際期本校。

洛陽名園記一卷

宋山東李文叔記　明新安吴琯校

張琰序（紹興八年）

周季貺手跋：

同治乙丑五月二十六日，以何小山據述古堂鈔本校汲古閣刻《邵氏聞見後録》校過，周星詒時在邵武。

二十六日下午，復用粤東潘氏海山仙館本校。

桂海虞衡志一卷

宋吴郡范成大紀　明新安吴琯校

盧氏手跋：乾隆丁丑二月，盧文弨以李際期本校。

周氏手跋：同治乙丑五月二十九日，以舊鈔本及鮑氏知不足齋本校，鮑本與此無大異。鈔本每葉十八行，行二十字，各志各自爲卷，不相聯屬。每卷表題曰「桂海某志」，另一行題「宋范成大」，或出自宋本舊式也。周星詒在邵武記。

北邊備對一卷

宋新安程大昌著　明新安吴琯校

自序(紹熙辛亥)

真臘風土記一卷

元永嘉周達觀撰　明新安吴琯校

三輔黄圖六卷

明吴琯校

序

盧氏手跋：　乾隆二十一年丙子嘉平月，盧文弨校。

雍録十卷

宋新安程大昌著　明新安吴琯校

洛陽伽藍記五卷

後魏楊衒之撰　明吴琯校

毛斧季跋(周氏鈔補)

盧氏手跋：　乾隆丙子嘉平月，盧文弨閲。

周氏手跋：　詒辛酉歲在紹興芝村讀是書王謨重刻明何鏜本，病其脱落舛誤，以昭文張氏本校之，未能盡改正也。今歲得此，又得毛斧季校本，是用如隱堂刻本校於其家刻上者，其有不盡遵如隱者，則黄蕘圃、張忍庵爲悉補之，佳處極多，遠勝他刻。因以度於此本上下方，似較抱經先生之憑臆校改爲有徵也。乙丑五月，星詒。

周屺思手跋：　甲戌孟夏寅從越歸閩，偶檢盧氏《逸史》，展玩盧校，見此册有家大人題語，敬讀畢，知欲轉録校如隱堂本，以歷年案牘事繁，僅得數葉，尚未終卷。晝熱無事，用補成也。録毛跋語畢，謹附識于後。屺思。

教坊記一卷

唐崔令欽撰　明吴琯校

盧氏手跋：　乾隆丙子十二月既望，盧文弨閲末一篇，如曲終奏雅。丙申二月四日，雨窻偶閲。弓文。

樂府雜録一卷

唐段安節撰　明吴琯校

自序

盧氏手跋：

乾隆二十一年季冬月，盧文弨閲。

乾隆丙申正月復閲一過，時在金陵。

九經補韻一卷

宋代郡楊伯嵒撰　明新安吴琯校

俞任禮跋（淳祐四年）

盧氏手跋：

《百川學海》中是宋本，已有誤。

乾隆四十一年二月四日，盧文弨閲於金陵寓舍。

庚戌四月二十四日，又校改數字。

三墳一卷

明吴琯校

穆天子傳六卷

晉郭璞注　明吴琯校

王漸元序（至正十年。盧鈔補）

荀勗序

盧氏手跋：

乾隆二十一年丙子嘉平月，盧文弨校。

己亥三月廿八日得鈔本，又看一過。弓父記於崇文書院。

癸卯八月庚申朔，以《道藏》書校訖。弓父記于山右之三立書院。

竹書紀年二卷

梁沈約附注　明吴琯校

此書雖無盧氏題識，然校訂處極多。

汲冢周書十卷

晉孔晁注　明吴琯校

姜士昌序

楊慎序（嘉靖壬午）

昭德晁公武志

李燾逸周書考

丁黼跋（嘉定十五年。以上並盧氏鈔補）

盧氏手跋：

乾隆四十三年長至日（案係短至日之誤）燈下，抱經盧文弨閲。（卷一）

子月四日閲。（卷二）

十一月五日，邀大興張晴溪、陽湖蔣容安爲湖上之游，歸而閲此。（卷三）

戊戌十一月六日閲。作書與江蘇劉學使，薦兩孝廉入幕，一周星之名鼎，一桑貢培名經邦，皆正直人也。（卷四）

冬至後二日。（卷五）

戊戌十一月九日閲。作書與大兒子暨揚州、江寧諸友。（卷六）

十一月十日，偕張端甫、母舅王辛木、門人召音弟，出艮山門至孫家橋相地，夜間校此。（卷七）

十一月十一日校。（卷八）

十一月十二日，弓父閲。（卷九）

十二夜又改此卷畢，尚須紬繹。東里抱經父。（卷十）

乾隆戊戌十一月，以惠松崖棟、沈果堂彤本校。（卷一）

逾月二十日，録惠、沈二君校語訖。（卷十）

癸卯二月九日，再謄出清本校。（同上）

癸卯十二月，以沈嵩門所校明章檗本再校。（卷一）
甲辰十一月八日，在太倉借元劉庭幹本校。（卷三）

西京雜記六卷

漢劉歆撰　明吴琯校

序

盧氏手跋：乾隆丁丑正月既望，盧文弨校商濬本。鈔本分自甲至癸，亦不可信。

别國洞冥記一卷

漢郭憲撰　明吴琯校

自序

有盧氏校改處並籤一條。

漢武故事一卷

漢扶風班固撰　明新安吴琯校

有周季貺校改處。

趙后外傳一卷

漢潞水伶玄撰　新安吴琯校

盧氏手跋：乾隆丙子春，盧文弨閲。

海山記一卷

明新安吴琯校

迷樓記一卷

明新安吴琯校

開河記一卷

明新安吴琯校

六朝事跡編類二卷

宋新安張敦頤撰　明新安吴琯校

自序（紹興庚辰）

韓仲通跋（同上。盧氏鈔補）

盧氏手跋：

以上用宋刻本校。（卷上後）

乾隆三十八年六月二十一日，東里子盧文弨校。

晉史乘一卷楚史檮杌一卷

明新安吴琯校

吾衍序(大德十年)

周氏手跋：二書皆元吾衍撰。己巳十二月初九日，星詒記。

越絶書十五卷

明新安吴琯校

無名氏跋　盧鈔補

盧氏手跋：乾隆丁酉九月十二日，盧弓父閲。在前辛未年，曾以此本校他本。戊申，又以鈔本校張有甫本上。

此書盧氏校語間有由弟子謄寫者，亦間録孫頤谷校語。

吴越春秋六卷

漢趙曄撰　明吴琯校

盧氏手跋：乾隆四十九年歲在甲辰，東里盧文弨在常州借莊葆琛家元大德本。十月十八日攜舟中，廿二日至攝山校訖。莊本乃明弘治十四年巡按袁經大倫授吴縣令鄺廷瑞重刻本。

周氏手跋：右《吴越春秋》六卷，盧抱經學士以弘治重刊大德本手校者。案之顧澗蘋先生集中，嘉定甲申影鈔本卷九「越女劍」事,「女即捷末」下多「袁公操其末而刺處女,女應即入,三入,處女因舉杖擊之」,共廿三字,此亦脱去,且分卷亦似不合,當更求宋本,爲之校補也。季貺星詒記。

又:此爲大德十年紹興路儒學刻,徐受之音注也。失其原序。又并其卷第爲六。文字殊多舛誤,大失本真。抱經先生校語亦不及此,當是袁刻亦有脱佚。兒子既臨此本,以校于新得大德原槧本訖,復命鈔序目並卷尾銜名,别紙附此,使不没徐氏音注之實。己巳十二月初八日,在汀州讀完記。星詒。

又:兒子名喜寅,以甲寅日生,同先公登科之歲,故名之。不馴好弄,近來汀州,乃改節讀書,頗從事校讐,於古書亦粗辨句讀矣。嘉而誌之。

又:此書《隋》、《唐志》皆云十二卷,馬氏《通考·經籍攷》引昭德《讀書志》亦同。唐皇甫遵合楊方《削繁》考定而注之曰《吴越春秋傳》,爲卷十。《崇文總目》著録,而不見於晁、陳二書簿録。徐氏音注,自序僅云「二書今罕見」,則南宋時或有傳本,故馬氏載之歟。自明以來,此書之傳于世者皆元大德十年紹興路儒學刻徐氏音注十卷本,缺于唐宋著録之本者二卷,而與皇甫氏注本卷數合,或徐氏用遵注本而爲之增補音釋耶。徐氏言《史記》注徐廣所引及《文選》、《水經》注中所載,今本咸無其語。考虞永興《北堂書鈔》、宋《太平御覽》所引此書,多爲此本所佚,其文亦多不合,不知即佚卷中語,抑楊氏所削也。顧澗蘋先生曾見影宋鈔本,嘉定甲申跋載集中。其所記「越女袁公劍」事,與《書鈔》、《類聚》互異，顧云餘亦與今本無大異者。夫南宋時所傳十三卷如爲趙氏原書，不應與今本無異。徐云「越舊鋟梓曄書，歲久不存」，疑嘉定刻即越本也，是時曄書遵本並傳，越刻即用遵本又因而音注之，故所載只十卷而多佚文耳。注中所引書間有宋時所已亡者，徐何從得見，此亦仇遵注舊文之證也。故自遵注行而曄原書漸隱，自徐注盛而足本遂亡，今使蒐集各書所引逸文，尚可十得三四，並盡列異同以附卷後，當不讓抱經先生之補《白虎通》也。并書以示寅。癸巳入越日燈下又記。

此書中有周氏校籤，乃取《北堂書鈔》所引校此書者。

華陽國志十二卷

晉常璩撰　明吴琯校

盧氏手跋：

乾隆二十二年丁丑二月，盧文弨校。

張佳胤本不如此本多矣。

此倒説也。張本有翻板，不如此本整齊，然尚多二卷，誤字亦少，應勝此本。

盧氏從張本補卷十上、中二卷，並改正訛字。又不知何人以影宋本校所補二卷，並以籤記之。並有吴兔床加籤。卷末有「兔床經眼」印。

高士傳二卷

晉皇甫謐撰　明吴琯校

自序

盧氏以《御覽》所引通校一過。

列仙傳二卷

漢劉向撰　明吴琯校

盧氏手跋：　乾隆癸卯七月十八日，以《道藏》本校。每人後各有贊，當鈔補之。文弨。

劍俠傳一卷

明新安吴琯撰

神僧傳九卷

明新安吴琯校

有抱經校改處。

本事詩一卷

唐孟棨傳　明吴琯校

周氏手跋：　乙丑閏月廿二日曉起閲。

續齊諧記一卷

梁吴均撰　明吴琯校

周氏手跋：

閏月二十一日坐雨邵武公館中隱堂，以程榮刻本對校，增五字、改三字。季貺星詒記。

所據乃何鏜本也，誤作程榮，附記于此。

博異記一卷

唐谷神子纂　明吴琯校

序

盧氏手跋：《唐宋叢書》本少四條，不全。

周氏手跋：閏月廿一日燈下倚枕閲。季貺記。

集異記一卷

唐河東薛用弱撰　明新安吴琯校

盧氏手跋：乾隆壬子以《唐宋叢書》校。

遼志一卷

元葉隆禮撰　明吴琯校

金志一卷

元宇文懋昭撰　明吴琯校

盧氏手跋：乾隆乙卯六月，盧文弨校。

松漠紀聞一卷

宋洪皓撰　明吴琯校

右吴氏刊《古今佚史》，經盧抱經先生手校者幾十之九，《抱經堂叢書》所刊多取資于此。書中有先生孫樹枃一札云「先祖手校書籍，未曾售之他人，今特以一二部奉歸鄴架」。札中不署所寄之人，下署「治晚」，則此書乃歸于仕浙者之手。吾鄉嚴九能先生集有《書盧抱經先生札記後》一篇，云「余向先生二子借文集手稿，將爲更定家乘一本以報先生。二子固不肯，未幾即散落書估手，不可復聚」。九能此文作于嘉慶壬戌，是先生殁後五六年中，遺書並手稿即已散出，此書之出蓋亦在嘉慶世矣。亂後周季貺太守得之閩中，復加校補。有「寧國府印」、「宛陵太守書籍」、「四男翰臣珍藏」、「文弨借觀」、「盧文弨印」、「紹弓氏」、「文弨校正」、「抱經堂印」、「星詒印信」、「詒印」、「□潛室手校」、「祥符周氏瑞瓜堂圖書印」、「茂苑香生蔣鳳藻秦漢十印齋祕篋圖書」諸印。

紀録彙編二百十六卷　明刊本

工部左侍郎臣沈節甫纂輯　巡按江西監察御史臣陳于廷銓次

陳于廷序（萬曆丁巳）
凡例

御製皇陵碑一卷

御製西征記一卷

御製平西蜀文一卷

御製孝慈録一卷

序（洪武七年）

御製紀夢一卷

御製周顛仙人傳一卷

［以上並明太祖撰］

御製廣寒殿記一卷

宣宗皇帝御製詩一卷

［以上並明宣宗撰］

勑議或問一卷

［明世宗撰］

論對録一卷
張孚敬
楊博跋（嘉靖庚戌）
薛應旂跋（嘉靖丙辰）
皇朝本紀一卷
天潢玉牒一卷
龍興慈記一卷
王文禄
自序（嘉靖辛亥）
國初禮賢録一卷
遇恩録一卷
劉仲璟
否泰録一卷
劉定之

北使録一卷

李實

北征事蹟一卷

尹直

正統臨戎録一卷

正統北狩事蹟一卷

復辟録一卷

天順日録一卷

李賢

古穰雜録摘抄一卷

李賢

聖駕南巡日録一卷

陸深

大駕北還録一卷

陸深

平胡録一卷

陸深

北平録一卷

平漢録一卷

平英録一卷

吴寬

平蜀記一卷

蜀記一卷

平夏録一卷

黄標

前北征録一卷

金幼孜

舒泰序（成化二十二年）

桑悦序（成化丁未）

後北征録一卷

金幼孜

北征記一卷

西征石城記一卷

馬文升

陶琰馬瑞肅公三記序（正統十五年）

許瓚序（同上）

汪正序（正德庚辰）

撫安東吏記一卷

馬文升

興復哈密國王記一卷

馬文升

平番始末二卷

許進

胡世寧跋

平夷賦一卷

趙輔

平蠻録一卷

王軾

西征日録一卷

楊一清

制府雜録一卷

楊一清

雲中事記一卷

蘇祐

張司馬兩浙定亂志一卷

王世貞

雲南機務抄黄一卷

張紞

自序（洪武丁卯）

滇載記一卷

楊慎

平定交南録一卷

丘濬

安南傳二卷

王世貞

南翁夢録一卷

黎澄

自序（正統三年）

勘處播州事情疏一卷

何喬新

防邊紀事一卷

高拱

邊略自序（萬曆癸巳）

炎徼紀聞四卷
田汝成
自序(嘉靖三十九年)
星槎勝覽一卷
費信
瀛涯勝覽一卷
馬歡
自序(永樂丙申)
瀛涯勝覽集一卷
張昇
奉使安南水程日記一卷
黄福
朝鮮紀事一卷
倪謙

使琉球録一卷

陳侃

自序（嘉靖甲午）

鴻猷録十六卷

高岱

自序（嘉靖丁巳）

治世餘聞録上編四卷下編四卷

芷沅箬陂微臣

自跋

繼世紀聞六卷

箬陂

名卿續紀四卷

王世貞

靖難功臣録一卷

國琛集二卷

唐樞

國寶新編一卷

顧璘

袁褧序（嘉靖丙申）

自序（同上）

續吴先賢讚十五卷

劉鳳

自序

魏學禮後序

黄姬水後序

明詩評一卷

王世貞

自序

吴郡二科志一卷

閻秀卿

自序

新倩籍一卷

徐禎卿

金石契一卷

祝肇

守溪筆記一卷

王鏊

震澤長語摘抄一卷

王鏊

彭文憲公筆記一卷

彭時

畜德録一卷

陳沂

青溪暇筆摘抄一卷
姚福
自序（成化癸巳）
閑中今古録摘抄一卷
黄溥
翦勝野聞一卷
徐禎卿
玉堂漫筆摘鈔一卷
陸深
金臺紀聞摘抄一卷
陸深
停驂録摘鈔一卷
陸深
停驂續録摘抄一卷
陸深

豫章漫鈔摘録一卷
陸深

科場條貫一卷
陸深

水東日記摘抄七卷
葉盛

今言四卷
鄭曉
自序（嘉靖丙寅）

餘冬序録摘鈔六卷
何孟春
自序

鳳洲雜録六卷
王世貞

醫閭漫記一卷
賀鉉
課語一卷
岷峨山人
漁樵餘録一卷
顧峤
自序（嘉靖庚子）
君子堂日新手鏡一卷
王濟
自跋（嘉靖改元）
庚巳編十卷
陸粲
四友齋叢説摘抄六卷
何良俊

菽園雜記摘抄七卷

陸容

留青日札摘抄四卷

田藝蘅

自序

松窻寤言摘鈔一卷漫記一卷

崔銑

近峯紀略摘抄一卷

百可漫志一卷

陳鼒

錦衣志一卷

王世貞

星變志一卷

抱甕外史

琅琊漫鈔摘録一卷
文林
仲子璧跋（弘治十年）
病榻遺言一卷
高拱
縣笥瑣談摘抄一卷
劉昌
蘇談一卷
楊循吉
病逸漫記一卷
陸釴
前聞記一卷
祝允明
寓圃雜記一卷
王錡

蒹葭堂雜著摘抄一卷

陸楫

窺天外乘一卷

王世懋

二酉委譚摘録一卷

王世懋

閩部疏一卷

王世懋

江西輿地圖説一卷

趙秉忠

饒南九三府圖説一卷

王世懋

志怪録一卷

祝允明

涉異志一卷

閔文振

奇聞類記摘抄二卷

施顯卿

自序(萬曆四年)

見聞紀訓二卷

陳良謨

自序(嘉靖丙寅)

新知録摘抄一卷

劉仕義

右吾郡沈以安司空所編,江西巡按御史陳于廷令各屬分刊。每卷末多有建昌、臨江、廣信諸府官屬督工校勘姓名,蓋即此三郡所分刊也。

鹽邑志林七十卷 明刊本

明黄岡樊維城彙編

自序(天啟三年)

朱國祚序

陸公紀易解一卷

吴陸績撰

陸公紀京氏易傳注二卷

同上

陸元恪艸木蟲魚疏二卷

吴陸璣撰

干常侍易解二卷

晉干寶撰

干令升搜神記二卷

晉干寶撰

自序

沈士龍序

胡震亨序

顧希馮玉篇直音二卷

陳顧野王撰

自序

進玉篇啟

陸廣微吴地記一卷

唐陸廣微撰

譚子化書一卷

五代譚峭撰

許梅屋樵談一卷

宋許棐撰

魯應龍閒窻括異志一卷

宋魯應龍撰

常竹窻海鹽澉水志二卷

宋常棠撰

羅叔韶序（紹定三年）

自序

樂郊私語一卷

元姚桐壽撰

沈孝徵小引

自序（至正癸卯）

彭篤福跋

末附楊維楨撰《姚處士墓誌銘》。《銘》言處士名「椿壽」，而目録作「姚桐壽」，諸書承之，當以「椿壽」爲是。

王方麓檇李記一卷

明王樵撰

前令鄭壺陽靖海紀略一卷附朱士遷全城志一卷

明鄭茂撰

朱元弼跋

張方洲奉使録一卷

明張寧撰

徐襄陽西園雜記二卷

明徐咸撰

徐豐崖詩訣一卷

明徐泰撰

錢公亮測語一卷

明錢琦撰

彭輅贊

許雲村貽謀一卷

明許相卿撰

董漢陽碧里雜存二卷

明董穀撰

鄭瑞簡吾學編餘一卷

明鄭曉撰

姚士粦題辭

孫心材跋(萬曆戊戌)

鄭端簡公今言類編六卷

邑人朱元弼編次

薛三省序（萬曆甲寅）

鄭端簡公古言數編二卷

曾孫壻項臯謨編次

錢太常海石子内編一卷外編一卷

明錢薇撰

王沂陽龍興慈記一卷

明王文禄撰

自序（嘉靖辛亥）

仇舜徽通史它石三卷

明仇俊卿撰

自序（萬曆十七年）

顧元聞跋（天啟甲子）

仇謙謙玄機通一卷

明仇俊卿撰

胡仰崖遺語一卷

明胡憲仲撰

潁水遺編一卷

東崖公陳言著

鍾秉文烏槎幕府記一卷

明鍾北斗撰

自序

朱武原禮記通註一卷

明朱元弼撰

吴中偉武原先生集題辭（天啟壬戌）

徐必達序（天啟四年）

朱良叔猶及編一卷

明朱元弼撰

鄭敬中摘語一卷
明鄭心材撰

采常吉倭變事略四卷
明采九德撰
自序（嘉靖三十七年）

崔鳴吾紀事一卷
明崔嘉祥撰

劉少彝荒著略一卷
明劉世教撰

呂錫侯筆記一卷
明呂兆禧撰

彭孟公江上雜疏一卷
明彭宗孟撰
樊維城跋（天啟甲子）

吴少君遺事一卷

明姚士粦撰

姚叔祥見只編三卷

明姚士粦撰

屠中孚序

項鼎鉉序

附聖門志六卷

明吕元善撰

趙焕序（萬曆癸丑）

賀萬祚序（萬曆乙丑）

顧啟元序（天啟甲子）

樊維城序（天啟四年）

此天啟中知海鹽縣事黄岡樊元崇維城所編刊，大抵海鹽人著述也。助之蒐輯者胡孝轅震亨、姚君祥士粦及鄭端胤、劉祖鍾四人。卷首陸公紀《易解》、干令升《易解》書已久佚，即叔祥所編輯也。

胡仲子先生雜著十四卷 明鈔本

金華胡翰仲申氏撰　門人劉綱編

梁寅序（洪武十八年）

計《外國志考》二卷、《遼東紀事》二卷、《西征紀事》一卷、《琵琶録》一卷、《遼事國蹟考》二卷、《長山雜録》一卷、《長山詩話》一卷、《選翼》一卷、《緯考》四卷，然皆僞書。《外國志攷》即朝鮮人所撰《朝鮮志》，《西征記事》即張瓚《西征紀行録》，《琵琶》即唐段安節書，《遼事國蹟攷》即宋徐兢《宣和奉使高麗圖經》，《長山雜録》及《長山詩話》記事皆下及正德，而《詩話》并將明代年號盡改爲元年號，而人名則仍是明人，蓋作僞之尤拙者。然尚是明中葉鈔本。有「紫伯」、「章綬銜章」諸印。

炳燭齋雜著七卷 鈔本

甘泉江藩著

計《舟車聞見録》二卷、《續集》一卷、《三集》一卷，《端硯記》一卷，《續南方艸木狀》一卷，《廣南禽蟲述》一卷。有「金山錢熙祚錫之氏藏書記」、「守山閣」、「煙蘿盦藏」諸印。

類書類

古唐類範一百六十卷 明鈔本

［唐虞世南撰］

陶九成識語

黄復翁手跋：右《古唐類範》百六十卷，其實即虞氏《北堂書鈔》也。《北堂書鈔》曾改名《大唐類要》，見於朱竹垞《曝書亭集》跋語中。是書余得自友人陶蘊元處，云是述古堂故物。余曰此爲遵王所記之書尚有可疑，其爲竹垞所跋之書則爲可信。每卷首尾「古唐類範」四字挖補之跡顯然。末有「秀水朱氏潛采堂圖書」、「南書房舊講官」二方印，則其爲竹垞所跋之一證也。遵王云「繕寫精妙」，竹垞云「繕寫訛舛」，是書訛舛則有之，精妙則未也，則其非遵王所記之書又一證也。至是書大略出於原書，竹垞已言之，而即以遵王之言爲據。蓋遵王所記係聞嘉禾藏書家有原書，蒐訪十餘年而始得者，竹垞跋係湖州書賈求售者。想當日原書儲于浙省，故錢、朱兩家皆能得之。惜書賈欺人，好改易古書名目，一變而爲《大唐類要》，再變而爲《古唐類範》，轉轉滋謬，致失其名。然猶幸改其名不改其實，得令後人窺見廬山真面，則其知識不勝於妄加删補、作聰明以亂舊章者哉。余故題數語於後。時乾隆甲寅四月朔，吴郡黄丕烈記。（有「丕烈私印」、「蕘圃」二印）

黄復翁跋以此書即竹垞所跋之本，是也。其攷《大唐類要》爲《古唐類範》，則在歸季滄葦之前。《延令書目》有陶九成《古唐類範》一百六十卷，抄，即是本也。及歸黄復翁，末散片兩包尚未裝册，嚴鐵橋屢見之。其裝爲三十二册，殆復翁或汪閬源所爲也。汪氏書散出，又歸粵東某氏。光緒初曾至孔氏嶽雪樓，余於壬戌冬得於京師。此書竹垞本得之吾郡，流轉二百餘年後歸余齋，是可喜也。有「李猶龍元悳氏」、「□□堂圖書記」、「秀水朱氏潛采堂圖書」、「南書房舊講官」、「季滄葦藏書」、「汪士鐘讀書」諸印。

北堂書鈔一百六十卷 勞平甫兄弟校明刊本

祕書郎虞世南撰

勞季言手録朱竹垞《大唐類要》跋：　此即《北堂書鈔》也。自常熟陳禹謨錫元氏取而删補之，至以貞觀後事及五代十國之書雜入其中，盡失其舊，鏤板盛行而原書流傳日罕矣。是篇傳寫訛字極多，幾不能成句讀，然猶是永興舊本，未易得也。康熙己卯七月晦竹垞老人書，時年七十有一。

勞季言手跋：　庚子夏屬陳碩甫先生借汪氏振綺堂藏竹垞舊鈔《大唐類要》校勘。二人分校，矻矻從事，帀月始畢。舊鈔多譌，悉照本增删，對勘艸艸，又卷帙繁重，不能復勘，恐不無遺漏。末三卷令小史影鈔裝入，竹垞有手述跋語（首册有名字印），與刻入集本不同，今附書序後。其書每卷書名俱係剜補，板心元有「書鈔」字跡，因抄本用藍格，亦以藍色塗之。丹鉛精舍主人識。

又跋：　聞烏程嚴鐵橋先生曾刻過五十餘卷，訖今未畢事。曾見其底本一册於高宰平處。又記。

又跋：　此本前數卷有舊人校過，今以墨筆别之。

又跋：　歸安嚴鐵橋先生校刊本一之廿六、百卅二至百六十，共五十五卷。

勞平甫手跋：咸豐癸丑，據烏程嚴氏校槧本覆勘。（下有「勞權」、「勞蘗卿」二印，在卷百四十後）

又跋：據刊本覆校。（下有「勞權」印。卷百四十一至百四十三、百四十九至百五十三、百五十五後並有此五字及名印）

右常熟陳錫元刊本，仁和勞平甫、季言兄弟以朱竹垞所藏《大唐類要》分校。闕卷二十二至卷三十七，又卷五十至卷一百，共六十八卷。而平甫跋中所云景鈔之末三卷亦闕，均以別陳本補之。卷百四十以後平甫以嚴鐵橋刊本補校，所引鐵橋校語，近南海孔氏刊本多未徵引，蓋孔氏僅見鐵橋所校孫本而未見刊本。平甫所校亦止八九卷，蓋亦未見五十五卷之全也。有「勞權之印」、「平甫」、「丹鉛精舍」諸印。

北堂書鈔一百二十卷 校鈔本

祕書郎虞世南撰

前三十餘卷有朱筆校，未知出何人手。有「馬氏珍瓏山館所藏書畫」、「王柏心印」、「王氏子壽」諸印。

藝文類聚一百卷 明刊本

唐太子率更令弘文館學士歐陽詢撰

胡纘宗序

自序

每半葉十四行，行二十八字。此吴郡陸子立采所刊。有「南宋文武世家」、「文武忠孝世家」、「蓮谿草堂」、「泰州鎦漢臣麓樵氏審藏善本」、「曾藏鎦麓樵處」諸印。

藝文類聚一百卷 明刊本

唐太子率更令弘文館學士歐陽詢撰

胡纘宗序

自序

此亦陸子玄刊本，有「楊子家藏」、「曾在三百堂陳氏處」二印。

新刊初學記三十卷 校宋本

光禄大夫行右散騎常侍集賢院學士副知院事東海郡開國公徐堅等奉敕撰

劉本序（紹興四年）

嚴鐵橋手跋：《新唐志》：《初學記》三十卷，張説類集要事以教諸王，徐堅、韋述、余欽、施敬本、張烜、李鋭、孫季良等分撰。今世行本僅明安國民泰所校刊者爲稍舊。安國得宋板大字本，多闕葉，倩館客郭禾采他書補足，而通部亦改竄删補，非宋舊也。其陳大科、徐守銘等本皆祖安國，復加改竄。别有古香齋巾箱本，未知所祖。又有晉藩本，余未見之。乾隆末，有書賈以黑口小字本求售，蓋元板也，嫌稍漫漶，索值過多，還之。既而悔之，不能復得。嘉慶初，王蘭泉少寇得宋板大字本。丙寅春，孫淵翁借得之以示余。余之案頭有徐本，取與對勘。開卷見劉序「刑名度數」，宋本「刑」作「形」，「形名」猶言「名物」，改便失之，因可見校書宜仍其舊。竭四十日力，得互異字綦萬，用丹筆悉注於徐本之旁。宋有而徐無者注於上方，宋無而徐有者「、」之。至卷二十五、二十六、二十八、二十九、三十，凡二十二葉，宋與徐絶異，皆安國所據本之闕葉而郭禾補足者也，不能對勘，别寫之夾置各卷中。審知此書自唐開元而北宋，展轉胥鈔，到紹興四年始鋟板，勝處固多，誤亦無算，然往往即誤處可得勝處，洵乎四大類書中至寶也。淵翁屬余勘定，乃取校本常置案頭，漸加決擇，十得二三。至乙亥夏，始以淨徐本録取其長，仍其疑似者、訛繆灼然者置不復載。宋本之善不盡此而盡於此。異日儻得元板本、晉藩本彙校之，醵資付梓，實佳事也，然而此願未知能遂焉否也。嘉慶二十年七月五日，嚴可均書於冶城山館。（後有「嚴可均之印」、「鐵橋」二印）

又跋：嘉慶二十年六月初二日，嚴可均依青浦王述庵少寇所藏宋刊大字本校於冶城山館。（在卷一）

又跋：嘉慶二十年六月初三日，依宋本校至第三卷。可均記。

又：嘉慶二十年二月初四日，依宋本校至第六卷。嚴可均記。

又：嘉慶二十年六月初五初六日校宋本，起七卷，至九卷。嚴可均記。

又：嘉慶二十年六月初七日早起，依宋本校第十卷、第十一卷，已刻而畢。

又：嘉慶二十年六月初七日午刻至初八日申刻，依宋本校第十二卷至第十四卷。

又：初九日校十五卷至十八卷。嚴可均記。

又：嘉慶二十年六月初十日，依宋本校卷十九至卷二十一。嚴可均記。

又：嘉慶二十年六月十一日，依宋本校卷二十二至卷二十四。嚴可均記。

又：嘉慶二十年六月十二日，依宋本校卷二十。嚴可均記。

又：六月十三日依宋本校第二十六卷。嚴可均記。

又：六月十四日，依宋本校第二十七卷至第二十九卷。

此萬曆丁亥三吴徐守銘重刊安國本，板心有「寧壽堂」三字。前有茅鹿門序，後有徐壕跋。吾鄉嚴鐵橋先生以宋刊本通校，又安國所據宋本闕葉爲郭禾妄補者，先生又依宋本別鈔二十二葉以補之，於是全書遂復舊觀。此書校於嘉慶丙寅，越十年乙亥再寫此淨本，故抉擇尤爲精嚴。今蘭泉司寇所藏宋刊原本已不知存佚，則此本當爲第一善本矣。此本先大父舊藏，有名字印及儷籯館印。亂後失去，庚申夏復以重值得之。吾家故物，尤足寶也。卷首面葉有鐵橋先生手篆「初學記三十卷共六册」九字，行書「校宋本」三字，有「嚴可均之印」、「嚴可均」、「鐵橋」諸印。

初學記三十卷 明覆宋本

光禄大夫行右散騎常侍集賢院學士副知院事東海郡開國公徐堅等奉敕撰　錫山安國校刊

秦金序（嘉靖辛卯）
劉本序（紹興四年）
俞泰跋

每半葉九行，行大十八字小廿四字。板心魚尾上有「安桂坡館」四字。舊爲吾郡沈文定藏書。有「沈□之印」、「太史氏」諸印。

初學記三十卷 明刊本

光禄大夫行右散騎常侍集賢院學士副知院事東海郡開國公徐堅等奉敕撰　三吴徐守銘校刊
□□序（闕末葉）
劉本序（紹興四年）

此從錫山安桂坡館覆刊，板心有「寧壽堂」三字。

唐宋白孔六帖殘卷 宋刊宋印本

存卷第三十九、卷第四十。每半葉十行，行大十七字、小二十三字。傳是樓藏書，不知何時殘闕。有「臣炯」、「汪士鐘印」、「閬源真賞」、「陳氏秋鴻」、「友菊軒」諸印。

唐宋白孔六帖一百卷 明覆宋本

韓駒序

闕首卷，影鈔補。行款與宋本同。先大父舊藏，有字印及「咸豐庚申以後收藏」、「儷籯館」諸印。

太平御覽一千卷 明活字印本

宋翰林學士承旨正奉大夫守工部尚書知制誥上柱國隴西郡開國伯食邑七百户賜紫金魚袋李昉等奉敕纂

皇明順天解元海虞周光宙重校

周堂序（萬曆甲戌）

蒲叔獻序（慶元五年）

李廷允跋

每半葉十一行，行二十二字。活字印本。周序後有「閩中饒世仁、游廷桂整擺，錫山趙秉義、劉冠印行」二行，卷末又有「閩人饒氏仝板印行」一行，「仝」即「銅」之俗字也。其書源出蜀轉運司本，常熟周文川光宙從閩賈饒世仁得其半，而其他半在無錫張有嚴、秦虹川家，乃合而印之。當時所印僅有百餘部，周、顧、秦三氏分有之，均見周序中。明代無錫諸家活字，杳不知其所始，其所印書亦無匠人姓名。此書印於錫山而擺字者皆閩人，則無錫銅板或自閩傳來歟。

新刊監本册府元龜一千卷 明鈔本

推忠協謀同德守正佐理功臣樞密使特進行吏部尚書檢校太尉同中書門下平章事監修國史上柱國太原郡開國公食邑七千户食實封二千八百户臣王欽若等奉敕纂

前有崇禎壬午、甲申黄國琦二序，崇禎十五年李嗣京疏。康熙壬子黄九錫跋，黄國琦《册府元龜攷據》，似後人從刊本補録。全書猶似明季舊鈔也。

事類賦三十卷 明覆宋本

宋博士渤海吴淑撰注
李濂序（嘉靖十三年）
邊惇德序（紹興丙寅）
吴淑進注事類賦狀
陳全後序（嘉靖甲午）

孫伯淵手跋：宋吴淑《事類賦》盛行於時，爲後人所亂，單行善本絶少。此本即《天禄琳琅》所列「明板」第三部，稱吴淑銜名後空一行者。案前後序，爲嘉靖十三年刊本，賈人每去之以充宋刻板，故内府所得本亦無序也。五松居士。（下有「星衍私印」一印）

每半葉十一行，行大小各二十字。卷末有「宋紹興丙寅右迪功郎特差監潭州南嶽廟邊惇德、左儒林郎紹興府觀察推官主管文字陳綬、右從政郎充浙東提舉茶鹽司幹辦公事李瑞民校勘」三行，乃宋浙東庾司刊本，而此又明開封府石岩白公所翻刊也。有「臣星衍印」、「五松書屋」、「張敦仁讀過」、「陽城張氏省訓堂經籍記」、「陽城張氏與古樓珍藏經籍記」、「藝學軒」、「葆采」、「得源」諸印。

晏元獻公類要三十七卷　鈔本

宋晏殊纂

案此書《宋史》本傳云一百卷，《中興書目》云七十七卷，（《宋史·藝文志》、《郡齋讀書志》云六十五卷），《直齋書録》云七十六卷。曾子固作序，云七十四篇。此本三十七卷，與天一閣藏本一百卷者不同，而與兩淮進本合。然卷數適當七十四卷之半，蓋後人又并兩卷爲一卷也。此書於類書門目頗多不備，如有「地理」而無「天文」，又「地理門」中亦闕嶺南東、西二路，疑當時已有闕佚。此本各條下多注「四世孫衮填闕」、「四世孫衮補闕」云云，是元獻後人已有補綴。然其中地名如「益州路」等猶是仁宗以前舊名，則凡不注「補」者猶爲元獻原書無疑也。又「人事部」中其門目與他類書頗異，蓋元獻平日鈔撮書籍，本以供制誥章奏之用，非有意於著書，則其門類不完，又敘次無法，均不足怪也。然猶爲宋初舊帙，故所徵引多已佚之書，雖不能與《御覽》、《元龜》二大類書比，然視虞氏《書鈔》、白氏《六帖》無多让也。此書近世藏家罕見著録，此猶是三百年前舊鈔，殊可寶也。有「舊史徐釚」、「松風老人」、「虹亭鈔本」、「硯間藏書」、「金十七忠淳」、「古還一字完璞」、「購此書甚不易願子孫勿輕棄」、「胡惠孚印」、「篴江」、「當湖小重山館胡氏篴江珍藏」諸印。

事物紀原集類十卷　明刊校宋本

高承撰　鄉貢進士閻敬校正　平陽府判成安李果批點

李果序（成化八年）
閻敬序（正統十二年）
何小山手跋：　雍正壬子臘殘，丐王氏樂天書屋所藏宋本粗校一過。宋本訛舛，爲倍於此，卻藉改正亦多。仲子。
又手録徐庶常跋：　按宋王明清《揮麈録》，元魏獻文欲置學官於郡國，高允表請置博士、助教、學生，大小郡各有差。郡國立學自此始，事載允傳。本朝高承纂《事物紀原》，自謂博極而不取，何耶。此書刊於宋寧宗朝，楮墨不佳，又剗去序文，定非全帙。凡書經重刊者皆取時用所急，多減削原文以射利，宋元以來皆坐此弊，失作者意。徐駿識。
又手跋：　宋本目録上有庶常手書此跋，目覩爲傷，因并録副紙。仲子又記。
此何小山手校宋本。宋本分二十卷，與此不同，係傳是樓所藏建安余氏刊本。有牌子云「此書係求到京本，將出處逐一比校，使無差謬，重新寫作大板雕開，並無一字誤落。時慶元丁巳之歲，建安余氏刊」云云。此牌子小山亦録於卷末，其後印録徐庶常跋。庶常爲健庵司寇少子，後以事見法，傳是樓書亦多歸金閶王卓人，何跋所云「樂天書屋」者也。有「西河」、「毛古愚藏」、「泰州劉漢臣麓樵氏印」諸印。

事物紀原集類十卷　明刊本

鄉貢進士閻敬校正　平陽府判成安李果批點

閻敬序(正統十二年)

李果序(成化八年)

有「張載華印」、「佩兼」、「古鹽張氏」、「松下藏書」諸印。

海録碎事二十二卷 明鈔本

[宋葉庭珪撰]

自序(紹興十九年)

天一閣藏書。全書經明人校過,前二卷乃范堯卿侍郎手校也。

海録碎事二十二卷 明刊本

宋翠巖葉廷珪嗣忠集著　明入齋卓顯卿寓庸校刻

傅自得序(紹興十九年)

自序(同上)

二序皆錢功甫書。後有「萬曆己亥清和閏月吴郡錢允治書」一行。有「遂寧堂印」一印。

帝王經世圖譜八卷 宋刊宋印本

[宋唐仲友撰]

每半頁十五行,行二十八字,圖譜行數、字數多寡不等。《宋史·藝文志》及《直齋書録解題》皆云唐仲友《帝王經世圖譜》十卷，《直齋》并云百二十三篇。今存前八卷九十八篇，則闕九、十兩卷矣，然此書殘闕不自今日始。書中有徐健庵、季滄葦藏印，今檢《傳是樓書目》載《帝王歷世圖譜》八卷六册，宋板。《季滄葦書目》亦云宋板《帝王經世圖譜》八卷六本，與此本卷數册數正同，則末兩卷闕佚久矣。書無序跋及撰人姓名，又每卷無前後題，惟前有目録八葉，卷自爲葉，亦止八卷，蓋估人以九、十兩卷既闕，遂并去目録兩葉，以掩其不全之迹耳。《四庫》本十六卷，乃從《永樂大典》輯出。惟此獨爲原本，而自徐、季收藏後，絶無一人圖記題識，蓋此書不入目録家及收藏家之目久矣。朱修伯侍郎謂此書原本尚存浙東唐氏，豈即此本，抑别有一本歟，又不知彼本完闕存佚何如也。此本爲元時國子監官書，有「中祕國學圖籍印章」、「朱象玄印」、「經術堂印」、「崑山徐氏家藏」、「乾學之印」、「健庵季振宜印」、「滄葦」（二印，大小各一）、「季振宜字詵兮號滄葦」、「御史之章」諸印。此書唐氏門人金式所編，嘉泰元年分教廬陵，刊於學宫。周益公爲之序，此本無之，蓋因序中有卷數篇數，故爲估人所去也。

天台陳先生類編花果卉木全芳備祖五十八卷 明鈔本

江淮肥遯愚一子陳景沂編集　建安祝穆訂正

劉本有寶祐元年韓境序，此本佚。

職官分紀五十卷 鈔本

宋孫逢吉撰

提要

此先叔祖季卿先生藏書。先生研精小學，與先大父齊名，求是齋所藏圖書亦幾與儷籯館埒。遭亂散失，此本從粵西購回。有「蔣維培季卿父」、「蔣氏求是齋藏書印」、「烏程蔣維培字季卿求是齋收藏書籍」諸印。

新編古今事文類聚前集六十卷後集五十卷續集二十八卷別集三十二卷外集十五卷新集三十二卷 宋刊本

建安祝穆和父編　外集、新集南江富夫用時可編

祝穆序（淳祐丙午）

每半葉十三行，行二十四字。

四六叢珠四十卷 明鈔本

建安葉蕡子實編

吳奂然序（慶元丙辰）

引用書籍目

引用文集目

本朝名賢姓氏

此書本一百卷。此不全本，中間又有後人鈔補，復僞莫霧卿手跋及諸家印章〔一〕，然其書固舊帙也。有「吴平齋讀書記」一印。

〔一〕「莫霧卿」稿本作「莫是龍」。

羣書考索前集六十六卷後集六十五卷續集五十六卷别集二十五卷 明刊本

山堂先生章俊卿編輯　建陽知縣區玉刊行　縣丞管韶校正　羅源知縣徐珪校正

鄭京序（正德戊辰）

每半葉十四行，行二十八字。《前》、《後》、《續集》目録並有「皇明正德戊寅刊行」牌子。《前集》有「皇明正德三年慎獨書齋刊行」牌子。《别集》目録後有「正德三年慎獨齋新刊行」一行。《别集》末又有牌子云「正德十六年十一月蒙建寧府知府張、邵武府同知鄒同校正過山堂考索，計改差訛三千二十七字，書户劉洪政刊」云云。又《後集》、《續集》目録撰人姓名後均有「木石山人劉弘毅校正」一行，「劉弘毅」即書户劉洪也。《别集》卷首又署「温陵吕中增廣」，則已非山堂原書。又每卷首校正姓名亦頗不同，不能悉記。此本闕《前集》卷二十，而卷十九後題云「《考索前集》十九卷之二十」，則覆刊時已如此矣。有「玉峰□氏家□」、「沈廷芳印」、「椒園」、「吴興包子莊書畫金石記」、「包虎臣藏」、「魯國公第四十二世孫文綬珍藏」諸印。

羣書考索四集　明刊

與前書同板。缺《後集》卷五十三至卷六十五。有「新安汪氏啟淑印信」、「泰州劉漢臣麓樵氏印」諸印。

古今合璧事類備要前集六十九卷後集八十一卷續集五十六卷別集九十四卷外集六十六卷

宋刊本

膠庠進士謝維新去咎編　［別集題］建安虞載子厚編次

自序（寶祐丁巳）

黄叔度跋

每半葉大字七行，小字十四行，行二十四字。目録及中間偶有闕卷，皆明人鈔補。《別集》卷一題「建安虞載子厚編次」，卷二題「建安虞載熙之編次」，卷二十二又題「建安虞載熙之編次」，題姓名者僅此三卷，可見《別集》以下非謝氏所纂。乃《四庫提要》以爲謝氏一人編，意所據非宋刊原本，抑失檢也。書中有藏家木記云「予性本愛書，一書未有，必罄囊市之。窘於□志未伸，羣書無由悉備。凡所有者，不過薄於自奉以致之耳。聞有先世所遺，十不一二，凡我子孫，宜珍惜寶愛，以承厥志。苟不思得之之難，輕視泛借，以致狼藉散失，不孝之罪莫大焉。至於借匿陰盜之徒，又不仁不義之甚者矣。予故著之簡端，使借者、守者惕然知警云。大冢宰從孫句容曹淇文漢謹識」，凡九行一百三十三字。有「曹淇書籍」、「子孫保之」、「曹」、「文漢」、「鄭原之印」、「鄭季野」、「鄭用修」諸印。

新箋決科古今源流至論前集十卷後集十卷續集十卷 別集十卷元刊本

閩川林駉德頌　［別集題］前進士三山黄履翁吉父編

黄履翁序（嘉熙丁酉）

又別集序（癸巳）

每半葉十五行，行二十五字。眉端有標題。前集目録後有牌子云「《源流至論》一書議論精確，毫分縷析，場屋之士得而讀之，如射之中乎正鵠，甚有賴焉。然此書板行於世久矣，先因回禄之餘，遂爲闕典。本堂今求到邑校官孟聲董先生鏞鈔本，欲便刊行。惟恐中間魯魚亥豕者多，更於好事處訪購到原本，端請名儒重加標點，參考無誤，仍分數集，敬壽諸梓，嘉與四方君子共之，幸鑒。大德彊圉協洽之歲仲夏，建陽書林朱士全敬識」云云。常熟瞿氏藏元刊本，乃延祐丁巳圓沙書院刊行本，較此本爲後，是元代重刊非一本矣。有「錢大昕印」、「泰峰所藏善本」二印。

玉海二百卷附辭學指南四卷 元刊本

浚儀王應麟伯厚甫

浙東道宣慰使司都元帥府牒（至元三年）

薛元德後序（至元六年）

孫厚孫跋（同上）

每半葉十行，行二十字。目録後有「慶元路督造《玉海》書籍提調官教授王弦、桂克忠，學正虞師道、薛元德，學録汪興、王壽朋直學陳眉壽，學吏岑立道校正對讀，厚齋孫王原孫、王寧孫書寫，王秉、王陞、楊德載、刊字生張周士等三十人、翁洲書院長山曹艸之重校正，紹興縣高節書院山長金止善監督」，共十行。元有李桓、胡助、阿殷圖、王介序，此本奪。此板刊於慶元，明入南監，此猶明初印本，間有一二嘉靖補葉，乃以後印本補此本闕葉者，非此本爲嘉靖以後所印。有舊雨艸堂藏書木記。

六帖補二十卷　景宋鈔本

代郡楊伯嵒彦瞻集

吕午序（壬寅）

俞任禮跋（淳祐甲辰）

每半葉十一行，行廿四字。淳祐中衢州州學教授俞任禮刊於學宫，卷末有「校正鄉貢進士州學教諭張應采、校正免解進士州學學諭徐應采、校正貢補進士州學直學陸誼、校正貢補進士州學直學孔應選、校正貢補進士州學學録鄭章、校正迪功郎新吉州太和知府孔應得、校正迪功郎新瑞州新昌縣尉州學正鄭逵有高」，「籌遠私記」、「雪龕」諸印。

新編類意集解諸子瓊林前集二十四卷後集十六卷 元刊元印本

古番貢士如軒蘇應龍雨夫編類

胡雲龍序（彊梧作噩）

每半葉十四行，行二十四字。序題「彊梧作噩上月甲子朔」，以《長歷》考之，惟太德元年丁酉正月爲甲子朔，則大德辛酉刊本也。時元未行科舉，則應龍稱「古番貢士」，乃於宋時得解者。序首題「諸子集要」，蓋是書之别名，而書題中或云「新編類要集解諸子瓊林」（目録，又《前集》卷十至卷十二、《後集》卷八至卷十二），或云「類意標題諸子集要」（《前集》卷六），或云「類意注解諸子瓊林」（《前集》卷十五），或云「類意集解諸子集要」（《前集》卷二十二），蓋書肆所題，不能畫一也。前有《前集總目》，共分十門四十卷，而子目則横斷第六門，交接爲二，以其半以下爲《後集》，《後集》之卷數亦多剜改，而每卷下「後集」二字亦係「前集」二字所改刊。蓋蘇氏本先作《前集》四十卷，尚擬爲《後集》，後不果作，乃分《前集》之半爲《後集》，以爲完書，實當時强行分析，非後世剜改也。全書體裁頗密，刊刻亦工，乃建陽坊本之精者，自來藏書家均未著録，可謂祕帙矣。有「友義」、「彦文」二印。

永樂大典卷二千五百三十五之二千五百三十六 明鈔本

二卷皆「七皆」韻中「齋」字注。卷後有「重録總校官侍郎臣高拱、學士臣瞿景淳，分校官修撰臣丁士美，書寫生員臣崔光弼，圈點監生臣祝廷召、臣曹惟章」銜名六行，卷首有乾隆三十八年八月廿九日四庫全書館纂修蕭簽出發寫書名一單，計書六十四種，共七十條。全書每半葉八行，注雙行，行三十字。所引據書名皆宋書。

永樂大典卷二千五百三十九之二千五百四十 明鈔本

亦「七皆」韻中「齋」字注。卷後有「重録總校官侍郎臣高拱、學士臣瞿景淳，分校官修撰臣徐時行，書寫儒士臣吴仁，圈點監生臣陳惟傑、臣林如松」銜名六行。卷首亦有乾隆時四庫纂修官蕭簽出發寫書名一單，計書六十九種，共一百〇八條。

永樂大典卷三千五百二十五之三千五百二十六 明鈔本

皆「九真」韻中「門」字注。卷後有「重録總校官侍郎臣高拱、侍郎臣瞿景淳，分校官諭德臣張居正，寫書官中書舍人臣李鳳，圈點臣蔣洲、臣蘇泰」銜名六行。卷首乾隆四庫纂修官陳簽出發寫書目一單，計書八種，十一條。

永樂大典卷六千五百五十八之六千五百五十九 明鈔本

皆「十八陽」韻中「粱」字注。此二卷皆纂録諸家《孟子》注，自「齊宣王問毁明堂」至「齊人伐燕取之」章。卷末有「重録總校官侍郎臣高拱，學士臣陳心勤，分校官編修臣張四維，寫書官寺正臣叢恕，圈點監生臣傅玄、臣馮柟」銜名六行。首有乾隆間四庫纂修官徐簽出發寫書名一單，二十二種。

永樂大典卷七千五百十三之七千五百十四 明鈔本

皆「十八陽」韻中「倉」字注。後有「重録總校官侍郎臣高拱，學士臣胡正蒙，分校官編修臣陶大臨，書寫儒士臣劉大孝，圈點監生臣曲成學」銜名六行。首有乾隆間四庫纂修官徐僉出發寫書名一單，二十二種。

永樂大典卷一萬五千一百四十之一萬五千一百四十一 明鈔本

皆「八隊」韻中「隊」、「兑」二字注。後有「重録總校官侍郎臣秦鳴雷，學士臣王大任，分校官修撰臣丁士美，書寫儒士臣章伯輝，圈點監生臣馬宗孝、臣扈進第」銜名八行。

永樂大典四册

卷一萬一千一百二十七至卷一萬一千一百三十四，凡八卷四册，皆「賄」韻「水」字注。乃《水經》「河水」自「丹水」注，即酈氏書之卷一至卷二十也。酈氏書自明以後諸刻均闕自序，惟《大典》有之。《四庫》本及武英殿聚珍板本均從此録出補正。明以後刊本甚夥，蓋修《大典》時所據者猶宋刻善本，此雖僅存二十卷，亦書府之瓌寶矣。第一册後有「重録總校官侍郎臣高拱、學士臣胡正蒙，分校官侍讀臣王希烈，書寫儒士臣程大憲，圈點監生臣敖河、臣孫世良」銜名六行。第二册「分校官臣吕旻，書寫儒士臣吴子像，圈點監生臣蔣洲、臣歐陽卿」。第三册「分校官編修臣孫鋌，書寫儒士臣王以成，圈點監生臣林民表、臣翁嘉言」。第四册「分校官編修臣孫鋌，書寫儒士臣倪琩，圈點監生臣林民表、臣孫嘉言」。此三册總校官銜名，均與第一册同。

羣書集事淵海四十七卷 明刊本

劉健序（弘治乙丑）

謝遷序（同上）

李東陽後序

每半葉十二行，行二十四字。明内官監左少監賈性所刊，蓋出建陽坊本也。有「慕齋鑒定」、「宛平王氏家藏」二印。

姓源珠璣六卷 明刊本

江陰楊信民編輯

王直序（宣德七年）

張洪序（同上）

自序（宣德庚戌）

王英後序（宣德七年）

徐南跋（庚戌）

卞榮重刊序（成化九年）

吴啟重刊序（同）

卷末有「東山謝蕙秀之寫、姑蘇李兼善刊」二行。天一閣藏本。

碎金集不分卷 明刊本

［明張輝編］

自序（弘治壬戌）

此知光州事張輝藴之所編。有「香圃藏書」、「蟫華」諸印。

記事珠不分卷 明刊本

［明劉國翰編］

周藩汝陽王府奉國將軍安濆序（嘉靖丙申）

自序（嘉靖十年）

全書共十四門，皆記事物之别名。「時令門」末有「周府汝陽恭禧王三代宗枝敬德齋南極禄鶴老人刊」二行，「人物門」後有「皇明周藩定祖汝陽恭禧王三世敬德齋自捐己禄刊集墨寶萬載福生」二行。據安國序，則「禄鶴老人」即輔國將軍周鑽也。明宗室之不學，即於刊書題識見之。

按：「安國」當作「安濆」。

百氏統要四卷 明刊本

古巢張烈文彙編

鍾一元序（嘉靖丁巳）

考古辭宗二十卷 明刊本

高安況叔祺編

自撰後序（嘉靖壬戌）

此況氏爲貴州按察副使時所編刊，每卷後有「貴陽生員黄裳吉、周文化校正」二行。天一閣藏本前有趙釴序，此本奪。然釴本後佚首二卷，此本獨完。此書所采故實，以六經、三史及《文選》爲主，翔實雅馴，與當時類書裨販者不同，在明人書中可云善本矣。

古雋考略六卷 明刊本

東浙上虞顧充輯

分禮、樂、射、御、書、數六集，凡三十類。

國朝名世類苑二十二卷 明刊本

吴興後學凌迪知穉哲甫輯　上海後學秦嘉楫少説甫校

皇甫汸序（萬曆三年）

前四卷爲姓氏履略，系以論贊。後十八卷仿《説苑》之例，以人事分類，故名《類苑》。有「佐伯文庫」、「修竹吾盧」二印。

文林綺繡五十九卷 明刊本

［明凌迪知纂］

左國腴詞八卷

吴興凌迪知稚哲輯　同郡閔一隺聲甫校

凌迪知序（萬曆丙子）

楚騷綺語六卷

雲間張之象玄超輯　吴興凌迪知穉哲訂

凌迪知序（萬曆丙子）

太史華句八卷

吴其凌迪知穉哲輯　弟稚隆以棟校

凌迪知序（萬曆丁丑）

兩漢雋言十六卷

宋括蒼林越次甫輯　明凌迪知穉哲校

凌迪知序（萬曆丙子）

文選錦字録二十一卷

吴興凌迪知穉哲輯　弟稚隆以棟校

凌迪知序（萬曆丁丑）

右五種《四庫》分別著録，《明史·藝文志》及《千頃堂書目》有凌迪知《文林綺繡》七十卷，即此書總名也。此僅五十九卷，彼云七十卷，似此外尚有他書。《文選錦字録》目後録有「萬曆丁丑春仲吴興凌氏桂芝堂梓行」二行。舊爲姚文僖公藏書，有「吴興姚氏邃雅堂鑒藏書畫圖籍之印」、「范承勛印」諸印。

義墨堂宋朝别號録二卷　鈔本

卷上末題「天啟丙寅夏編，臈月十九日止。南屏山人郁逢慶叔遇識」。余從江安傅氏借鈔。

古今圖書編一百三十四卷　明鈔清稿本

南昌後學章潢編

自序

凡例

採輯考證書目

圖書編原

闕卷四十一至卷六十五卷、一百二十一至卷一百三十四，凡三十九卷。此本編次與刊本不同，刊本爲書一百廿七卷，此一百三十四卷。刊本一卷至十五卷爲「經義」，十六卷至廿八卷爲「象緯曆算」，二十九卷至六十七卷爲「地理」，六十八卷至百廿五卷爲「人」，百廿六卷爲「易象類編」，百廿七卷爲「學詩多識」。此本則一卷至十七卷爲「經義」，十八卷至三十五卷爲「象緯曆算」，三十六卷至七十八卷爲「地理」，七十九卷至一百三十三卷爲「人類」，而「易象類編」、「學詩多識」則并爲百三十四卷，蓋未刊時之清稿本也。

歷代不知姓名録八卷 鈔本

昭陽李清映碧甫編

丘鍾仁序

此書專輯經史有事實而失其姓名者，彙爲一書，每葉板心有「澹寧齋」三字。有「臣顧錫麒印」、「竹泉珍藏祕書籍」、「謏聞齋」、「臣起濳印」、「孔昭」、「起濳」、「滋野」、「□燕緒擷薄」、「燕緒眼福」、「查亭」諸印。

三才廣志一千一百八十四卷 明鈔本

浙西吴琉編

此書無序跋，亦不著撰人姓名，惟卷二百三十九書題下有「浙西吴琉編」五字。案《千頃堂書目》及

《明史·藝文志》均著録吴琉《三才廣志》三百卷。據此本目録實千一百八十四卷，今存卷一至卷八十四（第一至十三册）、卷九十至卷一百六十九（十五册至三十三册）、卷一百七十六至卷二百六十三（三十五册至四十八册）、卷二百七十九至卷二百八十二（五十二册）、卷三百一至三百二十四（五十七册至六十册）、卷三百二十八至卷三百三十三（六十二册）、卷三百四十至卷三百四十五（六十五册）、卷三百四十九至卷三百五十二（六十七册）、卷三百六十四至卷三百七十一（七十册）、卷三百七十七至卷三百八十（七十三册）、卷三百八十七至卷四百零七（七十六至八十一册）、卷四百十四至四百三十（八十三至八十六册）、卷四百三十六至四百四十四（八十九至九十一册）、卷四百四十九至卷四百五十六（九十三、九十四册）、卷四百八十一至卷四百八十六（九十九册）、卷四百九十一至卷五百十一（一百一至一百三册）、卷七百三至卷七百五（一百四十三、四册）、卷七百十二至卷七百十四（一百四十六册）、卷七百三十九至卷七百五十四（一百五十二至一百五十四册）、卷八百八十六至卷八百九十（百八十二册）、卷九百九十三至九百九十四（一百六十九册），計四百九十六卷。中有百數卷有紙無字。以册數計則范氏《天一閣書目》二百三十七册，薛氏《天一閣見存書目》存一百三十二册，今存八十三册，視全書不及半，然尚踰於《千頃堂書目》及《明志》三百卷之數。蓋黄俞邰、尤悔庵輩均未見此本，抑吴氏别有三百卷之本也。吴氏字汝秀，吾郡長興人，黄俞邰謂其精《皇極經世》之學，人比之祝泌。俞邰記吴氏撰著尚有《天文要義》二卷、《皇極經世鈐解》二卷、《經史文編》三十卷、《環山樓集》六卷，今皆不知存佚。而此巨編舊藏范氏天一閣之中，前後二《目》均不著其姓名，今歸敝齋，始得考定爲鄉先輩著述，亦可云古緣不淺矣。全書分卷一至卷一百十六爲「天道」，卷一百十七至卷三百三爲「地道」，卷三百四至卷末爲「人道」，故名《三才廣志》。其體例每條分「要語」及「古今事實」兩類，源出祝穆《事文類聚》而去其「古今文集」一類，其書亦不盡用祝氏，所增古事及元明事甚多。雖體裁不無可疵，然網羅亦博矣。書中敘年號，於「正德」下注「今上」，則書成於正德中。此天一閣校鈔之本，蓋由原稿轉寫者也。

中麓山人拙對二卷 明刊本

章邱李開先著

自序（嘉靖壬子）

跋七則

天一閣藏書。

姓氏辯誤十卷 手稿本

武威張澍纂

自序

此初稿本，行間增注及箋識甚多，皆張介侯手筆也。

歷朝名副録二十一集分類目録一册分韻目録三册 手稿本

海寧李琳藴山甫輯

陳嘉藻序（嘉慶二十一年）

張大勛序（道光四年）

陳斌序

自序（道光壬午）

此書倣宋人《實賓録》而作，專記古人别號，訖于國朝。雖體例不純，書亦叢脞，然所采頗博。全書未經編次，而前有分類、分韻二目，下注卷數、葉數，頗便檢尋。藴山事實無攷，管芷湘《海昌蓺文志》蒐羅最博，亦未載此書。殆道光季年藴山尚存，故不入録歟。有「海寧李琳藴山手抄並輯」一印。

小説家類

西京雜記二卷 影宋鈔本

丹陽葛洪字稚川集

自序（在卷末）

每半葉九行，行十五字。書分二卷，與序正合。明刊本皆六卷，非舊第也。有「星衍私印」、「伯淵宋元祕笈」、「五松書屋」、「胡珽之印」諸印。

西京雜記二卷 明校鈔本

丹陽葛洪稚川集

天一閣藏書。分卷與宋本同。范堯卿侍郎手校誤字凡一百十籤，然誤處尚不止此，意校籤當有散落矣。余初得此書時，諸籤片片作蝴蝶飛，裝竟細讀一過，重爲黏附卷末。無葛洪序，殆傳者失之。

西京雜記六卷 明刊本

丹陽葛洪稚川集

孔天胤序（嘉靖壬□）

自序

每半葉十一行，行二十字。孔氏按察浙江時所刊。天一閣藏書。

西京雜記六卷 明刊本

丹陽葛洪稚川纂

柯茂竹序（萬曆乙亥）

黃省曾序（嘉靖十三年）

世説新語三卷 明景宋刊本

宋臨川王劉義慶撰　梁劉孝標注

袁褧序（嘉靖乙未）

董弅跋（紹興八年）

陸游跋（淳熙戊申）

每半葉十行，行二十字。袁尚之翻宋嚴州本。卷末有「嘉靖乙未吴郡袁氏嘉趣堂重雕」一行，有「錢穀」、「懸罄室」、「錢氏叔宝」、「中吴逸民」、「中吴錢氏收藏印」諸印。

世説新語三卷 明覆宋本

宋臨川王義慶撰　梁劉孝標注

袁褧序（嘉靖乙未）

高氏《緯略》一則（在目録後）

每半葉十一行，行□□字。目録後《緯略》之次有「太倉曹氏沙溪重校」一行，蓋出袁氏嘉趣堂本，然亦嘉隆間刊本也。袁本卷末有董棻、陸游二跋，此本奪。

世説新語八卷 元刊本

宋臨川王劉義慶撰　梁劉孝標注　須翁劉辰翁批點

劉應登序

每半葉十行，每行十七字。撰注、批點人姓名惟卷三、卷七、卷八尚存，餘皆刪去，注亦删削過半。

世説新語三卷 明刊本

宋臨川王劉義慶撰 梁典秘書劉峻注

袁褧序（嘉靖乙未）

名號類考

陸游跋（淳熙戊申）

明趙凡夫刊本。目録後有「萬曆丁卯夏且月趙氏野鹿園重梓」篆書一行，有「李昶」一印。

唐小説一卷 明鈔本

彭城劉餗

陳氏《書録解題》作三卷，此僅一卷。按李肇《國史補》序云「昔劉餗集小説涉南北朝至開元，著爲傳記」。此本紀事至貞觀止，無高宗以後事，蓋即三卷中之上卷也。《四庫》未著録。天一閣藏書。

隋唐嘉話二卷 校鈔本

彭城劉餗字鼎卿撰

此即《唐小説》而去首南齊、北魏二條，所餘皆隋唐事，故改此名，恐非餗原書。陳氏《書録》一卷，此分二卷。《四庫》未著録。劉彦清手跋。有「劉履芬印」、「泖生」、「江山劉履芬彦清父收得」三印。

自序

唐國史補三卷 影宋鈔本

唐尚書左司郎中李肇撰

每半葉十二行，行二十字。序後有目，每條以事爲題，而書中無之。汲古閣影宋鈔本。有「宋本」、「毛晉」、「汲古主人」、「毛晉私印」、「子晉」、「毛扆之印」、「斧季」、「雪苑宋氏蘭揮藏書記」諸印。

刻大唐新語十三卷 明刊本

登仕郎前守江州潯陽縣主簿劉肅撰

自序（元和丁亥）

此隆萬間刊本。題《大唐新語》，不題《唐世説新語》，卷末「總論」亦尚存，乃明季所刊善本也。全書有朱、墨二筆點勘，疑彭文勤手筆。有「南昌彭氏知聖道齋藏書」、「遇讀者善」、「王氏北堂」、「蕙鈴」諸印。

按：「遇讀者善」印文，《書志》史部《高寄齋訂正武林舊事十卷》（鈔本）著録作「遇者善讀」。

幽閒鼓吹一卷 校鈔本

清河張固撰

劉泖生手校。與《隋唐嘉話》同册。

玉泉子聞見真録一卷 明鈔本

天一閣藏書。

唐摭言十五卷 鈔本

唐王定保撰

鄭昉跋（嘉定辛未）

王士禛跋

□棠孫手跋（道光壬寅）

有「古緡雲氏」、「甲戌進士」、「譙國」諸印。

開元天寶遺事一卷 影宋鈔本

［五代王仁裕撰］

自序

陸子遹跋（紹定戊子）

每半葉十行，行十八字。陸子遹守嚴州時所刊。

開元天寶遺事二卷 校明刊本

黄復翁手跋：《開元天寶遺事》上下卷，《顧氏文房小説》本也。書僅明刻耳，在汲古毛氏時已珍之，宜此時視爲罕祕矣。初書友以是書及皇甫涍輯本《支遁集》示余，索直甚昂，爲有名家圖記也。余許以家刻書直千錢者易之，未果，攜之去。明日往詢，云需三餅金。後日親訪之，其《支集》爲他人以千錢易去矣（案《支集》與舊藏鈔本現經吾與山居重刻者不同，惜未校其異同），遂持此册歸，稍慰求古之心。蓋毛氏舊物，余本留心，而陽山顧氏名元慶者，在吴中爲藏書先輩，非特善藏而又善刻，其標題《顧氏文房小説》者，皆取古書刊行，知急所先務矣。此《開元天寶遺事》，雖未知所從出之本云何，然借西賓陸拙生《歷代小史》本證之，彼已脱落幾條，是此本爲善。聞周丈香嚴有元刊本，當假勘之。唐明皇□事有《太真外傳》、《梅妃傳》、《高力士傳》，皆刊入《顧氏文房小説》。向藏《梅妃傳》亦顧本，《太真外傳》别一抄本，《高力士傳》竟無此書，安得盡有顧刻之四十種耶。以明刻而罕祕如是，宜毛氏之珍藏于前而余亦寶愛于後也。壬申夏五月二十五日燒燭書，復翁。

附注：顧本四十種全者後亦收之，印本惜糊塗耳。己卯冬日記。

又跋：六月上旬假得周丈藏本，乃活字本也。卷上次行云「建業張氏銅板印行」，是可證矣。卷下有「紹定戊子刊之桐江學宫山陰陸子遹書」，當必從宋本出。適檢《新定續志》「書籍門」，有《開元天寶遺事》，其從宋本出無疑。取勘顧本，互有短長，書經翻刻，不無少誤耳。復翁又識。

又跋：　癸酉歲除，書主來取值，竟以二兩四錢易之，明刻之□如□。

又跋：　香嚴於今春作古，遺書分屬諸郎，有不喜此者，即轉徙之。向爲余所見或借校者，偶得一二焉。此書傳觀之目無之，大約自留或歸他人矣。活本有宋人跋語，必出舊刻，惜無從訪問耳。己卯季春。

又跋：　活字本於辛巳春亦出，已爲裝池，將得之，議價未妥也。清明日。蕘夫。

又跋：　道光辛巳三月，重取活本覆校，用墨筆記其異字。蕘夫。

右中吴顧氏刊本，每半葉十行，行十八字。每葉闌外右上角有「陽山顧氏文房」六字，卷末有「埭川顧氏家塾梓行」八字。黄復翁以活字本校勘至再，壬申校用朱筆，辛巳校用墨筆，改正頗多。有「史兆千印」、「子晉」、「汲古主人」、「麐見亭讀一過」諸印。

重彫足本鑑誡録十卷　影宋鈔本

［蜀何光遠撰］

吴槎客手跋：　右《鑑誡録》十卷，東海何光遠輝夫所撰。晁氏《讀書後志》謂其「在唐證中纂輯」，「唐證」未詳其義。觀所紀多唐末五季及西蜀時事。昔朱竹垞檢討嘗得宋槧本，乃項氏天籟閣舊藏，首闕劉曦度序。此本從金閶宗人伊仲借録，蓋影宋鈔也，劉序亦無，間多闕文。聞桐鄉金雲莊比部新購得宋槧本，亦有闕文，未審與此本同否，當更借校之。乾隆丙午閏七月十五日，兔牀吴騫識。

每半葉十五行，行二十四字。與竹垞所藏宋刊本行款同。吴跋不解《讀書後志》所云「唐證」何義，實則「唐證」乃「廣政」之訛，後蜀後主年號也。有「宋本」、「甲」、「小桐谿上人家」、「露鈔雪購」諸印。

南部新書十卷 校明鈔本

籛後人希白撰

錢明逸序（嘉祐元年）

子真子跋（延祐丙辰）

清隱老人跋（洪武元年）

朱少河手跋：《簡明目録》：《南部新書》十卷，宋錢易撰。所記皆唐時故實，兼及五代，多采軼聞瑣語，而朝章國典、因革損益亦褋載其間。故雖小説家言，而不似他書侈談迂怪。（下有「少河」印）

每半葉十行十八字。後有子真子跋云「此所有者蜀本不載，彼所載者此亦不收」。又有清隱老人跋云「自序云此書二萬五千言，今元本止一萬五千言。今以曾慥《類説》所收者足之，并增五十餘言」。此即增補本也。「清隱老人」乃元孫道明明叔別號。周季貺以閣本校一過。有「古林」、「曹溶之印」、「曹溶私印」、「阿英心賞」、「別名素」、「大興朱氏竹君藏書印」諸印。

儒林公議一卷 明鈔本

［宋田況撰］

天一閣藏書。有「林集虚印」、「四明林氏大酉山房藏書之印」諸印。

江鄰幾雜志一卷 明鈔本

［宋江休復撰］

明季刊本。訛謬不可讀，此舊鈔已然。天一閣藏書。

隨手雜録一卷補聞見近録甲申雜記一卷 校鈔本

［宋王鞏撰］

張邦基跋（甲寅）

王從謹跋（隆興改元）

又（乾道元年）

鮑淥飲手跋：乾隆壬午五月十三日，以趙氏小山堂本勘定。

又跋：甲午十月十七日，借飛鴻堂汪氏本再校於蘆渚寓廬，辰刻畢。

又：己亥三月開雕。

每葉格闌有「鮑氏困學齋」五字，下用校字印。

孫公談圃三卷 明鈔本

高郵孫升君孚

仇潼序（弘治改元）

季孫競序（乾道六年）
劉延世序（建中靖國元年）
僧定徵跋（丁未）
　此書仇氏傳於吴僧定徵，定徵又鈔自朱堯民凱。前有季孫競序，即自《野客叢書》所謂「臨汀刊本」出也。
　天一閣藏書。

改正湘山野録三卷續一卷　校明鈔本

吴僧文瑩
黄蕘圃跋（壬申）
周季貺手録
　周季貺手跋：同治丙寅秋九月，購之福州陳氏，爲價七錢。季貺。
又跋：丁卯四月十九日，在福州用張氏《學津討源》本勘過，季貺記。（下有「壽潛室手校」一印）
　李寶嵡女士跋（亦季貺書）：丁卯四月廿二日，客有以黄蕘圃主政舊藏寫本《湘山野録》求售者，適外季貺新得此本，因命蕙以對勘之役，一日夜而竟。外復以張氏刻本佐之，三本大略無甚同異。張本第一「仁宗進講《禮記》」一條，二本俱失。「王文正」一條，此本尚存末後數行，黄本遂并脱去。其餘脱誤甚多，都未補正。下卷「潘逍遥有詩名」以下，并續卷俱已逸失，三本之中最爲劣下。蕘翁云別有據依者，殊未可信也。校訖以元本歸之，而録其手跋於此，以識其自云。會稽女子周李蕙寶紛識于福州余府巷寓中。

每半葉十行，行二十字，明藍格鈔本。周季貺以黃鈔張刻手校，而校黃鈔則署其室李寶紛女士名，並爲之作跋，實則一手所校也。有「澹逸堂圖書」、「周星詒印」、「季貺」、「壽潛室手校」、「祥符周氏端瓜堂圖書」、「李蕙之印」諸印。

改正湘山野録三卷續一卷 校鈔本

吴僧文瑩

黃蕘圃跋二則（嘉慶丁巳戊午）

此從黃蕘翁藏宋刻元人補鈔本出，眉頭復引《宋人事實類苑》、《類説》諸書所引者校之，不知何人所爲。有「劉履芬印」、「泖生」二印。

侯鯖録八卷 明刊本

聊復翁趙德麟

頓鋭序（正德乙亥）

每半葉十一行，行二十一字序。後有「鰲峯書院之記」牌子。芸窗書院本即從此出。有「繼涑」、「東山」二印。

侯鯖録八卷　明刊本

聊復翁趙德麟

頓鋭序

每半葉八行，行十五字。序後有「嘉靖甲辰仲夏吉旦芸窗書院重刊」二行。天一閣藏書。書中點校皆范少司馬手筆也。

續墨客揮犀十卷　鈔本

此先大父舊藏。亂後散失，江安傅君沅叔侍郎得以遺余。有先大父名字印及「聖清宗室盛昱伯羲之印」一印。

泊宅編十卷　明刊本

方勺仁聲

洪興祖序

此本十卷，與《宋史藝文志》〔同〕，今通行本但三卷耳。天一閣藏書。

二老堂雜志五卷　明鈔本

益國公周必大子充

天一閣藏書。

玉照新志五卷 精摹元鈔本

［宋王明清撰］

自序（慶元丙午）

王貴跋（至元庚寅）

每半葉十一行，行二十一字。景摹元履素齋鈔本，行款與宋刊《揮麈》諸録同，蓋元鈔又摹自宋刊本。卷一第十葉原闕。有「曾藏汪閬源家」、「鏡汀書畫記」二印。

雞肋編三册不分卷 景摹元鈔本

宋莊季裕撰

自序（紹興三年）

陳孝先跋（至元己卯）

每半葉十一行，行二十一字。精摹元鈔本，疑亦出自宋本也。有「曾藏汪閬源家」、「鏡汀書畫記」二印。

北窻炙輠二卷 校鈔本

施彦執編

柳僉跋（正德辛未）

吴枚庵手跋：乾隆丙申夏五，屬館生陶緒智傳張百忍本，余以朱書校正。彦執名德操，鹽官人。吴翌鳳書。

又跋：張氏本通作一卷，抄寫未半，别借江颿本從而分之。其字句異同及斷誤脱落處，别用雌黄校正，庶不與孤本淆亂也。七夕又書。

又跋：丁酉二月，從陸氏奇晉齋本又校正數字。

有「吴氏鈔書」、「古懽堂」、「祕本」、「善登」、「轂成」諸印。

桯史十五卷 宋刊本以元刊本補

相臺岳珂

自序（嘉定焉逢淹茂）

宋刊本。每半葉九行，行十七字。存卷一至卷六、卷十，又卷十三至卷十五，卷九以景宋鈔本補，卷七、卷八以元刊本補。元本每半葉十行，行二十字。宋刊諸卷亦有明刊補及鈔補之葉。卷十一、十二兩卷闕。有「文淵閣」、「林氏彦章」二印。

四朝聞見録五卷 校鈔本

龍泉葉紹翁撰

顧千里手校。有「新安汪氏啟叔私印」、「顧千里印」、「一雲散人」、「泰峯」諸印。

四朝聞見録五卷 鈔本

龍泉葉紹翁撰

有「孫輔元印」、「秋聲館」、「江都王氏槐蔭堂珍藏」三印。

歸潛志十四卷 鈔本

金渾源劉祁京叔

自序（乙未）

宋定國跋

李北苑跋

此孔氏微波榭鈔本，自金氏文瑞樓本出。有「孔憲逵印」、「柳泉」二印。

冀越集一卷 明刊本

［元熊尚古撰］

自序（至正乙未）

《四庫存目》有《冀越集記》二卷，與此不同。天一閣藏書。

靜齋至正直記四卷 鈔本

元闕里外史行素著

自序（至正庚子）

歸有光序（嘉靖三十八年）

目録題「靜齋至正直記遺編」，歸跋則云「靜齋類稿」，與每卷中書題不同。有「香所」、「陳氏子子孫孫永寶之」二印。

遂昌山人雜録一卷 校明鈔本

鄭元祐明德撰

黄復翁手跋：此鈔本《遂昌山人雜録》，未知鈔自誰氏。其格邊但云「歲丙子鈔畢」，亦未詳何朝之丙子也。近得一「崇禎七年六月四明范廷芝異生甫鈔本」，出是校勘，頗資是正，間有此善於彼者，當參攷云。蕘翁。

面葉有復翁手題之「《遂昌山人雜録》卧雲山房鈔本校」。

水東日記三十八卷 明刊本

崑山葉盛

明刊黑口本。無序跋，末卷有脱佚。天一閣藏書。

菽園雜記十五卷 明刊本

吴郡陸容文量著

天一閣藏書。

雙槐歲鈔十卷 明刊本

［明黄瑜撰］

劉節序（嘉靖二十八年）

黄衷序

自序（弘治乙卯）

黄佐序（嘉靖癸卯）

吕天恩跋（嘉靖戊申）

天一閣藏書。有「壽祺經眼」印。

剪勝野聞一卷 明刊本

東海散人徐禎卿

天一閣藏書。

謇齋瑣綴録八卷 明刊本

［明尹直撰］

自序（正德丁卯）

子達序（嘉靖七年）

天一閣藏書。

都公談纂二卷 明刊本

門生陸采編次

天一閣藏書。

近峯聞畧補鈔一卷 明鈔本

吴郡皇甫録世庸著

原書八卷，此云補鈔，則别有初鈔之本。前有無名氏識語云「稱嚴東樓爲外舅，則是皇甫爲東樓之壻矣」。案世庸時代尚在嚴前，似不得爲東樓之壻。有「桐軒主人藏書印」、「愛閒居士」、「秀水莊氏蘭味軒收藏印」、「金陵顧謙字川牧圖書印」諸印。

漫堂隨筆一卷 明姚舜咨手鈔本

［明唐寅鈔］

姚舜咨手跋：吴趨唐省元伯虎遺書中有《漫堂隨筆》一卷，所載多元祐間事，雜以幽冥報應、夢兆神奇。余疑其怪誕，況值歲單雪甚，手凍皴不能運筆，祇摘其涉於倫理者書之。丙辰蠟月下旬，皇山人姚咨識。

右六如居士所録宋人小説，書中屢云「仲兄武仲」、「仲弟明仲」，蓋自孔平仲《雜説》鈔出也。板心有「茶夢軒鈔」四字。天一閣藏書。

蘇談一卷 明刊本

楊循吉君謙父著

天一閣藏書。

龍江夢餘録四卷 明刊本

雲間唐錦之絅

郭經序

自序

朱曜跋

何氏語林三十卷 明刊本

華亭何良俊元朗撰并註

文徵明序（辛亥）

卷一後有「青森閣雕梓」一行。有「沈大章印」、「滕毅印」二印。

苹野纂聞一卷 明刊本

吴郡伍餘福君求父述

子忠光跋（嘉靖庚子）

疑耀七卷 明刊本

温陵李贄閎父著　嶺南張萱孟奇訂

張萱序（萬曆戊申）

書中屢云「校閲祕閣藏書」云云，乃張萱事，恐萱刊此書，附以己所見聞，非盡贄書也。

墨卿談乘十四卷 明刊本

江陵惟時張懋修著

雷思霈序

自序

末附《張文忠記事》一則。有懋修跋，時在萬曆丙辰，則此書乃懋修晚年所著也。

鴻雪居日鈔一卷 鈔本

雲間宋徵輿轅文氏著

首行題「鴻雪居日鈔」，次行低一格題「宋徵輿林屋書稿」，板心有「薝香館」三字。有「桐華寮」印。

庭聞州世説七卷附先進風格一卷 焦里堂手鈔本

泰州宫偉鏐紫陽述

自序一則

説例

先進風格自序三則

自跋

焦里堂手跋：嘉慶十一年冬十一月二十三日，録七卷訖。是日雨，天氣微寒，蓋一冬未雨雪，此日乃雨也。

又跋：是日午後寫《庭聞州世説》訖，又寫此卷完，時二鼓後。（在《先進風格》後）

又跋：嘉慶十五年五月十九日，里堂老人覆閲一過。明日夏至。

《四庫》依刊本著録，不分卷。此本分七卷。又刊本題「桃都漫士宫紫陽述」，而此本則署籍貫姓名，爲焦里堂先生晚年手鈔。有「里堂」、「焦循手録」二印。

山海經十八卷　明刊本

郭氏傳

郭璞序

劉秀序録

每半葉十二行，行二十字。

穆天子傳六卷　明刊本

晉著作郎郭璞景純注　明臨淮侯李言恭惟寅訂

王漸序（至正十年）

荀勗序

每葉板心有「青蓮閣」三字。每卷末有「萬曆壬午盱眙李宗城汝藩於青蓮閣校梓」三行。

晉搜神記八卷　明刊本

不題撰人姓名。此本與程榮《漢魏叢書》本同，中有宋元嘉魏崔涉事，亦後人掇拾而成之，不過較胡元瑞所輯二十卷本略先耳。

續幽怪録四卷　鈔本

李復言編

目録後有「臨安府太廟前尹家書籍鋪刊行」一行。有「小李山房圖籍」、「柯溪藏書」二印。

獨異志三卷 明鈔本

前明州刺史賜紫金[魚]袋李亢纂

自序

袁表跋(嘉靖戊申)

天一閣藏書。

劇談録二卷 明鈔本

將仕郎崇文館校書郎康駢述

天一閣藏書。

唐闕史二卷 鈔本

唐參寥子述

自序

允明識

板心有「漫堂鈔本」四字

録異記八卷 明鈔本

光禄大夫尚書户部侍郎廣成先生上柱國蔡國公杜光庭纂

卷一書題下署「恭一」，卷三、卷四、卷七署「恭二」、「恭三」、「恭四」，乃《道藏》號數也。天一閣藏書。

青瑣高議前集十卷後集十卷 校鈔本

［宋劉斧撰］

孫副樞序

此道光己酉先大父鈔校本。亂後散失，歸巴陵方氏，有方柳橋手書《宋史·藝文志》等六則。辛酉歲暮武昌徐君行可爲余自鄂渚購歸，與《岑嘉州集》、《浮溪集》凡三種，皆先大父手澤也。有先大父名字印。

太平廣記五百卷目録十卷 明刊本

宋李昉等編

上太平廣記表（太平興國三年）

談愷序（嘉靖丙寅）

引用書目

每半葉十二行，行廿二字。先大父儷籯館舊藏。

又一部

鬼董五卷 明鈔本

錢孚跋（泰定丙寅）

天一閣藏書。

青樓集一卷 校鈔本

雪簑洹隱輯

邾經序（至正甲辰）

自誌（至正庚子）

張擇序（至正丙午）

朱武後序（張冐跋）

趙魏跋（嘉慶七年）

黄復翁手跋：嘉慶己巳中秋十有三日，友人招飲於山塘。便道過訪陳仲魚，見案頭有鈔本《青樓集》，遂攜歸，囑内姪丁竹浯傳録，以備閒居流覽云。是日席上侑酒者有張氏素芳，一時色藝冠絶流輩。并記。

又跋：十月初旬卧病樓居，偶起坐閱樓所貯書，尋得向藏舊鈔本，因手校一過。多所異，想有兩本，不得據彼改此，亦不得據此改彼，各存之可也。復翁記。

有「讀未見書齋」、「蕘圃手校」、「蔡廷楨印」、「卓如」、「廷相」「伯欽甫」、「醉經主人」、「金匱蔡氏醉經軒收藏章」諸印。

校正新刊古本大全剪燈餘話五卷 明刊本

廣西左布政使廬陵李昌祺編撰　翰林院庶吉士文江劉子欽訂定　上杭縣知縣盱江張光啟校刊　建陽縣縣丞何景春同校綉行

曾棨序（永樂庚子）

王英序（永樂十八年）

羅汝敬後序（同上）

劉敬序（宣德癸丑）

無名氏跋

卷末有「嘉靖庚戌歲季夏月書林三槐王氏梓行」牌子。天一閣藏書。

會真記一卷附録三卷 明刊本

［明員䨓編］

郭基序（弘治癸亥）

蔣瓊後序（同上）

序有殘缺，故編者姓名不可見。後序但言「古青別駕巨儒員公所編」。《天一閣書目》云「明員鼐撰」，蓋爾時郭序爲完也。天一閣藏書。

金姬傳一卷　明刊本

七檜山人楊儀夢羽述

自跋（嘉靖乙巳）

別記（末有闕葉）

案《別記》中載李嘉謨孫所歌《萬里倦行役》一絶，亡宋舊宫人詩詞，以爲王昭儀秋夜贈汪水月、水雲昆玉作，又金德淑《望江南》詞〔一〕，彼以爲送汪水雲作，與此不同。舊宫人詩詞自係僞書，此亦小説家言，不足爲典要。然以時代前後言之，實彼襲此，非此襲彼也。天一閣藏書。

〔一〕「《望江南》詞」，稿本作「《江南好》」。

博物誌十卷　校本

晉司空張華撰　汝南周日用等注

汪謝城先生手跋：《博物誌》十卷，吳門黄氏從影宋本翻刻，前後敘次多與今通行本異。今本區分門類，蓋後人以其叢雜無緒故重編，殆亦出宋元人手。此本則猶宋以前相傳之本也。頃從温君鐵華處假得舊鈔本，與此本大略相同。又得盧抱經校吴琯本，因兼取何允中《漢魏叢書》本、汪士漢《祕書廿一種》互相讐勘，大抵補正奪譌，以盧校本爲最善，今多采之。惜盧氏未見宋本，然所校時有與宋本暗合者，何、汪二本則自鄶無譏矣。若夫茂先此書，本掇拾羣書而成，然可以考見原書者尚十七八，盧校繙檢亦正未及，姑俟他日裒集各書更爲詳校之。道光丙申夏六月二十日勘畢。烏程汪曰楨。

士禮居刊本，汪謝城先生手校。余家藏謝城先生手稿多至百餘巨册，獨其所校書不多見。壬戌得此本，乃道光丙申所校，時先生尚在少壯，故與晚年書跡不同。有「汪氏傳書樓珍藏書畫印」、「豐華堂書庫寶藏印」二印。

清異録四卷補一卷 明鈔本

［宋陶穀撰］

孫道明跋二則（至正二十五年，又二十六年）

前四卷自「妝飾」至「薰燎」，凡九門，孫明叔所傳果育齋本，又從常清靜齋鈔本補「喪葬」、「鬼」、「神」、「妖」四類，及「天」類一則、「魚」類三則始全，實則此四卷乃陶書之後半也。天一閣藏書。

清異録二册不分卷 明鈔本

宋陶穀撰

右自「天文」至「衣服」，共廿一門，乃陶書之前半。同本三十七門，此合孫明叔鈔本僅三十四門，蓋子目或脱去，非有闕佚也。天一閣藏書，范堯卿侍郎手校。

釋家類

妙法蓮華經七卷 宋刊宋印本

姚秦三藏法師鳩摩羅什奉詔譯

道宣妙法蓮華經弘傳序

迴向發願文

比丘德求受持（以上宋僧德求手跋）

秀州惠雲寺釋迦遺教比丘德求收贖此經，終身受持，修法華三昧，以爲頂經。求願四七日内六時之中，一心精進，如經所説修行，願得法華三昧，普現色身於一念中，決定成就。願卻除昏散，如入禪定，無有病惱障道因緣。所修三昧，先願國界安寧，萬民樂業。莊嚴父倪六郎思皓，母姚氏，覺印和尚，遂首座師祖嚴禪師，師兄妙悟大師，兄倪細八郎並張廿二娘，祖母朱三十三娘子，廣及法界六道，地獄受苦衆生，俱出苦輪，同生淨土莊嚴。比丘德求□命終時，正念分明，無有散亂，預知時□，□□往生極樂淨土。然後報答父母所□□十方施主，供須供養，捨施恩愛，外護□恩，更冀上答四恩，下資三有，法界有情，同成佛果。祈求比丘德求袈裟之下永無魔事，内魔不作，外障不生，速滅世間之心。所有宿業，願乞如空清淨。於遺教之中，建立法幢，光揚三寶，流通正教，深悟佛乘。紹興己卯二月二十八日，比丘德求謹願。

第一期密印寺僧　行昭　建法華
第二期密印寺僧　行昭　建法華
第三期密印寺僧　行欣　建法華
第四期密印寺僧　行欣　建（大彌陀□□□德求外□□□）
第五期亘頭金朝奉　益　建法華
第六期亘頭金朝奉　益　建法華
第八期亘頭金朝奉　益　建法華
第七期烏墩張大夫　紹明　建法華
第九期砂子沈將仕　穎　建法華
第十期報德徐運幹　稠　建（小彌陀一七日）
第十一期烏墩沈學諭　銓　建（法華）
第十二期烏墩張大夫　紹明　建（法華）
第十三期武康下渚聞人　令問　建（法華）

當院宗天台教觀釋迦遺教比丘德求，謹以自己衣鉢錢，重新修釋迦如來全身舍利寶塔二所，并置寶函，奉安《妙法蓮華經》等於寶塔之中，使人天瞻敬，成就菩提所期求善利。先願國泰民安，風調雨順。次冀四恩同報，三有普資，法界冤親，平等普及。然後願此寶塔堅固，久住世間，諸天守護，使法界有情，於我釋迦遺教之中，或瞻或禮，或見或聞，或貧或富，或貴或賤，或供養燒香，或然燭合掌，或恭敬讚歎，或嫉妬毁謗，或役工運力，或覩相生善，或影臨身到，或塔下經過，或登高而目覩，或船過而觀，或飛禽走獸，或螻蟻蚊蝱等，但是有形狀、具佛性者，平等俱霑利樂，成就菩提。令德求袈裟終始保全，永無魔障，建立法幢，光揚三寶，乃至具文殊智，入普賢門，無作神通，徧行三昧，演法華妙教之旨，闡法界無盡之宗。慈悲如彌勒尊，勇猛若釋迦父，敬一切如常慘菩薩，敬一切如常不輕人。雖成妙覺之尊，不捨菩薩之道。住一子地，入不二門。用物心爲心，以法量爲量。念念興隆佛事，處處嚴飾道場。大開供養之門，廣闢發揚之道。懺悔先業，省悟前愆，常禮十方如來，勸行理事二懺，除邪去僞，抱一冥真，心口相應，行願資發（以下雙鉤）。凡行小善，或起微因，若自若他，皆勸迴向西方，安養淨土，臨終正念現前，蓮華化生，具無生忍，以虛空之心，合虛空之理，身如大地，荷負衆生。以要言之，普願一切法界衆生，心同諸佛心，行齊菩薩行，廣大如法界，究竟若虛空，虛空若盡，此願方畢。德求更願所生父母，早願往生，我與法界有情，前後亡歿，同願往生。乾道九年太歲癸巳三月季春，時年五十有九歲，比丘德求謹願。有徒弟比丘祖英、文學、文表、師白同記。

奉佛女弟子費廿五娘，法名覺空，謹自發心，施銀三兩、絹一匹、摺錢八貫文，添助修釋迦如來利舍寶塔。所求善利，上答四恩，下資三有，法界有情，咸霑善利。現生之中，少病少惱。願消除業障，臨終正念，求願往生。見今眼目昏暗，寃對解釋，病苦消除，增崇世壽，成就菩提。乾道九年太歲癸巳三月日，費廿五娘願。

乾道九年歲次癸巳三月，德求重□此寶塔，願諸天護持，令此塔□固，久住世間，普爲法界有情，同霑善利，成就菩提，報佛深恩，報父母師長十方施主之恩。使德求袈裟之下，願常修佛事，願願深佛乘，願願不願輪轉，願願願坐淨土，願願不退菩提，願願廣度衆生，願願遇善識。虚空有盡，我願無窮。德求生難遭遇，生大歡喜，□□再書，重發此願（以上雙鉤）。秀州惠雲院釋迦遺教比丘德求，嘗將衣鉢錢重新修飾山門前佛塔二所，於塔上奉安《法華經》等并佛舍利在第五層高顯之處，使人天瞻敬，利及有情。於癸巳年三月，幸遂圓滿，生難遭想，先願國界安寧，使萬民樂業。於甲午歲七月十三日，大雨中天廷雷振，擊損右邊之塔。於當年八月再行修飾，獲遂圓滿，使人天瞻敬，復生難遭之想。又於乙未歲七月初九日夜，被人登塔上取下經匣，將謂有寶，於其中開而無物，誤其登高下低之勞，有失所望，使德求甚不遑安荷。其念老僧用心廣大，利益有情，遂蒙送還經匣并《蓮經》等。觀其人用心，亦欲利益。今復覩塔頂虧側，於己亥歲季秋初三丁巳日，令工匠重新相輪，端正奉安，并再將《法華》一經匣再奉安雙塔之上，使人天再得瞻敬。廣大如法性，究竟若虚空，法界有情，同霑善利。然後四恩上報，三有下資，願諸天護持，一塔堅固，久住世間，建立法幢，光揚三寶。先願國界安寧，萬民樂業，祈求德求袈裟之下，願無魔事，終始保全莊嚴。臨命終時，願望生淨土，在生之日，不值惡魔惱亂於我，乞諸天護持，然後報答十方施主捨施外護之恩。伏請大覺印知，龍天委鑑。淳熙六年九月初二日，比丘德求謹願。

比丘德求(大字)

僧達受篆書題首：秀州惠雲院宋刊《眇瀴蓮華經》，道光己酉八月望前二日，西湖南屏山淨慈住山沙門六舟達受敬篆。(下有「達受之印」、「六舟」二印)

吴廷康隸書跋：道光丁未六月，龍巖居士消夏于桐鄉東雲寺。相傳寺昉于北周廣順中，而靡碑版文可攷證。浮屠乃力請居士補之，遂出觀淳熙藏經一匣，乃二十年前捕雀童子獲于崒堵波中者，其前事詳宋僧德求跋尾。居士乞其半爲膏筆。以歲久梵夾散脱如敗葉，命裝潢人治之。而夾後德求又有手書數百字，類謝太傅犢背存題，卒就磨滅，殊可惜也。居士因邀予過艸堂，爲之雙鉤，附於夾尾。予何幸與居士同此香火因緣，當毋俟與靈運較後先耳。己酉三月朔，佛弟子通禮吴廷康敬識于龍巖草堂。

魏滋伯手跋：物之顯晦，隨時代爲轉移。其顯其晦，有莫之爲而爲、莫之致而致者，物不能自主也。秀州惠雲院釋迦如來舍利寶塔尊藏宋刊《妙法蓮華經》一部，其書法似蘇文忠之學徐季海，遒勁秀麗，兩擅其勝，惜不署書者姓氏，而其書自足名家。兼之鏤板極精，信稱善本。塔有時圮而此經不壞，遂出人間。觀宋僧德求自記，此經于乾道間安塔之第五層，於淳熙乙未七月被人取下，已亥季秋重安塔上，所記雖多彼教中語，而筆墨有士氣，知非尋常粥飯僧。余意此經藏于人家，久之恐落傖父手，或致褻越，不若仍送歸塔間，任其時顯時晦，或數百年得再落塵寰，知龍巖居士曾有此一段翰墨因緣，亦昔人寫書藏佛腹中意也。未識居士以爲何如？道光二十九年六月十九日，錢唐魏謙升謹記。（下有「滋伯」印）

摺葉小本，每開二十四行，行廿七字，每紙三開有半。紙首有號數，末或有「□通」二字，蓋刻工姓名。字體學蘇文忠，鐫印皆精絶。有宋僧德求手跋九開半。據德求紹興己卯手跋，謂收贖此經，終身受持，則此經刻印當在己卯以前，猶是南渡初印本矣。此經出於道光中葉，道光丁未龍巖居士寓惠雲院，爲寺僧書碑，因乞其半爲潤筆，然居士實攜全書以行，吴、魏二跋皆爲居士作。其德求跋九開有半，其二開半爲吴氏雙鉤。據吴跋，當因紙跋靡敝，不易裝治之故。然其後淳熙六年一跋紙尚完好，蓋又以乞他人，故屬吴氏又鉤補之耳。宋刻佛經自開寶以至南渡諸藏皆大字，此小字本蓋係單行持誦之本。德師浙人，此亦當爲吾浙舊槧也（此書日本舊有翻刊本，見《經籍訪古志》，題爲覆北宋本，不意今日得見原槧，而全書完好，一無缺損，尤爲罕覯）。德師跋尾書法精雅，極似德壽御書，誠吾齋劇蹟矣。有「龍巖艸堂金石圖書」印。

妙法蓮華經八卷 日本巾箱本

板心高二寸五分，廣一寸六分，每半開六行，行十二字，裝背用日本紙。第七卷有日本人所施和訓。字體較德求本爲寬博。五百年前日本刊本也。

尊勝等靈異神呪共二十道一卷 宋刊宋印本

宋僧德求手跋： 惠雲院釋迦遺教比丘德求，乾道九年太歲癸巳季春，時年五十有九歲，謹以自己衣鉢錢，重新修釋迦如來舍利寶塔二所，并印造《尊勝》等祕文奉安寶塔之中，願諸天大權於空中守護此寶塔，令其堅固，久住世間，莫使天魔侵害，令人天瞻□，平等普熏，四恩等報，三有普資，法□□情，同霑斯利。然後父母師僧早願往□。德求求臨終正念，視聽分明，如入禪定，隱几坐亡，願無業障。袈裟之下，乞無魔□，見生之中，佛力冥熏，早悟大乘，心開意解，縱説辯才，悟明心地，求願往生。德求謹願。

釋達受篆書題首： 宋刊《尊勝》等靈異神咒二十道。道光己酉八月望前二日，木樨盛放。龍巖居士屬南屏僧六舟達受題。（下有「六舟」印）

魏滋伯手跋： 謝氏肇淛《五雜組》云，書所以貴宋版者，不惟點畫無譌，亦且鐫刻精好，若法帖然。凡宋刻有肥瘦二種，肥者學顔，瘦者學歐，行款疏密，任意不一，而字勢皆生動。此《尊勝》等靈異神咒，共二十道，乃宋孝宗乾道九年僧德求裝治供奉釋迦如來舍利寶塔内者。塔既圮，遂留落人間。當日德求自跋墨迹如新，書法秀逸似張樗寮，其咒語書刻皆精，是瘦者學歐一類。雲窗展誦，古香古色，塵心爲之頓清。見者當作法帖觀，不可徒以尋常經册視之。道光二十九年七月既望，錢唐魏謙升滋伯記。（下有「文學祭酒」印）

每半開六行，行十五字，版式大小與小字《妙法蓮華經》同，蓋同時所刊也。中《佛頂尊勝陀羅尼》下旁註云出「過」字函,《大灌頂光真言》下云「羅」字函,《大佛頂首楞嚴心咒》下云「詩」字函,《廣字寶樓閣陀羅尼根本咒》下云「染」字函,《七俱胝佛母準提大明陀羅尼》下云「知」字函,《禮拜滅罪咒》下云「過」字函,《金剛壽命陀羅尼》下云「書」字函,《末法中一字心咒》云「染」字函,《無量壽如來心真言》云「漆」字函,《無量壽佛咒》、《往生淨土咒》下無注,《六字大陀羅尼》下云「知」字函,《文殊師利根本一字咒》下云「才」字函,《文殊五字咒》下云「府」字函,《普賢菩薩滅罪咒》下云「良」字函,《觀自在菩薩如意心咒》下云「才」字函,《蓮華部心咒》下云「藁」字函,共十六道。復題云「二十道」,蓋併《廣字寶樓閣陀羅尼》下《心咒》、《隨心咒》二者數之,然亦僅得十八通,云「二十」者蓋舉成數也。所舉諸真言函數與今所見宋元明藏及《龍藏》絶異。吾友張君孟劬謂,宋代浙本、建本部帙不同,此本出於浙西,或用思溪王氏藏本。似爲得之。此本字畫整秀,似《開寶藏》而字體略小,與小字《蓮華經》可同稱釋典中異品。有「龍巖艸堂金石圖書」印。

大方等大集經卷第二十三至卷第三十 元刊本

北涼天竺曇無讖譯

每半開六行,行十七字,每卷首末書名下題「有」字。

根本説一切有部毗柰耶卷第三十七 元刊本

唐三藏法師義淨奉制譯

行款同上卷，首尾書名下題「尊七」。

雜譬喻經一卷 元刊本

後漢沙門支婁迦讖譯

行款同上卷首尾書名下題「圖十」。

法集要頌經四卷 元刊本

尊者法救集西天中印度惹爛陀羅國密林寺三藏明教大師賜紫沙門臣天息災奉詔譯

御製大宋新譯三藏聖教序

行款同上，每卷首尾題「槐二」、「槐三」、「槐四」、「槐五」。

佛説金剛手菩薩降伏一切部多大教王經三卷 元刊本

西天譯經三藏朝散大夫試鴻臚卿傳教太師臣法天奉詔譯

行款同上，每卷首尾題「高一」、「高二」、「高三」。

佛説持明藏瑜伽大教尊那菩薩大明成就威儀經四卷 元刊本

龍樹菩薩於持明藏略出　西天譯經三藏朝散大夫試光禄卿明教大師臣法賢奉詔譯

御製大宋新譯三藏聖教序

行款同上，每卷首尾題「陪一」、「陪二」、「陪三」。

佛説大吉祥陀羅尼經佛説寶賢陀羅尼經佛説祕密八名陀羅尼經佛説觀自在菩薩母陀羅尼經佛説戒香經同卷 元刊本

西天譯經三藏朝散大夫試光禄卿明教大師臣法賢奉詔譯

卷首尾題「驅七」。

佛説最上祕密那拏天經三卷同卷 元刊本

西天譯經三藏朝散大夫試光禄卿明教大師臣法賢奉詔議

卷首尾題「轂八」。

佛説解夏經佛説帝釋所問經同卷 元刊本

西天譯經三藏朝散大夫試光禄卿明教大師臣法賢奉詔譯

卷首尾題「轂九」。

佛説決定義經佛説護國經同卷 元刊本

西天譯經三藏朝散大夫試光禄卿明教大師臣法賢奉詔譯

卷首尾題「轂十」。卷尾又有增刊牌子云「山西布政司太原府代州在城居奉／佛信士白資同嫂楊氏，伏爲先兄白秀處士存日發心印施／大藏尊經，未曾圓滿，特施淨賄，命工印造／一藏法寶，恭奉流通供養。所願／先兄處士白公承兹／法力，逕往淨邦，悟般若之真空，證無生之法忍。更冀／白資、嫂楊氏、姪白素、白繪俱培見世之福田，悉布來生之善種者。／大明永樂辛卯夏日識」云云。此牌子乃印時所加，印施者爲代州人，則此板乃元時北藏也。

金剛頂瑜伽降三世成就極深密門金剛頂瑜伽他化自在天理趣會普賢修行念誦儀軌二經同卷 元刊本

［前經題］特進試鴻臚卿大廣智不空三藏與淨行婆羅徧智奉詔譯　［後經題］特進試鴻臚卿大興善寺三藏沙門大廣智不空奉詔譯

卷首尾題「密五」。

大毘盧遮那成佛神變加持經略示七支念誦隨行法速疾立驗魔醯首羅天說阿尾奢法大聖曼殊室利童子五字瑜伽法三經同卷 元刊本

大興善寺三藏沙門大廣智不空奉詔譯

卷首尾題「寔六」。

佛說一髻尊陀羅尼經金剛摧碎陀羅尼不空羂索毘盧遮那佛大灌頂光真言三經同卷 元刊本

大興善寺三藏沙門大廣智不空奉詔譯

卷首尾題「寧十一」。内第二種脱佚。

金剛頂瑜伽十八會指歸一卷 元刊本

三藏法師大廣智不空譯

卷首尾題「佐八」。

佛説最勝妙吉祥根本智最上祕密一切名義三摩地分二卷 明鈔本

西天譯經三藏朝奉大夫試鴻臚卿傳法大師臣施護奉詔譯

卷首題「奄六」。此明人鈔補，蓋元板已有闕佚也。

［前二經題］佛説帝釋巖祕密成就儀軌聖觀自在菩薩功德讚佛説了義般若波羅密多經同卷（元刊本）

金剛王菩薩祕密念誦儀軌金剛頂勝初瑜伽普賢菩薩念誦法經圖卷 元刊本

大興善寺三藏沙門大廣智不空奉詔譯

卷首尾題「阿八」。

佛説最勝妙吉祥根本智最上祕密一切名義三摩地分二卷 明初鈔本

西天譯經三藏朝奉大夫試鴻臚卿傳法大師臣施護奉詔譯

卷首題「奄六」。此明初印書時鈔補，蓋其時元板此卷已闕也。

佛説帝釋巖祕密成就儀軌聖觀自在菩薩功德讚佛説了義般若波羅密經同卷 元刊本

［前二經題］西天譯經三藏朝奉大夫試鴻臚卿傳法大師臣施護奉詔譯

卷首題「奄八」。第三種割去，目下有籤云「此經移入《續經》」。

一切祕密最上名義大教王儀軌二卷妙吉祥平等觀門大教王經略出護摩儀同卷 元刊本

［前經題］西天譯經三藏朝奉大夫試鴻臚卿傳法大師賜紫臣施護奉詔譯　［後經題］大契丹國師天竺摩竭陀國三藏法師慈賢譯

卷首尾題「曲八」。

大宋高僧傳卷第五 元刊本

左街天壽寺通慧大師賜紫贊寧、左街相國寺講經論大德賜紫智輪同奉敕撰

卷首末題「旦五」。以上二十種行款板式及紙墨竝同，皆永樂辛酉所印元刊本。

止觀輔行傳弘決卷第一之四卷第二之二卷第二之三卷第三之三 明刊本

每卷首尾題「假四」、「假六」、「假七」、「塗三」，行款與元本同，蓋明初補刊也。

弘明集十四卷 明刊本

梁釋僧祐撰

自序

萬曆丁巳徑山化城寺刊本。有「臣恩復」、「秦伯敦父」、「石研齋秦氏印」、「盱台王氏十四間樓藏書印」諸印。

廣弘明集三十卷 明刊本

唐釋道宣撰　明吴勉學校

此吴勉學刊本。有「明善堂珍藏書畫印記」、「安樂堂藏書記」、「盱台王氏十四間書樓藏書印」諸印。

修習止觀坐禪法要一卷 明刊本

天台修禪寺沙門智顗述

釋元照序（紹聖年）

後附《始終心要》一卷，荆谿尊者述。天一閣藏書。有「天一閣主人」印。

大方廣佛華嚴經合論一百二十卷附普賢行願品疏一卷 明刊本

唐方山長者李通玄撰

御制新譯華嚴經序（證聖三年）

志寧序

慧研序（乾德丁卯）

李長者事跡

疏末有隆慶辛未湖州慈恩寺沙門永元跋，謂「《普賢行願品别行疏》與李長者大論併合流通，功德奉報重興福主太常寺少卿五臺陸公」云云，則此乃吾郡慈恩寺刊本也。

華嚴原人論一卷 明刊本

終南山草堂寺圭峰蘭若沙門宗密述　大明代藩分封蒲州山陰王元峰道人俊栅校刊

序

李純甫後序

末有「大明萬曆五年歲次丁丑夏四月吉日刊，優婆塞趙應禮謄」兩行。

禪宗永明集一卷 明刊本

宋慧日永明智覺禪師延壽撰　明蒲阪山陰王元峰道人校刊

元峰道人序(隆慶戊申)

大方廣佛華嚴經普賢行願品别疏卷下 宋刊宋印本

太原府大崇福寺沙門澄觀奉詔述　緇雲沙門仲希録本注疏於經下

每開八行，行大十五字，小二十字。與今《藏》本卷數不同，卷首末又不著函數，蓋單行本也。日本高山寺藏書，有「高山寺」印。

龐居士傳一卷附龐居士詩二卷 明刊本

汪元湛跋(嘉靖辛酉)

後題題「龐居士語録」。汪跋謂「從吴方山得舊本，後覓得宋本校之，即捐資録梓」。天一閣藏書。

佛果圜悟禪師碧巖録十卷　明刊本

羅汝芳重刊四家語録序

門友無黨跋（宣和乙巳）

范必用跋（永樂十三年）

無名氏跋

此永樂時刊本。據羅序，同時所刊尚有天童、雪竇、萬松三家，今唯存《碧巖》一種矣。

五燈會元二十卷　明覆元刊本

［宋釋普濟撰］

釋延後序（至正廿五年）

闕卷三、卷四、卷九、卷十，凡四卷。每半葉十三行，行廿四字。天一閣藏書。

楞伽阿跋多羅寶經四卷　明刊本

宋天竺三藏求那跋陀羅譯　大宋胥臺沙門釋正受集註

盛儀序（嘉靖丁未）

蔣之奇序

蘇軾書後（元豐八年）

沈瀛序（慶元二年）

正受序

宋濂題辭（洪武四年）

卷末有牌子云「《楞伽寶經》四卷并註釋序文，合十萬八千餘字，大䨓熏沐檢勘，恭命善人劉佑翻寫成帙，仰承達觀檀信捐資授梓，以永流傳。伏願佛法弘開，萬善皈依于正覺；皇風廣播，八方鼓舞於雍熙。登仕版者爵禄彌高，持戒臘者清修益固，喜捨受持者共證極樂。九品之中書梓見聞者，同入龍華三會之上。出魄滯魂，總獲起升。法界有情，同登彼岸。嘉靖丁未朔佛成道日，粟菴大䨓謹題」。又有「經始于嘉靖丁未夏六月，成于十一月廿有四日，板留揚州上方寺粟庵禪院」。天一閣藏書。

冥樞會要三卷 宋刊宋印本

黄龍庵主祖心集

潘興嗣序

惟清跋（紹聖四年）

朱彦跋

朱竹垞手跋：乙酉夏六月，避暑緑蔭山房，桐陰蔽日，蕉影分凉，因檢舊藏，得宋晦堂所集《冥樞會要》。其禪機微義，宜與大道相符，種種發明，無不融會。細爲玩味，不覺心生歡喜，遂以膚見，略加删

點，以誌予老而彌篤之意云爾。秀水朱彝尊記。（下有「彝尊」、「竹垞」二印）

程春海手跋：道光庚寅二月花朝後三日，過味經書屋，觀三復，因識。古歙程恩澤。（下有「春海」印）

李申耆手跋：《宗鏡》非鏡，呵鏡之病。《冥樞》非樞，執樞之拘。無要何會，如來自在。此六百年，亦金剛禪。道光十三年，上距紹興十五年六百九十一年矣。曷利他居士拈偈。（下有「兆洛之印」一印）

錢夢廬手跋：右《冥樞會要》三卷，宋僧晦堂摘《宗鏡録》中要旨成此書。明葉氏《菉竹堂書目》及朱氏《聚樂堂藝文目》皆載是書，真祕笈也。道光己丑余購自吴門蔣氏，册尾有竹垞太史一跋，知曾入曝書亭中，尤足寶貴，是宋槧中致佳本也。芙川先生見之愛不忍釋，因割愛以足本《權文公集》易去。原本《宗鏡録》百卷浩若煙海，使觀者一時驟難尋繹其旨，此數卷擷其菁英，真禪門之寶筏也。近閲吴門汪閬園觀察《宋板書目》，載《宗鏡録節要》上下二卷，不識與此畧有異同否。琴川吴門，一葦可杭，芙川先生何不攜此書與觀察藏本一印證之。急以示我，是所企切。道光十四年甲午五月竹醉日，嘉兴錢天樹識。（前有「夢盧」，後有「天樹印信」諸印）

蔣伯生手跋：道光甲午暮春十日，芙川仁兄出觀，假讀三旬，以識歲日。辛峰蔣因培。（下有「伯生」印）

張貫唯手跋（道光丙申，下有「尔旦」、「幼碧齋」之印）。

每半葉十行，每行二十字。潘序後有題識二行云「凡遇標起處，是《宗鏡録》中卷軸板數，如欲廣覽，請自尋檢本文」。卷末又有題識三行云「四谿比丘了義書。湖州報恩光孝禪寺住持嗣祖比丘道樞重開，時紹興十五年歲次乙丑端午日謹題」。蓋晦堂弟子普燈初刊此書在紹興四年，此則南渡初吾郡重開本也。報恩光孝禪寺據嘉泰《吴興志》在子城北，紹興十二年改今名。「四谿」即吾郡苕霅等四水，周公謹自號「四水潛夫」，今知此名已見於南渡初矣。吾郡思溪王氏刊全藏經在紹興二年，今傳本罕見。此刊係通行書册本，字亦較《藏》本爲小，而端勁古厚，猶有北宋遺意，又係吾郡舊槧，洵可寶也。書僅三卷而卷帙頗鉅，分裝六册，每册皆張芙川題籤。有「董其昌印」、「朱彝尊印」、「竹垞」、「彝尊」、「錢氏藏」、「張蓉鏡印」、「小瑯嬛福地」、「芙初女士姚畹真印」、「心蓮室」、「叔芷」、「畹芳」、「若蘅」、「襄勤公五女」、「方氏若蘅」、「方襄勤公季女」、「曾藏虞山渭濱張本淵家」、「曾藏張渭濱家」、「忍辱仙人」、「舊山樓」、「前身天竺僧」諸印。

禪林寶訓二卷 明刊本

東吴沙門淨善重集

前後有缺葉，序跋盡失。天一閣藏書。

宗鏡撮要一卷 明刊本

［宋曇賁集］

楊傑宗鏡録序

介諶跋（紹興壬子）

跋云：東嘉曇上人所集。末有「嘉靖壬寅孟秋初吉四明鹿園精舍重刊」一行。天一閣藏書。

諸天傳二卷 明刊本

吴興烏戍釋行霆述

奉規序（乾道癸巳）

前有《供天科儀》一卷，殘闕。有永樂十一年無名氏跋，跋後有「大報恩寺經局」一行。本書卷上後有永樂九年題識五行。天一閣藏書。

船子和尚機緣一卷諸祖讚頌一卷 明刊本

吕益柔跋（大觀庚寅）

師範跋（嘉熙丁酉）

希陵跋（至治壬戌）

正印跋（至元丁丑）

曇靜題

舊本題

北澗西亭蘭若記
幻住推蓬室記
陸樹聲跋

後有「萬曆丙子夏日寓雲間超果寺滇南比邱智空重刊板，付朱涇船子道場助緣，弟子劉慧金、楊慧玉、參學門人慧理、古沖、本仁、圓曉等，管門弟子禮純拜書」三行。陸跋後又有「四明杜國慶」一行。天一閣藏書。

湘山事狀全集十二卷 明刊本

清湘篤孝家塾蔣擢民秀編
東橋居士序（正德丙子）
留元長序（嘉熙丁酉）
湘山事狀疏語
張溥跋（嘉熙戊戌）
僧正覺淨後語（正德十一年）
□□後序（後□）

目録首題「湖南全州天下湘山無量壽事狀」，實則湘山寺志也。卷首留序及募刻此書疏語，後並有

「嘉熙元年丁酉四月吉日都董勸緣蔣擢疏，幹緣龍瀛、勸緣當代住山祖潮儒林郎趙繼英，證盟功德主慈祐寂照妙應普惠無量壽佛立行若」四行。明正德丙午顧華玉璘守全州，復序而刊之。僧覺淨跋後又有「湘城檀越滕鼎、滕暉、唐瀚、袁璹、袁本、王本忠、滕瑶、滕畹、僧正覺淨、住持明鋼、僧智洪，每名捨名貳兩重梓，善果寺僧惠慶書丹」六行。目録後又有「覆釜山定光禪寺開山第一代住持僧紹拱、同居山捨緣道友唐仁美助錢叁貫市刊」二行。天一閣藏書。

道院集三卷　鈔本

光禄大夫太子少傅致仕澶淵晁迥著

孫慎序（萬曆元年）

此從萬曆刊本影鈔。序後有「白鳳翔刊」四字。有「孔繼涵印」、「葒谷」、「昭熿」三印。

佛祖通載二十二卷　明覆元刊本

嘉興路大中祥符禪寺住持華亭念常集

虞集序（至正元年）

覺岸序（至正四年）

凡例

每半葉十行，行二十字。天一閣藏書。闕卷三、卷四及卷二十二，共三卷。薛氏《天一閣見存書目》

有此書，存卷二、卷三，正與是本所缺者合。今蔣目所缺者尚存，而存者乃不得合併矣。卷一末有「宣德五年歲次庚戌十月初吉日大慈恩寺首座比邱廣議洪興謹募衆緣流通」三行。有「天一閣」、「古司馬氏」、「四明沈氏雙泉草堂珍賞印」、「吴興抱經樓藏」、「慈谿沈德壽雀年氏甲申以來所得書畫藏在雙泉草堂及延禄軒中」、「慈谿沈氏鑒藏書畫之章」諸印。

廬山蓮宗寶覽念佛正因十卷 明刊本

[元僧普度編]

刊板自序（皇慶壬子）

希陵序（延祐甲寅）

大中德合序（同上）

自序（大德九年）

淨日跋（大德八年）

宗信跋（大德乙巳）

悦堂跋

西雲題

月澗題

明本跋
智通跋
致祐跋
張仲壽跋（至大改元）
永盛題（甲寅）
自跋
洪□跋（宣德四年）
天一閣藏書。

大佛頂首楞嚴經合解十卷 明刊本

師子林沙門惟則
自序（至正二年）
克立序
自跋
妙慶跋
惟實跋（正統十三年）

明正統中刊於金陵，每卷後皆有刻經人刻經記。天一閣藏書。

重刊四十二章經遺教經證道歌決疑集 明刊本

佛説四十二章經一卷

後漢沙門迦葉摩騰共竺法蘭奉詔譯

佛説遺教經一卷

姚秦三藏法師鳩摩羅什奉詔譯

永嘉真覺大師證道歌一卷

禪宗決疑集一卷

西蜀野衲智徹述

道深總序（正統五年）

道孚總序（同上）

崇裕禪宗決疑集序（洪武四年）

末有「大明弘治十二年六月上元日，弟子□□等發心刊施，板留在漢中送君山龍洞」三行。

金剛般若波羅蜜經註解一卷附金剛般若波羅蜜多心經註解一卷 明刊本

［明宗泐、如玘同注］

序（永樂十七年殘闕）
御製心經序
宗泐跋（洪武十一年）
性月等跋（嘉靖壬子）
此吳郡天池山僧性月等重刊永樂本。天一閣藏書。

神僧傳九卷 明刊本

西天竺清河髮僧梓
嘉靖間重刊本。書眉間有標注。

諸祖歌頌一卷 明刊本

無序跋及撰人姓名。天一閣藏書。

禪門緇訓二卷後集一卷 明刊本

景隆重刊序（成化六年）
覺濬後序（成化十年）
如壵後序（同上）
末有助緣比邱名七行，及「四明王鴻刊」一行，乃沈君節書以鋟板。天一閣藏書。

募緣雜録一卷 明刊本

無撰人姓名及序跋書題。板心有「募緣雜録」四字，乃四明阿育王寺重建塔殿募緣時所刊。前有萬曆五年陸堯祖募緣序，餘皆録寺中碑記。天一閣藏書。

道家類

纂圖互註老子道德經二卷 元刊本

河上公章句註釋

龔士卨序（景定改元）

葛玄序

老氏聖紀圖

混元三寶之圖

初真内觀靜定之圖

金丹之圖

每半葉十二行，行大、小並二十六字。此書宋元間刊本不一，大率每半葉十一行，行大廿一字、小廿五字。此本每行大小字數同，亦建陽書肆重刊本也。有「傳經堂鑒藏」、「傳經堂印」、「華步寒碧莊印」、「寒碧莊章」、「華步劉氏家藏」、「彭城伯子」、「空翠閣藏書印」、「曾在東山劉惺常處」、「傳經後人」、「蓉峯」諸印。

纂圖互註老子道德經二卷 明刊本

河上公章句註釋

太極左仙公葛玄序

老氏聖紀圖

老子出關之圖

混元三寶之圖

初真内觀靜定之圖

金丹之圖

每半葉十一行，行廿四字。有「鎦」、「履芬」、「與漚爲客」三印。

老子道德經二卷 明刊本

河上公章句

龔士卨序（景定改元）

葛玄序

此世德堂刊《六子》本。但每葉魚尾上「世德堂刊」四字已剜去。有「四明范大沖子受印」、「崐崙山人」、「□芻堂印」三印。

老子二卷 明鈔本

眉山蘇轍

自跋（大觀二年）

閣本題「道德經解」，此本徑題「老子」。又明刊本皆四卷，此本獨二卷，與《直齋書録》卷數合。天一閣藏書。

道德會元一卷 明刊本

都梁清庵瑩蟾子李道純元素述

自序（至元庚寅）

序例

此注多用俗語，似語録體，每章後有總説，説後有頌，或四言，或五言，或七言。每半葉十行，行二十字。乃從元本重刊。天一閣藏書。

老子鬳齋口義二卷 明覆宋本

鬳齋林希逸

發題

每半葉十行，行十八字。

太上老子道德經四卷 明刊本

無垢子何道全述註

葛玄序

老氏聖紀圖

老子出關之圖

混元三寶之圖

初真内觀静定之圖

金丹之圖

此註初下己意，後引前人之説。每章下有總説，末又用七言絶句或四言、五言四句加七言二句以結之，體例與李道純《道德會元》相同。卷末又以七絶四章作總讚。明中葉以前刊本。天一閣藏書。

老子集解二卷考異一卷 明刊本

大寧居士薛蕙

高叔嗣序（前缺）

自序（嘉靖丙申）

天一閣藏書。

老子二卷 明刊本

參元朱得之傍註並通義　弟庶之參校

自序（嘉靖四十四年）

讀老評

通義凡例

老子列傳

目録附紀異

天一閣藏書。

沖虚至德真經八卷 元刊本

列子［撰］　張湛處度註　唐當塗縣丞殷敬順釋文

張湛序
劉向序（永始三年）

每半葉十二行，行大小廿六字。與余藏《纂圖互註老子道德經》行款同。宋刊「纂圖互註」諸子本僅《老》、《莊》、《荀》、《揚》四子，後景定元年龔士禼《老子序》已加文中子《中説》而五，然尚無《列子》。此又景定後所加。今傳本《六子》獨《中説》與《列子》皆無纂圖互註，此亦後加之證也。

列子通義八卷 明刊本

參元朱得之傍註並通義
自序（嘉靖甲子）
劉向序（永始三年）
張湛序
讀列評目録
刻列子後序（末闕）

此書有「通義」，有「傍註」，與《老子》體例同。《四庫》但存《莊子通義》十卷之目，而無《老》、《列》二書，同邑張氏有此書而無《老子》。今得備此二書，足爲鄉邦文獻之幸矣。

史進士新鐫列子纂要一卷 明刊本

四明進士史起欽德明甫纂輯

旁有圈點，上有標註，蓋坊肆所刊。天一閣藏書。

纂圖互註南華真經十卷 宋刊本

晉郭象子玄註　唐陸德明音義

郭象序

莊子太極説

周子太極圖

每半葉十一行，行大廿一字、小廿五字。每葉闌外左角題篇名、卷數、葉數。有「潛庵」、「種石居」二印。

纂圖互註南華真經十卷 宋刊本

晉郭象子玄註　唐陸德明音義

郭象序

莊子太極説

周子太極圖

袁漱六手跋：　郭注《莊子》以世德堂刻爲頗善，然究不及宋元本遠甚。近時翻雕者其源亦出世德，未足稱美也。滌老前輩所藏郭注不一，當督師江右，未曾攜帶，屬予購之。余以此宋刻寄贈，乃在其詔許終制居家讀禮時，去督師歲月將一易寒暑矣。匪故遲遲，道實阻之，亦既至止，則固滯止。吁，時世如此，能勿慨爾。咸豐七年秋七月，袁芳瑛識于松江署中。（下有「芳瑛」印）

行款與前同，亦有闌角題字，而刊刻稍後。元人亦有翻本，無闌角字，可見宋元間此書非一板也。此袁漱六太守贈曾文正者。有「朱得輿字復根」、「不昏不宧情欲失半」、「芳瑛」、「卧雪廬袁氏藏書之印」、「湘潭袁氏藏書之印」、「古湘南袁氏藏書畫印」、「栗誠」諸印。

南華真經十卷　明刊本

郭象子玄註　陸德明音義

郭象序

此世德堂本。有「四明范大沖子受氏印」、「崐崙山人」、「□㒸堂印」諸印。

莊子南華真經十卷　明刊本

王懋明校

劉文清藏書，每册面葉題卷數、篇名，皆文清手筆。有「御賜天香深處」、「高簡古人意」、「金修古藏」諸印

南華真經十卷 校明刊本

郭象子玄註　陸德明音義

世德堂本，余以宋□本校一過。原有「省庵」一印。

莊子鬳齋口義十卷 元刊本

鬳齋林希逸

林希逸發題

徐霖跋（景定辛酉）

林經德跋（景定改元）

林同跋（景定辛酉）

每半葉十行，行廿一字。正文頂格，「口義」亦作大字，低一格。有「瑟闇氏」、「廷珍之印」、「秦氏家藏」諸印。

莊子十卷 明刊本

參元朱得之傍註并通義　附錢塘褚伯秀義海纂微　雲谷王潼校刊

朱得之序（嘉靖庚申）

讀莊評

褚伯秀序（咸淳庚午）

有「澤縣私印」、「浚宣」、「沚蕉」諸印。

文子十二卷　孫淵如校鈔本

周辛計然撰（星衍據《范子》題）

孫淵如手書序：黄帝之言，述於老聃。黄老之學，存於文子。西漢用以治世，當時諸臣皆能稱道其説，故其書最顯。唐天寶能尊老氏而不用其言，又號之「真經」，儒者始束而不觀。然諸子散佚，獨此有完本存《道藏》，其傳不絶，亦其力也。今《文子》十二卷，實《七録》舊本。班固《藝文志》稱九篇，疑古以《上仁》、《上義》、《上禮》三篇爲一篇，以配《下德》耳。固言「老子弟子，與孔子並時，而稱周平王問，似依託」，意謂文子生不與周平王同時，而書中稱之，乃託爲問答，非謂其書由後人僞託。宋人誤會其言，遂疑此書也。案書稱「平王」，並無「周」字，又班固誤讀此書，此「平王」何知非楚平王與。書有云「老子學於常樅，見舌而知柔」，又云「齒聖於舌而先斃」。攷《孔叢子》云「子思見老萊子，老萊子曰：子不見夫齒乎。齒堅剛，卒盡相磨。舌柔順，終以不弊」。則老聃即老萊子，《史記》所云「亦楚人，著書十五篇，言道家之用」。文子師老子，亦必游於楚，與楚平王同時，無足怪者。杜道堅亦以爲楚平王不聽其言，遂有鞭尸之禍也。書又云「秦楚燕魏之歌」，則其人至六國時猶在矣。《范子》稱文子爲辛計然之字而爲其師，當可引據。范蠡之學出于道家，其所教越，以亡取存、以卑取尊、以退取先之術也。又自齎遺大夫種書曰「蜚鳥盡，良弓藏。狡兔死，走狗烹」，亦出《文子》。是文子即計然無疑。李善、徐靈府亦以爲是宋人，又疑之，特以《唐志》農家自有《計然》，不知此由范蠡取師名以號其書，自非一也。淮南王受詔著書，成於食時，不能遠引，多用《文子》，頗復謬誤。今案《文子》云「神將來舍，德將爲汝容，道將爲汝居」，容與舍、居比，則言「容受」，《淮南》作「德將來附若美」，是誤讀「容」爲「容色」。《文子》云「妄爲要中，功成不足以塞責，事敗足以滅身」，《淮南》作「功之成也，不足以更責；事之敗也，不足以滅身」，增「不」字而失其深戒之意。《文子》云「羽翼美者，傷其骸骨；枝葉茂者，害其根荄」，「荄」讀如「核」，與「骨」爲韻。《淮南》作「根莖」，則韻不合。《文子》云「天地無私也，故無奪也，無德也，故無怨也」，《淮南》作「日月無德也，故無怨也」，取「日月」以儷「天地」而殊無義。《文子》云「下之任（句），懼不可勝理，故君失一則亂甚於無君也」，《淮南》作「下之徑衢」，直誤讀其句而改其字。《文子》曰「葪之爲縞也，或爲冠，或爲絲」，《淮南》作「均之縞也」，則義淺劣。《文子》云「譬若山林而可以爲材，材不及山林，山林不及雲雨」，言有材不及生材之地，生材之地不及生材之天其生愈廣。《淮南》作「譬若林木，無材而可以爲材，材不及林，林不及雨」，其意不顯。《文子》云「以禁苛爲主」，《淮南》作「以奈何爲主」，則形近而誤者。此之屬不能悉數，則知《文子》勝于《淮南》，此十二篇必是漢人依據之本，由當時賓客迫于成書，不及修辭達意，或有非賢廁于其間，雜出所見，聊用獻酬羣心。又怪其時漢之闕庭，無能刺其齟齬。今《文子》具存，又得援證，柳宗元疑以駮書，所謂以不狂爲狂者與。《文選注》引《文子》「羣臣輻湊」，張湛曰「爲梟輻之集於轂也」，是湛注《列子》，亦注此書，而目録家皆缺載。《新唐書·藝文志》、《玉海》俱稱元魏李暹注本，今不傳。《玉海》又稱有朱弁注本，《宋史·藝文志》作朱元，今存《道藏》中。又有徐靈府本，題《通元真經》默希子註，及杜道堅《通元真經讚義》。靈府、道堅空疏無所發明，而高誘説《淮南》諸篇，則可引證此書。《文子》書既稱黄帝之言、神農之教，則其學有本。孔子聖人，禮傳多稱聞諸老聃。漢庭諸儒，賈生而已，其稱日中必彗，及《服鳥賦》多用黄老之言，是道家之學通于儒術。舜稱無爲而治，庶幾近之。小之能法其言，亦退讓君子，以保其身者矣。世有用此書者，必然吾言矣。（「舜稱無爲而治」以下後删去，尚未改補。）

文子篇目攷

徐靈府文子序

孫淵如手跋：甲辰臘八日以樓觀《道藏》《文子纘義》本校，多各有長短。今取其長。《纘義》本宋杜道堅撰，亦空疏無所發明。後有釋音，亦無攷據。序略云：僕生江左，老吴邦，訪文子之遺蹤，建白石通元觀。因獲《文子》故編，暇日分章纘義，參讚元風。前有序。按白石通元觀，《寰宇記》、《吴興志》俱載餘英山東南三十里有計籌山，趙大夫計然嘗登此山，籌度地形，因名焉。今山陽白石頂通元觀乃故隱處也。無撰人名，又稱宋乾道，似明人所作。又有至大三年吴全節及道士黄石翁序。

右孫淵如鈔校本，初用《老子》、《吕覽》、《淮南》諸書以朱筆手校，後以《纘義》本校，則用墨筆。其於《淮南》用力尤深。面葉有淵翁篆書「文子十二卷上道家」，又有正書銘云「黄帝之言，存乎此書。范蠡得之，以越覆吴。文景是用，垂衣有餘。誰其嗣音，漢庭諸儒。孫星衍銘」。其自序及《文子篇目攷》，亦淵翁手書。淵翁初校是書，其意蓋欲付刊，然《平津館》、《岱南閣》、《問經堂》三刻俱未之及。張氏道南撰淵翁年譜，亦不云有此書校本。蓋淵翁校此書時年僅三十許，晚歲已失其本歟。有「泰州鎦麓樵購于揚州癸丑兵火之後」一印。

道德經二卷關尹子文始真經一卷沖虚至德真經二卷南華真經二卷 明刊本

葛玄道德經序

葛洪關尹子序

張湛列子序

郭象莊子序

序後並有「萬曆乙未孟秋毘陵董氏鐫于秋聲閣」二行。皆但刊正文，無注。

列仙傳二卷 明刊本

漢光禄大夫劉向撰

皇甫沖序（癸丑）

黄省曾序（嘉靖甲午）

黄魯曾後序

每半葉十二行，行二十字。傳後有讚，卷末又有總讚，隋唐以來舊本如是。乃黄氏後序謂「五嶽山人於劉向《列仙傳》，人附一贊，詞極玄玄」，一若讚即爲省曾所撰，殊不可解。吴琯刊本乃去其讚，殆爲黄説所誤也。天一閣藏書。

抱朴子内篇二十卷外篇五十卷　明刊本

晉丹陽葛洪稚川著

魯藩務本健根序（嘉靖乙丑）

内篇自序

沈曉滄手跋：《抱朴子》一書文氣奥衍，字句古僻，爲六朝以前人手筆。余藏有明刻慎懋官本，偶取讀之，舛誤脱落處甚多，因於泰峰家假是本校之。此本雖勝於慎本，而脱誤亦不免，復覓假《道藏》本、盧舜治本校之。近時孫氏《平津館叢書》所刊此書較諸本爲善，然亦未見慎本，故互有異同。迺合諸本勘對之，去其誤而存其真，間有管見，亦附以備參。當官鮮暇，凡閲十有一月而始畢，爰誌簡末，以歸泰峰云。時道光戊申四月八日，桐鄉沈炳垣書於上海官署之願吾春室。（下有「炳垣私印」、「魚門一字曉滄」二印）

此魯荒王五世孫健根所刊，其序文板心有「敕賜承訓書院」六字，餘葉並有「承訓書院」。沈曉滄大令以《道藏》本、盧舜治本、慎懋官本及古類書所引通校，至爲精審。有「華亭梅氏藏書」、「華亭梅氏藏書之印」、「泰峰」諸印。

太上黄庭内景玉經一卷太上黄庭外景玉經一卷附黄庭内景五臟六腑圖説一卷 明刊朱印本

梁丘子註 ［圖説題］胡悟撰

梁丘子序

沈子木序（萬曆甲午）

沈儆垣序

沈儆炌後序（萬曆閼逢敦牂）

孫伯淵手跋：《黄庭内外景經》各一卷，題梁邱子註。《五藏六府圖説》一卷，題胡悟撰。朱印。明陳國興所書，甚精致。按梁邱子者，唐白履忠也，見《新唐志》，以爲「卷亡」。胡悟當作「愔」，「女子胡愔」也，亦見《唐志》，又見《崇文總目》。此皆唐人所著書，《四庫全書》未收，近始獲其本於吴門，又足證《唐志》云「卷亡」之謬，良可寶也。五松居士記。（下有「淵如」一印）

明刊朱印，《圖説》後有「江東陳國興書」一行。有「潯陽陶氏藏書之章」、「陽城張氏省訓堂經籍記」、「葆采」、「開萬樓藏書記」、「鎦漢臣字麓樵」、「鎦漢臣麓樵父印」、「漢臣珍賞」、「泰州鎦麓樵購于揚州癸丑兵火之後」諸印。

太上黄庭内景玉經一卷太上黄庭外景經一卷黄庭内景五臟六腑圖説一卷 鈔本

梁邱子註

梁邱子序

舊鈔。無刻書序跋，疑所據本尚在萬曆刊本之前矣。

元始説先天道德經註解五卷 明刊本

無撰人姓名及序跋。面葉有張芙川題字云「制靜齋書散逸，道光乙巳冬得之」。有「鄒紹鴻印」、「張蓉鏡印」、「張蓉鏡」、「蓉鏡珍藏」、「味經」、「得者須愛護」諸印。

真誥稽神樞第四篇上卷之第六 明刊本

華陽隱居陶弘景造

天一閣藏書。薛氏《閣中見存書目》尚存卷一、卷三、卷五、卷六四卷，今僅有此卷。後附《薩真人成行實録》一卷，署「治城西山道院清和羽士李振卿集」，末有「大明嘉靖貳年仲秋吉日蒼梧守拙存誠子韋丹謹刊」二行，字體與《真誥》别，疑非此書附録也。

亢倉子九卷 明刊本

何粲註　黄諫音釋

黄諫跋

此黄世臣所刊本。《四庫》著録衍聖公家藏本蓋即此本。後題云「新刊亢倉子洞靈真經卷終」。

純陽吕真人文集八卷 明刊本

陳得一序（乾道二年）

張宇清序（永樂二十年）

頤素子歌（正統十年）

凡事實三卷，詩四卷，詞一卷。首有東華、正陽、純陽、海蟾、重陽五人像，末有「嗣派靜虚樸素子愚沌道人宋德輝重刊施」一行。有「沈德壽印信」、「長昇」、「抱經樓藏」、「藥盦卅年精力所聚」諸印。

墉城集仙録六卷 明鈔本

唐廣成先生杜光庭集

首卷殘闕殊甚，卷四末亦有闕佚。卷三、卷五首行書題下署「竭三」、「竭五」，乃《道藏》號數也。天一閣藏書。

太上感應篇經傳一卷 明刊

西蜀李昌齡傳注

李建序（正統十□年）

此本經作大字，傳低一格，小字雙行。余見江安傅氏所藏宋刊殘葉，經下低一格爲傳，又低一格爲贊。此本無贊，或明人重刊時削之。昌齡字伯崇，又有《樂善録》十卷，見《直齋書録解題》。

又宋刊殘葉板心題「太上卷四」。趙希弁《讀書後志》亦載《太上感應篇》八卷，漢嘉夾江隱者李昌齡所編，希弁生父師同嘗爲之序，四明史彌志跋其後。此本僅一卷，又無序跋，蓋亦明人所删併。

玉髓真經前三十卷後二十一卷 明刊本

國師張洞玄子微祕傳

張經序（嘉靖庚戌）

劉允中序（紹興丙辰）

蔡季通序

此書《四庫》未著録。宋人書目亦未見。劉序謂得諸道士郭守一，蔡序又謂得諸子微七世孫駕部公，頗疑二序亦後人僞託也。前有總目。《前》、《後集》共五十四卷，然書中則以《玉髓本原》三卷附于《後集》卷十八後，故共爲其五十一卷。有「林集虚印」、「四明林氏大酉山房藏書之印」二印。

爰清子至命篇二卷 明鈔本

鮚洲果齋王慶升撰

自序（淳祐己酉）

此書不記《道藏》號數，而卷上首行書題下云「□下同卷」，則亦自《道藏》本出也。天一閣藏書。

周易參同契［發揮］三卷釋疑一卷音義一卷 明刊本

林屋山人全陽子俞琰述

阮登炳序

張與材題（至大三年）

杜道堅序

自序（至元甲申）

釋疑自序

此即《參同契發揮》，而書題乃脱「發揮」二字。每半葉十二行，行廿四字，明初刊本。有「沈德壽印信」、「吴興抱經樓藏」、「藥盦卅年精力所聚」三印。

周易參同契發揮三卷釋疑一卷音義一卷 明刊本

林屋山人全陽子俞琰述

陳陵序（宣德三年）

阮登炳序

杜道堅序

自序（至元甲申）

釋疑自序

每半葉十行，行廿字。末附俞氏《易外別傳》跋，而板心則題「參同契後序」。天一閣藏書。

周易參同契發揮三卷釋疑一卷 鈔本

林屋山人全陽子俞琰述

陳陵序

阮登炳序

杜道堅序

自序

釋疑自序

此本即從前刊本出，而後又附以楊慎《古文參同契序》，朱子《答蔡季通》二札、《答袁機仲侍郎》一札、《題袁機仲所校參同契後》、《書周易參同契攷異後》，楊炳《石澗先生小傳》，石澗孫貞木《題包山精舍》五言排律一首，蓋寫書者所附也。有「文和之章」、「韓子端」、「子子子孫孫永保藏之」、「赤城道士」諸印。

俞石澗易外別傳一卷 元刊本

［宋俞琰撰］

自序（至元甲申）

男仲温跋（至正丙申）

錢遵王手跋：大易中身心性命之學，俞玉吾宣演。此元刊本也，珍之。曾記。

每半葉十二行，行廿二字。卷末有「孫男楨拜書」五字，後又附《玄牝之門賦》、《水中金詩》各一首。據仲温跋，同時所刊尚有《陰符經解》、《沁園春解》，二書總名《玄學正宗》。有「錢曾」、「虞山錢曾遵王藏書」、「錢沅之印」、「曾在上海郁泰峰家」諸印。

清和真人北游語録四卷　明鈔本

弟子段志堅編

李進序（强圉作鄂）

張天祚序（丁酉）

此邱長春弟子清和尹真人語録。李、張二序皆云二卷，而此本分四卷。卷二以下三卷首行下題「弁八」、「弁九」、「弁十」，蓋自《道藏》本出也。天一閣藏書。

清庵先生中和集後集三卷　明刊本

都梁清庵瑩蟾子李道純元素撰　門弟子損庵寶蟾子蔡志頤編

是書《前》、《後集》各三卷。此僅存《後集》。行款與清庵所撰《道德會元》同，蓋同自元刊本出也。

天一閣藏書。

雲宮法語二卷 明鈔本

續水虛夷子靜安汪可孫纂

自序（大德戊戌）

卷首書題下題「別九」，乃自《道藏》鈔出。天一閣藏書。

群仙要語纂集一卷 明刊本

還初道人董漢醇校正編集

馮夔序（弘治十七年）

丁元吉序（成化甲辰）

吴長古序（宣德九年）

自序（大德丙午）

此弘治刊本。馮序後有「翠虛子鄭常清重刊」一行，末有闕葉。天一閣藏書。

龍門子凝道記二卷 明刊本

翰林學士承旨浦江潛溪宋濂著　括蒼後學賓巖何鏜校

自序（至正丁酉）

又徐禮序(成化辛丑)

李濂書後(嘉靖丙辰)

此書本與《郁離子》合刊,今僅存此種。天一閣藏書。

至游子二卷 明刊本

姚汝循序(嘉靖丙寅)

天一閣藏書。

上清靈寶大法宗旨一卷上清靈寶大法齋壇頒告符簡一卷 明初刊本

吴大節序(宣德二年)

周養真宗旨後序(同上)

又全書後序

此京師大德觀道士周養真所刊,殆即其所自撰也。卷末有「幹緣本觀碧虚道人」一行,下有顧道敬印,蓋即其名。又有「助緣施主獲生之福滅世之罪所求皆遂所望皆成」一行。

陳虚白規中指南一卷 明刊本

李景先序

序云,《規中指南》一書,乃真放道人虚白子沖素陳仙師所撰。不著其名。天一閣藏書。

鐵柱延真萬年宫重刊紀録類編六卷 明刊本

［明鄧繼禹編］

朱善序（洪武戊午）

熊釗序

梁寅序（洪武十年）

自序（正德十五年）

劉濟跋（正德十六年）

此書本洪武初道士熊常静所撰，正德中鄧繼禹續之。卷首詔誥即署卷二，蓋以序爲卷一，非有闕也。

天一閣藏書。

觀化集一卷 明刊本

西粤弄丸山人雲僊約佶著　門人洞泉子謝應奎校正

羅洪先序（甲寅）

袁福徵序（辛亥）

伏食初論

沈應魁序（嘉靖丁巳）

天一閣藏書。《四庫》即據此本著録。

漁莊録一卷　明鈔本

終南道人雷一陽

胡應恩跋（萬曆乙亥）

劉琰手跋（崇禎甲戌）

末有「適然子太和劉琰録」一行。又有一册，乃此録别本，次序不同，亦琰所手跋。有前後二跋。又卷首有范純仁記，謂爲其父文公所撰。其依託不待辯也。

異書解二卷　手稿本

彭城青雀道人錢標鼎著

序（不全）

跋（辛亥）

張芙川手跋：此書是前賢口訣，推闡盡意，直達性命精微處，文氣古拙，非讀破萬卷書不能道。尚是原本，舊鈔可貴。道光丙午十月上澣得之郡友吴靜軒兄，子子孫孫永寶之。蓉鏡拜識。（下有「張蓉鏡印」、「芙川」二印）

有「青雀道人」、「錢標鼎印」、「錢樵」諸印。

一化元宗二十九卷 明鈔本

［明高時明編］

黄帝陰符經註解一卷

唐通玄先生張果註　元南昌修江混然子王道淵註

張果序

王道淵序

破迷正道歌一卷

漢正陽真人雲房鍾離權著

金液大丹口訣一卷

太微洞天白衣道者授沖虚妙靜寧真子鄭德安序

至真歌一卷

唐海蟾真人劉玄英著

明道篇一卷

元淞江後學景陽子王惟一撰

自序（大德甲辰）

老子道德經釋畧一卷

明三教主人子谷子林兆恩著

自序（萬曆戊子）

陳標跋

鍾吕二仙傳道集二卷附吕祖百字碑真指大丹歌

漢正陽真人鍾離權雲房著　唐純陽真人吕嵒洞賓集　華陽真人施肩吾希聖傳

高時明序（天啟二年）

又跋（同上）

大道歌一卷

宋虚靖天師張繼先著

吴金節跋（至元後丁丑）

高時明跋（天啟二年）

玉皇心印經一卷

玄谷帝君註　臣高時明參閲

玄谷帝君序（成化十九年）

上藥三品圖

玉皇心印圖

七言律詩一卷

唐純陽真人呂嵒著

易外别傳一卷

元古吴石澗道人俞琰述

自序（至元甲午）

自跋

男仲温跋（至正丙申）

老子常清静經釋畧一卷

明三教主人林兆恩註

自序

古文周易參同契一卷

東漢會稽真人魏伯陽著

楊慎序

自序

古文周易參同契箋註一卷

東漢青州從事徐景休著

自序

古文周易參同契補遺三相類鼎器歌一卷

東漢會稽淳于叔通著

自序

還丹復命篇一卷

宋紫賢真人薛道光撰

自序

海瓊傳道集一卷

宋太平興國宮道士坎離子洪知常輯

陳守默詹繼瑞序

謝張紫陽真人書一卷

宋紫清真人海瓊白玉蟾著

翠虚篇一卷

宋泥丸真人陳楠著

王思誠序

太玄朗然子進道詩一卷

宋秀峰劉希岳述

自序（端拱壬子）

了明篇一卷

宋宋先生述

毛日新序（乾道五年）

青天歌注釋一卷

元長春真人邱處機著　南昌修江混然子王道淵注釋

王道淵序

崔公入藥鏡註解一卷

至一真人崔希範著　元南昌修江混然子王道淵註解　明濟南滄溟李攀龍註釋　西林一壑居士彭好古註解

高時明序（天啟二年）

王道淵序

李攀龍序

地元真訣一卷

宋紫清真人海瓊白玉蟾著

邵輔序（嘉靖乙巳）

金丹正宗一卷

五陵玄學進士胡混成編

張紫陽五律詩一卷

焉自然金石誥一卷

還源篇詩一卷

宋真一還源真人石泰著

右二函十四册，無書題及總序跋。每册面葉及書根均題「一化元宗」。每種撰人姓名後均有「明古燕信安復初道人高時明訂正」一行。而《鍾呂二仙傳道集》與《崔公入藥鏡註解》均有時明序，作大字行書，蓋此書即時明所集，亦其手書也。有「葉河鄂卓氏書畫圖記」、「慕堂鑒定」、「宛平王氏藏書」三印。

青華祕書五卷紫陽祕書一卷 鈔本

青華老人傳鶴臞子覺　叱石壺道人訂正　道恒居士謹録　［紫陽祕書題］紫陽真人傳王邦叔鄉後學叱石壺道人黄濬訂正　四明山古堇居士余道恒謹録

壺舟生序（道光四年）

此書序云《青紫祕書》，又云「道光甲辰質資壽之堅木」，未識世有刊本否。

傳書堂藏書志卷四

集部

楚辭類

楚辭十七卷 明覆宋刊本

漢劉向子政編集
王逸叔師章句
後學西蜀高第吳郡黄省曾校正
王鏊序（正德戊寅）
劉勰辨騷

每半葉十行，行十八字。卷一《離騷》稱「經」，餘篇稱「傳」。又其字句多與洪興祖所稱「又一本」合，乃重刊宋本，惟每卷首加校正者姓名耳。天一閣藏書。

楚辭十七卷 明覆宋刊本

校书郎臣王逸上

曲阿洪興祖補注

每半葉九行，行大十五字、小二十字。

楚辭十七卷 評校明刊本

漢劉向編集

王逸章句

明末刊本。似從黄省曾本出。秦敦夫以朱筆評閲。有「秦恩復印」、「石硯齋秦氏印」、「真州汪氏硯山所讀」三印。

楚辭十七卷 評閲本

校書郎臣王逸上

曲阿洪興祖補注

黄蕘圃手題：

惠半農評閲，松崖參，黄蕘圃臨。

又手跋：此書於戊申歲從朱文游家得來，閲歲至今。壬子，又從渠小阮秋崖處假得惠半農評閲本，

因傳録評語及圈點於是。惜佚十三卷，未獲傳録，亦一恨事。蕘圃黄丕烈識。（下有「丕烈私印」、「蕘圃」二印）

顧澗蘋手跋：丁巳夏五，小門生顧廣圻讀於蕘圃士禮居中。

汲古閣本。黄復翁臨惠氏父子校訂語，語殊寥寥。有「丕烈私印」、「蕘圃」、「萬宜樓藏書印」諸印。

楚辭十七卷 評閲本

校書郎臣王逸上

曲阿洪興祖補注

汲古閣本。勞巽卿臨何義門評點。有「勞格」、「勞巽卿」、「勞權」、「季言」、「蟫盦」、「丹鉛精舍」諸印。

楚辭集註八卷 元刊本

［宋朱子撰］

自序

每半葉九行，行十七字。明初袁海叟藏書。有「袁凱之印」、「師弘堂圖書記」、「虞東吴氏珍賞」、「君石」、「古香書屋」諸印。

反離騷一卷 景宋鈔本

［漢揚雄撰］

每半葉七行，行十五字。此殆從宋刊朱子《楚辭後語》中景寫別行，非宋時單有此刻也。

集部

別集類

董仲舒集一卷 明刊本

漢膠西相廣川董仲舒撰

李東陽景州重修董子書院記

史記本傳

凡文十二篇，皆見於《漢書》者。所採未備，似正德間景州祠堂刊本也。

蔡中郎文集十卷附外傳一卷 明活字本

漢左中郎將蔡邕伯喈撰

歐靜序（天聖癸亥）

黄復翁手跋：《蔡中郎文集》錫山蘭雪堂華堅允剛活字銅版印行者，初見於錢唐何夢華行篋中，遂假歸影鈔一部，同人中亦各有影鈔者。惜目録後碑牌剜去年號，不知其爲明代何時所刻。自後或見有藏是集者，非舉碑牌而全去之，即於印行時移去年號干支。不知者僅據天聖年間一序視爲宋刻，往往獲大價，豈不甚可笑乎。是册年號特全，猶是活字真本，書賈居奇，易余番餅五枚而去。□□與之算累年書帳，議成之後，此書方爲我有。欣然跋之，珍重愛惜之意，亦幾幾乎宋版視之矣。嘉慶庚午小除夕前一夕，時雪後繼雨，寒中復暖，牕外風聲漸響，不知能快晴否。復翁黄丕烈識。

每半葉七行，行十三字。書題及篇題撰人姓名皆大字，文皆小字雙行。目録有「正德乙亥春三月錫山蘭雪堂華堅允剛活字銅版印行」二行。卷末有「錫山蘭雪堂華堅允剛活字銅版印行」二行。卷五、六、九、十後有「錫山蘭雪堂華堅活字版印行」二墨印。每葉板心有「蘭雪堂」三字。收藏有「施天錫印」、「施子惠印」、「三省堂」、「敦仁堂徐氏珍藏」、「曾在東山徐退庵處」、「南州孺子」、「陳樹杓印」、「星郙父」諸印。

曹子建文集十卷 景宋鈔本

魏陳思王曹植撰

每半葉八行，行十五字。校明刻本，卷四末少《述行賦》一篇，卷五末少《七步詩》一篇（活字本亦無此篇），最爲近古。宋本爲毘陵周九松舊藏。此本所摹圖記有「毘陵周氏九松迂叟藏書記」、「周氏良金」、「朱文石史」、「華亭朱氏書史之記」諸印。

曹子建集十卷 明刊本

魏陳思王曹植撰

徐伯虬序

郭雲鵬跋（嘉靖壬寅）

每半葉九行，行十七字。行款與活字本同，惟卷五末增《七步詩》一首，蓋從活字本出也。有「沈德壽袐寶」、「授經樓藏書記」、「吴興藥盦」諸印。

又一部

與前本同。有「秉中私印」、「横雲山下舊人家」、「昭明之裔」、「蕭森年印」、「瑶草」諸印。

阮嗣宗集一卷 明刊本

［晉阮籍撰］

無名氏序

嵇叔良魏散騎常侍步兵校尉阮公碑

每半葉八行，行十八字。字體斛扁，極似正德中白鹿洞書院所刊《史記》，而序文不署姓名，亦與白鹿本《史記》序同，蓋一時所刊也。所刊僅《詠懷詩》八十二首，云出舊鈔本。有「文彭」、「文壽承氏」二印。

阮嗣宗集二卷 明刊本

魏步兵校尉阮籍撰　鄞范欽、吉陳德文校刊

陳德文序（嘉靖二十二年）

序言「大梁舊刻籍詩，南來少傳，郡伯鄞范子取而刻之宜春」云云，是范侍郎守袁州時所刊。舊藏阮集僅《詠懷詩》八十二首，或即大梁刊本。此本卷上爲賦六篇，論三篇，奏、記、傳、牋各一篇，卷下則《詠懷》八十一首（以「生命辰安在」、「鳴鳩棲庭樹」二篇合爲一篇，故少一首），又從《初學記》增四言二首，蓋范氏所增也。天一閣藏書。

陶淵明集十卷 景宋鈔本

［晉陶潛撰］

每半葉十行，行十六字。全書避宋諱甚謹，闕筆至「構」字止，而「慎」、「敦」、「廓」三字不避，蓋高宗時刊本也。卷末附録顏延之《陶徵士誄》、昭明太子撰《傳》、北朝陽僕射休之《序録》、本朝宋丞相《私記》、曾紘《説》五篇。而曾《説》後署「宣和六年七月中元臨漢曾紘書刊」，此殆南渡初覆刊曾本也。此本作粘葉裝，影寫精絶，視毛子晉、錢遵王家寫本有過之無不及，真所謂下宋本一等者。有「郁松年印」、「泰峰」二印。

箋註陶淵明集十卷 元刊本

北齊陽休之序録

本朝宋丞相私記

思悦書靖節先生集後（治平三年）

無名氏跋（治平三年）

無名氏跋（紹興十年）

吴尺鳧手跋：此編彙集宋朝羣公評註，淳祐中又刻於省署，當時所稱「玉堂本」是也。第宋本於廟諱闕字，此本無之，或是元代仿刻耳。諸家之註於是編獨備，《漁隱叢話》極稱是編最善，今從吴□□得之，殊可喜也。康熙甲午，繡谷亭記。（下有「吴焯」一印）

每半葉九行，行十六字。此元翻李公焕本。卷首原有公焕所集《補註陶淵明總論》、昭明太子《序》并目録，此本奪。有「吴焯」、「尺鳧」、「繡谷薰習」、「幼樵珍藏」諸印。

陶靖節集十卷附録一卷 明刊本

昭明太子序

明嘉靖中刊本。卷三有牌子云「南亭彈琴室雕」。每葉版心有「彈琴室」三字。

陶靖節集十卷 校明刊本

昭明太子序

又傳

總論

戈小蓮手跋：丁巳十一月七日校，至八日午竟。

又手跋：陶集有北宋蘇文忠公手書本，後入墨板，明燼於火。錢遵王家有從蘇本翻雕者。汲古後人毛扆倩錢梅仙手摹一本，即以付刊。予取以校一過，規模初不甚異，獲有異同，頗多佳處。内所謂「宋本」者，即宋丞相本。所謂「今毛本」者，即是此本。但云「今本」者，以其差誤可以互相考證。無疑者謹塗之，疑信半者書於旁兩存焉，疑而不能信者，則直書今本誤云。小蓮居士志。（下有「戈襄私印」、「小蓮」二印）

戈順卿手跋：戊子六月下旬七日八日，以侑靜齋本校，可采者添註一二則。戈載。

卷末有「萬曆丁亥休陽程氏梓」一行。戈小蓮父子先後遞校。有「小蓮校本」、「半樹齋戈氏藏書之印」二印。

謝靈運詩集二卷 明刊本

吳郡黃省曾編集

黄省曾序

序云「靈運詩學，士大夫誦傳者，止於昭明所集耳。予南游會稽，偶於山人家見舊寫本，取展讀之，又得登遊之詩，自永嘉緑嶂山以下十三首，皆世所未覩也。合其舊新，併入樂府，合爲二卷，詩凡六十九首，刻諸齋中」云云。後張天如刻《謝康樂集》，其詩即以此刻爲本。天一閣藏書。

謝宣城集五卷　校鈔本

宋謝朓撰

馬半查手跋：乾隆丙辰歲，在書市中偶得義門先生手校宋槧《謝宣城集》五卷。屢見諸本殘帙，此乃善本也。半查識。

舊鈔每半葉八行，行十八字。比宋刊半葉减二行，而每行字數與宋本同，蓋從宋本出也。板心有「染素丹青之室」六字。何義門以舊鈔本校宋本，頗有是正。馬半查既得何校本後，臨於此本上，并摹何本圖記。有「韓氏藏書」、「玉雨堂印」二印。

梁昭明太子文集五卷　明刊本

梁昭明太子撰　明成都楊慎、周滿，東吴周德俊、皇甫涍校刊

周滿序（嘉靖乙卯）

梁簡文帝序

劉孝綽序
簡文帝上昭明太子集別傳等表
蕭子範求撰昭明太子集表
袁説友跋（淳熙八年）
每半葉八行，行十六字。卷首有「大明遼國寶訓堂重梓」一行，乃遼藩重刊周滿本。周本刊於嘉靖乙卯，出於宋淳熙池陽本，此亦嘉靖中覆刊。

昭明太子集二卷 明刊本

梁蕭統著　明武林沈宗培重校
沈宗培序
周滿序
宋、明刻本皆五卷，此獨二卷，序謂「得古本於王木仲」，蓋有所本也。沈氏曾刻《文選》，故復刻此。今《文選》不存，此刻亦罕見矣。

梁江文通文集十卷 校明覆宋刊本

［梁江淹撰］
葉石君手録馮己蒼跋：戊子秋仲之晦，初得元人鈔本。至季秋之十二日始校完。元本多樂府三

章，此本不知何以删去，而元本所缺，此本又以意填增，文理荒悖可笑。今盡□之。凡□者元本所無也，旁注元本如而文可兩通者也。孱守老人。

葉石君手跋：康熙二年仲春望後五日，孫凱之示余校正本對録，孫本係故友馮己蒼所藏，從元鈔本校者也。其《銅劍讚》，馮以意補之耳。馮遭酷令所誅，書籍盡散，今見其書如見故人，不勝悵歎云。南陽葉石君記。

每半葉十行，行十八字。明翻宋刊本，葉石君臨馮己蒼校。元本亦當出於宋本，而彼此不同者，由明人覆刊時有增奪也。卷末附録至正四年趙質翁後序，並文通所作《銅劍讚》，亦己蒼所增而石君手録之。有「樸學齋」一印。

梁陶貞白先生文集三卷 明刊本

五嶽山人吴郡黄省曾［編］　小峰山人贛郡黄注校

黄注序

胡直序

江總序

宋人題識

南史列傳

俞獻可跋（嘉靖壬子）

此本黄汝霖得諸黄勉之，以爲勉之所輯，實即《道藏》本也，比宋王欽臣輯本又少文數篇。天一閣藏書。

沈隱侯集四卷 明刊本

梁吴興沈約撰　明檇李沈啟原輯　沈啟南校

詩品

梁書本傳

此書有新安程榮刊本，題《沈休文集》，凡五卷。此刊亦略相先後，而書名與卷數不同。蓋兩本皆出纂輯，故不相謀也。

何水部詩集一卷 明刊本

梁何遜撰

小傳

黄伯思跋

七召

張紘跋（正德丁丑）

張跋云「何詩舊與陰偕刻。公暇獨取是集，芟其繁蕪，録藏焉，因共捐俸刻寘郎署中」云云，是明工部都水司刊本，以何遜曾官水部故也。宋時宋次道家本八卷，明初與陰鏗詩合刻僅一卷，此復有所删節。天一閣藏書。

庾開府詩集六卷 明刊本

［後周庾信撰］

朱曰藩序

周書本傳

何屺瞻手跋：小庾集近時江左藏書家不聞有宋槧善本，朱氏此刻差勝。康熙辛巳買得，因記之。焯。

朱序稱「予家故有鈔本庾信詩二卷，卷次無序且篇章重複，字畫訛舛，蓋好事家所藏備種數者。因取《隋書音樂志》、《樂府詩集》、《藝文類聚》、《初學記》、《文苑英華》諸書校之，凡增詩十二首，删二首，竄正字三百四十有奇，釐爲六卷」云云。卷末有「吴下馬相陸宗華寫刻」牌子。有「汪振勳印」、「梅泉」、「汪士鐘印」、「平陽伯子」、「三十五峯園主人」、「汪士鐘藏」、「于公子孫」、「昌遂讀書」、「于氏小謨觴館」諸印。

寒山詩集一卷 明刊本

閭邱隱序

朱晦庵與南老索寒山子詩帖

陸放翁與明老改正寒山子詩

志南天台山國清禪寺三隱集記（淳熙十六年）

此書後附豐干禪師詩、拾得詩。卷末有無名氏題記云「案『三隱詩』山中舊本如此，不復校正。博古君子兩眼如月，正欲觀雪中芭蕉畫耳。志南」。跋後又有題記云「嘉靖四年六月□日，國清寺住持道金、信士賈石溪同助化，局道人智能刊行」，是此本所據乃山中舊本，故與杭州錢塘門裏車橋郭宅刊本次序不同。然郭本亦出國清寺本，不知何以互異也。天一閣藏書。

王勃集二卷 明刊本

每半葉十行，行十八字。編次與活字《唐百家詩》本同。有「臣許乃普」一印。

王勃詩一卷 明活字本

每半葉十行，行十七字。此又一活字本，乃從活字本《唐百家詩》出而併其卷數者。前有小傳，亦《百家》本所無。

沈佺期集二卷 明刊本

永嘉張遜業有功校正　江都黄惇子篤梓行

每半葉九行，行十九字。板心魚尾上有「東壁圖書府」五字，下有「江郡新繩」四字。卷末有「方九敘、謝敏行、沈仕、夏一鯨、王應辰、聞得仁、王一夔、張遜膚、王叔果、王叔杲侯一麟同閲」三行，與前所刊《四傑集》同，即張氏所刻《唐十二家詩》之一。天一閣藏書。

宋之問集二卷 明覆宋本

每半葉十行，行十八字。明覆宋臨安書棚本。天一閣藏書。

杜審言詩集二卷 明仿宋本

楊萬里序（乾道庚寅）

每半葉十行，行十八字。出宋臨安書棚本。天一閣藏書。

杜審言詩集三卷 明刊本

楊萬里序（乾道庚寅）

慶雲跋（嘉靖戊子）

此出康對山關中刊本，分體編次，商任守慶陽時刊之。天一閣藏書。

陳伯玉文集十卷附録一卷 明刊本

新都楊春重編　射洪楊洪校正

張頤序（弘治四年）

盧藏用序

每半葉十一行，行二十一字。原有楊澄後序，此本奪。有「朱叙」、「海峯」、「崐山□□藏書之印」、「蕭爽齋書畫記」、「劉漢臣字麓樵」、「海陵劉氏鑒藏善本之印」諸印。

陳伯玉集二卷 明仿宋本

每半葉十行，行十八字。出臨安書棚本。天一閣藏書。

張説之文集二十五卷 明鈔本

［唐張説撰］

黄復翁手跋：歲入己巳，諸事攖心。舉向日聚書之興委諸度外，即自問亦不知何以若是之落寞也。頃偶從胥門書坊見插架有鈔《張説之文集》籤，取視之，乃舊鈔者。攜歸與明刻對勘，實多是正，可謂新年極得意事，或天將誘予無廢故業乎。命工重裝，俾唐人文集又添一善本云。二月九日春分節後，復翁黄丕烈。

又手跋：乙巳三月初八〔一〕，校毛鈔本十卷。（第十卷後）

每葉十行，行二十字。行款與明嘉靖丁酉椒郡伍氏刊本合，蓋皆從宋刊本出也。黄蕘翁復以毛鈔校此本前十卷，毛鈔出於錢牧翁家宋本，有詩無文，故止十卷。余以此本校伍刻一過，則卷六、卷七，伍本皆奪去一葉；卷二十三《爲人祭弟文》二篇，伍本奪一篇；又二十五卷中，伍本全奪一行者凡十處，改正訛闕多至數千字。乃知此本之善不下宋本也。有「雲間姚氏」、「胥浦藏書」、「汪士鐘藏」、「于昌進鑒賞」、「于氏小謨觴館」諸印。

〔一〕「乙巳」當作「己巳」。

張文獻公集十二卷　明刊本

唐張九齡撰

丘濬序（成化九年）

每半葉十行，行二十字。丘文莊得館閣藏本，手自鈔録，授韶州府知府蘇韡刊之。原有蘇氏後序，此本奪。有「樂意軒吴氏藏書」、「臣恩復」、「秦伯敦甫」、「石硯齋秦氏印」、「鐂漢臣字麓樵」、「泰州鐂麓樵購于癸丑揚州兵火之後」、「海陵鐂氏染素齋藏書印」諸印。

唐丞相曲江張先生文集二十卷　明刊本

［唐張九齡撰］

湛若水序（嘉靖十五年）

丘濬序（成化九年）

蘇韡後序

每半葉十行，行二十字。板式大小、行款字體，均與椒郡伍氏所刊《張説之文集》同，刊刻亦僅後一年，蓋即用伍本板式也。

崔顥詩集一卷 明刊本

徐景嵩序（正德十年）

田瀾跋（同上）

此長安田海山刊本。板心有「工字軒刊」四字。據田跋語，其所刊書尚有陳思王、駱賓王、皮日休、劉叉、于濆諸集，並《博物志》、《續志》、《褚氏遺書》等，皆刊於京師及平陽。今惟存此集矣。天一閣藏書。

分類補註李太白詩二十五卷 明翻元刊本

春陵楊齊賢子見集註　章貢蕭士贇粹可補註

蕭士贇序（至元辛卯）

每半葉十二行，行大二十字、小二十六字。目録末葉有「建安余氏勤有堂刊」牌子。又此葉板心有「正統乙巳二月印」七字，乃明代翻刊建安余氏本。此本抹去「正統乙巳」數字，蓋書肆欲以充元本也。

元本題「至大辛亥三月印」。

李翰林集范德機批選四卷 明刊本

高密鄭鼒編次

李陽冰序（寶應元年）

周臣輯評（嘉靖戊戌）

鄭鼒跋

此嘉靖中周東郇重刊元本。原選有李、杜二種，此僅存李詩。天一閣藏書。

唐翰林李太白詩類編十二卷 明刊本

每半葉九行，行二十一字。明正、嘉間刊本。無序跋及刊書人姓名。

李翰林分類詩八卷賦集一卷 明刊本

廣陵李齊芳、姪茂年、茂材分類 同里潘應詔、舒度、馮春同閲

李齊芳序（萬曆二年）

潘應詔序（萬曆甲戌）

舒度跋

李茂年跋

李茂材跋

天一閣藏書。

杜工部草堂詩箋 宋刊本

殘本十九卷

嘉興魯訔編次　建安蔡夢弼會箋

存卷四至卷八、卷十四至卷二十、卷二十七、卷二十八、卷四十至卷四十四，共十九卷。首有目録，存卷三至卷三十一，前後皆闕。每半葉十一行，行大十九字、小二十五字。卷四十、卷四十一、卷四十三、卷四十四後均有「雲衢俞成元德校正」一行。案虞山瞿氏所藏宋刊殘本，存卷二十六至卷五十，後又《外集》一卷，卷數行款並與此本相同。而遵義黎氏所藏宋末刊本及高麗覆刊本僅四十卷、《外集》一卷，而附以《拾遺》十卷，黎氏曾刊入《古逸叢書》。今以此殘本目録校之，則黎本奪卷二十至卷二十四，及卷四十三、卷四十四，而以此七卷入《拾遺》中（即《拾遺》卷一至卷五及卷八、卷九七卷，惟前卷二十之首十一首誤入卷二十五），知《拾遺》所增皆本書所奪也。蓋宋末書肆初得殘蔡本刊之，後得全本，乃别刊所闕爲《拾遺》十卷，殊失魯氏編次之意，非得此本不能發其覆也。杜詩自南宋後分類本盛行，編年之本惟有此帙，而傳世頗希，惟錢氏絳雲樓、翁氏蘇米齋並有此書，今不知存亡。光緒初巴陵方氏刊一鈔本，僅存前二十二卷，其編次並與此本同。此本雖殘闕，然足證黎本之失，雖零縑斷璧，彌可寶已。有「九松迂叟藏書記」、「周良金印」二印。

集千家註分類杜工部詩二十五卷文集一卷 元刻本

東萊徐居仁編次　臨川黄鶴補註

杜工部傳序碑銘

集註杜工部詩姓氏

杜工部詩年譜

查初白手跋：宋黄希字師心，撫州人，乾道中進士，官永新令。作春風堂於縣署，楊誠齋爲之記，極稱之。有補杜詩註，搜剔隱微，皆前人所未發，子鶴續成之。鶴字叔似，所著有《北窻寓言集》，事詳郭青螺《豫章書》及《江西人物志》。世但知黄鶴註杜，不知其續成父書也，特表出之。此本刊於元順帝至正八年，余房師汪東山先生家藏書也。康熙庚子，忽從江西購得，謹識數語。查慎行。（跋下有「更名慎行」、「悔餘」二印）

每半葉十二行，行大二十字、小二十六字。此即余氏勤有堂刊本，後其板歸廣勤堂，故《傳序碑銘》後有「廣勤書堂新刊」牌子，《集千家註杜詩門類》後有「三峰書舍」鐘式墨印、「廣勤堂」鼎式墨印，卷二十五後又有明人補書「至正戊子潘屏山刊于圭山書院」一行。此處原有牌子，云「皇慶壬子余志安刊于勤有堂」，歸廣勤堂後乃剜去此牌，未曾補刊，此本剜跡猶存，即爲勤有［堂］本之證。圭山書院本則翻刊勤有堂本，後人以二本行款相同，故補書于此。查跋乃爲所誤，實則非一本也。有「喬松年印」、「鶴儕」、「太原喬松年收藏異書」、「玉輪汪繹」、「平陽季子」、「陳寶儉珍藏」諸印。

集千家註分類杜工部詩二十五卷文集二卷 明覆元本

此書板式行款與元勤有堂、廣勤堂二本相同，即蘇州汪諒覆刊本，而亡其序跋。有「玉蘭堂圖書記」、「蒼巖山人書屋記」二印。

集千家註杜工部詩二十卷文集二卷附録一卷 明刊本

王洙序（寶元二年）

王安石後集序（皇祐壬辰）

胡宗愈成都艸堂詩碑序

蔡夢弼艸堂詩箋跋（嘉泰甲子）

無刻書序跋，惟卷一第二行署「大明嘉靖丙申明陽山人校刻」。天一閣藏書。

集千家註杜工部詩集二十卷文集二卷附録一卷 明刊本

與前本同。有「程定謨印」、「心宅」二印。

杜工部詩集二十卷 明精鈔本

有詩無文，詩亦無注。書跡精雅近趙文敏，昔人疑爲文敏手書。有文敏及元人印章甚夥，則後人所加也。有「萬宜樓藏善本書」一印。

須溪批點選註杜工部詩二十四卷 明初刊本

須溪劉辰翁批點　七言增元虞集伯生註解　五言增東山趙子常批評

羅履泰序

黎堯卿跋

每半葉十一行，行十八字。目録首題「集千家註批點杜工部詩集」，卷二十三首上題「增趙東山類選杜工部詩」，下題「東山趙訪(「汸」之訛)子常選註批點」，卷二十四首題「增虞伯生注杜工部詩」，乃黎堯卿所合也。每葉板心有「雲根書屋之記」及「紹續箕裘永寶無斁」十四字。有「梅會里朱氏潛采堂藏書」、「聖清宗室盛昱伯羲之印」二印。

集千家註批點杜工部詩集二十卷 明刊本

須溪先生劉會孟評點

靖江懋德堂序(嘉靖乙丑)

杜工部年譜

吴朝喜跋(嘉靖己丑)

此明靖江恭惠王邦寧刊本。昔人以王阮亭、汪鈍翁、查聲山、張種松評點録於其上，前有題識，署乾隆丁丑而不署姓名，不知何人筆也。天一閣藏書。

杜工部詩范德機批選六卷李翰林詩范德機批選四卷 元刻本

高密鄭鼒編次

虞集序（序杜工部詩選）

鄭鼒跋（跋李翰林詩選）

繆藝風手跋

每半葉十行，行二十一字。此書《四庫》未著録，僅見于盧抱經《補元史藝文志》。天一閣藏明刻《范選李詩》今在余家，無杜詩。此元刊元印，二種具存，尤爲罕見。每卷「高密鄭鼒編次」下，均有「鄭氏鼎夫」木記。有「嘉樹齋」、「龔仁百印」、「餐芝客」三印。

杜工部詩八卷 明刊本

許宗魯序（嘉靖五年）

每半葉十二行，行二十二字。此每體分編，而各體中仍以先後爲次，即許氏所爲也。每葉板心有「淨芳亭」三字。有「碧蘿館」一印。

杜工部七言律詩二卷 明刊本

元虞集註

楊士奇序

目録前有「侯官高兆較」一行。每葉板心有「遺安學堂」四字。天一閣藏書。

杜詩長古註解不分卷 明刊本

赤城謝省世修註解

自序

謝鐸跋（弘治四年）

王弼跋（弘治壬子）

此興化守王弼所刊。天一閣藏書。

杜七言律二卷 明刊本

無錫二泉邵寶鈔　後學襄垣姚九功校

翁大立序（嘉靖辛亥）

姚九功跋

此邵二泉所鈔，間有箋注。許州守姚九功所刊，以二泉嘗知許州故也。板心有「西湖書院」四字。余別藏殘册一，存卷下，首題「無錫二泉邵寶鈔，後學李文麟校正，後學安如磐校刻」，板心有「茂樹堂」三字，似錫山刊本。均天一閣藏書。

杜律二卷 明刊本

陳如綸序(嘉靖乙未)

此即用虞、趙二註本而删其注。板心有「紫蓉精舍」四字。天一閣藏書。

讀杜詩愚得十八卷 明刊本

古剡單復陽元讀

楊士奇序

自序(洪武壬戌)

朱熊識語(天順元年)

凡例

重定年譜詩史目録

黄淮跋(宣德九年)

半葉十二行,行二十四字。卷末有牌子云「江陰朱維吉覩先君竹泉翁所刊《讀杜愚得》,板字湮没不便覽,因命二子世寧、世昌躬録考對,辨正次第,由是蒙昧一新,樂與四方共之。天順元年春貿工重刻于文林孝義門之梅月軒」云云。有「林浹」、「希説」二印。

類箋王右丞詩集十卷重編王右丞文集二卷 明刊本

[詩集題]唐藍田王維撰　宋廬陵劉辰翁評　明句吴顧起經注

[文集題]唐太原王維撰　明武陵顧起經編

顧起經序

王縉進書表

唐代宗批答

舊唐書本傳

唐書宰相世系表

世系圖

年譜

集外編

唐諸家同詠集

唐諸家贈題集

歷代諸家評王右丞書畫鈔凡例

顧起經文集跋(丙辰)

每葉板心有「奇字齋」三字。每卷後有校閲姓名，爲越州陳鶴，建平宗訓，雲間張之象，暨陽沈翰卿，姑胥岳岱、周天球、黄姬水、魯治、王元勛，邑里姚洛、朱子雲、許應壁、陳吉言、華弼、錢鍾義、尤見賢、成濬、陳泰階、顧起綸。並有刊刻年月，每卷不同。又卷首有「開局氏里」一葉，列舉寫勘雕梓裝潢人姓名并開局程限，自嘉靖三十四年十二月望至三十五年六月朔完局。雕刻工整，印刷亦善，此初印本尤可貴。天一閣藏書。

高常侍集十卷 明仿宋本

［唐高適撰］

每半葉十行，行十八字。出宋臨安書棚本。有「百幅庵珍藏金石書畫經籍之印」、「健庵書畫」、「沈氏家藏」、「校經樓藏書印」、「德壽檢理」諸印。

岑嘉州集八卷 明覆宋本

［唐岑參撰］

杜確序

每半葉十行，行十八字。覆宋臨安書棚本。有「雲華」、「勞權之印」、「蟫盦」、「丹鉛精舍」諸印。

岑嘉州集二卷 校鈔本

明長洲許自昌玄祐甫校

杜確序
熊相跋（正德十五年）
邊貢跋

右暹雲樓鈔本。從明許自昌刊本出，别以七卷本校之，未知出何人手。有先大父名字印。

孟浩然詩集四卷 明仿宋本

王士源序
韋滔序（天寶九載）

每半葉十行，行十八字。與高、岑二集同。天一閣藏書。

孟浩然詩集四卷 明刊校宋本

此即前刊本。昔人以朱筆用宋刊三卷本細校。後有朱筆題識云「蕘翁所藏宋本，載《百宋一廛賦》中，此從借校，尚有訛字誤句，大概文義可循也」。不審何人之筆。又有墨筆録劉須溪評語，似尚出國初人手。有「許運昌印」、「魯庵」、「運昌私印」、「别號鶴儔」、「熙印」、「紫芝閣」、「漱六藝之芳潤」諸印。

唐漫叟文集十卷拾遺續拾遺一卷 明刊本

［唐元結撰］

唐書本傳
湛甘泉舊序
黄焯跋（嘉靖庚寅）
每半葉十行，行二十字。嘉靖庚寅永州府知府黄子昭重刻湛甘泉本。跋後别有題識二行云「刻斯集，贊之成者爲同寅羅子柏、許子岳、岳子鰲、吴子峰、周子昌齡，司校勘者教授馮教」。有「曾在上海郁泰峰家」一印。

劉隨州詩集十卷補遺一卷 校宋本

唐隨州刺史劉長卿撰
何義門手跋：康熙丙戌二月，得見文淵閣不全《隨州集》，南宋書棚本也。焯記。
又跋：毛丈斧季云《隨州集》難得佳本。凡校三卷，庶無疏畧矣。又記。（右卷五後）
又跋：丁亥二月，以二弟所買馮定遠舊藏鈔本校後五卷，其次第與宋槧目録皆合，蓋佳書也。文房詩庶幾稍可讀矣。焯記。
又跋：嚴天池家鈔本後五卷次第亦同，復取參校，改五字。焯又記。（在卷十後）
此席刻《百家詩》本，何義門以宋本及舊鈔本通校。宋本作《劉隨州文集》，分十一卷，末卷爲文十篇。每半葉十行，行十八字。存目録及前五卷。舊鈔本出馮定遠家，次第與宋本目録同，則亦出自宋本也。席本與宋本九、十兩卷不同，又十卷詩席本多入《補遺》中，具見校語。又卷十一席本無有，何氏但存其目於目録中，未及補寫。何氏此校精密殊甚，眉間又别有考訂之語，可謂善本矣。有「鶱」、「泰峰」二印。

韓君平集三卷 明刊本

虎林江元禔邦宜甫校

江元禧序（萬曆四十一年）

王北堂手跋：此本即曹楝亭先生所采入《全唐詩》者，世不多見，允宜寶藏。北堂。

王北堂（萱齡）從《全唐詩》補《留題寧川香益寺壁》、《寄柳氏》二首於卷末。有「胡致果圖書記」、「楝亭曹氏藏書」、「長白敷槎氏堇齋昌齡圖書印」、「聽雨樓查氏有圻珍賞圖書」、「查映山讀書記」、「昌平王氏北堂藏書」諸印。

韋蘇州集十卷拾遺一卷 宋刊本

蘇州刺史韋應物

王欽臣序

每半葉十行，行十八字。宋諱自寧宗嫌名「廓」字以上大抵闕筆。以板式及行款定之，南宋臨安府陳宅書籍鋪刊本也。明人有景刊本，極精。《天禄琳瑯書目》所録元本，聊城楊氏《海源閣書目》所録宋本，實皆明覆本。明本余亦畜之，取此本相校，則明覆本十五類下皆著詩若干首，此本無之。又明本於宋本譌字頗有是正，然譌竄亦頗不少，如卷一《雜擬》詩「如何雨絶天」，「雨」譌「兩」；《效何水部》詩「夕漏起遥怨」，「怨」譌「恨」；「蟲響亂秋陰」，「蟲響」訛「鴻音」。《奉同郎中使君郡齋燕集之作》奪題中「郡」字。卷二《假中對雨贈縣中僚友》詩「社雨報年登」，「社」譌「杜」；《示從子河南尉班》詩序「以撲抶軍騎」，「抶」譌「扶」；《贈盧嵩》詩「忽若基柱傾」，「基」譌「砥」。《西郊游宴寄贈邑僚李巽》詩「春嵐重如積」，「嵐」譌「風」。《澧上西齋寄諸友》詩「效朱方負樵」，「方」譌「妨」。《還闕首塗寄精舍親友》詩「川澗注驚湍」，「湍」譌「端」。卷三《寄黄尊師》詩「靈祇不許世人到」，「祇」譌「祗」。卷七《月溪與幼遐君貺同游》詩「半雨夕陽霏」，「雨」譌「兩」。《游溪》詩「緣源不可極」，「緣」譌「緑」。《襄武館晚眺》詩「四望盡田疇」，「田」譌「西」。《起度律師同居東齋院》詩「對閤起恒宴」，「閤」譌「閣」。卷八《滁城對雪》詩「廁跡鴛鷺末」，「鷺」譌「路」。《移海榴》詩「葉有苦寒色」，「葉」譌「棄」。《郡齋移杉》詩「擢幹方數尺」，「擢」譌「櫂」。卷九《長安道》詩「頭上鴛鴦雙翠翹」，「鴦」譌「釵」。《横塘行》「玉盤的歷矢白魚」，「矢」譌「雙」。《烏引雛》詩「羣鴟離褷睥睨高」，「鴟」譌「雛」。《鳶奪巢》詩「可憐百鳥生縱横」，「生」譌「紛」。《金谷園歌》「錦爲步障四十里」，「錦」譌「攻」。宋本皆不譌。惟卷八宋本奪《詠露珠》詩二十字及「詠水精」三字，明覆本及華雲所刊《韋江州集》皆有之。攷華雲本有華復初跋，謂宋本亦有譌脱，蓋指此本。又華本後有紹興、乾道蘇州刊本二序，華氏殆得見乾道本寫本，故得補宋本訛脱。景宋本之刊殆在華本後，故得據華本補之歟。此書宋刊惟金陵圖書館有前四卷。此本内府舊藏，有「乾隆御覽之寶」及「天禄琳琅」二璽。而《天禄》兩目著録宋本二、元本一，不及此本，蓋得於《書目》既成之後也。有「鄞人周琬」、「周氏子重」、「嘉興雙湖戴氏家藏書畫印記」三印。

韋蘇州集十卷拾遺一卷　明覆宋本

蘇州刺史韋應物

每半葉十行，行十八字。明重刊臨安書棚本。有「留餘堂」、「天鈞印」、「寶德堂藏書」諸印。

韋江州集十卷附録一卷　明刊本

唐江州刺史韋應物著　明尚書户部郎華雲校

華雲序（嘉靖戊申）

汪汝達鄒夢題識（同上）

華復初題識（同上）

每半葉十一行，行二十一字。明户部郎中華雲司榷九江時所刊，故改題《韋江州集》。然華氏本籍錫山，書中刊工姓名並與顧起經所刊《王右丞集》同，則亦無錫所刊也。板心有「太華書院」四字。宋本《拾遺》一卷，此本併入卷十。其《附録》一卷，爲嘉祐元年王欽臣校定序，熙寧丙辰葛蘩校刊序，紹興昭陽作噩姚寬書葛蘩本後，乾道辛卯胡觀國重刊跋，又崔敦禮跋，弘治丙辰楊一清跋，沈作喆補韋刺史傳、劉須溪評語，凡八種。天一閣藏書。

韋蘇州集十卷 明刊本

明浙江參議何湛之校刊

此萬曆中重刊宋臨安書棚本，但改十行爲九行耳。景宋刊本譌處，此本往往不譌。宋本訛字亦多從華雲本改正，亦明代一善本也。

唐陸宣公集二十二卷 明刊本

［唐陸贄撰］

權德輿序

蘇軾進奏議劄子（元祐八年）

洪邁等劄子（淳熙十三年）

此明弘治中徐必進刊本，亡其序跋。每半葉九行，行二十七字。前十卷爲《翰苑集》，板心題「苑一」、「苑二」等字。後十二卷爲《奏議》，板心題「奏一」、「奏二」等字，與元至大辛亥刊本合。

韓集舉正十卷外集一卷敘録一卷 景宋鈔本

［宋方崧卿］

自序

自跋(淳熙己酉)

每半葉十一行,行二十字。據自序言,此書《校例》云「字之當刊正者以白字識之,當删削者以圈毁之,當增者位而入之,當乙者乙而倒之」。此本於當刊正之字皆作朱書,以代白字,緣刊本不能用朱,寫本艱於用白,其原稿固當作朱書,《提要》已言之矣。此本摹寫極精,朱墨粲然,僅下宋本一等,宋諱不避「敦」字,猶出淳熙刊本也。有「憲堂」〔一〕、「秋浦」、「汪士鐘印」、「三十五峯園主人」、「平陽汪氏藏書記」、「讀書褒古」諸印。

〔一〕「憲堂」疑當作「憲奎」。

朱文公校昌黎先生集殘卷 宋刊本

存卷十三、卷十四兩卷。每半葉七行,行十五字。每卷書題下有「考異附」三小字。案朱子《韓文考異》十卷,本附《韓集》,後自爲一書。寶慶三年王伯大通判南劍州,校刊《韓集》,以「考異」散入本文之下,又於每卷之後附以「音釋」。元本又將「音釋」散附本文。此本之文下有「考異」,而卷後無「音釋」,當在王伯大本之前。《直齋書録》著録《朱子校定韓昌黎》四十卷、《外集》十卷,而「考異」不别自爲卷,蓋即此本也。有「都省書畫之印」、「禮部□□書畫關防」二印,並有「温字十六號」木記,「圯上翟氏家藏珍玩」一印。

朱文公校昌黎先生文集四十卷 元刊本

晦庵朱先生考異　留畊王先生音釋

朱文公韓文考異序

王伯大序（寶慶三年）

李漢序

朱文公校昌黎集凡例

汪季路書

每半葉十三行，行二十三字。朱文公《凡例》後有題識云「右《凡例》十二條，乃南劍官本所載。案朱文公校《昌黎集》，又著《考異》十卷，在正集之外自爲一書。留畊先生又集諸家之善，更定《音釋》，援據的當，音訓詳明，猶未附入正集，仍以逐卷之左，空其下方，以待竄補。是雖足見先生之謙德，而觀者未免即此校彼，其於披閱又爲未便。今本宅所刊係將南劍州官本爲據，併將《音釋》附正集焉，使觀者一目可盡而文義粲然，亦先生發明此書之本心也。幸鑒」云云。是以朱子《攷異》附入本集，乃王伯大所爲。又以伯大《音釋》附入本集，則始於此本，殆宋末建陽坊肆所爲。此本又恐元時覆刊者也。原尚有《外集》十卷，此僅存正集。湘潭袁漱六太守藏書，後以壽其師許滇生尚書。卷末有太守朱書二絕句云「此《韓》、《柳》二集奉呈錢塘師。既跋《柳集》，復占絕句二首：年年薦士有新詩，桃李盈門愧一枝。天下誰爲韓吏部，泰山北斗是吾師。穰木饑金歲不豐，四郊還未靖狼烽。平淮碑與平淮雅，何日文章屬鉅公。芳瑛再識」。有「滇南汪氏珍藏」、「桂林胡氏書Ⅹ圖書」、「芳瑛」、「卧雪廬袁氏藏書」、「湘潭袁氏藏書之印」、「許乃普印」、「滇生」諸印。

朱文公校昌黎先生集四十卷外集十卷傳一卷遺文一卷 明刊本

晦庵朱先生考異　留耕王先生音釋
朱文公韓文考異序
王伯大序（寶慶三年）
李漢序
朱子校例
汪季路書

每半葉九行，行十八字。有「陳尚忠印」、「禹謨」、「陳氏藏書印」諸印。

昌黎先生集四十卷外集十卷 明覆宋本

李漢序
昌黎集敘説
重校昌黎集凡例

每半葉九行，行十七字。序例及每卷後並有「東吴徐氏刻梓家塾」牌子，每葉板心有「東雅堂」三字。

昌黎先生集四十卷外集十卷 校宋本

李漢序

昌黎集敘説

重校昌黎集凡例

沈學子手跋：余求東雅堂本久矣。壬午夏五，舟過山塘，偶入書肆得之，倚篷而讀，頓忘煩暑。既至廣陵，借蔣春農舍人藏本校勘。自後五月五日至六月八日始竟。補葉四，補字數百，而此帙遂爲完書。然其中尚有舛訛不能盡訂，安得世綵堂宋鐫原本一校耶。雲間沈大成記。

又跋：廣陵自前月亢旱毒熱，日校此書，坐處汗浹，褌痱墳起，楚甚不休也。比因大雨時行，披襟灑然，而丹墨適畢，酌酒自慶，輒復記之。大成。

又跋：世綵堂本夫己氏得自商家，近以老乞歸，始授其子叔諧。因從借觀，乃知東雅此刻板行字數皆摹廖瑩中，洵重校宋本也。連日校勘，如入寶肆。其間訛處，廖氏亦同，尚當參考《唐書》，方無遺憾耳。壬午九月廿二立冬日，大成記。

右東雅堂刊本，印刷稍後，沈學子以初印本校。復見世綵堂原本，乃重校之。眉間列有考訂評騭之語，又加圈點，亦沈氏所爲也。有「臣大成印」、「學子」、「徐映金印」、「若冰」、「有華香塾珍藏」、「香溪女士」、「萬宜樓藏書印」諸印。

昌黎先生集四十卷外集十卷 評閱本

刁約山手跋：此係宋廖瑩中刻，所謂世綵堂本也。明徐時泰購覓原板重刊，改題東雅堂，遂相沿稱東雅堂本。《韓集》諸本中推此爲最。余多年搜訪，僅得是本。復于友人處得儲氏閱本校臨，允爲雙璧。約山刁戴高識。

東雅堂刊本。刁約山臨儲在陸評。有「約山子」、「刁戴高印」二印。

昌黎先生集卷三至卷六又外集十卷 盧抱經校訂本

東雅堂本。盧抱經先生評閱兼加考訂。別紙引僧齊己詩，證昌黎有孫蜕，爲《唐書·宰相世系表》所遺。有「盧文弨印」、「盧氏藏書」二印。

韓退之文集四十卷外集五卷 明鈔本

朱絲格，每半葉九行，行十五字。無序跋，無注。《外集》無《順宗實録》。以朱圈斷句，並發四聲，乃明内府所鈔以供誦讀者。余家所藏《説苑》，與此行款字跡並同。

韓文四十卷韓文外集十卷傳一卷遺文一卷柳文四十三卷別集二卷外集二卷附録一卷 校明刊本

明巡按直隸監察御史新會莫如士重校

王材重刊韓柳文序（嘉靖丙辰）
游居敬刻韓柳文序（嘉靖丁酉）
劉禹錫柳文序

葉石君手跋：

十月二十二日始于九卷，看至此。（卷十後）
廿六日觀止此。（卷十三後）
廿六日燈下復看此卷，時已三鼓矣。（卷十四後）
十一月初一日閱。（卷十六後）
初一日鐙下看。（卷十七後）
初二日雨窻看。止此。（卷十九後）
初三日讀。（卷二十後）
十有二月十一日晨起讀。（卷二十二後）
十一夜看。（卷二十四後）
十二日早晨讀。（卷二十五後）
廿[日]自早至暮看四卷。（卷二十九後）

廿日鐙下又看六卷。（卷三十五後）

廿一日看至此。（卷三十八後）

崇禎十一年十二月廿二日早晨照馮本讀完。（卷四十後）

又跋：宋本校。（卷一首）

七夕又校此卷。（卷七後）

七夕次日校。（卷八後）

又校一卷。《訟風伯》板缺未校。（卷十二後）

七月十一日校此卷。（卷十三後）

八月初二日校此。（卷十四後）

初二日又勘。（卷十五後）

八月初七日勘。（卷十六後）

乙卯正月十三日勘。（卷十七後）

元宵後一日勘。（卷十八後）

前二十二卷，假得照宋板對者校過一次，其後竟缺。倘得善本續完，斯爲全玉矣。惜乎不知何時乃能竟其業也。（卷二十二後）

又跋： 右借《韓先生文集》，乃宋刻本，文備於考亭。（《韓遺文》後）

又跋： 己酉長夏，從元刻校《韓集》，係晦庵先生考正，其「一作」往往有勝正文處。先生之名固不可議，先生之學又何敢違。顧二程而降，不尚文采，昌黎生於百年之前，不知有道學名目，或者取青媲緑，時亦有之。試取《奉酬振武胡十二大夫作》讀之，當有所會矣。余不敢疑先生，第爲愚者之慮，亦未可知，因筆於此。後之學者勿牽於習尚而笑其固陋，幸甚。東山葉萬碩君記。（卷四十後）

又跋： 余聞歸震川先生選古文若干卷，皆八大家集中所載也，其去取與宋元以來諸家殊異。《順宗實録》其文近於左史，先生特有取焉，他家不録也。嗚呼，文章之道，知之者有幾，讀此不覺爲之增慨。（外集後）

又跋： 劉賓客祭文一首亦宜附此，在劉《外集》。李翺祭文一首在本集，又應收李翺行狀、皇甫湜墓志銘、神道碑并祭文，附在卷後，然後列以本傳、洪興祖《年譜》、程俱《歷官記》、方崧卿《增定年譜》，編成一卷。餘盡附入傳，當從舊《書》，而以新《書》參注。余今老矣，俟後之好事者爲之。（傳後）

又跋： 《韓集》照馮己蒼本點次，句勒間界，雖非深求隱索，亦是規畫所存。若《柳集》之點次，從今日視之，亦不知其所謂矣。大氐古人之作各有要歸，自南宋至今人多異議，其人是也。附會者必以其文高出雲天，如其非也，則求其瑕疵，本無可指摘而必加以强詞焉。更有可笑者，古人從不知有「道學」二字可以竊附，而後人必强爲牽引，增其名目，是使前人俯從後議，而實學反冒以虚名也。余歷讀先聖經典，緯之以帝王經綸之書，凡有所言所行，皆英偉不常。自程朱二先生出，始有精研之學，如道家丹汞之傳、釋氏衣鉢之授，覩其析理秋毫，固是爲升堂入室之彦。而後之人乃從而依附焉，亦遂以謂升堂入室，不亦大可哀哉。蓋程朱深心（殆「信」之訛）力行，各有所得，而於書亦無不窺。後人頂戴程朱，棄書不觀，而辨駁爲甚。於是文章之道，一望榛莽，而最後之人又頂戴於頂戴程朱，并程朱之所謂道學亦失之矣。惟日取古先之文章而批抹之，即宣聖之《六經》有不能免者，其中藏爲何如耶。而更有下焉者，語之以經則不知，語之以史則又不知，語之以子與集則狂駭而走，又何爲者耶。虖乎，宜乎斯文遂喪，爲宣聖起千萬年之悲也。昔歐陽公幼得韓文殘本，厘厘守之，尚有古學時文之歎，而況今日將所謂倡古學於洛陽者，又其誰耶。予因少時之妄爲雌黄爲可戒，故連書于末。烏虖，後之人廢書不觀者，當於此省之。己亥之夏伏識。（下有「葉萬」、「石君」二印）

又跋：昌黎先生起八代之衰，爲唐大儒，自宋以來尊之至矣，必以爲接孟子之傳。愚竊非之。夫道至宣聖爲大成，孟子附於聞知之列。其後讀書之士，無不爲聖人之徒矣，但造有偏至，行無全人，或是或非，不免起後來之議論。昌黎先生立朝行己，固足爲師範，然未免於執拗，止可託諸空言，不獲見諸行事。而以道統歸之，不已過乎。此不過宋儒自欲上承宣聖，以年代懸遠，借之爲介紹耳。後人不察，與之風靡。余幼好讀書探究，每謂兩漢尊經復古以來，人人歸於宣聖之道，一言一動皆是也，何獨一昌黎耶。近來人多好古，其道漸明，亦有知其説之非而不敢言者，余因識於末以示後人云。道轂。（下有「南陽道

轂」印）

又跋：　昌黎公倡古學於元和之間，其時李習之、皇甫持正有同志焉。今二公之杳無知之者，何世人之貴耳而賤目也。且昌黎誌銘多出於東京碑刻，世人又目爲先秦之體。人之不自學，止藉一二傳聞以爲信，有如是耶。余年登知命，無所用於世，惟以書籍自娱。究文章之流别，朝斯夕斯，少有管窺蠡測之智，見古人含英咀華之妙，質諸有識之士，筆之於紙，以示後人。昌黎之集比户有之，其能全讀而全思者，幾人哉。而況習之、持正不盛稱於世，欲望拂塵封、剔蠹穴，去其安心浮思，一智慮於斷簡殘編中，所必無也。撫卷爲之太息。道轂。（下有「南陽道轂」印）

右韓文跋

又跋：　戊寅二月廿四日閲。（卷二後）

廿五日看。（卷三後）

廿六日看。（卷六後）

廿七日看。（卷八後）

廿八日看。（卷十後）

廿九日看。（卷十四後）

三月初三日閲。（卷十六後）

初三日看。（卷十七後）
初五日。（卷十九後）
九月初十日讀。（卷二十後）
初十鐙下讀。（卷二十一後）
十一日看。（卷二十二後）
十二日讀。（卷二十三後）
十五日看止此。（卷二十六後）
十六日看。（卷二十七後）
十八日看。（卷二十八後）
十九日看。（卷三十後）
十九日鐙下看。（卷三十一後）
二十日看。（卷三十四後）
二十日夜觀。（卷三十六後）
廿一日晨閲。（卷三十七後）
廿一日看到此。（卷四十一後）

十月十八日看。（卷四十三後）

中月二十有三日完此。（别集後）

廿四看。（外集上）

廿五日始卒業。（外集下）

崇禎戊寅歲，借得顧本閲過一次。自春徂冬，始克卒業，中間作輟，殆有五月。時六月廿六日，石君記。（附録後）

丁丑暮冬裝。（附録後）

又跋：昌黎、柳州《文集》各五本，幼時用朱筆隨人圈點，不知命意所在、立言所自，何異盲童辨朱紫、聾叟論鐘簴，不得其真，妄求影似，可慨也夫。己亥之夏，暑窻炎簟之間，獨居無俚，因檢二集，不覺失笑。附筆於後，以戒少年讀書，務使深思好學，必求古人之隱徵，不可以古人之名章奥旨，妄逞鄙瑣之胸臆，而爲人所笑也。嗚虖，自笑且不可，況於人乎，學者戒之。洞庭東山葉石君識於虞山晏居。（下有「葉萬」、「石君」二印）

又跋：余少無問學，惟有素志，期不負於古人。始讀《唐文粹》，如得至寶。繼讀《宋文鑑》，知歐蘇之妙，爾時稍知文章之變化。最後讀《文苑英華》，方覺大海觀瀾，峻嶽捫天矣。又於交遊中探論《文選》，乃識文章之源委。然於所見所聞，頗殊於世俗之論，因取《韓》、《柳》再四詳讀，無不與聞見相合，不知世俗之論何以遂殊也。昌黎之文，實開歐蘇之學。柳則淪落人，不願爲流派，而其立言弦道似精於韓，但後來道學大興，尊韓而不及柳，以爲孔孟之傳乃在于是。嗟乎，孔孟之傳其遂止於韓昌黎，而不得以柳附之耶。斯文之統，千古不磨，乃爲宣聖之道，愚夫愚婦無不由之，兹何視聖道之隘。余每持此論，願質於讀古之人，而人或非之，惟於夜鐙曉窻，對卷相思而已。嗟乎，今天下博學多通者幾人哉，余當負笈而問之。康熙改元之次年，時值更易制科，人思反古，因感而誌之。道轂。（下有「南陽道轂」印）

又跋：丁未之冬，旅舍獨坐，篝鐙夜讀。始閱韓昌黎《順宗實録》，彷彿左氏之風。再讀柳州製述，的配昌黎議論，顧立身不正，一跌不復起，遂以廢棄，且不永年，故少遜焉。嗟乎，人之自立，不可不慎也，後學者安得不鑒戒哉。南陽道轂再記。（下有「南陽道轂」印）

又跋：己酉長夏，獨居無事，因檢書篋，整晒之餘，取《音注韓柳文》校閲。柳本所差有限。韓本係考亭參正，其中同異，「一作」殊勝本文。考亭道學之宗，吾何敢議，第據此書去取，文采所關，似未精鑒。夫亦專於約禮而或略於博文。不然，或附名於先生耳。（下有「樹廉」、「石君」二印）

右嘉靖寧國府重刊《韓》、《柳》二集，葉石君手校。初石君以馮已蒼點校本校《韓文》，在崇禎十一年。嗣以校宋本、宋本兩次校訂，不著年歲。再後以元本校，在康熙年。《柳集》亦以崇禎十一年照顧本評點，迄康熙八年再閲，又以《音注》本點勘。皆跋至四五通，語頗有見。其考訂之語，亦頗精密。二集完好無闕，洵足珍也。有「葉樹廉印」、「石君」、「樹蓮」、「樸學齋」、「歸來艸堂」、「玉澗後人」、「金庭玉隖人家」、「鎮惡」、「一船明月一竿竹」、「城南讀書」、「官樣文章」、「泰州劉麓樵購于揚州癸丑兵火之後」、「購此書甚不易」諸印。

韓文起十二卷 錢湘靈手評本

［晉安林雲銘西仲評注］

蔣香生手跋：此吾鄉錢湘舲先生手批本也，舊藏花巷李雪屏觀察家。余於今春因公晉省，下榻江蘇鄉祠，觀察後人鐵如茂才偶来見訪，攜示此書。原訂襯套十二册，展卷讀之，朱墨爛然。其中墨筆李評，蓋即觀察是也。余以江南兵火之餘，故家貯藏半付劫灰，今於宦游在閩，見斯先輩手澤，能勿珍重，爰出番餅共十二枚易之，還署改裝四册。時光緒十二年五月端節前一日，檢點行篋，正將罷官還里，雨窻無聊，把玩一過。長洲後學蔣鳳藻香生記於温麻郡齋。

又跋：閩中前明遺老有自號「銕牛翁」者，多手評善本，三山士夫頗珍祕之。此帙「鐵牛」印記，其或斯人也歟。惜不能知其姓氏，一表著之，他日當於省志攷求及之。香生又記。

又跋：虞山錢湘舲先生深於《選》學，昔余旋里，王芾卿水部曾以先生手評《韻略》相讓，硃筆爛斑，幾不可識，蓋先生隨筆記録，以備押韻之需耳。今此書則先生輯録各家評本，亦有手自加評之處，復經後人一再品題。讀韓文者得之，裨益不淺矣。印齋主人記。

又跋：是書硃筆係錢氏湘舲、又一人用「尔弢」印者所手評耳。其藍筆則不知何人，頗有更正錢評之處。至墨筆則李蘭屏觀察評。閩中以先人藏書名印流在他家爲耻，故子孫於其書籍售人之際，必先挖去祖宗名號印識，此所以未有李氏印記矣。余特記之，聊記源流，免致各家評語混淆云。

此林西仲選本，錢湘靈評。「尔弢」即湘靈字，蔣香生疑爲又一人，非也。有「錢陸燦印」、「陸燦湘靈」、「湘靈氏」、「調運齋」、「艸創大還堂」、「茂苑香生蔣鳳藻秦漢十印齋祕篋圖書」諸印。

昌黎先生詩集註十一卷 評閱本

長洲顧嗣立俠君删補

卷首有識語曰：硃筆録小長蘆老人評本，墨筆録初白老人評本，黄筆録查浦太史評本。有「平甫課本」、「檢亭」、「檢亭藏書」、「雲師」、「松江沈氏」、「鄭齋攷藏金石書籍」諸印。

昌黎先生詩集十一卷 評閱本

與前本同。仇叔如評閱。顧序後有「顧嗣立印」、「俠君」二印。有「仇仁」、「仇仁之印」、「尗如」、「漱芳書屋」、「師漢齋珍藏記」、「秋樹齋讀書記」諸印。

增廣註釋音辯唐柳先生集四十三卷 元刊本

南城先生童宗説註釋　新安先生張敦頤音辯　雲間先生潘緯音義

陸之淵柳文音義序（乾道三年）

劉禹錫序

袁漱六手跋：　曩在都門，與錢唐師論及韓、柳二公集，每以未得古刻爲憾。謹案乾隆時《四庫》纂修書目，以宋刻二集著録，其書爲内府舊藏，均係完本，直比之劍合珠還，其寶貴若是。師家舊藏有某公批校東雅堂本，故亦爲善本。至柳先生集，芳瑛則但舉濟美堂本以對。不得而思其次，誠以古刻固不可必得也。及改外至蘇，每念及師言，冀一遇而購之，乃以從事戎行，與書日不相習。乙卯秋，舍弟砢亭由蘇垣來九華山營中，攜此二集相示，謂某書賈求售者。嗣舍弟返省寓，函商三數次，書始歸之。丙辰春間，師之第一弟信臣中丞同駐九華，屢與中丞敘及，師以丁未生，是歲爲七十覽揆之期，擬敬寄此以爲壽。緣重其爲佳本，未敢率寄，且爾時不得其人，或亦不知其書之可重也，遂不果寄。適今歲及門鄭生、蔣生以援例入都，屬其謹藏行笈，至之日以壽吾師。循古人開袠之説，誼固當獻壽語，曰「以侑康爵」，想吾師見之，亦當於堪喜齋中作大歡喜也。至此二集之善，雖未敢擬内府所收，然劍氣珠光，照耀在目。又如芳瑛所見何義門、陳少章等校定《韓》、《柳集》，其取正者都與是刻合，則固非諸刻可同日語矣。咸豐七年四月浴佛日，受業袁芳瑛謹識。（下有「袁芳瑛印」一印）

每半葉十三行，行二十三字，與《韓集》同，蓋元時建陽書肆合刊本也。有「桐城姚伯昂氏藏書記」、「伯淳」、「貞六之印」、「芳瑛」、「卧雪廬袁氏藏書記」、「湘鄉袁氏藏書之印」、「許乃普印」、「滇生」諸印。

增廣註釋音辯唐柳先生集四十三卷別集一卷外集一卷附録一卷　元刊明修本

行款與前本同。卷一首葉無音註人姓名，而劉序後有「增廣註釋音辯唐柳先生集諸賢姓氏」大字一葉，云「中山劉禹錫編，河南穆脩敘，眉山蘇軾評論，胥山沈晦辯，南城童宗説音註，新安張敦頤音辯，新安汪藻記，張唐英論，雲間潘緯音義」，與前本不同，乃元季翻前刊本。而序目、卷一、卷二及別集以下，又明代所翻刊也。有「霽山」、「求是堂藏本」、「□湖鄭氏」三印。

河東先生集四十五卷外集二卷傳一卷附録二卷龍城録二卷 明覆宋本

呂圖南序（庚戌）　又序

劉夢得序

穆修後序（天聖元年）

沈晦後序（政和四年）

李褫後序（紹興四年）

李石題後

韓醇記（淳熙丁酉）

每半葉九行，行十七字。覆宋廖瑩中世綵堂本。此廣西所刊，板在柳州。年署「庚戌」，無紀元，蓋在濟美堂校刊之後矣。

河東先生集四十五卷外集二卷龍城録二卷附録二卷 明覆宋本

［唐柳宗元撰］

劉禹錫序

每半葉九行，行十八字。有「東吴郭雲鵬校壽梓」亞形牌子。板心有「濟美堂」三字。有「錢氏華玉」、「竹梧齋」二印。

劉賓客文集三十卷 校明刊本

正議大夫檢校禮部尚書兼太子賓客贈兵部尚書劉禹錫

校宋本（黄蕘圃手識，在卷首）。

舊鈔殘本校（同上，在卷二十一首）

黄蕘圃手跋：辛酉秋月，從書坊觀汪氏開萬樓書，有舊鈔《劉夢得文集》四册，卷第皆後人以意補寫，辨其筆跡，非原鈔之舊矣。攜歸校於明刻《中山集》上，按其卷第，爲此刻卷二十一至卷三十。然未可據此正彼，亦未可據彼正此，各存面目可矣。其餘爲《外集》一至八，因有影宋本在，明刻《中山集》所無，故未之校。即此十卷。略存佳者，以備參考。然亥豕甚多，脱誤不少，無足取也。因是舊鈔，故存其異。校畢書。蕘圃。

案黄復翁校此書，首雖題「校宋本」，惟卷一首《問大鈞賦》校出數字，餘皆未校。卷二十一至卷三十以舊鈔殘本校，舊鈔題《劉夢得文集》，與宋本合，蓋亦出宋本。其剜改卷第，因宋本詩在文前，與明刊絶不同故也。有「蕘圃手校」、「汪士鐘藏」、「小謨觴仙館」、「不夜于氏藏書印」諸印。

劉賓客文集三十卷外集五卷 鈔本

正議大夫檢校禮部尚書兼太子賓客贈兵部尚書劉禹錫

白樂天與劉蘇州書

劉白倡和集解

黎民表别集序（萬曆二年）

每半葉九行，行二十字。前有萬曆二年黎民表刻别集序，蓋《外集》即從黎本録出也。今《外集》存五卷，蓋闕末一册。顧澗蘋校閲。澗蘋於黎序末題云「竹垞本無此序」，又於卷二十後題云「竹垞本止此卷，以下未見，千翁」云云。蓋本集與《外集》明代本自别行，竹垞本殆無《外集》也。又有「渭生」者，以《唐文粹》校前四卷。有「顧千里印」、「一雲散人」、「國子監印」、「光緒戊子湖州陸心源捐送國子監之書匱藏南學」、「前分巡廣東高廉道歸安陸心源捐送國子監書籍」諸印。

吕和叔文集五卷 校明鈔本

［唐吕温撰］

劉禹錫序

毛子晉手跋：從友人處借嘉靖壬午清明日吴門忍齋黄冀録本訂一遍。卷首有「六爻堂」、「黄女成氏」二印記。崇禎甲申二月初吉。（下有「□」、「子九」二印）

又跋：　丙戌元宵後二日，又求施師重訂。

黄蕘圃手跋：　舊鈔《吕衡州文集》十卷本，余得諸東城顧五癡家，惜亡其首三卷。後海鹽家椒升來，以新鈔本售余，雖亦十卷，序次與舊鈔不同。馬鋪橋周香巖先生借兩本去，取所藏葉石君鈔本對之，知舊鈔者爲佳，而海鹽本蓋分前五卷以符十卷之數耳。葉本有劉序並全目，余俱鈔得，而前三卷異同較海鹽者爲勝，盡録之，擬補顧本所失落也。厥後香巖又得吴岫所藏五卷舊鈔本，余亦借校，亦幾幾乎稱善矣。近從書友郁某得一毛子晉手跋本，亦止五卷，而與海鹽本不同，其所謂「五」者，蓋取十卷而紊亂之也。爰取葉本、顧本參訂，知第一、第二乃是葉本之一、二、三，以一、二卷爲一卷，三卷爲二卷也。三卷之前五篇乃葉、顧本第四卷之半，後十篇則又葉顧本之第八卷也。四卷爲葉、顧本之第九卷。五卷爲葉、顧本之第十卷。顛倒錯究，不知其由，姑存之以待考核云爾。黄丕烈識。

又跋：　嘉慶壬戌冬十一月望前二日，復從周丈香巖處借得一舊鈔本，亦五卷，與此行款正同，顛倒錯亂卻復如此，知此本由來有舊矣。卷端墨書一行云「依照錢少寶家藏本鈔寫」，朱印一文云「沈印穀伯」。卷末有跋五行云：「此書向無佳本，讀之不勝魯魚。近在君宣齋頭獲覩此篇，有王庭槐圖書并校録跋語，云彼先君從内府傳寫者。亟取歸而讐正，大約次序相同，互有少差耳。俟有博學，還祈請正。萬曆丙辰仲秋記于懸罄室。」爰録此備考。蕘翁丕烈。

明鈔每半葉十行，行二十字。毛子晉手校。其與十卷本編次異同，黄復翁復以籤識之。有「毛晉一字子九」、「毛晉私印」、「一字子九」、「隱湖小隱」、「識字畊夫」、「汲古閣」諸印。

皇甫持正集六卷 校宋本

［唐皇甫湜撰］

黄拙叟跋：道光改元五月，臨叢書堂匏庵先生校宋本。拙經老人廷鑑識。

又跋：是歲九月，從陳子準處假得錢遵王手校本，再勘一過。補脱簡兩處，暨可參訂者三十餘字，其大致與叢書堂本相近也。拙叟又識。

□子冕手跋：同治甲子五月，從李叔蘭假黄校本重臨一過。子冕焘記。（下有「子冕」印）汲古閣本。前人臨黄拙叟校。首云「鈔本每半葉十行，行二十字」，又云「鈔本每卷首有篇目」，不知謂吴匏庵本，抑錢遵王本也。

李文公集十八卷 明刊本

唐山南道節度使檢校户部尚書李翱字習之

每半葉十行，行二十字。原有成化己未何宜序，歐陽脩、邢讓二跋，此本均奪。有「温陵張氏藏書」一印。

歐陽行周文集十卷 明刊本

［唐歐陽詹撰］

每半葉十行，行二十二字。原有《唐書》本傳及李貽孫序，此本奪。天一閣藏書。

歐陽行周文集十卷 鈔本

［唐歐陽詹撰］

李貽孫序

硯翁跋（同治丁卯）

此從汪孟慈家所藏景宋本鈔出。每葉有「晚晴軒陳氏鈔本」七字。

李元賓文集五卷補遺一卷 校鈔本

［唐李觀撰］

陸希聲序（大順元年）

趙坦跋

汪曰楨跋

章石卿手跋：四月十一日校于廣東廣府署內。十二日又校，畢。康記。

先叔祖寄嶔先生藏舊鈔本，屬汪剛木先生以它本校之。原本久佚，此本乃章碩卿大令所鈔，復手自校正。徐君行可恕得之鄂渚，乃以寄余。雖非原本，亦可云吾家舊物矣。有「章壽康藏」一印。

賈浪仙長江集七卷 明刊本

唐長江尉賈島著

每半葉十行，行十七字。無序跋及刊書年月，尚是成弘間舊槧。舊本皆十卷，此本分體編次，凡五言古詩一卷，五言律詩二卷，五言排律、七言律詩、五言絶句、七言絶句各一卷，與舊本但分五、七言古、律，而絶句入古詩或律詩者不同。又如舊本卷二《投張太祝》、《攜新文詣張籍韓愈途中成》、《酬姚少府》諸篇皆不在卷中，蓋編次時遺落或刪節也。卷末有「奉新縣刊」四字。有「孔仁」、「野泉」、「竹垞讀本」、「蔣長泰學山氏收藏記」、「長谿守藏室史」諸印。

賈浪仙長江集十卷補遺一卷 盧抱經鈔本

范陽賈島浪仙

蘇絳撰墓銘（會昌甲子）

唐宣宗賜浪仙墨制（大中八年後有正遠跋）

王遠後序（紹興二年）

何焯跋（康熙癸巳）、又（康熙甲申）、又、又（丙戌）、又（己丑）、又（庚寅）

盧抱經手書序。（乾隆四十一年。下有「盧文弨」、「檠齋」二小印）

又手跋。（丁酉。下有「盧文弨」、「弓父」、「鍾山書院長」三印。二篇均載《抱經堂文集》，不録）

又手跋：丙申十月二十五日閲。張生均爲余寫。（卷一後）
丙申十一月五日閲。今日撰江陰楊文定公傳竟。（卷二後）
丙申嘉平八日閲。明日束裝還杭矣。（卷三後）
丙申仲冬二日閲。（卷四後）
十一月四日閲。（卷五後）
丙申十一月七日，飲陶孝廉衡家，歸閲此。（卷六後）
丙申十一月四日，欲往送謝學使同年，值雪不果，閲此卷。東里人。（卷七後）
丙申十月二十五日閲。黄生鎔爲寫此卷。（卷八後）
丙申十一月朔候顧仙沂託寄邗江札，回院閲此。（卷九後）
丙申十二月六日呵凍閲。（卷十後）
乾隆丙申季冬三日，挑鐙自書此數葉，期速竣以便歸涂即還吴友也。盧文弨記。（後序後）

盧抱經先生録馮定遠評本，後見何義門評本，復録之卷端。先大父藏書。有「抱經堂寫校本」、「虎林盧文弨手校」、「曾在烏程梁氏集古齋」、「范鍇借觀」、「蕭穆印記」、「桐城蕭氏敬孚藏書」諸印。又有先大父名印及「咸豐庚申以後所得」一印。

李賀歌詩編四卷集外詩一卷　北宋刊南宋補刊印本

隴西李賀

杜牧序

文端文手跋：右宋梓《李長吉詩集》四卷，昔爲半偈翁收藏，今歸母舅青甫氏。偶過鐫史齋出閲，因補録三紙。己巳四月望後，文枏記。（下有「文楠」、「端文」二印）

順治二年八月朔日，山陰司馬氏珍藏。（下有「司馬」一印）

每半葉九行，行十八字。序與每卷皆蟬聯而下，共四卷六十四葉，乃北宋舊槧。至南渡後闕前三葉，乃補刻之，則離序與本書爲二，故今本書第一葉每行字數加密，不與全書同。又板心記葉數，署「一之三」，緣别出序文，故少二葉。又本書元自第二葉後半起，今從第三葉起，故第三葉字數不能不增多也。目録及《集外詩》亦南渡後所增。蒙古丙辰趙衍刊司馬温公藏本無《集外詩》，晁氏《讀書志》亦謂「《外集》予傳之梁子美家」，是北宋時《外集》原與本集别行。此本集外詩，以字體觀之，亦南渡後補刊也。然本集四卷猶是北宋原槧，闕筆僅及「弘」、「玄」、「殷」、「敬」、「恒」諸字，而仁宗以下諱皆不避，惟「桓」字作「桓」，則剜改之跡顯然。余據以校趙衍刊本，則與趙本不同之處亦十九出於剜改。知趙氏所刊司馬温公藏本即此本之初印，而此本則由南渡後增補校改者也。原刻古茂勁拔，與大中祥符本《南華真經》、天聖本《齊民要術》同而稍撲拙，南宋初補刊已稍遜，而第三葉補刊尤後。然印紙用乾道八九年公文紙，則猶是孝光間印本也。紙背公文有「大理院抵當庫」及「宣州廣德軍建平縣」等字，又有數官印，其「宣州」、「廣德軍」等字尚可辨，故近人頗疑爲即復古堂本跋中所稱之「宣州本」。要之爲北宋舊槧、南宋修補則無可疑也。季滄葦《書目》有《李賀歌詩》四卷併《集外詩》，文枏題跋。《傳是樓宋本書目》有「《李賀歌詩》四卷《集外詩》一卷」，即是本也。有「江左」、「玉峰珍祕」、「玉蘭堂」、「梅谿精舍」、「辛夷館印」、「翠竹齋」、「鐵硯堂」、「司馬勇印」、「季振宜字詵兮號滄葦」、「揚州季氏滄葦」、「振宜之印」、「御史季振宜章」、「乾學」、「徐健庵」諸印。

錦囊集四卷外集一卷 明刊本

隴西李賀

張元禎序（弘治十三年）

杜牧序

馬炳然跋（弘治庚申）

每半葉十行，行二十字。明監察御史内江馬炳然刊本。《外集》後有牌子云「李長吉詩［舊］藏京本、蜀本、會稽本、宣城本，互有得失，獨上黨鮑氏本詮次爲勝。今定以鮑本而參以諸家，箋註則得之臨川吴西泉，批點則得之須溪先生，與觀評論，並附其中。齋居暇日，會粹付梓，庶幾觀者瞭然在目。至元丁丑二月朔，復古堂識」云云，是此本出元復古堂刊本，而無箋註、批點、評論，或重刊時删之也。字句多與南宋剜改北宋本同。其易名爲《錦囊集》，據張序、馬跋，即馬氏所爲也。有「臣燦之印」、「文猗」二印。

錦囊集四卷外集一卷 明刊巾箱本

唐隴西李賀

杜牧序

李商隱李長吉小傳

每半葉七行，行十七字。分卷及字句與弘治本同。卷三第二十一葉眉上，有竹垞翁手書題花鳥小畫七絶一首。有「朱彝尊錫鬯父」、「傳是樓」、「明善堂覽書畫印記」諸印。

昌谷詩四卷 鈔本

唐李賀長吉著

李長吉小傳

杜牧序

此本《集外詩》雜附四卷中，編次亦與諸本稍異。首有「長洲紅杏學人參録」一行。板心有「龍池山房祕本」六字。

李長吉集四卷集外詩一卷 校本

何義門曾以汲古閣藏南宋刊本并蒙古趙衍本校今本，并有評閱。此乃周書倉臨于漁書樓刊本上者。

有「林汲山房藏書」、「藉書園印」、「傳之其人」三印。

王建詩集十卷 宋刊本

繆藝風跋(宣統紀元)

每半葉十行,行十八字。目録後有「臨安府棚北睦親坊巷口陳解元宅印行」一行。宋刊僅存目録四葉、卷一五葉、卷四八葉、卷五四葉,共二十一葉,餘皆影鈔補足。藝風老人復從馮己蒼校柳大中鈔本校勘一過,並增補詩七十三首附於卷後,有跋記其事。有「雪川汝南家印」、「雲嵓」(皆元人印)、「宋本」、「汪士鐘曾讀」、「金氏丞仁」、「湘雲館」、「荃孫」、「繆荃孫藏」、「求古居」、「雲輪閣」諸印。

沈下賢文集十二卷 鈔本

吴興沈亞之下賢

無名氏序(元祐丙寅)

有「翁之潤假讀」一印。

李文饒文集二十卷別集十卷外集二卷 校明刊本

江西按察司副使吴從憲彙輯　袁州府知府鄭惇典校正

鄭亞序

無名氏跋(下闕。紹興己卯)

十行二十字。明萬曆中袁州重刊嘉靖本。原出宋紹興袁州本，與蜀本、永嘉本卷數相同。前人以朱筆通校。是書《文集》卷十五、《外集》卷三均有錯簡二葉（嘉靖本同）。此本《外集》錯簡已經校者糾正，《文集》錯簡尚未正也。有「檇李刺史傅氏藏書」、「唐德咸印」、「有一氏」、「蕭夢松印」、「靜君」、「蕭寥亭四世家藏圖書」、「閩中寥亭夢松圖書之章」諸印。

元微之文集十四卷　北宋刊本

元稹字微之

劉麟序（宣和甲辰）

存前十四卷并目録。每半葉十二行，行二十一字。卷一首行題「新刊元微之文集」，他卷皆題「元微之文集」，無「新刊」字。案元集第一刻爲宣和甲辰建安劉麟本，此本前劉麟序中「先子」諸字，其上並空一格，蓋蜀中覆刻劉本，而避諱及「敦」、「惇」二字，則光宗後所刊落也。洪文安會稽郡齋刊本亦出劉本，故此本誤字，越本亦略同。惟此本樂府爲第五、六、七、八四卷，越本爲第二十三至第二十六卷，在律詩之後，蓋越本亦兼祖蜀本，不專用建本也。越本在宋季已稍漫漶，故卷一及卷十第一葉板之上下已有闕字。宋元間剜補闕文，均出臆造，故明嘉靖壬子董氏覆越本及蘭雪堂活字本，此二葉中誤字多至數十，幸得此本正之。又董本卷十末闕二葉，蓋宋元間所印越本已然，故蘭雪堂本印於董本之前，亦無《酬白學士一百韻》一首，蓋以宋本不全而删之，惟此本獨完。昔錢牧齋得北宋刻微之全集以校補明本，云「《微之集》

殘闕四百餘年，一旦復爲完書」，殆即據此。雖僅存四分之一，然幸明本缺處具存，可謂孤行祕笈矣。有「翰林國史院官書」、「劉體仁印」、「體仁」、「潁川劉考功藏書印」諸印。諸城劉燕庭方伯藏宋刻《唐三十家文集》，如張説之、張曲江、權載之、李文饒諸集皆足本，皆劉公戢藏書，有元「翰林國史院官書」長印。此本亦公戢所藏，當在劉燕庭所得《三十家》之内，不知何時闕佚也。

元氏長慶集二十七卷 明活字本

劉麟序（宣和甲辰）

華鏡序（乙卯）

每半葉七行，行十三字。書題大字，餘皆小字雙行。板心有「蘭雪堂」三字，每卷後有「錫山華堅允剛活字版印行」一墨印。華序稱此本出冢宰陸公家藏宋刻本，今以誤字校之，全與董覆越州本同，蓋出越州本也。蘭雪堂活字僅有大、小二種，無更小之字，故宋本小注此本皆删去不存，此本存詩、賦兩類，雖不全，亦足珍也。

白氏長慶集七十一卷 明活字本

元稹序（長慶四年）

每半葉八行，行十六字。全書皆小字雙行，無大字。板心有「蘭雪堂」三字。

鮑溶詩集一卷 明鈔本

《唐》、《宋志》皆五卷。《四庫》本六卷，又《外集》一卷。此不分卷，殆又一别本也。天一閣藏書。

樊川文集二十卷外集一卷别集一卷 明覆宋本

中書舍人杜牧字牧之

裴延翰序

田槩别集序（熙寧六年）

每半葉十行，行十八字。有「鷗舫藏書」、「經訓堂」、「三間艸堂」諸印。

樊川集不分卷 明鈔本

有詩無文，分體纂録。宋本僅分古、律二體，此本則首五古，次七古，次五言排律，次五律，次五絶，次七律，次七絶，次六言絶句、五韻長短句。乃明人手鈔。有「應徵」、「公㢈」、「歷山」、「葉樹廉印」、「石君」、「南葉」、「樸學齋」、「小李山房」、「杫溪藏書」諸印。

李商隱詩集三卷 校宋本

楊稼軒手跋：是書余於乾隆甲子年借天台齊次風先生宋刊本校正。壬申歸里，時家藏舊書并余續購新本共有九十八櫃，老屋十間，幾無隙地。不意出外教讀，稽守無人，盡爲不肖族人零星竊賣。庚寅歸來，但存二十櫃而已。是本流傳市估之手，已缺王半山序一首、目録三葉、卷下一番。傾囊得青蚨八十文

付之，始物歸故主。撫今追昔，不勝泫然，爰書以記之。（下有「禾字稼軒」一印）

右就汲古閣刊《李義山集》校，所據宋本與孫孝若家所藏北宋刊本同。有「楊禾稼軒」、「禾字稼軒」諸印。

李義山詩集三卷 評閲本

朱長孺箋註本，何義門評閲，兼録馮定遠諸家評語。何評時記甲子而不記名，亦無題跋。此爲義門弟小山藏書。有「小字天录」、「何中子」、「寓庸道人」、「虹橋何氏」、「壬申」諸印。

温庭筠詩集七卷 明刊本

李熙序（弘治己未）

每半葉九行，行十八字。弘治己未建業李熙刊本。序稱「集凡七卷、《别集》一卷。余得之同年顧華玉，用是鋟梓」。此本無《别集》，蓋有闕佚也。天一閣藏書。

温飛卿詩集七卷别集一卷集外詩一卷 評閲本

何義門手跋：助教詩無槧本可對，席氏所刊自云照宋本，未必然也。凡己巳所記「宋作如何」，皆席氏本耳。大抵惟《才調集》、《樂府詩集》二書曾經定遠先生手校者乃可信耳，他異同字則《文苑英華》得以參取，其餘當闕疑也。甲申二月，何焯記。

又跋：丙戌冬日，得東山葉裕所藏影鈔書本重校一過。焯又記。

又跋：「飛卿詩逐句襯貼，不肯直用一字，遂至有如諺所云『枇杷葉，驢耳朵』者。或苦其難解而不好之，亦是俗耳。」

此顧俠君續注本，何評多宗馮定遠，亦頗正顧注之失。有「子濤書畫」、「泉唐朱氏圖書記」二印。

温飛卿詩集七卷別集一卷集外詩一卷 評閱本

亦顧氏秀野艸堂本，昔人臨何義門評校。有「歐陽子」、「伯元父」二印。

丁卯集二卷 景宋鈔本

郢州刺史許渾

每半葉十行，行十八字。卷下目録後有「臨安府洪橋子南陳宅經籍鋪印」一行。此本祇近體詩，無古詩，故詩反比元本爲少。此錢遵王家影宋本，精美不如毛氏而雅秀過之。有「錢曾之印」、「遵王」、「述古堂圖書記」、「顧西津」、「陳墫印」、「復初氏」、「墫印」、「仲遵」、「陳氏西畇草堂藏書印」、「西畇草堂藏本」、「西畇艸堂」諸印。

增廣音註唐郢州刺史丁卯詩集二卷 明刊本

刺史許渾字用晦撰　信安後學祝德子訂正

每半葉八行，行十九字。書前後題並大字跨行。詩亦祇近體，而次序又與宋本不同。有「五臺石室」一印。

增廣音註唐郢州刺史丁卯詩集二卷 明覆元刊本

刺史許渾字用晦撰　信安後學祝德子訂正

王瑭序（大德丁未）

鄭傑跋（弘治七年）

十行十九字。天一閣藏書。有「壽祺經眼」一印。

文泉子集六卷 鈔本

［唐劉蜕撰］

熊文舉序（丙寅）

吴緋刻集紀事（天啟甲子）

此先祖茹古精舍鈔本，葉心有「茹古精舍正本」、「道光己酉重鈔」、「王維熊寫」諸字。先祖藏書在兵燹後得者，别有「咸豐庚申以後收藏」一印爲識。亂前所藏，散佚殆盡，年來到處搜羅，所得無幾。而鈔本尤爲罕見，用此板格寫者僅見此一種。碩果之存，彌覺寶貴矣。

孫可之集十卷 校宋本

唐孫樵撰

黄拙叟跋。（道光元年）

顧千里跋。（道光丁亥）

子冕手跋：同治甲子夏五收黄本重臨一過。子冕燾記。

又跋：乙丑夏日，復從李叔蘭假顧千里手校宋本度上，其與前校同者則注于下，餘仍其舊。閏月三日，燾又記。（下有「子冕」印）

汲古閣刊本。昔人臨黄抽叟、顧凋薠二校。案黄所録者黄復翁校宋本，顧所校者汪閬源家宋本也。汪本本在復翁家，是二本同源，視汲古刊本大勝。

唐祠部詩集二卷 明刊本

桂林府推官天台陳紱校刻

楊沔序（嘉靖庚子）

陳紱書後（同上）

此唐曹鄴詩，陳紱刊于桂林。天一閣藏書。

唐皮日休文藪十卷 明刊本

自序

半葉十一行，行二十字。有「莫繩孫字仲武」、「荃孫」、「雲輪閣」諸印。

陸魯望文集八卷　明鈔本

陸龜蒙字魯望

樊開序(元符庚申)

笠澤叢書自序

每半葉十二行,行二十一字。前七卷卷首上署「陸魯望文集」,下署「笠澤叢書」。卷八首無「笠澤叢書」四字,而後題則云「陸魯望補遺文集」。其書卷一至四爲雜著,卷五至七爲詩,而卷八復爲雜著,蓋末卷乃後人所補。陳直齋云「《笠澤叢書》七卷,元符中郫人樊開所序」,此本並與之合。朱衮本卷二《記錦裙》注「蜀本作『錦裾』」,又《續補遺》注「《微涼》四賦乃蜀本有之,今添入」。此本「錦裙」作「錦裾」,又《微涼》四賦並在卷八中。又《甫里文集》所云「蜀本作某」者,此本並與之合,則此本即蜀本也。拜經堂有鈔本,卷數行款并與此本同。然此本佳處又遠出拜經樓本之上,如卷首《叢書》自序「自當綬憂一物」,此云「當」字下有小注「去聲」二字,各本均奪「聲」字,或並以「去」字混入正文,遂不可通。吴兔牀七校《笠澤叢書》,尚未見此本,可謂珍祕矣。有「汪士鋐印」、「借此聊游戲」、「小倉山房袁氏藏書」、「臣韓崶印」諸印。

笠澤叢書四卷補遺一卷　校本

吴槎客手跋:《笠澤叢書》世鮮善本也久矣,昔王阮亭司寇酷愛此書,嘗從黄俞邰徵君借鈔,所謂金陵餅肆本也。其後又得毛斧季寄本，所謂都元敬刊本也。書皆四卷，相傳出自天隨子手編。都本校黄本不同者，惟多王益祥跋，少《憶白菊》、《閒吟》二絶句，及丙、丁二集中篇章先後少異耳。近時三吴顧氏有刊本，紙墨雖精好而亥豕舛錯殊甚，亦無王益祥跋，似從黄本翻雕者。予恒欲訪求善本是正而未果。緑飲嘗言，郁君佩宣收藏抄本最佳，秋日因偕過郁君東嘯軒借得。視顧本洵善，後有王益祥跋，已缺七十餘字。省其篇章次第，似據都本傳録者，但不見南濠跋耳。校畢，復出予拜經樓所有舊鈔本復校，始知前二本字句間爲後人率意竄改正復不少，予此本誠佳，惜阮亭司寇不及見耳。按陳直齋《書録解題》云，《叢書》爲甲乙丙丁，詩文雜編，政和中朱衮刊于吴江。《補遺》一卷，用蜀本增入。又云蜀本七卷，元符中郫人樊開所序。此本正七卷，第八卷爲《補遺》，又不知出自誰手。視顧本少古近體詩十二首，《送小雞山樵序》及樊、朱諸人序跋，合諸樊序所云「八十餘篇」者，則定爲蜀本無疑。惟卷尾零落，《耒耜經》自「散璒去芟者」以下闕，《五歌序》一篇亦缺。然而世無都本，已不知黄本之紕繆若此，又豈知尚有蜀本者存於今日，以匡二本之失。屈指自樊氏爲序，已閲六百七十餘載，豈非所謂「在在處處有神物獲持」者耶。本傳云「借人書，篇帙壞舛，必爲輯褫刊正」，予重郁君之義，就所借本手爲校正而歸焉，抑亦甫里先生之教也。乾隆甲午冬日，兔床吴騫識。（下有「兔床」印，在卷首。）

又跋：吴融集有《古錦裾》六韻，自注云「錦上有鸜鵒鶴，陸處士有序」，此是「錦裾」非「錦裙」明矣。

又跋：　騫案，詳《記錦裾》文，前言「瓦官寺有天后羅裙、佛旛，皆組繡」，明是「裙」與「旛」爲二物。後云「李君乃出古錦裾一幅眎余」云云，似李君所藏與瓦官之天后羅裙無涉。詳其制，殆如今之霞帔，故上狹而下廣，前有鶴而背有鸚鵡，的係子華所賦者無疑。陸記又云「縱非齊梁物，亦不下三百年矣」，又曰「曳其裾者誰歟」，其非天后羅裙蓋可見。然其詩（謂吴融詩）落句有「武威應認得」之語，不知其何所指，豈子華當此記不審，而亦認爲天后物耶。書此俟攷古者更詳之。嘉慶辛未除夕。（下有「槎客」印）

又跋：　又攷梁元帝詩云「願織回文錦，因君寄武威」，融詩用「武威」當出此，非指則天也。

又記。（以上四跋在卷二末）

又跋：　甲午秋日，借錢塘郁佩宣東嘯軒舊鈔本，校用朱筆。復用拜經樓藏本校，用緑筆。乙未二月，以文又購得林厂山先生鈔本，用藍筆校。丙申秋仲，復從海鹽吾太學以方借其照宋本校正陸氏刊本，用墨筆，并補小名録序及跋。

辛丑九月，又借得秀水蔣君春雨舊鈔本校勘，仍用朱筆。蔣本惟分上下兩卷，無目録。前列樊開序及自序，卷末附《陸龜蒙傳》、朱衮後序、德原跋。蔣本前後篇數與刻本同，惟少《耒耜經》一篇。（並在卷一首）

周芚兮手跋：　乙未正月初四日校起，初九日畢。其確無疑義者用圈，顯然繆誤者用擲，至字可兩通者用點於傍。但心緒惡劣，匆匆或有未盡處。況風庭掃葉，此事本難，兔床其再勘之。松靄棘人周春記。

吾竹房手跋：戊戌首春，兔床先生以此書屬余校勘。勘法一遵松靄先生之例，其是正朱、黄二毫爲勝。然蹲鴟雞尸，自昔爲然。兔床其值本即校，勿以再三爲限可也。竹素後人吾進識。

張文魚手跋：《笠澤叢書》余向有碧筠草堂刻本，好友陸白齋又贈何義門先生校本，自喜所藏稱善矣。今假兔床先生所校，集諸家之大成，較何本訂正更多。按碧筠本爲吴人王岐所書，筆訛尤多，先生一一考正，以《説文》爲宗，且有益於小學，不僅爲甫里功臣也。又《記錦裾》一首，先生校正是「裾」字，非「裙」字，引吴融集《古錦裾》六韻自注云「上有鸚鵡鶴，陸處士有序」爲證，皆刊本所沿訛之字，先生精心校之。後之求《叢書》者，不得朱衮、樊開本，當以先生本爲甲觀矣。乾隆乙巳七月十九日，海鹽張燕昌識于冰玉堂。（下有「金粟山人」、「張燕昌」二印）。

黄蕘圃手跋：《紀錦裾》一首，兔床先生引吴融詩爲證，可破羣疑矣。余謂「裾」與「裙」雖各本不同，而篇中「曳其裙」者各本不誤，且「曳」、「裙」未見所出，斷非「裾」，或爲「裙」之誤。承兔床借讀，附著于此。嘉慶乙丑四月十有九日蕘翁黄丕烈識。

此吴中顧氏碧筠艸堂刊本，吴槎客以諸本遍校，又據《文苑英華》、《唐文粹》校之，並屬周松靄、吾竹房訂正。槎客所校《叢書》凡七本，其二校在陸鍾輝本上，五校均在此本，張文魚推爲甲觀，不虚也。有「吴騫之印」、「癸丑」「癸亥」「己巳」「戊辰」、「拜經樓吴氏藏書」、「海昌吴葵里收藏記」、「小桐谿」、「真率會」、「陳簡莊」、「胡林屋」、「仲魚過目」、「沈樹鏞印」、「鄭齋」、「鄭齋所藏」諸印。

韓内翰香奩集三卷 鈔本

［唐韓偓撰］

自序

葉石君跋

此從葉石君影鈔元本出，與通行本異。有「汪振勳印」、「梅泉」、「曾經汪閬源處」、「藝芸書舍」、「徐康」、「秋澤山房」諸印。

桂苑筆耕集二十卷 高麗活字本

都統巡官侍御史内供奉崔致遠撰

洪奭序（甲午）

徐有榘序（閼逢敦牂）

進書表（中和六年）

桂苑筆耕集二十卷 鈔本

都統巡官侍御史内供奉崔致遠撰

進書狀（中和六年）

先祖茹古精舍鈔本。此書與《文泉子集》均爲平湖葛氏所收，己未冬日，詞蔚許以他書相易，遂得收歸。還我青氈，重瞻手澤，追想當時盛況，不禁泫然。

玄英先生詩集十卷 景明鈔本

［唐方干撰］

孫郃撰傳

王贊序（乾寧丙辰）

毛晉跋（崇禎庚午）

每半葉十行，行二十字。景毛子晉所藏叢書堂鈔本，附集外詩及贈篇、紀事十二則，皆毛子晉所集。原本今在虞山瞿氏，此張芙川影鈔，首有芙川題籤。有「小瑯環福地」、「小瑯環福地繕鈔珍藏」二印。

唐祕書省正字先輩徐公釣磯文集 鈔本

唐徐寅昭夢著

族孫師仁序（建炎三年）

裔孫玩序

每半葉八行，行十九字。凡賦五卷、詩五卷。《四庫》著録《徐正字詩賦》二卷，乃其後裔纂輯，阮文達進本亦只賦五卷。此本詩賦俱全，與昭文張氏藏本同。有「章綬銜印」、「紫伯」、「章紫伯鑒藏」、「瓜纑外史」、「磨兜堅室」諸印。

浣花集十卷補遺一卷 明鈔本

杜陵韋莊

朱承爵跋

每半葉十行，行八十六字。朱子儋跋云「既刻其集，又考得遺詩二篇附後」，是子儋曾有刊本。此本卷末闌外左角有「江陰朱氏文房」六字，蓋其付刊時寫本，非從刊本録出也。有「永祺監古」、「季□真賞」、「覃磎」、「嘉興方氏子怡珍藏」諸印。

唐李推官披沙集六卷 景宋鈔本

隴西李咸用

楊萬里序（紹熙四年）

每半葉十行，行十八字。序後有「臨安府棚北大街陳宅書籍鋪印」一行，從鄧氏羣碧樓所藏宋本影鈔。

徐公文集三十卷 鈔校本

東海徐鉉

胡克順進書表（附批答　天禧元年）

陳彭年序（淳化四年）

行狀

墓誌銘

祭文

挽歌辭

晏殊後序（大中祥符九年）

徐琛跋（紹興十九年）

有朱筆校，乃據宋明州本或影宋本校。有「虞山汲古閣毛子晉圖書」、「庚子」、「藝海樓收藏經籍書畫金石記」三印。

徐公文集三十卷 校鈔本

東海徐鉉

胡克順進徐騎省文集表

陳彭年序（淳化四年）

徐公行狀

李昉撰墓誌銘

楊徽之張洎等祭文

李至挽歌辭
晏殊後序（大中祥符八年）
徐琛後序

每半葉九行，行二十字。行款雖異宋本，然宋諱字皆闕筆，蓋從紹興明州本鈔出也。有朱墨筆校，朱筆校影宋本，墨筆校袁氏五硯樓本，甚有補益，不知爲何人之筆。而每葉板心有「友漢居貝氏鈔本」七字，又有「貝枚」及「平江貝大手校」二印，是即貝枚所校。枚，疑即貝簡香（墉）之子，簡香則袁氏壻也。又有「汪士鐘讀書」、「章綬銜印」、「紫伯」、「綬銜」、「紫伯章氏」、「子柏過目」、「紫伯過眼」、「子𣙙寓賞」、「紫伯祕翫」、「苕上章仔伯流覽所及」、「章氏紫柏鑒賞」、「翼詵堂章氏所得書」諸印。

河東先生集十六卷　鈔本

門人張景編

原本集十五卷，《行狀》一卷附録于後。此本以《行狀》編入集中爲第十六卷，蓋寫者失之。原有張景序，此本亦闕。有「汪士鐘藏」、「仲遵」二印。

河東先生集十五卷　鈔本

門人張景編
張景序（咸平三年）

有「陳鼓永印」一印。

王黄州小畜集三十卷 鈔本

[宋王禹偁撰]

沈虞卿序(紹興丁卯)

每半葉十行,行廿二字。視宋本減一行,而每行字數則同,又平闕之式,一依宋舊,蓋照宋鈔本也。以校傳世鈔本,補益甚多,惟卷三十中有佚奪耳。有「曾藏汪閬源家」一印。

宋林和靖詩集四卷附録一卷 明刊本

[宋林逋撰]

洪鍾序(正德丁丑)

梅堯臣序(皇祐五年)

像贊

每半葉十行,行二十字。宋本不分體。此則分體編次,凡五律一卷,七律二卷,五七絶一卷,後附五古一首、詞一首。其《附録》一卷,則士人沈履德所輯。此正德丁丑户部主事督杭州稅西蜀韓廷延所刊,當塗喻子貞成之。天一閣藏書。

河南穆先生文集三卷附録一卷 鈔本

穆修伯長

劉清之序（淳熙丁未）

原有祖無擇序，此本奪。書中「搆」字皆避，代以「御名」二字，似猶出淳熙刊本。然《附録》中引朱子《記太極圖》及《呂氏家塾讀書記》，蓋有後人附益，非淳熙本如此也。有朱筆校字，不知出何人手。

東觀集十卷 鈔本

宋鉅鹿魏野仲先

薛田序（天聖元年）

本傳

有「璜川吴氏收藏圖書」一印。

元憲集四十卷 校鈔本

宋宋庠撰

孔葒谷手跋：

乙未十一月十七日庚寅早起入朝，雪片如掌。散衙無事，歸校是書，已盈二三寸矣，蓋是歲之第四番雪也。卜來年之豐，何喜如之。繼涵記。（卷一後）

乙未十一月初七鐙下竟二卷。（卷八後）

十一月初八日早起。（卷九後）

乙未十一月十三日早起。（卷十後）

十一月十三日。（卷十二後）

十四日早起。（卷十三後）

十一月十二日起燈下。（卷十五後）

初九。（卷十六後）

十一月十一日。（卷十七後）

乙未十一月十二日早起校二卷。（卷十九後）

十一月初八日早起。（卷二十後）

乾隆乙未閏十月廿七日早起校二卷。（卷十九後）

乙未閏月廿九日癸酉校。（卷廿五後）

十一月朔甲戌冬至。（卷廿六後）

初七。（卷廿七後）

初七日庚辰。（卷廿八後）

十一月初七雪霽。(卷三十後)
閏十月廿九日早起校二卷。(卷卅三後)
十一月朔長至。(卷三十五後)
乙未閏十月廿八日。(卷三十六)
乾隆乙未閏十月,借到劉岸淮(湄)同年本鈔校,鈔校於小時雍坊寓。繼涵記。
右孔葒谷所鈔《四庫》本,全書用朱筆手校。前有元憲年譜,亦孔氏所撰。有「孔繼涵印」、「葒谷」二印。

宋景文集六十二卷補遺一卷附録一卷 鈔本

宋宋祁撰
提要
唐庚序
陳之强序(嘉定二禩)
宋史本傳
范鎮撰神道碑

此亦孔葒谷鈔《四庫》本,以未校,故無題識印記。書根題「永樂大典輯出贈刑部尚書常山宋景文祁子京集底本六十四卷」，並各分目，則葒谷手書也。

安陽集五十卷別録二卷家傳十卷遺事一卷 明刊本

宋司徒太師侍中上柱國尚書令忠獻魏王韓琦著　明少傅兼太子太傅吏部尚書武英殿大學士郭樸校

曾大有序（正德九年）

程瑀書忠獻魏王章表後

郭樸後序（萬曆丁亥）

張應登跋（同上）

此西蜀張應登司理彰德時刊于晝錦堂者。張跋稱及本於郭少傅，故每卷皆題「郭校」。郭本即正德河東本也。有「喜曾」一印。

范文正公集二十卷政府奏議二卷尺牘三卷別集四卷年譜一卷年譜補遺一卷言行拾遺事録四卷褒賢祠記二卷褒賢集一卷洛陽志一卷白山遺跡一卷西夏堡寨一卷遺跡一卷遺文一卷 明覆元本

後學時兆文、黄姬水、李鳳翔校正　十五世孫啟乂、十六世孫惟元同校

蘇軾序（元祐四年）

俞翊跋（乾道丁亥）

綦焕跋(淳熙丙午)

每半葉十二行,行二十一字。別集俞、綦二跋後有「朝奉郎通判饒州軍州兼管内勸農營田事宋鈞、朝請大夫知饒州軍州兼管内勸農營田事趙舊檝嘉定壬申季夏重修」三行。蘇序後有「天曆戊辰改元褒賢世家重刻于家塾歲寒堂」篆書牌子,蓋此本出天曆本,而天曆本又出於宋乾道饒州本也。《遺事録》以下皆明刊所增。惟《遺文》則元本已有之,然皆忠宣文,與《文正集》無關,應附《忠宣集》後。有「謝在杭家藏書」、「興公」、「閩中徐惟起藏書印」、「祁繩」、「書樵」諸印。

文正公尺牘三卷 宋刊本

張栻跋(淳熙三年)

朱子跋

每半葉十二行,行廿二字。宋刊全集本卷一字多殘闕。天一閣藏書。

河南先生文集二十六卷附録一卷 明校鈔本

[宋尹洙撰]

莫理齋手跋:此《河南集》廿七卷,乃越中祁氏淡生堂鈔本。乾隆壬寅孟夏,月湖莫氏得之織里書估,敬藏之漁學庭中。前明故物,曠翁有銘存焉。(下有「莫爾昌印」、「理齋」二印)

闕卷一至七,祁曠翁以朱筆手校,補正甚多。每葉紙心有「淡生堂鈔本」五字。有「山陰祁氏藏書之章」、「曠翁手識」、「子孫永珍」、「澹生堂經籍記」四印。

河南先生文集二十七卷附録一卷 鈔本

［宋尹洙撰］

范仲淹序

王士禛跋（康熙十九年）

又跋（辛酉）

又跋（壬戌）

此商邱宋氏藏書，前後録王新城尚書跋三通，蓋即從池北書庫本迻録也。有「筠」、「宋氏蘭揮藏書善本」、「雪苑宋氏蘭揮藏書記」、「己丑進士」、「太史圖書」、「緜松菴」、「風月無邊庭草交翠」諸印。

蘇魏公文集七十二卷 鈔本

［宋蘇頌撰］

汪藻序（紹興九年）

每半葉九行，行二十字。平闕之式，尚依宋本。有「何元錫印」、「錢江何氏夢華館藏」、「國子監印」、「光緒戊子湖州陸心源捐送國子監之書匱藏南學」、「前分巡廣東高廉道歸安陸心源捐送國子監書籍」諸印。

古靈先生文集二十五卷 鈔本

［宋陳襄撰］

李綱序（紹興五年）

卷一首有《紹興元年求賢手詔》，《四庫》本奪，此本有之。卷末附行狀、墓誌銘六篇。卷十九中頗多闕佚，雖經後人校補，仍多闕字，蓋所據本已闕矣。有「胡氏茨村藏本」、「宛平王氏家藏」、「慕堂鑒定」、「笥河府君遺藏書記」、「燕庭藏書」、「嘉蔭簃藏書印」、「錢犀盦珍藏印」、「犀盦藏本」、「教經堂錢氏章」諸印。

司馬太師温國文正公傳家集八十卷 明刊本

十六世孫祉輯梓　十七世孫暐晰校閲

劉隨序

潘晟序（萬曆十五年）

陳文燭序（萬曆丁亥）

編校姓氏

濮應瑞後序（萬曆丁亥）

此公裔孫梓守邵武時所刊。前劉嶠序「嶠」訛「隨」，與江南圖書館所藏明初刊本同，蓋出自彼本也。

趙清獻公文集十卷 明刊本

［宋趙抃撰］

閻鐸序（成化七年）

僧家奴跋（至治首元）

陳仁玉序（景定元年）

林有年後序（嘉靖元年）

每半葉十一行，行二十字。成化中衢州府知府閻鐸刊，嘉靖初知府林有平修板。此本因宋元舊本重編，故卷數、次第與舊本不同。目録卷十後附録國史本傳、神道碑等十篇，目亦宋元舊本所有，今卷中無之。天一閣藏書。

又一部 同上

此閻刻舊印，無修補，存前五卷。

趙清獻公文集十卷 明刊本

楊準序（嘉靖壬戌）

此嘉靖壬戌知衢州府楊準重刊閻本。每卷末有「浙江衢州府西安縣□□□□□校刊」一行，校勘銜名並剜去。有「楝亭曹氏藏書」、「長白敷槎氏堇齋昌齡圖書印」、「櫟山農」三印。

直講李先生文集三十七卷外集三卷 明刊本

後學南城左賢編輯　後學廣昌何喬新校正　知南城縣事犍爲孫甫訂刊

祖無擇序(慶曆三年)

自序

陳鑑建昌新建祠堂記(成化六年)

禮部封李覯墳墓奏(天順八年)

羅倫重修墓記(成化八年)

張淵微書袁州學記後

弟子記

年譜

孫甫後序(正德戊寅)

每半葉十一行,行二十字。正德中知南城縣事孫甫重刊何喬新本。有「飲渌軒圖書印」、「季振宜印」、「滄葦」、「盱眙王氏十四間書樓藏書記」諸印。

公是集五十四卷 王惕夫評閲本

宋劉敞撰

劉攽序

提要

員某跋

王鐵夫手跋：《公是集》中諸奏疏，伉直不下於劉摯，此原父所以不得安其身於朝廷也。然摯以謫死，而原父之貶，猶不至於如是之酷者。原父猶及仁宗之世，能受直言，而摯在熙寧、紹聖之後，則純乎小人用事，蔡確、章惇、曾希、吕惠卿一流人，設心又非前此諸臣之比矣。二公之骨鯁相同，而罪譴稍殊，亦所遭之幸不幸耳。丁丑二月十四日。

又跋：北宋諸家文字，其簡潔無過尹師魯。師魯而外，則原父爲最。

武英殿聚珍板本。王鐵夫于嘉慶丙子、丁丑二年，評閲二過。每卷後多記年月瑣事，其文加圈點者，上皆用「選」字印，蓋欲鈔出別爲一編也。有「愓甫借觀」、「樗隱董定」、「□雨樓查氏有圻珍賞圖書」諸印。

鄖溪集二十八卷 鈔本

宋鄭獬撰

提要

秦熺序（淳熙丙辰）

《四庫》本三十卷。此亦從館中鈔出，而僅二十八卷，然詩文各體皆具。末卷爲五七言絶句，殿以長短句《好事近》一首，似其下更無他卷，蓋《四庫》初編之本如此，後乃改爲三十卷也。顧氏藝海樓鈔本。

安岳集十二卷 鈔本

宋馮岳撰

提要

此本從《四庫》館鈔出。即出錢唐汪訒庵家殘宋本也。每葉書口有「藝海樓」三字。

南豐先生元豐類藁五十卷 元刊本

[宋曾鞏撰]

王三槐序

朱子年譜序

又年譜後序

丁思敬跋(大德甲辰)

每半葉十一行，行二十一字。元大德中建昌路守臣東平丁思敬所刊。《直齋書録解題》録此書有王震序，無王三槐序。明本亦作「王震」。此本作「王三槐」，不似宋人名，不可解。有「臣犖」、「犖」、「牧仲」諸印。

元豐類稿五十卷附録一卷 明刊本

王震序

丁思敬後序（大德甲辰）

陳克昌後序（嘉靖甲辰）

此盱江郡齋舊本，嘉靖間重修補，其源出元刊本也。有「獨山莫氏銅井文房藏書印」一印。

太史范公文集五十五卷 校鈔本

［宋范祖禹撰］

每半葉十二行，行二十字。前人以朱筆通校。周季貺藏書，後歸蔣香生。有「茂苑香生蔣鳳藻秦漢十印齋祕篋圖書」一印。

文潞公文集四十卷 鈔本

［宋文彦博撰］

每半葉十一行，行二十二字。桐鄉金氏鈔本，後歸仁和胡心耘。心耘曾以此本示常熟瞿子雍，子雍據以校嘉靖中吕柟刊本一過，補正甚多，語具瞿目。每葉書口有「文瑞樓」三字。有「汪士鐘藏」一印。

伊川擊壤集二十卷 明刊本

伊川邵雍堯夫

希古引（成化乙未）
自序（治平丙午）
邢恕後序（元祐六年）
畢亨跋（庚子）

每半葉十行，行十八字。前有希古序，不署名，而序稱「予於侍問之暇，披閱再四」云云，蓋明宗室諸王。畢跋稱「尹應天時始克刊行，爲進今職致政，特取此板回洛」，是此本又重刊希古本也。

鄱陽先生文集十二卷 鈔本

彭汝礪器資

每半葉十一行，行二十一字。藍格鈔本。書法精勁姿媚，爲平湖陸梅谷烜姬人沈采虹屏所書。有「某谷」、「春雨樓校藏書籍印」、「某谷掌書畫史」、「沈采虹屏印記」、「汪士鐘讀書」、「于昌進珍藏」、「于氏小謨觴館」諸印。

石學士集一卷附録一卷 鈔本

［宋石延年撰］

陶宗儀序（洪武丙辰）

□彦栻手跋：曼卿集世不多見，收藏家得其一册，視爲良寶。甲申歲游虞山，於錢宗伯齋中其其鈔本〔一〕，遂爲借録，當與陳繼初集並傳於世。彦栻識。

《直齋書録解題》有《石曼卿歌詩集》一卷，此本卷數雖同，而題《石學士集》，當是明人輯本。案曼卿以《籌筆驛》得名，而此集不載，則所輯殊未備也。前有陶南村序，勞季言手批其前，謂此序係後人鈔《宣和書譜》僞作陶序，末數行又妄自增入。有「勞格」、「季言」二印。

〔一〕「其其鈔本」，當作「見其鈔本」。

歐陽文忠公集殘本四卷　宋刊本

存《内制集》卷一至卷四，即《全集》卷八十二至卷八十五，而卷中復有缺葉。每半葉十行，行十六字。宋諱闕筆至「敦」字。卷後有校記，即周益公校刊本也。板心上有字數，下有刻工姓名。元明以來刊本雖號「覆宋」，然並有竄改，如卷二《論獎諭叔韶奏》，宋本在後題之後，是刻成後補入，明刻移於後題之前。又如此卷校記「除皇弟允初制」一條在末，上云「續添」，明本移爲首條，而删去「續添」二字，蓋校記多作於刊成之後，尚擬續有附入，故校記後盡作墨釘，亦可見當時校勘之審矣。此明文淵閣舊書，表弟劉翰怡貽余。

歐陽文忠公集五十卷　元刊本

臨江後學曾魯得之考異

蘇軾序（元祐六年）

每半葉十二行，行二十一字。所刊止《居士集》一種，而不著《居士集》之名。每卷後題「熙寧五年秋七月男發等編定」，或并有「紹興二年三月郡人孫謙益校正」一行，即出周益公刊本。曾得之復以家本、宣和本、蘇本重校，故周本所注「一作」者，此本頗能得其根源。並有出周校外者，如卷一《石樓》詩「徘徊川上山」，周本注云一作「山上看」，一作「山上山」，又校記云「山」一作「看」，此本云宣本（謂宣和本）作「川上看」。《鴛鴦》詩「畫舷鳴雨槳」，周本注云「舷」一作「舡」，此本則云蘇本作「舡」。《魚罾》詩「棹歌菱浦北」，周本校記云「菱」一作「淩」，此本云家本、宣和本作「淩」，蘇本亦作「淩」。《魚鷹》詩「日色弄晴川」，周本注云「晴」一作「清」，此本云家作「清」，宣同。《蝦蟆碚》詩「水味標茶録」，周本無校，此本云宣和本作「籙」。《憶山示聖俞》詩題下周本無校語，此本云一本「憶山」下有「一首」字。卷二《送楊闢秀才》詩「厥價玉一瑴」，周本無校，此本云家本「瑴」作「玨」；又「帝閽啟巖巖」，周本注云一作「嚴嚴」，此本云家本作「嚴嚴」。《送孔生再遊河北》詩「人情重懷土」，周本無校，此本云宣和本「土」誤作「士」。《讀張李二生文贈石先生》詩「剖琢珉石得天璞」，周本注云一作「如剖珉石」，「一」作「如剖眾石」，此本云蘇本作「如剖珉石」。《登絳州富公嵩巫亭示同行者》詩「想像逢綽約」，周本校記云京本作「婥約」，《莊子》作「淖約」，此本云家本、宣和本皆作「婥」，蘇本作「逴」。《水谷夜行寄子美聖俞詩》「曉氣侵餘睡」，周本注云一作「曉色侵餘曖」，此本云宣和本作「體色侵餘曖」；又「文酒邈高會」，周本註云「邈」一作「邀」，此本云宣和本作「邀」。《病中代書奉寄聖俞二十五兄》詩「冰銷魚撥刺」，周本無校，此本云宣和本作「剌撥」。《洛陽牡丹圖》詩「豈有更好此可疑」，周本注云「好」一作「妍」，此本云蘇本作「妍」。《白髮喪女師作》，周本題下注云一本無下四字，此本云蘇本無四字。他卷中如此者甚多，均足爲周本校語之證。又此本正文雖出周本，然亦間用他本。如周本卷二《送楊闢秀才》詩「如渴飲醴酪」，校記云諸本皆作「醴」，惟衢本作「湩」，乃「湩」之訛。此本正文從校記作「湩」，而注云吉本作「醴」。《水谷夜行寄子美聖俞》詩「心意雖老大」，周本注云「雖」一作「難」，此本正文作「難」，而注云吉本作「雖」，今從諸本。《鎮陽讀書》詩「面有數畝桑」，周本注云「面有」一作「乃棄」，此本正文作「乃棄數畝桑」，而注云吉本作「面有」，今從蘇本。其所謂「吉本」，即謂周本，非周校所據之舊吉本也。是此本雖有自周本出，亦不盡從周本，然合於周本者乃什八九。且周本校勘之根據，得從此本窺見二三，誠可寶也。此本體例仿朱子《韓文考異》（王伯大合刊本），故亦題「攷異」之名。元明人所校書，當以此本爲第一矣。曾得之《明史》有傳，其卒在洪武五年，則此書殆刊于元時。卷二十四、卷三十五末有「時柔兆攝提格縣人陳斐允章校勘刊謬」一行，按丙寅爲明洪武十九年，蓋曾氏刊成後又重校改板也。卷首有明人墨書「嘉靖庚寅收」五字。有「錫山許五希周印」、「雪筠」、「東始魏氏珍藏書畫印」、「高承埏印」、「醉李高承埏字八遐家藏書印」、「沈慈」、「十峯」、「曾在雲間歘園沈氏」諸印。

居士集五十卷　明覆宋本

錢溥序

年譜

蘇軾序（元祐六年）

每半葉十行，行二十字。每卷後均有「熙寧五年秋七月男發等編定、紹熙二年三月郡人孫謙益校正」二行，及校記若干條。每卷首上題「居士集卷□」，下題「歐陽文忠公集某」。此天順辛巳吉州守海虞程宗重刊周益公本，此僅存《居士集》耳。

歐陽文忠公集一百五十三卷附録五卷　明刊本

周必大序（慶元丙辰）

蘇軾居士集序

集古録目序

像贊本傳

年譜

何遷跋（嘉靖庚申）

編定校正姓名

嘉靖重修正德本。行款與天順本同。何跋云「《歐陽文忠公全集》刻在廬陵，已收上内府。天順辛巳，海虞程宗取胡文穆公家本刻之郡中，侍讀華亭錢溥序其事。其後翻刻者再，刻於弘治辛亥則郡守姑蘇顧福，庶子王臣序；刻於正德壬申則郡守慈谿劉喬，序者凡幾人，此刻是也。嘉靖丙申，會稽季本同知郡事，嘗一校，有序，尋復漫漶。遷奉役江西，屬藩司再校之，易其漫漶者三一，而此集復完」云云。此本盡去明人諸序，其於舊序跋亦頗改其次第，年譜則削去原注，不如天順之善。然原書一百五十八卷，固悉仍舊本，無所删改也。有「臣恕私印」、「劉行之印」、「蓉峯」、「彭城伯子」、「傳經堂印」、「空翠閣藏書印」、「華步寒碧莊印」、「寒碧莊章」、「華步劉氏家藏」、「曾在東山劉惺常處」、「泰州劉漢臣麓樵氏審藏善本」、「曾藏劉麓樵家」諸印。

歐陽先生文粹二十卷　明刊本

蘇軾序

本傳

墓誌銘

神道碑

祭文

陳亮後序（乾道癸巳）

每半葉十一行，行二十一字。卷二十後有「吴郭雲鵬校勘梓行」牌子。蘇序後又有「郭氏家製」朱印。有「木樨香館范氏藏書」、「石湖詩孫」、「仕隱」、「春暉堂」、「伯濤鑒賞」諸印。

歐陽先生遺粹十卷 明刊本

明郭雲鵬編

自跋（嘉靖丁未）

目録後有明人「拔萃」、卷十後有「吴郭雲鵬選輯附梓」、跋後有「嘉靖丁未中元布衍」三牌子。有「隨月收藏」一印。

樂全先生文集四十卷 鈔本

［宋張方平撰］

蘇軾序

王鞏撰行狀

每半葉九行，行十八字。有「南昌彭氏知聖道齋藏書」、「遇者善讀」、「教經堂」、「教經堂錢氏章」、「犀盦藏本」諸印。

范忠宣公文集二十卷 元刊本

［宋范純仁撰］

樓鑰序（嘉定五年）

每半葉十二行，行二十字。元天曆甲辰刊本，稍有明初補葉。有「袁芳瑛印」、「卧雪廬袁氏藏書畫印」、「家居涓水上」諸印。

重刊嘉祐集十五卷 明刊本

眉山蘇洵

每半葉十行，行二十一字。此弘治辛亥刊本，原有義興陸里後序，此本奪。有「漢陽吴氏藏書」、「平輿之章」、「人挽後裔」諸印。

重刊嘉祐集十五卷 明刊本

眉山蘇洵

張鏜跋(嘉靖壬辰)

行款與前本同，唯前本黑口，此改爲白口。跋云「侍御南豐王公按晉時，命太原府刊行」。

老泉先生文集十四卷 明刊本

眉山蘇洵

每半葉八行，行十六字。《嘉祐集》卷十五爲古今體詩，此本去之，故止十四卷。又校《重刊嘉祐集》卷五《衡論》末多《制敵》一篇，卷七末多《洪範論》三篇并前後序，卷八末多《辨姦》一篇，卷十四中多《送吴侯職方赴闕序》一篇。有「古虞謝氏家藏書畫印」、「宛陵太守書籍六男翰臣珍藏」、「樂善堂圖書記」諸印。

蘇老泉先生全集十六卷　校補明刊本

宋眉山蘇洵著

徐虹亭手跋：《蘇老泉集》舊稱二十卷。《宋史・藝文志》曰《集》十五卷、《別集》五卷。《文獻通考》曰《嘉祐集》十五卷，而無《別集》五卷。鄭樵《通志・藝文略》曰《老蘇集》五卷，又《嘉祐集》三十卷。今世所行有曰《重刻嘉祐集》者，嘉靖中太原守張鏜刻，十五卷，文多所不備。有曰《重編嘉祐集》者，崇禎十年仁和黃燦、黃煒校訂，凡二十卷，有附録歐陽文忠公、張方平《墓誌銘》、《墓表》及曾南豐《哀辭》、《宋史・文苑傳》等篇，而《上張益州》一書亦諸本不載，攷四川志補入。今此本曰《蘇老泉全集》者，刻於萬曆間，校太原本稍備，余購得之，且以黃氏所刻互爲參訂，增入《上張益州書》一篇，并附録墓志表傳于後。康熙甲戌正月梅花開日，鞠莊徐釚手書于松風書屋。

又跋：吴下布衣馬調元曰，「老泉」固子瞻號也，嘗見子瞻墨跡，其圖記曰「東坡居士老泉山人」，八字合爲一章。且歐、曾諸大家所爲誌銘哀挽詩具在，有號明允以老泉者乎。歐公有「稱老蘇以別之」句，世或緣此相誤耳。其説似爲可聽，然今世皆稱老泉矣，此不足辨也。（《石林燕語》云，子瞻謫黃州，號東坡居士，東坡其所居地。晚又號老泉山人，以眉山先塋有老翁泉，故名。）

此明季刊本，增入《洪範論》爲第八卷，故爲十六卷，亦有《辨姦論》及《送吴侯職方赴闕序》。徐電發又手補《上張益州書》一篇，并從崇禎本鈔補《附録》一卷。有「虹亭徐釚」、「電發」、「虹亭太史之章」、

「菊莊徐氏藏書」、「靜巖祕玩」、「一經後人」、「范文安珍藏」、「清儀閣」諸印。此余弱冠時所得書，爲購書之發軔，既不知版本源流，又不知名人鈔校之可貴，盲人瞎馬，思之汗顔。吾鄉去虹亭之居數十里而近，使當時留心物色，必可多得善本。附記於此，以志吾媿。

臨川先生文集一百卷 宋刊本

[宋王安石撰]

每半葉十二行，行二十字。虞山瞿氏亦有此本，前有曾孫珏序，此本奪去。據珏序，則此乃紹興辛未珏提舉浙西常平茶鹽公事時所刊，後于詹太和臨川刊本者十有一年。此本行款與詹本同，而挽詞中少《挽蘇才翁》二首，集句中少《昇州作》一首，而多《移桃花》一首。中間有元明修補之葉，與瞿本胥同，然紹興原槧尚得十之七八，尚未刓泐，可見當時板刻之精矣。

廣陵先生文集二十卷拾遺一卷補遺一卷附録一卷 鈔本

外孫吴説編次

有「獨山莫氏藏書」、「銅井山廬藏書」二印。

東坡集四十卷後集二十七卷奏議十五卷內制集十卷附樂語一卷外制集三卷應詔集十卷續集十二卷 明刊本

[宋蘇軾撰]

李紹序（成化四年）

宋賜太師敕

選德殿書賜蘇嶠（乾道九年）

王宗稷編年譜

宋史本傳

墓誌銘

每半葉十行，行二十字。成化四年吉安守海虞程侯所刊。案潁川撰《墓誌》及《直齋書録解題》所記杭蜀本《坡集》，與此本大同，惟多《和陶詩》四卷，而無《續集》十二卷。此本以宋曹訓刊本及仁廟所刊未完新本合編，其舊本無而新本有者則爲《續集》，《和陶詩》四卷亦入《續集》中。是曹訓本與杭蜀舊本同，而明仁廟所刊乃麻沙本或吉州本，故出曹本之外，是此本已非宋《七集》之舊矣。然《東坡集》實以此本爲最備。此本係先叔祖寄欽先生舊藏，遭亂散失入長白端忠敏家，忠敏曾景刊於鄂渚，校讐不精，未爲善本。忠敏殁後，余以吾家舊物，以重直得之京師。有先叔祖四印及「陳氏家藏」、「白淵」、「吉壽堂圖書」、「汪文琛鑒藏書畫記」、「汪士鐘讀書」、「琴樂」諸印。

東坡集四十卷後集二十卷奏議十五卷内制集十卷附樂語一卷外制集三卷應詔集十卷續集十二卷 明刊本

李紹序（成化四年）
重刊義例
榮贈太師敕
選德殿書寫蘇嶠（乾道九年）
年譜
宋史本傳
墓誌銘
劉漢臣手跋

此嘉靖中江西重刊成化本。《續集》後有「嘉靖十三年江西布政司重刊」、「南豐縣學教諭繆宗道校正」二行，卷首《重刊義例》亦署「校正官南豐縣儒學教諭事舉人繆宗道識」。成化本每卷首有分目，此本删去，而於卷首加全集總目。又《續集》中詩文與《前》、《後集》及《奏議》複出者，共詩五十一首、文六十六首，亦並删去。其行款則與成化本同。有「方震」、「長卿」、「方長卿」、「應韶」、「長卿收藏」、「劉漢臣字麓樵」、「泰州劉麓樵得於揚州癸丑兵火之後」、「海陵劉氏染素齋藏書印」、「染素齋」諸印。

王狀元集百家註分類東坡先生詩二十五卷 宋刊宋印本

前禮部尚書端明殿學士兼侍讀學士贈太師謚文忠公蘇軾

趙夔序
王十朋序
百家註分類東坡先生詩姓氏
傅藻東坡紀年録
百家註東坡先生詩門類

每半葉十三行，每行大二十二三字，小二十七字至二十九字不等。「百家姓氏」首題「狀元王公十朋龜齡纂集」，後有「建安黄善夫刊於家塾之敬室」牌子。善夫曾刊《史記》，今尚有傳本，蓋亦建陽書賈也。刻印精絶，在建本中絶不多覯。惟卷一至卷四及卷二十五後半闕，以後印本補之，紙墨略遜，餘並初印，漆光玉色，致可寶玩。全書二十五卷，分七十九門，世別有分三十二卷、五十門者，均在此本之後。《天禄琳琅續目》亦有此本，謂首有傅藻《東坡紀年録》，此本《紀年録》首實題「僊谿傅藻編纂」，其前「百家姓氏」中亦載「傅氏藻字薦可，撰《紀年》」，字皆作「藻」，《天禄目》誤也。有「魯望氏」、「徐氏□□」、「聖清宗室盛昱伯羲之印」、「張之洞審定舊槧精鈔書籍記」、「壺公」、「萬物過眼即爲我有」諸印。

蘇東坡詩集註三十二卷 評閱本

金華吕祖謙伯恭分編　永嘉王十朋龜齡纂輯

嚴思庵手跋：

蘇詩舊本字畫刓缺不可讀，以一金從朱君易之。奇窘中得此，亦足誇也。思菴己卯十一月初十日記。（卷八首）

庚辰五月十六日讀記。（卷十六後）

庚辰五月十三日閱於京師寓舍（此下尚有「菜市口」以下十餘字，均以朱筆塗去不可辨）。思菴記。（卷一後）

積雨新晴，晚涼露坐，遂終此卷。思菴居士。（卷二後）

庚辰五月廿五日閱。太白經天已半月矣。（卷四後）

五月廿七日酷暑。（卷十七後）

庚辰六月初七日閱。卧病數日，心腹作痛，此所謂心疾也。二艸亭。（卷二十二後）

庚辰六月初九日，揲蓍得《師》之《艮》，占本卦及之卦之彖辭。（卷二十五首）

庚辰六月十三日。（卷二十八後）

庚辰六月十五日，閱完《蘇詩》三十二卷。貧病交迫，朝不謀夕，草草讀過，未細咀嚼也。（卷三十二後）

庚辰六月，淫雨不止，暑濕欝蒸，如江南黄梅，蓋京師前此未之有也。（卷一首）

庚辰十月初三日讀。前月二十八日夜，心病幾死。邇來斷炊，震一貽我青蚨二千，得以度日也。

（卷二十後）

庚辰十月十一日月夜再讀，意味殊勝初讀時也。明日絶糧矣，如何如何。昨家信來，鎏兒以憂患之餘，試得前列，聊自慰也。

□中有上疏請開海運者，可謂敢於殺人者也。（此條朱筆塗去。並卷八後。）

庚辰十月十三日再讀。（卷九後）

庚辰十月十四日讀。（卷十後）

辛巳三月十九日閱記。雙清軒海棠盛開，間以丁香、梨花，紅白可愛。連日歡飲，月色甚佳。人生聚散不常，良會正不易得也。（卷□後）

辛巳十月初一日早起讀。思菴居士。（卷二十九後）

辛巳十月十五日，病目稍愈讀此。思菴。是日早有雪。（卷三十後）

甲申四月初一日，繙七言律詩一過。時雨霰交作，踰刻即止。霰爲陰□□□而成，非正陽之月所宜見也。今歲訛言煩興，妖異□□，杞人憂天，未知□□。爰並記此，以發一慨。思庵居士。（自「霰爲」以下以朱筆抹去，字尚可辨。　卷七後。）

十月初六日，京江再召命下。（卷二十三後。此已酉年事。）

先伯父伯玉諱煒，永曆時官太僕少卿，後遂流寓廣西，數十年不通聞。伯成弟云，曾訪得在柳州之馬

平縣，子姓已二十餘人，村居力田，頗可自給，亦足喜也。辛卯秋七月十三日記。（卷三後）

閲此卷時在褒成縣，爲雨所阻。辛卯七月十三日，虞惇記。（卷五後）

辛卯七月十五日阻雨黄沙鎮，意殊不樂，漫閲此。思菴。（卷八後）

辛卯八月初六日，成都官舍雨中讀，此刻即入棘闈矣。虞惇記。（卷十三後）

辛卯冬十月，自成都發舟南下，舟中閲此。余以八月二日至成都，初六日入闈，廿一日放榜（此下朱筆抹去三十餘字）。棧道險峻，恐遇雨雪，又生平未覩三峽之奇，亦欲便道一至江南也。思菴記。（卷三十後）

辛卯十月初八日發成都，今十五日，過瀘州，舟中閲此。不見北闈試録，殊悶悶也。思菴。（卷二十二後）

辛卯十一月初三日，阻風雲安縣，甚悶，讀此記。思菴。（卷二十八後）

辛卯十月初四日，舟過雲陽。阻風兩日不得進，禱於張桓侯，午後風靜乃發。因讀此卷記。嚴虞惇。

「惟神忠孝之節、義勇之氣，塞乎天地，昭乎日月。虞惇束髮，即知欽慕。兹者奉使蜀道，正當神建功著節之地，仰追英烈，千載如生，雖怯夫輒用感發。道經雲陽，狂飈震驚，舟不得進。伏念神雲車風馬，呼吸上下，乞垂佑庇，即賜指揮。息萬竅之怒號，佐一葦之順濟。天清日朗，波穩舟平，三峽安流，萬里直渡。惟受命之如嚮，諒有感之必通。靈爽在天，籲誠上告。」是日於舟中繕疏，望風叩頭焚訖，少選即風

止矣。噫，退之衡山之祥耶，東坡海市之異耶，夫而後知神之不我棄也。（卷一後）

辛卯十一月初五日，舟入瞿唐峽，兩崖高峯插天，灩澦一石，屹然中流，奔湍峻急，聲如殷雷，真天下之奇險也。（卷四後）

奉節縣西南七里，有武侯八陣圖，壘石已散落，不成行列。又三二里，爲灩澦石，即瞿唐峽也。其上爲白帝城，亂石犖确，勢不可上。城内有昭烈廟，旁列孔明，關、張東西坐。少陵詩所謂「一體君臣祭祀同」，疑即此也。廟前有臺，道士云孔明祭風臺也。奉節舊名魚復，先主改爲永安，今永安宮遺址已不可考矣。（卷八後）

辛卯十一月初七日，從巫山放舟，已過蜀界矣。巫山有神女廟，甚圮壞。從此入巫峽，十二峯奇峭秀麗，不可名狀，其上雲氣往來，朝爲行雲，暮爲行雨，可想見也。

楚蜀分界之地名萬流，兩山相接，砉然中開，亦一奇也。（卷八後）

辛卯十一月初八日，舟過巴東讀記。

入楚境，風氣頗寒，山頭俱有積雪。思菴。（卷九後）

辛卯十一月初八日，至歸州。從舟守蔣君見北闈試録，吾邑竟無一人　中式。（下塗去六字）

初九日，過新灘。灘有上中下，俱極險。雪浪拍天，匼而獲濟，三峽蓋不足道也。思菴。

辛卯十一月初九日，舟過黄陵廟，將至夷陵矣。（卷二十後）

辛卯十一月初九日，舟過黄陵廟，燈下再讀。余以八月初二至成都，初六日入闈，二十一日放榜，十月初八日始離成都。至是又匝月矣。歲聿云莫，大兒落第，想已回南。幼兒隨母在鎮江，思之頗切。歸心如矢，不能奮飛，可勝浩歎。

初十日，至夷陵。見南榜，吾邑亦無一人得雋者。南北俱脱科，真咄咄怪事也。（卷十三後）辛卯十一月十一日，舟過宜都閲此。（卷十五後）

辛卯冬長至前一日，舟過枝江，復爲風阻。歲聿云莫，不知何日得到江南，情懷作惡，讀此漫記。思菴。

過夷陵作：　歷歷游蹤憶往年，重來城郭故依然。時清櫓堞生秋艸，日暮牛羊遍野田。橘刺藤梢風落木，水花雲葉月流天。歸舟江畔人何處，夢斷華堂舊管絃。（卷十六後）

辛卯十一月二十日舟中讀。昨宿監利縣吴麟章同年署中，今將至洞庭湖矣。

見湖廣試録，解元殊不成文，或云通榜，亦未爲公也。（卷二後）

辛卯十月二十日夜大雪，舟泊唐家洲。次日阻風，又不得進，悶悶閲此。今年科場，各省頗不寧静。湖廣少中十名，監臨自行檢舉。江南参房考二人。北闈解元以傳遞寅緣得中，府尹具題，奉旨察議，主考總憲趙公亦自檢舉矣。他省尚未可知也。（卷三後）

辛卯十一月二十二日，舟至洞庭湖口，復爲風阻，蓋自離成都至此，已四十四日矣。思家甚切，不知

何日得到江南，不勝欝悒。（卷七後）

二十二日夜，猶宿唐家洲，天又起風矣。（卷九後）

月之二十三日，尚未到岳州，殊悶悶也。（卷八後）

二十三日午後至城陵磯，又雪行七八里許，風浪大作，舟幾覆，復還。風色正未艾，如何如何。思菴記。（卷十後）

十一月二十四日，冒雪駕小舟從洞庭湖口至岳州，欲登岳陽樓，一攬江山之勝，而樓已傾圮。城之西門亦塞，斷不許出入。太守顧君，亦往長沙。遂悵然而返。風雪大作，舟又不得進，殊恨恨也。（卷十一後）

辛卯十一月二十五日，風雪俱止，大霧至午未開。舟過臨湘縣，江中得一魚，烹而食之，甚美。思菴。（卷十二後）

辛卯十一月二十五日，大霧中舟行至茅步，復起大風，遂止宿。竟夜震蕩，天明風復雪，勉强進舟，此刻過南平山矣。山上有孔明廟，廟前有臺，土人云此祭風臺也。二十六日己刻記。（卷十四後）

十一月二十七日，舟至白人磯，去漢陽六十里矣。（卷十六後）

辛卯十一月二十七日四鼓發舟，平明至漢陽矣。自成都至此，共行五十日。（卷二十三後）

辛卯十一月二十八日，泊漢口。夜暴風大作，明日欲渡江至武昌，而江中無一舟行者，殊悶悶也。

（卷二十五後）

二十九日，泊漢口。風勢愈烈，狂濤如山。（卷二十六後）

辛卯十二月初二日，舟泊漢陽讀記。（卷二十七後）

十二月初三日，舟泊漢陽又記。（卷二十八後）

辛卯十二月初五日，漢口讀。（卷二十九後）

余十月六日自成都發舟，一路多值逆風，舟行阻滯。直至十一月二十八至漢陽，留八日。以十二月八日，始從漢陽南下。三峽之險、十二峯之奇秀，固已領略胸中。然迫于歲暮，思歸頗切，以此一無好懷。如此江山，未暇攄寫，亦恨事也。大都踰蜀入楚，山皆頑然，無復秀氣，或時於江中遥見遠山頗堪入畫，然總不如蜀山之妙耳。蜀山以陸行尤妙，五丁劍門，峭壁萬仞，真天下之壯觀，水程之山亦弗如也。此行雖清風兩袖，然山水之勝，實愜素心。太史公周行天下，其文益奇。張燕公詩，亦得江山之助。余才學短拙，遠愧古人，聊以開拓見聞、增長豪氣而已。亦可喜，亦可惜。因讀坡詩，漫記于此。辛卯十二月初七日，思菴。（卷三十後）

辛卯臘月初七日，舟行漢江讀記。（卷三十一後）

辛卯十二月八日，阻風三江口讀記。自離成都，至此已六十日，從未遇順風。坡公詩「鬼神欺我窮」，豈不信哉。（卷十七後）

臘月八日午刻，自三江口發舟，乘逆風破浪而行，上下轉側，隉杌不安，然亦不顧也。是日至黄州。（卷十八後）

辛卯十二月初九日。（卷十九後）

十二月初九，舟過黄州，尚未至蘄州也。歲聿云莫，未知於何所度歲，虞山、京口兩處，啼號垂橐，而歸無以爲計，思之黯然。（卷二十二後）

戊子閏五月晦日，病中閱。舊傳此注出于王龜齡先生，然舛誤頗多，當用施注參之。并記。（卷十六後）

偶閱《歸太僕集》云，生日遇生年甲子者，延壽一紀。余以庚寅生，今年五月初二，庚寅日也，余增一紀必矣，爲之輾然。（卷二十八後）

吴門一人家有妻子而極貧，除夕破衣冒雪出門借貸，莫有應者，悵然而歸。過一富賈之門，見有人門首鑿銀，若有物觸其身者。歸家垂首太息，衣濕淋漓。妻提其衣，破縫中銀半鍵墜地，詰所從來，茫然不知也。妻疑其盜，正色責之。其人指天自白，既而思之，此豈富賈之所遺乎，向者若有物觸我。妻令還之，其人有難色。妻曰：彼家除夕失銀，非鞭撻即咒詛，我心何安？我窮，命也，豈可利人之災以苟活乎？其人如言往，則門已閉矣，扣而告之以其故。富人熟視其人曰，君當於此過除夕。其人曰：我飽而妻饑，我不忍也。富人曰：我已計之矣。即以錢米及他物餽其家。妻不受曰：此奚爲來哉。意即向者之銀所易也。富僕具其實，乃受之。其人遂留飲。富人曰，君有子，新正三日可偕來過我飯，勿爽約。至三日往，富人曰：君之子甚佳，異日必成立。況君信義如此，決非長貧賤者。我有弱女，願爲君子配。此店中五千金，即以授吾壻，可遷居於此矣。出筦鑰付其人而去。

嚴子曰，富人固賢矣，乃婁人之妻則真烈女也，雖古介節之士不能過也。因其妻而知其人，蓋亦賢者也。士有不耻非義而志於苟得者，獨何爲也耶。（卷十九後。此二條無年月。）

嚴汝礪手跋：

乙未臘月五日，吴門歸舟讀此。（卷四後）

丙申正月二日讀此，鎏記。

己亥八月十三日，舟發章江讀，時有粤東之行。（並卷七後）

己亥八月廿又四日舟次，距南安百餘里矣。去鄉既遠，氣候迥殊，鬱暑猶不減夏日也。鎏讀記。

己亥十一月廿日，讀一過。時歸自嶺南，舟泊貴谿城下，味閒居士鎏記。（卷三十二後）

（卷二十二後）

翁瓶廬手跋：思庵嚴先生文章經術，世固多知之矣，抑先生古之狷者也。先生以康熙丁丑登第，越三年鐫職，甲申歸里。明年，上南巡獻詩，起國學官，漸躋通顯。其鐫秩之後，歸里之前，記莫之詳也。今觀此册尾所記，似去官留京邸，庚辰十月至於斷炊，得人送錢二千乃可度日。其清介可知矣。先生嘗稱

「天下清官止湯潛庵一人」，有以也。先生辛卯典蜀試畢，浮江而歸，自十月訖歲莫，乃達漢陽。風濤震撼，讀書不輟，風趣可想。卷後題「味閒居士鑾」者，先生長子字汝礪，以諸生終。庚子六月，翁同龢記。

（下有「龢」字印）

右朱世延校刊本。常熟嚴思庵太僕評閱題識六十餘則，頗有忌諱及指摘人過之處，皆以朱筆濃抹去之，并有不留一字者，蓋其家懼文字之禍，故泯其跡也。首册面葉有「王註蘇詩，嚴思庵先生閱本，汪氏萬宜樓藏書」隸書十六字，亦翁相國書。有「萬福」、「夢瀰」、「劉履芬印」諸印。

選東坡詩註二十卷 元刊本

禮部尚書端明殿學士兼侍讀學士贈太師謚文忠公蘇軾　廬陵須溪劉辰翁評點

每半葉九行，行十七字。凡五言古詩三卷、七言古詩六卷、五七言律詩三卷、七言絶句三卷。其卷十六至卷二十皆摘句評之，題曰「摘奇」。案須溪評古書甚多，世所見者摩詰、工部、劍南三家，然陳眉公序《劉須溪評點九種書》，尚有孟襄陽、李長吉、蘇子瞻三家詩，並《老》、《莊》二子、《世説新語》、《班馬異同》各書，而所評《辛稼軒詞》則眉公亦所未見。此書與所評孟襄陽、李長吉詩，藏書家均未著録，亦可謂罕祕矣。有「安隱堂香林記」、「張」、「宗柳齋印」三印。

王狀元集註東坡詩二卷 明刊本

馬廷用序（弘治十六年）

傅藻紀年録序
王十朋序
趙夔序
趙俊後序(弘治癸亥)

凡律詩四百五十一首,板心題「東坡律詩」,乃趙克用俊從王氏《集註》本鈔出别行。天一閣藏書。

寓惠録四卷 明刊本

本傳
遺象
白鶴峯祠圖
附録詩文
跋(失後半)

皆東坡寓惠所作詩文,不知何時纂輯。嘉靖五年、二十三年、三十四年、四十五年,萬曆四年均有重刊序,見附録詩文中。此即萬曆時所刊,中闕五葉,俟覓别本補之。

欒城集五十卷後集二十四卷三集十卷 明活字本

[宋蘇轍撰]

劉大謨序（嘉靖二十年）
王珩序（嘉靖辛丑）
凡例總目謚議
鄧光跋（淳熙六年）
曾孫詡跋（淳熙己亥）
蘇森跋（開禧丁卯）
崔廷槐後序（嘉靖辛丑）

每半葉十行，行二十字。明蜀藩活字印本，自宋淳熙筠州本出。曾孫翊跋後有「校勘官文林郎筠州軍事判官倪恩、從事郎充筠州州學教授鄧光、奉議郎知筠州高安縣事閭邱詠」四行。

欒城集五十卷後集二十四卷三集十卷應詔集十二卷 明鈔本

鄧光跋
曾孫翊跋
蘇森跋
崔廷槐後序

此本《三集》後有崔廷槐跋，乃從明活字本鈔出。然活字本無《應詔集》，則又當從別本鈔補也。此本即拜經樓藏書，中有吴槎翁手書一籤可證。乃《拜經樓藏書題跋記》録此書但有《前集》五十卷，蓋失之不檢也。有「玉音孝友著於家庭信誼隆於鄉曲」、「秀水朱氏潛采堂圖書」、「古鹽官州馬思贊之印」、「馬寒中印」、「華山馬仲安家藏善本」諸印。

豫章黄先生文集三十卷外集十四卷別集二十卷詞一卷簡尺二卷年譜三十卷附伐檀集二卷

明刊本

黄庭堅魯直

徐岱序（嘉靖丙戌）

周季鳳序（嘉靖丁亥）

孫嵤年譜序

謚議

張元楨祀記（弘治十八年）

周景鳳撰立傳

周季鳳跋

查中道書後（嘉靖丁亥）

伐檀集自序（皇祐五年）

諸孫畚跋（嘉定二年）

又跋

每半葉十二行，行二十二字。《詞》及《簡尺》前並有「前寧州知州婺源葉天爵刊行、知府喬遷訂補」二行。有「曾在蕭山陸氏香園處」、「家有藏書」二印。

山谷外集註十七卷 明覆宋刊本

青神史容註

錢文子序（嘉定元年）

目録（年譜附）

史季温跋（淳祐庚戌）

莫郘亭手跋：史薌室注《山谷外集》十七卷，宋淳祐閩憲刊本，烏程蔣氏瑞松堂所藏。同治丙寅秋，在滬假讀於海珊，遂留行篋中。戊辰莫春，來吴門書局，始取校嘉靖刊《全集》本，資是正不少。其中間先後脱五葉，皆已鈔補。案之非史氏元文，乃昔藏者意綴，依謝蘊山刊翁覃谿校三注本别鈔易之。翁本第五卷《和子瞻粲字韻》詩闕注者數行，此本此數行適空木未刊，知翁本即從此本出也。有議三注本不便讀，宜求善本更仿梓者，故且未即歸，而訪《内》、《别》一注舊本合之。四月壬午，獨山莫友芝。（下有「子偲」印）

每半葉九行，行大小並十九字。此書舊有蜀刊本，旋燬。淳祐庚戌，薌室孫季温爲福建提點刑獄公事，刊之憲司。此弘治中覆刻本，舊爲先伯祖海珊公藏書。伯祖經營家業居滬時，多與莫郘亭司馬友善，時有通假，此書爲司馬所留，吾家無知之者。近年莫氏書出，表弟劉翰怡京卿得之，始知爲吾家舊物，慨荷割愛，殊可感也。有「范子鍇」、「友芝私印」、「莫氏子偲」、「莫友芝圖書印」諸印。

山谷别集詩註二卷 景宋鈔本

青神史季温註

行款與宋刊《外集》同。有「吴江金氏收藏之印」、「清奉買來手自校」二印。

山谷老人刀筆二十卷 明刊本

張元楨序（年月剜去）

山谷老人傳

每半葉十二行，行十九字。弘治間南昌府丞張汝舟所刊。有「鷗舫珍藏」一印。

黄太史精華録八卷 明刊巾箱本

天社任淵選

任淵序

每半葉九行，行十五字。末有「邑人朱君美繕寫」一行。原有朱承爵跋，此本奪。承爵，明人，《天禄琳瑯書目》以此本入元刊中，非也。有「抑齋」印。

黄太史精華録八卷 鈔本

天社任淵選

任淵序

朱承爵跋

跋稱「得任氏目而闕其書，因取《大全集》及《宋文鑑》、《文翰類選》諸書掇拾成之」。按承爵，明人，《文翰類選》亦明人書。

後山先生集二十四卷 校本

宋陳師道撰

雲間趙氏刊本，昔人以任註本《蘇門六君子文粹》、《宋藝圃集》、宋元詩集諸書彙校。有「童石塘藏書之章」、「陳氏芸閣」、「能補過齋」、「秀水莊氏蘭味軒收藏印」諸印。

後山詩註十二卷 明刊本

天社任淵撰

魏衍集記（政和五年）

王雲題（政和丙申）

目録（年譜附）

每半葉九行，行二十字。板心有「梅南書屋」四字，有「趙宗璜印」、「望子」、「泰峯」三印。

淮海集殘卷　宋刊本

秦觀少游

存卷二十一至卷二十九，每半葉十行，行二十一字。凡「敬」、「徵」、「完」、「桓」、「構」、「慎」、「敦」諸字皆闕筆，而「郭」字不闕，蓋光宗朝刊本也。明張南湖綖刊本即從此出，而改爲半葉十二行，字句亦頗有訛舛。如卷二十一《諸葛亮論》「拔而傅鴟鳩」，《崔浩論》「乃行少傅事」，張本「傅」並訛「傳」。《崔浩傳》「盆成括之流也」，張本「成」訛「城」；「與夫兔出後宮」，「兔」訛「免」。卷二十三《變化論》「方其出也」，張本「出」訛「入」。「以德分人謂之聖，論皆不該不偏」，「偏」訛「偏」。卷二十四《浩氣傳》「則二子之養」，張本「二」訛「三」；「因緣無革」，「革」訛「事」；「列敵度宜謂之義」，「敵」訛「蔽」；「亦去其害馬者而已」，張本奪「其」字；「勞智慮而速成」，「速」訛「遠」；「奪之則悲」，「悲」訛「怨」。卷二十五《陳偕傳》「縱心之所動」，「動」訛「勤」。《眇倡傳》「吴倡有眇一目者」，「吴」訛「美」。《汝水漲溢説》「化爲陂浸」，「浸」訛「波」；「然則心無所在乎」，「所」下衍「不」字；「則求心於物」，脱「求」字。《二侯説》「唯恐計謀之不工」，「工」訛「二」。卷二十六《代蘄守謝上表》「徒冀事功之立」，「徒」訛「徙」；「昨以出案刑章」，「刑章」訛「荆車」。《代程給事乞致仕表》「當披乞骸之懇」，「披」訛「批」；

「雅多游舊」，「雅」訛「惟」。卷二十七《代謝敕書獎諭表》「一昨凶年乏食」，「一」誤「憶」；「則張皇而鳥散」，「鳥」誤「烏」；「遂令幕史」，「幕」訛「募」。《代賀元會表》「康王酆宮之朝」，「酆」訛「鄰」。《代中書舍人謝表》「則何以當文士之極任」，「任」訛「仕」。卷二十八《謝及第啟》「耻乎不仕」，「不」訛「末」；「幾十萬焉」，「十」訛「千」。《賀呂相公啟》「舉同抃蹈」，「同」訛「司」；「方司左轄之嚴」，「司」訛「思」。《謝程公闢啟》「庶追國士之風」，「國士」訛「王國」。卷二十九《代賀京西運判啟》「南則控引于荆楊」，「楊」訛「陽」。《代賀蔡相公啟》「失匕箸而自驚」，「箸」訛「著」。《賀錢學士啟》「地胄高嚴」，「胄」訛「習」；「翩然鵠止於碧梧」，「翩」訛「翻」。其佳處多與罟里瞿氏所藏宋大字本合，而此本卷二十一至卷二十六並爲瞿本所闕，尤足珍已。明文淵閣藏書。

淮海集四十卷後集六卷　明刊本

秦觀少游

張孟容序

張光孝序（嘉靖己丑）

每半葉十行，行二十一字。明初華州刊本，嘉靖己丑州守汝南張孟修補。有「香山石卿」一印。

淮海先生文集四十卷後集六卷　明刊本

秦觀少游

閩中刊本。行款與華州本同，此二本殆出一源。凡張綖本訛字，此二本間或不誤，而大抵與張本同，恐張本即自此二本出也。有「翁叔元印」、「鐵庵」、「愛日精廬藏書」諸印。

濟南集八卷　鈔本

宋李廌撰

提要

顧湘舟從揚州文匯閣鈔出。卷首有「長洲顧沅校、揚州府訓導邵廷烈參校」二行，板心有「藝海樓」三字。

參寥子詩集十二卷　宋刊宋印本

法嗣法穎編

陳無己序

黄復翁手跋：《參寥子詩集》明刻本，余向亦有之。若宋刻本，於數年前曾聞池上書堂有之，然未之見也。比來家事攖心，置買書籍頗不易易，非特宋刻書日少一日，而余收書之力亦日難一日也。遷居縣橋以來，葺小廬，顏南雅庶常題曰「百宋一廛」，坐其中檢點古刻，成一簿録，謂之《百宋一廛書目》，蓋余好書之心不因力歉而稍衰焉。余友陶君蘊輝雅善識古，并稔知余之所好在古刻，昔余所收者，大半出其手。兹復以宋刻《參寥子詩集》相示，索直白鏹三十金。余亦無如之何，勉購以增書目之光云爾。世行本向傳有二，以法嗣法穎編者爲勝，此其是也。惜余明刻本尋訪未得，無從證其同異。至於卷端序文雖係抄補，而以貴與《經籍考》證之當不謬。若以爲此序是《餞參寥禪師東歸序》而非高僧《參寥集》序，是並《通考》而昧之，奚足與論古哉。嘉慶歲在癸亥閏二月望後一日，蕘翁黄丕烈識。（下有「蕘翁」一印）

光緒五年己卯冬十月十三日，新建勒方錡、吴縣潘遵祁、中江李鴻裔、元和顧文彬、長洲彭慰高、吴縣潘增瑋、歸安沈秉成，集吴氏聽楓山館同觀，因記。（有「文彬」、「西圃」、「成」、「曾瑋之印」、「慰高私印」、「李鴻裔觀」、「臣勒方錡」諸印）

每半葉十一行，行二十四字。陳後山序鈔補，復翁跋據《文獻通考》以證宋本原有此序，并駁《四庫總目》此序是《餞參寥序》、非集序之説。然此序見《後山集》卷十一，作《送參寥序》，此本借以爲集序，不如廣寄本題《餞參寥禪師東歸序》爲得其實。法穎與參寥同時，其所編次之本自較廣寄本爲勝，然其標題之誤，不必爲之諱也。又此序未必爲法穎所附，序末題「後山陳無己撰」，稱字而不稱名，亦出後人手之證也。此刻精雅秀勁，諸家藏本均從之出。有「黄子羽讀書記」、「如邨主人」、「徐健庵」、「季振宜印」、「滄葦」、「御史之章」、「季振宜藏書」、「黄丕烈印」、「復翁」、「士禮居」（大小各一）、「蕘圃卅年精力所聚」、「汪士鐘印」、「閬源真賞」、「吴雲私印」、「兩罍軒」、「吴平齋讀書記」、「歸安吴氏兩罍軒藏書印」、「吴平齋秘篋印」諸印。

寶晉山林集拾遺八卷 明鈔本

［宋米芾撰］

蔡肇《故南宮舍人米公墓誌》

米憲跋（嘉泰改元）

豐南禺手跋：南宮《山林集》嘗見鈔本六十卷，茲則其孫憲所刻《拾遺》爾。歲嘉靖乙酉六月甲子，鄞豐道生觀於錫山華中甫真賞齋。

讀尚書齋胡西白藏。（下有「胡術」印）

前四卷雜文，後四卷則《寶章待訪録》及《書史》、《畫史》、《硯史》四書也。豐南禺跋謂曾見《山林集》鈔本六十卷。案岳倦翁《寶晉英光集序》稱「《山林集》一百卷，今所薈萃附益未十之一」，是《山林集》倦翁已不得見，不應豐南禺尚見六十卷之本，蓋南禺語例不可信也。此華中甫藏書。

倚松老人詩集二卷 景宋鈔本

饒節德操

超峻跋（甲申）

每半葉十行，行二十字。卷首書題下有「江西詩派」四字，每卷後並有「慶元己未校官黃汝嘉重刊」一行，即從宋刊《江西詩派》景鈔。卷末有墨書「丙申春三月蓮涇王聞遠校鈔」一行。有「張月霄印」、

「愛日精廬藏書」、「祕册」、「汪士鐘藏」、「徐康」諸印。

倚松老人詩集二卷 景宋鈔本

與前本行款並同，而無超峻跋。

嵩山文集二十卷 鈔本

嵩山景迂生晁説之字以道一字伯以

孫子健跋（紹興二年）

又跋（乾道三年）

附録

每半葉九行，行十八字。平闕一遵宋制，蓋從宋本抄出。每卷首行題「文集卷某」，不著集名。次行姓名上冠以「嵩山景迂生」别號五字，故宋以後或云《嵩陽景迂生文集》，或云《景迂生集》，或云《嵩山集》。實緣子健刊本本無集名，故稱名不一也。此本板心題「嵩山集」，未審宋本如是否。有「曹溶之印」、「潔躬」、「檇李曹氏倦圃藏書」諸印。

濟北晁先生雞肋集七十卷 明鈔本

［宋晁補之撰］

自序（元祐九年一月）

每半葉九行，行十七字。原有弟謙之跋，此本奪。有「秦恩復印」、「秦伯敦父」、「石研齋秦氏印」、「宗彦私印」、「德清許氏家藏」、「臣金槤印」、「楓溪戴二蕉收藏書畫之章」、「泰州劉漢臣麓樵氏印」、「泰州劉漢臣麓樵氏審藏善本」諸印。

姑溪居士文集五十卷後集二十卷　鈔本

［宋李之儀撰］

此二百年前鈔本。《前集》後有康熙乙未徐庶常駿録王明清《揮麈録》一則，蓋自傳是樓藏本出也。

謝幼槃文集十卷　鈔本

［宋謝邁撰］

苗昌吉跋（紹興壬申）

吕本中跋（紹興三年）

謝肇淛跋（萬曆己酉）

謝杲跋

黄再良跋

林佶跋

朱彝尊跋

此書謝在杭從明内府鈔出，因竹垞傳鈔，遂行於世。此亦自竹垞本出。竹垞跋稱是書爲《竹友集》，閣本仍之，雖復其舊名，然原本固題《謝幼槃文集》，不題《竹友集》也。有「陳塼印」、「復初氏」、「塼印」、「仲遵」、「西畇耕者」、「顛翁」、「平江陳氏」、「西畇藏書」、「陳氏西畇草堂藏書印」、「西畇草堂祕本」諸印。

日涉園集五卷 鈔本

宋李彭撰

此孔葒谷編次本。《四庫》本十卷乃重編之本。原本分體抄撮，畫爲五段，不題卷次，惟末段五七絶首則題「卷九上」。有籤云「是集係先君子乙未年爲同年友劉湄岸淮所編也。本編五卷，以未分卷次，抄此副本，遂爾標目未明，而劉欲以卷多衒功，遂以卷五爲卷九，蓋欲共成十卷也」云云。有「孔繼涵印」、「葒谷」、「昭熿謹藏」三印。

慶湖遺老詩集九卷拾遺一卷後集補遺一卷 鈔本

［宋賀鑄撰］

葉夢得序

本傳

宋史文苑傳

自序
程俱序(拾遺首)
楊時跋(政和甲午)
程俱撰墓誌銘
寇翼跋(乾道丙戌)
胡澄跋(紹熙壬子。以上卷九後)
子稟跋
胡澄跋(紹熙癸丑。以上《後集》前後)

此本校《四庫》本多《拾遺》、《補遺》二卷。方回詩前、後二集各十卷，南渡後佚其《後集》，胡澄初得《前集》九卷刊之。其《拾遺》則《前集》之末卷。《補遺》則方回子稟所輯，皆《後集》中詩，故題《後集補遺》。有「銅井山廬藏書」一印。

劉給事集五卷　鈔本

永嘉劉安上著
提要
薛嘉言撰行狀

竹垞老人跋

有「國子監印」、「光緒戊子湖州陸心源捐送國子監之書匱藏南學」木記。

唐先生集七卷 明刊本

眉山唐庚子西著

鄭總序（宣和四年）

弟庾序（同上）

呂榮義序（同上）

金獻民跋（嘉靖三年）

有詩無文，按《文集》本詩十卷，此本改編七卷。天一閣藏書。

洪龜父集二卷 鈔本

宋洪朋撰　長洲顧沅校　揚州府訓導邵廷烈參校

提要

每葉書口有「藝海樓」三字。

忠肅集三卷 校鈔本

［宋傅察撰］

周必大序

行狀

有「西莊居士」、「王鳴盛印」、「清來堂收藏金石文字圖籍之章」三印。

龜山先生文集十六卷　明鈔本

［宋楊時撰］

丁應奎序（咸淳己巳）

程敏政跋（弘治八年）

李熙跋（弘治壬戌）

程篁墩跋謂「《龜山先生文集》三十五卷，不傳於世矣。館閣有本，關請閲之，不足以盡鈔也。鈔其有得於心者，重加彙次爲十六卷」。弘治壬戌，將樂縣知縣李熙刊於龜山書院。天一閣藏書。

又一部

同上。

梁谿先生全集一百八十卷附録五卷　鈔本

宋李綱撰

提要

陳俊卿序
朱子後序
前後二序，均爲奏議而作。末附《年譜》一卷，弟綸所撰，《行狀》三卷，孫大有所集。謚議、祠記、祭文、挽詩、畫贊一卷，有大有序及章穎跋。其録集于嘉定元年，則此集之編當在嘉定以後也。《提要》稱「附録六卷」，此僅五卷耳。

丹陽集二十四卷 鈔本

宋葛勝仲撰
孫覿序
此孔葒谷家鈔。前補寫目録，題「嘉慶元年丙辰九月朔癸卯微波榭録」，乃葒谷家子弟所書也。

浮溪遺集十五卷附録一卷 鈔本

宋顯謨閣學士左太中大夫新安郡開國侯食邑一千五百户贈端明殿學士汪藻著
序言
裔孫瓊璣跋（正德己巳）
此集即元趙子常汸所編《浮溪文粹》，明正德中刊，易名《遺集》。此吴氏瓶花館所抄，每葉闌外有「西泠吴氏繡谷亭鈔本」九字。吾鄉劉疏雨、范白舫兩先生遞藏，後歸先大父，亂後失之。辛酉歲暮，徐君行可爲余自鄂渚購歸。有「蟬華」、「繡谷薰習」、「疏雨薰習」、「華笑廎藏」及先大父名字諸印。

石林居士建康集八卷 鈔本

葉夢得著

子籟跋(嘉泰癸亥)

每半葉八行，行十六字。第三卷中闕文七篇，咸豐間葉茗生校刊本同。後得朱述之家藏本，七篇具在，不及補刊，著其説於《吹網録》中。常熟瞿氏藏本亦闕七篇，瞿《目》云胡心耘以家藏本補全。此本正心耘所藏，乃未補足，蓋心耘實以朱本補瞿本，非據此本。有「陳墫印」、「復初氏」、「平江陳氏」、「西昀藏本」、「西昀草堂」、「金十七忠淳」、「古還字完璞」、「胡珽之印」、「幸讀文瀾中祕書」、「琳琅祕室藏書」諸印。

石林居士建康集八卷 鈔本

子籟跋(嘉泰癸亥)

每半葉十行，行二十字。卷三闕文七篇，與前本同。

北山小集四十卷 景宋鈔本

信安程俱序

葉夢得序

鄭作肅後序

程瑀撰行狀

黄丕烈跋（乾隆六十年）　又（嘉慶二年）　又（癸亥）　又（道光二年）

錢大昕跋（嘉慶丁巳）

瞿中溶跋（同上）（以上諸跋皆景鈔）

張月霄手跋：　宋槧本《北山小集》，吴縣黄氏士禮居舊藏，轉入汪氏藝芸書舍，金吾從之影寫一分，此本又從金吾藏本傳録者。嘗見藏書家得一宋元舊集，輒思祕之帳中，噫，此何説也。古之人讀書稽古，萃一生之心思才力以成一書，難矣。萃一生之心思才力以成一書，而歷七八百年，幾經兵火，舊槧如新，抑又難矣。愛古者碎金片石，斷磚剩瓦，猶且公之同好，互相激賞，況書籍爲作者精神所寄、靈爽所凴者與。得之者其亦思古人成書之難何如，流傳之難何如，今既幸爲己有，冥冥中鄭重付託，大望後之人廣爲傳布者又何如。乃謬爲愛護，祕不示人，甚無謂也。是書傳本絶希，今一時頓有三四分，維藝芸主人不吝通假之功寔多，其諸得古人傳之其人之意者與。　道光桼年八月上瀚張金吾書。（下有「張金吾印」、「月霄」二印）

邵沖友手跋：　北山程公以文章氣節著於東都、南渡之間，史稱其制誥典雅閎奥，而其所論諫緻駁見諸集中者，尤徵亮直之概。詩傚韋柳，抑餘事矣。集四十卷，著録祕閣，當即鮑氏景宋寫本。芙川此本乃士禮居舊藏宋槧，雖經一再傳鈔，而典型尚在，猶可想見風軌，固不必絳雲故物、爲梓里之遺而珍之也。

道光丁亥歲嘉年平月，邵淵耀記。（下有「淵耀」、「沖友」二印）

方叔芷女士手跋：《北山小集》藏書家著録甚稀。是本由黄氏士禮居宋本傳寫，不特校對盡善，且字法歐虞，深得宋槧遺意。聞李女士慧生常以此書臨摹，書法大有唐人風味。宋本歸汪氏後，女士懷想不釋。辛巳歲藝芸假出時，李曾手録一部，亦閨閣中佳話也。道光庚寅三月草觀一過，漫書卷尾。叔芷方若蘅。（下有「襄勤公五女」、「心蓮室」、「叔芷」、「若蘅」、「儂長荷花三日生」諸印）

柳荇軒手跋：咸豐辛酉，余客江北之海門。時髮逆陷蘇垣，江南幾無乾淨土，避亂北渡者日以數百計。有以此書來售者，閱卷首印記，知是常熟張氏故物，因以重價得之。嗟乎，兵燹之餘，書之爲灰燼者何可勝數，而此獨無恙以歸於余，豈非有呵護之者耶，爰書數語以志幸。時同治丁卯二月，慈谿荇軒柳瀛選記於海門茅鎮之旅寓。（下有「瀛選」、「荇軒過目」二印）

每半葉十行，行二十字。前有總目，闕首半葉。目中題「北山小集卷某」，而每卷只題「北山集」。吴門黄氏藏宋刊本，後歸汪氏藝芸精舍。道光辛卯，黄復翁復假歸景鈔，又爲張月霄影鈔一部，此本則復自月霄本影鈔者也。前二十八卷繕寫極工，後十二卷稍次。惜竹汀跋中所載宋代湖州諸官印均在紙背，無從摹寫耳。有「清河世家」、「張燮」、「蓉鏡」、「芙川」、「蓉鏡私印」、「臣蓉鏡印」、「張蓉鏡手校」、「蓉鏡收藏」、「青菱生」、「醉霞」、「味經」、「琴川張氏小琅嬛福地繕鈔祕册印」、「琴川張氏小琅嬛清閟精鈔祕帙」、「小琅嬛福地繕鈔珍藏」、「小琅嬛福地張氏藏」、「琴川張氏小琅嬛福地藏書」、「小琅嬛福地」、「倚青閣」、「芷楣借觀」、「冰蓮」、「楊氏硯芬」諸印。

北山小集四十卷 鈔本

信安程俱

葉夢得序

鄭作肅後序

程瑀撰行狀

此本每卷題「北山小集」而行款猶存宋舊，蓋與鮑渌飲家鈔本同源也。

北山小集八卷 明鈔本

宋徽猷閣待制信安程俱著

葉夢得序

此節鈔本，起處題「北山小集」者八，而題下不著卷數。卷三、卷八後並有「晚學潛山施介夫編輯」一行。天一閣藏書。

華陽集四十卷 景宋鈔本

宋張綱彦正氏著

洪邁序（紹熙二年）

每半葉十行，行二十字。宋紹熙中池州守孫釜刊于郡學，此本殆從之出也。

苕溪集五十五卷 鈔本

［宋劉一止撰］

每半葉十行，行二十字。平闕一如宋舊，蓋從宋本出也。

先大父舊藏。歸安朱彊邨丈見於京師，知爲吾家故物，因轉託江陰夏閏枝太守購歸。有先大父藏印。

苕溪集五十五卷 鈔本

行款與前同。

三餘集四卷 鈔本

宋黄彦平

提要

每葉書口有「藝海樓」三字。

沈忠敏公龜溪集十二卷 鈔本

［宋沈與求撰］

李彦穎序（紹興辛亥）

張叔椿序(淳熙四年)
查岐昌跋(乾隆庚午)
吴門顧氏藝海樓鈔本。

韋齋集十二卷附玉瀾集一卷 鈔本

新安朱松喬年撰 [玉瀾集題]新安朱槔逢年撰
傅自得序(淳熙七年)
尤袤玉瀾集跋(淳熙辛丑)
鄺璠跋(癸亥)
顧錫麒跋(道光丁酉)
每半葉十行,行二十字。影寫顧氏謏聞齋所藏明刊本。有「江山劉履芬彦清父收得」一印。

鴻慶居士文集四十二卷 鈔校本

[宋孫覿撰]
周必大序(慶元五年)
男介宗跋(慶元己未)
藝風堂鈔校本。有「荃孫」、「雲輪閣」、「曾經藝風勘讀」、「繆荃孫藏」諸印。

新刊李學士新註孫尚書内簡尺牘十卷 宋刊宋印本

右朝奉郎充龍圖閣待制孫覿仲益撰　門人李祖堯編註

每半葉十二行，行二十二字。前有二目，一分類目、一分卷目。無序跋。宋諱「徵」、「惇」諸字闕筆，乃宋季建陽刊本。吴門黄氏士禮居藏宋刊本半葉十二行，行大二十字、小二十五字，卷數行款均「與」此本不同。元天曆刊本亦十六卷。此十卷本乃宋人別本，明成化、嘉靖二本皆從是出。卷五後有初頤園手識云「乙酉新春試燈前一日得於地安門街上」。有「廣瓛」、「文之」、「鞠泉」、「頤園鑑藏」、「乾隆五十有二年遂初堂初氏記」諸印。

豫章羅先生文集十七卷年譜一卷 元刊本

［宋羅從彦撰］

每半葉十三行，行十三字。原有至正丁未卓説序及至正三年曹道振跋，此本皆奪。又目録後「至正乙巳秋沙陽豫章書院刊」牌子亦已割去，蓋書估欲僞爲宋本，故并序跋牌子去之也。道振所撰《年譜》冠於篇首，下題「進士曹德振編次校正」，蓋爲全書言之，非但指《年譜》也。有「婁東徐氏監藏」、「泰峰」、「田耕堂藏」諸印。

和靖尹先生文集十卷附録一卷 明鈔本

［宋尹焞撰］

蔡宗兗序(嘉靖九年)

洪洙後序(嘉靖庚寅)

卷一年譜,卷二、卷三奏劄,卷四詩與雜文,卷五壁帖,卷六至卷八師説(門人所録問答語),卷九薦劄、告詞,卷十銘記、祭文、挽章,與《四庫》本編次不同。有「青浦王昶」、「字曰德甫」二印。

和靖先生文集不分卷 鈔本

蔡國勳序(隆慶乙巳)

此本不分卷,比嘉靖本少《師説》三卷,而以末二卷爲附集。有「筠」、「宋氏蘭揮藏書善本」、「雪苑宋氏蘭揮藏書記」、「友竹軒」、「緜松庵」諸印。

宋著作王先生文集八卷 鈔本

第一十一世孫觀編

盧鉞序(寶祐丙辰)

施温舒跋(淳熙三年)

有「璜川吴氏收藏圖書」、「汪士鐘藏」二印。

宋著作王先生文集八卷 鈔本

十一世孫觀編

有「國子監印」、「前分巡廣東高廉道歸安陸心源捐送國子監書籍」、「光緒戊子湖州陸心源捐送國子監之書匱藏南學」諸印。

宋太學生陳東盡忠録八卷 鈔本

雲間朱國盛敬韜甫校梓

朱國盛序（天啟丁卯）

象贊

陳沂跋（正德乙亥）

書口題「陳少陽集」。此自元大德刊本出，較十卷本爲古。有「揚州阮氏琅嬛僊館藏書印」、「文選樓」二印。

宋太學生陳東盡忠録八卷續録一卷 鈔本

楊一清序（正德十一年）

高東溪先生文集二卷附録一卷 鈔本

次崖閩銀同林希元茂貞編　卓峰金谿黄直以方校正

林希元序（不全）

有「顧肇聲讀書記」、「養拙齋」、「汪士鐘藏」三印。

高東溪先生文集二卷附録一卷 鈔本

林希元序（嘉靖丙戌）

黄直序（嘉靖五年）

東萊先生詩集二十卷 鈔本

吕本中居仁

曾幾序（乾道二年）

每半葉十行，行二十字。著者姓名即在書題下，乃照宋刊《江西詩派》本抄出。卷末有許滇生題識云「咸豐辛酉嘉平月手校一過，恨無佳本互勘，時年七十有五。養園」。有「南昌彭氏」、「知聖道齋藏書」、「遇者善讀」、「臣許乃普」、「滇翁」諸印。

東萊先生詩集二十卷 鈔本

吕本中居仁

曾幾序（乾道二年）

行款與前同。有「仲魚圖象」、「海寧陳鱣觀」、「芳茉堂印」三印。

大隱居士集二卷 鈔本

宋鄧深撰

提要

先大父舊藏。海鹽張君菊生得以見貽。有先大父藏印及「歙西長塘鮑氏知不足齋藏書印」、「抱經堂藏書印」、「繆荃孫印」、「荃孫」、「雲輪閣」諸印。

莆陽知稼翁文集十一卷詞一卷附録一卷 鈔本

[宋黄公度撰]

陳俊卿序(乾道五年)

洪邁序(慶元二年)

曾豐詞集序(淳熙己酉)

嗣子沃跋(慶元二年)

每卷後有「孫迪功郎新泉州惠安主簿處權校勘」一行。詞集後有題識三行云「慶元乙卯假守邵陽逾年,謹刊《知稼翁集》於郡齋,併以詞一卷繫其後。嘉平之月其日戊午沃謹識」云云。有「遜學齋收藏圖籍」、「秀水莊氏蘭味軒收藏印」二印。

侍郎葛公歸愚集十卷 校鈔本

[宋葛立方撰]

勞季言跋三則

此書本二十卷，見《宋志》及《直齋書録解題》。傳世宋本僅存卷五至卷十三，凡九卷，而《詞》一卷虞山毛氏亦有景宋本。後人鈔撮爲十卷，已佚其半矣。歸安丁氏有校宋鈔本，勞季言從之借校，又以朱竹垞所藏鈔本重校，此即臨勞校本也。

侍郎葛公歸愚集十卷 鈔本

有「國子監印」、「前分巡廣東高廉道歸安陸心源捐送國子監書籍」、「光緒戊子湖州陸心源捐送國子監之書匱藏南學」諸印。

香溪先生范賢良文集二十二卷 明刊本

門人高栴編

陳巖肖序（紹興三十一年）

吴師道後序

章懋題後（屠維大淵獻）

每半葉十二行，行二十二字。蘭谿令唐尚虞重刊元本。章楓山跋後題「屠維大淵獻」，以楓山時代攷之，乃成化十二年也。

張于湖集八卷附録一卷 鈔本

宋和州張孝祥于湖著　明金陵焦竑澹園、朱之蕃蘭嵎同輯

謝堯仁序（嘉泰改元）

弟孝伯序（同上）

錢禧序（甲申重九）

楊侯倩跋

孔葒谷手跋：

抄自浙江巡撫三寶進璜川吴氏藏本。（目録後）

乾隆丁酉四月十六日校，是日遣趙僕東歸。（卷一後）

浴佛日校。是日劉閣學崇如（墉）招同竇宗人府丞元調（光鼐）、朱編修竹君（筠）、許御史穆堂（寶善）、德郎中野溪（隆）飲於景慶堂。（卷二後）

丁酉四月初十日微陰。（卷三後）

初十日乙巳未刻校于壽定簃。（卷四後）

初十日校完此。濃陰欲雨，庭艸爭緑，意甚適也。（卷五後）

乾隆丁酉四月十四日校。程魚門（晉芳）、方運判次耘（受疇）、任領從（基振）、蔡梓南（履光）來。前一日，李素伯（文藻）貽光孝寺南漢兩鐵塔拓文，黄九小松（易）寄觀錢宏俶金塗塔瓦拓本、魏景初銅帳構拓本，把玩周復，殊快也。（卷六後）

四月十七日壬子，翁覃溪學士（方綱）邀同拓法源寺金明昌二年碑。李南澗（文藻）在馮孝廉魚山（敏昌，廣東人）處，亦來觀，偕啜茶於僧寮，聽談潭柘界臺之勝。晚飲於青常書屋，觀閔編修（惇大）所藏《明甲申十同年圖》卷子。同飲客曹慕堂太僕（學閔）、維揚程吏部魚門（晉芳）、山西宋芝山（葆淳）、廣東趙明經渭川（璜）、山陰朱□□（蘭圃）。十同年者，南京户部尚書公安王用敬軾，時年六十五；吏部侍郎泌陽焦孟陽芳，時年六十九；禮部右侍郎祭酒謝鳴治鐸，時年六十九；工部尚書郴州曾克明鑑，時年七十；刑部尚書烏程閔朝瑛珪，時年七十四；工部侍郎泰和張時達，時年七十二；右都御史浮梁戴廷珍珊，時年六十七；户部侍郎益都陳廉夫清時，年六十六；兵部尚書華容劉時雍大夏，時年六十八；謹身殿大學士長沙李賓之東陽，時年五十七。繪圖時弘治十六年癸亥也。其次以圖中前後書之。十同年八人有傳《明史》中，亦極盛矣，不獨朝多君子、人皆耆艾也。翌日校終卷，因記之。孔繼涵。（卷七後）

十九日甲寅，同德州梁明經志尚翥鴻、徽州程吏曹魚門晉芳、益都李司馬素伯文藻、濟南周編修林汲永昌、海鹽陳上舍竹厂以綱、大興翁學使振三方綱、湖州丁孝廉小山錦鴻，飲于米市衖衕，歸校終卷。曲阜誧孟孔繼涵記。（卷八後）

乾隆丁酉二十一日酉刻校完。（附卷後）

此出璜川吴氏所藏明崇禎甲申刊本，蓋從宋刊殘本輯出。如卷六末所附闕文注云「見三十五卷」，又云「見三十七卷」。此數則中闕字甚多，蓋宋本存者亦多殘闕。其編爲八卷，殆出焦弱侯、朱蘭嵎之手，又經孔葒谷手校，不得以世有足本而忽之也。

太倉稊米集四十卷 鈔本

竹坡老人周少隱著

原本七十卷，此本四十卷，蓋失其後三十卷也。有「雪苑宋氏蘭揮藏書記」一印。

夾漈遺稿三卷 鈔本

鄭樵漁仲

張芙川手跋：宋鄭漁仲《夾漈遺稿》三卷。曝書亭藏書。芙川珍祕。癸未秋得之琉璃廠書坊。

又：漁仲集罕見，此册繕寫精妙，古香可挹，得者寶之。

有「朱彝尊錫鬯父」、「某會里朱氏潛采堂藏書」、「謙牧堂藏書記」、「嗛牧堂書畫記」、「蓉鏡私印」、「琴川張氏小琅嬛福地藏書」、「小琅嬛福地祕笈」、「喬松年印」、「周鑾詒」、「嬰齋手校」諸印。

竹洲文集二十卷附録一卷 明刊本

［宋吴儆撰］

程敏政序（弘治六年）

程泌序（端平元年）

呂午序（淳祐七年）

洪楊祖序（嘉熙戊戌）

陳塤序（嘉熙改元）

吴資深進竹洲文集上表録本（嘉熙二年）

每半葉十行，行二十一字。全書平闕一仍宋時格式，當從宋本翻刊。然吴資深表稱「臣曾祖臣儆所著文集三十卷」，而此本僅二十卷。程篁墩序亦稱「曾孫資深始裒其遺文爲二十卷」，則表中「三十」字或「二十」之訛，此本固無闕佚也。有「翰林院印」及「乾隆三十八年□月翰林院編修朱筠交出家藏竹洲文集一部計書二本」木記。有「教經堂錢氏章」、「犀盦藏本」、「小西山館錢氏圖書」諸印。

高峰先生文集十一卷 鈔本

［宋廖剛撰］

傳

葛元鷺後序（乾道七年）

邦傑跋（咸淳辛未）

此本首劄子二卷，次奏狀一卷，次進故事一卷，次策問一卷，次講義三卷，次雜著一卷，次疏狀、青詞、記、題跋、墓誌一卷，次致語、祝文、祭文一卷，共十一卷。「劄子」至「進故事」爲卷一至卷四，然「策問」及

「講義」三卷，復題卷一至卷四，以下三卷題卷五至卷七，疑合兩殘本而成。「進故事」卷末有朱筆題識云「乾隆壬辰五月初三日校於繡溪寓館」，審是鮑淥飲手筆。「策問」卷首有「南昌彭氏」、「知聖道齋藏書」、「遇者善讀」三印，則又是彭文勤公家藏書。前有「翰林院印」，則此書曾入四庫館，惜木記不存，無由知爲鮑氏或彭氏所上耳。有「犀盦藏本」、「錢犀盦藏書印」二印。

晦菴先生文集一百卷 宋刊本

［宋朱子撰］

每半葉十行，行十九字。無《續集》、《别集》。無序跋。每卷後有「考異」數行。板心下魚尾下有刻工姓名。成化本《晦菴文集》後有黄仲昭跋云「閩浙舊皆有刻本，浙本洪武初取置南雍」，此本乃南雍印本，即浙本也。中有闕葉，有補寫、無補刻，蓋印書時板片已闕，故印時即鈔寫數葉補之。葉中有闕字，亦皆鈔補完整。明初南雍所印書大率如是。嘉靖《南雍志》著録《晦庵文集》板片僅九十九卷，此本則百卷具存，蓋猶明初印本。閩本有《别集》、《續集》，浙本無。《直齋》所録無《别》、《續集》，亦即此本矣。有「焦丞曾印」、「敬齡」、「紀堂翁」、「中山世家」、「醉耕堂」諸印。

晦菴文鈔六卷文鈔續集四卷 明刊本

明國子監祭酒海虞吴訥選編　文林郎巡按陝西四川道監察御史潁川張光祖會集　通奉大夫布政使司左布政使滎昌喻茂堅、通奉大夫布政使司右布政使真定尹嗣忠校正　［續集題］明禮部侍郎安陽崔銑選編

文林郎巡按陝西四川道監察御史潁川張光祖會集　大中大夫布政司左參政蒲州張邦教、中憲大夫按察司提督學校副使餘姚龔輝校正
呂柟序（嘉靖十九年）
張光祖序（嘉靖庚子）
附録
總論
崔銑續集序（嘉靖甲午）
吴訥後序（宣德五年）
崔銑跋（嘉靖戊戌）
胡纘宗後序（嘉靖十九年）
關中刊本。天一閣藏書。

梁谿遺稿詩鈔一卷 鈔本

宋尤袤延之
宋史本傳
家譜本傳

序

此尤西堂輯本，原有詩文二卷，今存《詩鈔》。

周益文忠公文集二百卷附録五卷年譜一卷 明鈔本

［宋周必大撰］

子綸識語（開熙丙寅）

陸游省齋文稿序（開禧元年）

徐誼平園續稿序（開禧丙寅）

掖垣類稿自序（乾道壬辰）

玉堂類稿自序（淳熙七年）

淳熙玉堂雜記跋（淳熙壬寅）

每葉紙心有「純白齋」三字。有「宋犖之印」一印。

東萊吕太史文集十五卷别集十六卷外集五卷附録三卷附録拾遺一卷 宋刊本

［宋吕祖謙撰］

每半葉十行，行二十字。板心上有字數，下有刻工姓名，宋諱如「貞」、「桓」、「敦」、「廓」諸字間或闕筆，當是婺州祠堂刊本。明初板入南雍，此本有明初補刊之葉，乃南雍印本也。《南雍志》未載此書，蓋嘉靖間板片已亡佚無存。有「朖清汲古所及」、「丁酉」諸印。

止齋先生文集五十二卷附録一卷 明覆宋本

宋陳傅良撰

曹叔遠序（嘉定戊辰） 又後序（嘉定癸酉）

每半葉十三行，行二十三字。後序後有「嘉定壬申郡文學徐鳳鋟板於永嘉郡齋」二行。此明正德初温州府同知葛長蘩重刊嘉定本，原有長蘩及張璡二序，此本悉撤去，蓋書估欲以充宋刻也。

梅溪文集二十卷後集二十九卷廷試策一卷奏議四卷 明刊本

教授建昌何瀇校正

子聞禮跋

何文淵後序

每半葉十行，行二十一字。正統五年温州府知府劉自牧謙刊本。原有黄淮序，此本奪。又何氏後序亦割去年月姓名，亦由書估欲以充原刊也。

倪石陵書一卷 鈔本

宋倪樸撰

提要

吴中顧氏藝海樓鈔本。

定菴類稿四卷 鈔本

宋衛博撰

提要

藝海樓顧氏鈔本。

蒙隱集二集 鈔校本

宋陳棣撰

鮑淥飲手跋： 乾隆五十六年歲次辛亥六月初七日，鈔完并校。

又跋： 乾隆六十年歲次乙卯八月初四日，恭詣文瀾閣校正一過。

鮑淥飲手鈔並校，有「沈鋗環卿」、「燕喜堂」二印。

雙溪文集三卷附録一卷 鈔本

宋軍器大監金紫光禄大夫婺源縣開國男食邑二百户王炎著

潘滋序（嘉靖十二年）

汪玄錫序（嘉靖癸巳）

鄭昭先序

此從明嘉靖中裔孫懋元刊本鈔出。原刊十七卷，此僅賦一卷，詩五古一卷、七古一卷。有「臣尊」、「劉墉之印」二印。

緣督集二十卷 鈔本

宋曾丰撰

阮氏文選樓鈔閣本。有「揚州阮氏琅嬛僊館藏書印」、「文選樓」二印。

陸象山先生文集三十六卷 明刊本

［宋陸九淵撰］

王守仁序（正德辛巳）

吴澄序（至治甲寅）

楊簡序（開禧元年）

袁爕序（嘉定五年）

廖恕跋（嘉靖乙未）

每半葉十行，行二十字。嘉靖己未荆門州儒學重刊正德撫州本，後附徐階《學則辨》。有「謝辰慈印」、「覲北一字勁柏」、「孫阜昌印」、「太谷孫氏家藏」、「陸南金印」諸印。

象山集六卷 四庫全書館鈔本

宋陸九淵撰

提要

王守仁序（正德辛巳）

王宗沐序（嘉靖四十年）

傅文兆序（萬曆乙卯）

此本六册，即分六卷，與《四庫》著録本分卷不同，次序亦異，即《存目》所謂《别本象山文集》者也。此係繕頒文瀾閣本，乃當時不繕著録本而繕存目本，殊不可解。每册後「總校官編修臣吴裕德、編修臣胡榮，校對監生臣劉淇」銜名三行，又有「詳校官監察御史臣曹錫寶」活字黄籤。有「古稀天子之寶」、「乾隆御覽之寶」二鈢。

慈湖先生遺書十八卷續集二卷 明刊本

［宋楊簡撰］

陳洪謨序（嘉靖四年）

宋史列傳

周廣後序（同上）

每半葉十行，行二十二字。據陳序謂，江西巡按御史慈溪秦鉞以所藏《遺書》若干篇，手自勘讐，得十有八卷，計《詩文》六卷、《家記》十卷、《紀先訓》一卷，附録一卷。按《宋史》本傳載慈湖所著書，有《甲藁》、《乙藁》、《冠記》、《昬記》、《喪禮》、《家記》、《祭記》、《釋菜禮記》、《石魚冢記》、《己易》、《啟蔽》諸書，直齋所録則有《先聖大訓》六卷、《己易》一卷、《慈湖遺書》三卷、《慈湖甲稾》二十卷。此書則以《遺書》、《甲稾》、《家記》、《訓語》、《誨語》五種雜編而成。《己易》一種，即在《家記》中。目中《家記》十卷後有案語云「《家記》二卷分爲十卷。其曾汲古所編《誨語》，并傳正夫所編《慈湖訓語》，二書皆與《家記》大意相同。今查係重出者，止於各條下注互見某書，若二書所載《家記》原無者，附於各條注出某書」云云。又每卷及各條皆註出處，編次殊爲精審。又編者所見楊書且校直齋爲多，疑是宋人舊本，非秦侍御所能爲也。《續集》二卷，卷一爲遺文，卷二爲《孔子閒居解》，當亦宋人所附。《四庫總目》疑其與直齋所記卷數不合，殆《四庫》所據本無目録，故無由知爲重編之古帙歟。

盤洲文集殘卷　影宋鈔本

［宋洪适撰］

存卷七十八至卷八十，即《樂府》三卷，後有許及之撰《行狀》、周必大撰《神道碑》，並《拾遺》二葉。每半葉十行，每行二十字。板心有刻工姓名。汲古閣影宋鈔本，《四庫》著録即據此鈔，不知何時散佚，僅存此末册。有「宋本」、「毛晉私印」、「子晉」、「毛晉之印」、「毛氏子晉」、「毛晉」、「子晉書印」、「東吴毛氏圖書」、「汲古閣」、「毛扆之印」、「汪士鐘印」、「閬原甫」、「茉坡潘介繇珍藏之印」、「萬華小隱」、「鄧尉山樵」諸印。

艮齋先生薛常州浪語集三十五卷 鈔本

［宋薛季宣撰］

姪孫旦跋（寶慶二年）

每半葉十行，行二十字。平闕皆如宋舊，蓋從宋臨汝刊本出也。書中有朱筆校字並墨筆籤識，不知出何人手。

石湖居士文集三十四卷 明鈔本

［宋范成大撰］

男莘跋（嘉泰二年）

闕首四卷。子莘跋謂「先人詩文，手編僅成帙，而棄不肖之孤，凡百有三十卷。求序於楊先生誠齋，求教於龔編修芥隱，而刊於家之壽櫟堂」。是石湖全集宋時曾有刊本，然詩集別行已久，故吴文定家鈔本及金蘭館活字本均止三十四卷。此本亦明中葉所鈔，亦僅有詩集，秀野艸堂仍之，則全集之佚久矣。天一閣藏書。

中國歷代書目題跋叢書

王國維　撰
王　亮　整理
吴　格　審定

傳書堂藏書志

下

誠齋集七十卷　鈔本

廬陵楊萬里廷秀

劉煒叔序（端平二年）

每半葉十行，行二十字。每卷後有「嘉定元年春三月男長孺編定、端平元年夏五月門人羅茂長校正」二行，與宋刊本同。惟宋刊一百三十三卷，此本較宋本無《退休集》六卷（原本卷三十七至卷四十二），賦二卷（卷四十三四），辭一卷（卷四十五），表二卷（卷四十六、七），牋一卷（卷四十八），啓十三卷（卷四十九至卷六十一），序六卷（卷七十一至卷七十六），《心學論》三卷（卷七十七至卷七十九），《庸言》四卷（卷八十三至卷八十六），解一卷（卷八十七），雜著六卷（卷八十八至卷九十三）。又如宋本「書」七卷（卷六十二至六十八），此本六卷；「記」五卷（卷六十九至七十三），此本二卷；《千慮策》三卷（卷八十至八十二），此本一卷；「墓誌銘」九卷（卷九十四至一百二），此本三卷。蓋原集緐重，故鈔者或節去一類，或於一類之中節去數卷，舊鈔大都如是。傳世本有作一百二十二卷、有作八十五卷者，此本七十卷，亦其類也。有「竹垞」、「彝尊」、「馬笏齋藏書記」、「武原馬氏藏書」、「扶風書隱生」、「潘乃夔印」、「快閣主人」諸印。

渭南文集五十二卷　明刊本

山陰陸游務觀著

汪大章序（正德癸酉）

宋史列傳

梁喬後序（正德八年）

每半葉十行，行二十字。明正德中紹興府刊本。編次與宋本、明活字本同，惟去《入蜀記》六卷，而加以詩八卷。詩以澗谷、須谿二選本分體編類，蓋以《劍南詩稿》卷帙緐重，故以羅、劉二選當之也。

澗谷精選陸放翁詩集十卷須谿精選陸放翁詩集八卷陸放翁詩別集一卷 明初刊本

［前集題］放翁陸游務觀撰　澗谷羅椅子遠選　［後集題］須谿劉辰翁會孟選

羅懋跋（大德辛丑）

黄復翁手跋：　此舊刻選本陸放翁詩，見諸《絳雲樓書目》。余向曾得一本，裝潢古雅，幾同宋刻視之，後爲某人購去，心殊怏怏。蓋《劍南詩選》（此「選」字乃「稿」字之訛）宋刻殘本，兩次搜羅，曾獲兩本，皆爲汲古主人所見過者。渠刻《渭南集》，每卷尾有「宋本校勘」云者，即是渠暗中記號也。其實全部雖毛氏亦未見過，余何幸而得寓目耶。惜年來散失殆盡，徒託諸記載，以侈余見聞之廣，抑自傷已。此書出香嚴書屋中，香嚴作古，遺籍淪亡，余重是舊刻，復收之以供展翫，可謂好書結習矣。舊本破損，不如前所收之完好，倩工重整，爲之説其顛末如此。道光元年夏四月既望之二日，麥秀寒甚，坐雨書。宋廛一翁。

又跋：是書裝潢，越三年始就，蓋年來力絀，非特買書之錢不裕，即裝書之錢亦屢空也。今春適有人問及，促工裝成付閱。毫無知識，原璧歸趙。始信前此之多財翁尚貪此鎮庫寶也。四月十二日偶檢及此，時復記此一段閑話。今歲麥秀寒不減大前年，陰雨不止，蠶麥俱不利矣。癸未人蕘夫記。

每半葉十一行，行二十一字。明初建安刊本。有「沈鴻之印」、「鴻」、「鴻印」、「漪南」、「東陽胥江李氏珍藏」、「金門」諸印。

蕘翁跋中所云《劍南詩選》宋刻殘本乃《劍南詩稿》，此書今歸江安傅氏。余曾見之，附正於此。

江湖長翁文集四十卷 明刊本

宋高郵陳造唐卿撰 明仁和李之藻振之校

姚鏞序（萬曆戊午）

李之藻序（同上）

陸游序（嘉定二年）

自序

墓誌銘

此與《淮海集》同刊。今萬曆本《淮海集》盛行，此本罕見。

新註朱淑真斷腸詩詞前集十卷後集八卷 元刊本

錢塘鄭元佐註

魏仲恭序(淳熙壬寅)

每半葉十行,行二十字。原闕《前集》,近人影鈔補足。《後集》元時舊刊,亦多明代補板。有「王氏北堂」、「蕙鈴」、「昌平王氏北堂藏書」、「乾隆四十七年遂初堂初氏記」、「頤園監藏書畫之印」、「休寧朱之赤珍藏圖書」、「慶彪」、「麟」諸印。

頤菴居士集二卷 明刊本

四明劉應時良佐

陸游序(慶元六年)

楊萬里序(嘉泰元祀)

都穆書後(嘉靖乙酉)

此良佐十七世孫君卿知太倉州時所刊。天一閣藏書。

洺水集二十六卷 明刊本

[宋程珌撰]

自序

此嘉靖間休甯祠堂刊本。本集二十四卷，末二卷爲附録，卷首有「裔孫梦龍録刻」一行，餘卷皆剜去。原集六十卷，《四庫》著録崇禎乙巳裔孫至遠刊三十卷本，與此皆非足本，然以此本爲較古矣。

龍洲道人文集十五卷 明鈔本

西昌劉過改之

劉澥序（端平紀元）

每半葉十行，行十九字。凡詩十卷、詞二卷、啓事一卷、雜文一卷，末卷則附録本集序跋及贈詩也。《四庫》本附録二卷，則後人又有增入。此則舊本也。

龍洲道人集十卷 校鈔本

陈世佶跋

陳琢堂手跋：蘇、劉二公同諱而皆以詩名，故改之之集得假名於叔黨，家刻活板實踵此訛。先高高祖得舊鈔《龍川集》以證之，其疑乃析。因爲手自校勘，從鈔本改易其誤。今展册恭讀，手澤儼然，洵傳家寶也。己亥歲末售得此本，案其行數款式，乃影家刻本所鈔者，而已塗去「叔黨」姓氏，改署「斜川」，則人亦已知其誤。而篇中所易似屬意會，則尚未得善本如舊鈔者而正之也。竊意叔黨全集已刻入《鮑氏叢書》，而近時又有單行本行世，改之集家刻之外更無善本，因什襲藏之，而恭録先高高祖跋語及考訂徵引之處，示我子孫，使知先世好學講求如此其勤也。道光庚子元宵，六世孫其章謹識。（下有「其章」、

「琢堂」、「隱隨月樓」三印）。

此本原題《斜川集》，有詩無文，陳琢堂録其祖世佶所校舊鈔本並考訂之語於上。有「畢瀧之印」、「畢瀧真賞圖章」、「字澗飛號竹痴」、「廣堪齋羣玉中祕」、「郭海」、「郭海陳氏家藏」、「桐西」、「潘氏桐西書屋之印」、「椒坡祕翫」諸印。

西山先生真文忠公文集五十五卷　明刊本

［宋真德秀撰］

金學曾序（萬曆二十六年）

刊校姓氏

此福建巡撫金學曾所刊，前監察御史林培所校。卷一首葉補刊，改題「明後學武陵楊鶚伏庵父重修、明後學蘭陵丁辛先甲父重校」。明中葉後往往將前人所刊書改刊首葉，自署姓名，此事屢見。此本前文有丁辛序，亦於後加入，非金本所固有也。卷末有「萬曆丁酉歲季冬月重梓于景賢堂」牌子。

重校鶴山先生大全文集一百十卷　景宋鈔本

［宋魏了翁撰］

吴淵序（淳祐己酉）

吴潛後序（淳祐辛亥）

失名跋（開慶改元）

黄復翁跋（嘉慶二年）　又（庚申）　又（嘉慶丙寅）　又（丁卯）

又錢竹汀跋（庚申）　又

每半葉十一行，行二十字。原本舊在吴門黄氏士禮居，後展轉歸諸暨孫氏。孫氏書出，爲表弟劉翰怡大卿所得。余重其爲海内孤本，乃發願手影寫一部，自至始成，計歷時二年有半。原本係開慶元年成都府提舉刑獄司所刊，目録卷一百一下注云「以下並新增」，蓋前此姑蘇、温陽二刻皆止百卷也。原闕卷十八、卷十九、卷三十五至三十八、卷四十三至四十六、卷五十至五十三、卷七十五至七十七、卷一百八，凡十八卷，又闕卷第一葉及第二葉首四行、卷十一第十一葉、卷十七第七葉、卷三十四第十五葉、卷四十第十葉、卷四十七第十七葉、卷八十二第六、第七及第二十四葉、卷八十七第二十二葉至卷末、卷九十第二葉。又卷一百六七、卷一百九十皆以二卷合爲一卷。闕卷明錫山、邛州二本皆有之，闕葉則明刻所據本亦皆然，蓋錫山安氏或即據此本付印，爾時尚爲完帙也。顧安刻雖出此本，然此本闕處如卷一首闕一葉四行，安本遂以現存之詩爲首，并於目録中删去已闕之題。其餘錯誤，不勝枚舉。黄蕘翁謂此書目録二卷已爲至寶，何況全書，洵屬不誣。宋本孤行天壤已數百年，而卷帙既大，重刊不易，今乃得有此副本，余之勤勤摹寫，自謂非徒勞也。

重校鶴山先生大全文集一百卷 明活字印本

錫山安國重刊
吴淵序(淳祐己酉)
吴潛後序(淳祐辛亥)
失名跋(開慶改元)

每半葉十三行,行十六字。板心魚尾上有「錫山安氏館」五字,下魚尾下有刻工姓名。宋本缺卷除卷一百八外,此本皆有,而闕葉則與宋本同,又有後闕之葉。有「蒼巖山人書屋記」、「談氏延恩樓收藏」二印。

重校鶴山先生大全文集一百九卷 明刊本

邛州知州吴鳳、郡後學王棻校正　學正李一陽、訓導周南編次
吴淵序(淳祐己酉)
吴鳳跋(嘉靖辛卯)

每半葉十一行,行十六字,目録半葉十三行,與安國活字本同,蓋即從安國本出也。末卷宋本及活字本均題「卷百九十」,此本則題「卷之一百九」。其闕卷、闕葉均與安國本同,亦有安國本本不闕,而此本所據本偶闕亦遂闕之者,故又遜於安國本。然此本世間亦極難得,余既影寫宋刊《鶴山大全文集》,未幾

得安國本，又得此本，古緣可云厚矣。此本乃嘉靖辛亥巡按四川監察御史鄢懋卿、四川兵備副使高翀，命邛州知州吳鳳刊於州學。吳跋末原題「嘉靖三十年辛亥」，此本剜去「嘉靖三十年」五字而僞刻「皇元四年」四字，蓋書估無識，欲以充元刻也。有「臣星衍」、「孫伯淵」、「泰峯」三印。

平齋文集三十二卷 鈔本

［宋洪咨夔撰］

宋史本傳

吳門顧氏藝海樓鈔本。

西園康範詩集一卷附録三卷 明刊本

［宋汪晫撰］

裔孫茂槐序（嘉靖二十年）

方契象贊（嘉靖乙巳）

張純仁序（至正乙丑）

章瑞序（弘治乙丑）

此書據章瑞及茂槐序，皆稱《環谷存稿》，而書題則署《西園康範詩集》。嘉靖中與汪夢斗《北游集》同刊。天一閣藏書。

方壺存稿九卷附名賢遺翰集一卷　校鈔本

休寧柳塘汪莘叔耕者

程珌序（端平乙未）

孫嶸叟序（咸淳重光協洽）

王應麟序（同上）

此本與閣本編次稍異，詩餘分爲二卷，故增一卷。卷末李以中撰傳，并朱子二書，徐安撫、真直院各一書，與宇文十朋、史唐卿、劉次皋、汪循四跋并爲一卷，題曰《名賢遺翰集》，蓋後人就八卷本分之也。中有朱筆校改。末有墨筆一行云「辛卯二月二十有三日，稗齋校一過」。有「謙牧堂藏書記」、「嗛牧堂書畫記」二印。

宋寶章閣直學士忠惠鐵庵方公文集三十六卷　校鈔本

廣西按察司按察使族孫良永校　廣東布政司右參政族孫良節編

馬笏齋手跋：　甲午四月二十四日粗校一過。改正數十字。是日微雨。（卷三後）

又跋：　清和月二十五日畧校一次。疑者均以朱筆點之，以待友朋之賞析。（卷九後）

此本三十六卷，校《四庫》本少一卷，然諸家藏本均與此本同。馬笏齋以朱筆據改前九卷，未及勘完。有「武原馬氏藏書」、「馬笏齋藏書記」、「國子監印」、「前分巡廣東高廉道歸安陸心源捐送國子監書籍」、「光緒戊子湖州陸心源捐送國子監之書匱藏南學」諸印。

履齋先生遺集四卷 鈔本

宋左丞相許國公吴潛撰

宋史本傳

目録前有「明同邑後學梅鼎祚編校」、「十二代孫吴伯敬閲梓」二行。吴中顧氏藝海樓鈔本。

四明吟稿一卷 鈔本

宣城吴潛毅夫

書口有「藝海樓」三字，與《棣華館小集》三種同册。

滄浪先生吟卷二卷 明刊本

宋樵川嚴羽儀卿著

鄭絅序(嘉靖辛卯)

每半葉十行，行十八字。板式古雅，首葉有「彭城清省堂校刻」一行。正德胡仲器刊本三卷，《詩話》一卷、《詩》二卷。此并詩爲一卷。天一閣藏書。

泠然齋詩集四卷 鈔本

宋蘇泂撰

顧氏藝海樓傳鈔文瀾閣本。

可齋雜藁三十四卷續藁八卷續藁後十卷 鈔本

覃懷李曾伯長孺

雜藁自序（淳祐壬子）

續藁自序（寶祐甲寅）

續藁後自序

尤焴序（寶祐二年）

男杓序（咸淳甲午）

每半葉十一行，行二十字。每卷後均有「嗣男杓編次」一行。有「朱彝尊印」、「秀水朱氏潛采堂藏書」、「謙牧堂藏書記」、「嗛牧堂書畫記」、「師竹齋圖書」、「翁之缮藏」、「翁之缮讀書記」、「翁之缮鑒賞章」、「鬲盦祕笈」諸印。

後村先生大全集一百九十六卷 鈔本

［宋劉克莊撰］

有「秦恩復印」、「秦伯敦父」、「石研齋秦氏印」、「泰州劉漢臣麓樵氏印」、「泰州劉麓樵購于癸丑揚州兵火之後」諸印。

彝齋文編四卷 校鈔本

宋趙孟堅撰

提要

鮑以文跋

此勞季言臨鮑淥飲校本。鮑從閣本補文一篇、詩三首，季言復從《至元嘉禾志》補文一篇。又有《補遺》一卷，則從《味水軒日記》、《書畫大觀録》等輯補，疑亦季言所爲也。有「勞格」、「季言」二印。

秋崖先生小藁四十五卷 明刊本

方岳巨山

方謙序（嘉靖丙戌）

原本四十五卷，詩三十八卷，此僅存文集。卷末有「九世孫顯用重編」、「十世孫玠、瑠、琅、璞校正」二行。

北磵文集十卷 校明鈔本

（宋僧居簡撰）

張自明序（嘉定丁丑）

卷八末有《請慧愚極住華亭北禪疏》一首，爲宋刊本所無。宋本今藏涵芬樓，癸亥秋日曾假以校勘，諟正不少，庶幾可讀矣。有「朱彝尊錫鬯父」、「某會里朱氏潛采堂藏書」、「喜孫印信」、「孟慈」、「邊氏空青館鑒藏經籍書畫記」、「師竹齋圖書」諸印。

勿齋先生文集二卷 明鈔本

敕賜高士右街鑒義主管教門公事閣皁山楊至質撰

二卷皆啟劄之文，中有《兼領旌德觀都監謝京尹趙節齋與篡》及《謝運使江古心萬心請住玉隆》二啟，則理宗朝道士也。卷上、下首行書題下有「同九」、「同十」四字，乃《道藏》號數，則此本從《道藏》抄出也。天一閣藏書。

雪巖吟草甲藁忘機集一卷 宋刊宋印本

苕川宋伯仁器之叟

自序

小引

每半葉十行，行十六字。目録首題「雪巖吟草甲藁忘機集」，書後則題「雪巖吟草苕川忘機集」。《甲藁》詩七十首，附《戊藁簡寄》三十首，共一百首。卷首有小引云「嘉熙丁酉，但以歲月類鈔，嘗刊是藁，少作之未悔者與焉，今痛爲改削，且三去其一」云云。是此集乃删定之本，但序與小引均不書年，無由知在何歲矣。陳起所纂《羣賢小集》，有器之《雪巖吟草西塍續藁》一卷，又附《補遺》，亦出陳氏《羣賢小集》。

［案器之於嘉熙丁酉僑居西馬塍，而此集則輯於丁酉，此集題甲集，則《西塍集》爲乙集矣。《西塍集》著録《四庫》，石門顧氏亦有刊本，獨此集不全。明潘是仁《宋元名家集》中有《宋器之集》三卷，潘書行世極罕，不識中有此本否。］此本則題「舊藁」者凡十三首，題「紹定癸巳至端平丙申泰州拼桑鹽場藁」者凡十五首，題「嘉熙丁酉春寓居京華鹽橋稿」者凡六首，題「嘉熙丁酉秋卜居馬塍藁」者凡八首，題「嘉熙丁酉秋渡淮藁者」凡二十八首，共七十首。附刊《戊藁簡寄》三十首，共一百首，爲器之所自删，與《羣賢小集》又自不同。孤本存於天壤者七百年，至今日而始顯。余既得《艸窻韻語》，又得此書，皆鄉先賢著述，又皆昔人未見之祕册，豈非厚幸歟。序後有二墨印，一楷書陶詩「結廬在人境」全首，一篆書「雪巖」二字。又小引後又有「器之甫」、「雪岩宋伯仁記」二墨印。收藏有「□□□氏」、「舸齋讀過」、「清娱閣藏書印」三印。

文山先生文集十七卷 明刊本

［宋文天祥撰］

韓雍序（景泰六年）

每半葉十一行，行二十四字。原刊尚有《别集》六卷、《附録》三卷，此本僅存《文集》。有「王鴻緒印」一印。

文山先生全集二十八卷 明刊本

後學豐城鄢懋卿編次

敖銑序（嘉靖壬子）

鄢懋卿序

每半葉十行，行二十字。嘉靖壬子刊於河間府。首《文集》十七卷，次《指南前録》三卷、《指南後録》二卷、《吟嘯集》一卷、《集杜詩》二卷、《紀年録》一卷、《附録》三卷。雖與元本略異，然與同時所刊二十卷、十六卷之本變亂舊第者不同，實元貞、景泰二本後第一善本。有「綏齋藏書」一印。

文山先生集杜詩二卷 明刊本

自贊

自序

文信公北歸宿温州江心寺詩

祠堂圖

劉遜題詩

每半葉十一行，行二十二字。明初祠堂刊本。有「四明包氏天禄閣藏書印」、「天禄閣鄮山包純珍藏」二印。

疊山集十六卷　鈔本

里生潭石黄溥編

劉儁序（景泰五年）

黄溥跋（景泰四年）

每半葉十一行，行二十字。詩文共十五卷，末卷爲附録。虞山張芙川家景鈔明景泰刊本。有「張蓉鏡讀書記」、「琴川張氏小琅嬛清閟精鈔祕帙」、「小琅嬛福地繕鈔珍藏」、「成此書費辛苦後之人其鑒諸」、「若蘅」、「方氏若蘅曾觀」、「方勤襄公五女」諸印。

新刊重訂疊山謝先生文集二卷　明刊本

里生潭石黄溥編輯　賜進士第揭陽益軒林光祖校刊

王守文重刻疊山先生批點諸書序（嘉靖乙卯）

此本并十六卷爲二卷，惟以原本卷十至卷十二三卷（啟狀）移於卷六（序記）之上耳。有「南昌彭氏」、「知聖道齋藏書」、「遇者善讀」、「犀盦藏本」、「教經堂錢氏章」、「教經堂」、「小天目山館錢氏圖書」諸印。

須溪先生四景詩集四卷　明鈔本

宋劉辰翁撰

末附《松桂堂賦》。天一閣藏書。

葦航漫游藳四卷　鈔本

宋胡仲弓撰

提要

吴門顧氏藝海樓傳鈔文瀾閣本。

閬風集十二卷　校鈔本

宋舒岳祥撰

提要

孔葒谷手跋：

丙申十一月十九日校。是日翁覃谿學使將黄小松所寄《北岳廟碑》來。（卷三後）

二十五日，同吴縣張瘦銅塤，飲商邱陳伯恭崇本寓齋。觀所藏墨九十七鋌，有三入洛陽墨半笏，旁有良常王澍題名，歸燈下校。繼涵記。（卷四後）

二十六日。（卷六後）

乾隆丙申十一月二十日早起校此，卷末脱鈔一首，篝燈補謄。是日得鹽城徐玉田嘉穀四哥札，知羅畫師兩峯在江西。誧孟記。（卷七後）

二十七日午前。（卷九後）

二十七日燈下校，借劉編修芷林《大典》本鈔。（卷末）

陵陽先生集二十四卷 鈔本

牟巘獻之　男應復編

男應復序（至順辛未）

每半葉九行，行十八字。似從舊本影鈔。《四庫》本前有至正二年程端學序，此本奪。

汪水雲詩一卷附録一卷 校鈔本

水雲汪元量字大有

金孝章手題：壬寅端陽前三日樂饑翁擕贈。（下有「昄章徽管之年」、「不寐道人收藏」二印）

黄復翁手跋：此舊鈔《汪水雲集》，予從郡城貯書樓蔣氏得來。卷端有金耿庵題識，并大小圖章四方。又有「迺昭印信」、「樂饑」兩章，不知彼何人。斯卷尾有行楷四葉，未識誰氏筆。余友陶蘊輝識是東澗老人書，蓋余所見者皆暮年筆，兹或少壯時書，故娟秀如是。且以前兩大方印證之，理或然也。予向得鈔本於騎龍巷顧氏，雖行款悉同，究不及此本之舊，又少補録之文，故急以千錢購得，爲文房清玩之助，命工補葺而重装之。乾隆六十年乙卯六月中澣一日，棘人黄丕烈書於士禮居。

又跋：乙亥花朝，收得汪水雲《詩鈔》有葉石君跋者，因出是册對勘之，知此《汪水雲詩集》序脱其後者，劉辰翁會孟所書也，「五日廬陵文山」云云者，乃脱其前《書汪水雲詩後》之文前段也。余尚有别本在，不復補之矣，恐筆跡異也。惟是此書鈐有「廼昭」印，向不知爲何人，并以最後補録四葉爲牧翁書，今攷之皆非也。近日見虞山王乃昭手録《石田詩稿》，始知「廼昭」即乃昭，與牧翁同時而稍後，善於書法。以補録之手跡證諸《石田稿》相類，此書蓋藏於廼昭而爲之手録者。事隔二十年，始得定其爲何人之手跡，亦難矣哉。越二十日，檢書偶記，復翁。

又跋：道光二年壬午正月十一日，余過胥門學士街書坊，見插架有鈔本《汪水雲詩卷》，有「王孝詠慧音圖書」，因攜歸。出所藏手校一過，補此册劉辰翁序半篇，其餘亦稍有岐異。余向校影元鈔本《湖山類稿》，其劉序已有，此鈔本偶失其半耳。立春後一日，蕘夫記。

邵朗仙手跋：按汪水雲，淛之錢唐人，善琴，嘗以琴事謝太后及王昭儀，出入宫禁。著有《水雲集》，余曾於會稽童寶音齋中見之，亦舊鈔本也。是卷二百二十餘首，皆紀其亡國時事，故名詩史。以余所收槐柳巷蔣氏明鈔本校之，互有差異，因即標箋識之。何去何從，蓋不敢率爲改易也。嘉慶元默閹茂臯月，海禺邵恩多識于聯吟西館。（首有「博陸」，下有「恩多」、「朗仙」二印）

此虞山王廼昭家鈔本，後以贈金孝章。黄復翁得之，初屬邵朗仙以明鈔本校之，後見王慧音藏舊鈔本，復手校于書眉。卷末補録四葉，復翁定爲王廼昭書，然引及《日下舊聞》，恐非樂饑翁所及見，或孝章家子弟所補也。其「牧翁蒙叟」、「錢謙益印」、「此君别館」三印，均後人所加。有「鳳巢」、「廼昭印信」、

「樂饑」、「俊明之印」、「耿菴」、「春草閒房手定」諸印。

草窻韻語六藁六卷 宋刊宋印本

齊人周密公謹父

陳存敬序(咸淳重光協洽)

文及翁序

李龏題詩(《一藁》後)

李彭老題詩(乙亥)

李萊老題詩(乙亥。並《六藁》後)

張子昭手跋: 至正十年三月,浚儀張雯得之于高文遠書肆。五月,重書於吳下樂志齋。(下有「張子昭印」一印)

弘道手題: 居然法物。乙丑仲秋朔,曹溪禪民弘道識。(下有「淩雲」、「□禪」二印)

又跋: 余生也陋,初不辯爲宋刻也,但見其字畫奇癖,剞劂精工,決非近代人所能措手。此可當百城,又何須萬卷。己丑八月朔,髡行者弘道識。(下有「淩雲」一印)

羅伯符手跋: 萬曆庚寅端陽,余有齊魯之行,過夏鎮,謁明復先生仙署,出此宋板佳刻,世所罕見,當爲法帖中求也,漫記喜耳。新都羅文瑞。(有「羅文瑞印」、「白符」二印)

許汝都手跋：寢邱頻罹兵燹，世家所寶書畫俱爲烏有。琳季遷徙南北，篋中尚存有宋板書，是亦覆舟持《蘭亭》大呼之意也，其猶有司馬先生之風乎。己丑仲秋，嶺南許汝都識。（下有「許汝都印」一印）

楊濟菴手跋：承乏蓼城，懸魚十載。丁丑之秋，始得公謹周先生《草窗韻語》，詩則高超卓越，刻則爽朗遒勁，序乃咸淳重光協合，蓋宋度宗咸淳之辛未時也。斯刻抵今五百年，誠哉法物，祕而珍之。康熙强圉赤奮若，蓋平楊汝楫濟菴氏識於二須齋。

每半葉九行，行十七字。每卷題《草窗韻語一藁》至《六藁》，不著卷數。卷首陳存敬序作於咸淳辛未，而卷末二李題詩並署乙亥，爲少帝德祐元年，蓋此書於是歲刊成，即宋亡之歲也，故前後六藁皆草窻早年詩。草窻詩有《蠟屐集》、《弁陽集》，草窻《弁陽老人自銘》自記所撰書目未及此。此書戴表元《剡源文集》有《弁陽集序》，鄧牧《伯牙琴》有《蠟屐集序》，亦不言草窻有此集。惟明胡應麟《詩藪》（《雜編》五）云「周密公謹所著《齊東野語》等書今並傳，宋末遺事多賴以考證，《宋史》亦多采之。余殊不知其能詩，近歲見其集於余比部處，鈔本也，題曰『草窻』，中有甚工語，不類宋晚諸人，但氣格卑弱耳，詠琵琶一首尤可觀」。今此集《一藁》中有《琵琶》七律一首，則元瑞所見余比部家鈔本即此書也。三百年來無人道及，而此本宋刊宋印，六藁具存，豈非人間第一祕笈乎。草窻雖家弁陽，常居臨安，此必刊於臨安之本，而刻手工整秀勁，與書鋪俗刻迥殊，書法亦雅秀。朱彊邨丈爲余跋此書，據曹君直侍讀所藏趙子固《水仙圖卷》弁陽翁手跡，定爲翁手書上板。余以朱謀垔刊薛尚功《鐘鼎款識》後草窻手跋證之，亦相符合。案宋季人多喜手書上木，如楊次山手書《歷代故事》、岳倦翁手書《玉楮詩集》皆是。草窻於次山、倦翁年代稍後，又與楊氏有連，故於刻斯集亦仿爲之歟。然則此書不獨宋刊孤本，又屬作者自書，彌足珍已。有「石澗書隱」、「張子昭印」、「真賞」、「華夏」、「吴郡」、「都氏元敬」、「都穆之印」、「吴門朱存理印」、「堯民」、「朱堯民印」、「唯一齋」、「蒲葵」、「孟辰」、「朱承爵印」、「朱子儋印」、「存餘堂印」、「余繼善印」、「羅文瑞印」、「周士琮印」、「琳季」諸印。

有宋福建莆陽黄仲元四如先生文藁五卷 明刊本

［宋黄仲元撰］

傅定保序（至治三禩）

宋瀛序（洪武八年）

祭文

事述

世次

余一謙後序（咸淳甲戌）

曹志跋（至治癸酉）

黄梓跋（同上）

陳光庭後序
吴源後序（洪武）
八世孫鉞識（嘉靖十年）
裔孫廷博題詩（嘉靖壬寅）

此嘉靖間仲元裔孫鉞授其子文炳所刊，《提要》云「集内諸文皆有註釋，不著姓氏，疑或其子梓所作」。此本有鉞跋云「竊爲訂其訛謬，釋其音義，稽其故實」云云，知即鉞所註也。仲元于宋亡復更名曰淵，字天叟，故文中署名多稱淵云。天一閣藏書。

有宋福建莆陽黄仲元四如先生文藁五卷 鈔本

此從前刊本鈔出，書口有「重修閩志採訪書」七字。有「云伯校」一印。

佩韋齋文集十六卷 鈔本

太玉山人俞德鄰宗大父
熊禾序（皇慶元年）

此在修《四庫》書以前鈔本，後人復録《提要》於卷首。有「韓泰華印」、「小亭氏」、「魏公後裔」、「家有賜書」、「韓氏藏書」、「玉雨堂印」、「退齋」、「悔昨居士」、「唐棲朱氏結一廬圖書記」、「金石録十卷人家」諸印。

佩韋齋文集十六卷附佩韋齋輯問四卷 鈔本

太玉山人俞德鄰宗大父

熊禾序（皇慶元年）

有「海鹽夏曉峯書畫記」、「十二橋南煙舍」、「聞人訥甫祕笈之印」、「國子監印」、「前分巡廣東高廉道歸安陸心源捐送國子監書籍」、「光緒戊子湖州陸心源捐送國子監之書匱藏南學」諸印。

西湖百詠二卷 鈔本

靜傳居士董嗣杲明德作　餘姚後學陳贄惟成和韻

自序（咸淳壬申）

陳敏政序（天順七年）

周藩南陵王雲樓子序（嘉靖七年）

鮑廷博跋（乾隆乙酉）　又跋　又跋

吴門顧氏藝海樓鈔本。

三山鄭菊山先生清雋集一卷附所南翁一百二十圖詩集一卷鄭所南先生文集一卷附録一卷

林吉人手寫本

山村仇遠仁近選

柴志道序（大德五年）

此林吉人手寫本，字跡全法趙文敏，筆墨精妙。校鮑氏刊本《清雋集》，後少《先君菊山翁家傳》一篇，附録中少祝允明跋一篇。有「林佶」、「張位」、「雪滄所得」諸印。

竹齋詩集三卷附録一卷 鈔本

宋新建裘萬頃元量

張鏊序

朱彝尊序（康熙己丑）

宋犖序（康熙丁亥）

張尚瑗序

吴中顧氏藝海樓鈔本。

方時佐先生富山嬾藁十九卷 鈔本

從曾孫方宗大編集　梅間人何應元校正

原書三十卷，此本十九卷，每卷首尾相銜，不别爲葉，似從元刊本出，而佚其後十一卷也。《四庫》著録《富山嬾藁》十卷，乃此集亡後再編之本。此雖殘闕，猶其原本也。

棣華館小集一卷 鈔本

玉溪楊甲

瑞州小集一卷 鈔本

東甌陳□□

華谷集一卷（鈔本）

嚴粲坦叔

三種同册，書口有「藝海樓」三字。

釣磯詩集四卷 鈔本

宋同安邱葵吉甫著

羅以智跋（道光庚戌）

宋人小集，《四庫》未著録。羅鏡泉復從康熙間所刊《獨樂軒詩集》，補詩一百九十四首附於卷後。

此藝海樓傳鈔本也。

九華詩集一卷 鈔本

宋青陽陳巖清隱

方時發序（至大戊申）

傳

吴門顧氏藝海樓鈔本。

宋國録流塘詹先生集三卷附録一卷 鈔本

［宋詹初撰］　裔孫景鳳校璧刻

王畿書翼學序經雜録題詞（嘉靖丁巳）

男陽跋

十六世孫景鳳記事

詹璧跋

饒魯跋

李士英跋

周怡跋（嘉靖庚申）

汪以湘後序（嘉靖戊午）

吴欽儀跋

吴景明跋

此集罕見。詹先生名初，字以元，宋國子監學録。原有集三十一卷，已亡，此明詹景鳳所輯，篇帙寥寥。有「朱彝尊錫鬯父」、「某會里朱氏潛采堂藏書」、「別業小長蘆之南殳史山之東東西硤石六紗橫山之北」、「謙牧堂藏書記」、「嗛牧堂書畫記」、「蓉鏡私印」、「張氏圖籍」、「得者須愛護」、「涂水喬氏鶴儕藏書印」、「鶴儕」、「周鑾詒」、「䂂齋手校」諸印。

海瓊玉蟾先生文集六卷續集二卷 明刊本

南極老人臞仙重編　山陰何繼高、新安汪乾行、劉懋賢仝校

臞仙序(正統壬戌)

象贊

潘昉序(端平丙申)

事實

滹南遺老王先生文集四十五卷續編滹南王先生詩一卷 明鈔本

滹南王若虛從之

李冶引

王鶚引(屠維作噩)

彭應龍序(閼逢涒灘)

王復翁(大德三年)

吴尺鳧手跋（康熙乙未）　又（李序後）　又（王鶚序後）

又手跋：　此本山陰祁氏藏書，前有澹生堂印記。案《明詩綜》，祁承㸁字爾光，萬曆甲辰進士，歷官江西參政。所著有《澹生堂集》，富於藏書，有手録羣書目八册，今存古林曹氏。此編校讐未精，再爲改正數百字，竟成完書云。（有「繡谷」一印）

又手跋（卷四十五後）：　此卷數詩與《中州集》本字句微有不同處，覺《中州集》爲善，想元遺山入選時摘其微瑕，不嫌改削耳，然此故原作也。此本校《中州集》多二首《宫女圍棊》，《和王子端》係四首。又此本内《白髮嘆》六韻，即後集中《感秋》之後半首，想亦遺山因此詩而增改之耳。《續集》係據《中州集》編入，未嘗攷此篇爲重出也。（下有「繡谷」、「曾給筆札」二印）

淡生堂鈔，繡谷亭校，籤識頗多。每葉板心有「淡生堂鈔本」五字。有「澹生堂經籍記」、「曠翁手識」、「子孫世珍」、「山陰祁氏藏書之章」、「吴焯」、「尺鳧」、「繡谷熏習」、「吴重熹印」諸印。

滹南遺老集四十五卷續集一卷　鈔本

滹南王若虚從之

提要

彭應龍序

李治序

王鶚序
王復翁序(大德)
吴焯跋二通
此本以王時舉所附《中州集》中詩爲《續集》,合爲四十六卷。先大父舊藏,張君菊笙所貽。有先大父藏印及「張之洞審定舊槧精鈔書籍記」、「無競居士」、「萬物過眼即爲我有」、「李希聖印」、「藝風過眼」諸印。

閑閑老人滏水文集二十卷 鈔本

[金趙秉文撰]

金史本傳
元好問撰墓誌銘
每半葉九行,行十九字。行款字體全與湘潭袁氏所藏汲古閣鈔本同,楷書精雅亦不減彼本,蓋同影一本也。攷此集金時有少林寺僧刊本。此本有《金史》本傳,當出元以後重刊本。首有「翰林院印」,則此本曾入四庫館。又有「小李山房」一印。

滏水文集二十卷 鈔本

金翰林學士承旨趙秉文周臣著

楊雲翼序（元光二年）

李清題

元好問撰墓誌銘

有「晉江黄氏父子藏書」、「五橋珍藏」、「慈谿馮氏醉經閣圖籍」諸印。

閑閑老人滏水文集二十卷 鈔本

楊雲翼序（元光二年）

墓誌銘

此孔葒谷家鈔本。有「孔繼涵印」、「葒谷」二印。

滹南集四卷滹南詩話三卷 鈔本

王若虚從之

案全集本雜文及詩五卷，此本有文無詩，故爲四卷，蓋從全集鈔出别行。有「朱彝尊印」、「秀水朱氏潛采堂圖書」、「謙牧堂藏書記」、「嗛牧堂書畫記」、「張蓉鏡讀書記」、「小琅嬛福地祕笈」、「琴川張氏小琅嬛福地藏書」、「蘿摩亭長」、「鶴儕」、「周鑾詒印」、「嬰齋手校」、「聖清宗室盛昱伯羲之印」諸印。

遺山先生文集四十卷附録一卷 明刊本

頤齋張德輝編次

李治序(中統二年)
徐世隆序
儲巏復李省齋書
王鶚跋(昭陽大淵獻)
杜仁傑後序
何義門手跋:《遺山集》康熙癸巳得之倦圃先生諸孫,其詩皆先生所手點也。是集訛謬最甚,其文疑亦有脱逸者。余於《東垣試效方》中見遺山記其治發背事,文頗近古,集中顧無之,安得一元初刊本精加是正乎。聞之毛丈斧季云:東磵老人不惟《列朝詩》仿《中州集》行款,《初學集》即是仿《遺山集》。東磵所藏爲松園詩老得於山西者矣,失於絳雲之災,斧季亦不見第二本也。己亥秋日雨窻焯記。
每半葉十行,行十九字。弘治壬午沁水李瀚刊本。詩集圈點出曹倦圃手。卷一中又有校注數條,則義門筆也。有「秦伯敦父」、「石研齋秦氏印」二印。

湛然居士文集十四卷 鈔本

中書令移剌楚材晉卿
李微序(癸巳)
孟攀鱗序(癸巳)

僧行秀序（甲午）

王鄰序（癸巳）

有「潤州蔣氏藏書」、「陽城張氏省訓堂書籍記」、「古餘珍藏子孫永寶」、「薦溪保采之印」、「葆采」、「廣圻審定」、「江山劉履芬彦清父收得」諸印。

湛然居士文集十四卷 鈔本

李微序（癸巳）

僧行秀序（甲午）

王鄰序（癸巳）

孟攀鱗序（癸巳）

每卷首有「錢唐吴錫麒手鈔」一行，蓋出穀人祭酒鈔本。

藏春集四卷 鈔本

元劉秉忠著

閻復序（至元丁亥）

序後有「參知政事左山商挺孟卿集、處州知府瀛海馬偉廷彦校」二行。案馬偉本詩六卷，有附録，此本并詩爲三卷，而第四卷爲樂府，不知何人增并也。

張淮陽詩集一卷 鈔本

宿人周越校正重刊

許從宣序（至正十年）

鄧光荐序

周鉞後序（正德辛未）

月屋樵吟四卷

天台黄庚

漫稾自敘

《四庫》著録《月屋漫稾》一卷。此則前三卷爲近體詩，末卷爲古風、長短句，皆題曰「月屋樵吟」，而自序仍云「漫稾」，蓋《四庫》所録或後人合并之本也。

剩語二卷 鈔本

［元艾性夫撰］

提要

吴中顧氏藝海樓鈔本。原題宋艾性撰。

歲寒小稾一卷 鈔本

仙都天碧范霖稾　紫陽叟方回選　門人尹貫道繕集

留夢炎序（大德丙申）

方回跋

臧夢解跋（大德丁未）

潘汝劼跋

影寫元刊本。有「璜川吴氏收藏圖書」、「曾藏汪閬源處」二印。

剡源戴先生文集三十卷 校補明刊本

四明戴表元帥初

戴洵序（萬曆辛巳）

周汝礪序（同上）

周儀序（萬曆元祀）

宋濂序（洪武四年）

自序（大德丙午）

元史本傳

何義門跋

沈寶硯跋（乾隆辛酉）（二跋並黃復翁手録）

黃復翁手跋：　余素聞郡城朱文游家有何校《戴剡源集》，較刻本差多，惜已售去，未之見也。繼晤其小阮秋崖，云有舊鈔剡源詩文集兩本，君欲得之以慰渴思乎。余取視之，文祇四卷，詩亦一卷，因非完帙，遂還之。今歲初秋，有書友從任蔣橋顧氏得一《剡源集》售余，余讀之，較舊鈔固多，而訛謬正復不少，愈憶何校本之增補者，不知其所據云何也。一日偶至友人周漪塘家，談及《剡源集》之善否。渠以爲《剡源集》鈔本殊善，余新從朱秋崖家得來者是已。急叩其所以稱善之故，謂鈔本從舊刻摘録，新刻乃後人掇拾，未必盡據舊刻，故有鈔本有而刻本反無者。余聞之，殊悔前此之未得，而思今兹之假閱。漪塘因告余曰，比鄰有書攤芸芬堂，中亦有鈔本，盍往求之。遂欣喜而別，至家則《剡源集》鈔本已爲前所賣《剡源集》刻本之書友攜來矣。爰取與刻本細加校閱，鈔本之文爲刻本所逸者僅數篇，若詩則爲刻本所逸者比文更多。方思校録一過，適又晤漪塘。漪塘并以沈寶硯臨何校本借余，曰此即朱文游家故物也。方悟向所聞「何校」云者，特自其初言之耳。此本於鈔本之文惟增《唐畫西域圖記》半篇，他則僅補其目，若詩則并僅補其四卷後附録詩四首之目，餘詩則義門先生并未見過，故所校未全（旁注：觀何跋，似見詩先見文，然評閱則詩文皆有，諒亦見之），惟詩文評閱處爲此本所獨。余竭四五日之力，悉從校本照録一過。將并録補詩文於刻本之上，以臻美備，不亦快事乎。癸丑小春五日，黃蕘圃書此數語於後。（此跋

朱筆）

又跋：甲寅春季，補録舊鈔本詩文於刻本之上。詩文各以其類增入，詩有爲本類而不能盡者，復以餘紙傳録，各標其類，俟後之讀是集者得以依類而補焉。古吴黄蕘圃再書。

又跋：甲寅夏仲，有書友攜元人集數種索售，内有《剡源文鈔》一册，留置案頭，取與手校《剡源文集》對勘一過。其删削太甚無論已，所據似亦未見舊鈔本，即有可以校正刻本及鈔本之訛字，亦十不得一二。因是書爲家梨洲點定傳録圈點并著所次卷第於目録上，藉以見當時掇拾之苦心矣。至其序而梓行者，爲朱爾邁人遠、馬思贊仲安，因與戴集無甚關係，序文未及採録焉。蕘圃。（下有「丕」、「烈」連珠方印，此二跋皆墨筆。）

又跋：戊寅秋，又見一《剡源先生文集》舊鈔本。一至二十六皆分卷，首列宋序、自序二篇。卷一、二無目，當失之。卷三、四、五有目，標第二册。卷六、七、八、九有目，標第三册。卷十、十一、十二有目，標第四册。卷十三、十四有目，標第五册。卷十五、十六、十七、十八、十九有目，標第六册。卷二十、二十一、二十二有目，標第七册。卷二十三、二十四、二十五、二十六有目，標第八册。然其中次序紊亂脱落，不可枚舉，較此明刻有少無多，未知所據何本，故不之校。詩通爲一册，僅分某卷于板心，其實但分體、未分卷也。復翁記。（旁注云：詩前以《戴表元傳》冠首，卷中題「剡源戴先生文集」。此跋黄筆。）

右萬曆刊本，每半葉十二行，行二十三字。黄復翁臨何義門評校本。義門舊校只補完《唐畫西域圖記》一篇，餘文僅列其目，詩則僅有評語而已。復翁又以一舊鈔本補文十三篇、詩二百餘篇（鈔本每葉十行，行二十字），故傳世《剡源集》以此本爲最足矣。有「丕烈私印」、「蕘圃」、「黄蕘圃手校善本」、「江夏中子」、「讀未見書齋」、「書魔」、「校書亦已勤」諸印。

戴剡源先生文集二十八卷 鈔本

四明戴表元帥初

宋濂序（洪武四年）自序

戴表元傳（在詩前）

每半葉十行，行二十字。此本編次及目録均與蕘翁戊寅跋中所見一本合，文共二十六卷，詩不分卷，而目録則分爲上下二卷，文較萬曆本略少而詩則多寡相同。又五古《送官歸作》一首、及《九日在邇索居無聊取滿城風雨近重陽爲韻賦七詩以自遣》前五首萬曆本脱去，正是此本一葉，而此本具全，疑萬曆本與此本同出宋景濂刊本，而此本文稍有删落。宋本二十八卷，此本仍其舊第，萬曆本則分詩爲四卷耳。其諸家所藏文四卷、詩一卷之本，又一别本，非由宋本摘録，故詩文頗出此二本之外。周漪塘告黄蕘圃之言，未必盡然也。有「孔繼涵印」、「葒谷」二印。

剡源文集四卷 鈔本

無名氏跋

盧抱經手跋：

乾隆丁酉四月十七日，盧抱經閲。（甲集後）

丁酉四月二十七日，弓文閲。去冬寄蘭於朱生所，因凍不活，今日别購兩盆遺余。（乙集後）

丁酉五月十六日閲，明日是夏至。（丙集後）

所見舊鈔本有二，其一多古字，其一已改從今字矣。亦有改之不盡者，可知古字爲本書也。

丁酉五月二十一日，盧文弨書於鍾山書院。（丁集後）

此本分甲乙丙丁四集，丁集後有舊跋，不著名氏。後附以戊集，僅各三篇。後附《代玄覽真人贊王彦洪總管壽》一篇，蓋後人所續加。其前四集則與何義門、黄復翁所據校者同也。有「盧文弨印」、「弓父手校」、「抱經堂寫校本」三印。

牆東類稿二十卷　鈔本

元陸文圭撰

提要

孔葒谷手跋：　乙未十一月十七日抄得。是日大雪數寸。

微波榭傳鈔《四庫》本並補目録。有「孔繼涵印」、「葒谷」二印。

巴西文集不分卷 鈔本

元鄧文原撰

鮑渌飲手跋：前借鈔振綺堂汪氏所藏《巴西文集》，頃又見新倉帶經廔(「帶」疑「拜」之筆誤)本，計有八十餘篇，始悉汪氏藏本未稱完善，尚有缺憾。今託友人重借帶經廔本付手民補録，庶後之庋藏家得窺全豹，豈非一大快事。乾隆四十年乙未夏四月，以文鮑廷博并誌。(下有「以文」一印)

計文八十九篇，較《四庫》本多十餘篇，書法亦雅飭。有「遺藁天留」、「知不足齋鈔傳祕册」、「盧氏藏書」諸印。

竹素山房詩集三卷附録一卷 鈔本

魯郡吾衍子行

提要

鮑廷博跋(嘉慶十年)　又跋　又題詩

鮑正言題詩

鮑廷博和詩

此傳鈔知不足齋本。附録一卷，明朱存理輯。

竹素山房詩集三卷補遺一卷附録一卷 鈔本

魯郡吾衍子行

四庫提要

杭世駿跋

此本余甲寅年鈔於京師，比閣本多《補遺》、《附録》。末有杭堇浦跋，殆即堇浦所輯。

松雪齋文集二卷 明刊本

戴表元序

跋（後闕）

此書從全集摘出，乃明時知烏程縣事名選所刊。估人欲僞爲元刊，將跋後一葉撤去。江元禧刊本當從此本出耳。

臨川吴文正公集四十九卷臨川草廬吴先生道學基統一卷外集三卷 明刊本

元吴澄撰

伍福序（成化二十年）

元史列傳

又吴當傳

揭傒斯撰神道碑
年譜
行狀
從祀孔廟議

每半葉十行，行二十一字。明成化十九年江西按察副使方大本刊於撫州。此本闕卷二至卷七，凡六卷。天一閣藏書。《閣目》作四十二卷，蓋不計闕卷也。虞山瞿氏尚有完本，俟異日假補。

草廬集四十九卷外集三卷附録一卷 四庫鈔本

元吳澄撰

提要
伍福序
年譜

《四庫》本《吴文正公集》，《總目》與《簡明目録》均著録文正五世孫嚾所刊百卷本。此《四庫》所頒文瀾閣本，乃用成化撫州本，惟改題爲《草廬集》，又以《學基》一卷併於《外集》之首，與成化本異。卷首所載《提要》，亦云《草廬集》四十九卷、《外集》三卷，與《總目》所載者異。豈《四庫》先得成化本，即傳鈔著録，後得吴嚾刊百卷本，乃改著録彼本歟。每册後並有「總校官編修臣吴裕德、檢討臣徐鑑、校對監生臣童灊」三行，册内有「詳校官御史臣施朝幹」、「詳校官内閣中書臣盛惇大」諸黄籤。有「古稀天子之寶」、「乾隆御覽之寶」二璽。

文正公草廬吴先生文粹五卷 明刊本

海虞吴訥編校　五世孫炬重刊

吴訥序（宣德九年）

元史列傳

吴炬跋（正統六年）

每半葉十三行，行二十二字。凡文百篇，皆自吴巏刊百卷本選出，初刊於宣德中，正統六年吴炬又重刊之。有「季振宜印」、「季振宜藏書」、「汝信」、「瞿氏鑒藏金石記」、「恬裕齋藏」諸印。

小亨集六卷 鈔本

元楊弘道撰

元好問序（己酉）

孔昭薰手跋（道光乙未）

孔葒谷微波榭鈔本並補目録。有「昭璜謹藏」、「林芳書屋」二印。

魯齋遺書八卷附録二卷 明刊本

後學僊居應良重編　後學河内何瑭校正　後學山陰蕭鳴鳳重校

蕭鳴鳳序（嘉靖乙酉）

有「歷下雨生王氏珍藏」、「王雨生讀過」二印。

靜修先生文集三十卷 明覆元刊本

［元劉因撰］

陳立序（永樂二十一年）

蜀王序（成化己亥）

江南浙西道肅政廉訪使牒（至正九年）

周旋跋（弘治辛酉）

每半葉九行，行二十字。元至正九年嘉興路曾有刊本，永樂中重修，成化間蜀藩有重刊本。此則弘治辛酉知慈谿縣崔嵩覆蜀藩本也。有「香圃所藏」、「三間草堂」二印。

存悔齋集一卷 鈔本

龔璛子敬著

俞楨跋（至正九年）

此從武進趙氏亦有生齋鈔本出。行格、印章均摹趙本，每葉書口「亦有生齋叢鈔」六字亦係摹刻。

默菴安先生文集六卷 鈔本

安熙

虞集序（泰定三年）

目録前有「前鄉貢進士真定路趙州儒學正門人楊浚民校讐、應奉翰林文字承直郎同知制誥兼國史院編修官門生蘇天爵編集」二行。

姚文公牧庵集不分卷 明鈔本

元姚燧撰

張養浩序（泰定□年）

柳貫謚議

黄復翁手跋：乾隆乙卯三月二日往訪周薌岩，路過桐涇橋，於芸芬堂書肆小憇焉。主人以鈔本《姚牧菴文集》示余。余曰，牧庵文曾梓入《中州文表》，玆册無卷第，得無與《文表》相類乎。假歸對勘，比《文表》增多碑一（《襄陽廟學碑》），行狀一（《中書左丞李忠宣公行狀》），序二（《送姚嗣輝序》、《李平章畫象序》），墓誌銘六（《南京路總管張公墓誌銘》、《廣州知州楊君墓誌銘》、《瀏陽縣尉閻君墓誌銘》、《蘇州甲局提舉劉府君墓誌銘》、《廣州懷集令劉君墓志銘》、《故民鍾五六君墓銘》），神道碑半截（《平章政事徐國公神道碑》脱「贊右丞相」以下),傳(《金同知沁南軍節度使事楊公傳》),銘[三](《簡儀銘》、《記仰儀銘》、《刻漏鍾銘》)。可知自舊本傳録,非録自《文表》也。因思《牧庵文集》五十卷今不可得見,即劉欽謨所輯之《文表》今亦不可得見,余所見之《文表》重梓本與舊鈔時有增損,則此時不得不以舊鈔本爲據矣。越六日,書賈來索書,乃問其直,如數與之,亦以見舊本之可貴類如斯也,豈可以世有選刻本而遂忽視哉。棘人黄丕烈識。

此明季舊鈔,文比《中州文表》增多十四篇,然皆見蘇氏《國朝文類》。案《文表》姚文皆從《文類》鈔出,則此十四篇必《文表》舊有而今刻本脱之。此本當自《文表》原本出,非别出一舊本也。復翁未檢《文類》,故跋語小誤耳。

姚文公牧菴集二卷 鈔本

營州柳城姚燧端夫氏著

張養浩序(泰定□年)

劉昌序(天順甲申)

劉昌跋

此本前後有劉昌序跋。詩文共六十六篇,與《中州文表》刻本同,當鈔於《文表》已闕之後。有「宋筠蘭揮」、「己丑進士」、「宋氏蘭揮藏書善本」諸印。

楚國文憲公雪樓程先生文集十卷　明鈔本

奉直大夫祕書監著作郎男大本輯録　翰林侍講學士中奉大夫知制誥同修國史同知經筵事門生揭傒斯校正

毛子晉手跋：國初彙刻程文憲《雪樓集》三十卷，校閲家意爲點竄，失其舊恉，識者病之。比愚庵先生得吴門顧氏所藏《玉堂類稿》、《奏議存稿》凡十卷，乃元時寫本，未與詩文合輯者。其書爲公門下士揭公手校，審當精密，非如後世刻本之竄亂。因借録一通，爲他日校勘公集之證。始余得元寫本《剡源集》，既已付梓問世，海内許爲善本。今復得此，竊疑神者見餉，使以流傳乎，喜而識此。癸酉八月既望，隱湖毛晉。

每半葉十行，行二十字。僅存前十卷，疑雪樓孫伯崇刻於建陽之本。按《雪樓集》男大本所編、揭文安校正者本四十五卷，其孫伯崇復屬文安子汯重定爲三十卷，至正癸卯刻于建陽，僅成前十卷，遭亂板毁。語見洪武本曾孫湣跋。此本十卷，恐自建陽刊本出也。有「汪魚亭藏閲書」一印。

馮海粟梅花百詠詩一卷附賡和中峯詩韻一卷　明刊本

[元馮子振撰]

賡和中峯詩韻序

蓬軒道人跋(至正辛酉)

前序不署姓名，末有「洪都帝子」印，乃明太祖子寧獻王權所撰，而附《賡和中峯詩韻》一卷。前有「丹那曜仙」印，亦獻王作也。卷末有「嘉靖三十二年癸丑歲孟夏洪都宜春安簡王曾孫靜觀宸涝重刊」二行。天一閣藏書。

清容居士集五十卷 鈔本

[元袁桷撰]

王肆跋（永樂丙申）

每半葉十行，行十六字。微波榭影寫永樂刊本，書頭題字孔葒谷手書。

周此山先生詩集四卷 景鈔元刊本

[元周權撰]

歐陽玄序（元統二年）

陳旅序

謝瑞跋

揭傒斯跋（元統二年）

柳貫跋（至元五年）

每半葉十行，行十六字。有「朱士楷藏書印」、「訪梅氏」、「秀水朱氏擁百齋珍藏圖書印」諸印。

蒲室集十五卷書問疏語録不分卷 元刊本

豫章釋大訢笑隱

虞集序（至元四年）

虞集撰行道記

黄溍撰塔銘

每半葉十行，行二十字。後附書問與疏，首皆題「蒲室集」而不著卷數。語録凡四種，一《笑隱和尚住湖州路烏回禪寺語録》，門人廷俊等編。二《杭州路禪宗大報國寺語録》，門人慧曇等編。三《中天竺禪寺語録》，門人中孚等編。四《大龍翔集慶寺語録》，門人崇祐等編。後又附真贊偈頌銘序題跋，雖不題「蒲室集」，亦皆補文集之遺，世行十五卷本未爲足也。天一閣藏書。

貢文靖公雲林詩集附録一卷 校鈔本

［元貢奎撰］

陳愷序（洪熙元年）

范吉序（弘治庚戌）

李黼撰行狀

馬祖常撰神道碑

吴澄題後

此郡中陸氏十萬卷樓藏本，存齋觀察以弘治本校正訛闕，有「臣心源印」一印。

馬石田文集十五卷附録一卷 鈔本

［元馬祖常撰］

王守誠序（至元五年）

陳旅序

蘇天爵序（至元五年）

江北淮東道肅政廉訪使牒

江頤跋（弘治六年）

熊翀跋（同上）

每半葉十行，行二十一字。影鈔明弘治刊本。有「白隄錢聽默經眼」、「南昌彭氏」、「知聖道齋藏書」、「遇者善讀」、「海陵錢犀盦校藏書籍」、「犀盦藏本」、「教經堂」諸印。

道國學古録五十卷 明覆元刊本

雍虞集伯生

歐陽玄序（至正六年）

每半葉十三行，行二十三字。元時有江右御史臺刊本。此明景泰中鄭逵于崑山覆刊，原有李本跋，此本奪。有「季振宜印」、「滄葦」、「松齋陳氏圖書」、「蘿月軒主人印」諸印。

道園遺稿六卷 景鈔元刊本

［元虞集撰］

黄溍序（至元二十年）

每半葉十一行，行二十字。存前二卷。有「陸時化印」、「放翁二十二世孫」、「江南陸潤之好讀書稽古」、「汪士鐘字春霆號朖園書畫印」、「曾藏汪閬源家」諸印。

翰林楊仲弘詩八卷 明鈔本

裴庾序（至大二年）

范梈序（致和元年）

有「梁清標印」、「蕉林藏書」、「秋碧蒼巖」諸印。

揭文安公全集十四卷 鈔本

揭曼碩傒斯著 門生前進士燮理溥化校録

微波榭校鈔本。有「孔繼涵印」、「葒谷」三印。

揭文安公文粹一卷 明刊本

沈琮序（天順五年）

揭文安公傳

錢竹汀手跋：嘉慶壬戌九月，竹汀居士錢大昕向士禮居主人借讀傳鈔一部。十一月竣事，還甁并識。

李申耆手跋：《揭文安集》其門人爕理普化所編者文凡八卷，今不可得見矣。此所選僅五十七首，雖不備，然所稱「序事嚴整，語簡而當」者，大略可見焉。明時刊本此時已不可多得，真有幸、有不幸耶，恐以後曼碩文遂成湮絶也。道光十五年正月，李兆洛借閲因識。（下有「兆洛之印」一印）

每半葉十一行，行二十字。卷首周序並傳四葉，卷末五葉並黄復翁手補。周序後有識語曰「從昭文小琅嬛福地張氏藏鈔本録補此序，道光辛巳蕘翁」云云。有「蓮涇」、「太原叔子藏書處」、「金星軺藏書記」、「文瑞樓」、「家在黄山白岳之間」、「當湖小重山館胡氏珍藏」、「泰峰」、「江陰繆荃孫印」、「雲輪閣」諸印。

檜亭集九卷 鈔本

元丁復撰

提要

李桓序（至元五年）
季孝光序（至元六年）
危素序（至正四年）
楊翮序（至正十年）
序（至正四年）
楊翮序（至正十年）

有「學林堂」、「國子監印」、「前分巡廣東高廉道歸安陸心源捐送國子監書籍」、「光緒戊子湖州陸心源捐送國子監之書匱藏南學」諸印。

淵穎吴先生集十二卷附録一卷 明刊本

門人金華宋濂編
劉基序
胡助序
胡翰序（至正十二年）
男士謂跋

每半葉十一行，行二十二字。跋後有「金華後學宋璲膳寫」一行。此嘉靖元年當塗祝鑾重刊元明間本，原有祝序，此本奪。有「鄭赤之印」、「雪滄楊氏所藏」、「晉安何氏珍存」、「杜子真家藏書」諸印。

存心堂遺集十二卷附録一卷 明刊本

元處士淵穎先生吴萊署　明學士門人宋濂編　後學晉陵莊起元重編　惲應明仝編　十世孫晪校

男士謂識語

目録後有「明萬曆辛亥九世孫邦彦重刻」一行。有「藹士父」、「我鈞印」二印。

黄文獻公文集八卷 鈔本

元義烏黄溍著

宋濂序

危素撰神道碑

請謚文移

謚議

文獻《日損齋稿》四十三卷，明正統刊本二十三卷，《四庫》本十卷。此本八卷，先文後詩，各體皆具，蓋又出明人節鈔之本。有「欽訓堂書畫記」、「欽訓堂珍藏印」二印。

圭齋文集十六卷 明刊本

宗孫銘鏞編集　安成後學劉釪校正

每半葉十一行，行二十一字。此成化辛亥刊本，原有宋濂序，此本失之。

柳待制文集二十卷 明刊本

教諭太和歐陽溥編輯　訓導江浦郁珍校正

鄭環序（天順癸未）

蘇天爵序

危素序

余闕序（至正十年）

張和跋（天順七年）

半葉十二行，行二十字。明天順中浙江按察司副使張和命教諭歐陽溥刊于烏傷。有「陳之問印」、「近思」、「古鹽張氏芷齋圖籍」、「張載華印」、「佩兼」、「松下藏書」諸印。

存復齋文集十卷附録一卷 明刊本

元征東儒學提學睢水朱德潤澤民著　曾孫夏重編　賜進士湖廣按察使東吴項璁彦輝校正

俞焯序（至正九年）

黄復翁手跋：此册尚是原刊，非修補本也。前脱一葉，係虞道園序，大字書，惟朱文游本爲全，餘本皆失之，今在袁氏五硯樓，可就鈔補其闕。至俞序後尚有鄉後學吴寬、王鏊拜贊二葉，識是攙入，可不補也。卷五七葉、九葉當改正，文理方順。余借是書於香嚴先生，歸書之日，因題數語，以相印證云，嘉慶己未夏五月黄丕烈。（下有「丕」、「烈」二字連珠印）

所安遺集一卷附録一卷 校鈔本

每半葉十一行，行二十字。明初刊本，周漪塘藏書。

長安陳泰志同
閆潔序（正德八年）
陳瑶尺牘蔣冕題詩（正德戊戌）
孫銓序（成化丁未）
劉三吾象贊
校刊姓氏
玄孫章跋（成化癸巳）
來孫琦跋（正德壬申）
周濟跋
王阮亭跋
鮑以文跋

陸潛園手跋：右《所安遺集》，從錢唐丁松生大令所藏鮑淥飲校本過録。譚文卿中丞撫浙，即以鮑校本刊行。余近得成化刊本，以校此本，多得三十餘首，閻潔序一首，劉三吾像贊一首及小像，陳銓、陳章、陳瑶跋各一首，因命寫官照寫補入。蓋淥飲所見本前後缺十餘葉，故脱落如此甚矣。成化訖今四百年耳，刻本已不易得，況元刻乎。惜文帥移節陝甘，不及補刊耳。光緒十年秋七月，歸安陸心源識。（下有「歸安陸心源字剛父印」、「存齋又稱潛園」二印）

此陸氏十萬卷樓鈔校本，所據本跋稱爲成化本，然有正德中序跋，則亦正德本，不過校鮑本爲完耳。有「國子監印」、「前分巡廣東高廉道歸安陸心源捐送國子監書籍」、「光緒戊子湖州陸心源捐送國子監之書匱藏南學」諸印。

圭塘小稾十三卷別集一卷續集一卷附録一卷 鈔本

元中憲大夫同僉太常禮儀院事弟有孚編

葉盛序（成化丙戌）

弟有宗引（屠維作噩）　又序（至正庚寅）

張翥序

元史列傳

朱禋書後（成化改元）

丘霽後序(成化己丑)

五世孫顒跋(成化六年)

蔣西圃手跋:元許文忠公《圭塘小稾》十三卷、《别集》上下二卷、《續集》一卷、《附録》一卷,皆商邱宋氏舊刻影鈔,余從借録。時傷暑卧病,不能展卷,命莢兒校對原本,間有誤字,闕以俟考。雍正二年七月,西圃識。(下有「西」、「圃」二字連珠印)

有「西圃蔣氏手校鈔本」、「不繫」、「潘茉坡」、「潘茉坡圖書印」、「潘氏桐西書屋之印」、「崦西草堂」諸印。

吴禮部文集二十卷 鈔本

[元吴師道撰]

章紫伯手跋:此包氏學劍樓所藏之書。甲子秋八月章紫伯得於滬上,擬俟子莊還時歸之。(下有「章綬銜印」、「紫伯」二印)

每半葉十行,行二十字。書中平闕尚仍元時舊式,蓋從元刊本出也。陸存齋觀察以朱筆略校。有「包伯虎臣」、「子莊」、「研灣老圃」、「學劍樓」、「學劍樓藏書印」、「國子監印」、「前分巡廣東高廉道歸安陸心源捐送國子監書籍」、「光緒戊子湖州陸心源捐送國子監之書匱藏南學」諸印。

秋聲集四卷 校鈔本

元樵川黄鎮成元鎮著

自序

鈔本首有「辛未元旦，借元板《秋聲集》，正數字。啟源」一行。有「喜海」、「吉文」、「嘉蔭簃藏書印」、「李璋煜鑒藏印」、「方赤校定印」諸印。

薩天錫詩集八卷 明鈔本

［元薩都剌撰］

龔蘅圃手跋：

丁卯三月十三日，蘅圃。（五言排律後，下有「蘅圃」印）

丁卯三月望日，蘅圃。（七古後）

丁卯三月十六日海波市寓齋，蘅圃。

丁卯三月二十日海波市寓齋，蘅圃。（七絶後，印同）

（五言排律後，下有「蘅圃」印）

黄復翁手跋：

嘉慶丁卯正月二十日校。復翁。（五古後）

嘉慶丁卯正月二十日校。復翁。（七古後）
嘉慶丁卯正月二十二日校。復翁。（五排後）
嘉慶丁卯正月二十二日午後校。復翁。（七絶後）

又跋：余藏《薩天錫詩集》向有二本，一爲明刻黑口而葉石君校補者，一爲舊鈔而八卷標題《雁門集》者。此小草齋鈔本爲第三本，儲諸篋衍久矣，卻未曾參校。去年又得一舊鈔本，爲汲古閣藏本，中有子晉手校處，其書爲竹紙黑格，板心有「篤素居」三字，此爲第四本。今春養疴杜門，偶取毛以校龔本，似毛較勝，蓋毛鈔本在前也。諸體中毛偶有脱佚未補，龔卻有之。惟七言絶句中毛與龔互有存佚，然彼此俱無跡可尋，未知何故，故當取葉校及八卷本勘之。龔本即小草齋鈔本，龔氏蘅圃曾讀一過，其云「丁卯」者未紀年號，就其鈔手風氣驗之，當在乾隆年間，已甲子一周矣。今予校此亦適歲在丁卯，抑何巧耶，因并誌之。黄丕烈。（下有「蕘翁更字復翁」一印）

又跋：覆取葉校本，知此所脱者七言絶句，當據毛本增入。至毛本所脱而此有者，葉校亦有也。復翁。

每半葉九行，行十八字。每葉板心有「小草齋鈔本」五字，乃明謝在杭肇淛鈔本。書跡精麗，故黄復翁誤認爲乾隆時寫本。即龔蘅圃翔麟閲此書時亦在康熙丁卯，非乾隆丁卯，距復翁校此甲子二周矣。全書以體分爲八卷，每體之首皆題「薩天錫詩集」而不題卷數，惟七言古詩與五言律詩卷首各自爲葉，而不著書名，蓋出於元刊八卷本也。黄復翁以毛鈔本校補，足爲善本。有「晉安謝氏家藏圖書」、「周元亮鈔本」、「周雪客家藏書」、「龔蘅圃家珍藏」、「麗兑經眼」、「蕘圃手校」、「士禮居藏」、「汪士鐘藏」、「茮坡潘介繇珍藏之印」、「潘茮坡圖書印」、「茮坡圖書印」、「茮坡藏書印」、「茮坡藏書」、「笏盦」、「碩庭所藏」、「潘氏桐西書屋之印」諸印。

新芳薩天錫雜詩妙選藁全集一卷 日本舊刊本

每半葉八行，行十八字。日本慶長壬寅刊本，板式字體，極似元時建安刊本。凡七言律詩一百三十八首、五言絶句一首、七言絶句三首，惟四十九首見《天錫集》，餘均未見，天錫逸詩莫多於是矣。卷首自《龍涎香》至《梅花夢》凡六十首，皆體物之作。詩與題均涉纖巧，殆其少作别行者。末附疏文五首，皆爲僧侶所作，與詩邈不相涉。又集中《天滿宫》一絶，亦日本永和丙辰刻本所無，乃日人所羼入。然他詩雖或傷孅巧，而具有風華，亦饒氣骨，其中異同亦足校本集，非日人所能僞也。有「佐伯文庫」一印。

杏庭摘稿一卷 鈔本

元洪焱祖撰

危素序（至正九年）

傳鈔文瀾閣本。

陳衆仲文集七卷 景元鈔本

［元陳旅撰］

張翥序（至正九年前闕）

林泉生序（至正辛卯）

每半葉十行，行二十字。卷七末有「至正辛卯安雅堂刊」八字。案全集十三卷，此僅七卷，與黄氏士禮居所藏元刊本同，蓋即出于元本也。有「宋筠蘭揮」、「己丑進士」、「宋氏蘭揮藏書善本」三印。

青陽先生文集六卷 明刊本

門人淮西郭奎子章輯

劉瑞序（正德辛巳）

程國儒序

李祁序

高穀引（正統□□）

宋濂余左丞傳

王汝玉序

彭韶跋

張文錦跋(正德庚辰)

每半葉十一行,行十九字。有「盛昱之印」、「宗室文慤公家世藏」二印。

周翰林近光集三卷扈從集一卷周翰林集補遺二卷 校鈔本

鄱陽周伯琦伯温甫

虞集序

自序(至正五年)

扈從詩前序

又後序

歐陽玄跋

賈祥麒跋

鮑淥飲手跋: 右周翰林《近光》、《扈從》二集,乾隆庚辰六月假汪氏振綺堂藏本對録,自初四日至十五日才畢。元本鈔自淡生堂,未經勘定,脱誤孔多,録竟,取秀野草堂選本是正一過,十得二三而已。歙西鮑廷博書於知不足齋。

又跋: 乾隆辛亥八月二十二日,惠氏紅豆山房本勘畢。

又跋: 淡生堂鈔本脱末後一番。會慈水鄭君弗人以省試至杭,篋中適攜此集,出以相示,即淡生堂祁氏本也，亟取讐勘，雖互有得失，而正訛補闕，已十得八九。予於是書，庶幾無遺憾矣。鄭君名竺，寒村先生曾孫，以是年七夕後二日至郡，予之校是書，自十一日至十三日始畢。知不足齋書。

鮑淥飲手鈔並校。《補遺》詩、文各一卷，亦淥飲所輯。每篇後各注所出書及輯録年月，每葉紙闌外有「知不足齋藏書」六字。有「知不足齋」、「鮑以文藏書」、「燕喜堂」、「沈鋂環卿」、「金石録十卷人家」諸印。

圭齋盧先生集二卷 明刊本

元錦田盧琦希韓著　鄉後學三山董應舉崇相、陳勳元凱　邑人朱一龍于田、吴天成德渾、莊明鎮靜甫、莊毓慶微甫仝選

朱一龍序（隆慶壬申）

莊敏慶序（萬曆己酉）

董應舉序（同上）

行實

圭齋原有《圭峯》、《平陽》二集，不知卷數。此係明季選本，厪存十五六，惟古風獨全。

蜕菴詩三卷 明刊本

衡山釋大杼北山編集

釋來復序

每半葉十行，行十九字。明弘正間刊本。視五卷本有删節，又前後共闕八葉，無別本可補。天一閣藏書。

蛻庵詩五卷補遺一卷附録一卷 鈔本

晉寧張翥仲舉著

來復序

宗泐跋（洪武十年）

長塘鮑氏鈔本。末附《補遺》一卷，從《草堂雅集》補詩九十二首、《乾坤正氣》補六首、《玉山草堂名勝集》補三首、《師子林紀勝集》補一首、《元詩選》補一首，又《附録》一首，又附録《元史》本傳、《堯山堂外紀》二則，皆鮑渌飲所爲。每葉板心有「知不足齋正本」六字。有「翰林院印」，蓋鮑氏曾以進呈。又有「犀盦藏本」、「錢犀庵珍藏印」、「教經堂錢氏章」、「願流傳勿損污」諸印。

蟻術詩選八卷 明刊本

元雲間邵復孺著　明新安汪稷校

板心有「好德軒」三字。《四庫》未著録。阮文達以鈔本進呈，此則原刊本也。

栲栳山人詩集三卷　鈔本

[元岑安卿撰]

陸潛園手跋：此周元亮舊鈔本，第三卷有錯簡，各本皆同，今逐一校正。據《餘姚縣志》，集凡四卷，佚其末卷。乾隆壬寅張氏新刻本遽以上中下分卷，則似全帙矣。此本不分上中下，猶從原本録出耳。存齋校畢識。（下有「陸心源印」一印）

黑格鈔本，字極精雅。有「周元□鈔本」、「周亮工家藏」、「鎮浮珍藏」、「陸心源印」、「存齋讀過」、「國子監印」、「前分巡廣東高廉道歸安陸心源捐送國子監書籍」、「光緒戊子湖州陸心源捐送國子監之書匱藏南學」諸印。

栲栳山人詩集三卷　鈔本

元岑安卿靜能著　後學宋元僖重編

小引

宋僖跋

小引不著姓名。宋跋前亦有闕佚。分上中下三卷，已與乾隆本同。有「汪魚亭藏閲書」一印。

貢禮部玩齋集十卷拾遺一卷　鈔本

[元貢師泰撰]

楊維楨玩齋詩集序（至正十九年）
錢用壬詩集序（同上）
王禕文集序
余闕友迂集序
程文東軒集序（至正戊戌）
沈性序（天順癸未）
元史本傳
朱燧撰紀年録
沈性跋（甲申）
程夥南玩齋記

每半葉十一行，行二十二字。總目首題「門人上虞謝肅、劉中，海昌朱燧同編次，金華後學王禕校閲」，序跋訖天順止，而無嘉靖以後跋，蓋出于天順本。沈性序稱此書十有二卷，蓋並序文、年譜爲一卷、《拾遺》一卷數之，非别有一本也。有「支世濟印」、「誦芬」、「田耕堂藏」、「泰峰借讀」、「國子監印」、「前分巡廣東高廉道歸安陸心源捐送國子監書籍」、「光緒戊子湖州陸心源捐送國子監之書匱藏南學」諸印。

溧陽路總管水鏡元公詩集不分卷 鈔本

［元元淮撰］

十一世孫應會跋（萬曆甲戌）

別本有吉水謝卓序，此本無。有「巴陵方氏功惠柳橋甫印」、「碧琳琅館主人」、「方家書庫」諸印。

羽庭集六卷 鈔本

天台劉仕本撰

提要

宋無逸序

自序（至正癸卯）

傳鈔文瀾閣本。有「鮑以文藏書印」一印。

居竹軒詩集四卷 明刊本

京兆郜肅彥清校正　中州劉欽叔讓編類

危素序（至正十二年）

張翥序

郜肅序

鄒奕序（丙午）

劉欽跋

周琅跋

明弘正間刊本。天一閣藏書。

句曲外史詩集二卷集外詩一卷 明鈔本

吴郡海昌張天雨字伯雨

自跋（丙子卷上後）

徐惟起跋

黄復翁手跋：元張雨詩，余家所儲者名《句曲外史貞居先生詩集》，卷端有吴郡徐達左序，於卷一次行題「吴郡海昌張雨伯雨撰、江浙鄉貢進士姪誼編類、吴郡徐達左校正」。書係影寫本，以徐良夫作序考之，必元末明初刻矣。然外間書目多云「《句曲外史集》三卷《補遺》三卷《集外詩》一卷」，皆以明成化姚綬所購得、嘉靖陳應符所鳌及崇禎毛晉所續者當之，不知天壤間復有別本在。頃書友攜此毛鈔《句曲外史詩》上下卷又《集外詩》一卷，又與徐序本不同。就其分卷，以陸其清《佳趣堂書目》證之，當是元時即有此本。陸云《句曲外史詩》二卷（元鈔影寫陳白陽本）、《句曲外史詩補遺》，兹本卻與之合。又家俞邰補《明史藝文志》，「補元」云《句曲外史詩》二卷，則二卷本必舊本矣。特未知毛氏刻書時何不以此入刻，而反取陳節齋所輯者刻之，多所訛脱，且子晉跋中並無一言及之，實所未解。竊歎書以刻爲幸，然以刻而不佳者爲不幸，《句曲外史詩》毋乃抱是恨歟。因急收此，與徐序並儲焉。嘉慶甲子十月十有三日，黄丕烈識。毛刻以徐序冠諸陳輯本首，尤爲無理。（下有「蕘翁」印）

錢竹汀手跋：嘉慶壬戌八月中秋後十日，竹汀居士錢大昕向士禮居借讀。此元人集之僅存者，宜珍護之。（前後有「錢氏竹汀」、「辛楣」二印）

程春海手跋：道光庚寅春，程恩澤借觀。（下有「春海」一印）

方畹芳女士手跋：

道光辛卯，白下女士方若蘅叔芷氏借觀。（下有「若蘅」、「畹芳」、「勤襄公五女」三印）

道光辛卯十月朔日，白下女士方氏若蘅性如讀三復，其沖澹閒逸處類江文通、吴叔宰筆致，元人詩之最精拔者。（下有「若蘅」一印）

邵沖友手跋：句曲外史詩源出於唐之皮陸，宋之坡谷，態逸而味幽，自來羽流殆無出其右者。此汲古閣本剞録既精，且爲元時舊帙，尤可寶貴。至蕘翁之疑毛氏有此善本而以淆訛者付刊，此必刻書在先而收得二卷本在後，故跋中並未言及耳。道光癸巳新秋，隅山邵淵耀記。

每半葉十一行，行十七字。汲古閣鈔徐興公本，卷上後有伯雨自記云「右集柳道傳、劉師魯、薛立卿三公所采，餘在别録」。丙子秋八月望，天雨寓餘杭塘草樓記」。是卷上本自爲一卷，徐興公跋亦云「上卷乃謝耳伯所藏書帙，耳伯歿後十年，厥嗣出以見贈，予因考近傳宋元詩集中伯雨一卷，大不相同，遂合爲下卷」。是合上、下二卷爲一，乃興公所爲，復翁以此爲元時原本，未免鶻突矣。又興公跋謂以伯雨墓誌銘及傳附之卷末，此本乃無志傳，惟有《中嶽外史傳》一篇，乃米襄陽傳，與伯雨無涉，殊不可解。然此本爲毛氏精鈔，字體工雅，又上卷確是元時舊本，與後纂輯者殊，自是希世秘笈也。有「毛晉」、「子晉」、「汲古主人」、「子晉書印」、「毛扆之印」、「斧季」、「汲古閣」、「王澍」、「趙秉沖印」、「湘南」、「黄氏丕烈」、「士禮居藏」、「平江黄氏圖書」、「錢大昕觀」、「黄美漢印」、「賦孫」、「苣孫」、「張蓉鏡印」、「張氏」、「味經」、「小琅嬛福地祕笈」、「味經書屋」、「三教弟子」、「禮蓮室」、「佛桑仙館」、「姚氏畹真」、「芙初女士姚畹真印」、「陳鑾借觀」、「方氏若蘅借觀」、「若蘅」、「畹芳」、「桐城女士」諸印。

友石山人遺稿一卷附録一卷 校鈔本

靈武王翰著　陳留謝肇淛校

陳仲述敘（洪武庚午）

子偁跋（上章敦牂）

陸潛園手跋：光緒元年夏六月，以舊鈔本校一過。潛園。（下有「陸心源印」一印）

有「國子監印」、「前分巡廣東高廉道歸安陸心源捐送國子監書籍」、「光緒戊子湖州陸心源捐送國子監之書匱藏南學」諸印。

北郭集六卷補遺一卷遺集一卷 鈔本

元澄江書院山長許恕如心

張端序(洪武十四年)

金文徵序(洪武癸亥)

林右序(洪武乙酉)

蘇伯衡序(洪武十八年)

范餘慶識

許玉森跋(康熙戊子)

鮑廷博跋

姚鋤跋(嘉慶庚午)

原書出知不足齋鈔本。其遺集詩三十四首,乃姚氏鋤從《元詩選》鈔補。

一山文集九卷 明刊本

元進士翰林檢討東安李繼本撰　孫容城縣儒學教諭伸編　福建侯官縣儒學教諭臨川黎公穎校正

李敏序

黎公穎序(景泰癸酉)

每半葉十二行，行二十三字。淡生堂藏書。先大父收得，經亂散失，頃始得之。有「山陰祁氏藏書之章」、「曠翁手識」、「子孫永珍」三印。又有「澹生堂中儲經籍主人手校無朝夕讀之欣然忘飲食典衣市書恒不給後人但念阿翁癖子孫益之守弗失曠翁識」大方印。又有「歙西長塘鮑氏知不足齋藏書」、「老屋三間賜書萬卷」、「世守陳編之家」諸印。

江月松風集十二卷 明鈔本

錢唐錢惟善思復

陳旅序（至元後戊寅）

夏溥序（至元五年）

匡毓圻手跋：金耿庵先生藏書。乾隆戊寅，翻閱竇是堂舊本得之，并楷録《唐詩選》四本、《陳后山集》一本。毓圻記。（前後有「竹柏褒」、「匡毓圻印」二印）

藍格行書，書跡仿趙吴興，明中葉以前寫本。有「春草閑房」、「上下千年」、「雙林郭氏家珍」、「包虎臣印」、「吴興包子莊書畫金石記」、「陳淑貞」、「陳貞蓮書畫記」諸印。

江月松風集十二卷續集一卷 校鈔本

錢唐錢惟善思復

陳旅序（至元後戊寅）

夏溥序（至元五年）

沈寶硯手跋： 錢思復十二卷，從虞山馮補之校閲。其《續集》闕焉。寶硯齋記。

此本有《續集》，共詩十一首，又附詩七首，不知何人所輯。有「許聚」、「許聚私印」、「許聚之印」、「柳谿」、「梅華書屋」、「徐康」、「徐公洽」、「孫均私印」諸印。

江月松風集十二卷補遺一卷附録一卷 鈔本

陳旅序

夏溥序

鮑廷博跋（乾隆丁夏）

錢犀盦手跋： 同治七年四月，得知不足齋舊鈔本《江月松風集》，末有鮑氏輯録《補遺》一卷，爲他本所無，可寶也。脱首簡陳序，手録補之。桂森並識。（下有「犀盦手校」、「西崦散人」二印）

每葉書口有「知不足齋正本」六字，《補遺》首題「知不足齋補輯」，面首舊題「魏柳洲手鈔江月松風集」。又《補遺》末《題思親卷》、《題夢萱堂》二首，八分書，《題范叔中昆仲所作二十四孝詩後》，真書，似奚鐵生手筆。《新正三日訪故人孫仲鼎於泖灣故居》一首，行楷書，似余秋室手筆。蓋通介老人倩諸人戲作也。有「錢犀庵藏書印」、「犀盦藏本」、「教經堂錢氏章」、「二松軒」、「重修東觀帝王書」諸印。

龜巢集二十卷 鈔本

毘陵謝應芳子蘭甫著

盧熊序

此潛采堂鈔本，賦一卷、詩九卷、詞一卷、文九卷，與《四庫》著録十七卷本編次無法者不同，蓋原本也。有「朱彝尊印」、「錫鬯」、「竹垞」、「南書房舊講官」、「潤春樓」、「三間草堂圖書」諸印。

龜巢摘稾三卷 鈔本

余銓序（洪武十二年）

盧熊序（洪武十年）

此龜巢門人王著欲刊龜巢詩，因自摘其十一與之。余銓、盧熊均爲作序。其行世在全集之前，全集本盧序即删改此序冠之也。有「雲澤許氏父子藏書」、「曲阜孔憲緯章」諸印。

石初集十卷附録一卷 鈔本

門生山東參事盧陵晏璧彦文編輯

陳謨序（洪武六年）

葛化序（洪武七年）

張瑩序（玄默困敦）

林堅後序(洪武辛酉)
彭時書後(成化九年)
商輅題後(同上)

有「商丘宋筠蘭揮氏」、「雪苑宋氏蘭揮藏書記」二印。

石初集十卷附録一卷 鈔本

劉玉汝序(洪武癸丑)
陳謨序(洪武六年)
葛化序(洪武七年)
張瑩序(玄黓困敦)
林堅後序(洪武辛酉)
彭時書後(成化九年)
商輅題後(同上)
劉寧書後(成化甲午)

王士禎跋。

孔葒谷手跋:

乙未閏十月二十九日，從周書愚同年處鈔校。（卷末）

乾隆己丑仲春，《陳聘君海桑先生集》校勘一過。集本「晏彦文」爲「張彦文」，豈晏本張姓耶。俟考。（陳謨序後）

微波榭鈔本，並補目。有「孔繼涵印」、「葒谷」、「昭熿謹藏」三印。

山窗餘稿一卷 鈔本

元甘復撰

提要

趙琥跋（成化癸卯）

梧溪集七卷 鈔本

吴門顧氏藝海樓鈔本。

江陰王逢原吉

席帽山人小傳

江陰志一則

松江志一則

陳敏政後序（景泰七年）

孔葒谷手跋：　壬子冬十一月初九甲辰長至後一日，天陰欲雪，以《元詩選》校一過。

每半葉十行，行二十二字。禦兒吕氏研齋藏景鈔本，微波榭補目，與知不足齋刊本六、七兩卷中甚有出入，足資參證。有「東萊吕氏明農草堂圖書印」、「只拙齋藏書」、「孔繼涵印」、「葒谷」、「微波榭」諸印。

九靈山房集三十卷 鈔本

男戴禮叔儀類編　從孫侗伯初同編

揭汯序（至正二十五年）

王褘序

桂彦良序

宋濂題（洪武十二年）

從曾孫統跋（正統十年）

凡詩文集二十九卷，末爲像贊、祭文、墓志銘等，實附録也。此本曾入四庫館，有「翰林院印」、「復廬藏書」、「師竹齋圖書」、「劉履芬印」、「仁和朱氏子清校藏祕籍」、「盛昱之印」、「宗室文慤公家世藏」諸印。

倪雲林先生詩集六卷附録一卷 明刊本

荆溪蹇曦朝陽編集

錢溥序（天順四年）
卞榮題詩
郜曙題詩
蹇曦後序

陸硯隱手跋：崇禎乙巳秋七月二十五日，長安市上二十青蚨購得。吴郡陸嘉穎識。（下有「子垂」、「研隱」二印）

每半葉十行，行二十字。有「平原」、「子垂」、「雲門道人」、「子貞甫」諸印。

倪雲林先生詩集六卷附録一卷 明刊本

荆谿蹇曦朝陽編集　八世孫珵重刻

王穉登序（萬曆辛卯）
錢溥序（天順四年）
王賓撰旅葬志銘
周南老撰墓誌銘
蹇曦後序
卞榮題詩

此重刊天順本。筆勢精整，明季刊本之致佳者。末附誌銘二篇，天順本所無，乃珵所增入也。有「姚士塈印」、「鰥齋」、「士塈」、「塗若」、「莫友芝圖書印」諸印。

來鶴草堂藁一卷既白軒藁一卷竹洲歸田藁一卷附鶴亭倡和一卷 校鈔本

［元吕誠撰］

楊維楨序（至正七年）

鄭東敘（至正戊子）

鄭文康跋（天順三年）

黄復翁手跋：海寧吴兔床以舊鈔本示余，余取此互勘。去冬校未半，病大作，因循未了此債。新年始畢校而還之。復翁。

此顧氏秀埜草堂藏本，即其選元詩時所據者。黄復翁以海昌吴氏藏本校，吴本題《欒志園詩集》，共八卷，《補遺》一卷，其詩無出此本外者。所附《鶴亭倡和》一卷，彼本所無，惟菉竹堂本有之，疑此爲舊本也。《鶴亭倡和》後有《既白軒藁》脱簡十番，菉竹堂本亦同，蓋二本同出一源。書中别有勞平甫手跋一紙，乃平甫曾鈔此本，而以何義門手校菉竹堂殘本校之，乃跋其所鈔本，非跋此本也。有「顧嗣立印」、「俠君」、「秀埜草堂顧氏藏書印」、「復旃」、「士禮居藏」、「田耕堂藏」、「泰峰借讀」諸印。

鐵崖文集五卷 明刊本

會稽楊維楨著　毘陵朱昱校正

馮允中序（弘治十四年）

鐵崖先生傳

朱昱題後（弘治十四年）

每半葉十行，行二十字。卷末有「姑蘇楊鳳書於揚州之正誼書院」一行。朱昱跋謂「巡按淮揚侍御馮君執之得其稿一編於少卿儲靜夫，遂分爲三卷，乃出先君子貞義先生所藏者，合爲五卷通刻焉」。是此本別據文稿編次，非出自《東維子集》，故文頗有出《東維子集》外者。有「靜緑軒圖書印」、「□川周氏□原外史家藏」、「盱台王錫元蘭生收藏經籍金石文字印」諸印。

鐵崖先生詩集不分卷 鈔本

舊鈔古拙，不分卷。首題「鐵崖先生詩集」，不著卷數，而於書眉分標甲集、乙集、丙集。次別葉起上題「鐵崖古樂府後集」，下題「太史金華黄溍晉卿評、門人雲門章琬孟文注」，而於書眉分標丁集、戊集。又《雲山圖》以下，書眉標「鐵龍詩集己集」。次《瀛州詩》以下，標「鐵笛詩集七言律庚集」。《履霜操》以下，標「辛集」。絶句二首，標「癸集」。惟「壬集」未標出，當是脱漏。書分十集，與士禮居所藏舊鈔本同，惟黄本辛、壬、癸三集首並標「草元閣後集」，此亦脱之。有「竹雲」、「縣圃」、「汪振勳印」、「楳泉」、「曾藏汪閬源家」、「雪北香南」諸印。

鐵雅先生古樂府十卷復古詩集六卷　明覆元本

［元楊維楨撰］

章琬序（至正二十四年）

章琬跋（至正甲辰）

吴仲懌手跋：《鐵崖古樂府》十卷，門人吴見心所刻也。至至正戊子而見心卒，故以鐵崖所作見心《墓誌》刻于十卷之末。其後六卷，雲間門人章琬接刻，附于後，目則統爲十六卷，集則别以《復古》名而第爲六卷，刻成于至正二十四年。同治庚午春得于吴市，因記于卷端。

每半葉十一行，行二十字。前十卷題「門人富春吴復類編」，後六卷題「太史紹興楊維楨廉夫著、太史金華黄溍晉卿評、門生雲間章琬孟文註」。此成化己丑常熟劉儆覆刊本，原有彭天祐、吴復、顧瑛三序，衛靖、劉儆二跋，此本並佚，蓋書賈去其序跋以僞爲元刊耳。有「李兆洛印」、「申耆白事」、「靜庵」、「重熹鑑賞」、「石蓮闇藏書」、「石蓮闇」諸印。

夷白齋稿三十五卷外集一卷　校鈔本

臨海陳基著　金華戴良編

鮑淥飲手校，補正譌脱極多，詩有全篇易大半者，而率以改本爲勝，蓋所據校者與此非出一本也。先大父藏書，有名字印，經亂散佚入諸暨孫問清太史家。丙辰，孫書歸同里劉氏翰怡表弟，以此本爲吾家物，出以見贈。有「遺藁天留」、「歙西長塘鮑氏知不足齋藏書印」、「通介叟」、「燈味軒」、「老屋三間賜書萬卷」、「世守陳編之家」、「青燈有味似兒時」、「萬卷書藏一老身」諸印。

夷白齋藁三十五卷外集一卷 鈔本

臨海陳基著　金華戴良編

戴良序（至正二十四年）

孔葒谷微波榭鈔本。又從《元詩選》、《玉堂名勝》、《草堂雅集》諸書補詩一卷，附于卷十一之後。

張大家蘭雪集附録一卷 鈔本

白龍張玉若瓊著　稽山孟思光仲齊氏校

鮑淥飲跋

孔葒谷手跋：　乾隆丙申十一月初三日雪窻未刻校。

書口有「知不足齋正本」六字。《四庫存目》本亦出鮑氏，而止一卷，又題「張獻集録」，與此本不同。

集部

明別集類

高皇帝御製文集二十卷 明刊本

劉基序（洪武七年）
郭傳序（同上）
宋濂題後
徐九皋題後（嘉靖十四年）

此巡按直隸監察御史徐九皋理鹺維揚時所刊。《四庫》著録萬曆十四年姚士觀刊本，其卷數編次悉與此本同，蓋即從此本出也。徐跋稱「翰林學士臣樂韶鳳等輯《高皇帝詩文》五卷，卷目不與樂韶鳳等輯同，復搆得甲、乙、丙、丁四集，間多前集所未登録，臣乃躬自讐校，互相補除，合六百七十二篇，仍分爲二十卷」云云。是此本合五卷本、滇南本、四集本編成，爲太祖文集最足之本。有「王業浩印」一印。貴陽陳松山給諫藏書。

誠齋牡丹百詠一卷梅花百詠一卷玉堂百詠一卷 明刊本

［明周憲王有燉撰］

敬齋誠齋集序（嘉靖癸巳）

梅花百詠自序（宣德五年）

牡丹百詠引（同上）

敬齋序云「予叨承宗社五葉之寄，思貽念祖之意，自不能已，若俾其凋落，弗衍於後，則咎將誰歸矣。集凡七册，於是命儒臣校而重刊」云云。是周藩重刊本。後署「嘉靖癸巳」，案癸巳爲嘉靖十二年，時周王爲恭王睦㰘，敬齋其别號也。天一閣藏書。

瑞鶴堂近藁一卷 明刊本

［明朱栱樋撰］

陳宗虞序（嘉靖癸亥）

余曰德序（嘉靖乙丑）

不著撰人姓名。陳序亦但稱「匡南朱公」作。案明刊《江南别言》有《送陳宗虞》十絶句，後題「匡南朱栱樋」。《千頃堂書目》有「寧藩建安輔國將軍栱樋《瑞鶴堂詩》二卷、《爽臺集》一卷」，則此集必栱樋所撰也。天一閣藏書。

種蓮歲稿六卷種蓮文略二卷 明刊本

［明遼王憲㸅撰］

曹忭序（嘉靖丙辰）

錢有威文略序（嘉靖癸丑）

《千頃堂書目》及《明志》均未著録。天一閣藏書。

樵雲詩集不分卷 明刊舊印本

吴桂芳序（嘉靖戊申）

傅弘後序（同上）

此江藩某王所撰，名不可攷。天一閣藏書。

緑筠軒唫帙二卷 明刊本

皇明親王西屏道人著

裴宇序（萬曆改元）

序稱王爲濬憲王之子，則宣王恬焌也。王以嘉靖二十九年嗣，萬曆十年薨，史稱其好學工古文詞。天一閣藏書。

瀋國勉學書院集十二卷 明刊本

朱孟震序（萬曆十九年）

嗣王珵堯題辭（萬曆庚寅）

唐堯欽修業堂稿序

嗣王珵堯凝齋稿跋

又綠筠軒稿跋（萬曆庚寅）

右《凝齋稿》一卷，署瀋安王凝齋道人著。《保和齋稿》五卷，瀋憲王南山道人著。《綠筠軒稿》四卷，瀋宣王西屏道人著。《修業堂稿》二卷，瀋定王憲成子著。《綠筠軒稿》後有「不肖孫世子效鏞、不肖男保定王珵坦同校」二行。《修業堂稿》後有「不肖男世子效鏞薰沐校刻」二行。貴陽陳氏藏書。

市隱堂詩藁五卷 明刊本

魯藩頤渥江亭父著　男壽鑒、孫以瀋輯

范淑泰序（崇禎庚辰）

顏則孔序

貴陽陳氏藏書。

朱宗良集八卷 明刊本

豫章朱多熿宗良著　臨海王士昌永叔校

李維楨序(萬曆丁酉)

喻均序(同上)

王士昌序(同)

卷末有「門生陳嶔、男謀雅謀勤閱刻」一行。

潛溪集八卷 明刊本

金華宋濂著

王禕序(至正十五年)

歐陽玄序

胡助宋氏世譜記

鄭濤潛溪先生小傳

畫象贊

鄭涣跋(至正十六年)

世所傳《潛溪集》元明刊本皆十卷,此本八卷,與明《内閣書目》所載者合。嘉靖中徐嵩所刊别本,尚有陳旅序及高節跋，此本奪去。附録柳待制、黄侍講等五公書札。有「唐栖朱氏結一廬圖書記」一印。

太師誠意伯劉文成公集十八卷 明刊本

巡按直隸監察御史緡雲後學樊獻科編次

李本序（嘉靖丙辰）

凡例

樊獻科引

像贊

行狀

此刻以《翊運録》、《郁離子》、《覆瓿集》、《犁眉公集》、《寫情集》通爲一編，與舊刻各自爲卷者殊。

鳳池吟稿十卷 明刊本

高郵汪廣洋朝宗父著　同郡王應元一之父校

宋濂序（洪武三年）

除中書右丞誥

封忠勤伯誥

郡志本傳

王百祥跋(丁巳)
王百順辨疑
維揚王一之家藏成化刊本，手校欲付梓未果。萬曆丁巳，子百祥得廣右刊本重校刊行。貴陽陳氏藏書。

陶學士先生文集二十卷 明刊本

鉛山張祐校編
費宏序(弘治十二年)
事蹟
費宏事蹟跋
每半葉十行，行十八字。弘治中知太平府嚴陵徐時中刊置郡齋，而費文憲序之。卷首「事蹟」，即文憲所益也。有「秀水莊氏蘭味軒收藏印」一印。

朱一齋先生文集前十卷後五卷廣遊文集一卷 明刊本

[明朱善撰]
聶鉉序
聶鉉撰墓誌銘

每半葉十二行，行二十七八字。卷十末有「成化丙午仲冬月燕山朱翰林六世孫朱惟鑑重刊于家庭」一行。其後集五卷一名《遠海集》，乃洪武九年謫教遼東時作。《廣游文集》則十七年衡文廣東時所作。《千頃堂書目》於《廣遊文集》下注「在元時作」，蓋未見其書也。《四庫存目》即據此本。前有「翰林院印」及「乾隆三十八年七月兩淮鹽政李質穎送到朱善《繼一齋集》一部，計書六本」木記（書名册數皆朱書）。又有「朝爽閣藏書記」、「白隄錢聽默經眼」二印。

西隱文集十卷　明刊本

明宋訥撰

顧爾行序（萬曆戊寅）

劉師魯後序（同上）

此萬曆中知滑縣事劉師魯所刊。《四庫》著録本同。貴陽陳氏藏書。

王忠文公文集二十四卷　明刊本

鄱陽三臺劉傑編輯　廬陵銅溪劉同校正

贈官賜謚誥（正統六年）

李默撰祠墓記（嘉靖十八年）

楊士奇序

祝鑾序（嘉靖改元）

胡翰序

胡行簡序

宋濂序

蘇伯衡序

方鵬跋（嘉靖丙申）

卷末有「嘉靖改元十月四日分守浙東道委官金華府張齊校刊」牌子。方跋後有「萬曆柒年己卯四月吉旦金華府重修」二行。有「汝大文」、「潛壽」二印。貴陽陳氏藏書。

翠屏詩集二卷　鈔本

前國子博士門人淮南石光霽編次　德慶州儒學訓導嗣孫張淮續編　德慶州儒學學正後學莆田黃紀訂定

德慶州判官後學閩泉莊楷校正

陳南賓序（洪武己巳）

孫張淮識語（成化十六年）

石光霽跋（洪武庚午）

曹彬侯手跋：翠屏張先生，晉安人也，名以寧，字志道，泰定丁卯進士。歸明太祖後嘗使安南，著

《春王正月考》，命安南二阮生書之，因贈以詩，見集中。先生生于大德五年辛丑，洪武三年庚戌五月卒于安南。康熙五十八年己亥春日，假汲古閣本録出再識。

原本四卷，此本分二卷，而卷二葉數獨多，蓋奪三、四兩卷。有「曹炎之印」、「彬侯」、「曾藏汪閬源家」諸印。

坦齋先生文集三卷 明刊本

桐江後學俞蓋校刊　邑庠玄孫謨編

俞蓋序（成化丙申）

宋濂象贊

明劉三吾撰。三吾，茶陵州人。成化中知州事桐江俞藎刊。共文八十首，以校萬曆刊二卷本，互有出入。如卷一《贈大理評事汪復性序》、《周氏家乘序》、《贈知欽州何叔川序》、《贈汪世忠之魯山序》、《贈太學生汪景亨省親之浦城序》、《贈太學生汪德驥省親序》、《贈上庠生馮瓊李省親序》、《贈王文昱省親序》、《松谷軒序》、《贈主駕部事張均海得告還清江新喻序》、《積書樓序》、《贈上庠生史有德歸覲嚴親序》、《贈神樂觀羽士徐萬里序》、《贈僧綱正雲山還寶慶府序》、《贈僧綱副海航还寶慶府序》、《贈前玄妙觀住持徐孚中序》、《贈都道紀蕭玄外序》、《贈别蕭玄外三嗅清香歌序》、《贈儒士陳彦謙省親之天台序》、《題吴德清鶺鴒圖序》、《送于子仁陞知登州府序》、《贈處士黄士升還盱江序》、《贈徵士李德彰序》、

《贈太學生黄義思灝侍親歸潯州序》、《贈左軍都府知印傅友材考滿序》、《贈盧德權之英德教諭序》、《贈羽士高若虚序》、《贈訓師支森還雲南序》、《鞠斌思母圖序》、《芝山思隱序》、《上庠生徐中省親至蘭谿序》、《貝秀才龍江送别詩序》、《題汪思原寫真圖詩序》、《贈虞仲德醫士序》、《送教諭黄伯循之臨桂序》、《贈太學蕭晚成省親歸禾川序》，卷二如《張仲宜墓誌銘》、《故處士陳原吉墓誌銘》、《追贈承宣布政使司右參政丘府君墓碑銘》、《故處士劉道士墓誌銘》、《故奉訓大夫知沔陽州事馬公墓碣銘》、《大明故驃騎將軍僉前軍都督府事馬公壙誌》、《故顔氏子孫竹軒墓表》、《番陽方氏齊老墓表》、《祭親家鄭仲寬文》，卷三如《九思説》、《章齋説》，凡四十八篇，皆萬曆本所不載。豈萬曆編刊時未見此本，抑於集外别有所贈而於集中卻有所删耶。俞序謂「公啟沃聖思，留心製作，御註《洪範》九疇，條成《大誥》三編，遂對揚忻忭，拜題二書之後」。今此本冠以《洪範後序》而無《大誥後序》，萬曆本則二序裦然居首，豈萬曆本出于俞氏原本，而此本又一别本耶。均不可考矣。

坦齋劉先生文集二卷附録一卷 明刊本

雲南提學副使宗晚學劉慶峯訂正　知茶陵州事韓城賈緣輯刊　同知州事高安張東暘校閲

劉應峯序（萬曆戊寅）

譚希思序（同上）

宋濂像贊

後序(闕末葉不知何人撰)

此萬曆中茶陵州刊本，共文七十八篇、詩二百十餘篇、詞七篇。其中文三十二篇見於前本，又《贈陳長史南賓序》、《重建武當山五龍靈慶宮碑記》、《遊靈谷寺記》、《還牖軒記》、《敕建蔣忠烈廟碑》、《敕建晉卞忠貞廟碑》、《敕建元衛國忠肅公廟碑》、《敕建靈順五侯廟碑》、《野莊賦》、《雪野賦》十篇，見於《劉翰林斐然集》，而《禮儀定式後序》、《御製大誥後序》、《贈汪翁仲魯得告還鄉序》、《敕建都城隍廟記》、《淩雲軒記》、《道州路重建濂溪書院記》、《李至剛敬齋記》、《留耕堂世德記》、《華山雲記》、《倪氏致存堂記》、《雲陽山人記》、《東皋記》、《信軒記》、《陋巷銘》、《敕下御製大明一統賦》、《白雲茅屋賦》、《石門樵子賦》、《竹深賦》、《具慶堂賦》，又表箋十七篇及詞二百餘首，均成化本與《斐然集》所未載。合此二集與《斐然集》，則坦齋之文庶幾略備矣。《四庫存目》即據此本。有「汪文柏印」、「柯庭」、「休寧汪季青家藏書籍」、「晚香樓」諸印。貴陽陳氏藏書。

劉翰林先生斐然集一卷續集一卷 明鈔本

張瓚序(成化十三年)

序稱「三吾先生之文燬于火，後輩每以不見全集爲慨。一日，長沙士人陳愛以先生《斐然稿》一集見閲，集中有所載古賦碑記詩不下二十餘篇，蓋先生當時手書以遺愛祖蜀長史南賓者」。張氏復以蜀中士夫所收序記合爲一集，刊之蜀中，時正在俞藎刊《坦齋集》一年之後，凡文十四篇、詩十三篇，皆俞本所不載。萬曆本《坦齋集》采此集中詩文畧具，而《題楊郎中喜杏龜潮圖詩序》、《安老堂記》、《持敬齋記》、《欽題敕諭文後》四篇亦未收入，不知何以遺之也。此明人從蜀本鈔出。天一閣藏書。

蒲山牧唱不分卷 明刊本

進士揚州府通判前户部主事曾孫銘謹編　經筵官翰林院侍讀太和尹直同校　奉議大夫尚寶司卿太和楊導校正

誥命（洪武三年）

沐璘象贊

李賢梅初詩集序（成化元年）

蘇伯衡梅初亭記

彭時序（成化三年）

楊□梅初先生詩集序（成化元年）

曾孫銘跋（成化四年）

此魏杞山觀詩集，成化四年曾孫揚州府通判銘所刊。每半葉九行，每行二十一字，分體而不分卷，爲是集第一刻本。《千頃堂書目》有魏觀《蒲山牧唱》四卷，蓋在此本之後矣。天一閣藏書。

説學齋稿不分卷　明鈔本

［明危素撰］

葉伯寅手跋：　嘉靖辛酉歲，震川歸師從予覓危太樸文，因檢不得，竟復之。自隆慶丁卯後，予以病淹，偶檢點樓問元朝集，乃獲此卷，實先文莊鈔存，題曰「危翰林文」者。因思向歸師借時若細加檢閲，亦可應命，只緣不肯加功，故草草回之，今歸師已僊去而不獲見，予復病淹而非昔比，皆可感也，故記之云。隆慶辛未秋九月二十八日，括蒼山人恭焕識。（下有「葉恭焕印」、「葉伯寅圖書」二印）

右明葉文莊菉竹堂鈔本，凡碑十六篇、墓銘三十三篇、傳狀十六篇、雜文二十五篇。除卷末《靜修書院記》係後補入外，其八十九篇均在傳世《説學齋稿》四卷之外。前後無書題，惟中間有題「説學齋稿」三處，其下不記卷數，而記「至正七年」、「至正十一年」、「至正十四年」等字，蓋從稿本鈔出也。文莊所題「危翰林文」四字蓋在面葉，今已不存。書中有識語，不著名氏，乃勞季言手筆。邵位西謂「勞舜卿得葉文莊親筆鈔校本《説學齋稿》乃外集遺文」者，即此本也。按《千頃堂書目》載危氏《説學齋集》五十卷（《明史》作《學士集》），蓋係未編定之本。傳世本出於歸熙甫，但有賦、贊、銘、頌、序、記諸類，此本則但有碑志、傳狀諸類，皆全集之一部，正未可分爲孰内孰外也。有「右僉都御史印」、「下學齋讀書記」、「平江黄氏圖書」、「揚庭」諸印。

説學齋稿不分卷 明鈔本

臨川危素太樸著

歸有光跋（嘉靖三十八年）

右賦四、贊一、銘二、頌三、序七十七、記四十，共百三十七篇，歸震川從吴純甫所藏手稿本鈔出，此又從歸本傳鈔。傳世四卷本即出於此，而此鈔尚未分卷，則在四卷本之前矣。有「葉九來」、「半繭」、「葉汝濟印」、「字公奭」、「柯溪藏書」諸印。

危太樸雲林集二卷 鈔本

南陽迺賢易之編

槎翁文集十八卷 明刊本

［明劉崧撰］

羅欽忠序（嘉靖紀元）

鄒守益跋

此羅吏部士升所校，吉安守徐士元刊於郡齋。《四庫總目》作八卷，蓋非足本。館臣又以子高文不如詩，故以文集入《存目》。實則子高文甚典實，有資考證，又大半爲元時所作，致足珍也。天一閣藏書。

蘇平仲文集十六卷 明刊本

處州府推官章貢黎諒校正重刊

宋濂序（洪武十二年）

劉基序（洪武四年）

黎諒識語（正統壬戌）

胡翰空同子跋（洪武八年）

每半葉十二行，行二十四字。目録前題「迪功郎蒙陰縣主簿永嘉林與直編集」。洪武時處學有刊本，此正統壬戌黎諒重刊。有「黄彭年印」、「子壽」、「彭年私印」、「戴經堂藏」諸印。貴陽陳氏藏書。

又

存前四卷。天一閣藏書。後人裁割目録，僞爲全書。然《天一閣書目》已云四卷，則殘闕久矣。

清江貝先生文集三十卷詩集十卷 鈔本

明貝瓊撰

明初刊本。首有徐一夔序，《詩集》後附《詩餘》，此鈔本皆奪，而有《詩餘》之目，蓋偶失之也。舊鈔甚工，似即出洪武本。

始豐前稿三卷 鈔本

明徐一夔大章著

黄復翁手跋：徐一夔《始豐稿》共十四卷，相傳有詩一卷爲第十五卷，然未見也。余家所收爲六卷，而缺其第七卷以下。借顧抱沖藏本鈔足之，今可以無憾矣。子和出所藏鈔本見示，云止有其半，細數止有三卷，此一半中之一半也。暇日當以余本足之。蕘圃黄丕烈。（下有「丕」、「烈」連珠印）

趙好古文集二卷 鈔本

趙撝謙著

黄世春序（順治十四年）

此餘姚黄梨洲先生得於趙氏裔孫，而黄世春從梨洲先生轉鈔者也。《四庫》著録即據此本。前有「翰林院印」，復有館臣手定寫入《四庫書》格式。原題「趙撝謙著」，館臣改作「明趙謙撰」，而《四庫目》仍題「趙撝謙」，蓋又改從原本也。又有「郛海陳氏家藏」、「多慧之印章」二印。

缶鳴集十二卷 明刊本

後學愚姪周立公禮校正重編

謝徽後序（末葉闕）

首題「後學愚姪周立公禮校正重編」，立即季迪妻周氏兄弟之子也。初刊于永樂元年，此嘉靖重刊本。天一閣藏書。

姑蘇雜詠一卷 明刊本

高啟季迪著　後學殷輗校刊

自序(洪武四年)

鄭叔問手跋二則

每半葉十行,行二十字。收藏家俱未著録,惟《拜經樓藏書題跋記》有此書,云周傅編,有洪武四年啟自序,三十一年傅後序。此本卷首「高啟季迪著」、「後學殷輗校刊」二行及末一葉皆嘉靖時補刻,□又增入《雨中過甜龍山詩》二首,蓋此本實周傅舊刊,殷氏得其板,乃去周序並改刻己名,實則猶是洪武末舊槧也。原闕高序及三十五、四十一兩葉,從江安傅氏藏季滄葦家本補全。此書有「鄭梁之印」,乃四明鄭寒邨舊藏,寒邨二老閣藏書與范氏天一閣齊名,范氏書余所得最多,鄭氏書僅得此一册而已。又有「江南退士」、「文焯私印」、「叔問箧書」、「石芝西堪校祕書記」諸印。

高季迪先生大全集十八卷 評閱本

竹素園刊本。有朱、墨二筆評閱,朱筆皆評詩,墨筆多校訂。卷首有識語云「硃筆係朱標榭先生評點」。有「謙牧」、「地山」二印。

重刻徐幼文北郭集六卷 明刊本

吴郡徐賁幼文著　高安陳邦瞻德遠校　新都汪汝淳孟樸仝校

汪汝淳刻國初四先生全集後序（萬曆己酉）

此新都汪氏合刻《明初四先生集》之一。《四庫》著録即據是本。有「梯香閣藏」一印。貴陽陳氏藏書。

西庵集十卷 明活字本

［明孫蕡撰］

張習序（弘治十六年）

顧恂跋

每半葉十行，行二十一字。弘治中知蘇州府南海林思紹所刊。每葉板心魚尾上有「弘治癸亥金蘭館刻」八字，爲會通館活字本紀年號之所本。此書《四庫》著録本九卷，凡詩八卷、文一卷。此本十卷，有詩無文，出於吴郡張習家，在行世諸本中此爲最古矣。天一閣藏書，有「天一閣」、「古司馬氏」二印。

鳴盛集四卷附録一卷 鈔本

三山林鴻子羽著　郡人邵銅振聲校編

倪桓序（洪武三年）

邵鋼後序（成化三年）

虚舟集五卷 明刊本

［明王偁撰］

桑悦序（弘治六年）

解縉序（永樂丁亥）

王汝玉序（永樂辛卯）

解縉文集序

陳墀書後（嘉靖壬午）

每半葉十一行，行二十字。弘治中知袁州府王世英所刊，嘉靖初重修。後附文二篇。天一閣藏書。

重刻涂子類藁十卷 明刊本

皇明敕祀宜黃鄉賢守約涂幾著

黄漳後序（嘉靖十五年）

《千頃堂書目》：《涂子類稿》四卷。《明史藝文志》作十卷，與此本合。守約生於元末，集中有元時之作，又有《進時事策》、《上皇帝書》，乃上明太祖者。《千頃目》謂「洪武初進時事十九事」是也。《四庫存目》列之於嘉靖時，誤矣。此嘉靖間宜黄縣知縣莆田黄漳所刻，漳跋謂「孰知百歲之前有文如涂子」，則信乎其爲明初人矣。貴陽陳氏藏書。

鄱陽劉彦昺詩集九卷 鈔本

鄱陽劉彦昺撰　太史會稽楊廉夫評

玄虚羽人序（洪武著雍攝提格）

危素序

宋濂序

維楨序

俞貞木序

周象初後序

凡詩八卷、雜文一卷。後附周浩《故處士鄱陽劉君墓誌銘》、余闕《劉府君墓碣》及《鄱陽劉節婦朱氏墓碣銘》，乃爲彦昺之祖及父母作也。又無名氏《澤存堂記》、王褘《春雨軒記》，則皆爲彦昺作。

春雨軒詩正集九卷附集一卷 明刊本

鄱陽劉彦昺撰　門生同郡劉子昇編　太史會稽楊廉夫評　裔孫劉塾刊

蔣瑶序（嘉靖癸巳）

危素序

宋濂序
楊維楨序
徐矩序
俞貞木後序
周象初後序
六世孫塾跋(嘉靖癸巳)

《附集》裒輯同時諸公贈遺詩文並劉氏誌狀,凡詩詞四十一首、文十五首。其六世孫塾所刊。天一閣藏書。

李草谷詩集六卷拾遺一卷文集一卷附筠谷詩集一卷 鈔本

[明李曄撰]

宋濂序
跋(後闕)

附《筠谷集》,其子韡所撰。首題「唐光祖編、徐籽校訂」。有「錢塘蔣炯葆□氏印記」、「蔣村珍藏」二印。

蚓竅集十卷 明刊本

雲間管時敏撰　西域丁鶴年評

吴勤序(洪武三十一年)

周子治金庵記

胡粹中序(永樂元年)

每半葉十行,行二十字。永樂初楚府刊本。舊闕卷六末葉,文休承手鈔補全。又卷末補《題張子正桃花春鳥圖》七絶一首,亦休承筆。有「豪上」、「文水道人越溪草堂」、「漢節」、「汪士鐘藏」、「不夜于氏藏書印」、「小謨觴仙館」、「湘山清賞」、「清俸買來」、「土風清嘉」諸印。

聽雪篷先生詩集七卷 明刊本

觀海翁豐城劉秩伯序撰　槎溪王氏仲本編次

宋濂序(洪武七年)

董彝序(吴元年)

胡仲簡序(洪武二十年)

朱善序(辛酉)

秦約撰生祠記(洪武二年)

陸仁撰先生祠後記（洪武九年）
危素撰□（洪武二年前闕）
林弼撰暉堂劉先生墓表
朱自省劉孝童傳
錢恕贈劉孝子詩序

每半葉十二行，行二十一字。《千頃堂書目》有劉秩《聽雪篷詩集》六卷。此本缺卷五，而卷四五言律後，别有五言排律自爲一編，蓋即其第五卷也。黄氏云「六卷」，蓋不數此卷，未必所據本異。附録中《劉孝童傳》，即秩之子靜，年十二，以訟父冤知名者。此槎溪王仲本所刊，仲本爲劉氏姻婭。刊此書時，秩已前卒矣。天一閣藏書。

柘軒集四卷詞一卷 鈔本

［明凌雲翰撰］
陳敬宗序
夏節《錢塘淩先生行實》

《四庫》本四卷。《千頃堂書目》五卷，與此本合。吾郡陸氏皕宋樓舊藏。

鼓枻稾六卷 鈔本

明虞堪叔勝著

堪有《虞山人詩》，不過此集什二三。《四庫》著録《希澹園詩》三卷，與此集多寡雖同而編次則異，疑此爲原本也。黄文獻《道園遺藁序》謂，堪字克用，又字勝伯。而此書題「虞堪叔勝」，不審何以互異。此石門吕氏吾研齋藏書，書法精雅，又「留」字皆闕末筆，或即吕無黨手書。有「南陽講習堂」、「慈雲」、「如意」、「端軒」、「竹居」諸印。

觀樂生詩集五卷附録一卷 明刊本

寧川許繼士修撰

方孝孺序（洪武癸亥） 又題後

郭紳跋（成化己亥）

每半葉十行，行二十字。末有「四明茅仲清刊行」。繼，寧海人，方正學之友。此成化中知寧海縣事宜春郭紳重刊。天一閣藏書。

松雨軒集二卷 明刊本

［明平顯撰］

張洪序（宣德五年）

柯暹序（景泰元年）
陳霆序（嘉靖十九年）

顯字仲微，錢塘人。洪武中，以廣西藤縣知縣謫戍滇南凡三十年，永樂丙戌放歸，卒於京師。其集於景泰元年刊於滇南，此嘉靖中裔孫本等重刊。《千頃堂書目》載平顯《春雨集》，書名脱「軒」字，又不著卷數，蓋未見此書也。天一閣藏書。

拙庵集十卷　明刊本

［明杜斆撰］
葉盛序（天順八年）
錢溥序（成化八年）
劉龍書後（嘉靖四年）
張友直跋（同上）

每半葉十二行，行二十字。成化八年刊，嘉靖四年知壺關縣事張友直修補。斆字致道，壺關人，洪武中召爲四輔官兼太子賓客。此集爲其孫太學生矩所編，首卷冠以「聖製」，次詩六卷、文二卷，附録一卷。有「杜春生印」、「禾子」、「朖清流覽所及」、「山陰杜氏知聖教齋藏書」諸印。貴陽陳氏藏書。

梁園寓稿詩集五卷 明刊本

夏臺王翰時舉著　曾孫繼善編輯

韓邦奇序（正德丁丑）

呂經序（正德戊寅）

《千頃堂書目》：王翰《梁園寓稿》九卷，又《敝帚集》五卷。此五卷殆即《敝帚集》。夏臺令高天錫所刊。貴陽陳氏藏書。

朱楓林集十卷 明刊本

新安明儒學生朱升著　晞陽居士范淶校　裔孫時新閱輯時登參閱

范淶序（萬曆四十四年）

與《四庫存目》本同。貴陽陳氏藏書。

竹齋詩集一卷 鈔本

會稽王冕元章甫著

白圭序（景泰七年）

駱居安序

劉基序

宋濂撰傳
張辰撰傳
《千頃堂書目》未著録。

永嘉集十二卷 明鈔本

［明張著撰］　胤子規同弟矩敬集　大理寺左侍丞嚴本校正
吴訥序（宣德二年）
王直序（宣德三年）
周棨撰傳（永樂二年）

著字則明，平陽人。洪武三年舉人，官至臨江府同知。其集《千頃堂書目》與《四庫》均未著録。貴陽陳氏藏書。

吴狀元榮進集三卷 明刊本

明開科第一狀元吴伯宗著　族裔孫吴兆璧輯　後學傅文兆校　金陵後學周文華梓
黄直序（嘉靖二十三年）
廖道南撰傳
羅倫贊

《千頃堂書目》有吴伯宗《南宫》、《使交》、《成均》三集，合二十卷，《玉堂稿》四卷，均亡。此爲嘉靖初族孫吴偉所輯，其卷一爲殿試策及會試、鄉試三場文，卷二爲詩，卷三爲文，與《四庫》所録啟崇間刊四卷本不同。有「蕉林藏書」、「蒼巖子」、「觀其大略」、「蒼巖書屋藏書記」諸印。貴陽陳氏藏書。

狀元任先生遺稿二卷 明刊本

按察司副使江左張琮編輯　監察御史郡人曹璘校正

顧英序（正德乙亥）

陳鎬題後（正德辛未）

此書不著撰人姓名，跋但云「洪武戊辰狀元任先生官至禮部［尚］書，嘗奉使安南」云云。案《明史·吴伯宗傳》云「襄陽任亨泰舉洪武二十一年進士第一，以禮部尚書使安南」，則「狀元」即亨泰也。《千頃堂書目》亦有「任亨泰《任狀元遺稿》」，但入之建文朝，則失其次。此集正德中湖廣按察司僉事慈谿顧英得之於五世孫鼎持，刊之郡庠。天一閣藏書。

解學士文集十卷附録一卷 明刊本

［明解縉撰］

羅洪先序（嘉靖壬戌）

黄諫序（天順元年）

任亨泰序
蔡朔序(天順八年)

皇明大學士解春雨先生詩集二卷 明刊本

此弘正間刊本,卷數未刻,俱留墨釘,而但刻葉數,凡百三十六葉。皆詩而無近體,似尚非足本也。

方正學先生遜志齋集二十四卷外紀二卷 明刊本

[明方孝孺撰]
孫如遊序(萬曆壬子)
徐階序(萬曆四年)
林右序(洪武三十年)
王紳序(同上)
凡例
像贊

此餘姚孫庶子如游所刊,板在祠堂,源出嘉靖台州本。《外紀》二卷,上元姚履旋所輯,亦因台州本《附録》一卷而廣之者也。

唐愚士詩不分卷 明鈔本

［明唐志淳撰］

此《四庫》著録底本，内多館臣校籤，每條下印「分校羅萬選」五朱字。原鈔不分卷，館臣分爲四卷。今《四庫》著録本二卷後又附《會稽懷古詩》及長洲戴冠和詩，此本所無，蓋後又别據一本增入也。有「翰林院印」。

巢睫集四卷 明刊本

吉永豐狀元曾棨著

吴琛序（成化七年）

《明史藝文志》：《曾棨集》十八卷。《千頃堂書目》有曾棨《西墅集》十卷、《巢睫集》五卷。《四庫》但存《西墅集》十卷之目而無此集，蓋流傳極少也。此本四卷，古近體詩共二百二十七首，與吴序所云「《巢睫》一集，約詩二百餘首」者合，則非有闕佚。天一閣藏書。

曾西墅先生集十卷 明刊本

德清吴期炤原選　後學張禮仝校　裔孫光祖重梓

吴期炤序（萬曆辛卯）

誥命

御祭文
墓誌銘
神道碑
武城書院記

明季刊本。貴陽陳氏藏書。

抑菴文集十三卷 明刊本

翰林檢討男穦編集　積鋟梓
蕭鎡序（景泰五年）
吴節後序（天順二年）
男積識語（成化二年）

每半葉十二行，行二十二字。《千頃堂書目》：王直《抑庵集》六十二卷。《明志》四十二卷。均與此集不合。《四庫》本《抑菴集》十三卷、《後集》三十七卷，即此本，乃其子積所刊，時《後集》尚未編定，乃最初刊印本矣。惜中多闕葉，未得善本校補。天一閣藏書。

運甓漫稿七卷 明刊本

河南左布政使廬陵李禎著　江西吉安府知府江浦張瑄校　江西吉安府儒學教授姑蘇鄭鋼編

陳循序（正統元年）
李時勉序（正統三年）
後序（闕後半）
每半葉十行，行十九字。天一閣藏書。

古廉李先生詩集十一卷 明刊本

南京國子監祭酒門人吴節編集　致仕大理寺右少卿弋陽李奎校正
像贊
李奎序（景泰七年）
吴節跋（景泰乙亥）
每半葉十行，行二十字。此景泰中門人吴節所編，郡守四明姚堂所刊。天一閣藏書。原闕末二卷，余從江陰繆氏藝風堂本影鈔補完。

澹然居士文集十卷 明刊本

［明陳敬宗撰］
魏驥序（天順二年）
此書《千頃堂書目》不著卷數。《明志》十八卷。《四庫》著録萬曆陳其柱刊本僅五卷。此本十卷，乃陳氏退老後，慈谿令賈奭所編，嘉靖中重刊者，在諸本爲最先矣。

東岡集四卷 明刊本

［明柯暹撰］

劉定之序（天順六年）

吴節序（天順三年）

《千頃堂書目》：《東岡集》十二卷。《四庫存目》十卷。此本四卷，目録有裁割之迹，蓋闕其後數卷也。

補拙集六卷 明刊本

迪功郎安慶府經歷男琦編

魏驥序（正統六年）

余可才序（同上）

彭義序（同上）

此西蜀楊應春詩集，後附文五篇。應春字逢泰，永樂乙酉舉人，與修《大典》，官至太僕卿。

續刻蔀齋公文集十五卷 明刊本

［明林誌撰］

誥命（洪熙元年）
象贊
論祭文（宣德二年）
國史列傳
林元華序（萬曆丁丑）
王用盛序（正統八年）

誌字尚默，福州人。永樂壬辰進士，官至右春坊右諭德，兼翰林院侍讀。此集《四庫》未著録。有「閩中徐惟起藏書印」一印。貴陽陳氏藏書。

芳洲文集十卷詩集四卷文集續編六卷 明刊本

［明陳循撰］

柯梃序（萬曆甲午）
郭子章序（萬曆丁未）
張應泰題辭（萬曆二十五年）
玄孫以躍乞言（萬曆二十一年）
祁承爜續集序

曾鳳儀續集序

嚴堯日續集序(萬曆四十六年)

姚舜牧撰傳

此集舊未行世,萬曆中玄孫以躍始刊之,《續集》則以躍所集也。《四庫存目》僅有《文集》十卷,而無《詩集》及《續集》,蓋所見本不完。有「陳書崖讀書記」、「天都陳氏承雅堂圖籍」、「陳氏藏書子孫永寶」、「太原叔子藏書記」、「桐軒主人藏書印」、「金星軺藏書記」、「家在黄山白岳之間」諸印。

默庵詩集五卷 明刊本

剡溪劉簡、金谿鄧春編次　華亭曹安校正

曹安序(成化四年)

明吏部尚書曹義撰。《千頃堂書目》載曹氏《默庵集》二卷,此本五卷,乃尚書姪景刊于滇中者。天一閣藏書。

育齋先生詩集十七卷 明鈔本

户部員外郎門生卞崇編輯　翰林院學士門生錢溥校正

自序(景泰二年)

錢溥序(景泰七年)

汪諧序(弘治四年)
制敕五通
神道碑
像贊
李紱後序(弘治庚戌)

明高穀撰。李跋謂「少保育齋先生所著詩文集八十卷,未及板行,因而散亡。紱承乏於楊,欲覩遺集於先生姻姪郭羽、門生陸磒、周鎰、鮑謙家,得詩稿二十餘卷,於是命工鋟梓」云云。此集即紱所刊,止十七卷,蓋所得或有複重,抑刊時又有删併也。《千頃堂書目》有高穀《高文毅公集》十卷,蓋又一別本。天一閣藏書。

劉文恭公集六卷 明刊本

[明劉鉉撰]

文徵明序(嘉靖己酉)
吳寬序(弘治癸亥)
行實
玄孫畿識語(嘉靖己酉)

皇甫沖題後（嘉靖戊申）

從玄孫沐後序

文恭有《假庵集》六十卷，刊於閩中，吴匏庵爲之序，後刻板及印本並亡。此本則玄孫鐖所輯也。《千頃堂書目》亦僅録此本。天一閣藏書。

敬軒薛先生文集二十四卷 明刊本

門人關西張鼎校正編輯

張鼎序（弘治己酉）

李騰芳序（弘治癸亥）

每半葉十一行，行二十二字。弘治癸亥河東運司重刊本。有「金星軺藏書記」、「文瑞樓」、「家在黄山白岳之間」、「結社溪山」、「韻璈仙館」諸印。

薛文清公全集四十卷 明刊本

禮部左侍郎兼翰林院學士河東薛瑄著　後學石州張珩校　後學邢臺趙孔昭彙編重校

張鼎序（弘治己酉）

此本於弘治本外加入《讀書録》、《讀書續録》，冠於詩文之首，故題《全集》。又附刻李賢撰《神道碑》、吕楠撰《重建祠堂記》，並彭韶《名臣録》中小傳於後。

雨溪文集二十二卷 明刊本

孤子鉞釪類編

劉定之序

子鉞序(成化六年)

明劉球撰。每半葉十行,行二十字。成化庚寅子廣東布政司參政鉞所刊。《四庫》著録本前有彭時序,此本失之。有「應宿」一印。貴陽陳氏藏書。

于肅愍公集八卷附録一卷 明刊本

[明于謙撰]

簡霄序(嘉靖丁亥)

諭祭文(成化二年)

嘉靖中河南刊本。存前五卷,餘鈔補。天一閣藏書。

和杜詩二卷 明刊本

前進士僉都御史張楷和

自序(天順四年)

自跋

此和虞註杜律百五十首，天順己卯海虞劉以則所刊。楷和古人詩最多，《千頃堂書目》所載所著《陝西紀行》諸集外，有《和選詩》、《和李謫仙樂府古詩、少陵七言律》十二卷，《和唐詩正音》二十八卷，和許渾《丁卯集》、高季迪《缶鳴集》、中峯和尚《梅花百詠》等，今惟存此二卷，餘皆不可見矣。天一閣藏書。

東里文集二十二卷 明刊本

廬陵楊文貞公士奇著

像贊

黄淮序（正統五年）

黄序後有「萬曆戊午仲秋金陵後學朱之蕃重録」二行，疑即朱元介所刊也。有「莊兆鈐印」、「和菴號曰伯韜」、「秀水莊氏蘭味軒收藏印」諸印。貴陽陳氏藏書。

東里文集續編三十四卷 明刊本

廬陵楊文貞公士奇著

李時勉序（正統九年）

每半葉十行，行二十字。每卷末有「天順五年冬十月男導□編定」一行。有「温陵張氏藏書」、「虞封賞鑑」、「雪滄所得善本」、「鞠園藏書」諸印。貴陽陳氏藏書。

東里詩集三卷 明刊本

廬陵楊文貞公士奇著

楊溥序（正統元年）

嘉靖中廣州刊本。天一閣藏書。

夏忠靖公集六卷遺事一卷 明刊本

［明夏原吉撰］

楊溥序（正統八年）

王恕書後（弘治八年）

李東陽後序（弘治辛酉）

何喬新題遺事後（弘治十三年）

錢福跋遺事（弘治十四年）

袁經跋（弘治庚申）

每半葉九行，行十七字。弘治中巡按江南監察御史袁經屬蘇州守曹鳴岐所刊，《遺事》則公之孫廷章所撰也。有「金星軺藏書記」、「古愚」、「凝香樓」諸印。

夏忠靖公集六卷遺事一卷 明刊本

像贊

楊溥序(正統八年)

張元禎遺事序(弘治十八年)

吴仲遺事序(嘉靖甲午)

丁致祥湘陰重刊本序(嘉靖元年)

誥文

曾孫弘濟誥文跋(嘉靖壬寅)

湖廣布政司重刻詩文遺事案驗(正德十六年)

何喬新題遺事後(弘治十五年)

李東陽後序(弘治辛酉)

錢福遺事跋(弘治十四年)

此嘉靖元年湘陰祠堂刊本。行款與蘇州本同,藍印明裝。有「梁氏百尺樓藏書記」一印。

黄忠宣公文集十三卷別集六卷 明刊本

[明黄福撰]

楊榮序（正統三年）
楊溥序（正統四年）
馮時雍序

《千頃堂書目》：《黄忠宣公家集》三十卷，又《集》十八卷，又《後樂堂使交文集》十七卷，又《後樂續集》無卷數。今皆不見。此十三卷乃嘉靖中馮時雍巡察海道時所刊，《别集》六卷乃録御製傳狀等，實《文集》之附録。有「汪魚亭藏閲印」一印。貴陽陳氏藏書。

溪園集七卷附録三卷 明刊明鈔補本

儒林郎翰林院修譔男迪校正　東流縣儒學教諭男進編輯　中順大夫常州府知府孫源同編　江浦縣訓導曾孫槃謄録

王直序（景泰四年）
孫源跋（同上）

右《溪園集》七卷，明周啟撰。啟字公明，吉水人，永樂中與修《大典》。附録《隨闇先生詩》一卷，乃啟之叔椝撰。椝字仲方，洪武三年進士，官台州府同知。又《山溪先生詩》、《筠溪先生詩》各一卷，則啟子道及迪撰。道字時立，迪字時。簡由承天門待詔仕至翰林院修譔。此本爲其孫源所刊，每半葉十二行，行二十二字。闕卷一、二及卷五至卷末，皆明人鈔補。天一閣藏書。

梅讀先生存稿六卷附録五卷 明刊本

贈翰林侍讀學士四明楊自懲復之

夏時正序（卷末又有夏序，成化十一年撰，此則十年後所改定也）

男守阯序（弘治十八年）

此書諸家均未著録。據守阯序，卷首尚有誥敕、像贊，此本闕。天一閣藏書。

倪文僖公集三十二卷 明刊本

［明倪謙撰］

李東陽序（弘治癸丑）

男岳跋（同上）

每半葉十一行，行二十二字。貴陽陳氏藏書。

困志集一卷 明刊本

門人海虞張徵校正　姪壻永嘉潘廷易編集　鄉貢進士男章玄應、國子生男玄會刊藏

倪謙序（成化十年）

錢溥題後（同上）

明章綸撰。《千頃堂書目》載綸所撰《拙稿》、《困志集》，均不著卷數，蓋未見其書也。此成化中子玄

應等所刊，前附曾孫吴朝鳳《復姓疏稿》，乃嘉靖初補刊本。天一閣藏書。

商文毅集十一卷 明刊本

後學莆田鄭應齡編輯　建安楊組新安劉珍校正

徐楚序（隆慶六年）

裔孫振禮等跋

此隆慶中知淳安縣事鄭應齡所刊。徐序稱「全集燬殘，僅存《奏疏》、《遺行》諸刻，兹明府鄭公博求散逸詩文，彙而梓之」云云。是《明志》所載《全集》三十二卷本時已不存。《千頃堂書目》所録亦即此本。萬曆刊本十卷，又非此本之舊矣。

商文毅公集十卷 明刊本

後學漢陽劉體元編輯　浦城徐一成校正　庠生汪士慧、周宗文，六世孫之相、之彝同校

金學曾序

劉體元序（萬曆壬寅）

此《四庫存目》所據本。貴陽陳氏藏書。

白沙子八卷 明刊本

［明陳獻章撰］

甘泉子論白沙子
高簡序（嘉靖癸巳）
卞崍跋

《白沙集》爲湛甘泉校定者，文四卷、詩五卷。此刻詩亦四卷，乃高氏簡所併也。有「秀水莊氏蘭味軒收藏印」一印。

白沙先生詩稿十卷 明刊本

古岡陳獻章公甫著
李承箕序（弘治丙辰。前闕二葉。）

卷一首行題「白沙先生詩近稾卷之一」，次行題「甲辰」。卷二題「白沙先生乙巳詩稿卷之二」，卷三丙午，卷四丁未，卷五己酉，卷六庚戌，卷七辛亥，卷八壬子，卷九癸丑，卷十首題「甲寅」而末題「白沙先生乙卯正月詩稿卷之十終」。卷末有「弘治歲甲子知望江縣事郡人沈濂重刊」一行。天一閣藏書。

類博稿十五卷 明刊本

滁縣岳正

何義門手跋：明初之文，沼緣南樣，頗患頹敗。季方豪傑，獨有唐風，雖未立家，迴擢□表。康熙戊寅夏五月，焯識。

孔少唐手跋：義門先生校定本，末有硃筆小跋，尚在欽賜翰林之先數年也。廣陶記。

書中有何義門朱筆圈點。南海孔氏、貴陽陳氏藏書。

古直先生文集十六卷附録一卷 明刊本

［明劉翊撰］

王承裕序（嘉靖三年）

李春芳序（嘉靖庚寅）

李文藻手跋：此書爲盧雅雨先生所藏，籍殁後，予過德州購得之。乾隆己丑二月，李文藻記於濮州書院之北樓。

此文和子饒所輯刊。《明詩綜》謂此書有李東陽序，此本無之，而所引序中語，乃見於李春芳序中，蓋誤春芳爲東陽也（《提要》亦仍其誤）。貴陽陳氏藏書。

竹巖先生文集十二卷 明鈔本

四世從孫維騏編校

明柯潛撰。《千頃堂書目》載柯潛《竹巖集》八卷。《四庫》所録止《詩集》一卷、《文集》一卷、《補遺》一卷。此本有文無詩，尚得十二卷，而《四庫》本所有董士宏、宋太和二序，此反無之，當是從維騏刊本鈔出而失其序也。天一閣藏書。

楊文懿公文集三十卷 明刊本

［明楊守陳撰］

弟守阯序（弘治十二年）

晉庵稿自序（天順元年）

何喬新桂坊稿序（成化二十年）

程敏政桂坊稿序（弘治二年）

凡《晉庵稿》一卷、《鏡川稿》四卷、《東觀稿》十卷、《桂芳稿》五卷、《金坡稿》九卷、《銓部稿》一卷，與《千頃堂書目》合。文懿季子茂仁所刊。有「曹氏巢南」、「竹泉山房」、「亦是樓藏書印」諸印。貴陽陳氏藏書。

黎陽王太傅集不分卷 明刊本

［明王越撰］

嘉靖本二卷。此成弘間刊本，先詩後文，共百二十五葉。天一閣藏書。

黎陽王太傅詩選一卷 明刊本

楊曦序（正德戊辰）

石祿後序（同上）

唐錦後序（同上）

此楊宗德儀巡按直隸時所選，屬山東參政石禄刊於大名。其所據者爲真定刊本，故如《瀟湘八景詞》爲上集所無。天一閣藏書。

清風亭稿八卷 明刊本

門人蘭谿儒學訓導李澄編集　翰林侍讀青齊劉珝、進士華亭張弼評　雲南按察司僉事四明俞澤重評

張楷序（天順己卯）

陶元素序（天順四年）

項麟序

魏驥題詩

楊守陳題詩

沈周題詩

張弼書後（成化乙酉）

曹安後序

右童軒《清風亭稿》八卷，成化原刊本。《四庫》即據此本著録。首有「翰林院印」，又有館臣校改之筆及「分校稽承志」一簽，而劉、張、俞三家評語，館臣悉行删去。又此本闕卷七中第六葉及第八葉，以下

館臣删去失詩之題，其不完之跡遂不可見。又併八卷爲七卷，亦失其舊。《千頃堂書目》著録《清風亭稿》一卷，恐又一别本也。有「休寧汪季青家藏書籍」、「扆硯齋圖書印」、「柯庭流覽所及」、「汪祺錫眉」諸印。貴陽陳氏藏書。

椒丘文集三十四卷外集一卷　明刊本

後學南城羅玘圭峰校正　知廣昌縣婺源余瑩訂刊　後學同邑黄選、李喬編輯

舒芬序（嘉靖元年）

余瑩跋（嘉靖壬午）

《四庫》著録何喬新《椒丘文集》四十四卷，其目爲《策略》三卷、《史論》五卷、《雜文》十二卷、《詩》十四卷、《碑誄》六卷、《奏議》三卷、《外集》一卷。此本《外集》在三十四卷外，又《詩》僅五卷，其餘皆與《四庫》本同。二本俱是余瑩編本，不知何以互異。案《千頃堂書目》：《椒丘文集》三十二卷、《附録》一卷。與此本略近，疑《四庫》著録亦即此本，而誤三十爲四十，撰《提要》時未及覆檢原書，遂改《詩》五卷爲十四卷，以求合於四十四卷之總數耳。貴陽陳氏藏書。

石田稿三卷　明刊本

長洲沈周著

彭禮序

吴寬序（弘治庚申）

童軒序（成化甲辰）

李東陽書後（正德丙寅）

靳頤序（弘治癸亥）

黄淮跋

每半葉十行，行十九字。吴寬序後有「弘治癸亥歲夏六月嘉定庠生黄淮刊行」牌子。每葉板心有「弘治癸亥集義堂刊」八字。此刊於石田生前，故無晚年詩，乃沈集第一刻也。天一閣藏書。

石田稿三卷　鈔本

長洲沈周著

此本出自黄刻而闕其中卷。有「佐伯文庫」、「陳衍之印」、「朱樫之印」、「九丹鑒藏」諸印。

彭惠安公文集八卷　明刊本

［明彭韶撰］

劉勳序（嘉靖十八年）

《千頃堂書目》：《惠安文集》十一卷，又《從吾淨稿》八卷。此八卷乃四川按察使劉勳所刊。有「蒼巖子」、「蒼巖山人書屋記」、「觀其大略」三印。貴陽陳氏藏書。

謝文莊公集六卷 明刊本

明翰林學士工部尚書贈太子少保文莊謝一夔著　曾孫廷傑輯

吴桂芳序（嘉靖壬戌）

贈謚誥命（正德二年）

象贊

附行狀輓詩

《千頃堂書目》有謝一夔《古源文集》六卷，自注「一名《謝文莊公集》」，殆即此本。

定軒存稿十六卷附録一卷 明鈔本

［明黄孔昭撰］

首詩五卷，次《唐縣稿》、次《江西湖北稿》、次《鄧州稿》、次《池州稿》各一卷，亦皆詩集。次奏稿、雜文、行狀、表志、祭文、書各一卷，讀《通鑑續編》一卷。《千頃堂書目》有《定軒存稿》之名而無卷數，蓋未見此本也。天一閣藏書。

懷麓堂文稿三十卷詩稿二十卷文後稿三十卷詩後稿十卷南行稿一卷北上録一卷求退録三卷 明刊本

明李東陽撰

楊一清序（正德丙子）
南行稿自序（成化壬辰）
北上録自序（成化十六年）
求退録自序（正德癸酉）

原一百卷。此正德原刊本。缺《經筵講讀》、《東祀録》、《集句録》、《哭子録》四種。有「安樂堂藏書記」、「夢哲」、「東吴毛氏藿哲」、「太倉毛氏家藏圖籍印」、「四麐」、「仁季父印」諸印。貴陽陳氏藏書。

縠庵集選十卷附録二卷 明刊本

明進士文林郎雲東逸史姚綬公綬著
文徵明序（嘉靖三十七年）
邵鋭序（嘉靖辛卯）
屠應埈序（嘉靖丁酉）
舊志列傳
新志人文
文彭跋（嘉靖庚辰）
沈槩書後（嘉靖辛卯）

王熙跋(嘉靖乙未)

曾孫堦跋(嘉靖丙辰)

雲東舊有文集三十卷,歲久淪逸,此十卷乃其曾孫堦所刊。《附録》卷上末有「嘉郡嵩陽山樵武原徐武夫書校,潤齋野牧胡莊余文錢類録,不肖曾孫堦哀次,不肖玄孫自虞、憲虞、應虞參對」四行。有「乃昭」、「王順德印」、「王氏乃昭」、「樂饑」、「乃昭印信」、「素風孫子」、「王氏家藏」諸印。貴陽陳氏藏書。

愧齋文粹五卷附録一卷 明刊本

[明陳音撰]

馬明衡序(嘉靖紀元)

孫須政跋(嘉靖癸未)

音字師召,莆田涵江人。天順甲申進士,官南京太常寺卿。此集乃其孫須政所刊。《千頃堂書目》十卷,一作十二卷,蓋又一本。天一閣藏書。

滄州詩集十卷 明刊本

太倉張泰亨父撰

李東陽序(弘治庚戌)

《千頃堂書目》:張泰《滄洲集》八卷。此十卷。天一閣藏書,前有范堯卿侍郎手寫目録半葉。有

「姑蘇吴岫家藏」一印，蓋吴方山所貽。

東山詩集二卷 明刊本

太子太保兵部尚書劉大夏著

吴廷舉序（正德辛巳）

王韋後序（同上）

屠應埈後序（嘉靖丙戌）

東山集生前未刊。正德戊寅吴副憲廷舉巡視湖廣，弔東山之喪于其家，從其仲子祖修得詩三百三十首，付河南參政李立卿刊之，然頗有删削。至嘉靖，板又漫漶，廷舉又以所藏律絶句八十一首，囑河南僉事平湖屠應埈并刻之。事見吴序、屠跋。天一閣藏書。

康齋先生文集十二卷附録一卷 明刊本

［明吴與弼撰］

徐岱序（嘉靖丙戌）

吴泰序（弘治七年）

敕諭（天順元年）

又（天順二年）

徐序稱「《康齋先生集》四卷刊於撫郡舊矣，初本弗善，淪于湮訛，中丞高吾陳公乃命郡守林子維德覆刊之」云云。此十二卷四册即林刊本，似即翻刊舊本，恐序所謂「舊本四卷」，實爲四册，非此本始廣爲十二卷也。《四庫》著録萬曆壬申刊本，又遠在此本之後。貴陽陳氏藏書。

襪線集五卷 明刊本

吴興史傑孟哲著

李東陽序(弘治五年)

金鋭序(成化十四年)

程楷題(弘治辛亥)

自題(同上)

《千頃堂書目》有史傑《韈線集》，無卷數，注云「潮州人」。此本題「吴興史傑」，則「潮」字乃「湖」之誤也。天一閣藏書。

和杜律一卷 明刊本

上海郁文博

余季樞序(成化十三年)

所和者虞注《杜律》百五十一首，與張楷和《杜律》同。天一閣藏書。

牡丹百詠集一卷 明刊本

吴郡張淮豫源

都穆序（弘治癸亥）

姪瑋跋（同上）

淮，吴郡人。與張以寧之孫同姓名，實非一人。此集即其姪工部郎中瑋所刊。

一峰先生文集十四卷 明刊本

明羅倫撰

聶豹序（嘉靖己酉）

羅洪先序（同上）

贈官制誥（正德十六年）

陳獻章撰傳（弘治癸亥）

張言跋（嘉靖己酉）

林應芳跋（同上）

先生集舊有弘治中王抑刊本及其子榦江陰刊本，此嘉靖中知永豐縣張言重刊于一峰書院，以弘治本及江陰本合編，而弘治本較江陰本爲足。《千頃堂書目》：《一峰集》十卷。蓋非此本。

篁墩程先生文集九十三卷外集一卷 明刊本

［明程敏政撰］

李東陽序（正德丁卯）

何詔書後（同上）

每半葉十三行，行二十七字。休寧尹張九逵、王鍇先後刊成。目録後有「東郭汪氏刊」一行。有「方功惠印」、「柳橋」、「方功惠藏書印」、「巴陵方氏碧琳琅館藏書」、「方氏書庫」諸印。貴陽陳氏藏書。

篁墩程先生文粹二十五卷 明刊本

［明程敏政撰］

林瀚序（正德元年前闕）

誥命（弘治十二年）

周經撰畫象記

汎東之撰傳

張九逵識語

戴銑後序（弘治乙丑）

每半葉十一行，行二十一字。篁墩從子曾所摘鈔，門生戴銑所銓次，休寧令張九逵所刊刻也。後序謂「先生文集共百四十卷，門人張天衢來尹休寧，欲刻之而力未逮，乃刻此本」，是此本行世在九逵所刊《文集》九十三卷之前矣。天一閣藏書。

龍皋文藁十九卷 明刊本

［明陸簡撰］

顧清序（嘉靖元年）

喬宇撰像贊

李東陽撰墓誌銘

祝鑾後序（缺末葉）

龍皋外孫楊鑨官閩中時所刊。有「周氏藏書之印」一印。貴陽陳氏藏書。

楓山章先生文集九卷 明刊本

從弟井庵居士沛編輯　毘陵後學毛憲校正

余祐序（嘉靖三年）

毛憲序（嘉靖九年）

有「文園李氏藏書帖之章」一印。貴陽陳氏藏書。

醫閭先生集九卷 明刊本

［明賀欽撰］

李承勛序（嘉靖己丑）

潘辰撰墓誌銘

成文書後（嘉靖九年）

巡撫遼東山陰成文所刊。

式齋先生文集三十三卷 明刊本

大中大夫淛江等處承宣布政使司右參政陸容文量

王鏊序（弘治壬戌）

像贊

每半葉十二行，行二十三字。計《式齋稿》二十二卷、《淛藩詩稿》八卷、《淛藩文稿》三卷，皆小題在上、大題在下，共三十三卷，與王文恪序合。此弘治原刊本，爲其家藏舊籍，首册凡卷十八末並有崇禎甲戌裔孫演識語。有「陸氏寶藏」、「甘泉世家」、「樹箴所藏」、「聖九父」、「蒼巖山人書屋記」諸印。

式齋先生文集三十七卷 明刊本

即前刊本，而末附《歸田稿》四卷。又有都元敬跋，謂「初刊三十三卷，弘治辛亥益以《歸田稿》四卷」。《千頃堂書目》云三十八卷，蓋後又有增益也。稿末有「男仲編，姪偉繕寫，邑人唐曰恭、曰信等刻字」二行。有「金元功藏書記」、「潘氏所藏」二印。貴陽陳氏藏書。

未軒公文集十二卷附録一卷 明刊本

江西提學僉事翰林院編修莆田黄仲昭著　刑部右侍郎門人大庾劉節校

劉玉序

唐太和序（戊午）

孫希白跋（嘉靖乙卯）

此未軒孫韶州府同知希白刊本。凡詩五卷，序一卷，記一卷，賦歌箴祠贊説一卷，銘誌一卷，祭文一卷，雜著一卷，奏疏一卷。《四庫》著録本則文六卷、詩五卷、詞一卷，而以碑文、墓誌銘附之，又有《補遺》二卷，編次與此本不同，蓋在此本之後。貴陽陳氏藏書。

使東日録一卷 明刊本

［明董越撰］

汪俊序（正德甲戌）

首葉第二行題「儒林郎大理寺寺」七字，以下摩滅，蓋編校者銜名。此越子山東轉運使天錫所刊。《四庫存目》即據此本。天一閣藏書。

屠康僖公文集六卷附録一卷 明刊本

［明屠勳撰］

王鏊序（正德十四年）

張弘至序（同上）

朱國祚合刻屠氏家藏二集序

又陳懿典序（萬曆乙卯）

《千頃堂書目》：屠勳《東湖遺稿》十二卷，又《家藏集》六卷。此與子應埈《蘭揮堂集》同刊。板心有「太和堂」三字，一名《太和堂文集》，殆即所謂《家藏集》也。目録後有「曾孫男豫禎觀同校刊」一行。有「赤堇山人」一印。

邵半江詩五卷 明刊本

［明邵珪撰］

王□像贊

男天和跋（正德乙亥）

附録程敏政《清江寄寄亭記》、李東陽《送邵君文敬知思南序》、倪岳《南園别意》三篇。《千頃堂書目》有邵珪《半江集》六卷，或併《附録》數之也。珪字文敬，宜興人，以户部員外郎出爲貴州思南府知府。

天一閣藏書。

匏翁家藏集七十七卷補遺一卷 明刊本

［明吴寬撰］

王鏊序（正德己巳）

徐源後序（正德三年）

原有李東陽序，此本闕佚，有「梅郵珍藏」、「漢瓦軒」二印。貴陽陳氏藏書。

石淙詩稿十九卷督府稿一卷 明刊本

門生北地李夢陽評點

□□序（闕末葉）

自訟稿自序（正德庚午）

方鵬玉堂後稿序（嘉靖戊子）

段炅督府稿序（嘉靖五年）

唐鵬書督府稿後（嘉靖丙戌）

計《鳳池詩稿》一卷、《省墓詩稿》一卷、《禫後詩稿》一卷、《西巡詩稿》一卷、《北行詩稿》一卷、《容臺詩稿》一卷、《行臺詩稿》一卷、《歸田前稿》一卷、《自訟詩稿》一卷、《制府詩稿》一卷、《吏部詩稿》一卷、

《玉堂詩稿》一卷、《歸田後稿》一卷、《督府詩稿》一卷、《玉堂後稿》二卷，凡十九卷，皆首題「石淙詩稿卷某」而次題「某類」並「詩集」也。而《督府稿》又有卷二，則係簡尺，別附於後。詩集至《督府稿》（第十七卷）止，皆有李空同評語。而《西巡》、《北行》二稿並有康對山評，故此二卷首並題「門生李夢陽、武功康海評點」。《千頃堂書目》有楊一清《石淙詩稿》二十卷，即此本也。天一閣藏書。

震澤先生集三十六卷　明刊本

［明王鏊撰］

霍韜序（嘉靖十五年）

馬東田漫稿六卷　明刊本

東田馬中錫著　沙溪孫緒評　錫山文三畏校

孫緒序（嘉靖丙戌）

王崇慶序（嘉靖十七年）

文三畏後序（嘉靖戊戌）

許來學跋（同）

中錫字天禄，故城人，官至都察院左都御史。此集其子國子監生師言所刊。《千頃堂書目》有《東田詩集》六卷，即此本也。貴陽陳氏藏書。

雁蕩山樵詩集十五卷 明刊本

明正奉大夫廣東右布政使東甌曼亭吴玄應順德撰　福建僉事孫吴朝鳳輯　浙江左布政使閩游居敬校

游居敬序（嘉靖三十五年）

玄應爲尚書章恭毅公綸之子。至其孫朝鳳，始疏復吴姓。《千頃堂書目》有章玄應《雁蕩山樵詩集》十五卷是也。此集即朝鳳所輯，而請游可齋删定而序之。天一閣藏書。

瓜涇集二卷 明刊本

江西南昌府經歷弟澄彙集　翰林院侍講門人吴一鵬校正　蘇州指揮同知男棨編次

李東陽序（正德甲戌）

王鏊序

明徐源撰。源字仲山，長洲人，官至都察院右副都御史。此集其門人監察御史賀泰所刊。貴陽陳氏藏書。

菊庵集十二卷 明刊本

［明毛超撰］

彭杰序

周鳳序（嘉靖乙未）

孫伯温跋（嘉靖乙未）

超字儀超，龍城人。成化辛酉舉人，官至兵部郎中、雲南廣西府知府。此其孫伯温所刊。《千頃堂書目》未著録。天一閣藏書。

碧川文選四卷 明刊本

［明楊守阯撰］

自序（闕後一葉）

陳琳序（闕前一葉）

陸釴跋

有「詩龕書畫印」、「詩裏求人龕中取友我懷如何王孟韋柳」、「韓氏藏書」、「玉雨堂印」、「宗室盛昱收藏圖書印」諸印。

見素文集二十八卷 明刊本

後學黄佐校正　孫男及祖重梓

郭待聘序（萬曆乙酉）

族子富跋（嘉靖乙酉）

孫男及祖跋（萬曆乙酉）

《見素文集》嘉靖乙酉族子富刊於穗城者，或云二十八卷（富跋），或云二十五卷（及祖跋）。此二十八卷，孫及祖所刊。《四庫》著録者別有《奏疏》七卷、《續集》十二卷，或又刊于此本後矣。貴筑陳氏藏書。

見素詩集十四卷 明刊本

［明林俊撰］

楊一清序（正德乙卯）

李夢陽序

邵寶後序（同上）

《四庫》著録《文集》二十八卷、《奏疏》七卷、《續集》十二卷，無《詩集》。此集爲公伯子達所刊，《四庫》修書時未見。天一閣藏書。

少傅野亭劉公遺稿八卷 明刊本

［明劉忠撰］

鄒守益序（嘉靖癸卯）

郭樸跋（嘉靖甲辰）

《千頃堂書目》：劉忠《野亭遺稿》十卷。此本八卷，出於鄒東廓所選，文肅孫中書存思所刊，此又萬曆重刊本。郭跋後有「萬曆丙辰春曾孫奉祀官餘禄、玄孫儒學生員祖文、祖肅重刻」一行。《四庫》未著録。貴陽陳氏藏書。

柴墟文集十五卷 明刊本

［明儲巏撰］

邵寶序（嘉靖乙酉）

裔孫元基跋（天啟三年）

此嘉靖乙酉文懿從子洵刊於沔陽，天啟中修板。有「胡氏茨邨藏本」、「朝爽閣藏書記」、「慕齋監定」、「宛平王氏家藏」、「巴陵方氏碧琳琅館藏書」、「方功惠藏書印」、「方家書庫」諸印。貴陽陳氏藏書。

容春堂前集二十卷後集十四卷續集十八卷别集九卷 明刊本

後學華希閔校刊

李東陽序

王鏊序（正德丁丑）

浦瑾前集序

前集後自序

《後集》十四卷，板心均題「勿藥集」，蓋《後集》之本名。《千頃堂書目》於四集外别出《泉齋勿藥集》

四十卷，蓋當時又有單行之本歟。有「□齋圖書」、「巴陵方氏碧琳琅館藏書」、「方功惠審定舊槧精鈔書籍印」、「方功惠藏書印」、「方家書庫」諸印。

雪舟集十二卷續集二卷 明刊本

徽郡望雲黄長壽刻梓　男褱編次

方鵬序（嘉靖戊子）

唐龍序（嘉靖己丑）

吕楠序（嘉靖九年）

倫以訓序（嘉靖丙戌）

孫繼魯復序（嘉靖八年）

丘九仞後序（嘉靖庚寅）

明黄瓚撰。瓚字公獻，儀真人，官至南京兵部右侍郎。《千頃堂書目》有《文集》十二卷、《續集》四卷。此本《續集》僅二卷，其子户部主事褱所刊。有「徐石卿」、「陶淑精舍收藏」二印。貴陽陳氏藏書。

竹廬詩集一卷 明刊本

南海吴璉著

胡韶序（嘉靖九年）

璉，成化甲辰進士，官進賢知縣。其集《千頃堂書目》、《明志》均未著録。天一閣藏書。

又一部 同上

明太保費文憲公詩集十五卷 明刊本

後學鉛山知縣黄中刊行，次男懋良類編，冢孫延之校正。《千頃堂書目》有費宏《鍾石先生文集》二十四卷，《自慚漫録》無卷數。《四庫總目》云宏有《鵝湖摘稿》二十卷，未見。此十五卷專爲《詩集》，蓋在《文集》之外。《四庫》以《費文憲集選要》七卷入《存目》，非完帙也。天一閣藏書。

赤城夏先生集七卷補遺一卷附録一卷 明刊本

［明夏鍭撰］　涇縣王廷幹集

王廷幹序（嘉靖二十一年）

黄儀序後（同上）

此嘉靖中王巖潭所集。《四庫》本二十三卷，蓋後來續編也。貴陽陳氏藏書。

鰲峰類藁二十六卷 明刊本

［明毛紀撰］

李廷相序（嘉靖辛丑）

徐縉序（嘉靖壬寅）

貴陽陳氏藏書。

逸窩詩集二卷文集一卷 明刊本

龍泉彭孔堅作

李穆序(弘治甲寅)

自序(同上)

天一閣藏書。

石谷達意稿十二卷 明刊本

廣安吳伯通原明著

像贊

汪城序(正德十一年)

每半葉十一行,行二十一字。卷末有「弘治十四年正月男薦編録于甘棠書院」一行。

西村先生集二十八卷 明鈔本

松陵史鑑明古父著　門人文徵明閲　雲間陳繼儒醇儒父校　耳孫册編輯

盧襄序

周用序

劉鳳序
徐應雷序(萬曆三十二年)
墓表
挽詩

徐紫珊手跋:《西村集》,《四庫》著録者僅六卷(實八卷),乃康熙中吴江所刊。《提要》云鑑集初爲陳繼儒所選,凡二十八卷,舊藏徐釚家,見王士禎《池北偶談》,今其原本已不可得見矣。今此本正是陳眉公選定二十八卷,徐虹亭太史印記前後具存,第二本更有虹亭手寫《列詩》小傳一則,蓋即《池北偶談》所載《四庫》未見之本也。道光乙未二月,徐渭仁記于縣橋之寒木春華館。(下有「文臺」、「紫珊翰墨」二印)

又跋:朱竹垞云,西郵才名亞於石田,然以詩論,刻意學古,似當勝沈一籌。其述曾祖仲彬行狀,止云「推擇爲税長」,先民質實,不誣其祖若是。其後《致身録》出,始云授翰林院侍書,浸假而直文淵閣矣,浸假而擢翰林院侍讀學士矣,浸假而没後建文帝有御製文、易名曰忠獻矣,常熟錢氏、吴江潘氏二先生辨其妄。近有司祀於瞽宗,此當考實者也。

此史氏家藏稿本,目録前有「六世孫册彙輯、八世孫在楷珍藏、九世孫編年鱗重校」一行,全書皆明代舊鈔,唯序目及卷二十三首補十葉稍後,蓋即編年等所增入也。每册首有「溧陽侯裔」、「鄂韡堂印」,

皆史氏舊印。虹亭與史氏同里，故書入其家。有「舊史徐釚」、「菊莊徐氏藏書」、「徐渭仁印」、「竹篔盦」、「徐文臺竹篔盦收藏印」、「曾爲徐紫珊所藏」、「購此書甚不易願子孫勿輕棄」諸印。

傳響集十二卷附録一卷 明刊本

松陵崔瀓淵文著

吳惠序（嘉靖八年）

蔡羽序

子碩跋

天一閣藏書。《千頃堂書目》有此書，不著卷數。

碧溪詩集六卷附録一卷 明刊本

慈谿張鐵子威著

陸深序（正德丙子）

陸深書後（同上）

男瀾跋

此子威孫知金壇縣事堯所刊，跋言「詩文稿共十五卷，文集、雜著尚俟續刊」。天一閣藏書。

雲松詩略八卷 明刊本

門人應山縣儒學訓導吉水蕭贇摘編　賜進士翰林院庶吉士泰和歐陽鵬評點　門人石城縣儒學生員黄吉、楊敏等刊行

胡易序（弘治七年）

蕭贇書後（後闕）

明魏偁撰。偁字達卿，鄞縣人，官石城訓導。序後有「弘治七年秋吉旦刊于石城儒學著書亭」牌子。《千頃堂書目》無卷數，蓋未見此書。天一閣藏書。

聯錦詩集三卷 明刊本

將仕佐郎姑孰夏宏仲寬集

劉定之序（天順八年）

汪浩序（天順癸未）

羅綺序（景泰六年）

周鑑後序（天順元年）

黎顥後序（天順二年）

集唐宋元人詩爲七律若干首。《千頃堂書目》云四卷。天一閣藏書。

顧滄江詩集二卷 明刊本

明仁和滄江顧文淵著　南京水部郎中外孫許嶽校編

張勉學序

王鑑之《勉滄江顧靜鄉不遇文》(正德壬申)

孫敬言後序(嘉靖丙申)

天一閣藏書。

戒庵文集二十卷 明刊本

[明靳貴撰]

《四庫存目》謂此集爲吴郡蔡羽所編，想所見必有序跋，此本已亡之矣。貴陽陳氏藏書。

祝氏文集十卷 明鈔本

祝允明枝山

謝元和手跋：　枝山先生詩文集，老朽手録以贈内翰衡山先生，少申微意。嘉靖甲辰四月十日，謝雍(時年八十有二)。

何屺瞻手跋：　枝山先生文集殘本二帙，乃文氏故物，余得之朱之赤家。閲至卷末，知爲先朝老儒謝雍手書。集中有《贈謝元和序》，以爲「通家之法幸而存者」，即其人也。觀其汲汲傳録父友之文，耄而不懈，信乎無愧斯語。後來摩挲是編，其亦當耻爲偷薄也夫。辛巳春日，何焯書。

右文五卷、詩四卷、詞一卷，書題記卷數之字皆剜去，蓋中有闕佚也。《千頃堂書目》：枝山《祝氏集略》三十卷、《懷星堂集》三十卷、《祝氏小集》七卷。《四庫》著録《懷星堂集》，未見。以《集略》校之，則文五卷中不見於《集略》者凡七十一篇，詩亦稱是，其詞一卷則《集略》所無。近元和祝氏後裔據此本覆刊，編爲四卷，則亦失此本之舊矣。有「文徵明印」、「惟庚寅吾以降」、「竺塢艸廬」、「文從鼎印」諸印。

祝氏集略三十卷 明刊本

張景賢序（嘉靖丁巳）

此知蘇州府雲中温某所刊。貴陽陳氏藏書。

整庵先生存稿二十卷 明刊本

［明羅欽順撰］

自序（嘉靖十三年）

喻時序（嘉靖癸丑）

像贊

弟欽德跋（嘉靖甲午）

男琰珝跋（嘉靖壬子）

此文莊子琰玥所刊。據跋尚有《續稿》十三卷，《千頃堂書目》亦云，而行世本皆無之，蓋未授梓也。貴陽陳氏藏書。

山齋吟稿三卷 明刊本

不肖男泓輯録　三山林大輅選校　石莊柯維熊評校

馬明衡序（嘉靖十七年）

柯維熊序後（同上）

《千頃堂書目》有鄭岳《山齋淨稿》二十四卷，又《西行紀》四卷，未録此書。天一閣藏書。

崆峒集二十卷 明刊本

［明李夢陽撰］

此嘉靖時刊本。天一閣藏書。

空同集六十三卷 明刊本

高文薦序（萬曆六年）

黄省曾序（嘉靖九年）

此山西覆刊蘇州本。蘇州本爲空同家刊，最爲精絶，在通行六十六卷之上。此萬曆時覆本，尚有規摹。有「孝感丁氏星海」、「滄浪漁父」、「家有賜書」、「守瓶齋珍藏印」諸印。

空同精華集二卷 明刊本

南宫子猶引（嘉靖甲寅）

敘刻略（沈明臣、倪均二則）

此豐南禺所選，屠田叔本晙所刊。南宫子猶，疑亦南禺託名也。天一閣藏書。

嘉靖集一卷 明刊本

空同山人撰

此空同嘉靖元年至三年之詩。卷末有「吴郡朱整校」五字。天一閣藏書。

具區集三卷 明刊本

趙鶴著　葛澗選

《國寶新編》小傳

葛澗識語

《千頃堂書目》載《耽勝》、《具區》二集，均無卷數，蓋未見此書。天一閣藏書。

渼陂集十六卷續集三卷 明刊本

［明王九思撰］

唐海序（嘉靖十一年）

自序（嘉靖辛卯）
翁萬達續集序（嘉靖丙午）
張治道續集序（嘉靖二十四年）
王獻跋（嘉靖癸巳）

正集巡按山西監察御史王惟臣獻刊于平陽，《續集》則陝撫都御史翁東崖萬達刊於鄠縣，此合印本。天一閣藏書。

熊士選集一卷附録一卷 明刊本

［明熊卓撰］

李夢陽序（正德七年）
吴嘉聰跋（同上）
楊廉撰墓志銘
祭文二首

士選，豐城人。以監察御史劾劉瑾，罷官，未幾卒。知豐城事吴嘉聰爲刊其集。此天一閣重刊本，書題下有「四明范欽校刊」一行。天一閣藏書。

龍江集十四卷 明刊本

雲間唐錦士絅

顧名世序（隆慶三年）

朱希周撰墓誌銘

錦，上海人。弘治丙辰進士，官至江西提學副使。此集十四卷，與《千頃堂書目》所録同。目録後及卷末並有「隆慶己巳唐氏聽雨山房雕梓」，又有「長洲錢世傑寫、姚起刻」二行。有「朱域」、「敷九」二印。貴陽陳氏藏書。

浮湘稿四卷山中集四卷凴几集五卷續二卷息園存稿十四卷 明刊本

姑蘇顧璘

蔡羽《浮湘稿》序

金大車後序

陳東《山中集》序（嘉靖十七年）

《凴几集》自序

皇甫涍《憑几集》序（嘉靖庚午）

《四庫》著録全集尚有《息園存稿》文九卷、《緩慟集》一卷。《存稿》前並有鄧繼中序，此本皆脱。天一閣藏書。

邊華泉集八卷 明刊本

郡人劉大民希尹彙次

李寵序（嘉靖二十二年）

李廷相撰神道碑銘

劉天民跋

天一閣藏書。

劉清惠公集十二卷 明刊本

明豫章劉麟著　後學錫山陳幼學進賢、熊明遇　吴興朱鳳翔、丁元薦同校梓

朱鳳翔序（萬曆丙午）

清惠晚家長興，故此集爲湖州守錫山陳幼學所刊。《四庫》著録即據此本，故書中有館臣標識之處。朱序撤去前半葉，蓋因有「翰林院印」也。貴陽陳氏藏書。

唐伯虎集二卷 明刊本

［明唐寅撰］

袁袠序（嘉靖甲午）

天一閣藏書。

陽明先生文録五卷文録外集九卷别録八卷 明刊本

明王守仁撰

黄綰序(嘉靖乙未)

鄒守益序(嘉靖丙申)

此先生門人錢德洪刊於姑蘇者,爲陽明集第一刻本。有「泰州王氏雪颿藏書記」、「王焕業印」、「秀水莊氏蘭味軒收藏印」諸印。

杭雙溪先生詩集八卷 明刊本

弟允卿洵重刻

王慎中序(嘉靖己未)

林東海跋

此與《四庫》著録本同。貴陽陳氏藏書。

凌谿先生集十八卷 明刊本

寶應朱應登升之

《千頃堂書目》:《凌谿集》十八卷。與此本同。《明志》十九卷,誤也。有「淮海世家」、「高郵王氏藏書」二印。貴陽陳氏藏書。

白齋先生詩集九卷 明刊本

四明張琦君玉著　玉峰朱欽編次評點

林俊序(正德癸酉)

自跋(同上)

天一閣藏書。

秋佩先生遺稿四卷 明刊本

[明劉茝撰]

葉桂章序(嘉靖四年)

楊上林序

朱曰藩序

譚棨序(萬曆旃蒙赤奮若)

男步武小引(嘉靖戊申)

茝，涪州人，弘治己未進士。此集譚參政棨初刊於徐州，未成，以憂去。後沈雲谷守涪州，覆刊此集，譚因序之。貴陽陳氏藏書。

夢蕉存稿四卷附詩話二卷博物志補二卷 明刊本

豐城游潛用之著

陳堯序(嘉靖四十年)

王心序(嘉靖戊申)

此潛子漢陽通判□所刊。後有萬曆庚子曾孫曰陞修板跋。貴陽陳氏藏書。

對山集十九卷 明刊本

明康海撰

王九思序(嘉靖乙巳)

翁□序(同上)

張治序(嘉靖二十四年)

吴孟祺後序(同上)

趙時春後序(嘉靖丙午)

此張太微治所編,知西安府吴六泉孟祺所刻。板頗磨泐。卷末有「咸寧縣儒學教諭楊淮校,生員宋資世、陳元、楊宗震、李湛、龔平書」六行。有「大高山館藏書」一印。

魯文恪公文集十卷 明刊本

竟陵魯鐸振之著　京口李維楨本寧校

李濂序（嘉靖二十七年）

李維楨序

方梁後序（隆慶元年）

《四庫存目》題「存集」，而卷數與此本同，或同一書也。貴陽陳氏藏書。

白房雜興三卷白房雜述三卷白房續集備遺一卷 明刊本

［明朱衮撰］

呂藿序（萬曆壬午）

《雜興》三卷詩集，《雜述》與《續集》皆文集也。《千頃堂書目》有朱衮《水衡餘興》一卷，又有《夢劍緒言》、《雪壺唱和》、《三峯文集》三種，均無卷數，而不著此集。又謂衮字朝章，上虞人。據此集則衮字子文，號石北，永福人，官至雲南布政。字里俱不同，然同爲弘治壬戌進士，固不容有二人也。貴陽陳氏藏書。

浚川内臺集三卷公移集三卷駁稿集二卷 明刊本

［明王廷相撰］

李復初序(嘉靖十八年)
郭廷冕公移駁稿序
《四庫存目》有《内臺集》七卷,凡詩二卷、詞一卷、雜著一卷、奏疏一卷、雜文二卷。此本三卷皆奏疏,與彼本異。《駁稿集》板心題「祥刑集」。貴陽陳氏藏書。

山堂萃稿十六卷附讀書劄記八卷續記一卷答朋友書略一卷 明刊本

延陵徐問著　清江孫偉、開化方豪、香山黄佐批評　邑人王忱校編

唐順之序(嘉靖辛丑)
凡例
張志選跋(同上)
林華劄記跋(嘉靖乙未)

知常州晉江張志選刊于郡齋,乃合清江學宫所刊舊集及臨江郡齋所刊《唱和集》合而編之,詩文末附評語。《千頃堂書目》:《山堂萃稿》四卷,注「一作十六卷」,即此本也。

栢齋文集十卷 明刊本

[明何瑭撰]

鄭藩本文十卷、詩一卷。此本共爲十卷,無序跋,惟詩集首有嘉靖四年自序,疑即文定自刊本也。板

心無字，惟每葉書欄右題「栢齋文集」、卷數、葉數。天一閣藏書。

何文定公集十一卷 明刊本

賈待問序

鄭王序（嘉靖己酉）

何三樂序

又序（闕末葉）

張鹵《何文定公傳》

此萬曆四年懷慶府知府賈待問重刊鄭藩本。

何仲默集十卷 明刊本

［明何景明撰］

唐龍序（嘉靖三年）

康海序（同上）

張治道識語

此康德涵、張時濟所編。分體纂録，每體首《家集》，次《京集》，次《關中集》，且注於目録及本集中。康序後有「西安門人費槃、李文華、种雲漢、張三畏校刻」五行。此大復集第一刻本也。天一閣藏書。

何氏集二十六卷 明刊本

奉直大夫知信陽州桂林任良榦校

王廷相序(嘉靖十年)

卷一至三爲辭賦,卷四爲四言古詩,卷五、六爲樂府,均不題「何集」。卷七八題「使集」,卷九至十三題「家集」,卷十四至二十題「京集」,卷二十一題「秦集」,每集亦分體編次。卷二十二以下則爲文集。卷二十二題「内篇」,餘爲「外篇」。與《四庫》著録本編次不同,每葉板心有「義陽書院」四字,蓋其鄉里刊本也。天一閣藏書。有「東明草堂」、「范氏堯卿」二印。

何氏集二十六卷 明刊本

唐龍序(嘉靖三年)

編次行款並與義陽書院本同。唐序板心有「野竹齋雕」四字,蓋吴郡沈辨之刊本也。有「豫儀周雪客藏」、「密庵鑑藏之印」、「慧文齋」、「孟威父」、「方功惠審定舊槧精鈔書籍印」、「方功惠藏書印」、「方氏書庫」、「碧琳琅館珍藏」諸印。

大復集三十七卷 明刊本

都指揮堉袁璨刻

王廷相序(嘉靖十年)

唐龍序（嘉靖三年）
唐海序（同上）
喬世寧《何先生傳》
樊鵬撰行狀
孟洋撰墓誌銘
鄒察跋（嘉靖乙卯）
此知信陽州鄒察及大復壻袁璨校刊，較諸本最爲詳備。天一閣藏書。

大復集 明刊本
大復山人何景明撰
晉府校正
無用子楊保刊
存卷三至卷七。天一閣藏書。

周恭肅公集十六卷 明刊本
明周用撰
朱希周序（嘉靖己酉）

《千頃堂書目》有周用《白川集》十六卷。此本恭肅子國南輯刊，末附神道碑、祠記、墓誌、傳狀。每葉板心有「川上艸堂」四字。貴陽陳氏藏書。

洹詞十二卷 明刊本

相臺崔銑仲鳧著

每葉板心有「趙府味經堂」五字。貴陽陳氏藏書。

鈐山堂集三十六卷 明刊本

［明嚴嵩撰］

湛若水序（嘉靖三十年）

張治序（嘉靖乙巳）

王廷相序（嘉靖十二年）

唐龍序（嘉靖辛卯）

劉節序（嘉靖壬辰）

黃綰序（嘉靖癸巳）

崔銑序（嘉靖己亥）

孫偉序（正德乙亥）

王維楨序（嘉靖丙午）
楊慎序（嘉靖丙午）
像贊

此書湛、張二序並目録均云三十二卷，而書則實三十六卷，其末四卷皆碑銘，與卷二十八同類，蓋序目刻成後所續補也。《千頃堂書目》云四十卷，《明志》二十六卷，《四庫存目》本三十五卷，與此並不合。有「千墨百研文房」、「具美堂白記」、「同睦堂珍藏書畫圖章」諸印。

鈐山堂詩鈔二卷 明刊本

漁石唐龍批　鷺沙孫偉評　門人盧梗校　山人周雨鈔
趙文華序（嘉靖庚子）
説鈐山堂詩

此崑山盧子木所刊。天一閣藏書。

振秀集二卷 明刊本

鷺沙孫偉、成都楊慎評點　長洲皇甫汸、句吴顧起綸選編
楊慎序（嘉靖甲寅）
皇甫汸序（同上）

顧起綸序（嘉靖乙卯）

王其勤跋（嘉靖丙辰）

目録後有「丙辰春日後學顧起綸重編於梁溪之奇字館」十八字，卷末有「丙辰端陽吴趨梁元壽雕」十字。天一閣藏書。

歷官表奏十二卷直廬稿二卷 明刊本

唐龍序（嘉靖乙巳）

韓邦奇序（嘉靖丙午）

郭希顔序（嘉靖乙巳）

王材直廬稿後序（嘉靖辛亥）

嵩有《南宫奏議》，此《表奏》十二卷均在《奏議》之外。板心有「鈐山堂」三字，即其所自刊。天一閣藏書。

南還稿一卷 明刊本

不著撰人姓名。稿中有《百禄堂》一詩，攷百禄堂乃嚴嵩南昌府第正室，故知爲嵩作也。天一閣藏書，有范侍郎手批數處。

儼山文集一百卷 明刊本

門生黄標校編

費寀序

徐階序（嘉靖丙午）

文裕子楫所刊。此最初印本，尚無《續集》及文徵明後序。

陸文裕公續集十卷 明刊本

唐錦序（嘉靖辛亥）

陸師道後序（同上）

文裕子楫所刊。貴陽陳氏藏書。

莊渠先生遺書十六卷 明刊本

蘇州府知府太原王道行校刻　崑山縣知縣清河張焯同梓　門人歸有光編次

胡松序（嘉靖辛酉）

《千頃堂書目》：《莊渠文録》十六卷、《遺書》十卷。此本亦十卷，後六卷爲《拾遺》。《四庫》著録本十二卷，蓋非完本也。有「張在辛印」、「卯君」、「東武鍾麗泉珍藏」諸印。貴陽陳氏藏書。

石川集五卷附録一卷　明刊本

壽張殷雲霄近夫撰

王廷序（嘉靖己酉）

李方赤手跋：近夫先生有《瀛州》、《芝田》二集，合爲《石川集》。宋蒙泉《山左明詩鈔》載四十三首。朱秀水謂其「風骨自存，終不作鋪眉苦眼求似」。穆敬甫云「殷君與太白山人多唱和，宜其風度似元。崔禮侍所作墓銘記先生生平甚悉，而諫武宗納馬姬事獨不載，《明史稿·文苑傳》詳之，蓋當時多所忌諱耳。余求先生集數年不可得，丙戌新正五日宫生爽齋塏以賤直獲之琉肆，不覺狂喜。吾鄉前朝文獻淩替殆盡，詩文刊本之流傳亦罕有存者。新城王漁洋先生有欲選海右五十家之願，而終未畢，洵可浩歎。予數年所得先哲遺集頗多，皆爽齋搜輯之力也。月汀李璋煜跋。

《千頃堂書目》：《石川集》五卷，又《遺集》二卷。此本無《遺集》，蓋二集本不並行。有「長白敷槎氏堇齋昌齡圖書印」一印。貴陽陳氏藏書。

殷給事集選二卷附一卷　明鈔本

鳳陽殷雲霄

皇甫汸序（嘉靖辛丑）

明無名氏手跋：近夫詩予不得多見，又嘗於毘陵瞿氏處見二鈔本，視此殆倍。此爲皇甫司勳所選，乃僅似瑒稗囊屑耳。予往歲曾坐滄道堂看，詩十得一，文十得三。

《千頃堂書目》有殷雲霄《石川集》五卷、《遺集》二卷。此殆從五卷本選出也。《目》云雲霄字近夫，壽張人，南京工科給事中。此題「鳳陽殷雲霄」，則非壽張人矣。有「葛起龍印」、「桃花源裏人家」、「帶經艸堂」諸印。

木亭先生雜藁二十六卷續藁一卷別集一卷 明刊本

［明樂護撰］ 嫡孫新鑪輯校

自序（嘉靖壬戌）

徐良傳序（同上）

墓誌銘

行狀

《千頃堂書目》：《木亭雜稿》三十六卷。此本實二十六卷，蓋訛「二」爲「三」也。《別集》爲入祀鄉賢祠申文及祭文，亦孫新鑪所輯。貴陽陳氏藏書。

鄭詩十三卷附録一卷鄭文十五卷 明刊本

閩鄭善夫撰 楚汪文盛編

林釴撰墓銘（嘉靖三年）

此集汪白泉文盛守福州時所刊。天一閣藏書。

鄭詩十三卷 明刊本

天一閣藏書。

徐迪功集六卷附談藝録一卷 鈔本

明迪功郎國子監博士前大理寺副吴郡徐禎卿昌穀撰

李夢陽序

此從李空同豫章刊本鈔出。貴陽陳氏藏書。

張文定公覲光樓集十卷紆玉樓集十卷養心亭集八卷 明刊本

［明張邦奇撰］

邦奇字常甫，鄞縣人。弘治乙丑進士，官至南京兵部尚書。此集共二十八卷，《覲光樓集》皆應制對揚之作，《紆玉樓集》其文集，《養心亭集》其經説語録也。《千頃堂書目》所載尚有《環碧堂集》十六卷、《靡悔軒集》十二卷、《四友亭集》二十卷，又有《張文定公集》五十卷，皆未見。貴陽陳氏藏書。

箬溪歸田詩選一卷 明刊本

吴興顧應祥著　新都楊慎評選

楊慎序（嘉靖己酉）

陳光華跋（同上）

此楊升庵所選，知雲南府莆陽陳竹莊光華刊於滇中。天一閣藏書。

太白山人詩集五卷 明刊本

明孫一元撰

鄭善夫序（正德戊寅）

方豪序（正德十五年）

殷雲霄太白山人傳

劉麟撰墓誌銘

祝鑾弔辭

張浩祭文

鄭漱石手跋：太初始來，吴少谷子以書遺家君曰「亟爲我拉太初至闕一見」，於是遂納交焉，且曰「天地間不可無斯人」。余時幼，心竊疑其過。及今讀其詩，然後知天地間不可無此詩也。不可無此詩，則宜有此人矣，少谷子之言然。□□漫識。

徐興公手跋：余家有太初集數册，編年彙體，鏤板不同。此本乃吾鄉鄭漱石先生所藏者。右方五行，鄭公之筆，且述其父蒲澗與少谷定交之言。余偶得於市肆舊書中，遂購以歸。漱石善詩工草書，與先君同貢於鄉，未仕而卒，子孫寖微，書籍散逸多矣。此本今在余家，豈非不幸中之幸耶。己亥春仲，徐惟起題。

林洣雲手跋：太初集余架上有一部。兹復得此本，以先正徐興公宛羽樓所藏，故留之。戊戌九月晦日，洣雲識。

此本吴興張浩所刊，題「太白山人詩集」，而鄭善夫序則題「太白山人漫稿」。《千頃堂書目》：《太白山人漫稿》五卷。殆即此本也。有「鄭赤之印」、「鄭氏注韓居珍藏記」、「□生」、「徐熥真賞」、「葉氏雨郇珍藏」、「正青之印」、「林洣雲氏」諸印。貴陽陳氏藏書。

升庵選禺山七言律詩一卷 明刊本

滇張含愈光著　蜀楊慎用修評選　滇邵惟中希舜校　吴華雲從龍同校

華雲序（嘉靖庚申）

曾嶼序（嘉靖丙辰）

天一閣藏書。

張禺山戊己吟三卷作詩一卷作詩續一卷 明刊本

禺山張含愈光雜著　升庵楊慎用修批點

楊慎序（嘉靖二十八年）、又書月塢少年二詩并書後天一閣藏書。

矯亭存稿十八卷續稿八卷 明刊本

崑山方鵬著　弟鳳編

吴仕序（嘉靖辛卯）

周鳳鳴續稿序（嘉靖己亥）

《千頃堂書目》：方鵬《矯亭集》十八卷、《續集》八卷、《詩集》八卷。此本無《詩集》。

改亭續稿十卷 明刊本

崑山方鳳著　玄孫士驤上服父重較輯

姜龍序（嘉靖甲辰）

鳳字時鳴，崑山人。正德戊辰進士，官至廣西提學副使。《千頃堂書目》有方鳳《改亭存稿》十卷、《續稿》六卷。此本雖無《存稿》，而《續稿》多至十卷，則黄氏所見非完本也。有「蒼巖子」、「觀其大略」二印。貴陽陳氏藏書。

韓五泉詩四卷附録二卷 明刊本

［明韓邦靖撰］

劉鳳池序

康海序（嘉靖丁酉）

《千頃堂書目》：《五泉集》二卷。蓋未見此本。天一閣藏書。

可泉辛巳集十二卷　明刊本

學生吴門馬驥、門人祁門吴廷亮、皖陳國編　國子生江陰陳中孚、學生吴門陳津、王寵校

邵賓序（嘉靖甲申）

歸仁識語

此胡可泉纘宗知蘇州時所刊，皆正德戊辰至辛巳十三年之作，故板心題「正德集」。凡詩六卷、文六卷。《千頃堂書目》有《可泉文集》十二卷，即此本也。又有《辛巳集》四卷，蓋即《鳥鼠山人小集》中之《正德集》四卷，疑非足本。有「惟效」、「兩臺執憲」二印。

鳥鼠山人小集十六卷後集二卷　明刊本

崔銑序（嘉靖丙午）

伍餘福序（嘉靖戊申）

王慎中序（嘉靖丁酉）

顧夢圭序

李濂序（嘉靖己亥）

袁袠序（嘉靖十五年）
邵寶辛巳集序（嘉靖甲申）
歸仁識語
都穆辛巳集後序（嘉靖四年）
韓邦奇書後（嘉靖戊戌）

《小集》刊於河南布政司，編校姓名前後不同。凡詩九卷、文七卷。其卷一至卷四板心題「正德集」，卷五至七題「嘉靖集」，卷八、九及文則僅題「鳥鼠」而已。《後集》二卷刊于陝西，題「諸子胡祕、諸生闗畿校」。《千頃堂書目》著録《鳥鼠山人集》十八卷，即此書也，而《四庫存目》乃有《鳥鼠山人集》二十九卷，云《正德集》四卷、《嘉靖集》七卷、《鳥鼠集》十六卷、《後集》二卷，則僅覽板心卷數而未通檢全書，可謂疏舛矣。有「樹箴所藏」、「蒼巖山人書屋記」二印。

苑洛集二十二卷 明刊本

［明韓邦奇撰］
孔天胤序（嘉靖三十一年）

戴氏集十二卷 明刊本

奉直大夫知信陽州吉水安崖張魯校刊

張魯序（嘉靖二十七年）
任良榦序（嘉靖己亥）
男川跋

右明戴冠撰。冠字仲鶡，别號邃谷，信陽州人。官山東提學副使。爲何大復弟子，嘉靖初知信陽州。任良榦刊《大復集》，并刊此書，然止二卷。此本乃知州張魯所刊，乃邃谷子汝濬川所增輯也。天一閣藏書。

東塘集十卷 明刊本

吉水毛伯温著
唐龍序（嘉靖己亥）
杜柟序（嘉靖戊戌）
童承敘序（同上）
王儀跋（嘉靖庚子）
陳一德跋（同上）
葉稠跋（同上）

此整飭蘇松等處地方兵備山東按察副使王儀刊于吴中鶴山書院。有「封箴所藏」、「蒼巖山人書屋記」二印。

歐陽恭簡公文集二十二卷 明刊本

明歐陽鐸撰

與《四庫存目》本同。貴陽陳氏藏書。

定齋先生詩集二卷 明刊本

明進士都察院右副都御史鄞王應鵬天宇著

王鈁序(嘉靖三十九年)

陸激序後(同上)

《千頃堂書目》有王應鵬《定齋集》及《雜著稿》,均不著卷數,蓋未見此本。天一閣藏書。

定齋王先生文略一卷 明鈔本

天一閣藏書。

編苕集八卷 明刊本

朝儛山人海亭黄卿

蘇祐序(嘉靖二十一年)

凡詩七卷、文一卷。督學濮陽蘇祐刊于江西。天一閣藏書。

棠陵文集八卷 明刊本

棠陵方豪著

陳德文詩集序(嘉靖戊子)

《千頃堂書目》載《棠陵集》三卷、《棠陵文選》八卷,未見此本。天一閣藏書。

撫上郡集一卷 明刊本

[明周金撰]

宋宜序(嘉靖乙未)

此嘉靖初元周襄敏撫延綏時所作。《千頃堂書目》僅録其《上谷稿》、《漁陽稿》二種,未録此集。天一閣藏書。

升庵南中集六卷 明刊本

明楊慎撰

孔天胤序(嘉靖二十四年)

薛蕙序(嘉靖丁酉)

王廷表序(同上)

張含序

此集王南岷曾刊于亳州。是本爲譚少嵋所刻，視王本頗有增加。《千頃堂書目》作七卷，蓋又别本。天一閣藏書。有「東明」、「千古同心之學」二印。

南中續集四卷 明刊本

王廷表序（嘉靖己酉）

此集行書精絶，似從手稿上木。天一閣藏書。

升庵詩五卷 明刊本

六行十一字。行書精絶，亦從手稿上木。天一閣藏書。

安寧温泉詩一卷高嶢十二景詩一卷 明刊本

成都楊慎著

每半葉七行，行十五字。共八葉。蜀中所刊。

東郭先生文集九卷 明刊本

［明鄒守益撰］

林春序（嘉靖戊戌）

洪垣後序（嘉靖十七年）

此東郭自就全集中摘出百廿四篇别爲一書，名曰《摘稿》。門人洪侍御垣得之，屬孔少恭天胤校刊。

天一閣藏書。

龍石詩集八卷 明刊本

聊城許成名思仁甫著

蘇祐序（嘉靖癸亥）

《千頃堂書目》：許成名《龍石集》四卷。此本八卷，爲黄氏所未見。成名，聊城人，正德辛未進士，官禮部右侍郎。天一閣藏書。

黼菴遺稿十卷 明刊本

崑山柴奇著

鄒守益序（嘉靖庚申）

周復俊序

自序（正德辛巳）

《千頃堂書目》：《黼庵遺稿》二卷。此本十卷，與《四庫存目》本同。貴陽陳氏藏書。

石磯集二卷 明刊本

華容孫繼芳撰

于宜序（辛丑）

又序（嘉靖庚戌）

子宗跋（同上）

繼芳字世其。雲南提學副使。序稱集凡十三卷，詩五卷、文三卷、雜著二卷，《東山録》三卷。子宜先刊其詩，合五卷爲二卷。天一閣藏書。

明少保費文通公文集選要六卷 明刊本

上元許穀、吉水劉同叔閱選

許穀序

《千頃堂書目》有《費文通集選》四卷。此六卷，卷三以下題「費鍾石先生文集」。有「邵氏二雲」一印。

屠簡肅公集十四卷 明刊本

［明屠僑撰］

張時徹序（嘉靖四年）

男大來跋（同上）

《千頃堂書目》有屠僑《東洲雜稿》及《南雍集》，均不著卷數。此集爲其子大來所刊，亦未入録。天一閣藏書。

漸齋詩草二卷 明刊本
［明趙漢撰］
許相卿序
自題（乙卯）
男伊跋（嘉靖乙卯）
錢德洪後序
《千頃堂書目》有趙漢《漸齋集》四卷。此二卷其詩集也。漢字鴻逵，平湖人。官江西參政，告歸。
此其子廣西按察副使伊所刊。天一閣藏書。

汪白泉先生選稿十二卷 明刊本
博南楊慎選　子宗伊校
此汪文盛集，凡詩三卷、文九卷。天一閣藏書。

鷗汀漁嘯集二卷 明刊本
涿鹿頓鋭著　同郡楊淪校
裴伸序（嘉靖三十四年）
岳東叔升序（同上）

鄒察跋（同上）

天一閣藏書。

鷗汀長古集二卷 明刊本

涿鹿頓鋭叔養著　不肖孤起潛校刊

梁策序（附小傳，萬曆癸酉）

此鋭子鄢陵尹起潛所刊。凡四言古詩五十六章、五言三十二章、七言三十五章、楚詞十一章、古樂府四十四章，共爲二卷。序言並有「未刻五七言律詩四十五章、絶句三十一章，録附卷末，授諸梓」云云，此本無律絶，不知究附刊否也。《千頃堂書目》有《鷗汀漁嘯集》二卷，無此集。貴陽陳氏藏書。

公餘紀拙一卷 明刊本

［明陳憲撰］

戴暨序（嘉靖癸卯）

男照跋（嘉靖壬寅）

敘後（闕末葉）

板心題「後齋遺稿」。憲字伯度，餘干人，官至貴州參政。此其子官鄞縣丞時所刊，《四庫存目》尚有《粤江行稿》一卷，未見。天一閣藏書。

張南湖先生詩集四卷 明刊本

［明張綖撰］

朱曰藩序（嘉靖壬子）

許檖序（嘉靖戊戌）

顧瑮撰墓誌銘

男守中跋

卷末有「不肖孤守中校刊」一行。貴陽陳氏藏書。

渭崖文集十五卷附録一卷 明刊本

後學刑部郎中星野盧夢陽編　後學刑部主事少汾冼桂奇校

倫以諒序（嘉靖壬子）

梁大畜跋（同上）

男與瑕等跋

《千頃堂書目》：《渭厓集》十卷（《四庫存目》本同）、《霍文敏公集》十五卷。此本十五卷，殆即黄目之《霍文敏公集》也。有「皖桐張氏師亮之印」、「養雲石山房珍藏書籍」、「張□夫圖書印」、「桐山張氏藏書之印」諸印。貴陽陳氏藏書。

薛考功集十卷 明刊本

考功郎中亳薛蕙君采著。

蘭汀存藁八卷附録一卷 明刊本

南海梁有譽著

曹天祐序（嘉靖乙丑）

《千頃堂書目》：梁有譽《蘭汀存稿》四卷、《梁比部集》八卷。此本詩五卷、文三卷，恐黄《目》記卷數或有誤也。有「謝道承印」、「右紹氏」、「閩中謝又紹鑑藏經籍圖史之章」、「鄭聯芳印」、「春□氏」、「春草堂圖籍真賞」諸印。貴陽陳氏藏書。

天目先生集二十一卷附録一卷 明刊本

吴興徐中行子與著

張佳胤序（萬曆甲申）

王世貞序

後序（缺末葉）

此集張有甫刊於浙中。有「星渚于元仲珍藏書籍」、「元仲珍藏」、「九葉傳經」、「子子孫孫引無極」諸印。貴陽陳氏藏書。

青蘿館詩六卷 明刊本

吴興徐中行著　門人新都汪時元校刊

陳有守序(隆慶庚午)

俞允文序(隆慶辛未)

汪道昆序(隆慶四年)

俞序後有「歙邑黄鑪刻」一行。天一閣藏書。

西曹詩集九卷 明刊本

京山高岱著

胡直序(嘉靖癸亥)

李先芳序(嘉靖庚申)

李蓘序(同上)

張九一序(嘉靖辛酉)

有「蕉林藏書」、「蒼巖山人書屋記」、「蒼巖子」、「觀其大略」諸印。貴陽陳氏藏書。

東巡雜詠二卷 明活字本

銅梁張佳胤著

諸家目有《峿崍山人集》六十五卷，而無此集。天一閣藏書。

甑甀洞藁五十四卷續稿二十七卷 明刊本

武昌吴國倫著　始安張鳴鳳、新安方尚贇校

許國序（萬曆甲申）

王世貞序（同上）

張鳴鳳序（萬曆癸未）

胡心得擬古樂府序（隆慶壬申）

孫應鰲西征雜述序（萬曆改元）

郭子章續稿序（萬曆乙未）

李維楨序（萬曆癸卯）

鄧原岳序（同上）

貴陽陳氏藏書。

徐氏海隅集二十二卷 明刊本

吴郡徐學謨叔明著

自序（萬曆丁丑）

此詩編二十二卷，據自序及《千頃堂書目》，尚有《文編》四十三卷、《外編》十二卷。《四庫》僅存《文編》之目，未見此書。有「曾經劉筠川讀」、「劉氏小墨莊藏」二印。貴陽陳氏藏書。

歸有園稿詩編七卷文編十八卷 明刊本

吴郡徐學謨叔明著

張汝濟序（萬曆癸巳）

自序（萬曆壬辰）

《四庫存目》本文二十二卷。此本僅十八卷，目録亦同，蓋初刊之本也。有「黑川家藏圖書」一印。

貴陽陳氏藏書。

宗子相集十五卷 明刊本

明宗臣撰　門人林朝聘、黄中、趙日新、黄才敏、朱應遇、陳汝揚、莊望棟、謝符、鄭克曾同校刊

傳

墓誌

象贊

入鄉賢祠移文

節略

祭文

《千頃堂書目》：《宗子相集》二十五卷。《明志》作《宗臣詩集》十五卷。此本則并詩、文爲十五卷也。

曹太史含齋先生文集十五卷 明刊本

明太史癸丑會元曹大章著　門生己未進士張祥鳶、内姪丁丑進士王鍵、壻于斗聯仝校　男曹祖鶴□編次

蔡悉序（萬曆己亥）

王肯堂序（萬曆庚子）

王世懋序（萬曆辛巳）

《四庫存目》本文十三卷、詩三卷，凡十六卷。此原刊本，詩僅二卷。貴陽陳氏藏書。

綠波樓文集五卷 明刊本

新蔡張九一助甫著　内鄉李蔭襲美校

御製祭文

《千頃堂書目》：《綠波樓集》十卷。此文集五卷也。貴陽陳氏藏書。

孫山甫督學詩集四卷 明刊本

如皋孫應鰲著　南充任瀚批評

任瀚序

喬因羽序（嘉靖乙丑）

起五卷至八卷，蓋前四卷爲他集也。門人喬因羽刊於關中正學書院，末附任瀚《淮海操序》、《送淮海孫公升觀察使序》，顏鯨《贈淮海先生拜大中丞節制三藩序》。天一閣藏書。

近谿子集六卷 明刊本

明羅汝芳撰

楊起元序（萬曆丁亥）

胡億序（萬曆壬午）

季膺序

張嶺序（萬曆乙酉）

耿定向讀近溪子集（同上）

詹事請敘後（同上）

《千頃堂書目》有《近溪子集》十二卷、《明德先生詩》二卷。此六卷皆語録，耿天臺所評，建昌府知府季膺所刊。貴陽陳氏藏書。

白賁堂詩草十四卷 明刊本

道州塞翁鄭洛撰

陳渠序（萬曆己亥）

張佳胤序（萬曆九年）

此襄敏總督山西宣大時所刊。序後有「己亥秋日新都後學方登瀛書重刻」一行。貴陽陳氏藏書。

金臺乙丑稿一卷 明刊本

池陽方新著　四明柴桀編

新，青陽人，嘉靖丙辰進士。板心有「定溪書屋」四字。天一閣藏書。

逋客集四卷 明刊本

晉安袁表景從甫著

姜士昌序（萬曆辛卯）

趙世芳序（同上）

姜士昌書札

表，閩縣人。嘉靖戊午舉人，官黎平府知府，與吳縣袁邦正同時同名，非一人也。《千頃堂書目》有《逋客集》五卷，此僅四卷，或先後印本有多寡也。有「鄭赤之印」、「注韓居士」、「鄭氏注韓居珍藏記」、

「林梃之印」、「允瞻」、「林允瞻家藏記」、「陳恭甫藏」、「楊雪滄得」、「侯官楊浚」、「内史之章」諸印。貴陽陳氏藏書。

華陽洞稿二十二卷 明刊本

金壇張祥鳶著

龔文選序（萬曆庚寅）

王樵序（萬曆己丑）

于孔兼序

墓誌銘

行狀

有「蒼巖山人書屋記」一印。貴陽陳氏藏書。

王奉常集六十九卷 明刊本

吴郡王世懋敬美撰

吴國倫序（萬曆己丑）

李維楨序

陳文燭序（同上）

貴陽陳氏藏書。

符臺集一卷 明刊本

吳郡王世懋敬美著　平陵史紀善元秉編次　盱眙李言恭惟寅校正

許國序（萬曆丁丑）

天一閣藏書。

申文定公賜閒堂集四十卷 明刊本

男用懋、用嘉校

焦竑序（萬曆丙辰）

馮時可序（萬曆柔兆執徐）

李維楨序

鄒元標序（萬曆丙辰）

貴陽陳氏藏書。

王文肅公文集五十五卷 明刊本

光禄大夫少保兼太子太保吏部尚書建極殿大學士王錫爵著　尚寶司司丞孫男時敏校梓

申時行撰疏草序

孫時敏跋

《千頃堂書目》有文肅《文艸》十四卷、《牘草》十八卷，而無此集。《四庫存目》：《文肅集》五十二卷、《附録》二卷。此本五十五卷，蓋最後定本也。貴陽陳氏藏書。

余文敏公文集十五卷　明刊本

光禄大夫少傅兼太子太傅户部尚書建極殿大學士贈太保謚文敏同麓余有丁撰

沈一貫序（萬曆壬辰）

有「有嬀之後」、「怡堂珍藏」二印。貴陽陳氏藏書。

青藜閣初稿三卷　明刊本

檇李戚元佐希仲撰

王世貞序（萬曆元年）

胡日新後序

目録前有「門生程大約胡日新校刻」一行。元佐，秀水人，官尚寶少卿。天一閣藏書。

玉介園存稿十八卷附録四卷　明刊本

永嘉王叔杲陽德著

王世貞序（萬曆丙戌）

魏允貞序
李化龍序（萬曆己亥）
行狀
傳
墓誌銘
神道碑
墓表
鄉賢呈勘稿

《千頃堂書目》有《玉介園集》二十卷。此十八卷，附録四卷，子光美所輯，綸音、贈言皆在焉。叔杲，嘉靖戊戌進士，官至福建布政使、右參政。

逍遥園集十卷 明刊本

明吏部考功司員外郎東明穆文熙著　兵部左侍郎同邑友人石星批　河南道御史同邑友人劉懷恕訂
石星序（萬曆十五年）
劉懷恕序（同上）

此即劉懷恕刊本。劉序云「二十四卷」而書僅十卷，與《千頃堂書目》所録者同，蓋所刊止於是也。

貴陽陳氏藏書。

袁魯望集十二卷 明刊本

［明袁尊尼撰］

王世貞序

有「葛鼒私印」、「葛鼒翼魯氏書籍之章」。貴陽陳氏藏書。

何震川先生集二十八卷 明刊本

信陽何洛文啟圖著　男奕家校梓

石惟屏序（天啟乙丑）

震川爲大復冢孫，詩文頗不媿其祖。此爲其子進士奕家所刊，凡詩八卷、文二十卷。《千頃堂書目》載《震川集》二十卷，蓋即其文集，未見此本也。有「大學士章」、「蕉林藏書」、「蕉林梁氏書畫之印」、「觀其大略」、「梁𤱪翁書籍印」、「樹篋所藏」諸印。

亦玉堂續稿八卷 明刊本

歸德沈鯉著

王象乾序

序稱文端有《前稿》十卷、《續稿》八卷。《千頃堂書目》云「《亦玉堂稿》十八卷」是也，然下又云

「《亦玉堂續稿》無卷數」，則又歧而爲二。《四庫》著録《亦玉堂稿》十卷，乃康熙庚午劉榛裒輯，卷數雖與前稿同，絶非《前稿》之舊。《續稿》則史希見矣。貴陽陳氏藏書。

劍溪謾語七卷 明刊本

［明管大勳撰］

余寅序（萬曆戊寅）

黄成樂序（同上）

楊肇序（同上）

大勳字世臣，四明人，官南京光禄寺卿。此集乃知延平府時作，延人黄成樂刊之。《千頃堂書目》有大勳《休休齋集》六卷、《管光禄集》六卷，而未録此集。天一閣藏書。

許文穆公集六卷 明刊本

門人福唐葉向高、燕山方從哲纂輯　瑯琊焦竑校閲　男立言、立禮輯梓

焦竑序（萬曆辛亥）

王家屏撰墓誌銘

《千頃堂書目》：《許文穆公集》二十卷。《明史藝文志》六卷。此與《明志》合。貴陽陳氏藏書。

王侍御類稿十六卷 明刊本

太原王圻元翰父著　男思義校刻

郭正域序

吴國倫序(萬曆十三年)

陸應陽序(萬曆庚申)

男思義引

《千頃堂書目》有王圻《洪洲類稿》十卷。《四庫存目》本又止四卷。此十六卷爲王氏所未見。貴陽陳氏藏書。

藍侍御集十卷 明刊本

明即墨藍田玉撰　明即墨黄嘉善、長洲張獻翼同校選

潘允瑞序(萬曆丁亥)

張獻翼序

孫思繼跋(萬曆丙戌)

末有「萬曆丁亥仲夏望日不肖孫思紹新梓于姑蘇」一行。

昆明集二卷 明刊本

句吴顧起綸著　成都楊慎編選　長洲皇甫汸評點

楊慎序（嘉靖乙卯）

皇甫汸序（同上）

卷末有「五華書院庠生段雲鴻、徐相、孟尚義、李應南等校刻」四行。《四庫存目》但有《句漏集》四卷、《赤城集》三卷，而無此書。天一閣藏書。

何翰林集二十八卷 明刊本

華亭何良俊元朗

莫如忠序（嘉靖乙丑）

皇甫汸序（嘉靖柔兆攝提格）

凡詩七卷、文二十一卷。目録後及卷末並有「嘉靖乙丑何氏香嚴精舍雕梓」牌子，每卷後有「長洲吴曜書黄周賢同刻」等款。

紈綺集一卷 明刊本

百花山人吴郡張獻翼撰

徐𦅂序（嘉靖丙寅）

此張幼于早歲之詩。天一閣藏書。

四溟山人全集二十四卷 明刊本

東郡謝榛著　東郡蘇潢、赤城陳養才同校　東郡張季彦同閲　新安程兆相詳校

趙康王序（嘉靖丁未）　又續刻序（萬曆丙申）

蘇祐序（嘉靖庚戌）

邢雲路序

張泰徵跋（萬曆二十三年）

蘇潢跋

陳養才跋

張兆相跋（萬曆甲辰）

趙藩刊本。每葉板心有「趙府冰玉堂」五字。有「蕉林藏書」、「蕉林梁氏書畫之印」、「觀其大略」、「鸞臺學士」、「阮葵生讀書記」諸印。

仲蔚先生集二十四卷附録一卷 明刊本

吴郡俞允文著　徽郡程善定校

王世貞序（嘉靖丙辰）　又序（萬曆庚辰）

象贊

顧紹芳後序（萬曆癸未）

程善定後序（萬曆壬午）

張文柱集後語

蟣蠓集五卷 明刊本

黎陽盧柟次楩著　同邑孟華平明瑞校　長清張其忠伯蓋梓

張佳胤序（萬曆二年）

自序（嘉靖癸未）

穆文熙序（萬曆乙亥）

萬恭序

張其忠序（萬曆壬寅）

此張其忠知濬縣事時所刊。張序後有督工縣丞劉光啟、主簿張過、典史貴芬、教諭楊若陵、訓導師從顏，曾孫舉人盧啟禎、生員盧啟予銜名。

剪綵集二卷 明刊本

雲間張之象玄超著

何良俊序（嘉靖己酉）

皆擬古詩。每卷後有「弟子程衛道校刊」一行。《千頃堂書目》及《明史藝文志》均誤作《剪綃集》。

天一閣藏書。

李伯文詩集二卷 明刊本

錢唐珠山李奎著

劉子伯序（嘉靖甲子）

高應冕序

《千頃堂書目》但録伯文《湖上篇》一卷，而無此集。天一閣藏書。

湖上篇一卷 明刊本

龍珠山人李奎

板心有「龍珠山房」四字。天一閣藏書。

少嶽詩集四卷 明刊本

檇李項元淇子瞻撰　項元汴子京校

皇甫汸序（萬曆三年）

仲弟篤壽序（萬曆乙亥）

季弟元汴後序（同上）

每葉板心有「墨林山堂」四字。天一閣藏書。

玉芝樓稿九卷附録贈言一卷 明刊本

通郡于野曹大同子貞

《千頃堂書目》：《玉芝樓稿》十一卷。此九卷，無闕佚。天一閣藏書。

孟龍川文集十八卷 明刊本

黎陽孟思叔正甫著　新安金繼震長卿甫選　黎陽朱應轂德載甫校

金繼震序（萬曆十七年）

《千頃堂書目》載孟思《龍川集》，無卷數，蓋未見此本。

甬東山人稿四卷 明刊本

古鄞吕時中父

澮如居士序（萬曆辛巳）

此書《千頃堂書目》及《四庫存目》並云七卷。此本四卷，遼王珵堯所刊。作序之「澮如居士」，即王別號也。有「蕉林藏書」、「蒼巖山人書屋記」二印。貴陽陳氏藏書。

徐文長文集三十卷 明刊本

公安袁宏道中郎評點　門人閔德美子善校訂

虞淳熙序（萬曆甲寅）

黄汝亨序

參閲姓氏傳

《千頃堂書目》二十九卷。此三十卷。有「金昌期」、「二淵」、「回仙」、「遂窩」、「大高山館藏書」諸印。

又一部 同上

豐對樓詩選四十三卷 明刊本

甬句東沈明臣嘉則父著　從子沈九疇箕仲氏選

陳大科序（萬曆丙申）

王世貞沈嘉則詩選序

劉鳳明月榭詩稿序

屠隆句章先生全集序

此集陳大科刊于廣東，目録前每題「廣陵陳大科手校共得詩若干首標爲若干卷入梓」云云。貴陽陳氏藏書。

蒯緱集二卷 明刊本

句章沈明臣嘉則著

自引(嘉靖丙午)

天一閣藏書。

用拙集一卷 明刊本

句章沈明臣嘉則著　雲間馮遷子喬校選

朱察卿序(隆慶戊辰)

帆前集一卷 明刊本

句章沈明臣嘉則著　雲間朱察卿邦憲校

莫是龍序

朱夫□書後

右二集共一册。天一閣藏書。

陳白陽集六卷 明刊本

古吴陳淳道復父著　同郡錢允治功甫父校　從孫仁錫編

錢允治序（萬曆乙卯）

陳詩後序（同上）

白陽原有詩集二卷，其從孫明卿與陳雅父詩，復廣蒐題畫之作，又鈔得手稿一册，以各體分爲六卷，而明卿刊之（但每卷首不題卷數）。每葉板心有「閲帆樓」三字。有「沈愈森印」、「雙琯閣」、「保三鑑藏」、「庚申以後所得」諸印。

新鐫東崖王先生遺集二卷 明刊本

［明王襞撰］

焦竑序（萬曆庚戌）

郝繼可序（萬曆己酉）

凡例

像贊

梅時開跋（萬曆庚戌）

與《四庫存目》本同。貴陽陳氏藏書。

黄淳父先生全集二十四卷 明刊本

吴郡黄姬水著　壻顧九思編　男嘉芳輯

有「長白敷槎氏堇齋昌齡圖書印」、「孔繼涵印」、「葒谷」諸印。貴陽陳氏藏書。

晉陵集二卷金昌集四卷燕市集二卷雨航記一卷青雀集二卷客越志二卷竹箭編二卷梅花什一卷明月篇二卷清苕集二卷越吟二卷荆溪疏二卷延令纂二卷吴社編一卷廣長庵主生壙志一卷苦言一卷法因集三卷國朝吴郡丹青志一卷采真篇二卷虎苑二卷 明刊本

太原王穉登撰

史兆斗序（萬曆己未）

晉陵集陳崇慶序（嘉靖癸亥）

又吴履謙序（嘉靖甲子）

金昌集沈堯俞序

又黄姬水序

燕市集朱察卿序

又自序（丁卯）

雨航集陸承憲序（辛酉）

青雀集王世懋序

又毛文燁序

客越志童珮序（隆慶改元）
又王世貞序（隆慶丁卯）
又朱察卿序
梅花什陸承憲序
明月篇自序（丁卯）
清苕集自序（癸卯）
越吟自序（庚戌）
荆溪疏王世懋序（萬曆甲申）
延令纂張京元序（萬曆己亥）
又何南金序
苦言自序
法因集慧秀序
丹青志自序（嘉靖癸亥）
采真篇自序
虎苑自序（嘉靖癸丑）

無名氏跋

右《王百穀集》二十種，萬曆己未吴江史辰伯彙刊。據史序，尚有《謀野》一集附《全集》之後，而此本無之。《千頃堂書目》録《百穀全集》僅十二種，而無《雨航記》、《梅花什》、《明月篇》、《清苕集》、《越吟》、《吴社編》、《法因集》、《虎苑》八種，黄氏所見蓋車（自）刊之本，故不及此本之備也。此本四大册，前二册鈔補。貴筑陳氏藏書。

燕市集二卷 明刊本

太原王穉登撰

自序

卷末有「隆慶庚午三月靖江縣朱宅快閣雕本」二行。天一閣藏書。

客越志二卷 明刊本

姬吴王穉登撰

朱察卿序

童珮序（隆慶改元）

卷上記事，卷下爲詩卷。末有「延陵吴氏蕭疏齋雕」八字。天一閣藏書。

明月篇二卷 明刊本

太原王穉登撰

卷上首《中秋馬汰沙看月記》，卷下首《閏中秋毘陵看月記》，餘皆詠月詩也。《千頃堂書目》著録《王百穀集》十二種，無此篇。天一閣藏書。

鳴玉集一卷 明刊本

永嘉張遜業著　松陽徐夢易校

徐夢易序

遜業字有功，永嘉人，張文忠孚敬之子。曾校刊《十二家唐詩》，所謂「東壁圖書府本」是也。序後有「嘉靖甲辰龍陽書院入梓」牌子。天一閣藏書。

盧月漁集一卷 明刊本

四明盧沄潤之著　友人沈明臣嘉則選

沈明臣撰盧月漁傳

沄字宗潤，鄞縣人，義烏縣吏。《千頃堂書目》有盧沄《月漁稿》，不著卷數。天一閣藏書。

越吟一卷 明活字本

鄞人鹿田包大炣

自跋（萬曆改元）
　天一閣藏書。
東征漫稿二卷　明刊本
四明包大中著
鍾一元序（嘉靖丙辰）
董燧題後
汪尚庸後序（嘉靖丁巳）
自跋（同上）
　《千頃堂書目》有包大中《包參軍集》，無卷數。《四庫存目》六卷，此即六卷之二。大中字庸之，鄞縣人，曾爲建陽少尹，禦倭有功。天一閣藏書。
玩梅亭集稿二卷　明刊本
江陽白巖山人柴惟道
　《千頃堂書目》有此集而無卷數，蓋未見此書。惟道字允中，江山人。天一閣藏書。
思則堂續稿一卷　明刊本
古越劍峰孫鈺著　密郡樓村翟汝孝選

翟汝孝序

兄銁跋（隆慶庚午）

《千頃堂書目》有《思則堂前後稿》，無卷數。此《續稿》殆即《後稿》也。天一閣藏書。

使楚稿一卷附鳳山贈别一卷 明鈔本

明戴經撰

此嘉靖癸丑戴錦衣奉使蒲圻時作，附《鳳山贈别》一卷，則楚人所贈詩文也。集中不見錦衣之名，按《千頃堂書目》云：戴經以王家從世宗入繼大統，授錦衣衛千户，歷官衛僉事。在錦衣常護詔獄諸人，從聶豹受經於獄中，一時士大夫皆稱其賢。有《戴楚望詩集》。此稿中有《荆門山行記》云「自憶從龍而北，歷十八年，始隨聖人大狩來兹，迄今又十四年矣」云云，是錦衣即戴經無疑。錦衣此行，實案蒲人故汴撫兵部侍郎謝存儒事，存儒餽以金，不受。有詩見集中云「師門多至訓，再拜謝深情」，蓋猶不忘雙江之教也。天一閣藏書。

陳山人小集二卷 明刊本

越海樵陳鶴著　歙南岑方廷璽校刻

湯紹恩序

方九敘後序

李釜跋（嘉靖丁酉）

天一閣藏書。

陳海樵律詩二卷 明刊本

陳大綸序（嘉靖辛亥）

章檗書後（同上）

天一閣藏書。

貝葉齋稿四卷 明刊本

盱眙李言恭惟寅著　蘭谿胡應麟元瑞編　壽州朱宗吉汝修校梓

王世懋序（萬曆庚辰）

莊履豐序（同上）

周訓序（同上）

四卷皆詩，後附《游西山記》、《戊寅山游記》二篇。天一閣藏書。

金粟齋先生文集十一卷 明刊本

［明金瑶撰］

范淶序（萬曆丙辰）

外孫汪從龍跋

目録後有「萬曆四十一年癸丑菊月刻于瀛山書院」一行。有「翰林院印」，是曾入四庫館者。《四庫存目》即據此本也。貴陽陳氏藏書。

寓岱稿一卷 明刊本

明泰安守鶴年仲言永著

汪子卿序（嘉靖乙巳）

李夢龍序

谷蘭宗序

鄒弘文序（同上）

鄧霓跋（同上）

王克孝跋（同上）

天一閣藏書。

轂下集二卷當奕集二卷鴂鳴集四卷去楚集一卷蓬萊集一卷金陵集一卷 明刊本

明俞汝成撰

喬世寧轂下集序（嘉靖戊申）

田汝成鵁鳴集序（嘉靖二十八年）
黄綰蓬萊集序（嘉靖庚戌）
蔡汝楠金陵集序（嘉靖壬子）

右六集首皆冠以同時名人評語，謂之「題評」。《轂下》、《當奕》、《鵁鳴》三集題評後題「嘉靖二十七年中春朔鄉進士門人岳陽易道魯、蘄陽楊旦、巴丘羅瑶、景陵魏寅編刻」，《去楚集》題「嘉靖二十八年孟冬日紹郡門人胡升、范櫝、胡崇曾、邵駿編刻」，《蓬萊集》題「嘉靖辛亥夏五門人會稽令咸寧唐時舉編刻」，《蓬萊集》題「嘉靖壬子季秋朔後學餘干縣知縣林兆全、安仁縣知縣吕焯編刻」。又諸集均不自具姓名，《轂下集》首題「西省冗僚」，《當奕集》［題］「梁溪居士」，《鵁鳴集》題「鶴樓逋客」，《去楚集》題「南州散吏」，《蓬萊集》題「越州拙牧」，《金陵集》題「北署舊臣」。《天一閣藏書目》有俞汝成《學詩》一册，而無此書，殆此六集總名《學詩》，頃亡此大題矣。

遷江集二卷 明刊本

［明余佑撰］

自序（嘉靖二十八年）
男紹芳跋（嘉靖四十年）

此余紹芳蜀中刊本，每葉板心有「白鶴山房」四字。天一閣藏書。

江皋集六卷江皋遺稿一卷 明刊本

雲間馮淮會東著

徐獻忠序

天一閣藏書。

適志集十卷 明刊本

月峯山人臨川黄鑰著

張愉序（嘉靖戊午）

李從宜後序（同上）

天一閣藏書。

石陽山人建州集一卷 明刊本

吉人陳德文子器

卷末有「門人政和吴祐、王志、張思德校刊，董元禧録」一行。天一閣藏書。

鷽音集四卷 明刊本

吴興庚陽山人王良樞撰

自述（嘉靖辛亥）

天一閣藏書。

湍屋流吟一卷 明刊本

壽春虛室侯汝白譔

自序

孫孟端甫序(嘉靖丙寅)

自跋

何守成跋(隆慶戊辰)

自序後有「同郡門人黄卷、許吉祥輯録梓行」十三字。汝白字緇□,號忌甫。嘉靖丙寅壽州大水,其著述爲水所没,僅存此稿,故名《湍屋留吟》,其門人輩因梓之。天一閣藏書。

復初山人和陶集五卷 明刊本

[明謝承祐撰]

盛若樹序(嘉靖壬寅)

盧彥序(同上)

復初山人傳

附録江行憶晚妝賦

張紹後序（同上）
王臣書後
錢良佐跋（嘉靖癸亥）
　此集前未著録。承祐字德順，海陽人。天一閣藏書。

後谿詩稿一卷 明刊本

陽信劉世偉著
毛效直引
　天一閣藏書。

沈山人詩十卷 明刊本

首乾盧學易遴選　子相宗臣編梓
宗周序（嘉靖庚申）
像贊
王百祥跋（萬曆癸丑）
　山人名霑，字伯雨，號雨田，閩人。其集爲宗子相所刊，後王百祥得其板，補刊缺葉。自第七卷以下均題《續集》。或《正》、《續》二集均尚有闕卷也。貴陽陳氏藏書。

雪舟詩集六卷 明刊本

張相序(嘉靖戊戌)

桑喬序(嘉靖庚子)

呂高序(嘉靖癸卯)

不著撰人姓名。序稱「賈君雪舟」，其名俟考。天一閣藏書。

元齋初稿一卷 明活字本

不著撰人姓名。

天一閣藏書。

趙太史詩鈔六卷 明刊本

無序跋及撰人姓名。卷一《館中稿》，卷二至四《行役稿》，卷五《留都稿》，卷六《家居稿》。其人蜀產也。天一閣藏書。

鶴江先生頤貞堂稿六卷 明刊本

門人上元許穀編輯　武林薛應旂校正

目録後有「萬曆甲戌不肖廕男應申雕藏琳瑯館」牌子。天一閣藏書。

南覽録一卷 明刊本

趙維序(嘉靖乙未)

不著撰人姓名。趙序稱「東洲夫子以己丑歲載視楚學,一日出所製《南覽録》以示」云云。天一閣藏書。

督學存稿二卷 明刊本

不著撰人姓名。其人於嘉靖己酉督浙學。天一閣藏書。

旅語偶存一卷 明刊本

凡詩六十三首,文一首。無撰人姓名。卷末有「嘉靖己酉伏日近庵寓汀天地正氣堂録」一行,其官則福建憲僉也。天一閣藏書。

世澤編文部六卷 明鈔本

會稽羅萬化一甫著　男光鼎輯

前有《講筵儀注》一卷。原書據目録爲文七卷、詩一卷,此佚末二卷。

朱秉器文集四卷詩集四卷附汾上楮談三卷汾上續談一卷浣水續談一卷游宦餘談一卷 明刊本

新淦朱孟震著　武昌吴國倫、新蔡張九一選

張九一文集序

□□詩集（闕末葉）
陳宗虞序（甲申）
張九一序（萬曆乙酉）
吴國倫序（萬曆戊子）
陳文燭序（萬曆甲申）
袁應祺序（萬曆庚寅，以上五序皆詩集序）
河上楮談自序（萬曆乙卯）
汾上續談自序（萬曆壬午）
浣水續談自序（萬曆十二年）
游宦餘談自序（萬曆二十年）

孟震，新淦人，隆慶戊辰進士，官至巡撫山西副都御史。《千頃堂書目》「朱孟震《郁木生吟稿》八卷」，與此不同。貴陽陳氏藏書。

大泌山房集一百三十四卷 明刊本

京山李維楨本寧著

王世貞序

張維任序（萬曆辛亥）
自序
校刊姓氏
貴陽陳氏藏書。

玉恩堂集四卷 明刊本
雲間林景暘紹熙甫著
王錫爵序
《千頃堂書目》：林景暘《玉恩堂集》十卷。此四卷，凡奏議二卷、參詞二卷。貴陽陳氏藏書。

長水先生文鈔十卷 明刊本
長水郡當湖沈懋孝幼真甫著
于慎行序（庚子）
王家屏序
許國題（戊戌）
吴宗周跋（壬寅）
首卷但署「文鈔」，無小題，而原裝籤題尚存。云「長水沈太史先生摘露軒稿」者一卷，其餘題「水雲緒編」者三卷，題「四餘編」、「雒誦編」者各一卷，題「賁園艸」者三卷、「石林蕢草」者一卷。板心皆題「長水先生文鈔」。又每卷皆有序跋目録而無卷次，不能知其次第果如是否也。《千頃堂書目》所載與此略同，唯《四餘編》、《雒誦編》、《石林蕢艸》各二卷，《賁園艸》四卷，尚有《淇林雅詠》十卷，則此本猶未足也。貴陽陳氏藏書。

穀城山館詩集二十卷 明刊本

東阿于慎行著　門人臨邑邢侗、秋浦楊日森同校

葉向高全集序

又詩集序

陸樹森序（萬曆甲辰）

邢侗序

《千頃堂書目》有《穀城山館文集》四十二卷、《詩集》二十卷。此僅存《詩集》。《四庫存目》同。貴陽陳氏藏書。

喙鳴詩集十八卷 明刊本

四明沈一貫肩吾著

天一閣藏書。

華禮部集八卷 明刊本

無錫華叔陽起龍著

徐學謨序（闕首葉）

兄仲亨序

凡詩四卷、文四卷。貴陽陳氏藏書。

張陽和先生不二齋文選七卷 明刊本

明山陰張元忭子藎父著　吉水鄒元標爾瞻父選　男汝霖、汝懋校刻

鄒元標序（萬曆壬寅）

鄧以讚序（萬曆癸巳）

吴達可序（萬曆壬寅）

周汝登序（萬曆癸卯）

楊起元陽和先生論學書序

曾鳳儀後序

象贊

行狀

墓誌
墓表
郡志小傳

《千頃堂書目》：《張陽和文選》八卷。又注：有《不二齋文選》六卷，鄒元標輯。此本七卷，文六卷、詩一卷。詩各體皆具，似無闕佚。

鄧定宇先生文集四卷 明刊本

新建鄧以讚著　南昌劉曰寧輯　吉水鄒元標輯　宜興吴達可編　金陵周文光梓
鄒元標序
吴達可序

貴陽陳氏藏書。

碧山學士集二十一卷別集四卷 明刊本

槜李黄洪憲懋中甫著
陳懿典序
賀燦然序
王衡序

中祕讀書稿自序
黄汝良鑾坡制草序（萬曆丁酉）
又陶望齡序

洪憲字懋忠，秀水人。隆慶辛未進士，官至少詹事、翰林院侍講學士掌院事。其集文集十八卷，其卷十九爲《使高麗稿》、《使大梁稿》二種，卷二十爲《承明應制稿》，卷二十一爲《中祕讀書稿》，《别集》四卷爲《鑾坡制草》，均各自爲集。《千頃堂書目》：《碧山學士集》二十一卷。無《别集》。貴陽陳氏藏書。

蠙衣生粤草十卷蜀草十卷　明刊本

泰和郭子章相奎甫著
周應鰲序（萬曆庚寅）

《千頃堂書目》載郭氏諸草十餘種、一百七十卷。無《蜀草》，其《粤草》則十四卷，與此不同。《明志》則《粤草》、《蜀草》、《楚艸》、《閩草》、《晉草》、《留草》，共五十三卷。此本周序乃序粤、蜀二《草》者，蓋其最初刊本也。有「王協夢印」、「豫章王氏家藏」二印。

蠙衣生黔艸二十一卷　明刊本

泰和郭子章相奎甫著　友人楊寅秋義叔甫校
徐即登序（萬曆辛丑）

邱禾實序（萬曆壬寅）

卷八後又有奏疏五卷，皆題「卷之又八」；卷十後有公移一卷，題「卷之又十」，故共爲二十七卷。

師竹堂集三十七卷 稿本

汝南王祖嫡胤昌著

孫兑手跋（雍正五年）

《千頃堂書目》：王祖嫡《王先生文集》三十七卷。與此本同。祖嫡字胤昌，信陽州人。隆慶辛未進士，官至右春坊右庶子兼翰林院侍讀。此集乃其孫兑所手鈔。其卷三十六爲奉旨撰擬對聯，亦猶宋人集中録春帖子例也。貴陽陳氏藏書。

方初庵先生集十六卷 明刊本

新安方揚思善著　檇李門人賀燦然校

賀燦然序（萬曆壬子）

吴國仕序

男時化、時俊識語

揚字思善，官至杭州府知府。貴陽陳氏藏書。

陸子野詩一卷 明刊本

二浦陸郊子野著　溟池張文柱仲立編

周復俊序（隆慶辛未）

天一閣藏書。

滇臺行稿四卷各省行稿節略一卷 明刊本

［明徐□編］

陳善序（萬曆元年）

柴崍後序（同上）

江西按察司刊本。天一閣藏書。

漢上離歌一卷 明刊本

玉山程應魁孟孺甫

陳柏序（萬曆乙亥）

陳文燮書後（同上）

陳汝堪跋

天一閣藏書。

濯纓餘響二卷 明刊本

越山陰清溪朱東陽著　男南雍南英南金校梓

黄猷吉序(萬曆壬辰)

吕元後序(同上)

板心署「清溪漫稿」。《四庫》未著録。貴陽陳氏藏書。

太室山人集十六卷 明刊本

楚鄿韓應嵩中甫著

王穉登序

李蓙撰墓志銘

子光祜跋(萬曆甲辰)

有「慈谿畊餘樓」、「馮氏辨齋藏書」二印。

京寓稿一卷 明刊本

四明海石倪珣公白著

自序(萬曆己卯)

此集其門人成潔等刊之泰興。天一閣藏書。

白社稿十四卷 明刊本

江夏董暹長馭甫著　公安李學元元善甫訂

陳玄藻序(龍飛元年)

李維楨蕉源詩稿題辭

又周炳靈序

蚓鳴集自序

壺園病草自序

讔嘲自序

罏頭吟自序

長安雜興自序

五石篇自序

張萱跋

貴陽陳氏藏書。

游梁詩六卷 明刊本

四明山人吴鑚汝震甫著　建業胡汝嘉懋禮校正

張九一序（萬曆二年）
天一閣藏書。
槐稿一卷 明刊本
鄞人黄元忠著　南海歐大任選
邱萬璣序（萬曆丁丑）
天一閣藏書。
秉燭堂押歌詩選一卷陶沙文選一卷 明刊本
莆四樓陳所有著
荆光裕詩選序（萬曆十年）
陳文燭文選序（萬曆乙酉）
天一閣藏書。
孫宗伯集十卷 明刊本
明句吴柏潭孫繼皋以德甫著　門人會稽劉毅健甫甫校　後學陳一教亟三甫校　門人雪川沈淙伯聲甫同校
葉向高序

季男源(元)文識語

《千頃堂書目》「《柏潭集》十卷」,即此本也。貴陽陳氏藏書。

支華平先生集四十卷附録一卷 明刊本

檇李支大綸心易父著

大綸,嘉興人。萬曆甲戌進士,官奉新知縣。《千頃堂書目》尚有《支子藪餘》十四卷、《耕餘》□卷,未見。貴陽陳氏藏書。

趙忠毅公集二十四卷 明刊本

鄗上趙南星夢白著　吴橋范景文夢章閲

范景文序(崇禎戊寅)

王心一序(同上)

周鳳翔序(同上)

選閲姓氏

校正姓氏

此范忠貞輯刊之本。有「崇禎十一年歲次戊寅,雲陽門人姜大受、董成」一行。

雍野李先生快獨集十八卷 明刊本

濟水李堯民畊堯父著

李本寧序

康丕揚序(萬曆戊申)

侯正鵠書後

《四庫存目》本與此同。貴陽陳氏藏書。

郊居遺稿十卷 明刊本

宣城沈懋學君典著　温陵何喬遠穉孝校　姪沈有嚴、沈有容、男沈有則輯

葉向高序

何喬遠序(萬曆三十三年)

《千頃堂書目》六卷,《四庫存目》本與此同。貴陽陳氏藏書。

快雪堂集六十四卷 明刊本

秀水馮夢禎開之著

李維楨序

焦竑具區集序(萬曆丙辰)

朱之蕃序（萬曆乙卯）
顧起元序（萬曆丙辰）
黄汝亨序
丁元薦孤山集序（萬曆乙卯）
校刻姓名
　　有「金元功藏書記」一印。貴陽陳氏藏書。

宗伯集八十一卷 明刊本

北海馮琦用韞著
李維楨序（萬曆丁未）
于慎行詩集序（萬曆己亥）　又文集序（萬曆乙巳）

詩草二卷 明刊本

南樂魏允貞懋忠甫著
王道行序（萬曆乙未）
謝杰序
李化龍序（萬曆甲申）

鄒元標序（萬曆乙酉）
馮琦序
張獻翼序
自序
又萬曆戊戌

此集首題「詩草」。卷一爲《司理稿》、《南臺稿》，卷二爲《南銓稿》、《光禄稿》，卷三爲《里居稿》、《京兆稿》、《銀臺稿》、《撫晉稿》。今闕卷三一卷，而目録具存。《千頃堂書目》：魏允貞《魏伯子文集》四卷。蓋又一别本也。貴陽陳氏藏書。

寶菴集二十四卷 明鈔本
吴郡顧紹芳實甫著

計詩八卷、文十六卷。實甫爲亭林先生之祖，其集傳於家者，據亭林嗣子衍生繕寫書目，有「學海公《寶菴集》十二卷」，僅得此本之半。黄氏《千頃堂書目》云「顧紹芳《寶菴集》八卷」，則刊本詩集也。詩集今猶有傳本，文集不知曾刊校否。此本猶是明末舊鈔，比亭林藏本爲完，誠空前之祕笈矣。

由拳集二十三卷 明刊本
東海屠隆長卿著

沈明臣序（萬曆八年）

徐益孫序

貴陽陳氏藏書。

白榆集二十八卷 明刊本

東海屠隆緯真著

程涓序（萬曆庚子）

丁應泰序（同上）

凡文二十卷、詩八卷。《千頃堂書目》：《白榆集》二十卷。《四庫存目》謂文十二卷、詩八卷，合爲二十卷者誤。有「臣燕貽」、「伯翼」二印。貴陽陳氏藏書。

棲真館集三十一卷 明刊本

四明屠隆緯真著　會稽呂胤基充符選

鄒迪允序（萬曆庚寅）

卷末有「庚寅歲會稽呂氏棲真館藏板」牌子。每册前題「屠赤水由拳集」，首册改「由拳集」爲「栖真館集」，皆王漁洋手筆。有「王士禛印」、「字貽上」二印。貴陽陳氏藏書。

費太史市隱園集選二十四卷 明刊本

沔陽費尚伊國聘父著　皖上劉若宰胤平父訂　黄岡王一翥子雲父、同郡張熙學修父、張應斗伯生父校

男之巽申甫父編

方拱乾序（己卯）

王一翥序（天啟乙丑）

張應斗序

傅伯俊詩草七卷 明刊本

聊城傅光宅著　新都方問孝校正　濠梁朱宗吉同閱

謝肇淛序（萬曆丁未）

自序（萬曆己亥）

伯俊，萬曆丁丑進士，曾守重慶，見謝在杭序。馮開之《快雪堂日記》又謂其曾巡按山西，不能詳也。有「耿鶴舉印」、「澤九」、「鄧汝勤印」、「謙持」、「曾在鄧午崖處」諸印。貴陽陳氏藏書。

餘清樓稿二十四卷附親民要略一卷 明刊本

天中張維新憲周著

李蓘序（萬曆庚子）

李日華序（萬曆壬寅）
自序（萬曆乙未）
沈季文願息編序（萬曆丙申）
馬慥砭己名言序（萬曆壬寅）
李化龍序（萬曆辛卯）
自序
凡例
錢達道跋（同上）
高登明跋

維新，萬曆丁丑進士。此集凡詩十卷、文十一卷，《砭己名言》三卷。《四庫》未著録。有「徐石卿」、「陶淑精舍收藏」二印。貴陽陳氏藏書。

孟雲浦先生集八卷 明刊本

［明孟化鯉撰］
張維新序（萬曆丁酉）
陳之辰撰祠碑記

呂維祺撰傳
王以梧等像贊
楊東明撰墓誌銘

《四庫存目》據康熙癸卯刊本，前有王以梧所撰《年譜》。此萬曆原刊本反無之，疑脱佚也。貴陽陳氏藏書。

魏仲子集八卷 明刊本

南樂魏允中懋權著
王世貞序（萬曆戊子）

凡詩十卷、文二卷。有「蒼巘」、「觀其大略」二印。貴陽陳氏藏書。

澤宇先生詩集十卷 明刊本

安肅邢雲路士登撰　古歙汪乾利和叔評
梁綱序（萬曆庚寅）
楊起元序（同上）
陳玉道序（同上）
充孟禧跋（同上）

此雲路知臨汾縣時，士民爲刊其詩，《四庫》未著録。《千頃堂書目》：《澤宇詩集》無卷數。蓋未見此本。貴陽陳氏藏書。

潛學稿十九卷 明刊本

明盱郡鄧元錫著

涂國鼎序

黄端伯序

王材序（萬曆戊寅）

鄧澄序（崇禎己卯）

象贊

傳

《千頃堂書目》：《潛學稿》十七卷，《四庫存目》本十二卷，均未足。此崇禎刊足本。有「嘯軒」、「嘯軒居士珍藏」二印。貴陽陳氏藏書。

新刊漱六齋全集四十八卷 明刊本

華亭何三畏士抑著

陶望齡序

張京元序(萬曆戊申)
王驥德序
芝園集自序
芝園集張重華序
又陳繼儒序
居廬集唐文獻序
又董其昌序
又唐之屏序
又陸萬吉題辭
又陳繼儒序
詠物詩胡頌序
又張齊顏引
又陳繼儒序
拜石堂稿王澧序
又徐垣序

錢櫝跋

此三畏爲紹興推官時，郡弟子陳錫恩等所輯刊。貴陽陳氏藏書。

重刻來瞿唐先生日録十二卷 明刊本

［明來知德撰］

黄汝亨序

張維任序（萬曆辛亥）

張子功序（萬曆乙酉）

《千頃堂書目》：《日録》三十卷。此本凡内編七卷、外編五卷，内編説理，外編則詩集也。内編凡十五目，外編爲《釜山稿》至《續求溪稿》十三種。《四庫》未著録。貴陽陳氏藏書。

蒼霞草十二卷 明刊本

福清葉向高進卿甫著

郭正域序

顧起元序（萬曆丙午）

董應舉序（同上）

陳邦瞻序（同上）

曹學佺序（同上）

自序

《千頃堂書目》：《蒼霞艸》二十卷。此本實十二卷，蓋「二」、「十」二字誤倒也。此文官南京吏部侍郎時，屬吏考功郎中徐必達等刊行。貴陽陳氏藏書。

弗告堂集二十五卷 明刊本

［明于若瀛撰］

王圖序

鄭汝璧序（萬曆癸卯）

焦竑序（同上）

謝陸序

《千頃堂書目》：《弗告堂集》十六卷。此本二十五卷，則黃氏所見非足本也。貴陽陳氏藏書。

鄒太史文集七卷 明刊本

安成鄒德溥汝光父著

鄒元標序

德溥，安福人。萬曆癸未進士，官太子洗馬。其全集《千頃堂書目》云五十卷，此本七卷。貴陽陳氏藏書。

虞德淵先生集二十五卷詩集八卷 明刊本

錢唐虞淳熙長孺甫著

張師繹序

黄汝亨序(天啟癸亥)

李日華序(同上)

校刊姓氏

《千頃堂書目》:《德園全集》六十卷,又《巏務山房集》四十五卷。均與此本不同。板心有「巏務山館」四字。有「退一居珍藏」一印。

湯臨川問棘堂郵草十一卷 明刊本

[明湯顯祖撰]

謝廷諒序(萬曆六年)

凡詩賦十卷,後附贊一卷,不題卷數。卷十末有「許敬謄、丁隆寫」六字。臨川《玉茗堂詩》十五卷盛行于世,而此集罕傳。天一閣藏書。

藏徵館集十五卷 明刊本

汝南劉黄裳玄子著

張佳胤序（萬曆丙戌）

目録十四卷（以卷十四、五合爲一卷）。《千頃堂書目》：劉黄裳《藏澂館集》十五卷。一本作《藏微館集》。皆字之誤也。有「蒼巖山人書屋記」一印。貴陽陳氏藏書。

歇菴集十六卷 明刊本

會稽陶望齡著　山陰王應遴選

黄汝亨序

余楙學小引（萬曆辛亥）

王應遴序（萬曆辛巳）

容臺文集九卷别集四卷詩集四卷 明刊本

華亭董其昌著　冢孫庭輯

陳繼儒序（崇禎庚午）

目録後題「孫男延編次」。《四庫存目》本與此同。《千頃堂書目》載《容臺集》十四卷、《别集》六卷，不知何以互異。貴陽陳氏藏書。

高子遺書十二卷 明刊本

［明高攀龍撰］ 門人陳龍正訂正

誥命（崇禎元年）

錢士升序（崇禎壬申）

陳龍正序（崇禎辛未）

又小序十二篇

區太史詩集二十七卷 明刊本

端溪區大相用孺父著 兄大樞用環父、弟大綸孝先父評校

陳子壯序（崇禎癸未）

大相，高明人。萬曆己丑進士，由檢討遷中允，謫南京太僕寺丞。《千頃堂書目》載《詩集》外，有《前後使集》十四卷，未見。貴陽陳氏藏書。

小山草十卷 明刊本

京山郝敬著 男洪範校

自序（天啟癸亥）

每卷首行題「山草堂集卷九」至「卷十八」。《千頃堂書目》：《山草堂集》無卷數，又《小山草》十

卷。則此集固自別行也。貴陽陳氏藏書。

西樓全集十八卷詩選二卷 明刊本

閩中鄧原岳汝高著　門人韓日纘緒仲訂　孫男爾瓚天士重刻

李維楨序

又詩序

翁正春序（萬曆辛亥）

林古度序（天啟七年）

謝肇淛撰傳

葉向高撰從祀鄉賢序

仲子慶寀跋（崇禎改元）

葉向高撰搔首集序

屠隆帝京篇序

鄒迪光北征篇序

王穉登又序

鄒觀光帝京後篇序

周弘綸碧雞集序
竇子偁鄭渚篇序
男慶寀識語（萬曆辛亥）
此集舊刊于閩中，板燬于火。此崇禎初子慶寀重刊于江南，有《詩選》一卷，爲《千頃堂書目》及《四庫存目》本所無。貴陽陳氏藏書。

灌蔬園詩集七卷 明刊本

都門李本緯君章父著　上海黄體仁長卿父校　金陵卜有徵伯符父校刊
朱之藩序（萬曆壬子）
梅之焕序
陳瑛序
趙秉忠序（萬曆辛亥）
《千頃堂書目》有李本緯《灌蔬園詩集》，無卷數，蓋未見此本。本緯，曲沃人，萬曆壬辰進士，官至山東右布政使。貴陽陳氏藏書。

餐微子集三十卷 明刊本

長水岳和聲著

陳懿典序（天啟壬戌）
沈德符序
曹徵庸北征稿引（萬曆乙卯）
曹徵庸澹漠集評語
又項利賓評語
又黄汝亨序（萬曆甲午）
又兄元聲序（同上）
又弟駿聲題
又弟五聲跋

和聲字爾律，嘉興人。萬曆壬辰進士，官右副都御史巡撫延綏。集凡詩集二十四卷、聯句一卷、詩餘一卷，《後驂鸞録》三卷，附一卷。貴陽陳氏藏書。

李太僕恬致堂集四十卷 明刊本

嘉禾李日華君實甫著
文德翼序

目録前題「男肇亨敬輯，孫新枝、琪枝、昂枝仝校」。有「佐伯文庫」一印。

袁中郎全集四十卷 明刊本

公安袁宏道著　景陵鍾惺定　嘉禾曹勳閲

雷思霈序

湯汝楫序

《千頃堂書目》：《梨雲館類定袁中郎全集》二十四卷。非此本也。

瓶花齋集十卷 明刊本

石公袁宏道中郎著　麻城陳以聞無異閲

曾可前序

凡詩四卷，文六卷。

仰節堂集十四卷 明刊本

安邑曹于汴自梁父著　男曰良、門人臨川吴之甲、會稽董元儒校正

高攀龍序（天啟四年）

馮從吾序（天啟乙丑）

劉在庭小引（甲子）

辛全序（天啟丙寅）

戴任臣集後語（癸亥）

舒碣石先生隻立軒稿七卷 明刊本

南昌舒曰敬元直著

李炱序（萬曆丁巳）

校刻門人姓氏

曰敬，萬曆壬辰進士。貴陽陳氏藏書。

水明樓集十四卷 明刊本

閩中陳薦夫幼孺著　年弟陳一元泰始選

曹學佺序（萬曆乙卯）

薦夫字邦藻，以字行，閩縣人。此集十四卷，與《千頃堂書目》合。有「閩戴成芬芝農圖籍」、「閩中郭兼秋藝文金石記」二印。貴陽陳氏藏書。

睡庵稿二十五卷 明刊本

宣城湯賓尹嘉賓著

郭正域序（萬曆庚戌）

湯顯祖序（萬曆辛亥）

梅守箕序（萬曆壬寅）

《千頃堂書目》：《睡庵初集》六卷、《二集》十四卷。與此不同。有「省軒圖書之記」一印。貴陽陳氏藏書。

遯庵詩集十卷駢語五卷續駢語二卷 明刊本

温陵蔡復一敬夫甫著　池顯方直夫甫訂　葉鴻高穉勛甫輯　林文昌觀曾甫校

自序

復一，同安人。萬曆乙未進士，官至總督都御史，謚清憲。《千頃堂書目》：《遯庵全集》十七卷。殆即此本。又有《爨餘駢（餘）語》六卷，未見。貴陽陳氏藏書。

崱山集十二卷 明刊本

北海趙秉忠著

自序

疏行大字，似用手稿上木。《千頃堂書目》並丁氏《善本書室藏書志》均作《琪山集》，皆訛也。貴陽陳氏藏書。

寓林集三十二卷 明刊本

武林黄汝亨貞父著

顧起元序（天啟二年）
張師繹序
陳繼儒序
李光元序
熊明遇序
自序（天啟四年）
汝亨，錢塘人。萬曆庚戌進士，官至江西提學副使。貴陽陳氏藏書。

鏡山庵集二十五卷 明刊本

海上無無居士高出孩之著
初删稿自序（天啟丙寅）
槎亭稿自序（同上）
山中識遺稿自序（同上）
焦竑盧隱郎潛二稿序（萬曆丁巳）
盧隱稿自序（天啟丙寅）
馮時可郎潛稿序

又自序(同上)

拘幽稿自序(同上)

出,萊陽人。萬曆戊戌進士,官監軍副使。此集計《初删稿》六卷、《槎亭稿》二卷、《山中識遺稿》一卷、《盧隱稿》六卷、《郎潛稿》六卷、《拘幽稿》四卷,共二十五卷。《千頃堂書目》有高出《高孩之集》十一卷,又《似羅隱集》六卷。與此不同。《似羅隱集》即《盧隱稿》之譌也。貴陽陳氏藏書。

泠然草詩編三卷 明刊本

古堇王嗣奭右仲甫著

自序(乙丑)

此右仲署宣平教諭時所作。據自序,尚有《文編》二卷,此本失之。《千頃堂書目》有《密娱齋集》十五卷,不及此集。貴陽陳氏藏書。

緱山先生集二十七卷 明刊本

太倉王衡辰玉甫著　男時敏校

馮時可序(萬曆丙辰)

陳繼儒序(同上)

唐時升序

婁堅序（萬曆丙辰）

高出序（丁巳）

此即子遜之奉常所刊。貴陽陳氏藏書。

許鍾斗文集五集 明刊本

同安許獬子遜甫著　秀水洪夢錫嘉名甫校

李光縉序

蔡獻臣序

周宇春跋（萬曆壬子）

子遜以舉業名世，卒後李光縉刊其集。秀水洪嘉名復校其誤，刊之浙中。貴陽陳氏藏書。

問次齋稿三十一卷 明刊本

東蒙公鼒孝興甫著

焦竑序（萬曆己未）

呂邦燿序

李若訥序

趙秉忠序（同上）

鼒，蒙陰人。萬曆辛丑進士，官至禮部右侍郎，謚文介。《千頃堂書目》：《問次齋稿》三十卷。此多一卷。貴陽陳氏藏書。

秋水閣墨副文類九卷 明刊本

古鄞董光宏君謨著

黄汝亨序

光宏，鄞縣人。萬曆辛丑進士，官至南京大理寺卿。《千頃堂書目》：《秋水閣墨副》無卷數。此本九卷，題曰「文類」，則尚有「詩類」可知。貴陽陳氏藏書。

亦詠艸四卷亦詠又艸二卷亦詠又又艸二卷 明刊本

魯國侯正鵠中鵠父著　上谷孫承宗稚繩父選　從子侯提封伯鼇甫校

錢春序（萬曆庚戌）

孫承宗序（同上）

自序

男延封跋（天啟初元）

正鵠，萬曆辛丑進士。此集《四庫》未著録。貴陽陳氏藏書。

寧澹齋全集十卷 明刊本

句章楊守勤克之甫著　同社姚孟燿汝行甫校

陳繼儒序(天啟二年)

男一琛　一瑜跋(天啟壬戌)

卓邁跋(同上)

守勤，慈谿人。萬曆甲辰進士，官至右春坊右庶子。貴陽陳氏藏書。

吴文端公湙亭存稿二十八卷 明刊本

延陵吴宗達上于著　男職思校刊

張瑋序

文端，武進人。官至少傅、建極殿大學士，《明史》附《吴中行傳》。其集凡詩四卷、文二十四卷。目録後有「清畏堂行板」五字。貴陽陳氏藏書。

匡山社集二十卷 明刊本

豫章戴九玄大圜著

熊明遇序

楊廷麟序

熊士達序(崇禎己亥)

熊化序

萬時華序(乙亥)

此集分卷二十,而每卷數字未刊。《千頃堂書目》有《匡山社集》無卷數,蓋即此本也。九玄,宜豐人,官至工部員外郎。有「慕齋鑒定」、「宛平王氏家藏」、「皖江丁氏藏書」諸印。貴陽陳氏藏書。

淡然軒集七卷 明刊本

瀛海余繼登世用父著　瑯邪馮琦用韞父校　延陵吴達可叔行父閲

馮琦序(萬曆三十一年)

吴達可序(萬曆壬寅)

李開芳後序(同上)

貴陽陳氏藏書。

楊忠烈公文集不分卷 鈔本

觀陽李贊元望石甫校定　閬中陳觀賓侯甫、雲間陸鳴珂天藻甫仝校訂

趙開心序

嚴沆序(順治十七年)

任克溥序

李贊元序（順治庚子）

此書李望石侍御刊于廣陵，此從刊本鈔出。

市南子二十二卷制敕六卷 明刊本

鍾陵李光元麟初父著　吴士元來復父選

吴士元序（崇禎十三年）

傅冠序

從弟光焯序

封面題「市南子李麟初先生集」。麟初，萬曆丁未進士，久在翰苑，崇禎中官禮部尚書，其集諸家均未著録。有「盛謨」、「于埜」二印。貴陽陳氏藏書。

隱秀軒詩十卷文二十一卷 明刊本

竟陵鍾惺伯敬著　海虞沈春澤雨若校

沈春澤序（天啟壬戌）

《千頃堂書目》有《隱秀堂全集》八卷、《遺稿》四卷，《鍾伯敬文》十六卷、《詩》二十二卷。此本以《千字文》字記卷數，詩自「天集」至「月集」，文自「盈集」至「雲集」，前無總目，或所刻尚不止此也。書林近聖居刊本。貴陽陳氏藏書。

讀書堂稿十四卷 明刊本

天柱山人葉燦著　門人卓發之批評

卓發之序（崇禎庚午）

又序（崇禎癸酉）

本傳

燦字以沖，桐城人。萬曆癸丑進士，官至南京禮部尚書。謚文莊。《千頃堂書目》：《讀書堂集》二十二卷。

來易伯集二十卷 明刊本

關中來復陽伯甫著　社友俞安期羨長甫校

畢懋庸序（天啟元年）

來宗道序

馮汝京引

復，三原人。萬曆丙辰進士，官至布政使，備兵淮揚。其集《千頃堂書目》不著卷數，蓋未見此本。

貴陽陳氏藏書。

珂雪齋集選二十四卷 明刊本

公安梟隱袁中道著　社友一愚鄒得魯校

自序（天啟二年）

又（萬曆壬午）

此汪惟修刊本。《千頃堂書目》尚有《外集》十三卷，蓋刊于此本之後。貴陽陳氏藏書。

陳靖質居士文集六卷 明刊本

嘉善陳山毓賁聞甫譔　弟龍正發交甫定

錢繼登序

弟龍正序（甲子）

凡例

此山毓子舒敳所輯刊。貴陽陳氏藏書。

文遠集二十八卷補遺一卷 明刊本

吳郡姚希孟孟長甫著

斗酒堂集九卷補遺一卷附集一卷 明刊本

江上貢修齡國祺著　雲間陳繼儒仲醇評

陳繼儒序

修齡，萬曆己未進士。此集《千頃堂書目》未著録。眉公序後尚有三序，均缺末葉，或當時因違礙撤去也。《附集》皆友人唱和投贈之作。

十賚堂丙集詩部十二卷 明刊本

吴興茅維孝若父著

吕季子甬東雜詠一卷 明刊本

姚江吕兑通甫著　社姜子羔宗孝、内兄孫鏊文器同校

邵陞序（萬曆甲申）

自序（同上）

天一閣藏書。

李山人詩二卷 明刊本

鄞李生寅賓父著　蔡學用子行校　楊承鯤伯翼選

楊芳序（萬曆壬午）

屠隆序（萬曆癸未）

天一閣藏書。《四庫存目》即據此本。

游襄陽名山詩一卷 明刊本

句吴南宫里人顧聖之季狂

汪道昆序（己未）

《千頃堂書目》有《顧聖之詩集》五卷，此殆其一種也。天一閣藏書。

緑水新編二卷歷下集一卷花縣集四卷 明刊本

長洲莫叔明著　廣平安謙校正

安謙序

金城歷下集序（嘉靖甲寅）

莫抑序（嘉靖丙辰）

《千頃堂書目》有《莫叔明集》三卷，不録此書。《四庫》未著録。貴陽陳氏藏書。

鹿裘石室集二十五卷 明刊本

宣城梅鼎祚禹金著　同邑湯賓尹嘉賓訂

李維楨序（天啟癸亥）

湯賓尹序（天啟三年）

吴伯與序（天啟四年）

高維岳序（天啟三年）

原序十二篇

《千頃堂書目》：《石室鹿裘全集》六十五卷。此僅二十五卷，疑「六」字乃「二」之訛也。貴陽陳氏藏書。

西林全集二十卷　明刊本

句吴安紹芳懋卿父著　友人俞安期羨長父訂

鄒迪光序（萬曆己未）

舊序七篇

王世貞西林記

　貴陽陳氏藏書。

白雲集七卷　明刊本

莆陽陳昂爾瞻著　會稽周錫圭禹錫訂

葉益蓀序（崇禎庚辰）

林古度序（同上）

馬之駿序（癸丑）

鍾惺撰白雲先生傳
五言今律自序（萬曆甲午）
鍾惺紀夢
宋珏跋（戊午）

昂，莆田人。晚客金陵，賣卜自給。其集傳自林古度，鍾伯敬刊之大行署中，皆五言律詩。宋比玉、滕伯倫又先後刊于南都，宋復附以七律十二首，均未廣行。此本則會稽周禹錫所重刊。貴陽陳氏藏書。

松圓浪淘集十八卷 明刊本

新安程嘉燧孟陽著
謝三賓序（庚午）
唐時升序（庚申）
婁堅書後
自序（萬曆戊午）
松寥詩引（辛酉）
溪堂題畫詩引

此孟陽自編自萬曆癸卯迄崇禎己巳二十七年之詩。先是萬曆庚申，其鄉人方方叔刊孟陽詩于長洲，唐時升爲之序。此本則嘉定知縣四明謝三賓所刊《嘉定四先生集》之一。有「深柳草堂」、「舒氏養初珍藏書畫印」、「舒摯文藏書印」、「固庵讀過」諸印。

謝耳伯先生初集十六卷全集八卷 明刊本

明綏安謝兆申耳伯著　晉安周之夔章甫、同邑黄弼君贊、黄開先申甫校

曹學佺序（崇禎庚辰）

劉鳳贈序

黄居中古詩序

男元跋

刌庵訂定譚子詩歸十卷 明刊本

竟陵譚元春友夏著　東海黄家鼎爾調閱

鍾惺序

蔡復一序

朱之臣序

李維楨序

自序

諸稿自序輯録

友夏詩有《虎井詩》、《西陵艸》、《秋尋艸》、《退尋詩》、《客心艸》、《遊首集》、《仙室艸》、《湖霜艸》、《秋冬之際艸》、《拭桐艸》十種，皆有自序。又有《簡遠堂詩》、《寒河集》等。此編彙爲一集，分體編次。板心有「嶽歸堂」三字。貴陽陳氏藏書。

新刻譚友夏合集十卷 明刊本

竟陵譚元春友夏著　長洲徐汧九一、古吴張澤草臣評

自序（癸酉）

張澤序（同上）

卷一至卷五《嶽歸堂新詩》，六至十爲《鵠灣文草》。

毛孺初先生評選即山集六卷附薄氏少君悼亡詩一卷 明刊本

婁東沈承君烈著

劉彦序

張三光序（天啟乙卯）

陳組綬序

張溥序

周鍾序(天啟丙寅)
張三光悼亡詩跋
此蘇撫毛一鷺刊本。附君烈妻薄氏《悼亡詩》,即《千頃堂書目》之《棽泣集》也。貴陽陳氏藏書。

菉居詩集一卷 明刊本
河北張縉彦坦公著 盟津覺斯先生定
王鐸序
黃文煥序(癸未)
方拱乾序
天一閣藏書。

琴張子螢芝集七卷附禪粟秫二卷 明刊本
金壇張夢弼公亮著 閩中黃道周石齋、西蜀陳盟雪灘閱
黃道周序(天啟甲子)
陳盟序(同上)
朱之俊序(同上)
王鐸弁語(同上)

周鑣序（天啓乙丑）
文安之禪粟昧題辭
于肇錫弁語

夢弼，崇禎癸酉舉人，官揭陽知縣，降照磨。《千頃堂書目》有夢弼《螢芝集》九卷，殆并《禪粟秣》合計之歟。有「靖廷」、「壽椿堂藏書」、「長白敷槎氏堇齋昌齡圖書印」三印。貴陽陳氏藏書。

榕城二集五卷 明刊本

金壇張明弼公亮父著
羅萬藻序（己卯）
郭之奇題詩（同上）
黄正色題詩（崇禎己卯）

此集公亮令揭陽時所撰，《千頃堂書目》未著録。貴陽陳氏藏書。

選寒光集六卷 明刊本

小寒山陳函煇木叔父著
錢邦芑序

寒山知靖江時得詩二千餘首，錢開少選三百餘首，序而行之。《千頃堂書目》有《寒光集》四卷，蓋非完本。貴陽陳氏藏書。

星言草不分卷 明刊本

［明熊人霖撰］

自序（崇禎己卯）

目録後有「豫章熊人霖伯甘氏著于稠川之敬事堂」二行，乃熊氏知義烏時所著也。

庚辰春偶吟一卷 明刊本

甬上錢肅樂著

查繼佐序

右錢忠介《讀鄭所南心史》七言律十首，刊于定海，時爲順治五年，定海猶爲明地也。天一閣藏書。

倘湖遺稿十卷附來舜和先生稿一卷 鈔本

曾孫汝誠編

倘湖自序

右明來集之撰。集之字元成，蕭山人，崇禎庚辰進士，弘光時官至太常少卿。

葛震父詩稿二册 手稿本

吴人葛一龍著

右葛震父手書詩稿，共四十九葉，又他人補録者四葉，不分卷。其子目爲《修竹編》、《尺木齋》、《艷零篇》、《新詩》、《獨往篇》、《新緑齋》六種，共詩詞二百餘首。《千頃堂書目》載葛一龍《尺木齋》等集，而不著集名及卷數，蓋未見其書也。有「葛一龍」、「震父氏」、「有震之印」、「蓮谿仙史」、「蓮谿鑒藏書畫之印」諸印。

陳眉公先生全集六十卷　明刊本

華亭陳繼儒仲醇父著　男夢蓮古濬父、夢草山賢父、孫先覺天爽父仝纂

方岳貢序

男夢蓮識語

《千頃堂書目》載《陳眉公全集》，不著卷數。《明志》僅録《晚香堂集》三十卷。據夢蓮識語「眉公遺稿凡百餘卷，以此六十卷爲第一刻，其第二、第三兩刻各二十卷，已銓次遴寫」云云，不知果授梓否也。每卷末有故舊門生校梓姓名，卷各不同，殆集貲所刊也。貴陽陳氏藏書。

大霞洞集三十二卷　明刊本

榆中杜文煥弢武父著　於越余儼望之雲父校　雲間□玉廷宰毗翁父訂

吴道南序（萬曆丙辰）

李維楨序

馮時可序(萬曆丁巳)
傅淑訓序(天啟辛酉)
曹勛序
自序(萬曆戊午)
錢希言後序

文煥,榆林人,官左都督、總兵官,加太子太保。《千頃堂書目》載《大霞集》無卷數。此本三十二卷,後附《大霞藪極》並詩集、雜序,其所撰著本有《餐霞館十草》、《賦叢鼓吹》、《騷圃笙簧》、《雅什編》、《樂府詩》、《古體詩》、《奇武堂近體》、《投轄館文筆》、《玉舉齋雜著》、《西征草》、《北征草》、《南征草》、《東征》、《東南游草》若干種。又有《左軍》、《右軍》、《卧遊》、《杜遊》、《征西》、《鎮西》諸集,合爲此集。貴陽陳氏藏書。

奇零草一卷 鈔本

[明張煌言撰]

徐孚敬序(永曆十五年)

《草中復田雄書》、《張子房論》二篇均有闕文。後附吳三桂《上康熙皇帝》一書,則鈔書者所加入也。

笑玉軒集一卷計偕集一卷嬾雲集一卷游羅浮集一卷七星巖集一卷粵聞漫集一卷燕臺集一

卷秋似亭集一卷退食軒集一卷郢中集一卷巴音集一卷 明刊本

虔州謝士章含之甫著

單守敬笑玉軒集序

倪斯蕙嬾雲集序

魏浣初又序（天啟丙寅）

吴繼祖又序

王應熊巴音集序

羅萬爵羅浮集序

黄良臣秋似亭集序

王猷退食軒集序

士章官重慶知府。其詩凡十一卷，而《嬾雲集》有卷上而無卷下，蓋佚一卷也。貴陽陳氏藏書。

林衣集八卷 明刊本

慈谿秦舜昌虞卿著　門人馮元飂言仲校　馮元仲次牧輯

黄汝亨序（天啟三年）

馮若愚序

小窻自紀三卷　明刊本

延陵吴從先著　□眗張榜選　雲間陳繼儒訂　平湖俞恩燁、武林沈明龍、武林何偉然校

吴逵序

俞恩燁序

貴陽陳氏藏書。

澗詞四卷　明刊本

武下王承之季安著　沚中郭宗昌胤伯訂

東蔭商序（崇禎五年）

貴陽陳氏藏書。

蕭林初集八卷　明刊本

梅里錢棻著

胡守恒序

黄端伯序

李雯序

貴陽陳氏藏書。

空谷集三卷 明刊本

中吴沙門空谷景隆述

自序(正統五年)

寂菴跋(弘治丁巳)

卷一、二爲《尚直編》,卷末爲《尚理編》。其書頗譏朱子陰用佛説而陽詆之,故名「尚直」云。

雪浪續集一卷 明刊本

明雪浪庵釋洪恩著

沈顥序(萬曆乙卯)

覺僊後語(萬曆戊午)

《四庫存目》有《雪浪集》而無《續集》。有「佐伯文庫」印。貴陽陳氏藏書。

天隱和尚磬山集十四卷 明刊本

閩海門人通範録

史伯忠序(崇禎戊辰)

貴陽陳氏藏書。

文選六十卷 明覆元刊本

梁昭明太子選　唐文林郎守太子右内率府録事參軍事崇賢館學士臣李善注上　奉政大夫同知池州路總管府事張伯顔助率重刊

余璉序

昭明太子序

李善上文選注表（顯慶三年）

吕延祚進五臣集注文選表（開元六年）

每半葉十行，行二十二字。明成化丁未唐藩翻刊元張伯顔本。

文選六十卷 明覆元刊本

梁昭明太子選　唐文林郎守太子右内率府録事參軍事崇賢館直學士臣李善注上　奉政大夫同知池州路總管府事張伯顔助率重刊

李廷相序（嘉靖癸未）

昭明太子序

李善上文選注表（顯慶三年）

吕延祚上五臣集注文選表（開元六年）

每半葉十行，每行二十一、二十二字不等。金臺汪諒覆刊元張伯顔本。初成化刊張本，每行字數悉加畫一，此則猶仍張本之舊。目録後有「嘉靖元年十一月望日金臺汪諒校正新刊」一行，又有汪氏所刊書目，首云「金臺書鋪汪諒見居正陽門内西第一巡警更鋪對門，今將所刻古書目録列於左，及家藏古今書籍，不能備載，顧市者覽焉」。其目載翻刻書有《史記正義》、《黄鶴注杜詩》、《千家注蘇詩》、《唐音》、《玉機微義》、《武經直解》，下云「俱宋元板」。重刻書有《詩林廣記》、《韓詩外傳》、《潛夫論》、《太古遺音》、《臞仙神奇祕譜》、《詩對押韻》、《孝經注疏》，下云「俱古板」。

六家文選六十卷 明覆宋刊本

梁昭明太子撰　唐五臣注　崇賢館直學士臣李善注

昭明太子序

李善上文選注表（顯慶三年）

國子監刊李注文選牒

吕延祚進集注文選表（開元六年）

每半葉十一行，行大十八字、小二十六字。昭明序後有「此集精加校正，絶無舛誤，見在廣都縣北門裴宅印賣」三行。此明中吴袁氏刊本，原有袁褧跋，此本割去。有「埭川世家」、「祥止樓」、「武陵氏藏書」諸印。

六家文選六十卷 明覆宋刊本

梁昭明太子蕭統撰　唐李善、吕延濟、劉良、張銑、李周翰、吕向註

昭明太子序

李善上文選註(顯慶三年)

國子監刊李注文選牒

吕延祚進集註文選表(開元六年)

與袁本半葉少一行,每行字數則同,亦明人覆刊廣都裴氏本也。有「怡府世寶」、「明善堂覽書畫印記」、「安樂堂藏書記」三印。

文選六十卷 明刊本

梁昭明太子選　唐文林郎守太子右内率府參軍事崇賢館直學士臣李善註上

每半葉十行,行二十一字。卷首有「晉府敕賜養德書院校正重刊」二行。

文選六十卷 評閱本

潘稼堂手跋:《文選》一書,雖選自梁朝,然其所取皆漢魏以來典雅之文,以理趣爲骨而辭藻輔之,非專事綺靡者。選言徵事,皆從經史子籍中來。世間合用之文,諸體畢備,儲材之富,浩若淵海,取用不竭,三唐北宋人無不精思熟讀。自歐蘇之文行而《選》體始絀,今人則有終身不窺者。然不爲詩賦四六

則已，爲詩賦四六，則此書乃其淵源根柢，何可脱去。余幼嘗私習此書，意所喜者略能成誦，今遺忘盡矣。因炳兒請加評點，輒涉筆一過。汲古閣本刊刻雖精，而訛落不少，注止李善一家，有疑滯處，以舊刻六臣本參校可耳。戊寅初秋正，止止居士書。（下有「潘耒之印」、「稼堂」二印）

又跋：戊寅七月十二日閲竟。（下有「潘耒之印」一印）

汲古閣本。潘稼堂以朱筆評閲。又前二十卷有墨筆評閲語，乃臨竹垞評本，蓋稼堂子弟所益也。

文選六十卷 評閲本

汲古閣本。前人臨何義門評，筆意極似嚴修能。有「嚴元照印」、「臣許乃普」、「許士俊印」諸印。

玉臺新詠十卷 明覆宋刊本

陳尚書左僕射太子少傅東海徐陵字孝穆撰

自序

陳玉父後序（嘉定乙亥）

無名氏手跋：余藏乾道《柳集》、寶慶《韓集》，不若此嘉定本之精，千金不易。明時有翻本，無卷末陳玉父一跋，陳恭甫侍御曾有之。此本爲閩中何岐海藏書，余得之三山書市，與鄘湛若天風硯、董思翁《絶交論》同藏于三益友室。（下有「天風硯齋」、「讀天下書友天下士」二印）

馮雲伯手録《四庫提要》并跋：道光九年己丑五月，同年生柯易堂大令以此書持贈。攷證之，真嘉定本之至精者，重付裝池，并録此條附於卷尾，而藏之石經閣。嘉興馮登府記于閩中志局。（下有「得安」、「登府」、「曾校祕文」、「得庵曾讀」、「田園」、「小長蘆之南暴書亭之北」諸印）

郭頻伽手跋：庚寅二月廿有三日，復翁郭麐觀於五千卷室。（下有「羊伯」一印）

每半葉十五行，行三十字。趙靈均重刊本。宋本原有靈均序，行世本皆去之以充宋刻，此本亦然。每册面葉有林文忠公題「宋槧玉臺新詠雲伯藏少穆題」十二字。有「景卿藏書」、「治運」、「梿海」、「治南何氏瑞室所藏」、「登府手校」、「雲伯審定」、「馮雲伯父所省記」、「石經閣」、「小檇李亭」諸印。

玉臺新詠十卷　明覆宋刊本

陳尚書左僕射太子少傅東海徐陵字孝穆撰

自序

陳玉父後序（嘉定乙亥）

寒山趙氏刊本。有「張氏培風閣藏書」、「孫星衍印」、「孫氏伯淵」三印及先大父名印、「咸豐庚申以後收藏」二印。

篋中集一卷　明覆宋刊本

元結次山編

自序

每半葉十行，行十八字。明覆宋臨安府陳宅書籍本，與《搜玉小集》同册。

松陵集殘卷 明覆宋刊本

存卷四、卷五二卷。十行十八字。明覆宋臨安府陳宅書籍鋪本。

竇氏連珠集一卷 影宋鈔本

［唐褚藏言輯］

潛夫跋（戊戌）

又跋

和峴跋（乾德二年）

王崧跋（淳熙五年）

每半葉八行，行十七字。五人詩自爲起訖，然不分卷，汲古閣刊本則分爲五卷矣。

竇氏連珠集一卷 明鈔本

卷末闕詩二篇並諸家跋。天一閣藏書。

搜玉小集一卷 明覆宋刊本

與《篋中集》同册，行款亦同。明覆臨安府陳宅書籍鋪本。

古文苑二十一卷 明覆宋刊本

［宋章樵註］

章樵序（紹定壬辰）

翁蘇齋手跋：《古文苑》世稱孫洙巨源於佛寺經龕中得之，宋紹定壬辰章樵叔道序，稱爲唐人所編，然所載《石鼓文》與今所傳本無異而時有差誤。此是舊板本，特資以備攷可矣。嘉慶十一年丙寅冬十有一月廿二日，北平翁方綱識。（下有「覃谿」一印）

每半葉十行，行十八字。明成化壬寅巡按御史張時用刊舊本于建陽，原有張琳序，此本奪。有「史臣紀印」、「史叔載父」、「史臣紀叔載父」、「芝玉山房」、「彝尊書畫小記」、「定圃鑒定」、「萊陽初氏圖書」、「珊瑚閣珍藏印」諸印。

文苑英華一千卷 明刊本

翰林院學士朝散大夫中書舍人廣平縣開國男食邑三百户上柱國賜紫金魚袋宋白等奉敕纂

胡維新序（隆慶元年）

纂修文苑英華事始

周必大識語（嘉泰元年）

隆慶刊書姓名

此巡按御史胡維新刊於閩中，而主其事者戚武襄（繼光）也。

會通館印正文苑英華辨證十卷 明活字本

［宋彭叔夏撰］

周益公刊《文苑英華》，世有影鈔本，每卷後有「登仕郎胡柯、鄉貢進士彭叔夏校正」二行，是彭氏此書本附《英華》以行。此錫山華氏活字本，半葉七行，惟前後題作大字，餘皆小字雙行，行十三字。有「吴郡趙頤光家文苑」、「平江黄氏圖書」二印。

文粹一百卷 元刊本

吴興姚鉉纂

自序

施昌言後序（寶元二年）

每半葉十五行，行二十五字。元時重刊宋本。惟宋本十三行，此廣爲十五行耳。有「查瑩私印」、「太史氏聽雨樓」、「查氏有圻珍賞圖書」、「海陵劉氏染素齋藏書印」諸印。

重校正唐文粹一百卷 明覆宋刊本

吴興姚鉉纂

汪偉序（嘉靖甲申）

胡纘宗序（嘉靖丁亥）

姚鉉序

施昌言後序（寶元二年）

每半葉十三行，行二十五字，與宋本行款同。姚序後有「嘉靖甲申歲太學生姑蘇徐焴文明刻於家塾」一行。

唐文粹一百卷 校本

許邁孫手跋：　校至今日，我兩人之心力瘁矣。此番修補之後，再不從事於此矣，亦足以告無罪於姚先生，併足以告無罪於後之讀此書者矣。但望世之讀書者，肯如我兩人，垂暮之年猶日夕手校一編，若以此終其身者，庶可矣。榆園老人書記。七月二十四日。明年正七十，復堂今年亦六十七歲。

此許邁孫、譚復堂合校本。許用墨筆，譚用朱筆。

唐文粹一百卷 明刊本

吴興姚鉉纂

晉藩志道堂序（嘉靖五年）

自序（大中祥符四年）

施昌言後序（寶元二年）

晉藩跋（嘉靖七年）

有「養應書院之記」、「秀水朱氏潛采堂圖書」二印。

沈氏三先生文集六十一卷 景宋鈔本

首《西溪文集》十卷，題「翰林學士右諫議大夫知制誥充羣牧使兼判吏部流内銓判尚書禮部長興縣開國伯食邑八百户輕車都尉賜紫金魚袋沈（御名同音）文通」。《長興集》四十一卷（存十九卷，首卷闕銜名不見）。《雲巢編》十卷，下題「太常寺奉禮部審官西院主簿沈遼睿達」。卷末間有「從事郎處州司理參軍高布重校兼監雕」一行。每半葉九行，行二十二字。

三孔先生清江文集四十卷 鈔本

中書舍人孔文仲經父　禮部侍郎孔武仲常父　金部郎中孔平仲毅父

王蘧後序（慶元五年）

每半葉十行，行二十二字。平闕之式尚仍宋舊，蓋自臨江本出也。原有周益公序，此本奪。

二劉文集九卷 鈔本

《劉給諫文集》五卷，題「永嘉劉安上著」，有留元剛序。《劉左史集》四卷，宋劉安節撰。傳鈔《四庫》本。有「歙鮑氏知不足齋藏書」一印。

聖宋文選全集三十二卷 宋刊宋印本

黄復翁手跋：　余向藏何義門批校曾子固《元豐類稿》，增多文六篇，謂出於石門吕太史家鈔本《聖宋文選》，然其原書世不多有也。既從常熟書友得一殘宋本，缺七至十一，而仍有影鈔者，已喜出望外。後稔常州趙味辛舍人處有宋刻全本。辛酉至京師，面詢其書。秋間味辛回南，余亦旋里，遂以書歸余。與前得殘本出於一刻，中有缺葉，賴前本補完。至於裝潢璀璨，爲味辛所重新，而前人圖記間有剜去者，未知誰何。歲癸亥，長塘鮑緑飲來，談及是書，云數年前同在吾郡故家所得，同時得劉後村，亦宋刻，此書後有吕晚村長跋。方信義門所見鈔本即從此出，而此書所去圖記蓋即吕氏，故并長跋亦去之歟。緑飲所言乃書林故事，亟取而書諸尾，因追述其得書顛末如右。嘉慶八年春三月望後二日，蕘翁黄丕烈識於百宋一廛。（下有「蕘翁」一印）

每半葉十六行，行二十八字。白口細字。板心有字數暨刻工姓名。避宋諱訖「構」、「愼」二字，而「敦」、「廓」二字不避，蓋孝宗朝刊本也。目録及卷五、卷二十九三卷後題並云「聖宋文選前集」，他卷前後題均云「全集」，而全書皆有剜改之跡。其板心亦題「文選前」三字，「前」字亦剜去，惟餘十許葉未剜，蓋此三十二卷本係《前集》。張邦基《墨莊漫録》云「崔伯易有《金華神記》，編入《聖宋文選後集》中」，是此書有《前》、《後集》，《後集》板亡，乃改「前集」爲「全集」。書中卷數字亦有剜改之跡，然皆宋人所爲也。何義門《讀書記》稱此書爲建本，然板心所記刻工姓名如方至、方堅，與南宋重刊本《玉篇》、《廣韻》

刻工同，此三書字體清勁，非建陽刊本所能及也。此書爲鮑以文、趙味辛、黄復翁遞藏，在鮑氏時曾寫以進呈，録入《四庫》。余舊藏嘉善柯寓匏舍人手寫本，爲江南流傳第一鈔本，今又得宋刊全帙，古緣爲不淺矣。有「蕘圃」、「士禮居藏」、「性喜讀未見書」、「煦齋藏弆」、「介文珍藏」、「司寇之章」諸印。

聖宋文選全集三十二卷 景宋鈔本

柯崇樸手書序：《聖宋文選》三十二卷，所録歐陽永叔二卷、司馬君實三卷、范希文一卷、王禹偁一卷、孫明復一卷、王介甫二卷、余元度一卷、曾子固二卷、石守道三卷、李邦直五卷、唐子西一卷、張文潛七卷、黄魯直一卷、陳瑩中一卷，凡十四人。先是，石門□□□先生收藏宋元人文集最富，復録其所未備者數十種，屬余覓之，則是書與焉，顧卒卒數年無所得。乙丑歲至京師，朱檢討竹垞過余寓舍，因以訪之，則惟轉假得是書授余抄録，後二年始克攜以歸。既則余又别鈔一本，而以先所鈔本歸竹垞，爰記其事而序之曰：古書之不傳者多矣。書傳矣，而作者之意與其名或又不傳。噫，其可惜也。然漢唐作者其不傳則已耳，傳則章章於世，不復泯没。若宋元以來，時代差近，頗有文實卓然成家而不爲世所推重，往往流落於荒遠，棄置於童豎，有者勿及知，知者勿克有，故其書猶在若顯若晦、或存或亡之間，表之則日章，銷之則遽滅，有不可與漢唐並論者，宜好古之亟亟購置也。即如此書，藏自崑山徐立齋相國，原本宋刻甚工，然無序紀始末與撰録者姓氏，以故不可考。爲檢録焦弱侯所輯《經籍志》，廣矣備矣，此獨闕焉，豈非所云書或有録而亡、或無録而在者衆歟。幸其卷帙完具，使讀者有以窺知其意，大約所録者必有關於經術政治之大，他若辭賦之作、碑誌之文，非關體要，雖工勿取，此其大指也。然又有甚不可解者，理學若二程，文章若三蘇，皆不見録，乃蘇門之張文潛則又廣取之，此何以説焉。書之得，在□先生卒後數年，既無所就正，姑序而藏之，以俟後之博洽好古者論定焉。康熙乙巳孟秋，嘉善柯崇樸序。

每半葉十六行，行二十六字。嘉善柯舍人崇樸手影崑山徐立齋相國家宋刊本。舍人初爲竹垞影寫一部，後又寫此本，書法妍雅，與寫官之但求精巧者不同。康乾以後江南藏書家鈔本，皆自此本出。義門所見有舍人序，亦即此本，或自此傳寫之本也。然其跋《元豐類稿》，謂爲石門吕太史家鈔本，蓋舍人此本本爲吕晚邨影鈔，值晚邨没，遂以自藏，後又歸海昌馬寒中。義門見序中有「石門吕□□先生」云云，遂以爲吕氏鈔本耳。至晚邨晚年，又自得宋刊本，後爲鮑以文、趙味辛、黄蕘圃先後收藏。鮑氏鈔以進呈，著録《四庫》，則與此本無涉。有「思贊」、「中安」、「馬寒中印」、「衎齋」、「古鹽官州馬氏」、「寒中私記」、「馬仲安」、「馬思贊」、「陳濂藏本」、「紅藥山房收藏私印」、「陳建堂藏書印」諸印。

聖宋文選三十二卷　校鈔本

四庫提要

柯崇樸序

陸潛園手跋：　右《聖宋文選》三十二卷，從舊鈔本傳録，曾以文瀾閣本校一過，改補數百字。近得影宋鈔本，復命兒輩校一過，又改補千餘字，其文義兩通者注於旁。光緒十年仲夏，歸安陸心源識。（有

「四十以後號再己翁」一印）

樂府詩集一百卷 元刊本

太原郭茂倩編次

李孝光序（至元六年）

周慧孫序（至正元年）

每半葉十一行，行二十字。中有壞板，及嘉靖中修補之葉。明南雍印本。有「繆沅之印」、「湘芷父」、「大滌講徒」三印。

三蘇先生文粹七十卷 明覆宋刊本

每半葉十四行，行二十六字。無序跋。觀其板式字體，乃嘉靖中吴中翻宋本。有「老庸」、「北平謝氏」、「寶樹借觀」三印。

三蘇先生文粹七十卷 明覆宋刊本

與前本同。有「存軒」、「當湖曹氏近齋書畫記」、「萬宜樓藏善本書印」三印。

新刊古今歲時雜詠四十六卷 明鈔本

［宋蒲積中編］

自序（紹興丁卯）

存卷一至卷十八，餘闕。有「曹溶」、「溶」二印。

萬首唐人絶句一百一卷 明覆宋刊本

［宋洪邁編］

自序（紹熙元年）、又識（紹熙二年）

重華宫投進劄子（紹熙三年）

重華宫宣賜白劄子

謝表

別奏劄子

奏耿枏不受書送劄子

謝南丙奏狀（紹熙四年）

吴格跋（嘉定辛亥）

汪綱跋（嘉定癸未）

每半葉十行，行二十字。凡七言絶句七十五卷，五言二十五卷，六言一卷，五、六言自爲起訖，不與七言卷數相承。此明嘉靖辛丑陳敬學重刊宋本，原本汪綱跋後有陳敬學跋，此本割去，蓋欲以僞宋本也。《四庫》著録本五六言僅十六卷，乃不完之本。有「怡親王寶」、「仌玉山房」、「賜額忠孝爲藩」、「綸音」、

「好書猶見性情醇」、「徐開任印」諸印。

萬首唐人絶句二十六卷 明刊本

即陳敬學刊本，僅存五六言絶句，而目録陳跋尚存。天一閣藏書。

宋文鑑一百五十卷 明刊本

朝奉郎行秘書省校書郎兼國史院編修官兼權禮部郎官臣吕祖謙奉聖旨銓次

周必大序（淳熙六年）

劄子

謝表

每半葉十三行，行二十一字。明天順八年嚴州府知府張邵齡重刊宋本。惟宋本十行二十字，此本則增其行數、字數耳。有「泰州王氏雪帆藏書記」、「王雪颿藏書印」、「木樨香館范氏藏書」諸印。

宋朝文鑑一百五十卷 明刊本

著作郎臣吕祖謙奉旨詮次

商輅序（天順八年）

胡拱辰序（弘治甲子）

周必大序

胡韶跋（弘治甲子）

王文修板跋（嘉靖丙戌）

每半葉十三行，行二十一字。弘治甲子知嚴州府胡韶重刊，板成入于南雍，嘉靖中應天府重修。有「唐栖朱氏結一廬圖書記」一印。

聖宋名賢五百家播芳大全文粹一百卷 宋刊本

衢山精舍葉棻子實編　富學堂魏齊賢仲賢校正

許開序（紹熙改元）

本朝名賢總目

每半葉十四行，行二十五字。前有目録七卷。此書諸家藏本或一百五十卷（罟里瞿氏），或一百十卷（《四庫》及丁、陸諸氏藏），或百卷（見瞿本嘉定二年宋均跋）。此本所存凡百卷，而卷一、卷二又各分上中下，爲一百四卷，而每卷前後題及板心所記卷數大半剜改，目録亦然，首葉則全補刻，惟卷十九至卷三十七十九卷未改、卷三十八以後又僅改卷數中第一字，疑即百十卷之本而佚去卷三十八至卷四十七十卷，乃以次遞改爲百卷者。至卷十八以前子卷當有闕佚，故亦盡剜改也。此本爲延令季氏及吾鄉劉氏眠琴山館藏書，並有圖記。攷《延令書目》有「宋刻《播芳文粹》十九本，不全」，黄復翁注云「今歸眠琴山館」。蓋全書二十册，中闕一册，在季氏時已然，後乃遞改卷數，以充完書，蓋在劉氏書既散之後矣。此書傳世皆鈔本，惟朱竹垞曾見徐章仲家宋刊本，云二百卷，然《傳是樓書目》載「《宋五百家播芳文粹》百十卷」，蓋與此本同，諸家鈔本除瞿本外亦皆同此本。今徐氏本已不知存亡，此本雖稍闕，猶是宋槧宋印，又爲吾鄉劉疏雨故物，重可寶已。疎雨藏書爲嘉道間吾鄉之冠，身後遺書散盡，平生所見惟此書而已。有「季振宜藏書」、「吴江徐氏記事」、「陶庵」、「芳洲」、「虞山許氏圖書之印」、「石川張氏崇古樓珍藏印」、「烏程劉桐一字秋崖祕玩」、「劉桐珍賞」、「范鍇借觀」、「花笑廎藏」、「王専」、「蟲香樓藏」諸印。

宋朱張二先生南嶽倡酧詩一卷 明刊本

明後學郡人祝完編次

祝完序（萬曆二年）

張栻序（乾道丁亥）

朱子南嶽游山後記

此本存朱子詩四十八首、南軒詩五十九首，而無林擇之詩，蓋後人删節之本也。天一閣藏書。

迂齋先生標註崇古文訣三十五卷 元刊本

存卷二十至卷三十五。每半葉十一行，行二十一字，標註皆在行間，不在眉上。元時建陽刊本。有「邵鳳岐」、「邵岐」、「啟周」、「啟周所好」、「邵貞久定」、「邵貞久讀書畫記」、「貞久」、「歡喜」、「靈洞主人」諸印。

新刊迂齋先生崇古文訣三十五卷 明刊本

松陵後學吳邦楨邦杰校正

姚珤序(嘉定丁亥)

□森跋(闕後半)

每半葉九行,行十九字。明覆宋季莆陽刊本。有王元美手書籤。有「嘉靖己未進士夷齋沈翰私印」、「允明」、「艮石齋」、「世貞之印」諸印。

西山先生真文忠公文章正宗二十四卷 元刊本

[宋真德秀編]

綱目(紹定執徐之歲)

每半葉十行,行二十一字。有「晉陵鄒氏圖書」一印。

西山先生真文忠公文章正宗二十四卷 明覆元刊本

崔銑序(正德庚辰)

綱目

此明山西按察副使隆慮馬敬臣刊本,行款與元本同。

東澗先生妙絶今古文選四卷 宋刊本

［宋湯漢編］

自序（淳祐壬寅）

紫霞老人序（寶祐丁巳）

每半葉十行，行十八字。宋諱如「貞」、「徵」、「桓」、「慎」諸字皆闕末筆。惟闕序一葉，以明虔州刊本補之。有「李氏文通」、「香河李氏家藏書畫印」、「曹溪金氏」、「二酉齋」諸印。

唐僧弘秀集不分卷 明鈔本

［宋李龏編］

自序（寶祐第六春）

明季黑格鈔本，無題識圖記。諸家藏本皆分十卷，此本不分。

唐三體詩八卷 明刊本

汶陽周弼伯弜精選

目録前有「嘉靖壬子五月五日翻刻」牌子，共六十六字。天一閣藏書。

箋註唐賢三體詩法二十卷 明覆元刊本

汶陽周弼伯弜選　高安釋圓至天隱註

方回序（大德九年）

每半葉九行，行大十二字、小十七字。明内府重刊元本。天一閣藏書。

羣公四六十卷　明鈔本

無序跋及編纂人姓名，以甲乙丙丁分爲十卷。《四庫存目》僅有《續集》十卷，此係正集，未見前人著録。有「愛日精廬藏書」一印。

疊山先生批點文章軌範七卷　元刊本

廣信疊山先生謝枋得君直編次

王淵濟跋

許伯子手跋：康熙壬辰之秋，余客商丘館舍，漫堂先生持此見贈，乃錢牧翁所閱善本也。苦雨淒風，孤燈丙夜，得與吾鄉前輩相晤對，亦客情第一樂事也。是歲下元望後二日，後學許運昌識。（下有「許昌私印」、「高陽伯子」二印）

每半葉十行，行二十二字。以「王侯將相有種乎」七字分爲七集。東澗老人以朱、墨二筆評點，觀其書跡，乃少年筆也。卷末又有七言律一首云「二氣旋時破大荒，六爻動處見文章。天心地肺應無極，海錯山珍詎有常。世道主持鄒紹魯，玄機參透老開莊。後生蠡管安能述，漫向凡間綰七襄」，下署「七五老人子言書」，不署姓名，不知何人筆也。有「錢謙益印」、「惲應翼印」、「應翼」三印。

檀孟批點二卷 明刊本

宋信州謝枋得批點　明新都楊愼附註　後學蔡惟英校正

謝東山序（嘉靖丙辰）

蔡惟英跋（嘉靖乙卯）

存《檀弓》上下二卷。

月泉吟社一卷 校鈔本

浦陽盟詩潛齋吴渭清翁

田汝耔序（正德十年）

卷末有朱筆識語云：冷雨寒煙，輕帆柔櫓，三日征程，一編詩句，儘足銷我岑寂矣。歲月如梭，學道末至，可勝浩歎。雍正癸卯十月晦日，青墩舟中手校。卷首又識云「圈點並依原文」，蓋從舊本校勘也。

文選補遺四十卷 明刊本

茶陵後學陳仁子輯誦　門人譚紹烈纂類

趙文序

譚紹烈跋

每半葉十行，行十八字。譚跋稱「古迂翁著述甚富，《牧萊》三十卷已刊墨本，今再取所編《文選續補》四十卷刊成，并前昭明所纂《文選》六十卷，共計一百卷行世外，有所輯《韻史》三百卷、《迂褚燕説》三十卷、《唐史卮言》三十卷續用刻梓，以求正好古君子云」。目録後並有「茶陵東山書院刊行」牌子，行款亦與茶陵本《文選》同，蓋猶從元刊本出也。有「江夏」、「秉淵堂」三印。

柴氏四隱集三卷 明鈔本

張斗序
柴復貞序（萬曆庚子）
楊仲弘秋堂集序（至正四年）
趙太史贈四隱十一世孫志道詩（萬曆戊戌）
蘇幼安宋國史秋堂柴公墓誌

此僅存《秋堂》一集，詩詞、雜文各二卷，而無三隱詩文，《提要》所謂「世所行僅《秋堂》一集」者也。有「姑蘇吳岫家藏」、「婁東吳氏梅林鑒藏」、「荆石山房」、「上海徐紫珊收藏書畫金石書籍印」、「春暉堂」諸印。

謹依眉陽正本大宋真儒三賢文宗二十卷 明刊本

每半葉十行，行二十二字。觀其書題，蓋出宋時麻沙坊本，以「白玉誰家郎回家渡天津看花東陌上驚動洛陽人」二十字，分爲二十卷。内明允三卷，東坡九卷，潁濱八卷。有「戈寶士詩畫印」一印。

南宋名家小集四十八卷 鈔本

［宋陳起編］

野處類稿二卷

鄱陽洪邁景盧

雪坡小稾二卷

螺川北涯羅與之與甫

雲泉詩一卷

廉村薛嵎仲止

趙汝回序（淳祐己酉）

靖逸小稾一卷

建安葉紹翁嗣宗

梅屋詩稾一卷融春小綴一卷梅屋第三稾一卷梅屋第四稾一卷

壺山許棐忱父

東齋小集一卷

三山陳鑒之剛父

巽齋小集一卷

臨川危積逢吉

方泉先生詩集三卷

陽穀周文璞晉仙

白石道人詩集一卷

番陽姜夔堯章著

自序、又

梅花衲一卷剪綃集二卷

荷澤李龏和父

劉宰梅花衲序（丁亥）

石屏續集一卷

天台戴復古式之

梅屋吟一卷

臨江鄒登龍震甫

順適堂吟稾前集一卷續集一卷

笠澤葉茵景文

竹所吟稾一卷

建安徐集孫義夫

適安藏拙餘稿一卷

古汴武衍朝宗

方萬里序（端平庚申）

北山小集一卷

信安程俱致道

山居存稾一卷

閩人陳必復無咎

自序

斗野稾支卷一卷

邗江張蘊仁溥

雲卧詩集一卷

盱江吴汝弋伯成

看雲小集一卷

盱江黄文雷希聲

學詩初稾一卷

金華王同祖與之

自跋（嘉熙庚子）

芸隱倦游稾一卷芸隱横舟稾一卷

浮玉施樞知言

自序、又（嘉熙庚子）

蒙泉詩稾一卷

臨川李濤養源

橘潭詩稾一卷

錢塘何希龍子翔

抱拙小稾一卷

汴人趙希楷誼父

端隱吟稾一卷

長樂林尚仁潤叟

心遊摘稾一卷

福唐劉翼蹵文

竹莊小稾一卷

清源胡仲參希道

采芝集一卷續集一卷

芳庭斯植建中

竹溪十一稾詩選一卷

三山林希逸肅翁

秋江煙草一卷

河陽張弋彦發

丁焴序（嘉定戊寅）

癖齋小集一卷

金華杜旃仲高

學吟一卷

古徐朱南杰

法梧門手跋：此册總目六十四家，合藏書家簿録之數。又補遺八家，皆石門顧氏刻本所未載。兹星伯吉士所獲僅三十五家，蓋不全書也。考讀畫齋《羣賢小集》内「例言」一條云：吴本首列洪邁《野處類稿》二卷，與朱葦齋無少異，惟卷首《漫興》二首不見於朱集，此疑書賈作僞，特爲删去。然則此本爲錢唐瓶花齋彙萃鈔本，非宋陳宗之原編也。余鈔《兩宋名賢小集》多至三百八十卷，作者二百五十三家，前有魏了翁序，朱彝尊二跋，合陳思、陳起爲一人，合《國寶新編》（乃《寶刻叢編》之訛）、《江湖集》爲一書。朱跋又稱，思從孫世隆當元至正末，補刻百四十餘家。皆無確據，似不足信。然其詩實宋人碎金遺珠也，世安得好事別具手眼者，彙諸本甄綜之，去其蕪雜，勒爲一代之書，其功詎不偉哉。嘉慶二十二年丁卯五月初九日，法式善識。（下有「法式善印」、「梧門偶筆」二印）

前有總目六十四家，補遺八家，出吴尺鳧家鈔本。此存三十五家，乃徐星伯藏書。有「梧門曾閲」一印。

詩準四卷詩翼四卷 宋刊宋印本

各闕卷三、卷四兩卷。《詩翼》又闕卷二首葉，而二書目録具存。每半葉十一行，行十八字。「匡」、「恒」、「慎」諸字皆闕末筆，乃宋季刊本。無序跋及撰人姓名。《四庫存目》有此書，云「舊本題宋何無適、倪希程同撰」，館臣頗疑爲明人僞託，以所載《岣嶁山碑》全用楊慎釋文故也。今此本目録具存，無《岣嶁山碑》，則館臣所見自是明人羼雜之本，惜未見此宋刊宋印本也。此季滄葦藏書，季氏《書目》有《詩準》四卷、《詩翼》四卷，注云「四本，宋板」，即此書，今已闕二册矣。有「季振宜藏書」一印。

二妙集八卷 元刊明修本

［金段克己、成己撰］

吴澂序

虞集河東段氏世德碑銘

段輔跋（泰定四年）

賈芝跋（成化辛丑）

每半葉九行，行十六字。元泰定四年克己孫輔刊於平陽，明成化辛丑知絳州賈定重修。書中板心作白口者元刊，黑口者明補也。天一閣藏書。

二段集四卷補遺一卷 鈔本

高梁遯庵段克己復之　菊軒段成己誠之著

吴澂序

賈定序（成化辛丑）

段霑序

凡例

虞集河東段氏世德碑銘

段輔跋（泰定四年）

裔孫宗義跋（康熙三十五年）

《二妙集》本以遯庵、菊軒詩文分體合編。康熙間裔孫宗義所刊，又分二人詩詞各爲二卷，改爲《二段集》。乾隆癸丑，故城賈汝愚復從《河汾諸老詩集》輯《補遺》一卷附後。此從賈本鈔出。有「平江黄氏圖書」一印。

中州集十卷 明刊本

每半葉十一行，行二十一字。闕《樂府》一卷。此弘治中沁水李瀚刊本，其行款大小虽與所刊《遺山文集》異，而板式則同。有「提督山東學政關防」、「阮亭」、「梅叔」、「揚州阮氏琅嬛仙館藏書印」、「文選樓」、「珠湖草堂」、「東壁圖書」、「揅經室阮氏收藏」諸印。

中州集十卷樂府一卷 校閲本

汲古閣刊本。昔人臨馮己蒼、定遠兄弟及何義門評校。首尾均有己蒼跋，而定遠題識尤多。其有關考證者，大抵出義門手，然漫無識别。卷首題識稱毛斧季爲「丈」，明是義門語，而下署「馮班」，蓋臨校以意增之耳。甲、乙二卷，義門以高陽許氏所藏元刊本略校並記行款，餘亦多校正之處。

瀛奎律髓四十九卷 評閲本

宋紫陽方虚谷先生選

皆春居士序(成化三年)

自序(至元癸未)

石門吴氏黄葉邨刊本。昔人臨馮己蒼、定遠兄弟評語於上，後有定遠跋。有「蔣西圃藏書印」、「南齋祕笈」二印。

瀛奎律髓四十九卷 評閲本

無名氏手跋：常熟己蒼、定遠馮氏昆季評駁此書，各有主見，而大旨總不相遠。又陸子貽典手録其評，以證二人同異。其硃筆出于定遠，黄筆本自己蒼，餘多藍筆，則陸子討論古今而繫之者。虞山華蕩間，抑何詩人之多耶。

章鋌手跋：二馮兄弟氣質俱好，其論詩所見未嘗不是，而措詞詼諧，兼以謾駡。予曾見其《鈍吟雜録》，亦究心學問之人，何以不儉若是？學者慎之。若紀文達之書，另有刻本，吾閩李光雲、劍溪兄弟之所録刊也，當購置之案頭。章鋌讀畢記。

亦黄葉邨莊本，前人録二馮及陸敕先評語。

岳陽樓集三卷　影元鈔本

郡文學掾東陽陳公舉編類　郡學堂長西蜀張天啟校正

陳其舉序（元貞二年）

孫文彪跋（大德甲辰）

每半葉九行，行二十字。有「虞山張氏蓉鏡珍藏」、「于氏藏書子孫永寶」、「兩罍軒藏書印」、「獨山莫氏銅鼓山房之印」諸印。

古賦辨體十卷　明刊本

［元祝堯編］

錢溥序（成化二年）

康河跋（嘉靖丁酉）

此嘉靖中贛州府知府康河刊本。有「汪啟錩印」、「元吉氏」二印。

古賦辨體十卷 明刊本

錢溥序(成化二年)

蘇祐序(嘉靖壬寅)

天一閣藏書。有范堯卿侍郎手書籤。

虞邵庵批點文選心訣一卷 明刊本

共序十三篇、記十七篇,皆韓、柳、歐、曾、二蘇之文,有小注、旁注、圖點。

國朝文類殘卷 元刊本

存卷六十五至六十六。每半葉十三行,行二十四字,元翠巖精舍刊本。有「牧翁蒙叟」、「弌沙居士」、「王懿榮」、「福山王氏正孺藏書」、「燕譽堂藏書記」諸印。

國朝風雅七卷雜編三卷 元刊元印本

蔣易編纂

此書明焦氏《經籍志》、黄氏《千頃堂書目》、阮氏《進呈書目》、張氏《愛日精廬藏書志》並作三十卷。此本七卷,每卷一目,不記卷數。目録首行上題「國朝風雅」,下題「蔣易編集」,每卷或一二家,或多至七八家不等,每家各自爲編。首行上題姓字,下題姓名籍貫,或并著履歷。書口亦書作者之字,不題書名。每板所記板數,亦各家分記。七卷中六卷有目,其吴閑閑、黄松瀑、李坦之、張伯雨、薛立卿、何潛齋、毛静可、僧虛谷八人之詩則無目，殆脱佚也。每家詩末或略加評論，或記作者事實，或記選刻歲月，然非各家皆然。《雜編》則分上中下三卷，目録首行題「國朝風雅雜編」，次行題「建陽蔣易師文編集」。目録中但書詩題，不書人名，而於卷内書之。書口題「雜編上」、「雜編中」、「雜編下」，板數亦分三卷書。此黄蕘翁舊藏，卷末有蕘翁手録周香嚴家藏殘本目録。案愛日精廬所藏三十卷亦蕘翁物，蕘翁跋彼本云「向嘗收得元刻殘本，又從香嚴書屋借得元刻殘本影鈔媲之」，即謂此本也。三十卷本題「皇元風雅」，每卷無子目，而前有蔣氏自序及黄清老、虞集二序，首劉夢吉，終陳梓卿，凡百五十五家（據張氏《藏書志》）。此本則孫澹軒轍、劉師魯汶、李仲公存、王尚志東爲一卷，何太虛中、陳芝巖復爲一卷，吴彦輝炳、李五峯孝光爲一卷，陳節齋、王景初、吴維中嵩、宋子虛無、王静得夢應爲一卷，吴閑閑全節、黄松瀑石翁、李坦之道坦、張伯雨天雨、薛玄卿玄義、何潛齋夢桂、毛静可直方、僧虛谷希陵爲一卷，彭元亮炳、常仲微沖爲一卷，張仲舉翥、陳雲嶠柏、倪太宇瓚、曾模遠元烈爲一卷，共七卷二十七家。《雜編》三卷共七十五家，益以蕘翁影鈔周香嚴家本八家，共百十家，比全書尚闕四十五家。然蕘翁謂三十卷本卷首及書口、書名、卷數均係改補，而僧虛谷一家又爲三十卷本所無，則此本尚係未改併之本，尤足珍已。每半葉十行，行十八字。有「汪士鐘印」、「閬源真賞」二印。

國朝風雅殘卷 影元鈔本

建陽蔣易師文編

右存范德機椁、劉聲之濩、柳道傳貫、黄晉卿溍、吴正傳師道、王繼學士熙、黄子肅清老、薛宗海漢八家。惟范德機、柳道傳、王繼學三家詩有目録，目録首行上題「□□□詩」，目録下題「建陽蔣易文編」，或題「建陽蔣易編」，書口亦只題作者字，與前書同意。范、柳、王三家，每家自爲一卷。其餘五家目録不存，或自爲卷，或與他家同卷，則不可考矣。行款字體，並與前本同。元刊本舊藏周香巖家，黄蕘翁從之影寫，末葉欄外有「士禮居影寫香嚴書屋藏殘元刊本」小字一行。蕘翁跋三十卷本，謂「向嘗收得元刻殘本，又從香嚴書屋借得元刻殘本影鈔媲之」是也。後蕘翁所藏三十卷本歸張月霄，元刻殘本與此本均歸汪閬源。汪氏書散出，元刊本入上虞羅氏，此本入金匱蔡氏。己未冬予始得元刊本，庚申復得是本，裝潢大小若合符節，蓋本自是一書，其由合而分，又由分而再合於余家，可謂巧矣。此本書法端勁，勝於汲古影鈔本，或謂是蕘翁手影，則恐未必然也。有「汪士鐘印」、「閬源真賞」、「元本」、「金匱蔡氏醉經軒收藏章」、「廷相」、「伯卿甫」、「□廷楨印」、「卓如」諸印。

皇元風雅前集六卷後集六卷 元刊本

盱江梅谷傅習説卿采集　儒學學正孫存吾如山編類　奎章學士虞集伯生校選

虞集題辭（至元二年）

謝昇序（同上）

每半葉十三行，行二十一字。《後集》無「□□采集」一行，僅署孫、虞二人編類校選，目録後有牌子云「本堂今求名公詩篇，隨得即刊，難以人品齒爵爲序。四方吟壇士友，幸勿責其錯綜。之編倘有佳章，毋惜附示，庶無滄海遺珠之歎云。李氏建安書堂謹咨」云云。此書與蔣易書名雖相涉，實不相謀。唯前虞伯生序，即節蔣氏三十卷本虞序爲之，復因虞序有「首保定劉靜修先生」云云，故卷首後增入劉詩七首，實則目録中以伯顔丞相爲首，初無劉靜修姓字也。可知虞序及題「虞氏校選」云云皆係假託。此則坊肆陋習，無足異也。

唐詩始音輯註一卷正音輯註六卷唐音遺響輯註六卷 明刊本

襄城楊士弘伯謙編次　新淦張震文亮輯注

每半葉十行，行十八字。字體頗類元刊本，然註中用明時地名，則明初刊本也。有「湯日鑑之印」、「王定安讀」、「寶宋閣」諸印。

古樂府十卷 明刊本

元豫章左克明編次　大明新安王文元校刊

自序（至正丙戌）

田蓺蘅序（萬曆己卯）

有「陳輔私印」、「萊怡」、「啟文氏」、「朱樫之印」、「玖聃」諸印。

玉山名勝集不分卷 校鈔本

［元顧瑛編］

黄溍序（至正十年）

李祁序（至正十一年）

張翥寄題玉山詩（至正九年）

顧渚跋（崇禎二年）

何焯跋　又

無名氏手跋：

洪永之際，禁綱方密，故「君」字多書爲「均」。後來鈔本中班班猶有存者，駁文未及改耳。（上册末）

雍正七年十一月二十七日校完。涉江。（下册末）

此本上下二册，不分卷。前有顧仲瑛《虎丘十詠》，并郯韶與仲瑛《虎丘倡和詩》，後有仲瑛《次韻楊鐵厓春游詩》。卷中二十八目，次第與明人刻本頗殊，原出何義門藏朱野航家鈔本。此本書法亦絶似義門，蓋義門又有手寫本，此本即臨之也。校者自署「涉江」，不知何人。

艸堂雅集七卷 校鈔本

［元顧瑛編］

楊維楨序（至正九年）

宋蔚如手跋：古崑山爲壯哉縣，宋嘉定間割東南鄉别立縣官治，名之曰嘉定，記建始之年也。前明弘治間，又割崑、常、嘉三邑地建太倉州，然並隸蘇府。譬如譜誼，猶兄弟行也。今雍正丙午，升州爲直隸，分嘉定、崇明來屬。《眉山族譜引》所謂「漸至於涂人吾州之於玉山」是也。兹鄉先賢雅集，曾經汲古閣鐫板。緣毛氏所刊之書多譌，難以爲準。向晤蓮涇王先生，云此集首柯九思。余得石門鈔本，首陳基者，共一十三卷，中闕三、六、九等卷，因其格行委窄，繕寫不恭，置而未補。今年春，桐鄉金元功得洞庭翁氏本，亦首陳基者，借之校對，另立行格，以補石門之闕，暇則併抄之。夏初入郡謁王蓮涇，求假其手鈔本觀之，凡一十六卷，其第一有前後卷，實一十七卷，七十九人，詩篇一千四百有零，較初補本脱柯九思、陳旅、李孝光、來氏昆季、徐達、左繆嵩、湯成、僧自恢九人。時寓桃花塢校梅宛陵、胡仲子諸集未暇，因檢九人詩寄歸補闕，謂得其全。及歸翻閲，見蓮涇與翁氏藏本乃人同詩異。再檢鐵崖先生所爲序，云兹集自予而次凡五十餘家、凡七百餘首，于人詩不符外，又疑有鐵崖詩冠首，豈祇集序耶。遂録目而兩存，俟真本定焉。余三補是集，以鄉先賢故，恐雅事漸失真傳，併録以識。至卷帙之不整，惟識者諒之。丙午立秋後十日，古東倉宋賓王蔚如記。

又跋：續於雍正十年五月夏至前三日，在蘇郡盍簪坊金星軺藏書之室得觀玉山《草堂雅集》，首楊鐵崖詩事三首，其第二卷陳、李以下悉同無異。

存卷一前後、卷三、卷六、卷七、卷九前後，共七卷。一用十六卷本，而卷三以下又用十三卷本，蓋卷三以下五卷係據金元功本補石門本之闕，而卷一前後二卷又以王蓮涇本補二本之闕者也。然王本多於十三卷本九家，此僅補柯九思、陳旅、李孝光三家，則亦未全。宋氏復録王本目録於卷首，而以十三卷本次第注之，卷三以下又據王本校正借石門本，已缺佚矣。有「嘉定錢侗所藏祕書」、「裒殘守闕」二印。

大雅集三卷 鈔本

天台賴良善卿編輯　會稽楊維楨廉夫評點

錢鼒序（至正壬寅）

楊維楨序（至正辛丑）

王逢跋

自跋

此長塘鮑氏知不足齋鈔本，錢序並目録均通介老人手書。封面有「乾隆三十八年十一月浙江巡撫三寶送到鮑士恭家藏《大雅集》一部，計書一本」木記。又有「翰林院印」、「知不足齋鮑以文藏書」、「犀盦藏本」、「教經堂錢氏章」諸印。

國朝詩集一卷 明鈔本

無序跋及編者姓名。存首册「五言古詩」一卷，自元好問訖陳應麟，疑此體尚未全也。天一閣藏書。

有「西堂藏書畫印」一印。

至正庚辛倡和詩一卷附名公手翰一卷考世編一卷 鈔本

［元繆思恭等撰］

周伯琦序

郁遵序

姚士粦跋

殷仲春跋

此至正己亥兵後，嘉興同守繆思恭與羣彦倡和之作。明秀水郁嘉慶復攷作者事實，作《考世編》一卷附於後。

元音十二卷 鈔本

孫元理編

曾用藏序（辛巳）

此長塘鮑氏鈔王氏孝慈堂校本。並録王蓮涇跋。每葉書口有「知不足齋正本」六字。

金蘭集四卷補録一卷 鈔本

東海徐達左編次

王行耕漁詩序（至正二十二年）
道衍耕漁軒詩後序（至正二十五年）
楊基耕漁軒記
姑蘇志三則

朱臥庵手跋：《金蘭集》當年應有刻本，此假於陸子繩仲，蓋鈔本也。惜字多誤謬，因力爲訂正，稍覺可讀。春夜微醺，校此二卷。丁卯清明前一日，臥庵道士赤書。（下有「臥庵」一印。卷二後。）

又跋：清明天陰，門無過客，適得宋端州石天河玉池硯，試方于魯墨，校此二卷，殊覺快意。臥庵老人朱之赤。（下有「朱之赤印」、「道行僊」二印。卷四後。）

黃復翁手跋：嘉慶丁巳夏仲，有杭州書友攜宋本《温國文正司馬公文集》共十四册四十卷，内闕九卷，明人鈔補。余取視之，於劉嶠表文第一葉後餘紙有朱書「洪武丁巳秋八月收」八字，下有「徐達左印」小方印一、「松雲道人徐良夫藏」大方印一。於八十卷後空葉有墨書細字三行，云「國初吴儒徐松雲先生收藏温公集八十卷，缺九卷，雍謹鈔補以爲完善云。弘治乙丑秋九月望，石湖盧熊謹記」。余不知徐松雲先生爲如何人，後謁錢少詹事於紫陽書院，告以姓徐名達左字良夫者，少詹曰：子何忘之耶，即元末明初類編《金蘭集》者也。良夫世居吴之光福山，今有徐友竹，善鐵筆而富藏書者，即其子孫。歸家檢《金蘭集》閱之，知良夫所與遊者，皆一時名公鉅卿、高人逸士。倪雲林題其《耕漁軒詩》云「載畊載漁，爰讀我書」，則良夫之書必多且富矣。惜《金蘭集》中大都敘其友朋倡和之樂，而於藏書未一及焉，爲恨恨耳。幸四百餘年之後，以散在他鄉之物，猶得見我郡先賢手澤古香古色流露於故紙堆中，豈非大幸。且良夫之號松雲道人，亦爲郡志家乘所不載，而兹復得以表章者，非又一韻事乎。余性嗜古書，於宋刻尤不忍置，《温公集》以議值不諧，力又難以副我好，遂聽書估取去。未知吾鄉故物，此後轉入何地，因留此跡於是集餘紙，俾後之好古者覽焉。嘉慶二年歲在丁巳端陽後三日，書於讀未見書齋之南軒。蕘翁黄丕烈。

此朱臥庵校本，後有《補録》一卷，殆即《四庫》著録三卷本之《附録》也。其本書分四卷，與《四庫》本不同。有「休寧朱之赤珍藏圖書」、「臥庵道士汪士鐘藏」、「均初審定」諸印。

金蘭集三卷 鈔本

吴中徐達左良夫類編　十一世孫翃長氏重梓

王行畊漁軒詩序（至正壬寅）

徐珵耕漁子傳（正統九年）

吴尺鳧手跋：《明詩綜》詩話「吴人徐達左良夫，居太湖之濱光福市，闢畊漁軒以延文士，集其詩文爲《金蘭集》，其好事亞於顧仲瑛」。右詩話見於李鐸傳下。康熙己未六月，繡谷主人。（下有「淮南小隊」一印）

又跋：《詩綜》詩話云：吴中徐良夫畊漁軒，名士留題甚衆。朱德潤澤民爲作圖，仇機沙大用作傳，高遜志士敏作記，唐肅處敬作銘，王行止仲作序，楊基孟載作説，釋道衍作後序，因編爲《金蘭集》。余見於其十二世孫大葉處。按竹垞太史此言敘傳了然，今此本僅有王行一序，而傳又係徐理。是本十一世孫翃長所刻，世代相延，不應脱畧，豈録本者有遺耶。是月之晦再記。（有「吴焯」一印）

此三卷本，比前本無道衍後序，而多徐理一傳，卷數同《四庫》本，而又無《附録》一卷。每葉書口有「檇李曹氏倦圃藏書」八字。有「繡谷熏習」、「蟫華」、「陳希濂印」、「秉衡」、「穀水過眼」諸印。

二藍先生集十二卷 鈔本

明崇安藍智性之、藍仁靜之撰

此朱闌大本，似《四庫》館輯出後鈔出進呈者。

唐詩正聲二十二卷 明刊本

新寧高棅編選

序（後闕）

彭曜跋（正統壬戌）

鄭波跋（嘉靖甲申）

范堯卿手跋：古詩至六朝已爲陵散。唐興，諸賢彙興，雖各自名家，惟子昂《感遇》、應物《擬古》差爲近之。至如李杜而下，余無取焉。覽者於唐人古詩，當以律詩例之，斯爲得矣。

高氏選唐詩，《四庫》但録《唐詩品彙》而不及此書。此閩人郭濬卿波於嘉靖初刊於吴中。天一閣藏書。

北京八景圖詩一卷 明刊本

明鄒緝等撰

胡廣序（永樂癸巳）

楊榮後序

板心題「金臺一覽集」。《四庫存目》作《燕山八景圖詩》，即此書也。天一閣藏書。

三先生詩十九卷 明刊本

江陰朱紹同弟續編輯

曾棨序（永樂癸卯）

樓宏跋（宣德九年）

每半葉十一行，行二十字。此明江陰朱善繼紹集高季迪、楊孟載、包師聖三家之詩，分體合編之。善繼即師聖之外孫也。師聖名尼授，毗陵人，詩名不甚著，其詩亦僅七言律四十四首、五七言絶句各五首，殊不足以配高、楊二家。善繼刻此書，殆欲使其外祖附高、楊以傳，然非公論也。天一閣藏書。

懷賢録一卷 明鈔本

東崑後學倥侗生沈愚編集

自序（正統改元）

陳顥後序（正統三年）

孫寧序（宣德十年）

宋劉改之墓在崑山馬鞍山。宣德中，崑人沈愚輯改之傳狀，並後人題詠之作爲是編。後有「弘治甲寅秋七月望前録於王氏館」一行。天一閣藏書。

和西湖百詠詩一卷 明刊本

靜傳居士董嗣杲明德作　餘姚後學陳贄惟成和韻

陳敏政序（天順七年）

天一閣藏書。

雅音會編十二卷 明刊本

羊城康麟文瑞集次　後學剡溪王鈍校正

自序（天順癸未）

王鈍序（同上）

此書據韻部次序，分體編纂唐詩，亦總集中所僅見。有「慕齋鑒定」、「宛平王氏家藏」二印。

古文精粹十卷 明内府刊本

［明憲宗御編］

御序（成化乙未）

分前集五卷、後集五卷。天一閣藏書。

又一部 同上

有「古潭州袁卧雪廬收藏」一印。

文翰類選大成一百六十三卷 明刊本

左長史上海李伯璵編輯　伴讀慈谿馮厚校正

西江頤仙序（成化八年）

馮厚跋（成化九年）

林祥跋（弘治辛酉）

明淮府刊本。

皇明文衡九十八卷 明刊本

翰林院學士新安程敏政選編　鄉進士國子監助教永康范震校正　賜進士應天府儒學教授郊郢李文會重校

自序

虞煥序後（嘉靖丁亥）

此弘治間徽州刊本，嘉靖重修。天一閣藏書。

新安文獻志一百卷 明刊本

明程敏政編

凡例

王宗植跋（弘治十年）

自跋（同上）

此弘治十年徽州第一刊本。原佚凡例、目録，今影鈔補完。有「聖清宗室盛昱伯羲之印」、「宗室文慤公家世藏」二印。

唐氏三先生集三十卷附録一卷 明刊本

篁墩程敏政校定

任俊序（正德壬寅）

程敏政序（成化二十三年）

王達善唐氏淵源録序（永樂五年）

方回藝圃小集序（大德八年）
筠軒文稿自序（至正丙戌）
藝圃後稿自序（大德八年）
筠軒文稿自序（洪武九年）
白雲文集
自序（洪武九年）
陳浩白雲集序
傅清政餘類稿序（永樂二年）
黎敏唐先生文集序（洪武丁丑）
謝矩章貢政餘類稿序（永樂元年）
唐桂芳跋筠軒先生文集後
舒迪書白雲文集後
唐佐跋
唐皋跋
唐濂跋（正德戊寅）

王嶹跋(同上)

右唐元《筠軒詩稿》八卷、《文稿》五卷,唐桂芳《白雲詩稿》四卷、《文稿》三卷,唐文鳳《梧岡詩稿》四卷《文稿》六卷,正德壬寅徽州府知府張文林刊本。有「秀水莊氏蘭味軒收藏印」一印。

明初四家詩集三十八卷 明刊本

槎軒集十卷

吴郡高啟季迪著

張泰序(成化十四年)

附録

張習跋

卷末有「明婁東莫宗源刊」一行。

眉庵集十二卷補遺一卷

姑蘇楊基孟載著

張朝宗序(成化十二年)

張習後志(成化乙巳)

靜居集六卷

潯陽張羽來儀著

左贊序（弘治改元）

附録

張習後志（弘治辛亥）

北郭集十卷

吴郡徐賁幼文著

閔珪序（成化丙午）

張習後録（成化丁未）

此吴中張企翱編刊。天一閣藏書。

蓬萊閣詩集一卷 明刊本

東牟蓬萊閣題詠，弘治十四年太守喻宗府編刊。天一閣藏書。

邃庵集一卷續集一卷 明刊本

費宏序（正德六年）

吕柟後序（正德辛未）

朱應登書續集後（同上）

楊文襄一清爲中書舍人時，卜居長安右門之右，名其藏修之室曰「邃庵」。此集皆同時名公題詠之作，其門人陝西按察使馮汝陽刻之。天一閣藏書。

雲巖詩集六卷 明刊本

休寧道會澹然子朱素和編集　翰林院編修貴谿畢濟川校正

葉蓁序（正統八年）

潘相後序（正德九年）

朱素和跋（同上）

此書集宋元明名人齊雲巖題詠，惟首卷爲雜文，餘皆詩也。朱跋後有范堯卿侍郎手題「嘉靖五年仲冬石埭章世承惠此」十三字。天一閣藏書。

[百家唐詩存四十三種 明活字本]

唐太宗文皇帝集二卷

唐玄宗皇帝集一卷

虞世南集一卷

許敬宗集一卷

王勃集二卷
楊炯集二卷
盧照鄰集二卷
駱賓王集二卷（有郗雲卿序）
杜審言集二卷（有乾道庚寅楊萬里序）
沈佺期集四卷
陳子昂集五卷
李嶠集三卷
崔顥集一卷
崔曙集一卷
王昌齡集二卷
張説之集八卷
張九齡集六卷
王摩詰集六卷（有宋祁傳）
孟浩然集三卷（有王士源、韋滔二序）

高常侍集八卷
岑嘉州集八卷（有杜確序）
儲光羲集五卷（有顧況序）
祖詠集一卷
常建集二卷
包佶集一卷
嚴武集一卷
李嘉祐集二卷
劉隨州集十卷
錢考功集十卷
郎士元集二卷
盧綸集二卷
韓君平集二卷
秦隱君集一卷
司空曙集二卷

皇甫冉集三卷

皇甫曾集二卷

戴叔綸集二卷

耿湋集三卷

嚴維集二卷

孫逖集一卷

李益集二卷

權德輿集二卷

武元衡集三卷

羊士諤集二卷

右明活字本《百家唐詩》，存四十三種。每半葉九行，行十七字。觀其字體，殆弘正間所印行，而訖未見有序跋題識，不知何時何地所印。此書余初得三十六種，後得九種，後又得三種，除複重共得四十四種。友人所藏亦有出此外者，究不知共有若干種也。有「吴兆甫書畫記」、「陳乃和印」、「癸丑贅人」、「寫十三經室」、「當湖陳子虚監藏」諸印。

重訂元詩正體四卷 明刊本

［明符觀編］

自序（正德元年）

天一閣藏書。

錫山遺響詩十卷 明刊本

［明莫息編］

邵寶序（正德庚午）

自序（弘治乙丑）

此錫山翟公厚、潘繼芳所裒集，工部主事莫善誠忽爲之編定。天一閣藏書。

唐文鑑二十一卷 明刊本

明文林郎監察御史吴賀泰編集　建陽縣知縣孫佐校刊

林瀚序（正德六年）

金華文統十三卷 明刊本

［明趙鶴編］

自序（正德六年）

天一閣藏書。

又一部 同上

與前本同。

朝正倡和詩一卷 明刊本

明趙鶴等撰

李夢陽序（正德六年）

趙鶴序

朱應登記

正德庚午冬，鶴與朱應登、陳沂、顧璘、徐禎卿、秦景暘、殷鏊諸人朝集唱和之作。附《朝正歸途唱和詩》，則殷、顧二人作也。又附録范邦彦、文璧詩各一首，謝承舉詩二首，皆未與朝集者。天一閣藏書。

湖山唱和二卷 明刊本

［明謝遷、馮蘭同撰］

謝遷序（正德乙亥）

丘養浩跋（嘉靖甲申）

此謝文正致政後，與江西提學副使馮雪湖唱和之作，後附聯句。天一閣藏書。

漢魏詩集十四卷 明刊本

監察御史河中劉成德編　中書舍人信陽何景明、刑部郎中江東蕭海校正

自序（正德十二年）

何景明序（正德丁丑）

張文錫跋（正德丁丑）

蕭海序後（正德十二年）

此正德丁丑何仲默景明之兄巢尹仲升刊本。

漢魏詩集十四卷 明刊本

監察御史河中劉成德編輯　中書舍人信陽何景明、刑部郎中江都蕭海校正　監察御史南海陳堂重刊

安慶府知府遂昌吴孔性重校

何景明序（正德丁丑）

自序（正德十二年）

有「子監氏」一印。

遼詩拾遺六卷 明刊本

此弘正間刊本，序目并卷一均殘佚，不知何人編輯。天一閣藏書。

風雅逸篇十卷 明刊本

［明楊慎編］

周復俊序

自序

韓奕後序（正德戊寅）

天一閣藏書。眉頭有范堯卿侍郎批識。

五言律祖六卷 明刊本

［明楊慎編］

自序

卷末有「癸卯六月九芝山房重刊」二行。天一閣藏書。

赤牘清裁十一卷 明刊本

博南山人楊慎輯

潘恩序（嘉靖乙未）

天一閣藏書。

赤牘清裁二十八卷 明刊本

西蜀楊慎輯 東吴王世貞校益

王世貞序（戊午）

王世懋後序

天一閣藏書。

唐詩二選二十卷 明刊本

［明黄省曾編］

黄氏總序

胡纘宗刻唐詩正聲（嘉靖三年）

黄鎬唐詩正聲序（成化辛丑）

正聲凡例

黄省曾唐僧弘秀集序

李龏唐僧弘秀集序（寶祐六年）

右高棅《唐詩正聲》十卷、李龏《唐僧弘秀集》十卷，合刊爲一集。胡序謂華生者所刊，不著其名，亦吴中刊本也。天一閣藏書。

重刊蓬萊集一卷 明刊本

游璉序(嘉靖庚寅)

右宋宋處約、明韓敏、楊琅《蓬萊閣記》三篇，張璿、楊瑀《觀海市記》二篇，王崇慶《海市辨》一篇，包節、張翼翔《海市記》二篇。序謂「舊本序記與詩錯雜，余分類重刻」，此本無詩，殆有缺佚。天一閣藏書。

學約古文三卷 明刊本

楊撫定岳倫輯　谷繼宗校

徐九皋跋(嘉靖辛卯)

此書規模出於何大復，而楊、岳二氏成之。眉語附刻《校語》、《音義》。天一閣藏書。

藝贊三卷 明刊本

[明鄺灝編]

自序(嘉靖壬辰)

所選大半爲韓、柳、歐、蘇之文，餘則四六表啟也。天一閣藏書。

廣文選六十卷 明刊本

明都察院右副都御史大庾劉節校　巡案直隸監察御史晉江陳蕙校

王廷相序

呂柟序（嘉靖十二年）
自序（嘉靖十一年）
凡例
陳蕙後序（嘉靖十六年）
揚州守侯季常刊本。有「霁炳居藏書」一印。

全懿堂集二卷附録一卷 明刊本

明陳良謨編
呂柟序
鄒守益序
歐陽鐸序
文徵明後序
顔容端跋（嘉靖壬辰）
此安吉陳良謨爲其母節孝都氏徵集名人詩文，彙爲此集。附録行狀、墓表、誌銘，則其母死後所增刊也。天一閣藏書。

初唐詩三卷 明刊本

後學信陽南溪滇樊鵬編集　京山少泉王格類修　潼川篤齋湯紹恩校正

樊鵬序（嘉靖十二年）

王格序（嘉靖癸巳）

卷末有「嘉靖甲午歲孟夏吉安陸縣知縣李一中校刻」牌子。天一閣藏書。

吳興詩選六卷 明刊本

常熟錢學校刻　庠生陸隅編次

唐樞序

凡例

錢學跋（嘉靖甲午）

此錢汝明令吾邑時所輯刊，自六朝訖弘治末年，凡四百二首。天一閣藏書。

釣臺集四卷田産附録一卷 明刊本

東陽縣知縣吴希孟編　嚴州府推官李完校　秀水縣知縣林應亮刊

霍韜序（嘉靖十四年）

廖道南序（嘉靖乙未）

焦煌跋（嘉靖十五年）

此書宋時屢有編益，此蓋就舊本益之。天一閣藏書。

皇明詩鈔十卷 明刊本

［明程桓編］

自撰後序（嘉靖丙申）

天一閣藏書。

又一部 同上

南滁會景編十卷 明刊本

［明趙廷瑞編］

章煥序（嘉靖乙卯）

自序（嘉靖丁酉）

朱廷立後序（嘉靖丁酉）

《四庫存目》本十二卷。此本十卷，乃太僕京兆高公删定之本。天一閣藏書。

西湖游詠一卷 明刊本

［明黄省曾等撰］

自序（嘉靖戊戌）
田汝成後序（同上）
　此黄、田二公同游西湖酬唱之作。天一閣藏書。

唐律類鈔二卷 明刊本
［明蔡雲程編］
自序（嘉靖己亥）
　從楊士宏《唐音》、高棅《唐詩品彙》中分類鈔選。天一閣藏書。

皇華集五卷附録一卷 明刊本
［明華察等撰］
華察序（嘉靖己亥）
薛廷寵序
成世昌序（同上）
華亨跋
　此嘉靖己亥華學士察及薛給諫廷寵，以祀明堂、册東宫禮成，奉使告高麗，與彼國臣僚倡和之作。凡詩四卷、文一卷。末附馬璋《贈鴻山華公出使還朝序》。天一閣藏書。

交游贈言録十卷 明刊本

男莘叟編次

李濂序嘉靖乙巳

右同時人贈李川父濂詩文，其子莘叟編爲一集。天一閣藏書。

天台勝迹録四卷 明刊本

邑人梅鋆潘瑊編輯　僊居介山林應麒校刊

自序（嘉靖丙午）

石簡跋（嘉靖丁未）

集昔人題詠天台詩賦。天一閣藏書。

壽春堂集八卷 明刊本

尹臺序

閔如霖序（嘉靖己酉）

聶靜後序（同上）

此嘉靖己酉張治等壽嚴嵩七十詩文，刻爲一集。天一閣藏書。

周詩遺軌七卷 明刊本

刑部右侍郎致仕大庾劉節編

自序（嘉靖二十二年）

所選皆周末至南北朝四言詩。有「沈士晉印」、「孫德乾印」、「慈谿畊餘樓馮氏辨齋藏書」諸印。

三史文類五卷 明刊本

慈谿趙文華次

自序（嘉靖丁酉）

選《左》、《國》、《史》、《漢》之文，凡九十二首。有「四明盧氏抱經樓藏書印」一印。

怡春軒集四卷 明刊本

明劉訒編

蘇祐序

張椿跋（嘉靖二十七年）

正德中鄢陵劉怡間璟瑞爲刑部尚書，延師授其子訒於刑部署之怡春軒。逮嘉靖丙午，訒又官刑部侍郎，因賦《怡春軒詩》。至丁未，又屬仇英繪《趨庭》、《承武》二圖，因裒其和章及題詠之作爲是書。天一閣藏書。

博選唐七言律詩九卷 明刊本

工部虞衡司郎中廬州合肥方介選集

皇甫汸序（嘉靖壬子）

自序（嘉靖辛亥）

高孝忠後序

李師曾後序

天一閣藏書。

東山壽言四卷附録一卷 明刊本

嘉靖癸丑，貴州巡撫培庵劉公七十生日，其家編其上壽詩文爲一集。《附録》一卷，則壽其子寧國守初泉五十歲詩文也。天一閣藏書。

四家宮詞四卷 明刊本

［明黄魯曾編］

自序

王建宮詞序

王安國花蕊夫人宮詞序

吴革跋

帝姬長公主宋徽宗宫詞序(宣和六年)

王珪宫詞序

郭雲鵬跋(嘉靖壬子)

王建、花蕊夫人、王珪《宫詞》,宋時有合刊本。雲間顧氏曾從内閣宋本鈔出重刊,此後益以宋徽宗一家。每卷末有「吴郡黄魯曾精選編次,郭雲鵬重校授梓」。天一閣藏書。

又一部 同上

有「龍紱祺印」、「長沙龍氏」二印。

彤管新編八卷 明刊本

雲間張之象玄超采撰　吴門魏留耘夏甫授梓

魏學禮序(嘉靖三十三年)

魏留耘跋(嘉靖甲寅)

南明紀游詩一卷 明刊本

[明黄中等撰]

李遇元序

章士元跋（嘉靖甲寅）

此巡按雲南監察御史括蒼黄中按部臨安，與寮佐等遊南明洞天之作，并參政沈宏等和詩合爲一集。天一閣藏書。

唐詩二十六家五十卷 明刊本

［明黄貫曾編］

自序（嘉靖癸丑）

黄姬水序（同上）

右《李嶠集》三卷、《蘇廷碩集》二卷、《虞世南集》一卷、《許敬宗集》一卷、《李頎集》三卷、《王昌齡集》二卷、《崔顥集》二卷、《崔曙集》一卷、《祖詠集》一卷、《常達集》二卷、《嚴武集》一卷、《皇甫冉集》三卷、《皇甫曾集》二卷、《權德輿集》二卷、《李益集》二卷、《司空曙集》二卷、《嚴維集》二卷、《顧況集》二卷、《韓君平集》三卷、《武元衡集》三卷、《李嘉祐集》二卷、《耿津集》三卷、《秦隱君集》一卷、《郎士元集》二卷、《包何集》一卷、《包佶集》一卷，吴中黄氏刊本。目録後有「嘉靖甲寅首春江夏黄氏刻于浮玉山房」牌子。又有「姑蘇吴時用書」、「黄金賢周賢刻」二印。

四明雅選三卷 明鈔本

［明戴鯨删選］

自序（嘉靖丙辰）

此書分三卷，共四十七家。與《四庫存目》之《四明風雅》分四卷、六十五家者不同。原書爲宋宏之編，名《四明雅集》，此戴南江與沈明臣共删定者。天一閣藏書。

詩紀一百五十六卷　明刊本

巡按陝西監察御史太原甄敬裁正　陝西按察司僉事北海馮惟訥彙編

甄敬序（嘉靖庚申）

張四維序（嘉靖戊午）

凡例

引用諸書

《前集》後題「泰州知州李宋督刊」、「蘭州知州陳經正校正」，《正集》後題「儒學生員白純校正」，《外集》後題「儒學訓導馬儐校正」，《別集》後題「儒學生員王瑶校正」，其督刊人姓名與《前集》同。天一閣藏書。有「天一閣」、「古司馬氏」二印。

祖孫倡和集四卷　明刊本

海虞一峯范欽著　孫來賢和

瞿景淳序

鄧巘序（正德十二年）
孫樓後序（嘉靖庚申）
孫采賢跋（嘉靖丁巳）
孫儀鳳跋（嘉靖四十年）

此范西虞憲副追和其祖思養翁之詩。翁與范堯卿侍郎同姓名，實非一人也。天一閣藏書。

王勃集二卷楊炯集二卷盧照鄰集二卷駱賓王集二卷 明刊本

永嘉張遜業有功校正　江都黄埻子篤梓行

張遜業序（嘉靖壬子，四集均有）

每半葉九行，行十九字。板心魚尾上有「東壁圖書府」五字，下有「江郡新繩」四字，卷末並有「陳鶴、史起蟄、張衮、方可立、王應辰、聞得化、王一夔、張遜膚、王叔杲、朱廷諫同閱」三行。其本蓋自活字本出。天一閣藏書。

海右倡和詩二卷倡和附集一卷 明刊本

濟南李攀龍許邦才著

朱睦㮮序（嘉靖四十四年）
許邦才序（癸亥）、又附集序

天一閣藏書。《附集》乃許氏貴州往反之作，及俞憲《盛明百家詩》所選也。

南北二鳴集二卷 明刊本

濟南李攀龍于鱗、吴郡王世貞元美著　吴郡張獻翼幼于校刻

張獻翼引

天一閣藏書。

唐詩選七卷 明刊本

濟南李攀龍編選

王世懋序

自序

天一閣藏書。

沈青霞詞集一卷 明刊本

不肖孫存德、存衎、存胤同校

存德序

惠山集六卷 明刊本

天一閣藏書。

江門別言一卷 明刊本

李天崇跋（嘉靖甲子）

此江西參政陳宗虞歸蜀，贛人送别之作，及宗虞和作。天一閣藏書。

比玉集六卷 明刊本

長洲劉鳳子威　吴魏學禮季朗

李夔龍序

王世貞序（隆慶元年）

此劉魏倡和詩。貴陽陳氏藏書。

耆齡集一卷 明刊本

［明馮遷編］

孫應魁序

董宋□跋

朱察卿跋

汪稷跋（隆慶辛未）

此隆慶辛未華亭馮子喬遷年六十，與潘笠江諸公唱和之作。刊刻精絶，紙墨均倣宋刊本爲之。天一閣藏書。

皇明文範六十八卷目録二卷 明刊本

［明張時徹編］

自序（隆慶乙巳）

此書六十八卷，并目録爲七十卷。《四庫存目》本六十六卷，似有闕也。天一閣藏書。

六朝聲偶集七卷 明刊本

［明徐獻忠輯］

沈愷序

徐氏後序

每卷末有「長水書院刻」一行。天一閣藏書。

古歌謡諺四册 藁本

［明范欽編］

此范堯卿侍郎稿本。無書題卷數。書中加簽及校改處，皆侍郎手筆也。天一閣藏書。

皇明詩選七卷 明刊本

吳興歸安山泉慎蒙編選

自序（萬曆改元）

凡《雜集詩選》一卷，《國初詩選甲集》一卷、《乙集》一卷，《中興詩選》一卷、《續》一卷、《繼》一卷，《道學詩傳》一卷。《雜集》後附徐禎卿《談藝録》、沈鍊《籌邊賦》。天一閣藏書。

文體明辨六十一卷綱領一卷目録六卷附録十四卷目録二卷 明活字本

大明吴江徐師曾伯魯纂　歸安少溪茅乾健夫校正　閩建陽游榕製活字板印行

自序（萬曆元年）

有「摛藻堂藏書印」、「扆硯齋圖書印」、「休寧汪季青家藏書籍」諸印。

義谿世稿十二卷 明刊本

丁瑞春序（萬曆三年）

李堅序（正德己卯）

黄鞏序（正德庚辰）

此閩中義谿陳氏家集本，正德中李堅所選，自處士週至都御史達，凡四世十有二人。後達子朝錠復益以叔進、暹，兄全、之嚴及己五人之詩，刻于寧波。天一閣藏書。

明律詩選一卷 明刊本

雲間陸應陽選　社友徐玶校

自序（戊寅）
徐玶跋（萬曆戊寅）
天一閣藏書。

岳陽紀勝彙編四卷 明刊本

［明梅淳撰］
張振先序（萬曆乙酉）
凡例
此萬曆刊本，崇禎三年知府程道行重修板。

舉業正式六卷 明刊本

禮部題本（萬曆十五年）
凡例
凡四書文二卷，論表各一卷。第二卷選永樂至嘉靖鄉會試中式之文，刊刷頗精，疑當時禮部官本也。

皇華集六卷 高麗活字本

［明朱之蕃等撰］
申欽序（萬曆三十四年）

此萬曆丙午右諭德朱之蕃、刑科給事中梁有年使高麗，與彼國唱酬之作。

明雋十卷 明刊本

東郡七十四翁李先芳選

于慎行序（萬曆癸巳）

楊于庭序（萬曆戊子）

卷一、二《燕趙集》，卷三《秦晉集》，卷四至七《齊魯集》，卷八《河洛集》，卷九《淮揚集》，卷十《蜀集》。而《淮揚集》後復附《藩獻集》，又無江浙、湖廣諸集，蓋隨纂隨刊，實未成之書也。《千頃堂書目》僅録李先芳《齊魯集》，蓋未見此本。

八代詩乘四十五卷總録一卷附録二卷 明刊本

宣城梅鼎祚禹金輯

史起欽序（萬曆乙巳）

自序（萬曆癸未）

祁承㸁後序（萬曆丙午）

漢魏五十四家集二百五十八卷 稿本

閩漳張燮紹和纂

宋大夫集三卷
賈長沙集三卷
司馬文園集二卷
董膠西集二卷
王諫議集二卷
馮曲陽集二卷
班蘭臺集四卷
張河間集五卷
孔少府集二卷
諸葛丞相集二卷
魏文帝集十卷
陳記室集二卷
王侍中集三卷
嵇中散集六卷
傅鶉觚集六卷

夏侯常侍集二卷
潘黄門集六卷
傅中丞集四卷
潘太常集三卷
陸平原集八卷
陸清河集八卷
郭弘農集六卷
孫馮翊集二卷
謝康樂集八卷
顔光禄集五卷
鮑參軍集六卷
謝法曹集二卷
謝光禄集四卷
王寧朔集四卷
謝宣城集五卷

梁武帝御製集十二卷

昭明太子集五卷

梁簡文帝御製集十五卷

江臨沮醴陵集十卷

沈隱侯集十五卷

陶隱居集四卷

任中丞集六卷

王右丞集三卷

陸太常集二卷

劉户曹集二卷

王詹事集二卷

劉祕書集二卷

劉豫章集二卷

劉庶子集二卷

何記室集二卷

庾度支集二卷
吴朝請集四卷
陳後主集三卷
沈侍中集三卷
徐僕射集十卷
江令君集六卷
高令公集二卷
魏特進集三卷
李懷州集三卷
牛奇章集三卷

按《千頃堂書目》及《明史·藝文志》均有張燮《漢魏七十二家》三百五十一卷，今日尚有刊本流傳。此清稿本，五十四家二百五十八卷，共爲一百册，十册一函，似無闕佚。又觀其裝潢，似當時進呈之本，蓋其初編稿本。至刊行時復增二十八家九十三卷，則黄俞邰等所著録者是已。諸家集後皆附録正史本傳、遺事、集評及同時贈遺、後人題詠之作，集前或有紹和序説。張天如《漢魏六朝百三名家集》全襲此書，體例行款，一無改易。惟天如本不分卷，又去其附録，僅存本傳耳。《四庫提要》已謂天如書出于此書，乃録彼遺此，殊不可解也。

宋元詩會一百卷 鈔本

皖桐陳焯默公輯選　後學程仕松泉參校

周疆序（康熙戊辰）

曹溶序（康熙癸亥）

又書二通

王士正香祖筆記一則

選例九則

自卷一至卷三十三爲北宋詩，卷三十四至卷六十五爲南宋詩，卷六十六至卷百爲元詩。默公是選頗取資於黄俞邰、曹倦圃二家藏書，故蒐采頗富。此法梧門家鈔本，每葉書口有「存素堂鈔本」五字。有「法式善印」、「時驅」、「梧門」、「時驅鑒定」、「梧門鑒賞」、「詩舫主人珍藏」、「詩龕鑒藏」、「詩龕書畫記」、「詩龕墨緣」、「詩龕居士」、「存素堂圖書印」、「存素堂珍藏印」、「陶廬藏書」、「小西厓」、「詩裹求人龕中取友我懷如何王孟韋柳」諸印。

國朝文輯二十四册 鈔本

不分卷，無編纂人姓名。前有目録，所選多順、康二朝之文，雍、乾文甚寥寥，蓋未成之本也。書口有

「寒碧軒」三字。有「陳體仁印」、「竹溪」、「聖清宗室盛昱伯羲之印」三印。

宋金元詩删三卷 手稿本

延陵吴翌鳳纂

自序（乾隆四十四年）

枚庵清寫本。眉頭復手自訂定，增删極多。有「枚庵漫士」一印。

全上古三代秦漢三國南北朝文編七百四十七卷目録一百三卷 校鈔本

烏程嚴可均校輯　蔣䌶季卿校寫

自序

總例

此先叔祖季卿先生刊此書目所寫清本也。全書八百五十卷，皆先叔祖與汪剛木先生二人手自校寫。老輩精勤，真不可及。有「蔣維培印」、「季卿」、「景孫私印」、「蔣季卿」、「烏程蔣維培字季卿求是齋收藏書籍印」、「烏程蔣氏季卿手校」、「蔣氏求是齋藏書印」諸印。

嶽雪樓編定南宋八十家小集一百十七卷 鈔本

高峰别集一卷

宋廖剛用中

怡雲軒詩集一卷

姚孝錫仲純

東溪先生文集二卷附録一卷

宋高登彦先著

野處類稿二卷

鄱陽洪邁景盧撰

自序

林泉結契五卷

泰山王質

宋犖跋

雪窻小稿一卷

大梁張良臣武子

本傳

説劍吟一卷

新昌吕定仲安

疏寮小集一卷

四明高似孫續古

裘竹齋詩集六卷

宋裘萬頃元亮甫著

小引

巽齋小集一卷

臨川危稹逢吉

臞翁詩集二卷詩評一卷

長樂敖陶孫器之

詩評跋（嘉定八年）

葛無懷小集一卷

山陰葛天民

方泉先生詩集三卷

陽穀周文璞晉仙

轉庵集一卷

永嘉潘檉德久

本傳

雁山吟一卷

新昌吕聲之大亨

小傳

清獻集一卷

黄巖杜範成之

本傳

退庵先生遺集二卷

宋参知政事金陵侯宣城吴淵撰

四明吟稿一卷

宣城吴潛毅夫

本傳

泉谷詩集一卷

豐城徐鹿卿德夫

本傳略

招山小集一卷

廬陵劉仙倫叔擬

小山集一卷

長沙劉翰武子

適安藏拙餘稿二卷

古汴武衍朝宗

自序（淳祐改元）

露香拾稿一卷

南豐黄大受德容

應□序（淳祐改元）

芸居乙稿一卷

錢唐陳宗起之

靜佳龍尋稿一卷靜佳乙稿一卷
建安朱繼芳季實

漁溪詩稿三卷
錢唐俞桂希郄

癖齋小集一卷
金華杜旃仲高

竹溪十一稿一卷
三山林希逸肅翁

端平詩雋三卷
汶陽周弼伯强

學吟一卷
古徐朱南杰

秋堂遺稿一卷
文溪柴望仲山

農歌續集一卷

戴昺景明

王尚書遺稿一卷

鄞江王應麟伯厚

本傳

梅屋詩稿一卷融春小綴一卷梅屋第三稿一卷第四稿一卷雜著一卷

壺山許棐忱父

融春小綴自序、梅屋第三稿自序、第四稿自序

東齋小集一卷

三山陳鑒之剛父

學詩初稿一卷

金華王同祖與之

後序（嘉熙庚子）

西麓詩稿一卷

四明陳允平衡仲

山房存稿一卷

閩人陳必復無咎

自序

雪磯叢稿四卷

春陵樂雷發聲遠

自序（寶祐丁亥）

雲泉詩一卷

廉村薛嵎仲止

趙汝回序（淳祐己酉）

竹莊小稿一卷

清源胡仲參希道

蒙泉詩稿一卷

臨川李濤養源

靖逸小稿一卷

建安葉紹翁嗣宗

林湖遺稿一卷

高鵬飛南仲

梅花衲一卷

荷澤李龏和父集句

劉宰序（丁亥）

自跋（淳祐二年）

吾竹小稿一卷

柯山毛珝元白

李龏序（寶祐六年）

橘潭詩稿一卷

錢唐何應龍子翔

雪坡小稿一卷

螺川北涯羅與之與甫

雅林小稿一卷

古林王琮中玉

芸隱横舟稿一卷

浮玉施樞知言

自序（嘉熙庚子）

梅屋吟一卷

臨江鄒登龍震父

真德秀序

劉克莊序（嘉熙改元）

姚鏞詩

戴復古序（端平丙申）

端隱吟稿一卷

長樂林尚仁潤叟

陳必復序（淳祐辛亥）

華谷集一卷

嚴粲坦叔

斗野稿支卷一卷

邢州張蘊仁溥

秋江煙艸一卷

河陽張弋彥發

丁焴序（嘉定戊寅）

雪林删餘一卷

建人張至龍季靈

自跋（寶祐三年）

雪巖吟艸一卷海陵稿一卷西塍續稿一卷補遺一卷

苕川宋伯仁器之

雪巖吟艸自序

竹所吟稿二卷

建安徐集孫義夫

慵庵小集一卷

淳安邵桂子德芳

本傳略

飲冰詩集一卷

永嘉宋慶之元積

裨幄集一卷

趙萬年

汪水雲詩集一卷

水雲汪元量大有

文天祥、馬廷鸞、李玨等跋

方韻卿集一卷附録一卷

［方鳳］

曹溶跋

圖詩一卷

鄭思肖所南

月洞吟一卷

栝蒼王鎡介翁

徐自遠序
族孫養端序
石堂集一卷
寧德陳普尚德
古遺小集一卷
寧德韓性同伯循
雲卧詩集一卷
盱江吴汝式伯成
瑞州小集一卷
東甌陳熙
瓜廬集一卷
會昌薛師石景石
趙汝回序（嘉熙元年）
劉植跋（嘉熙二年）
王汶跋

曹豳跋（淳祐丙午）

抱拙小稿一卷

汴人趙希㯕誼父

彝齋集一卷

海鹽趙孟堅子固

本傳略

東閣集一卷

永嘉趙汝回幾道

鷗渚微吟一卷

開封趙崇鉘元治

菊潭詩集一卷

霅川吴仲孚

藤齋小集一卷

劉迎無黨

張泗州集一卷

張公庠元善

詠六朝遺事一卷

楊修

柳塘外集二卷

宋饒州薦福寺沙門釋道璨無文著

張師孔序

采芝集一卷續集一卷

武林釋斯植建中

右南海孔氏所藏舊鈔本。各卷後間有題識，或云「武塘繭溪學人手録于雲窩書屋，時年五十有一」。或云「武塘繭溪學人手録，時年五十有二」。或云「雍正四年丙午十一月，繭溪録于雲窩書屋」。其書大半出于陳氏《羣賢小集》，孔氏復爲之編次。首有目録，而其《高峰别集》、《怡雲軒詩集》、《東溪先生文集》、《林泉結契》、《説劍吟》、《竹齋詩集》、《轉庵集》、《雁山集》、《清獻集》、《四時吟稿》、《泉谷詩集》、《海陵稿》、《西塍續稿》、《慵庵小集》、《飲冰詩集》、《裨幄集》、《汪水雲詩集》、《方韶卿集》、《圖詩》、《月洞吟》、《石堂集》、《古遺小稿》、《瑞州小集》、《彝齋集》、《東閣集》、《藤齋小集》、《張泗州集》、《詠六朝遺事》、《柳塘外集》三十四種，均在石門顧氏所刊《羣賢小集》之外。其中諸家頗有入元後作者，蓋非陳集所本有而由藺溪附入者也。有「印古樓藏書」一印。

六一居士詩話一卷 宋刊本

［宋歐陽修撰］

每半葉十二行，行二十字。左圭《百川學海》本。有「玉蘭堂」、「虞山錢曾遵王藏書」、「子孫寶之」、「宋本」、「季振宜印」、「滄葦」、「御史季振宜章」、「詩法」、「延令」、「戴大章別字南軒」諸印。

司馬温公詩話一卷後山居士詩話一卷東萊呂紫微詩話一卷許彦周（詩話）一卷 明刊本

每卷首上題「詩話」，卷三至卷七下題「司馬温公」、「後山居士」等，乃弘治間所刊《十種詩話》殘本也。源出《百川學海》。

葉先生詩話三卷 校景元鈔本

石林葉夢得少藴述　古迂陳仁子同備校正

葉調笙手跋：　咸豐乙卯臈月，吳門葉廷琯依甲辰家刻本校於上下書眉。臈月八日校畢記。（下有「小石林」一印）

每半葉十行，行十七字。卷末有「茶陵州儒學正于端孫點看別無漏」一行。原本在常熟瞿氏。此景本譌脱頗甚，葉調生校正補闕至數百字。不知茶陵本即如此，抑寫者之疎也。有「調生手斠」一印。

風月堂詩話三卷 明鈔本

朱弁少章

自序

天一閣藏書。

增修詩話總龜甲集四十八卷後集五十卷 明刊本

龍舒散翁阮閱宏休編　皇明宗室月窻道人刊　鄱陽亭梧程珖舜用校

張嘉秀序（嘉靖甲辰）

程珖跋（嘉靖乙巳）

明淮王府刊本。卷末有「寫書貴溪姜輔周，刊字鄱陽于□祖、朱□，樂平胡暹」四行。

苕溪漁隱叢話前集六十卷後集四十卷 校明鈔本

苕溪漁隱胡仔纂集

後集自序

卷末有「從政郎充紹興府府學教授林思齊校勘」、「從政郎充兩浙東路提舉刑獄司備差遣盧希度校勘」、「從政郎充兩浙東路刑獄司幹辦公事魏熊夢校勘」、「文林郎充兩浙東路提點刑獄司檢法官徐森」、「朝散郎直祕閣兩浙東路提點刑獄公事胡仰」諸行，乃從浙東憲司本出。卷末又有「弘治戊午歲七月六日僧善」一行。前人以墨筆通校。有「孫星衍印」一印。

文則十卷 校明刊本

宋文簡公陳騤著　明後學焦竑校刊

何義門跋

卷末有「太末翁古泉梓於寧壽堂」牌子。何義門曾以元陶南村刊本校此書，此本則臨何校者也。

史記論文一百三十卷 何義門評本

何氏手跋云：讀文須得其旨歸，不特章法句法渾淪一線，要看其記事之起伏照應，無一點遺漏處，方能讀古文。余於此書細加評閱，庶俾學者知所適從云。義門何焯記。（上有「來研齋」，下有「何焯之印」）

有「何焯之印」、「溜龍橋畔人家」、「劉樹君藏書印」諸印。

唐詩紀事八十一卷 明景宋鈔本

［宋計敏夫編］

自序

王禧序（嘉定甲申）

每半葉十行，行二十字。明季影鈔宋本。有「錫躬」、「岱淵堂印」、「御史季振宜藏書印」諸印。

唐詩紀事八十一卷 明刊本
張子立序(嘉靖乙巳)
自序
王禧序(嘉定甲申)
每半葉十行,行二十一字。有「臣樹銘印」、「徐氏壽蘅」、「辯雕堂」諸印。
嚴滄浪詩話一卷 明刊本
張子立序(嘉靖乙巳)
自序
王禧序(嘉定甲申)
每半葉十行,行二十一字。有「臣樹銘印」、「徐氏壽蘅」、「辯雕堂」諸印。
嚴滄浪詩話一卷 明刊本
宋樵川嚴羽儀卿著　邑人陳□□暘谷編
胡瓊序(正德丙子)
後附《答出繼叔臨安吴景僊書》一通。天一閣藏書。

詩人玉屑二十卷 明覆元刊本

［宋魏慶之撰］

洪都潛仙序（嘉靖六年）

每半葉十一行，行二十一字。與元刊本同，即覆刊元本。然所據元本多闕葉，近時古松堂刊本又覆此本，而闕葉又較此本爲多。如卷十七七、八兩葉，此本尚未脱也。天一閣藏書。

全唐詩話三卷 明刊本

安惟學序（正德二年）

遂初堂序（咸淳辛未）

强晟後序（正德丁卯）

此本不題尤袤撰。其序云「歲在甲午，奉祠湖曲，日與四方勝游專意吟事。未幾驅馳於外，此事便廢。爾來三十有八年矣，今又蒙恩，養便湖曲」云云。所記出處事跡，皆與賈似道相合，末題「遂初堂書」，蓋似道亦以「遂初」名堂，非獨尤文簡也。此巡按陝西御史秦民望刊本。十行十八字。

全唐詩話三卷 明刊本

安惟學序（正德二年）

遂初堂序（咸淳辛未）

强晟後序（正德丁卯）

九行十七字。亦正嘉間重刊陝本。天一閣藏書。

全唐詩話三卷 明刊本

遂初堂序（咸淳辛未）

每葉板心有「伊蔚堂」三字。

浩然齋雅談三卷 校本

宋周密撰

盧抱經手跋：

乾隆四十三年閏六月十九日，葛松山人盧弓父閲。

乾隆戊戌年閲。

癸卯天中日再閲。

癸卯五月六日又閲。

此杭刊聚珍板本。盧抱經先生校閲，勞季言又加箋識。有「文弨校正」、「弓父所藏」二印。

蒼崖先生金石例十卷 元刊元印本

鄱陽楊本編輯校正　盧陵王思明重校正

楊本序(至正五年)

湯植翁序(同上)

王思明序(至正戊子)

每半葉十行,行二十二字。至正戊子刊於鄱陽學宮。

東坡文談録一卷東坡詩話録三卷 鈔本

元四明陳秀民編

末有題識云「嘉慶清和中澣二日,白駒居士䨓校一過」。有「歸安吴氏二百蘭亭齋藏書之印」一印。

傅與礪詩法四卷 明刊本

元任川宋應祥伯禎點校　弟傅若川編　明清江熊達、錢唐方九敘重校

天一閣藏書。

詩源撮要一卷 明刊本

張懋賢序

楊仲弘詩法源流舊序(至治壬戌)

此取杜工部五律九首、七律四十四首,論其格律句脈,似明人所作。本名《詩法源流》。楊仲弘謂「少游成都,見工部九世孫杜舉。舉言工部詩法不傳子而傳于門人吴成、鄒遂、王恭三人。舉復得之,以

授仲弘」。其言荒誕，恐楊序亦僞託也。天一閣藏書。

墓銘舉例四卷金石要例一卷 評本

長洲王行止仲　餘姚黃宗羲梨洲

王惕甫手跋：

凡爲文章，務求得乎心之所安與其義之所止，例非所重。然誌銘爲史之餘體，工匠削墨，翹想般輸，矧夫稱美發德，與人以千秋者耶。止仲所舉雖傷煩碎，亦「古曰在昔」、「昔曰先民」之意。學者沈潛反覆于是，庶幾無偭規矩而改錯矣。惕甫記。（卷前）

又（卷一後）

又（卷二後）

又（卷三後）

又（卷四後）

又（《要例》首）

又：　嘉慶十三年歲在戊辰八月，困虐二十餘日，瘧止而病終不已，坐漚波舫重閱竟。是月十九日惕甫自記。

二書經惕甫先生手評，語多精允。余收書不甚喜評本，以其無甚用也。然此二書本論文例，故討論不厭其詳，惕甫學識又足以發之。此二書不可廢，則其評亦不可廢也。封面題「惕甫先生批金石三例」，此僅存後二種，殆有闕佚耶。

新編名賢詩法三卷 明刊本

前進士河東鹽運使金壇史潛校刊

詩法諸圖

凡例

此明初刊本。末有「皇圖鞏固」四字，乃僧侶所刊。有「拜經樓吳氏藏書」、「海寧陳鱣觀」、「嘉興新豐鄉人唐翰題收藏印」、「新豐鄉人庚申以後所聚」諸印。

晦庵先生詩話一卷 明刊本

瞟城後學沈爚纂集

此從《文集》及《語類》録出。天一閣藏書。有「林集虛印」、「心齋」、「四明林氏大酉山房藏書之印」諸印。

解頤新語六卷 明刊本

吴百泉山人皇甫汸撰

吴子孝序（嘉靖戊午）

黄魯曾序

天一閣藏書。

石陽山人蠡海一卷 明刊藍印本

吉人陳德文

上卷詩話，下卷則其所作五言古詩也。天一閣藏書。

詩心珠會十卷 明刊本

味一道人編輯

雷達序（嘉靖庚申）

自序

劉崇文跋（嘉靖癸亥）

此蜀藩華陽王宣墡爲世子時所集。天一閣藏書，有「古司馬氏」、「天一閣」二印。

停雲軒詩詞雜録一卷 明鈔本

不著撰人姓名，亦無序跋。抄撮宋元説部書爲之，皆詩詞話也。有「愛閒居士」、「桐軒主人藏書印」二印。

山谷詞一卷 明刊本

［宋黄庭堅撰］

寧州祠堂刊《全集》本。十二行廿一字。

詳註周美成片玉集十卷 宋刊宋印本

廬陵陳元龍少章集註　建安蔡慶之宗甫校正

劉肅序（嘉定辛未）

黄復翁手跋：乙巳秋七月，余友王小梧以此《詳註周美成片玉集》三册示余，謂是伊戚顧姓物。顧住吴趨坊周五郎巷，向與白齋陸紹曾鄰，此乃白齋故物，顧偶得之，託小梧指名售余者。小梧初不識爲何代刻本，質諸顧千里，始定爲宋刻，且云精妙絶倫。小梧始持示余，述物主意，索每册白金一鎰，後減至番錢三十元，執意不能再損。余愛之甚而又無資，措諸他所，適得足紋二十兩，遂成交易，重其爲未見書也。此書歷來書目不載，汲古鈔本雖有十卷，卻無注。此本裝潢甚舊，補綴亦雅，從無藏書家圖記，實不知其授受源流。余收得後，命工加以絹面，爲之線釘，恐原裝易散也。初見時檢宋諱字不得，疑是元刻精本。細核之，惟避「慎」字。「慎」爲孝宗諱，此刊於嘉定時，蓋寧宗朝避其祖諱，已上諱或從略耳。至詞名《片玉》，據劉肅序似出伊命名。然余藏鈔本只二卷，前有晉陽强焕序，亦稱《片玉詞》，是在淳熙時，又爲之先矣。若《書録解題》，美成詞名《清真詞》。未知與《片玉詞》有異同否。又有《注清真詞》，不知即劉序所云「病舊注之簡略」者耶。古書日就湮没，幸賴此種祕籍流傳什一於千百，余故不惜多金購之。惟是一二同志，老者老、没者没，如余之年及艾而身尚存者，又日就貧乏，無力以收之。奈何奈何。書此志感。復翁。（下有「黄丕烈」一印）

又題《秋日雜興詩》四首之一「秋來差喜得書奇，李賀《歌詩》《片玉詞》。金刻四編多趙序，宋箋十卷補陳題。馮鈔別貯添餘閏，陸校先儲出兩歧。集部新添雙祕本，囊空一任笑余癡」。趙序（何義門校本失之。此卻有）。陳題（陳直齋《書録解題》但載《清真詞》二卷、《後集》一卷，未及此本）。馮鈔（上黨馮氏鈔本四卷，後多集外詩，每卷有「宋本」二字，與金刻異）。陸校（《片玉詞》二卷，嘉靖乙未七檜山房鈔本，後題云「陸兆登校過」）。復翁黄丕烈。

每半葉十行，行十七字。向來美成詞只傳《片玉詞》與《清真集》二本，皆二卷。《直齋書録解題》則云《清真詞》三卷、《續集》一卷。此評註本《片玉集》十卷，分類編次與《片玉詞》次序大異，而與《清真集》同。與方千里、楊澤民和詞亦同，但方、楊和詞至卷八末《滿路花》止，而九、十兩卷未和。疑此本即據《清真詞》三卷、《續集》一卷分爲十卷，以前三卷爲前八卷，《續》一卷爲九、十兩卷也。此本傳世甚希，尚有一本爲汲古閣舊藏，乃就此本校改者。劉序「嘉定辛未」等字，已删去改刻。此本卷十舊闕一葉，舊從它本影鈔補足，可謂完善矣。蕘翁詩云「秋來差喜得書奇，李賀《歌詩》《片玉詞》」，余辛酉夏得北宋刊、南宋修李賀《歌詩編》，旋得此本。蕘翁所收李詩號爲金本，實蒙古憲宗丙辰刊本，是余之古緣又侈於蕘翁矣。有「丕烈」、「蕘夫」、「士禮居」、「汪士鐘印」、「閬源真賞」諸印。

稼軒長短句十二卷 明刊本

歷城辛棄疾漫著　大梁李濂批評　歷城王詔校刊

李濂序（嘉靖丙申）

每半葉九行，行二十字。有李川父評語、旁註並加圈點。李序云「余家藏《稼軒長短》十二卷，蓋信州舊本，視長沙本爲多。開封貳郡歷城王侯詔讀而愛之，請壽諸梓」云云。案信州本有宋、元二刻，宋刻陳直齋曾言之，元刻爲黄復翁舊藏，今在聊城楊氏，中闕三葉。此本闕處並同元本，知即出於元刻也。明代尚有何孟倫刊本，亦十二卷，蓋出此本。若汲古閣本四卷，與長沙本卷數同，恐出自長沙本也。

介庵琴趣外篇六卷 鈔本

直寶文閣趙彦端德莊

卷數編次並與汲古閣刊《介庵詞》不同。有「汪士鐘藏」、「徐康」二印

寫情集二卷 明刊本

處州府知府林富重編

葉蕃序（洪武十三年）

此即《誠意伯劉先生文集》之十五、十六二卷。天一閣藏書。

桂洲詞一卷 明刊本

［明夏言撰］

吴一鵬序（嘉靖戊戌）

石遷高跋（嘉靖庚子）

桂翁詞，嘉靖凡四刻。此大明府知府石遷高刊本，爲第二刻也。天一閣藏書。

桂洲集六卷 明刊本

［明夏言撰］

費寀玉堂餘興序（嘉靖辛丑）

吴一鵬序（嘉靖戊戌）

皇甫涍跋（同上）

石遷高跋（嘉靖庚子）

《桂洲集》六卷，次行題「近體樂府」，一名《玉堂餘興》。姑蘇、大名、鉛山遞有刊本。此本行款與《全集》同，殆貴谿所自刊。天一閣藏書。

葵軒詞一卷 明刊本

貴谿夏暘汝霖撰

天一閣藏書。

陳連安詩餘一卷 明刊本

石陽山人吉川陳德文

楊肇序(嘉靖丙午)

程寬序

天一閣藏書。

荔牆詞一卷 手稿本

烏程汪曰楨謝城

周蓮伯手跋

蔣劍人手跋

張歗山手跋

勞平甫手跋

此謝城先生手寫本。張歗山、勞平甫並爲校訂,已入《荔牆叢刻》。

花間集十卷 明覆宋刊本

銀青光禄大夫行衛尉少卿趙崇祚集

歐陽炯序（廣政三年）
晁謙之跋（紹興十八年）
每半葉十行，行十八字。明嘉靖中覆刊宋紹興建康本。有「穀士」、「古畽擁百城樓主人珍藏書畫之記」二印。

花間集十卷 明覆宋刊本

與上同。

樂府雅詞三卷拾遺二卷 鈔本

［宋曾慥編］
引（紹興丙寅）
竹垞老人跋（康熙己酉）
袁又愷手跋：右《樂府雅詞》三卷《拾遺》一卷，從潛采堂寫本録出，手校一過藏于家。予親家周君懶漁家於洞庭，好作長短句，有《清籟館詞》問世，中多雅構，爰寄此奉贈，少助清歌耳。時嘉慶癸亥二月十二日，袁廷檮記。（下有「又愷」一印）

此袁壽皆鈔校本，書口有「袁氏貞節堂鈔本」七字。有「周嬾漁藏」、「具區周氏叢鈔閣藏」、「汪士鐘印」、「民部尚書郎」、「曾藏汪閬源家」、「三十五峯園主人所藏」諸印。

中興以來絶妙詞選十卷 明刊本

花菴詞客編集

自序（淳祐己酉）

增修箋註妙選羣英草堂詩餘前集二卷後集二卷 明刊本

每半葉十三行，大二十三字、小二十九字。目録後有「洪武壬申孟夏遵正書堂新刊」牌子。箋註之後並附名賢詩話，蓋出宋元舊本，其箋註亦宋末人作也。明内府刊本即出此本，而《前集》上脱詞三首。

類編草堂詩餘四卷 明刊本

武陵逸史編次　上元崑石山人校輯

每半葉八行，行十六字。箋註與洪武本同，但分體編次耳。錢功甫謂，此書以雲間顧汝所家藏宋本爲佳，此題「武陵逸史編次」，即汝所别號也。天一閣藏書。

類選箋釋草堂詩餘六卷類編箋釋國朝詩餘五卷 明刊本

上海顧從敬類編　雲間陳繼儒重校　吴郡錢允治參訂　國朝詩餘題長洲錢允治功甫編　同邑陳仁錫明卿釋

陳仁錫序（甲寅）

又錢允治序（萬曆甲寅）

何良俊序（嘉靖庚戌）

錢允治國朝詩餘序（萬曆甲寅）

此錢功甫刊本。天一閣藏書。

草堂詩餘四卷　評閲本

王蘭泉手跋：予年十六七即見是書，愁種情苗，從此朦朧萌折。十年後長調稍覺其俗，弗忍棄也。壬申秋日，蘭泉書。（下有「王昶」一印）

又跋：詞貴清忌濃，貴細忌纖，貴曲忌直，貴雅忌俗，貴頓挫忌豪放，貴悽惋忌佚樂。傷春感秋，一唱三歎，令人神往，斯爲第一。《選》詩及初盛唐詩采作詞料不甚相宜，惟中晚唐、南宋詩入詞絶妙。寒露日，蘭泉居士又書。

又跋：姜白石、史梅溪、蔣竹山、陳西麓、王碧山、張玉田、周草窻、張仲舉，此八家感家國之蒼涼，寫性情之孤介，詞之聖者也。讀之方知予批抹實是正法眼藏。重九日燈下。（下有「德甫」一印）

汲古閣《詞苑英華》本，蘭泉少司寇評閲圈點。

陽春白雪八卷外集一卷　校鈔本

臨濮趙聞禮立之選

鮑淥飲手跋：嘉慶丁卯收鐙夜校于知不足齋。時年八十。通介叟識。（卷四後）

丁卯收鐙後一日校。（卷七後）

嘉慶丁卯收鐙後一日校完。通介老人。（卷末）

長塘鮑氏校鈔本。有「以文」、「通介叟」、「青燈有味似兒時」、「世守陳編之家」、「老屋三間賜書萬卷」、「歙西長塘鮑氏知不足齋藏書印」諸印。

中州樂府一卷 明刊本

［金元好問編］

彭汝寔序（嘉靖十五年）

毛鳳韶跋（嘉靖丙申）

每半葉八行，行十六字。嘉定守貴陽高登以元刊本重刊于九峰草堂。汲古閣刊《中州集》，其《樂府》一卷即用此本，而删去小傳，遂不復全。

花草粹編十二卷 明刊本

朗陵外方陳耀文晦伯甫纂

自序（萬曆癸未）

首附沈義父《樂府指迷》一卷。此書共十二卷，《四庫總目》云二十二卷，乃誤衍「二」字，《簡明目録》固不誤也。

宋名家詞續鈔五十二卷 稿本

第一集十一家：計王安石《臨川詞》一卷，賀鑄《東山寓聲樂府》一卷，趙令畤《聊復詞》一卷，王銑《都尉詞》一卷，晁端禮《閒適集》一卷，葛郯《信齋詞》一卷，万俟雅言《大聲集》一卷，蘇庠《後湖詞》一卷，王觀《冠柳詞》一卷，曹組《箕潁集》一卷，舒亶《信道詞》一卷。第二集十家：李綱《梁溪詞》一卷，朱敦儒《樵歌》一卷，康與之《順庵樂府》一卷，范成大《石湖詞》一卷，陳三聘《和范詞》一卷，袁去華《適齋詞》一卷，韓淲《澗泉詩餘》一卷，吴潛《履齋詩餘》一卷，何夢桂《潛齋詞》一卷，方岳《秋崖小稿》一卷。第三集十家：汪莘《方壺詞》一卷，周密《草窗詞》一卷，張炎《玉田詞》一卷，陳允平《日湖漁唱》一卷，趙以夫《虚齋樂府》一卷，張輯《東澤綺語債》一卷，王沂孫《碧山樂府》一卷，李彭老《篔房詞》一卷，李萊老《秋崖詞》一卷，汪元量《水雲詞》一卷。第四集十家：劉鎮《隨如樂府》一卷，管鑑《養拙堂詞》一卷，張鎡《玉照堂詞》一卷，張掄《蓮社詞》一卷，吴禮之《順受老人詞》一卷，謝懋《靜寄居士詞》一卷，劉儗《招山樂章》一卷，馮取洽《雙溪詞》一卷，文天祥《文山詞》一卷。後集五家：徽宗詞一卷，李後主詞一卷，林正大《風雅遺音》一卷，嚴仁《清江欸乃詞》一卷，楊澤民《和清真詞》一卷。方外二家：僧仲殊《寶月詞》一卷，葛長庚《海瓊詞》一卷。名媛三家：李清照《漱玉詞》一卷，朱淑真《斷腸詞》一卷，孫夫人詞一卷。共五十二家，均在汲古閣刊六十家之外。其書行格亦用《六十家詞》本，蓋意在續《六十家詞》也。第一集目録後題「乾隆戊申孟秋澹容居士輯録」，二集目録後題「乾隆丁未季夏澹容居士輯録」，三集目録後題「丁未仲秋澹容書屋輯録」，四集題「己酉孟夏我娱齋輯録」，後集題「己酉閏六月我娱齋録」。澹容居士不知何人。此五十一家詞有專集，亦有全集尚存者。此輯似多據總集録入，未爲盡善，然用力亦勤矣。有「北盧後人」、「澹容居士」、「雲涑涑」、「蟾客」、「平原陸氏貴己堂藏書」諸印。

宋五家詞五卷 鈔本

右宋潘閬《逍遥詞》一卷，陳經國《龜峰詞》一卷，向鎬《樂齋詞》一卷，王之道《相山居詞》一卷，倪偁《倚川詞》一卷，傳鈔知不足齋本。有「孫承光印」、「賡士謙齋」、「槜李孫氏藏書之印」諸印。

詩餘圖譜三卷 明刊本

高郵張綖世文

自序（嘉靖丙申）

凡例

天一閣藏書。

新刊張小山北曲聯樂府一卷外集一卷别集一卷 鈔本

［元張可久撰］

馮子振題詞

高栻題詞

勞平甫手跋：咸豐丙辰九月朔，據蟫隱文房校本重録。十月初十日立冬寫畢。丹鉛精舍記。

仁和勞平甫手寫本，字跡精雅，並據諸本校正。傳世元刊及舊鈔本多闕《别集》，此本有之。末附嘉靖丙寅李開先序二首，則自李中麓所刊《張小山小令》録入。

新刊張小山北曲聯樂府三卷外集一卷 鈔校本

此先大父藏書，張君菊生所貽。卷末有「厚軒校」三字，乃先大父手筆。有先大父藏印及「荃孫」、「雲輪閣」、「藝風審定」諸印。

喬夢符樂府二卷 鈔本

文林郎雙門吟隱拜校

厲鶚跋（雍正壬子）

又（雍正三年）

勞平甫手跋：咸豐丁巳正月蟫隱文房校本重録。丹鉛精舍記。

亦平甫手鈔，與《小山樂府》同册。

沜東樂府一卷 明刊本

［明康海撰］

自序（正德八年）

弟浩跋（嘉靖甲申）

天一閣藏書。

碧山樂府一卷 明刊本

［明王九思撰］

渼東漁父序（正德十四年）

韓詢序（嘉靖乙卯）

天一閣藏書。

陶情樂府四卷續集一卷 明刊本

［明楊慎撰］

簡紹芳序（嘉靖三十年）

又續集序（嘉靖乙未）

王畿續集跋（嘉靖乙巳）

天一閣藏書。

朝野新聲太平樂府九卷 元刊本

青城澹齋楊朝英集

黄復翁手跋： 此元刻細字本《朝野新聲太平樂府》九卷，休寧朱之赤藏書。余得諸郡中故家，珍祕之至。既收得鈔本，止八本，兩本並同，脱誤相似，始知外間傳本非足本也。因取是以校彼，實多是正。抄本間有改正字，如「裏」本作「里」，「教」或作「交」，此元刻本如是，想係詞典本相傳舊例，余所藏元人雜劇刊本都有類此者，無足異也。惟鈔本間有衍字、衍句，不知其本云何，然通體刻自勝鈔，當以元刻爲準。余素不諳詞，何論乎曲，兹因校勘，粗讀一過，其中用意之工、遣辭之妙，固稱傑作，宜有元一代以此擅長也。丁卯秋霜降前一日秉燭書。復翁。

又跋： 庚辰冬孟偶取繙閲，前跋有誤書處，如「八本」當作「八卷」，「詞典」當作「詞曲」，因復正之。復翁。

每半葉十四行，行二十四字。元明間刊本。常熟瞿氏所藏元刊本只八卷，與鈔本同，當係鈔本所自出。此本獨九卷，乃明刊所自出也。鈔本尚有至正辛卯巴西鄧子晉序，此本奪。有「休寧朱之赤珍藏圖書」、「卧庵所藏」、「寒士精神」、「黄丕烈印」、「蕘圃」、「平江黄氏圖書」、「秀水莊氏蘭味軒收藏印」諸印。

附　録

傳書堂記

烏程蔣孟蘋學部落其藏書之室，顔之曰「傳書堂」，蓋其先德書箴先生書室之舊額也。初，道、咸之間，西吴藏書家數蔣氏書箴先生、尊人子垕先生與季父季卿先生，以兄弟相師友，專攻小學，兼精讎校，大江以南，精槧名鈔，麕走其門。子垕先生藏書之居，曰「儷籯館」，曰「茹古精舍」；季卿先生之居，曰「求是齋」，皆有聲吴越間。無何，赭寇亂作，兩先生挾其書走海門。而季卿先生旋卒，書之厄於水火、盜賊者幾大半。比子垕先生殁，先生悉推家産於諸昆弟，而獨取書籍二十篋，名其所居曰「傳書之堂」，其風尚如此！孟蘋即先生長子也，幼傳家學，能別古書真僞。自官京師、客海上，其足迹率在南北大都會，其聲氣好樂，又足以奔走天下，故南北故家若四明范氏、錢唐汪氏、泰州劉氏、涇縣洪氏、貴陽陳氏之藏流出者多歸之。其於先世遺籍，求之尤勤，凡舊籍之有「茹古精舍」、「求是齋」圖記者，估人恒倍蓰其直以相要市，孟蘋輒償之。藏書家知孟蘋者，閒得蔣氏故書，亦頗以相贈遺。故孟蘋所得先世遺書，雖經兵火轉徙之後，尚不下百種。然以視其所自蒐集者，劣足當其百分之一。顧取先人舊額，以「傳書」名其堂。余謂爲子孫者如孟蘋，始可謂之能傳書矣。余聞之：「百圍之木，不生於堂密；尋丈之魚，不産於潢汙。」西吴藏書，蓋有端緒。自宋初，沈東老父子始以收書知名。南渡後，葉石林退居弁山，復以藏書雄東南。其後，若齊齋倪氏、月河莫氏、竹齋沈氏、直齋陳氏、隨齋程氏、草窗周氏，藏書多者號十萬卷，少者亦三四萬卷，視行都蔑如也。有明一代，若茅順甫之白華樓、沈以安之玩月樓、姚翔卿之玩畫齋，並有簿録，猶有陳、程諸氏遺風。國朝自蠡舟董氏、疏雨劉氏、芳茮嚴氏後，尤不易更僕數。而姚彦侍方伯之咫進齋、陸剛父觀察之皕宋樓，實爲之殿。光緒之末，陸氏書流出海外，姚氏之藏亦歸京師圖書館，浙西文獻爲之俄空。而孟蘋與其同里張石銘觀察、劉翰怡京卿，崛起喪亂之際，旁蒐遠紹，蔚爲大家，海内言藏書者推南潯。顧或舉歐陽公語，謂物聚於所好，而得於有力之彊。然當世有力如三家者，無慮百數，而三家獨以藏書名，則豈不以石林、直齋諸先哲之遺風所被者遠，其源流清濁之所處，風化芳臭氣澤之所及，固與他郡殊歟？一家之澤，猶一鄉也。若孟蘋者，生於藏書之鄉，又生於藏書之家，其於經籍，心好之而力赴之，固非偶然。是故書有存亡，惟此傳書之精神，則歷千載而不亡。石林、直齋之藏久爲煨燼，而今有張、劉諸家；茹古精舍、求是齋之書十不存一，而今有孟蘋。然則蔣氏三世之精神風尚，雖傳之百世可也。《詩》云「詒厥孫謀，以燕翼子」，子垕、書箴二先生以之；又云「昭兹來許，繩其祖武」，孟蘋以之。余既登孟蘋之堂而覽其書，樂其蒐討之勤而又能道其先人之美也。故書而著之，俾後世知所自焉。壬戌六月。《觀堂集林》卷十九

樂庵寫書圖序

余昔覽元明以來寫本書，時時得佳處，而舛誤奪落，乃比坊肆劣刻爲甚。既而見六朝唐人所寫書，其佳處尤迥出諸刊本、寫本上，而舛誤奪落，則與元明以來寫本無異。蓋古代寫書，多出書手，其爲學士大夫手鈔，如鄭灼之《禮記義疏》者，百不一見也。士大夫寫書之風，開於明之中葉，吴中吴原博、朱性父、姚舜咨、錢叔寶諸老始競爲之。至國朝諸家，則校讎之功多於迻録。乾嘉以後，兹事幾絶，獨歸安嚴悔庵居士篤嗜舊槧，兼精校勘，尤以寫書名天下。其所手寫書，若宋刊吕成公《書説》、魏華父《儀禮要義》、洪景盧《夷堅志》，元刊張元德《春秋集傳》，舊鈔蘇明允《太常因革禮》，皆龐然巨帙。《儀禮要義》後爲顧千里借失，至經再寫。綜計前後所寫書，踰三四百卷，蓋士大夫之寫書，未有多於居士者也。居士《夷堅志》寫本後歸湘潭某氏者，余曾見之京師，略具宋本行款而已。而明季以來，世尤重影寫本，其出錢遵王、毛子晉家者，特爲精絶。顧皆成於寫官，亦不能無誤。蓋書莫善於手鈔，又莫精於景寫，二者自古未嘗得兼，今乃於吾友蔣君樂庵見之。樂庵富收藏，精賞鑒。其藏書之所曰「密韻樓」者，余嘗過而覽焉。其美富遠出嚴氏芳茮堂上，殆與汲古、述古抗衡矣。既又觀其手影魏鶴山《大全集》一百十卷，則又張目哆脣，舌撟而不得下。蓋海内藏書家如樂庵者，屈指計之，尚可得四五，至於手模宋本至百餘卷之多，非獨今所難能，抑亦古所未有也。且今之世，又不能與昔比。若華其黄，瞻烏靡止。世之號爲才智者，皆顓顓焉爲朝夕之計，苟可以博一晌之名高厚利者，雖禍其身、若其子孫、若天下後世，而無所顧藉；其謹愿者，則率爲原伯之苟、趙孟之偷。其於身家之利害猶如此，况於身外之物、不急之務，其肯糜歲月、敝精神以爲之也哉！樂庵寫是書，率在俶擾鞅掌之中，然首尾百餘萬言，無一筆苟簡，綿歷二年，卒潰於成。夫以世之苟且而慘促也如彼，君之精勤而整暇也如此。設以悔庵居士處此，未識能爲樂庵之所爲否也？樂庵既屬錢唐汪滬客繪寫書圖，又屬余序其事。余以樂庵家烏程，於居士爲後輩，又所寫者皆魏氏之書，故尤樂比而論之，并以見樂庵之寫書，别有其可記者存，非徒爲藏書家增一故事也。己未閏七月。《觀堂集林》卷十九

書名索引

0010_8 立

00 立齋閑録四卷 653

0012_7 病

37 病逸漫記一卷 654、715

46 病榻遺言一卷 715

0014_1 癖

00 癖齋小集一卷 1314、1374

0015_6 癉

10 癉惡續録一卷 222

0018_9 痰

40 痰大點雪二卷 525

0021_1 鹿

43 鹿裘石室集二十五卷 1273

67 鹿鳴樂章一卷 80

龐

77 龐居士詩二卷 799

龐居士傳一卷 799

0021_5 雍

67 雍野李先生快獨集十八卷 1243

87 雍録十卷 387、687

0021_7 亢

80 亢倉子九卷 826

80 亢倉洞靈真經一卷 627

廬

22 廬山記事十二卷 384

廬山蓮宗寶覽念佛正因十卷 807

76 廬陽荒政録四卷 441

0022_3 齊

10 齊雲山志八卷 384

50 齊東野語二十卷 601

77 齊民要術十卷 511

0022_7 方

06 方韻卿集一卷附録一卷 1380

10 方正學先生遜志齋集二十四卷外紀二卷 1114

26 方泉先生詩集三卷 1310、1371

37 方初庵先生集十六卷 1237

40 方壺存稿九卷 1010
64 方時佐先生富山嬾藁十九卷 1026
72 方氏墨譜六卷 566

市

40 市南子二十二卷制敕六卷 1269
72 市隱堂詩藁五卷 1088

育

00 育齋先生詩集十七卷 1120

帝

10 帝王經世圖譜八卷 738
帝王世紀十卷 214
77 帝學八卷 492

高

00 高唐州志七卷 364
17 高子遺書十二卷 1256
20 高季迪先生大全集十八卷 1102
24 高嶢十二景詩一卷 1189
26 高皇帝御製文集二十卷 1085
27 高峰先生文集十一卷 991
高峰別集一卷 1369
30 高寄齋訂正武林舊事十卷 391
高宗皇帝御製翰墨志一卷 645
40 高士傳二卷 697
高奇往事十卷 279
50 高東溪先生文集二卷附録一卷 984、985
90 高常侍集十卷 871

商

00 商文毅集十一卷 1129
商文毅公集十卷 1129
60 商畧商南縣集八卷 362

廓

23 廓然子五述一卷 623

裔

50 裔夷謀夏録二卷 217

廟

90 廟堂忠告一卷 411

鷹

46 鷹揚樂章一卷 80

0023_2 亦

03 亦詠艸四卷亦詠又艸二卷亦詠又又艸二卷 1266
10 亦玉堂續稿八卷 1206

0024_1　庭

77 庭聞州世説七卷　777

0024_7　慶

37 慶湖遺老詩集九卷拾遺一卷後集補遺一卷　971

0026_7　唐

00 唐文鑑二十一卷　1341
唐文粹一百卷　1294
唐音遺響輯註六卷　1322
04 唐詩二選二十卷　1345
唐詩二十六家五十卷　1355
唐詩正聲二十二卷　1329
唐詩紀事八十一卷　1386、1387
唐詩選七卷　1358
唐詩始音輯註一卷　1322
10 唐三體詩八卷　1305
17 唐丞相曲江張先生文集二十卷　860
24 唐先生集七卷　973
25 唐律疏議三十卷　431
唐律類鈔二卷　1350
26 唐伯虎集二卷　1165
28 唐僧弘秀集不分卷　1305
30 唐宋白孔六帖一百卷　733
唐宋白孔六帖殘卷　733
33 唐祕書省正字先輩徐公釣磯文集　918
36 唐漫叟文集十卷拾遺續拾遺一卷　872
37 唐祠部詩集二卷　912
40 唐皮日休文藪十卷　912
唐李推官披沙集六卷　919
唐大詔令集一百三十卷　232
47 唐朝名畫録一卷　550
48 唐翰林李太白詩類編十二卷　862
50 唐摭言十五卷　761
唐書詳節六十卷　314
唐書二百二十五卷　182
唐書二百卷　181
60 唐國史補三卷　760
唐愚士詩不分卷　1115
72 唐氏三先生集三十卷附録一卷　1333
24 唐陸宣公集二十二卷　877
77 唐闕史二卷　779
90 唐小説一卷　759

0028_6　廣

00 廣文選六十卷　1346

06 廣韻五卷 138、150、151
10 廣雅十卷 130、681
廣西通志六十卷 356
廣西通志四十二卷 371
廣西軍務文牘不分卷 431
12 廣弘明集三十卷 798
20 廣信先賢事實録六卷 269
24 廣德州志十卷 358
38 廣遊文集一卷 1091
40 廣右戰功一卷 665
70 廣長庵主生壙志一卷 1217
74 廣陵先生文集二十卷拾遺一卷補遺一卷附録一卷 944
廣陵九賢事實始末九卷 267

賡

26 賡和中峯詩韻一卷 1048

0028_7 庚

17 庚子銷夏記八卷 559
32 庚溪詩話二卷 643
71 庚辰春偶吟一卷 1280
77 庚巳編一卷 674
庚巳編十卷 713

庾

77 庾開府詩集六卷 856

0029_9 康

00 康齋先生文集十二卷附録一卷 1139

0033_6 意

44 意林五卷 612

0040_0 文

00 文廟樂章一卷 80
10 文正公草廬吴先生文粹五卷 1044
文正公尺牘三卷 927
13 文武敕劄一卷 410
17 文子通玄真經一卷 627
文子十二卷 820
22 文山先生文集十七卷 1015
文山先生集杜詩二卷 1016
文山先生全集二十八卷 1016
23 文獻通考三百四十八卷 418、419
文獻通考三百四十八卷 419
26 文泉子集六卷 911

30 文房四友除授集一卷　641
文房圖贊一卷續一卷補一卷續補一卷　565
34 文遠集二十八卷補遺一卷　1271
37 文潞公文集四十卷　934
文選六十卷　1286、1288、1289
文選補遺四十卷　1307
文選錦字録二十一卷　752
44 文苑英華一千卷　1292
文林綺繡五十九卷　751
48 文翰類選大成一百六十三卷　1332
50 文中子十卷　491
文中子中説一卷　628
60 文昌雜録六卷　594
62 文則十卷　1386
72 文氏族譜續集一卷　311
75 文體明辨六十一卷綱領一卷目録六卷附録十四卷目録二卷　1361
80 文公先生資治通鑑綱目五十九卷　196
文公家禮儀節八卷　46
90 文粹一百卷　1293

0040_8　交
38 交游贈言録十卷　1351

0044_1　辨
00 辨文考制二卷　610
87 辨歙石説一卷　646

0060_1　音
00 音註全文春秋括例始末左傳句讀直解七十卷　53

0060_3　畜
21 畜行録一卷　676
24 畜德録一卷　710

0073_2　玄
00 玄玄棋經一卷　560
40 玄真子一卷　629
44 玄英先生詩集十卷　918

襄
76 襄陽守城録一卷　218

0080_0　六
07 六詔紀聞二卷　665
10 六一居士詩話一卷　642、1384
17 六子全書　626
20 六壬集要袖中金四卷　546
21 六經天文編二卷　526

30 六家文選六十卷 1287、1288
31 六帖補二十卷 744
47 六朝聲偶集七卷 1360
六朝事跡編類二卷 388、693
50 六書正譌五卷 143
六書統二十卷 142
六書統溯源十三卷 142
六書精蘊六卷音釋一卷 146

0090_6　京

22 京畿金石考二卷 463
30 京寓稿一卷 1239

0091_5　雜

70 雜譬喻經一卷 793

0121_1　龍

10 龍石詩集八卷 1190
12 龍飛紀畧内外圖二卷 395
26 龍皋文藁十九卷 1143
31 龍江集十四卷 1164
龍江夢餘録四卷 775
32 龍洲道人文集十五卷 1005
龍洲道人集十卷 1005
77 龍門子凝道記二卷 832
龍興慈記一卷 701
80 龍龕手鑑殘本一卷 141

0128_6　顔

72 顔氏家訓二卷 490

0164_6　譚

00 譚襄敏公奏議十卷 243
17 譚子化書一卷 719

0164_9　評

88 評鑑闡要十四卷 474

0212_7　端

10 端平詩雋三卷 1374
32 端溪硯譜一卷 645
72 端隱吟稟一卷 1313
端隱吟稿一卷 1378

0266_4　話

10 話雨樓碑帖目四卷 465

0280_0　刻

40 刻大唐新語十三卷 760

0292_1　新

00 新唐書糾繆二十卷 183
新註朱淑真斷腸詩詞前集十卷後集八卷 1004
01 新語二卷 631
02 新刻譚友夏合集十卷 1277

12 新刊諸子纂要大全四卷 618
新刊三禮考注四十八卷 44
新刊張小山北曲聯樂府一卷外集一卷別集一卷 1404
新刊張小山北曲聯樂府三卷外集一卷 1405
新刊重訂疊山謝先生文集二卷 1017
新刊仁齋傷感寒類書活人總括七卷 519
新刊仁齋直指方論醫脈真經一卷 519
新刊皇朝名臣言行録四卷 272
新刊迂齋先生崇古文訣三十五卷 1304
新刊祕傳四先生通天竅甲集一卷 541
新刊初學記三十卷 730
新刊漱六齋全集四十八卷 1250
新刊李學士新註孫尚書內簡尺牘十卷 982
新刊古今歲時雜詠四十六卷 1299
新刊黄帝内經靈樞二十四卷 514
新刊鶴林玉露十八卷 600
新刊點校諸儒論斷唐三宗史編句解九卷 471
新刊監本册府元龜一千卷 734
23 新編方輿勝覽七十卷 333
新編名賢詩法三卷 1392
新編嘉祥縣誌六卷 352
新編古今事文類聚前集六十卷後集五十卷續集二十八卷別集三十二卷外集十五卷新集三十二卷 739
新編四元玉鑑三卷 532
新編金匱要略方論三卷 515
新編類意集解諸子瓊林前集二十四卷後集十六卷 745
25 新倩籍一卷 710
27 新修兗州府鄒縣地理志四卷 355
新修上虞縣志二十卷 371
30 新安文獻志一百卷 1333

新安志十卷　340
新定續志十卷　344
新定九域志十卷　331
44 新芳蕯天錫雜詩妙選藁全集一卷　1062
46 新加九經字樣一卷　66
50 新書十卷　483
新書十卷附録一卷　482
80 新鐫東崖王先生遺集二卷　1216
86 新知録摘抄一卷　717
88 新箋決科古今源流至論前集十卷後集十卷續集十卷　743
新纂門目五臣音註楊子法言十卷　625

0364_0　試
88 試筆一卷　644

0365_0　誠
00 誠齋集七十卷　1001
誠齋牡丹譜一卷　567
誠齋牡丹百詠一卷　1086

0368_4　讞
43 讞獄記四卷　439

0369_2　詠
00 詠六朝遺事一卷　1383
50 詠史絶句攷四卷　473

0460_0　計
22 計偕集一卷　1282

謝
00 謝文莊公集六卷　1136
10 謝靈運詩集二卷　851
謝耳伯先生初集十六卷全集八卷　1276
11 謝張紫陽真人書一卷　839
27 謝幼槃文集十卷　970
30 謝宣城集五卷　852
72 謝氏後漢書補逸五卷　210

0461_5　謹
20 謹依眉陽正本大宋真儒三賢文宗二十卷　1308

0464_1　詩
21 詩經白文四卷　60
詩經大全二十卷　63
23 詩外傳十卷　19
27 詩紀一百五十六卷　1356
30 詩準四卷詩翼四卷　1315
31 詩源撮要一卷　1390
33 詩心珠會十卷　1393
44 詩草二卷　1244
56 詩輯三十六卷　16

80 詩人玉屑二十卷 1388
88 詩餘圖譜三卷 1404

0466_0 諸

00 諸症辨疑四卷 524
10 諸天傳二卷 804
21 諸儒集註永嘉陳先生兩漢博議二十卷 471
諸儒校正唐書詳節六十卷 313
諸儒校正西漢詳節三十卷 313
諸儒校正東漢書詳節三十卷 313
37 諸祖讚頌一卷 804
諸祖歌頌一卷 810
50 諸史提要十五卷 312

0468_6 讀

44 讀杜詩愚得十八卷 870
50 讀史方輿紀要一百三十卷 335
讀史歌一卷 474
讀史漫稿一卷 474
讀史大畧六十卷 475
讀史愚見殘卷 473
讀書隨筆十二卷 69
讀書筆記一卷 665
讀書敏求記四卷 452
讀書堂稿十四卷 1270
讀素問鈔九卷補遺一卷 515
60 讀易詳説十卷 3

0512_7 靖

00 靖康新雕緗素雜記十卷 581
37 靖逸小稾一卷 1309
靖逸小稿一卷 1376
40 靖難功臣録一卷 652、708

0668_6 韻

10 韻要五卷 154
韻要粗釋一卷 146、155
33 韻補五卷 152
67 韻略易通二卷 155

0669_4 課

01 課語一卷 713

0691_2 親

77 親民要略一卷 1247

0712_0 翊

37 翊運録一卷 252

0742_7 郊

00 郊廟賦五卷 423
77 郊居遺稿十卷 1243

0761_7 記

21 記師口訣節文不分卷 542

50 記事珠不分卷 749

0762_0 詢

27 詢芻録一卷 671

讕

00 讕言長語一卷 602

讕言篇一卷 671

0823_2 旅

01 旅語偶存一卷 1230

0861_2 說

00 説文廣詁十二卷 148

説文新附考六卷 148

説文部首句讀一卷附行述一卷 70

説文解字韻原十二卷韻原表一卷 147

説文解字三十卷 133、134、135

説文解字繫傳四十卷 135

説文解字篆韻譜五卷 136、137

説文疑疑不分卷 149

説文字原一卷 143

説文校議議三十卷 149

21 説經劄記八卷 68

77 説學齋稿不分卷 1098、1099

82 説劍吟一卷 1370

0862_1 諭

27 諭解州略一卷 439

0862_7 論

01 論語註疏解經二十卷 61、63、71

論語二十卷 78

論語集註十卷 75、77

論語十卷 70

34 論對録一卷 700

0864_0 許

00 許彦周詩話一卷 643

許彦周(詩話)一卷 1384

許文穆公集六卷 1207

10 許雲村貽謀一卷 720

48 許梅屋樵談一卷 719

82 許鍾斗文集五集 1265

0865_1 詳

00 詳註周美成片玉集十卷 1394

議

21 議處安南事宜一卷 222、656

0925_9 麟

40 麟臺故事三卷 402

0968_9 談

44 談藝録一卷 1180

1000_0 一

22 一山文集九卷 1073

24 一化元宗二十九卷 836

27 一峰先生文集十四卷 1141

47 一切祕密最上名義大教王儀軌二卷 797

1010_0 二

10 二酉委譚摘録一卷 716

26 二程子抄釋十卷 502

二程全書六十五卷 493

40 二十家子書 629

二十四史日月考二百三十九卷 476

二難寶鑑一卷 526

44 二藍先生集十二卷 1329

二老堂雜志五卷 768

72 二劉文集九卷 1295

77 二段集四卷補遺一卷 1316

1010_1 三

12 三孔先生清江文集四十卷 1295

22 三山志四十二卷 342

三山鄭菊山先生清雋集一卷 1025

23 三代古匋文字考釋五册 468

24 三先生詩十九卷 1330

30 三家詩拾遺十卷 18

三家世典一卷 651

31 三遷志六卷 248

35 三禮纂注四十九卷 45

40 三才廣志一千一百八十四卷 753

44 三墳一卷 689

三蘇先生文粹七十卷 1299

46 三朝北盟會編二百五十卷 203、204

三朝聖諭録三卷 220

50 三史文類五卷 1352

53 三輔黄圖六卷 328、687

60 三國志六十五卷 170、171

三國志詳節二十卷 314

三國志日月考二卷 476

三國志日月考三卷 476

三吴水利論一卷 664
三因極一病證方論十五卷 518
88 三餘集四卷 980
三餘贅筆一卷 677

正

00 正音輯註六卷 1322
20 正統北狩事蹟一卷 702
正統臨戎録一卷 702
24 正德五年陝西鄉試録一卷 290
正德十四年浙江鄉試録一卷 290
77 正學編一卷 670

1010_2 五

00 五言律祖六卷 1344
21 五經文字三卷 66
23 五代名畫録補遺一卷 550
五代史記七十四卷 183、184
五代史詳節十卷 314
五代會要三十卷 414、415
28 五倫樂章一卷 80
五倫書六十二卷 500
60 五國故事二卷 318
92 五燈會元二十卷 800

1010_3 玉

22 玉山名勝集不分卷 1323
26 玉皇心印經一卷 837
玉皇心印圖 838
玉泉子聞見真録一卷 761
37 玉瀾集一卷 981
38 玉海二百卷 743
40 玉臺新詠十卷 1289、1290
玉壺冰一卷 604
玉臺書史一卷 560
44 玉芝樓稿九卷附録贈言一卷 1213
60 玉恩堂集四卷 1232
67 玉照新志五卷 769
74 玉髓真經前三十卷後 828
80 玉介園存稿十八卷附録四卷 1204
85 玉鍵一卷 154
88 玉篇三十卷 137
90 玉堂百詠一卷 1086
玉堂漫筆摘鈔一卷 711

1010_4 王

00 王方麓樵李記一卷 720
王文端公奏疏四卷詩集二卷尺牘八卷 242
王文正公遺事一卷 637

王文正公筆録一卷　636
王文肅公文集五十五卷　1203
王文恪公筆記一卷　654
15 王建詩集十卷　905
17 王子年拾遺記十卷　683
23 王狀元集註東坡詩二卷　957
王狀元集百家註分類東坡先生詩二十五卷　946
24 王侍御類稿十六卷　1208
32 王沂陽龍興慈記一卷　722
44 王恭毅公駁稿二卷　439
王勃詩一卷　857
王勃集二卷　857、1357
王黄州小畜集三十卷　922
50 王忠文公文集二十四卷　1092
王奉常集六十九卷　1202
60 王國典禮八卷　423
72 王氏談録一卷　594
80 王公四六話二卷　641
90 王尚書遺稿一卷　1375

至

10 至正庚辛倡和詩一卷　1326
38 至游子二卷　833
40 至真歌一卷　836
至大重修宣和博古圖録三十卷　562

1010_8　靈

44 靈棋經一卷　542

1011_2　疏

30 疏寮小集一卷　1371

1016_4　露

20 露香拾稿一卷　1373

1017_7　雪

12 雪磯叢稿四卷　1376
22 雪巖吟艸一卷海陵稿一卷西塍續稿一卷補遺一卷　1379
雪巖吟草甲藁忘機集一卷　1014
27 雪舟詩集六卷　1229
雪舟集十二卷續集二卷　1153
30 雪窻小稿一卷　1370
33 雪浪續集一卷　1285
44 雪坡小稾二卷　1309
雪坡小稿一卷　1377
雪林删餘一卷　1379

1020_0 丁

10 丁晉公談録一卷 636

77 丁卯集二卷 910

1021_2 元

00 元齋初稿一卷 1229

元音十二卷 1326

22 元豐官志不分卷 407

元豐類稿五十卷附録一卷 934

26 元和郡縣圖志四十卷 329

27 元包經傳五卷 535

元包數總義二卷 535

28 元微之文集十四卷 906

30 元憲集四十卷 923

43 元始説先天道德經註解五卷 826

50 元史二百十卷 186

72 元氏長慶集二十七卷 907

1021_5 雅

00 雅音會編十二卷 1331

33 雅述二卷 605

44 雅林小稿一卷 1377

1022_7 兩

00 兩京遺編四十二卷 631

26 兩程故里誌六卷 247

32 兩浙南關志六卷 426

34 兩漢雋言十六卷 751

47 兩朝剝復録六卷 229

雨

20 雨航記一卷 1217

32 雨溪文集二十二卷 1123

爾

10 爾雅註疏十一卷 61、63

爾雅一切注音十卷 133

爾雅三卷 121、122、124

爾雅疏十卷 80

爾雅翼三十二卷 132

爾雅注疏十一卷 125

1023_2 震

36 震澤先生集三十六卷 1148

震澤紀聞一卷 662

震澤長語二卷 603

震澤長語摘抄一卷 710

1032_7 焉

26 焉自然金石誥一卷 841

1040_0 干

37 干禄字書一卷 138

80 干令升搜神記二卷 718

90 干常侍易解二卷 718

于

50 于肅愍公集八卷附録一卷 1123

1040_7 夏

27 夏侯陽筭經三卷 531

50 夏忠靖公集六卷遺事一卷 1125、1126

72 夏氏畧一卷 311

1040_9 平

00 平齋文集三十二卷 1009

10 平夏録一卷 673、703

20 平番始末一卷 666

平番始末二卷 704

22 平蠻録一卷 222、657、705

30 平定交南録一卷 673、706

31 平江記事一卷 392

34 平漢録一卷 703

44 平英録一卷 703

47 平胡録一卷 662、703

50 平夷賦一卷 705

平夷録一卷 673

60 平蜀記一卷 660、703

平吴録一卷 659、673

92 平叛記二卷 228

1060_1 吾

77 吾學編六十九卷 209

88 吾竹小稿一卷 1377

晉

36 晉禆十卷 394

50 晉史乘一卷 694

晉書詳節三十卷 314

晉書一百三十卷 173、175、176

晉書一百三十卷音義三卷 174

晉書摘鈔不分卷 315

晉書日月考六卷 476

47 晉搜神記八卷 778

74 晉陵集二卷 1217

1060_2 石

12 石磯集二卷 1190

22 石川集五卷附録一卷 1178

31 石渠意見拾遺二卷補闕一卷 68

33 石淙詩稿十九卷督府稿一卷 1147

36 石湖居士文集三十四卷 1000

石湖居士吴船録二卷 396

37 石初集十卷附録一卷 1076、1077

44 石林詩話三卷 642
石林燕語十卷 596
石林居士建康集八卷 976
60 石田雜記一卷 656
石田稿三卷 1134、1135
76 石陽山人建州集一卷 1226
石陽山人蠡海一卷 1393
77 石屏續集一卷 1310
石學士集一卷附録一卷 935
80 石谷達意稿十二卷 1155
90 石堂集一卷 1381

百

10 百可漫志一卷 676、714
22 百川書志二十卷 450
百川學海十集一百七十六卷 633
27 百將傳續編十卷 507
30[百家唐詩存四十三種] 1337
百家類纂四十卷 616
44 百菊集譜六卷 566
72 百氏統要四卷 750

1060_4 西

00 西庵集十卷 1103
西齋偶得二卷 608
西京雜記六卷 692、757
西京雜記一卷 677
西京雜記二卷 756、757
20 西番事蹟一卷 665
21 西征石城記一卷 664、673、704
西征日録一卷 705
22 西嶽華山誌一卷 379
西山先生讀書記乙集下殘本八卷丁集二卷 496
西山先生真文忠公文章正宗二十四卷 1304
西山先生真文忠公文集五十五卷 1006
西山先生真文忠公讀書記丁集二卷 497
32 西溪叢語二卷 582
34 西漢詔令十二卷 232
西漢書詳節三十卷 314
西漢書疏八卷 244
37 西湖百詠二卷 1025
西湖游詠一卷 1349
40 西樵山水文獻總志 382
西樵野記一卷 675
43 西域記十二卷 398
44 西麓詩稿一卷 1375

西村先生集二十八卷　1155
西林全集二十卷　1274
45 西樓全集十八卷詩選二卷　1257
51 西軒畧談一卷　670
55 西曹詩集九卷　1196
60 西園康範詩集一卷附録三卷　1009
西吴里語四卷　393
64 西疇老人常言一卷　640
72 西隱文集十卷　1092

1060_9　否

50 否泰録一卷　701
否泰録一卷附録不分卷　221

1062_0　可

00 可齋雜記一卷　678
可齋雜藁三十四卷續藁八卷續藁後十卷　1012
09 可談一卷　637
26 可泉辛巳集十二卷　1184

1064_8　碎

80 碎金集不分卷　749

1073_2　雲

22 雲巖詩集六卷　1337
26 雲泉詩一卷　1309、1376
30 雲宫法語二卷　832
40 雲南通志十七卷　369
雲南機務抄黄一卷　659、705
48 雲松詩略八卷　1158
50 雲中事記一卷　705
73 雲卧詩集一卷　1312、1381
91 雲煙過眼録二卷别録二卷　552

1080_4　天

00 天文集要二卷　528
天文會元占三十三卷　538
21 天順日録六卷　653
天順日録一卷　221、702
23 天台陳先生類編花果卉木全芳備祖五十八卷　739
天台勝迹録四卷　1351
34 天潢玉牒一卷　650、701
天潢云牒一卷　659
40 天南紀事一卷　227
44 天枝旌孝編一卷　258
60 天目先生集二十一卷附録一卷　1195
71 天原發微五卷　536、537
72 天隱子一卷　629

天隱和尚磬山集十四卷 1285

1080_6 貢

00 貢文靖公雲林詩集附録一卷 1050
35 貢禮部玩齋集十卷拾遺一卷 1067

賈

17 賈子十卷 631
33 賈浪仙長江集十卷補遺一卷 900
賈浪仙長江集七卷 900
40 賈太傅新書十卷 483

1111_2 玩

48 玩梅亭集稿二卷 1221

1111_4 班

71 班馬字類五卷 140
班馬異同三十五卷 470

1112_0 珂

10 珂雪齋集選二十四卷 1271

1120_7 琴

11 琴張子螢芝集七卷 1278

1123_2 張

00 張方洲奉使録一卷 720
張文獻公集十二卷 860
張文定公覲光樓集十卷 1180
08 張説之文集二十五卷 859
10 張于湖集八卷附録一卷 987
17 張子抄釋六卷 502
張司馬兩浙定亂志一卷 705
22 張紫陽五律詩一卷 841
30 張淮陽詩集一卷 1035
36 張泗州集一卷 1383
40 張南湖先生詩集四卷 1194
張大家蘭雪集附録一卷 1084
60 張禺山戊己吟三卷作詩一卷作詩續一卷 1182
76 張陽和先生不二齋文選七卷 1234

1168_6 碩

53 碩輔寶鑑要覽四卷 275

1211_0 北

00 北齊書五十卷 179
北京八景圖詩一卷 1330
07 北郭集六卷補遺一卷遺集

一卷 1073
北郭集十卷 1336
10 北平録一卷 659、672、702
17 北礀文集十卷 1013
21 北征記一卷 704
北征事蹟一卷 661、702
北征録一卷 652
北虜事蹟一卷 665
22 北嶽編三卷 381
北山小集一卷 1311
北山小集四十卷 976、979
北山小集八卷 979
25 北使録一卷 702
30 北户録三卷 387
北窻炙輠二卷 769
36 北邊備對一卷 687
50 北史詳節二十八卷 314
北史一百卷 180、181
77 北關新志十六卷 427
90 北堂書鈔一百六十卷 728
北堂書鈔一百二十卷 729

1212_7 瑞

32 瑞州小集一卷 1027、1381
47 瑞鶴堂近藁一卷 1086

1220_0 列

17 列子沖虚至德真經二卷 628
列子通義八卷 816
22 列仙傳二卷 697、823

1223_0 弘

33 弘治二年福建鄉試録一卷 286
弘治三年會試録一卷 287
弘治十一年浙江鄉試録一卷 288
弘治十七年應天府鄉試録一卷 289
弘治十七年湖廣鄉試録一卷 289
弘治十四年浙江鄉試録一卷 289
弘治十四年湖廣鄉試録一卷 289
弘治九年進士登科録一卷 288
弘治九年會試録一卷 287
弘治八年順天府鄉試録一卷 287
弘治八年浙江鄉試録一卷 287
67 弘明集十四卷 797

1240_0 刊

06 刊誤二卷 681

刑

07 刑部題稿一卷 436

刑部等衙門尚書等官聞等奏盤獲姦細事二卷 223

刑部纂集事例一卷 436

50 刑書據會一卷 434

1240_1 延

25 延生至寶二卷 616

80 延令纂二卷 1217

1241_0 孔

17 孔子集語二卷 497

孔子家語三卷 479

孔子家語十卷 479

32 孔叢子七卷釋文一卷 482

1247_2 聯

86 聯錦詩集三卷 1158

1249_3 孫

10 孫可之集十卷 911

17 孫子集註十三卷 505

22 孫山甫督學詩集四卷 1199

30 孫宗伯集十卷 1241

80 孫公談圃三卷 765

孫公談圃二卷 641

1280_1 冀

43 冀越集一卷 771

1290_0 水

21 水經四十卷 375

50 水東日記一卷 662

水東日記三十八卷 772

水東日記摘抄七卷 712

67 水明樓集十四卷 1261

1313_2 琅

17 琅琊漫鈔摘録一卷 715

1314_0 武

10 武平縣志六卷 366

21 武經龜鑑殘卷 506

1345_0 職

00 職方外紀五卷 401

30 職官分紀五十卷 739

1413_1 聽

10 聽雪篷先生詩集七卷 1107

10 聽雨紀談一卷 677

1464_7 破

39 破迷正道歌一卷 836

1523_6 融

50 融春小綴一卷 1309

1540_0 建

00 建文皇帝事蹟備遺録一卷 652

30 建寧人物傳四卷　273
90 建炎復辟記一卷　215
建炎以來朝野雜記甲集二十卷乙集二十卷　417
建炎筆録三卷　215

1610_4　聖

30 聖安本紀六卷　231
聖宋文選三十二卷　1298
聖宋文選全集三十二卷　1296、1297
聖宋名賢五百家播芳大全文粹一百卷　1302
46 聖觀自在菩薩功德讚　796
聖駕南巡日録一卷　702
47 聖朝混一方輿勝覽三卷　333
聖朝頒降新例一卷　510
77 聖門事業圖一卷　633
聖學格物通一百卷　501

1660_2　碧

22 碧川文選四卷　1150
碧山樂府一卷　1406
碧山學士集二十一卷別集四卷　1235
32 碧溪詩集六卷附録一卷　1157

1661_2　硯

08 硯譜一卷　645
88 硯箋四卷　564

1661_5　醒

33 醒心集一卷　607
80 醒貪録一卷　411

1710_2　孟

01 孟龍川文集十八卷　1213
10 孟雲浦先生集八卷　1248
17 孟子註疏解經二十八卷　74
孟子註疏解經十四卷　61、63
孟子集註通證二卷　75
孟子集註十四卷　75
孟子集註七卷　77
孟子通十四卷　75
孟子十四卷　78
34 孟浩然詩集四卷　872

1712_0　羽

00 羽庭集六卷　1069

1712_7　瑯

17 瑯琊漫鈔一卷　656

鄧

30 鄧定宇先生文集四卷　1235

1714_0 珊

17 珊瑚鉤詩話三卷 643

1716_4 珞

17 珞琭子三命消息賦註二卷 547

1720_7 了

00 了齋易説一卷 3

67 了明篇一卷 840

1722_7 甬

50 甬東山人稿四卷 1213

鬻

17 鬻子一卷 627

1723_2 豫

00 豫章漫鈔摘録一卷 712

豫章黄先生文集三十卷外集十四卷别集二十卷詞一卷簡尺二卷年譜三十卷附伐檀集二卷 960

豫章羅先生文集十七卷年譜一卷 982

1740_7 子

44 子華子二卷 627

子華子十卷 568

67 子略四卷 642

1740_8 翠

21 翠虚篇一卷 840

77 翠屏詩集二卷 1093

1750_1 羣

50 羣書集事淵海四十七卷 748

羣書考索四集 742

羣書考索前集六十六卷後集六十五卷續集五十六卷别集二十五卷 741

80 羣公四六十卷 1306

1750_7 尹

00 尹文子一卷 627

1760_7 君

17 君子堂日新手鏡一卷 713

1762_0 司

71 司馬温公詩話一卷 643、1384

司馬太師温國文正公傳家集八十卷 929

酌

50 酌中志四卷 232

酌中志餘不分卷 232

1762_7 邵

90 邵半江詩五卷 1146

1790_4 桑

48 桑榆漫志一卷 671

1814_0 致

90 致堂讀史管見三十卷 470

致堂讀史管見殘卷 470

1865_1 群

22 群仙要語纂集一卷 832

1874_0 改

00 改亭續稿十卷 1183

10 改正湘山野録三卷續一卷 766、767

28 改併五音集韻十五卷 155

改併五音類聚四聲篇十五卷 155

1918_6 瑣

01 瑣語篇一卷 670

2010_4 壬

80 壬午功臣爵賞録壬午功賞別録合一卷 651

2010_5 重

00 重廣補註黄帝内經素問二十四卷 513、514

01 重訂元詩正體四卷 1341

02 重刻徐幼文北郭集六卷 1103

重刻涂子類藁十卷 1104

重刻來瞿唐先生日録十二卷 1252

08 重詳定刑統三十卷 432

12 重刊許氏説文解字五音韻譜十二卷 136

重刊嘉祐集十五卷 942

重刊蓬萊集一卷 1346

重刊埤雅二十卷 130

重刊四十二章經遺教經證道歌決疑集 809

23 重編王右丞文集二卷 870

27 重修政和經史證類備用本草三十卷 517

重修富春志七卷 355

重修江南華蓋山志五卷 380

重修毘陵志三十卷 348

重修常州府志二十卷 372

40 重校正唐文粹一百卷 1293

重校正地理新書十五卷 539

重校鶴山先生大全文集一百十卷 1006

重校鶴山先生大全文集一百九卷 1008

重校鶴山先生大全文集一百卷 1008
72 重彫足本鑑誡録十卷 763

2022_1 停
10 停雲軒詩詞雜録一卷 1393
73 停驂續録摘抄一卷 711
停驂録摘鈔一卷 711

2022_7 秀
12 秀水縣志十卷 370
22 秀峯奏議二卷附文集一卷 237

禹
10 禹貢詳略二卷 14

喬
44 喬夢符樂府二卷 1405

爲
18 爲政準則三卷 412

2024_1 辭
77 辭學指南四卷 743

2033_1 焦
72 焦氏易林二卷 545
焦氏筆乘續集八卷 607

2040_0 千
21 千頃堂書目三十二卷 453

2040_7 爰
35 爰清子至命篇二卷 828

雙
32 雙溪文集三卷附録一卷 996
雙溪雜記一卷 672
47 雙槐歲鈔十卷 773

2060_5 看
10 看雲小集一卷 1312

2060_9 香
08 香譜二卷 646
32 香溪先生范賢良文集二十二卷 987
40 香臺集三卷 621

2071_4 毛
04 毛詩註疏二十卷 61、63
毛詩訂詁三十卷附録二卷 18
毛詩釋地六卷 70
11 毛孺初先生評選即山集六卷 1277

2081_5 雞
74 雞肋編三册不分卷 769

2090_4 采
40 采真篇二卷 1217

44 采芝集一卷續集一卷　1313、1383
90 采常吉倭變事略四卷　724

集

20 集千家註杜工部詩二十卷文集二卷附録一卷　865
集千家註杜工部詩集二十卷文集二卷附録一卷　865
集千家註批點杜工部詩集二十卷　866
集千家註分類杜工部詩二十五卷文集一卷　864
集千家註分類杜工部詩二十五卷文集二卷　865
40 集異記一卷　698

2090_7　秉

96 秉燭堂押歌詩選一卷　1241

2091_2　統

30 統宗譜述八卷　310

2108_6　順

30 順適堂吟稾前集一卷續集一卷　1311

2110_0　上

34 上清靈寶大法齋壇頒告符簡一卷　833
上清靈寶大法宗旨一卷　833
38 上海縣志十卷　370
44 上藥三品圖　838

止

00 止齋先生文集五十二卷附録一卷　995
46 止觀輔行傳弘決　797

2121_2　盧

67 盧照鄰集二卷　1357
77 盧月漁集一卷　1220

2121_7　虎

27 虎阜雜志三卷　385
44 虎苑二卷　1217
88 虎鈐經二十卷　505

虛

00 虛庵奉使録一卷　263
27 虛舟集五卷　1104

僊

38 僊遊縣志八卷　359

甂

21 甂甄洞藁五十四卷續稿二十七卷　1197

2122_0 何
00 何文定公集十一卷 1171
10 何震川先生集二十八卷 1206
12 何水部詩集一卷 855
25 何仲默集十卷 1171
43 何博士備論一卷 505
48 何翰林集二十八卷 1209
72 何氏語林三十卷 775
何氏集二十六卷 1172

2122_1 行
80 行人司書目不分卷 450

2122_7 肯
38 肯綮録一卷 600

儒
44 儒林宗派十六卷 280
儒林公議一卷 764

2124_6 便
77 便民圖纂十六卷 617

2125_3 歲
30 歲寒小稾一卷 1036

2128_4 虞
17 虞邵庵批點文選心訣一卷 1319
24 虞德淵先生集二十五卷詩集八卷 1254

2128_6 須
28 須谿精選陸放翁詩集八卷陸放翁詩别集一卷 1002
32 須溪先生四景詩集四卷 1017
須溪批點選註杜工部詩二十四卷 866

2160_0 占
27 占候圖十二册不分卷 538

2172_7 師
37 師資論統三十九卷 616
60 師曠禽經一卷 649
88 師竹堂集三十七卷 1237

2180_6 貞
46 貞觀政要十卷 214

2191_2 經
17 經子法語一十四卷一册 613
30 經進皇宋中興四將傳四卷附种太尉傳一卷韓世忠傳一卷 265
經進風憲忠告一卷 411
50 經史正音切韻指南一卷 153

經書補註二卷 67

77 經典釋文三十卷 64

經學博采録十二卷 70

87 經鉏堂雜志六卷 574

2194_0 紆

10 紆玉樓集十卷 1180

2198_6 潁

12 潁水遺編一卷 723

22 潁川語小二卷 586

2210_8 豐

34 豐對樓詩選四十三卷 1214

35 豐清敏公遺事一卷附録一卷 249

2220_0 制

00 制府雜録一卷 705

劇

09 劇談録二卷 779

2220_7 岑

40 岑嘉州集二卷 871

岑嘉州集八卷 871

2221_2 能

18 能改齋漫録十五卷 582

2221_5 崔

27 崔豹古今註三卷 576

35 崔清獻公全録十卷 255

61 崔顥詩集一卷 862

67 崔鳴吾紀事一卷 724

80 崔公入藥鏡註解一卷 840

2222_7 嵩

22 嵩山文集二十卷 969

2224_7 後

12 後北征記一卷 660

後北征録一卷 660、704

22 後山先生集二十四卷 963

後山居士詩話一卷 643、1384

28 後谿詩稿一卷 1228

34 後漢紀三十卷 187

後漢書一百二十卷 167、168、169

後漢書一百三十卷 167

後漢書日月考四卷 476

36 後湖志十二卷 428

44 後村先生大全集一百九十六卷 1012

2226_4 循

30 循良彙編十二卷 275

2228_4 嶽

10 嶽雪樓編定南宋八十家小

集一百十七卷 1369

2233_1 熊

40 熊士選集一卷附録一卷 1163

2244_7 艸

90 艸堂雅集七卷 1323

2271_0 比

07 比部招議二卷 438
10 比玉集六卷 1359
50 比事摘録一卷 670

2271_2 崑

22 崑山人物志十卷 272

2277_0 山

00 山齋吟稿三卷 1161
10 山西通志三十二卷 367
30 山房存稿一卷 1376
山窗餘稿一卷 1078
38 山海經十八卷 684、778
山海關志八卷 395
40 山中集四卷 1164
50 山書十八卷 227
山東通志四十卷 357
66 山居存稾一卷 1311
80 山谷詞一卷 1394
山谷外集註十七卷 961
山谷老人刀筆二十卷 962
山谷别集詩註二卷 962
90 山堂萃稿十六卷附讀書劄記八卷續記一卷荅朋友書略一卷 1170

2277_0 幽

44 幽蘭居士東京夢華録十卷 387
77 幽閒鼓吹一卷 760

2290_0 剩

01 剩語二卷 1035

2290_1 崇

31 崇禎閣臣事畧一卷 229
35 崇禮堂條約一卷 503

2290_3 紫

76 紫陽祕書一卷 842

2290_4 柴

41 柴墟文集十五卷 1152
72 柴氏四隱集三卷 1308

巢

65 巢睫集四卷 1115

樂

00 樂府雜録一卷 688
樂府詩集一百卷 1299

樂府雅詞三卷拾遺二卷 1399

07 樂郊私語一卷 720

80 樂全先生文集四十卷 941

欒

43 欒城集五十卷後集二十四卷三集十卷 958

欒城集五十卷後集二十四卷三集十卷應詔集十二卷 959

欒城先生遺言一卷 598、640

2291_3 繼

44 繼世紀聞六卷 708

2291_5 種

44 種蓮文略二卷 1087

種蓮歲稿六卷 1087

2320_0 外

40 外臺祕要四十卷 516

2320_2 參

30 參寥子詩集十二卷 966

2324_2 傅

26 傅伯俊詩草七卷 1247

77 傅與礪詩法四卷 1390

90 傅尚書傳一卷 257

2328_4 狀

10 狀元任先生遺稿二卷 1113

獻

04 選詩句圖一卷 642

16 獻醜集一卷 642

2371_2 崆

27 崆峒集二十卷 1161

2377_2 岱

50 岱史十八卷 384

2392_7 編

44 編苕集八卷 1187

80 編年通載四卷 188

91 編類運使復齋郭公敏行録一卷 251

2393_2 稼

51 稼軒長短句十二卷 1396

2421_0 化

50 化書六卷 573

2421_2 先

17 先君事畧一卷 256

30 先進風格一卷 777

40 先考奉國公年表一卷 259

46 先朝佚事一卷 230

先朝遺事一卷 230

77 先賢事狀一册 281

佐

00 佐玄直指圖解十卷 541

2421_7 仇

08 仇謙謙玄機通一卷 723

20 仇舜徽通史它石三卷 722

2422_1 倚

48 倚松老人詩集二卷 968、969

2422_7 備

35 備遺録一卷 653

2424_1 侍

37 侍郎葛公歸愚集十卷 986、987

2426_1 牆

50 牆東類稿二十卷 1040

2428_1 供

37 供祀記一卷 663

2429_0 休

30 休寧志三十卷 353

2432_7 勳

71 勳臣襲爵始末不分卷 271

2440_0 升

00 升庵詩五卷 1189

升庵選禺山七言律詩一卷 1182

升庵南中集六卷 1188

2451_0 牡

77 牡丹百詠集一卷 1141

牡丹榮辱志一卷 649

2478_1 嶕

22 嶕山集十二卷 1262

2490 科

科場條貫一卷 712

2491_7 秇

44 秇林伐山一卷 611

秇林伐山二十卷 611

2497_0 紺

14 紺珠集十三卷 611

2498_6 續

00 續齊諧記一卷 698

02 續刻蔀齋公文集十五卷 1118

17 續己編一卷 678

22 續幽怪録四卷 778

27 續修龍虎山志三卷 379

28 續復古編四卷 144

30 續宋編年資治通鑑十五卷 197

33 續演繁露六卷 582
34 續漢書日月考二卷 477
37 續資治通鑑六十四卷 199
續資治通鑑綱目廣義十七卷 199
續資治通鑑十八卷 196
續資治通鑑長編一百七十五卷 194
40 續幸存録二卷 230、231
續古篆韻六卷 144
43 續博物志十卷 683
50 續書譜一卷 644
續書畫題跋記十二卷 559
60 續墨客揮犀十卷 768
續吳先賢讚十五卷 709
續吳先賢讚十五卷續吳録二卷 279
續吳録二卷 394
78 續駢語二卷 1262

2520_0 仲

44 仲蔚先生集二十四卷附録一卷 1210
71 仲長統論一卷 632

2520_6 使

10 使琉球録一卷 708
44 使楚稿一卷 1222
50 使東日録一卷 1145

2520_7 律

40 律十二卷音義一卷 432

2522_0 佛

08 佛説帝釋巖祕密成就儀軌 796
佛説一髻尊陀羅尼經 795
佛説了義般若波羅密經 796
佛説解夏經佛説帝釋所問經 794
佛説寶賢陀羅尼經 794
佛説祕密八名陀羅尼經 794
佛説決定義經佛説護國經 794
佛説大吉祥陀羅尼經 794
佛説觀自在菩薩母陀羅尼經 794
佛説戒香經 794
佛説持明藏瑜伽大教尊那菩薩大明成就威儀經四卷 793
佛説最上祕密那拏天經三卷 794
佛説最勝妙吉祥根本智最

上祕密一切名義三摩地分二卷　796
佛説金剛手菩薩降伏一切部多大教王經三卷　793
37 佛祖通載二十二卷　806
60 佛果圜悟禪師碧巖録十卷　800

2524_3　傳

17 傳習録上三卷下五卷續録三卷　500
27 傳響集十二卷附録一卷　1157

2590_0　朱

00 朱文公校昌黎先生文集四十卷　880
朱文公校昌黎先生集殘卷　879
朱文公校昌黎先生集四十卷外集十卷傳一卷遺文一卷　881
10 朱一齋先生文集前十卷後五卷　1091
13 朱武原禮記通註一卷　723
17 朱子語類一百四十卷　494
朱子實紀十二卷　254
朱子古文書疑一卷　14
朱子抄釋二卷　502
朱子晚年定論一卷　500
20 朱秉器文集四卷詩集四卷　1230
30 朱良叔猶及編一卷　723
朱宗良集八卷　1089
40 朱士遷全城志一卷　720
46 朱楓林集十卷　1111

2591_7　紈

24 紈綺集一卷　1209

純

40 純孝編四卷　259
76 純陽吕真人文集八卷　827

2600_1　白

00 白齋先生詩集九卷　1167
10 白石道人詩集一卷　1310
白雲集七卷　1274
21 白虎通二卷　632
白虎通德論二卷　575、680
白虎通德論十卷　574
白虎通四卷闕文一卷校勘補遺一卷　576
30 白房雜興三卷白房雜述三卷白房續集備遺一卷　1169
34 白社稿十四卷　1240

39 白沙子八卷 1129
白沙先生詩稿十卷 1130
40 白賁堂詩草十四卷 1201
48 白榆集二十八卷 1246
72 白氏長慶集七十一卷 907

自

48 自警樂章一卷 80
自警編九卷 614

2602_7 粵

38 粵游紀聞一卷 231
粵閩漫集一卷 1282

2610_4 皇

10 皇王紀年纂要一卷 659
皇元風雅前集六卷後集六卷 1321
30 皇宋十朝綱要二十五卷 195
35 皇清奏議四册 245
44 皇華集六卷 1362
皇華集五卷附録一卷 1350
47 皇朝編年備要三十卷 197
皇朝仕學規範四十卷 614
皇朝中州人物志十六卷 278
皇朝本紀一卷 701
53 皇甫持正集六卷 899
67 皇明文衡九十八卷 1332
皇明文範六十八卷目録二卷 1360
皇明詩選七卷 1360
皇明詩鈔十卷 1349
皇明詔赦殘卷 234
皇明詔赦四卷 234
皇明詔敕不分卷 234
皇明政要二十卷 221
皇明傳信録七卷 657
皇明名臣琬琰録後集二十二卷 269
皇明祖訓一卷 421
皇明祖訓一卷祖訓條章一卷 421
皇明通紀二十四卷 200
皇明太學志十二卷 409
皇明大學士解春雨先生詩集二卷 1114
皇明本紀一卷 650
皇明開國功臣録三十二卷 270
77 皇輿考十卷 335

2624_8 儼

26 儼山文集一百卷 1177

2633_0 息

60 息園存稿十四卷 1164

2641_3 魏

25 魏仲子集八卷 1249

50 魏書一百三十卷 178

魏書殘本六卷 178

魏書殘本十七卷 178

2651_3 鬼

44 鬼董五卷 781

80 鬼谷子一卷 627

2690_0 和

05 和靖尹先生文集十卷附録一卷 982

和靖先生文集不分卷 983

10 和西湖百詠詩一卷 1331

44 和杜詩二卷 1123

和杜律一卷 1140

2690_2 泉

80 泉谷詩集一卷 1373

2691_4 程

72 程氏家塾讀書分年日程二卷綱領一卷 498

程氏竹譜二卷 558

2692_2 穆

10 穆天子傳六卷 689、778

2694_1 釋

27 釋名八卷 125、126、679

90 釋常談三卷 635

2710_2 盤

32 盤洲文集殘卷 999

2711_7 龜

11 龜山先生文集十六卷 974

22 龜巢集二十卷 1076

龜巢摘稾三卷 1076

2712_0 郵

55 郵典題呈一卷 260

2712_7 歸

31 歸潛志十四卷 771

40 歸有園稿詩編七卷文編十八卷 1198

2713_6 蟹

08 蟹譜二卷 647

2720_7 伊

22 伊川擊壤集二十卷 934

2721_0 佩

20 佩觿三卷 139

47 佩韋齋文集十六卷 1024、1025

佩韋齋輯問四卷 1025

2721_2 危

40 危太樸雲林集二卷 1099

2721_7 倪

00 倪文僖公集三十二卷 1128

10 倪石陵書一卷 995

倪雲林先生詩集六卷附録一卷 1079、1080

2722_0 勿

00 勿齋先生文集二卷 1014

仰

22 仰山脞録一卷 677

88 仰節堂集十四卷 1260

匇

00 匇庵訂定譚子詩歸十卷 1276

鄉

24 鄉射禮集要一卷 32

御

22 御製廣寒殿記一卷 700

御製平西蜀文一卷 700

御製西征記一卷 700

御製皇陵碑一卷 700

御製紀夢一卷 700

御製大誥一卷 233

御製孝慈録一卷 700

御製周顛仙人傳一卷 651、700

2722_2 修

00 修方涓吉符一卷 549

17 修習止觀坐禪法要一卷 798

40 修攘通考六卷 334

2723_2 象

22 象山集六卷 998

2724_7 殷

11 殷頑録六卷 229

28 殷給事集選二卷附一卷 1178

2725_0 解

71 解頤新語六卷 1392

77 解學士文集十卷附録一卷 1113

80 解義易傳十卷 2

2728_4 侯

25 侯鯖録八卷 767、768

2729_4 條

22 條例便覽二卷 435

條例簿三册 434

2731_2 鮑
30 鮑溶詩集一卷 908
72 鮑氏國策十卷 213

2732_7 烏
77 烏鼠山人小集十六卷後集二卷 1184

2742_0 鄒
10 鄒平縣志四卷 358
40 鄒太史文集七卷 1253

2744_3 彝
00 彝齋文編四卷 1013
彝齋集一卷 1382

2746_1 船
17 船子和尚機緣一卷 804

2760_0 名
22 名山洞天福地記一卷 650
名臣言行録前集十卷後集十四卷續集八卷别集二十六卷外集十七卷 267
71 名臣録贊一卷 270
77 名卿續紀四卷 708
名賢遺翰集一卷 1010
80 名公手翰一卷 1326

2760_3 魯
00 魯齋遺書八卷附録二卷 1045
魯應龍閒窻括異志一卷 719
魯文恪公文集十卷 1169
04 魯詩世學三十二卷詩傳二卷 16

2760_4 各
90 各省行稿節略一卷 1238

督
77 督學存稿二卷 1230

2762_0 句
55 句曲外史詩集二卷集外詩一卷 1070

鄱
76 鄱陽先生文集十二卷 935
鄱陽劉彦昺詩集九卷 1105

2773_2 餐
28 餐微子集三十卷 1258

2774_7 岷
22 岷山廣乘八卷 623

2780_6 負
63 負暄野録二卷 609

2782_7 鷄
74 鷄肋一卷 640

2788_2 疑
97 疑耀七卷 776

2790_1 禦
21 禦虜安邊策一卷 442

2790_2 黎
76 黎陽王太傅詩選一卷 1132
黎陽王太傅集不分卷 1132

2791_7 紀
87 紀録彙編二百十六卷 699

2792_7 鴸
67 鴸鳴集四卷 1224

2793_2 緣
27 緣督集二十卷 998

2795_4 絳
10 絳雲樓書目二卷 451

2796_2 紹
77 紹陶録二卷 249
紹興府志五十卷 369
紹興十八年同年小録一卷 282
紹興十八年同年小録一卷附録一卷 283

2798_1 緱
22 緱山先生集二十七卷 1264

2799_2 緑
10 緑雪亭雜言一卷 605
12 緑水新編二卷 1273
34 緑波樓文集五卷 1199
50 緑春亭雜言一卷 675
88 緑筠軒唫帙二卷 1087

2822_7 傷
30 傷寒論十卷 516
傷寒明理續論二卷 523

2824_0 徽
32 徽州府志二十二卷 368

2824_7 復
07 復初山人和陶集五卷 1227
18 復古詩集六卷 1083
復古議一卷 440
復古編一卷 29
復辟録一卷 702

2825_3 儀
05 儀禮旁通圖一卷 31、32
18 儀禮註疏十七卷 61、63
儀禮經傳續二十九卷 31

儀禮注疏十七卷 31

儀禮十七卷 29、30、32

儀禮圖十七卷 31、32

2829_4 徐

00 徐文長文集三十卷 1214

徐襄陽西園雜記二卷 721

10 徐霞客游記十二卷 397

22 徐豐崖詩訣一卷 721

32 徐州洪志十卷 409

37 徐迪功集六卷 1180

44 徐蘇傳二卷 268

72 徐氏海隅集二十二卷 1197

80 徐公文集三十卷 919、920

2854_0 牧

77 牧民心鑑三卷 413

牧民忠告二卷 411

2922_7 倘

37 倘湖遺稿十卷 1280

2998_0 秋

12 秋水閣墨副文類九卷 1266

22 秋崖先生小藁四十五卷 1013

秋山遺譜前集八卷後集四卷 561

27 秋佩先生遺稿四卷 1167

28 秋似亭集一卷 1282

31 秋江煙艸一卷 1379

秋江煙草一卷 1313

47 秋聲集四卷 1060

90 秋堂遺稿一卷 1374

3010_2 空

77 空同子一卷 666

空同集六十三卷 1161

空同精華集二卷 1162

80 空谷集三卷 1285

3010_6 宣

05 宣靖備史四卷 224

24 宣德彝器譜二卷 564

26 宣和畫譜二十卷 552

宣和奉使高麗圖經四十卷 398、399

30 宣宗皇帝御製詩一卷 700

3011_5 淮

38 淮海集殘卷 964

淮海集四十卷後集六卷 965

淮海先生文集四十卷後集六卷 965

40 淮南天文訓補注二卷 572

淮南鴻烈解二十一卷 569、570、571
淮南鴻烈解二十八卷 571、630
77 淮關條約一卷 444

濰

72 濰縣金石志八卷金石遺文録一卷拓本一卷 466

3011_7 瀛

31 瀛涯勝覽一卷 707
瀛涯勝覽集一卷 707
40 瀛奎律髓四十九卷 1317
71 瀛厓勝覽一卷 657

3012_2 濟

12 濟北晁先生雞肋集七十卷 969
40 濟南集八卷 966
濟南先生師友談記一卷 637

3014_6 漳

33 漳浦縣志十二卷 356

3014_7 淳

77 淳熙玉堂雜紀三卷 636

3020_1 寧

34 寧波府志四十二卷 365
37 寧澹齋全集十卷 1267

3020_7 户

07 户部奏議一册 425
户部會議軍儲一册 425
24 户科兵科名例仕籍不分卷 408

3021_2 宛

74 宛陵重刊造福祕訣二卷 542

3021_7 扈

28 扈從集一卷 1064

3022_7 寓

23 寓岱稿一卷 1224
44 寓林集三十二卷 1262
50 寓惠録四卷 958
60 寓圃雜記一卷 662、678、715
寓圃雜記二卷 654

3023_2 宸

48 宸翰録三卷 263

家

20 家乘一卷 258

3030_2 適

30 適安藏拙餘稿一卷 1311

適安藏拙餘稿二卷 1373
40 適志集十卷 1226

3030_3 寒

00 寒夜録一卷 607
22 寒山詩集一卷 858

3032_7 寫

35 寫情集二卷 1396

3033_6 憲

00 憲章録四十七卷 225
憲章類編四十二卷 419
30 憲宗實録三十一卷 201

3034_7 守

32 守溪長語一卷 672
守溪筆記一卷 710
43 守城事宜一卷 443

3040_1 安

30 安寧温泉詩一卷 1189
安定先生周易口義十二卷 2
40 安南傳二卷 706
安南奏議一卷 222、656
44 安楚録十卷 256
72 安岳集十二卷 933
76 安陽集五十卷別録二卷家傳十卷遺事一卷 926

3060_1 謇

00 謇齋瑣綴録八卷 654、774

3060_4 客

00 客座新聞一卷 675
43 客越志二卷 1217、1219

3060_8 容

00 容齋隨筆十六卷續筆十六卷三筆十六卷四筆十六卷五筆十卷 583、585
40 容臺文集九卷別集四卷詩集四卷 1255
50 容春堂前集二十卷後集十四卷續集十八卷別集九卷 1152

3060_9 審

87 審録廣東題稿不分卷 437

3073_2 寰

30 寰宇訪碑録三卷 464

3077_7 官

88 官箴一卷 638

3080_2 定

00 定齋王先生文略一卷 1187
定齋先生詩集二卷 1187
44 定菴類稿四卷 996

51 定軒存稿十六卷附録一卷 1136

3080_6 賓

37 賓退録十卷 586、587

寶

00 寶慶四明志二十一卷 343
寶章待訪録一卷 644
02 寶刻叢編二十卷 457、458、459
10 寶晉山林集拾遺八卷 968
34 寶祐四年登科録一卷 284
44 寶菴集二十四卷 1245

竇

72 竇氏連珠集一卷 1291

3081_6 窺

10 窺天外乘一卷 716

3090_1 宗

17 宗子相集十五卷 1198
22 宗伯集八十一卷 1244
80 宗鏡撮要一卷 803

3090_2 永

22 永樂聖政記三卷 220
永樂大典 746、747
永樂大典四册 747
40 永嘉集十二卷 1112

3090_4 宋

00 宋文鑑一百五十卷 1301
08 宋論三卷 472
10 宋五先生學約十四卷 504
宋五家詞五卷 1404
宋元詩會一百卷 1368
17 宋丞相李忠定公奏議八十五卷 234
25 宋朱張二先生南嶽倡酹詩一卷 1303
27 宋名家詞續鈔五十二卷 1403
30 宋之問集二卷 859
30 宋寶章閣直學士忠惠鐵庵方公文集三十六卷 1010
40 宋太學生陳東盡忠録八卷 984
宋太學生陳東盡忠録八卷續録一卷 984
44 宋著作王先生文集八卷 983
宋林和靖詩集四卷附録一卷 922
47 宋朝文鑑一百五十卷 1301
宋朝燕翼詒謀録五卷 635

50 宋史新編二百卷 209
宋史三百五十七卷 185
宋史畧四卷 315
宋書一百卷 176
56 宋提刑洗冤集録五卷 510
60 宋國録流塘詹先生集三卷附録一卷 1028
宋景文集六十二卷補遺一卷附録一卷 925
宋景文公筆記三卷 593、639
72 宋氏傳芳録八卷 253
80 宋金元詩删三卷 1369

3111_2 江

10 江西巡撫奏議四卷 241
江西奏議二卷 236
江西輿地圖説一卷 716
20 江皋集六卷 1226
江皋遺稿一卷 1226
32 江淛行省興復海道漕運記一卷 663
37 江湖長翁文集四十卷 1003
38 江海殲渠記一卷 674
40 江南野史十卷 318
50 江表志三卷 318
77 江門别言一卷 1359
江月松風集十二卷 1074
江月松風集十二卷續集一卷 1074
江月松風集十二卷補遺一卷附録一卷 1075
78 江陰縣志二十一卷 362
97 江鄰幾雜志一卷 765

3111_4 汪

12 汪水雲詩一卷附録一卷 1019
汪水雲詩集一卷 1380
20 汪白泉先生選稿十二卷 1192

3111_6 洹

07 洹詞十二卷 1174

3112_0 河

10 河西關志二卷 426
40 河南先生文集二十六卷附録一卷 927
河南先生文集二十七卷附録一卷 928
河南穆先生文集三卷附録一卷 923
河南布政議稿二册 440
河南志四十五卷 363

50 河東先生龍城録二卷 637
河東先生集十六卷 921
河東先生集十五卷 921
河東先生集四十五卷外集二卷龍城録二卷附録二卷 894
河東先生集四十五卷外集二卷傳一卷附録二卷龍城録二卷 894
河東鹽池録四卷 407
70 河防一覽十四卷 377

3112_1 涉

60 涉異志一卷 676、717

3112_7 馮

38 馮海粟梅花百詠詩一卷 1048

3114_2 滹

40 滹南集四卷滹南詩話三卷 1032
滹南遺老王先生文集四十五卷續編滹南王先生詩一卷 1029
滹南遺老集四十五卷續集一卷 1030

3116_2 酒

08 酒譜一卷 647

潛

30 潛室陳先生木鐘集十一卷 495
32 潛溪集八卷 1089
50 潛夫論十卷 489、490
77 潛學稿十九卷 1250

3119_4 溧

76 溧陽路總管水鏡元公詩集不分卷 1069

3121_2 滰

77 滰几集五卷續二卷 1164

3128_6 顧

38 顧滄江詩集二卷 1159
40 顧希馮玉篇直音二卷 719

3130_1 遷

31 遷江集二卷 1225

3130_3 遯

00 遯庵詩集十卷 1262

3130_4 迂

00 迂齋先生標註崇古文訣三十五卷 1303

3130_6 逌

08 逌旃瑣言二卷 606

3210_0 淵

21 淵穎吴先生集十二卷附録

一卷 1054

3211_8 澄

30 澄懷録二卷 615

3212_1 浙

31 浙江通志七十二卷 366

漸

00 漸齋詩草二卷 1192

3212_7 汸

50 汸東樂府一卷 1405

湍

77 湍屋流吟一卷 1227

3214_7 浮

27 浮物一卷 667

32 浮溪遺集十五卷附録一卷 975

36 浮湘稿四卷 1164

3216_4 活

24 活幼心書三卷 521

80 活人心二卷 522

3218_4 溪

60 溪園集七卷附録三卷 1127

3230_2 近

22 近峯紀略摘抄一卷 714

近峯聞畧一卷 676

近峯聞畧補鈔一卷 774

28 近谿子集六卷 1200

50 近事會元五卷 577、578

60 近思録十四卷 493

3230_6 遁

60 遁甲指南一卷 546

3300_0 心

38 心遊摘稾一卷 1313

3311_1 浣

12 浣水續談一卷 1230

44 浣花集十卷補遺一卷 919

3314_7 浚

22 浚川内臺集三卷公移集三卷駁稿集二卷 1169

3316_0 治

31 治河通考十卷 377

44 治世餘聞録上編四卷下編四卷 708

3316_9 瀋

60 瀋國勉學書院集十二卷 1088

3318_6 演

35 演連珠編一卷 670

88 演繁露十六卷 582

3320_0　祕

50 祕書省續編到四庫闕書二卷　447

3322_7　補

34 補漢書兵志一卷　430

42 補拙集六卷　1118

黼

44 黼菴遺稿十卷　1190

3330_2　逋

30 逋客集四卷　1201

邃

00 邃庵集一卷續集一卷　1336

3390_4　梁

28 梁谿先生全集一百八十卷附録五卷　974

梁谿遺稿詩鈔一卷　993

梁谿漫志十卷　599

31 梁江文通文集十卷　853

50 梁書五十卷　177

60 梁園寓稿詩集五卷　1111

67 梁昭明太子文集五卷　852

77 梁陶貞白先生文集三卷　854

3400_0　斗

31 斗酒堂集九卷補遺一卷附集一卷　1271

67 斗野稾支卷一卷　1311

斗野稿支卷一卷　1379

3410_0　對

22 對山集十九卷　1168

3411_2　沈

10 沈下賢文集十二卷　905

22 沈山人詩十卷　1228

28 沈佺期集二卷　858

50 沈青霞詞集一卷　1358

沈忠敏公龜溪集十二卷　980

72 沈隱侯集四卷　855

沈氏三先生文集六十一卷　1295

3411_5　灌

44 灌蔬園詩集七卷　1258

3411_8　湛

23 湛然居士文集十四卷　1033、1034

3413_1　法

20 法集要頌經四卷　793

21 法帖譜系一卷　645

法帖刊誤二卷 645
法帖釋文十卷 643
法帖釋文考異十卷 461
60 法墨珍圖記五卷 566
法因集三卷 1217

3414_7 凌

28 凌谿先生集十八卷 1166

3416_0 渚

30 渚宫舊事五卷補一卷 215

3416_1 浩

23 浩然齋雅談三卷 1389

3418_1 洪

13 洪武正韻十六卷 154
洪武聖政記一卷 662
洪武禮制一卷 421
27 洪龜父集二卷 973
88 洪範統一一卷 13

滇

40 滇臺行稿四卷 1238
43 滇載記一卷 325、706

3418_5 漢

00 漢唐祕史二卷 219
12 漢延熹封龍山碑考一卷 467
13 漢武故事一卷 692
20 漢雋十卷 313
21 漢上離歌一卷 1238
漢上先生履歷一卷 3
漢上易傳十一卷 3
22 漢魏詩集十四卷 1343
漢魏五十四家集二百五十八卷 1363
漢魏叢書節要六册 624
27 漢紀三十卷 187
45 漢隸字原六卷 140
50 漢書一百二十卷 164、165、166
漢書疏證殘藁三卷 166
漢書日月考六卷 476

3423_1 祛

27 祛疑説一卷 639

3425_3 禨

22 禨線集五卷 1140

3430_9 遼

04 遼詩拾遺六卷 1343
40 遼志一卷 698
50 遼史一百十六卷 185

3510_0 沖

21 沖虛至德真經二卷 823
沖虛至德真經八卷 625、815

3512_0 清

00 清庵先生中和集後集三卷 831
16 清理錢糧一卷 443
23 清獻集一卷 1372
26 清和真人北游語録四卷 831
30 清流摘鏡六卷 225
清流摘鏡六卷 229
清容居士集五十卷 1049
31 清江貝先生文集三十卷詩集十卷 1100
44 清苕集二卷 1217
60 清異録二册不分卷 784
清異録四卷補一卷 784
77 清風亭稿八卷 1133

3516_6 漕

37 漕運議單一卷 428

3520_0 神

28 神僧傳九卷 697、810
55 神農本草經疏殘卷 524

3521_8 禮

07 禮記 33
禮記註疏六十三卷 61、63
禮記二十卷 40
禮記不分卷 33
禮記集説辨疑一卷 604
禮記集説三十卷 63
禮記集説十六卷 41
禮記白文不分卷 60
禮記十六卷 42
28 禮儀定式一卷 422
50 禮書一百五十卷 46

3530_8 遺

22 遺山先生文集四十卷附録一卷 1032

3530_9 速

30 速疾立驗魔醯首羅天説阿尾奢法 795

3610_0 湘

22 湘山事狀全集十二卷 805

3610_2 泊

30 泊宅編十卷 768

3611_7 温

00 温庭筠詩集七卷 909
12 温飛卿詩集七卷别集一卷集外詩一卷 909、910

3612_7 湯

78 湯臨川問棘堂郵草十一卷 1254

涓

22 涓崖文集十五卷附録一卷 1194

40 渭南文集五十二卷 1001

71 渭厓疏要二卷 238

3614_1 澤

30 澤宇先生詩集十卷 1249

3614_7 漫

90 漫堂隨筆一卷 774

3621_0 祝

72 祝氏文集十卷 1159

祝氏集略三十卷 1160

3624_0 裨

27 裨幄集一卷 1380

3625_6 禪

10 禪粟秣二卷 1278

30 禪宗永明集一卷 799

44 禪林寶訓二卷 803

77 禪門緇訓二卷後集一卷 810

3630_2 遇

60 遇恩録一卷 701

還

31 還源篇詩一卷 841

77 還丹復命篇一卷 839

邊

18 邊政考十二卷 443

44 邊華泉集八卷 1165

3711_5 濯

26 濯纓亭筆記十卷 604

濯纓餘響二卷 1239

3711_7 澠

34 澠池新鄭鹿邑碑目一卷 468

3712_0 湖

12 湖北金石簿不分卷 464

21 湖上篇一卷 1212

22 湖山唱和二卷 1342

31 湖州府誌十六卷 360

湖録經籍考集部六卷 453

澗

07 澗詞四卷 1284

80 澗谷精選陸放翁詩集十卷 1002

3712_7 鴻

00 鴻慶居士文集四十二卷 981

10 鴻雪居日鈔一卷 777

83 鴻猷録十六卷 223、708

3713_6 漁

32 漁溪詩稿三卷 1374

40 漁樵對問一卷 633

44 漁莊録一卷 835

48 漁槎餘録一卷 713

3714_7 汲

37 汲冢周書十卷 205、690

3716_0 洺

12 洺水集二十六卷 1004

3716_1 澹

23 澹然居士文集十卷 1117

3716_4 洛

76 洛陽牡丹記一卷 649

洛陽伽藍記五卷 385、687

洛陽名園記一卷 686

3721_2 祖

12 祖孫倡和集四卷 1356

3722_0 初

00 初唐詩三卷 1348

77 初學記三十卷 732、733

3730_1 逸

30 逸窩詩集二卷文集一卷 1155

77 逸周書十卷 205

3730_2 退

00 退庵先生遺集二卷 1372

80 退食軒集一卷 1283

通

40 通志二百卷 207

通志藝文畧八卷 449

50 通惠河志二卷 377

55 通典二百卷 413

88 通鑑記事本末四十二卷 202

通鑑續編二十四卷 198

通鑑總類二十卷 312

通鑑紀事本末四十二卷 202

3730_5 運

25 運使復齋郭公言行録一卷 251

70 運甓漫稿七卷 1116

3730_8 選

30 選寒光集六卷 1279

50 選東坡詩註二十卷 957

3780_1 冥

41 冥樞會要三卷 801

3780_6 資

33 資治通鑑二百九十四卷 190、191

資治通鑑續編一百二十七卷 200
資治通鑑釋文辨誤十二卷 191、193
資治通鑑釋文三十卷 192
資治通鑑考異三十卷 192
資治通鑑卷二百七十 190
67 資暇集三卷 577

3811_9 滏

12 滏水文集二十卷 1031

3812_7 汾

21 汾上續談一卷 1230
汾上楮談三卷 1230

3813_7 泠

23 泠然齋詩集四卷 1011
泠然草詩編三卷 1264

3814_7 游

00 游襄陽名山詩一卷 1273
27 游名山録四卷 397
30 游宦紀聞十卷 599
游宦餘談一卷 1230
33 游梁詩六卷 1240
38 游羅浮集一卷 1282
游年定宅書二卷 541

3815_0 海

17 海瓊玉蟾先生文集六卷續集二卷 1029
海瓊傳道集一卷 839
22 海山記一卷 693
30 海寇議前一卷 660
海寇後編一卷 660
海寇後編下一卷 661
37 海運編二卷 663
海運以遠就近則例之圖一卷 663
38 海道經一卷 663
40 海内十洲記一卷 685
海右倡和詩二卷倡和附集一卷 1357
70 海防疏一卷 442
海防録一卷 442
72 海岳名言一卷 644
78 海鹽縣圖經十六卷 373
87 海録碎事二十二卷 738
90 海棠譜三卷 566、649

3816_7 滄

32 滄州詩集十卷 1138
滄浪先生吟卷二卷 1011

3818_4 溑

74 溑陂集十六卷續集三卷 1162

3830_3 遂

07 遂初堂書目一卷 449
遂初堂書目二卷 449
60 遂昌山人雜録一卷 772

3830_4 遵

25 遵生八牋十九卷 610
77 遵聞録一卷 672

3830_6 道

22 道山清話一卷 638
24 道德經一卷 823
道德會元一卷 813
40 道在録二卷 620
60 道國學古録五十卷 1051
道園遺稿六卷 1052
73 道院集三卷 806

3918_2 淡

23 淡然軒集七卷 1268

3930_2 逍

32 逍遥園集十卷 1205

3930_9 迷

45 迷樓記一卷 693

4000_0 十

00 十六國紀年表一卷 477
10 十一經問對五卷 66
十五國人物志八册 280
40 十七史百將傳十卷 506
十賚堂丙集詩部十二卷 1272

4001_7 九

10 九靈山房集三十卷 1079
21 九經補韻一卷 634、689
九經古義十六卷 69
43 九域志十卷 329
44 九華詩集一卷 1027
九華山志六卷 381
47 九朝談纂十三卷 225
60 九國志十二卷 319
九國志八卷 319
67 九曜齋筆記一卷 608

4003_0 太

00 太玄經十卷釋文一卷 534、535
太玄朗然子進道詩一卷 840
10 太平廣記五百卷目録十卷 780
太平兩同書二卷 574
太平御覽一千卷 734
17 太乙統宗寶鑑二十卷 548
太乙統宗寶鑑十四卷 548
太乙福應一覽不分卷 548

太乙金鑰匙一卷 548
21 太上老子道德經四卷 814
太上黄庭外景玉經一卷 825
太上黄庭外景經一卷 826
太上黄庭内景玉經一卷 825、826
太師誠意伯劉文成公集十八卷 1090
太師王端毅公奏議十五卷 235
太師楊文敏公年譜四卷 258
22 太嶽誌畧五卷 381
26 太白山人詩集五卷 1181
30 太室山人集十六卷 1239
44 太藪外史一卷 667
47 太極問答一卷 68
50 太史范公文集五十五卷 934
太史華句八卷 751
太史史例一百卷 474
72 太岳太和山誌十七卷 382
80 太倉稊米集四十卷 990
太倉州志十卷 360

4010_0 土

30 土室餘編一卷 231

4010_2 左

17 左司筆記三卷 430
60 左國腴詞八卷 751

直

00 直廬稿二卷 1176
直音傍訓周易句解十卷 5
04 直講李先生文集三十七卷外集三卷 931

4010_4 圭

00 圭齋文集十六卷 1055
圭齋盧先生集二卷 1065
40 圭塘小稾十三卷别集一卷續集一卷附録一卷 1058

4012_7 墉

43 墉城集仙録六卷 827
21 太上感應篇經傳一卷 827

4022_7 有

30 有宋福建莆陽黄仲元四如先生文藁五卷 1023、1024

南

00 南方艸木狀三卷 648
南齊書五十九卷 177
南唐書三十卷 320

南唐書十八卷　322、323
南唐書十八卷音釋一卷　320、322
南京吏部志二十卷　410
07 南部新書十卷　764
南詔事畧一卷　325
12 南北二鳴集二卷　1358
22 南豐先生元豐類藁五十卷　933
南山素言一卷　669
30 南宫疏畧八卷　240
南宫奏議三十卷　240
南宋名家小集四十八卷　1309
31 南遷録一卷　218
36 南還稿一卷　1176
37 南潯金石攷證一卷　467
南潯鎮志十二卷　374
38 南滁會景編十卷　1349
44 南華真經二卷　823
南華真經十卷　625、818、819
47 南都死難畧紀一卷　229
南都藎言録三卷　245
50 南史詳節二十五卷　314
南中續集四卷　1189
南史删三十一卷　315
南史八十卷　180
60 南園漫録十卷　604
67 南明紀游詩一卷　1354
72 南岳總勝集一卷　378
78 南覽録一卷　1230
80 南翁夢録一卷　706
97 南燼紀聞一卷　216、217

4023_1　赤

24 赤牘清裁二十八卷　1345
赤牘清裁十一卷　1344
43 赤城夏先生集七卷補遺一卷附録一卷　1154

4024_7　存

28 存復齋文集十卷附録一卷　1056
33 存心録十卷　422
存心堂遺集十二卷附録一卷　1055
60 存愚一卷　621
35 存悔齋集一卷　1045

4033_1　志

10 志雅堂雜鈔一卷　601
37 志怪録一卷　675、716

4040_7　支

44 支華平先生集四十卷附録

一卷 1242

友

10 友石山人遺稿一卷附録一卷 1072

李

00 李商隱詩集三卷 908
李文公集十八卷 898
李文饒文集二十卷別集十卷外集二卷 905
10 李元賓文集五卷補遺一卷 899
22 李山人詩二卷 1272
24 李侍郎經進六朝通鑑博議十卷 471
26 李伯文詩集二卷 1212
30 李涪刊誤二卷 634
40 李太僕恬致堂集四十卷 1259
44 李草谷詩集六卷拾遺一卷文集一卷 1106
46 李賀歌詩編四卷集外詩一卷 902
48 李翰林詩范德機批選四卷 867
李翰林集范德機批選四卷 862
李翰林分類詩八卷賦集一卷 862
71 李長吉集四卷集外詩一卷 904
80 李義山詩集三卷 909

4046_1 嘉

05 嘉靖新例一卷 436
嘉靖三十一年廣西鄉試録一卷 303
嘉靖三十一年雲南鄉試録一卷 303
嘉靖三十一年山東鄉試録一卷 302
嘉靖三十一年河南鄉試録一卷 302
嘉靖三十一年浙江鄉試録一卷 302
嘉靖二十二年廣西鄉試録一卷 297
嘉靖二十五年廣西鄉試録一卷 299
嘉靖二十五年廣東武舉鄉試録一卷 300
嘉靖二十五年雲南鄉試録一卷 300
嘉靖二十二年雲南鄉試録一卷 297

嘉靖二十五年順天府鄉試録一卷　298
嘉靖二十二年順天府鄉試録一卷　296
嘉靖二十五年山東鄉試録一卷　299
嘉靖二十三年進士登科録一卷　298
嘉靖二十二年福建鄉試録一卷　297
嘉靖二十五年浙江鄉試録一卷　299
嘉靖二十二年浙江鄉試録一卷　296
嘉靖二十五年湖廣武舉鄉試録一卷　300
嘉靖二十二年貴州鄉試録一卷　298
嘉靖三十七年廣東武舉鄉試録一卷　305
嘉靖三十七年山西鄉試録一卷　304
嘉靖三十七年河南鄉試録一卷　304
嘉靖三十七年福建武舉鄉試録一卷　304
嘉靖三十四年廣西鄉試録一卷　304
嘉靖三十四年福建鄉試録一卷　303
嘉靖二十八年雲南鄉試録一卷　301
嘉靖二十八年江西鄉試録一卷　301
嘉靖二十八年湖廣鄉試録一卷　301
嘉靖二十八年貴州鄉試録一卷　302
嘉靖五年進士登科録一卷　292
嘉靖五年會試録一卷　291
嘉靖元年山東鄉試録一卷　290
嘉靖元年福建鄉試録一卷　291
嘉靖集一卷　1162
嘉靖各部新例十卷　436
嘉靖十六年山東鄉試録一卷　294
嘉靖十三年山東鄉試録一卷　293
嘉靖十三年湖廣鄉試録一卷　294
嘉靖十九年廣西鄉試録一

卷 296
嘉靖十九年福建鄉試録一卷 296
嘉靖十九年浙江鄉試録一卷 295
嘉靖十七年進士登科録一卷 295
嘉靖十七年會試録一卷 295
嘉靖十四年會試録一卷 294
嘉靖十年廣西鄉試録一卷 293
嘉靖十年山東鄉試録一卷 292
嘉靖十年江西鄉試録一卷 292
嘉靖十年浙江鄉試録一卷 293
嘉靖四十三年湖廣鄉試録一卷 306
嘉靖四十三年貴州鄉試録一卷 306
嘉靖四十三年陝西鄉試録一卷 306
嘉靖四十年應天府鄉試録一卷 305
嘉靖四十年順天府鄉試録一卷 305
嘉靖四十年山東鄉試録一卷 306
嘉靖四年廣西鄉試録一卷 291
嘉靖□年四川鄉試録一卷 307
20 嘉禾志三十二卷 350
77 嘉興府志補十二卷 354
嘉興府圖記二十卷 361

4050_6 韋

00 韋齋集十二卷 981
31 韋江州集十卷附録一卷 876
44 韋蘇州集十卷 877
韋蘇州集十卷拾遺一卷 874、876

4060_0 古

00 古廉李先生詩集十一卷 1117
古唐類範一百六十卷 727
古文苑二十一卷 1292
古文春秋左傳十二卷 55
古文周易參同契一卷 838
古文周易參同契補遺三相

類鼎器歌一卷 839
古文周易參同契箋註一卷 839
古文精粹十卷 1332
10 古靈先生文集二十五卷 929
17 古歌謡諺四册 1360
20 古雋考略六卷 750
古穰雜録摘抄一卷 702
22 古樂府十卷 1322
35 古遺小集一卷 1381
40 古直先生文集十六卷附録一卷 1131
60 古易世學二卷 6
63 古賦辨體十卷 1318、1319
80 古今韻會舉要三十卷 153
古今列女傳三卷 268
古今刀劍録一卷 562
古今刀劒録一卷 646
古今佚史二百十九卷 678
古今紀要十九卷 497
古今注三卷 682
古今推步諸術考二卷 530
古今圖書編一百三十四卷 752
古今合璧事類備要前集六十九卷後集八十一卷續集五十六卷别集九十四卷外集六十六卷 742
88 古篆分韻五卷 146

4060_1 吉

00 吉府刻二十家子書二十八卷 626

4060_9 杏

00 杏庭摘稿一卷 1062

4062_1 奇

10 奇零草一卷 1282
77 奇聞類記摘抄二卷 717

4064_1 壽

50 壽春堂集八卷 1351
80 壽命無窮八卷 526

4071_0 七

00 七言律詩一卷 838
40 七十二子粹言二卷 613
60 七星巖集一卷 1282

4073_1 去

44 去楚集一卷 1224

4073_2 袁

27 袁魯望集十二卷 1206
50 袁中郎全集四十卷 1260

4080_0 大

00 大方廣佛華嚴經合論一百

二十卷 798
大方廣佛華嚴經普賢行願品别疏 799
大方等大集經 792
大唐六典三十卷 401
大唐西域記十二卷 397
大唐開元占經一百二十卷 537
大廣益會玉篇三十卷 137、138
10 大雅集三卷 1325
大霞洞集三十二卷 1281
16 大聖曼殊室利童子五字瑜伽法 795
21 大儒心傳語録二十七卷 501
22 大嶽太和山志十五卷 380
大樂律吕元聲六卷考註四卷 79
25 大佛頂首楞嚴經合解十卷 808
28 大復論一卷 666
大復集 1173
大復集三十七卷 1172
30 大定新編四卷 547
大宋高僧傳卷第五 797
大宋重修廣韻五卷 150
33 大泌山房集一百三十四卷 1231
35 大清太宗文皇帝本紀四卷世祖章皇帝本紀八卷聖祖仁皇帝本紀二十四卷世宗顯皇帝本紀八卷 201
38 大道歌一卷 837
43 大戴禮記十三卷 45
46 大觀録十八卷 559
大駕北還録一卷 702
50 大事記續編七十七卷 198
60 大毘盧遮那成佛神變加持經略示七支念誦隨行法 795
67 大明新定九廟之頌一卷 423
大明一統志九十卷 334
大明集禮五十三卷 423
大明律三十卷 433
大明穆宗莊皇帝實録七十卷 201
大明清類天文分野之書二十四卷 527
大明英宗睿皇帝寶訓十二卷 220
大明故驃騎將軍都督府僉

事西平惠襄侯沐公行狀一卷 252
大明顯忠輔運推誠宣力武臣特進榮禄大夫右柱國太傅黔國公追封定遠王謚忠敬沐公行狀一卷 252
大明開國輔運推誠宣力武臣榮禄大夫柱國西平侯追封黔寧王謚昭靖沐公行狀一卷 252
72 大隱居士集二卷 985
77 大學章句一卷 75、77
大學一卷 78
大學衍義補一百六十卷 500
大學古本一卷 72
大學問一卷 500
80 大金國志四十卷 209

4080_1 真

04 真誥稽神樞 826
10 真西山讀書記乙集上大學衍義四十三卷 496
15 真珠船八卷 605
72 真臘風土記一卷 687

4080_8 夾

37 夾漈遺稿三卷 990

4081_5 難

21 難經二卷 515

4090_0 木

00 木亭先生雜藁二十六卷續藁一卷别集一卷 1179

4090_8 來

20 來舜和先生稿一卷 1280
47 來鶴草堂藁一卷 1081
60 來易伯集二十卷 1270

4091_6 檀

17 檀孟批點二卷 1307

4091_7 杭

20 杭雙溪先生詩集八卷 1166

4093_1 樵

10 樵雲詩集不分卷 1087

4094_3 校

10 校正新刊古本大全剪燈餘話五卷 782
21 校經圖二十卷 450

4196_0 柘

51 柘軒集四卷詞一卷 1108

栢

00 栢齋文集十卷 1170

4196_1 梧

32 梧溪集七卷 1078

4212_2 彭

00 彭文憲公筆記一卷 655、710

17 彭孟公江上雜疏一卷 724

50 彭惠安公文集八卷 1135

4220_0 蒯

27 蒯緱集二卷 1215

4240_0 荆

32 荆溪疏二卷 1217

40 荆南榷志十卷 427

4241_3 姚

00 姚文公牧庵集不分卷 1046

姚文公牧菴集二卷 1047

27 姚叔祥見只編三卷 725

72 姚氏家乘七卷 310

80 姚鏞詩 1378

4292_1 析

43 析城鄭氏家塾重校三禮圖二十卷 42

4304_2 博

10 博雅十卷 126、129

27 博物誌十卷 783

博物志十卷 683

37 博選唐七言律詩九卷 1353

60 博異記一卷 698

4310_0 式

00 式齋先生文集三十三卷 1144

式齋先生文集三十七卷 1144

4346_0 始

22 始豐前稿三卷 1101

4373_2 裘

88 裘竹齋詩集六卷 1371

4380_4 越

27 越絶書十五卷 694

68 越吟一卷 1220

越吟二卷 1217

4385_0 戴

72 戴氏集十二卷 1185

92 戴剡源先生文集二十八卷 1039

4390_2 求

37 求退録三卷 282

40 求古録一卷 461

4396_8 榕

43 榕城二集五卷 1279

4402_7 考

00 考亭淵源録二十四卷 259

40 考古辭宗二十卷 750

50 考世編一卷 1326

4410_0 封

72 封氏聞見記十卷 592

4410_4 墓

87 墓銘舉例四卷 1391

4410_5 董

25 董仲舒集一卷 847

34 董漢陽碧里雜存二卷 721

4410_7 藍

24 藍侍御集十卷 1208

4411_2 地

10 地元真訣一卷 841

16 地理發微論集註一卷 540

范

00 范文正公政府奏議二卷 234

范文正公集二十卷政府奏議二卷尺牘三卷別集四卷年譜一卷年譜補遺一卷言行拾遺事録四卷褒賢祠記二卷褒賢集一卷洛陽志一卷白山遺跡一卷西夏堡寨一卷遺跡一卷遺文一卷 926

50 范忠宣公文集二十卷 941

4412_7 蒲

22 蒲山牧唱不分卷 1097

30 蒲室集十五卷書問疏語録不分卷 1050

32 蒲州志三卷 365

4414_2 薄

72 薄氏少君悼亡詩一卷 1277

4414_7 鼓

45 鼓枻稾六卷 1109

4420_7 夢

32 夢溪筆談二十六卷 594

33 夢粱録一卷 391

夢粱録二十卷 390

44 夢蕉存稿四卷附詩話二卷博物志補二卷 1168

4421_2 苑

37 苑洛集二十二卷 1185

4421_4 花

44 花草粹編十二卷 1402

62 花縣集四卷 1273

77 花間集十卷 1398、1399

莊

17 莊子鬳齋口義十卷　819

莊子十卷　819

莊子南華真經三卷　628

莊子南華真經十卷　630、818

31 莊渠先生遺書十六卷　1177

4421_5　薩

10 薩天錫詩集八卷　1060

4422_8　芥

72 芥隱筆記一卷　586

4422_7　芳

32 芳洲文集十卷詩集四卷文集續編六卷　1119

莆

76 莆陽文獻十三卷列傳七十四卷　271

莆陽知稼翁文集十一卷詞一卷附録一卷　986

萬

71 萬曆元年廣西鄉試録一卷　308

萬曆元年山東鄉試録一卷　308

萬曆元年江西鄉試録一卷　308

萬曆十年河南鄉試録一卷　309

萬曆十年浙江鄉試録一卷　309

萬曆七年貴州鄉試録一卷　308

80 萬首唐人絶句一百一卷　1300

萬首唐人絶句二十六卷　1301

蕭

44 蕭林初集八卷　1284

勸

50 勸世方言一卷　620

蘭

00 蘭亭序考一卷　460

08 蘭譜一卷　647

31 蘭汀存藁八卷附録一卷　1195

32 蘭州志三卷　368

4423_7　蒹

44 蒹葭堂雜著摘抄一卷　716

4423_2　蒙

00 蒙齋筆談二卷　597

26 蒙泉雜言一卷 669
蒙泉詩稾一卷 1312
蒙泉詩稿一卷 1376
蒙泉類博稿一卷 668
72 蒙隱集二集 996

4425_3 茂

36 茂邊紀事一卷 666

藏

28 藏徵館集十五卷 1255
50 藏春集四卷 1034

4426_7 蒼

10 蒼霞草十二卷 1252
22 蒼崖先生金石例十卷 1389

4429_2 藤

00 藤齋小集一卷 1382

4430_5 蓬

44 蓬萊集一卷 1224
蓬萊閣詩集一卷 1336
51 蓬軒類記四卷 655

4432_0 薊

34 薊遼題稿不分卷 431

4433_1 燕

00 燕市集二卷 1217、1219
40 燕臺集一卷 1282

4439_4 蘇

09 蘇談一卷 678、715、775
10 蘇平仲文集十六卷 1100
26 蘇魏公文集七十二卷 928
32 蘇州府志五十卷圖一卷 352
44 蘇老泉先生全集十六卷 943
蘇黄門龍川畧志十卷 639
蘇材小纂一卷 668
50 蘇東坡詩集註三十二卷 947

4440_1 莘

67 莘野纂聞一卷 676

4440_2 苹

67 苹野纂聞一卷 776

4440_6 草

00 草廬集四十九卷外集三卷附録一卷 1043
06 草韻辨體五卷 147
30 草窻韻語六藁六卷 1021
40 草木子四卷 602
50 草書集韻五卷 145
90 草堂詩餘四卷 1401

4440_7 孝

21 孝經註疏九卷 61、63

孝經一卷 60

4442_7 荔

24 荔牆詞一卷 1398

44 荔枝譜一卷 648

募

27 募緣雜録一卷 811

4445_6 韓

00 韓文起十二卷 891

韓文四十卷韓文外集十卷傳一卷遺文一卷柳文四十三卷别集二卷外集二卷附録一卷 882

04 韓詩外傳十卷 19

10 韓五泉詩四卷附録二卷 1183

11 韓非子二十卷 508、509、510

17 韓君平集三卷 874

20 韓集舉正十卷外集一卷敘録一卷 877

37 韓退之文集四十卷外集五卷 882

40 韓内翰香奩集三卷 917

50 韓忠獻公遺事一卷 637

韓忠獻公别録三卷 248

4446_0 姑

32 姑溪居士文集五十卷後集二十卷 970

44 姑蘇雜詠一卷 1102

4450_4 華

35 華禮部集八卷 1234

66 華嚴原人論一卷 799

76 華陽集四十卷 979

華陽洞稿二十二卷 1202

華陽國志十二卷 316、696

78 華陰縣志八卷 371

80 華谷集一卷 1378

4450_6 革

27 革象新書二卷 527

革象二卷 527

28 革除遺事六卷 652、661

萆

10 萆元遁甲句解煙波釣叟歌二卷 545

葦

20 葦航漫游藁四卷 1018

4460_1 耆

28 耆齡集一卷 1359

4460_2　苕

32 苕溪集五十五卷　980

苕溪漁隱叢話前集六十卷後集四十卷　1385

4460_4　苦

00 苦言一卷　1217

4462_7　荀

17 荀子二十卷　482、625

荀子三卷　628

4471_2　老

17 老子二卷　813、815

老子集解二卷考異一卷　815

老子鬳齋口義二卷　814

老子道德經二卷　624、626、630、812

老子道德經釋畧一卷　837

老子常清靜經釋畧一卷　838

26 老泉先生文集十四卷　942

77 老學菴筆記一卷　598

80 老父雲游始末一卷　260

4471_7　世

08 世説新語三卷　758

世説新語八卷　758

24 世德堂刻六子書六十卷　624

36 世澤編文部六卷　1230

50 世史積疑二卷　473

77 世醫得效方二十卷　520

4472_7　勘

21 勘處夷情疏一卷　442

勘處播州事情疏一卷　706

葛

10 葛震父詩稿二册　1280

80 葛無懷小集一卷　1371

4473_1　芸

72 芸隱倦游稾一卷　1312

芸隱横舟稾一卷　1312

芸隱横舟稿一卷　1378

77 芸居乙稿一卷　1373

藝

00 藝文類聚一百卷　729、730

24 藝贊三卷　1346

4474_1　薛

00 薛文清公全集四十卷　1122

44 薛考功集十卷　1195

80 薛公讀書録一卷　666

4480_1 楚

20 楚辭集註八卷 845
楚辭十七卷 843、844、845
楚辭十七卷 844
44 楚藩逆案一卷 223
50 楚史檮杌一卷 694
60 楚國文憲公雪樓程先生文集十卷 1048
67 楚昭王行實一卷 253
77 楚騷綺語六卷 751

4480_4 葵

51 葵軒詞一卷 1397

樊

22 樊川文集二十卷外集一卷別集一卷 908
樊川集不分卷 908

4480_6 黄

00 黄帝陰符經註解一卷 836
黄庭内景五臟六腑圖説一卷 825、826
黄文獻公文集八卷 1055
10 黄石公素書一卷 629
24 黄侍御疏草三卷 243
30 黄淳父先生全集二十四卷 1216
40 黄太史精華録八卷 962、963
50 黄忠宣公文集十三卷別集六卷 1126

4490_1 蔡

50 蔡中郎文集十卷附外傳一卷 846

4490_4 茶

21 茶經三卷 646
87 茶録一卷 646

葉

24 葉先生詩話三卷 1384

4490_8 萊

32 萊州府志八卷 358

4490_9 菉

77 菉居詩集一卷 1278

4491_0 杜

04 杜詩長古註解不分卷 868
10 杜工部詩集二十卷 865
杜工部詩范德機批選六卷 867
杜工部詩八卷 867
杜工部七言律詩二卷 867
杜工部草堂詩箋 863
25 杜律二卷 869

30 杜審言詩集三卷 858

杜審言詩集二卷 858

40 杜七言律二卷 868

72 杜氏通典二百卷 413

4491_4 桂

32 桂洲詞一卷 1397

桂洲集六卷 1397

桂洲集四卷桂洲奏議二十卷奏議外集二卷 239

38 桂海虞衡志一卷 686

44 桂苑筆耕集二十卷 917

4491_5 蘿

22 蘿山雜言一卷 669

4492_7 梼

44 梼杌山人詩集三卷 1067

菊

00 菊庵集十二卷 1149

08 菊譜一卷 648、649

31 菊潭詩集一卷 1382

50 菊史補遺一卷 566

4494_7 枝

22 枝山前聞一卷 676

菽

60 菽園雜記一卷 672

菽園雜記五卷 655

菽園雜記十五卷 773

菽園雜記摘抄七卷 714

4498_6 横

31 横渠經學理窟五卷 492

4499_0 林

00 林衣集八卷 1283

17 林子一卷 503

26 林泉結契五卷 1370

林泉隨筆一卷 671

37 林湖遺稿一卷 1377

4541_0 姓

31 姓源珠璣六卷 748

72 姓氏辯誤十卷 755

4594_1 楱

40 楱真館集三十一卷 1246

4599_6 楝

44 楝花磯隨筆一卷 607

4599_9 棣

44 棣華館小集一卷 1027

隸

24 隸續二十一卷 455

26 隸釋二十七卷 454

4611_0 坦

00 坦齋先生文集三卷 1094

坦齋劉先生文集二卷附録一卷 1095

4614_0 埤

10 埤雅二十卷 131

4621_0 觀

22 觀樂生詩集五卷附録一卷 1109

24 觀化集一卷 834

27 觀象玩占五十卷 538

4622_7 獨

22 獨斷一卷 681

獨斷二卷 634

60 獨異志三卷 779

4640_0 如

25 如積引蒙十卷 533

4691_3 槐

20 槐稿一卷 1241

4691_4 桯

50 桯史十五卷 770

4692_7 楊

00 楊文懿公文集三十卷 1132

50 楊忠烈公文集不分卷 1268

97 楊炯集二卷 1357

楞

26 楞伽阿跋多羅寶經四卷 800

4712_0 鄞

72 鄞縣丈量田總一卷 425

4721_0 帆

80 帆前集一卷 1215

匏

80 匏翁家藏集七十七卷補遺一卷 1147

4722_7 鶴

00 鶴亭倡和一卷 1081

31 鶴江先生頤貞堂稿六卷 1229

44 鶴林寺志不分卷 385

4740_1 聲

06 聲韻會通一卷 146

4742_0 朝

10 朝正倡和詩一卷 1342

28 朝鮮紀事一卷 707

朝鮮志二卷 400

朝鮮賦一卷 400

67 朝野新聲太平樂府九卷 1406

4748_6 嬾

10 嬾雲集一卷 1282

4754_7 轂

10 轂下集二卷 1224

4762_0 胡

17 胡子衡齊八卷 503

25 胡仲子先生雜著十四卷 726

27 胡仰崖遺語一卷 723

都

80 都公談纂二卷 774

4782_0 郟

72 郟縣金石志一卷 464

4791_0 楓

22 楓山章先生文集九卷 1143

楓山先生實紀一卷 255

4792_0 柳

24 柳待制文集二十卷 1056

40 柳塘外集二卷 1383

4792_7 橘

31 橘潭詩稾一卷 1312

橘潭詩稿一卷 1377

87 橘録二卷 648

4793_2 根

40 根本説一切有部毗柰耶 792

4794_0 椒

72 椒丘文集三十四卷外集一卷 1134

4794_7 穀

00 穀庵集選十卷附録二卷 1137

08 穀譜十一卷 512

43 穀城山館詩集二十卷 1233

71 穀原奏議十二卷 238

4796_4 格

40 格古要論三卷續附一卷 610

4816_6 增

00 增廣音註唐郢州刺史丁卯詩集二卷 910、911

增廣註釋音辯唐柳先生集四十三卷 892

增廣註釋音辯唐柳先生集四十三卷別集一卷外集一卷附録一卷 893

增廣事類吟料詩韻集大成二卷 154

27 增修詩話總龜甲集四十八卷後集五十卷 1385
增修互註禮部韻略殘本一卷 152
增修箋註妙選羣英草堂詩餘前集二卷後集二卷 1400

4842_7 翰

44 翰林志一卷 635
翰林楊仲弘詩八卷 1052

4844_0 教

27 教條一卷 439
40 教坊記一卷 687

4864_0 敬

51 敬軒薛先生文集二十四卷 1122

4891_2 槎

51 槎軒集十卷 1335
80 槎翁文集十八卷 1099

4893_0 松

10 松雪齋文集二卷 1042
松雨軒集二卷 1109
22 松崖筆記三卷 608
30 松窻百説一卷 622
松窻寤言一卷 667
松窻寤言摘鈔一卷漫記一卷 714
松窗寤言一卷 669
34 松漠紀聞一卷 699
松漠紀聞二卷 216
60 松圓浪淘集十八卷 1275
74 松陵集殘卷 1291

4894_0 救

44 救荒本草四卷 512

4895_7 梅

04 梅讀先生存稿六卷附録五卷 1128
08 梅譜一卷 649
32 梅溪文集二十卷後集二十九卷廷試策一卷奏議四卷 995
44 梅花百詠一卷 1086
梅花什一卷 1217
梅花衲一卷 1310、1377
77 梅屋詩稾一卷 1309
梅屋詩稿一卷融春小綴一卷梅屋第三稿一卷第四稿一卷雜著一卷 1375
梅屋吟一卷 1310、1378
梅屋第三稾一卷 1309
梅屋第四稾一卷 1309

4896_6 檜

00 檜亭集九卷 1053

4942_0 妙

34 妙法蓮華經七卷 785
妙法蓮華經八卷 790
40 妙吉祥平等觀門大教王經略出護摩儀 797

4980_2 趙

35 趙清獻公文集十卷 930
40 趙太史詩鈔六卷 1229
47 趙好古文集二卷 1101
50 趙忠毅公集二十四卷 1242
72 趙后外傳一卷 692

5000_0 中

00 中庸章句一卷 75、77
中庸一卷 78
中庸古本一卷 72
08 中説十卷 491、626
中論二卷 632
32 中州集十卷 1316
中州集十卷樂府一卷 1317
中州樂府一卷 1402
中洲野録一卷 677
44 中麓山人拙對二卷 755
中華古今註三卷 635
中華古今注三卷 576、577、682
47 中都四子集六十四卷 629
60 中吴紀聞六卷 389
77 中興以來絶妙詞選十卷 1400
中興館閣續録十卷 403
中興館閣録十卷 403

5000_6 申

00 申文定公賜閒堂集四十卷 1203
67 申明保甲鄉約法一卷 441
78 申鑒五卷 490

史

07 史記論文一百三十卷 1386
史記一百三十卷 157、159、160、161、162、163
史記正義一百三十卷 163
史記天官書星度釋畧六卷 164
史記日月考三卷 476
30 史進士新鐫列子纂要一卷 817
37 史通二十卷 469
67 史略殘卷 315

吏

07 吏部文選驗封二司條例一册 435

吏部職掌六册 408

吏部例二册 435

77 吏學指南八卷 412

5000_7 事

27 事物紀原集類十卷 736、737

91 事類賦三十卷 735

5001_5 推

88 推策小識三十六卷 530

5002_7 摘

27 摘疑一得二卷 621

5004_7 掖

41 掖垣疏草七卷 241

5010_6 畫

88 畫簾緒論一卷 638

5022_7 青

10 青天歌注釋一卷 840

19 青瑣高議前集十卷後集十卷 780

32 青溪暇筆一卷 606、671

青溪暇筆二卷 654

青溪暇筆摘抄一卷 711

44 青華祕書五卷 842

青藜閣初稿三卷 1204

青蘿館詩六卷 1196

45 青樓集一卷 781

76 青陽先生文集六卷 1063

90 青雀集二卷 1217

5023_0 本

33 本心齋蔬食譜一卷 647

44 本草單方八卷 523

50 本事詩一卷 697

5033_3 惠

22 惠山集六卷 1358

5033_6 忠

12 忠烈編十卷 256

44 忠孝集一卷 268

50 忠肅集三卷 973

80 忠義録一卷 253

5050_8 奉

10 奉天靖難記三卷 651

奉天刑賞録一卷 661

25 奉使安南水程日記一卷 707

5060_0 由

90 由拳集二十三卷 1245

5060_1 書

00 書六卷 11

08 書譜二卷 644

21 書經集註十卷 12

書經白文六卷 60

書經直解十三卷 14

22 書斷列傳三卷 550

書斷四卷 644

25 書傳大全十卷 63

50 書史一卷 551

書史會要九卷補遺一卷 557

5060_8 春

10 春雨軒詩正集九卷附集一卷 1105

春雨堂隨筆一卷 672

29 春秋諸傳會通二十四卷 56

春秋諸國統紀六卷 55

春秋説十五卷 58

春秋五論一卷 54

春秋不分卷 47

春秋集傳大全二十七卷 63

春秋師説三卷 57

春秋經傳集解三十卷 47、48

春秋經傳考正三十卷 58

春秋經左氏傳句解七十卷 53

春秋外傳考正二十一卷 58

春秋白文二卷 60

春秋啟鑰龍虎正印五卷 57

春秋左傳註疏六十卷 61、63

春秋左傳注疏六十卷 49

春秋左氏傳補注十卷 57

春秋左氏傳事類始末五卷 203

春秋胡氏傳纂疏三十卷 56

春秋穀梁傳註疏二十卷 61、63

春秋提綱十卷 55

春秋啖趙二先生集傳辨疑十卷 53

春秋長歷十卷 58

春秋屬辭十五卷 57

春秋公羊疏七卷 49

春秋公羊傳注疏二十八卷 52、61、63

春秋繁露十七卷 59

春秋繁露八卷 631
67 春明退朝録三卷 635

5073_2 表

00 表文一册 245

5080_2 夷

26 夷白齋稿三十五卷外集一卷 1083
夷白齋藁三十五卷外集一卷 1084

5080_6 貴

32 貴州通志十二卷 363

5090_0 未

00 未齋雜言一卷 669
51 未軒公文集十二卷附録一卷 1145

5090_2 棗

44 棗林雜俎六卷 227

5090_3 素

77 素問玄機原病式二卷 520
素問六氣玄珠密語十六卷 536

5090_6 東

00 東齋小集一卷 1309、1375
07 東郭先生文集九卷 1189
21 東征紀行録一卷 222、657、674
東征漫稿二卷 1221
22 東山詩集二卷 1139
東山壽言四卷附録一卷 1353
東巢雜著一卷 606
30 東家雜記二卷 245、246
32 東溪試茶録一卷 647
東溪先生文集二卷附録一卷 1370
東巡雜詠二卷 1196
34 東漢詔令十一卷 232
東漢書詳節三十卷 314
東漢書疏八卷 244、245
東漢會要四十卷 416
37 東澗先生妙絶今古文選四卷 1305
40 東塘集十卷 1186
44 東坡文談録一卷東坡詩話録三卷 1390
東坡集四十卷後集二十七卷奏議十五卷内制集十卷附樂語一卷外制集三卷應詔集十卷續集十二卷 944
東坡集四十卷後集二十卷

奏議十五卷内制集十卷附樂語一卷外制集三卷應詔集十卷續集十二卷 945
東坡先生志林五卷 595
東坡先生志林集一卷 639
東華録十六卷 202
東萊先生詩集二十卷 985
東萊先生校正北史詳節二十八卷 313
東萊先生校正南史詳節二十五卷 313
東萊先生校正隋書詳節二十卷 313
東萊先生標注三國志詳節二十卷 313
東萊先生增入正義音注史記詳節二十卷 313
東萊先生史記詳節二十卷 314
東萊校正五代史詳節十卷 313
東萊校正晉書詳節三十卷 313
東萊吕紫微詩話一卷 642、1384
東萊吕太史文集十五卷别集十六卷外集五卷附録三卷附録拾遺一卷 994
46 東觀集十卷 923
東觀餘論二卷 578、580、581
47 東朝崇養録一卷 424
東都事畧一百三十卷 207、208
50 東史綱目三十二卷附録四卷 327
60 東里文集二十二卷 1124
東里文集續編三十四卷 1124
東里詩集三卷 1125
東國通鑑五十六卷 326
77 東岡集四卷 1118
東閣集一卷 1382
80 東谷所見一卷 640

5090_9 泰

22 泰山志三卷 383

5103_2 振

20 振秀集二卷 1175

5201_0 批

74 批駁抄畧一卷 438

5204_7 授

64 授時曆法撮要一卷 528

5206_4 括

44 括蒼金石志十二卷 467

5207_2 拙

00 拙庵集十卷 1110

5210_0 蚓

00 蚓竅集十卷 1107

5225_7 静

00 静齋至正直記四卷 772

24 静佳龍尋稿一卷静佳乙稿一卷 1374

27 静修先生文集三十卷 1045

77 静居集六卷 1336

5315_0 蛾

17 蛾子時述小記二卷初集一卷 591

5318_6 蠙

00 蠙衣生粤草十卷 1236

蠙衣生黔艸二十一卷 1236

5320_0 成

24 成化十九年順天府鄉試録一卷 286

成化十四年會試録一卷 285

07 成祖實録不分卷 201

咸

30 咸淳臨安志一百卷 348、349

5333_0 感

00 感應類編二卷 618

5340_0 戒

00 戒庵文集二十卷 1159

5415_3 蠛

54 蠛蠓集五卷 1211

5492_7 勑

08 勑議或問一卷 700

5500_0 井

46 井觀瑣言一卷 670

5502_7 弗

24 弗告堂集二十五卷 1253

5504_3 轉

00 轉庵集一卷 1372

5508_0 扶

77 扶風縣石刻記二卷 463

5523_2 農

17 農歌續集一卷 1375

農桑通訣六卷 512

66 農器圖譜二十卷 512

5560_0 曲

34 曲洧舊聞一卷 597

5560_6 曹

17 曹子建文集十卷 847

曹子建集十卷 848

40 曹太史含齋先生文集十五卷 1199

5580_6 費

40 費太史市隱園集選二十四卷 1247

5590_0 耕

07 耕禄藁一卷 641

5602_7 揚

17 揚子法言一卷 628

32 揚州芍藥譜一卷 649

揭

00 揭文安公文粹一卷 1053

揭文安公全集十四卷 1052

5604_1 輯

21 輯盧氏禮記解詁一卷 42

5608_6 損

00 損齋備忘録一卷 672

5701_2 抱

43 抱朴子外篇二卷 628

抱朴子内篇二十卷外篇五十卷 824

52 抱拙小稾一卷 1313

抱拙小稿一卷 1382

5702_0 邦

22 邦畿水利集説四卷九十九淀考一卷 378

抑

44 抑菴文集十三卷 1116

拘

41 拘墟晤言一卷 671

5704_7 搜

10 搜玉小集一卷 1291

5705_6 揮

00 揮麈録二卷 636

5706_2 招

22 招山小集一卷 1373

5708_1 擬

16 擬彈駁四友除授集一卷 641

35 擬連珠編一卷 670

5803_1 撫

21 撫上郡集一卷 1188

30 撫安東吏記一卷 704

撫安東夷記一卷 664、673

5806_4 輶

51 輶軒使者絶代語釋别國方言十三卷 679

5810_1 整

00 整庵先生存稿二十卷 1160

5811_6 蜕

00 蜕庵詩五卷補遺一卷附録一卷 1066

44 蜕菴詩三卷 1065

5815_3 蟻

21 蟻術詩選八卷 1066

5824_0 敷

00 敷文鄭氏書説一卷 13

5833_4 熬

34 熬波圖二卷 425

5833_6 鰲

27 鰲峰類藁二十六卷 1154

6001_5 睢

32 睢州志九卷 354

6010_0 日

31 日涉園集五卷 971

40 日本國考畧一卷補遺一卷 324

6010_1 目

80 目前集二卷 621

6010_2 疊

22 疊山集十六卷 1017

疊山先生批點文章軌範七卷 1306

6010_4 墨

17 墨子十五卷 568

44 墨莊漫録十卷 597

墨苑十四卷附録九卷 565

77 墨卿談乘十四卷 776

6010_5 星

00 星文一卷 538

星言草不分卷 1280

22 星變志一卷 714

48 星槎勝覽一卷 707

星槎勝覽四卷 400

星槎勝覽前後集二卷 657

80 星命禽演眞經大全不分卷 549

6011_3 晁

72 晁氏客語一卷 596、638

6012_7 蜀

07 蜀記一卷 703

44 蜀草十卷 1236

88 蜀鑑十卷 204

6015_3 國

01 國語二十一卷 210、211、212

國語二十一卷補音三卷 211

17 國琛集二卷 709

30 國寶新編一卷 273、668、709

37 國初禮賢録一卷 650、662

國初事跡一卷 219

國初事蹟一卷 650、661

44 國老談苑二卷 638

47 國朝文輯二十四册 1368

國朝文類殘卷 1319

國朝詩集一卷 1325

國朝諸臣奏議殘本二十三卷 244

國朝名世類苑二十二卷 750

國朝名臣事畧十五卷 266

國朝祥符鄉先賢傳八卷 274

國朝典彙二百卷 420

國朝典故七十六卷 650

國朝吴郡丹青志一卷 1217

國朝風雅殘卷 1320

國朝風雅七卷雜編三卷 1319

6021_2 四

00 四六談麈一卷 641

四六叢珠四十卷 740

30 四家宫詞四卷 1353

37 四溟山人全集二十四卷 1210

40 四友齋叢説摘抄六卷 713

44 四藩本末四卷 229

47 四聲切韻表補正五卷 156

四聲等子一卷 153

四朝聞見録五卷 770、771

四都賦一卷 328

50 四書集註箋四卷 70

四書内外傳殘本四十册 78

四書大全三十六卷 63

64 四時氣候集解四卷 328

67 四明雅選三卷 1355

四明續志十二卷 351

四明志十七卷 351

四明吟稿一卷 1011、1372

見

50 見素文集二十八卷 1150

見素詩集十四卷 1151

77 見聞紀訓二卷 717

6022_7 易

21 易經白文四卷 60

23 易外別傳一卷 838

40 易大象説一卷 667

44 易林二卷 544

易林十六卷 543

6033_0 思

62 思則堂續稿一卷 1221

恩

88 恩綸録二卷 263

6040_0 田

00 田産附録一卷 1348

6040_4 晏

11 晏元獻公類要三十七卷 736

17 晏子春秋八卷 248

6050_0 甲

50 甲申朝事小紀五編四十卷 230

甲申野史彙鈔四十一卷 228

6050_6 圍

43 圍城日録一卷 228

6060_0 吕

20 吕季子甬東雜詠一卷 1272

26 吕和叔文集五卷 896

33 吕梁洪志一卷 664

37 吕祖百字碑真指大丹歌 837

72 吕氏春秋二十六卷 569

86 吕錫侯筆記一卷 724

昌

27 昌黎先生詩集註十一卷 892

昌黎先生詩集十一卷 892

昌黎先生論語筆解十卷 72

昌黎先生集四十卷外集十卷 880、881、882

昌黎先生集卷三至卷六又外集十卷 882

80 昌谷詩四卷 904

6060_4 固

71 固原州志 372

圖

04 圖詩一卷 1380

28 圖繪寶鑑五卷補遺一卷 556、557

圖繪寶鑑五卷補遺一卷續編一卷 557

50 圖畫見聞志六卷 551

6071_2 昆

67 昆明集二卷 1209

毘

21 毘盧遮那佛大灌頂光真言三經 795

6080_0 貝

44 貝葉齋稿四卷 1223

6080_1 異

50 異書解二卷 835

6080_4 因

02 因話録二册不分卷 612

08 因論一卷 639

吴

00 吴文端公涣亭存稿二十八卷 1267

17 吴郡二科志一卷 710

吴郡志五十卷 342

吴郡圖經續記三卷 336、339

23 吴狀元榮進集三卷 1112

04 吴社編一卷 1217

05 吴禮部文集二十卷 1059

43 吴越備史四卷 317

吴越春秋六卷 694

吴越春秋十卷 316

44 吴地記一卷後集一卷 685

50 吴中舊事一卷 392

77 吴興詩選六卷 1348

吴興備志三十二卷 373

吴興掌故集十七卷 366

90 吴少君遺事一卷 725

6090_3 纍

47 纍朝榜例一卷 422

6090_4 困

40 困志集一卷 1128

77 困學紀聞二十卷 588、589

6091_5 羅

32 羅浮山志十二卷 383

6201_5 睡

00 睡庵稿二十五卷 1261

6240_0 别

60 别國洞冥記一卷 692

6311_2 蹴
67 蹴踘譜二卷 561

6338_4 默
00 默庵詩集五卷 1120

默菴安先生文集六卷 1046

6355_0 戰
60 戰國策十卷 212

6406_1 嗜
37 嗜退庵語存外編十卷 619

6502_7 嘯
90 嘯堂集古録二卷 562、564

6624_8 嚴
32 嚴州圖經三卷 341

38 嚴滄浪詩話一卷 1387

6702_0 明
04 明詩評一卷 709

20 明雋十卷 1363

明季遺聞四卷 228

21 明經堂條約一卷 503

22 明斷編一卷 670

25 明律詩選一卷 1361

27 明紀六十八卷 201

37 明初四家詩集三十八卷 1335

38 明道篇一卷 836

40 明太保費文憲公詩集十五卷 1154

50 明奏疏二册 245

60 明固原州志二卷 357

77 明月篇二卷 1217、1220

90 明少保費文通公文集選要六卷 1191

6702_7 鳴
10 鳴玉集一卷 1220

73 鳴盛集四卷附録一卷 1103

6703_2 喙
67 喙鳴詩集十八卷 1233

6706_2 昭
23 昭代典則二十八卷 224

24 昭德先生郡齋讀書志二十卷 447、448

67 昭明太子集二卷 853

昭明太子事實二卷 249

6708_0 吹
81 吹劍録一卷 601

6710_4 墅
09 墅談六卷 605

6712_0 郢

50 郢中集一卷 1283

6712_7 野

07 野記四卷 656

21 野處類稿二卷 1309、1370

30 平定交南録一卷 656

6716_4 路

50 路史前紀九卷後紀十四卷國名紀七卷發揮六卷餘論十卷 208

6722_0 鄂

60 鄂國金佗粹編二十八卷 250

鄂國金陀粹編二十八卷續編三十卷 250

6778_0 歇

44 歇菴集十六卷 1255

6782_0 鄖

32 鄖溪集二十八卷 932

6805_7 晦

00 晦庵先生詩話一卷 1392

44 晦菴文鈔六卷文鈔續集四卷 992

晦菴先生文集一百卷 992

晦菴先生語録大綱領十卷附録三卷 494

7022_7 防

27 防禦火患一卷 443

36 防邊紀事一卷 706

7121_1 歷

10 歷下集一卷 1273

23 歷代不知姓名録八卷 753

歷代宅京記二十卷 394

歷代封建考二十卷 420

歷代長術五十卷附録三卷 529

歷代長術輯要十卷 530

歷代鐘鼎彝器款識法帖二十卷 139

30 歷官表奏十二卷 1176

37 歷通要覽一卷 549

47 歷朝名副録二十一集分類目録一册分韻目録三册 756

歷朝志畧四卷 315

80 歷年條例九卷 434

7121_2 阮

67 阮嗣宗集一卷 848

阮嗣宗集二卷 849

7121_5 雁

22 雁山吟一卷 1372

44 雁蕩山樵詩集十五卷 1149

7122_0 阿

04 阿計替本末一卷 216、217

7122_7 厲

44 厲樊榭先生年譜一卷 260

7124_7 厚

24 厚德録四卷 615、637

7129_6 原

42 原機啟微一卷 522

7132_7 馬

10 馬石田文集十五卷附録一卷 1051
50 馬書十四卷 512
馬東田漫稿六卷 1148

7171_1 匡

22 匡山社集二十卷 1267

7171_2 既

26 既白軒藁一卷 1081

7171_6 區

40 區太史詩集二十七卷 1256

7173_2 長

12 長水先生文鈔十卷 1232
30 長安志二十卷 386
長安志圖三卷 386
44 長蘆運司志七卷 408

7178_6 頤

44 頤菴居士集二卷 1004

7210_0 劉

00 劉文恭公集六卷 1121
17 劉子一卷 628
劉子二卷 573
27 劉向説苑二十卷 484、485
劉向説苑十卷 484
劉向古列女傳八卷 264
28 劉給事集五卷 973
30 劉賓客文集三十卷 895
劉賓客文集三十卷外集五卷 896
35 劉清惠公集十二卷 1165
48 劉翰林先生斐然集一卷續集一卷 1096
74 劉隨州詩集十卷補遺一卷 873
88 劉攽貢父詩話一卷 643
90 劉少彝荒著略一卷 724

7222_1 所

30 所安遺集一卷附録一卷 1057

40 所南翁一百二十圖詩集一卷 1025

7223_0 瓜

00 瓜廬集一卷 1381

31 瓜涇集二卷 1149

7223_2 脈

21 脈經十卷 514

7223_7 隱

20 隱秀軒詩十卷文二十一卷 1269

37 隱逸傳不分卷 276

7224_7 反

00 反離騷一卷 847

7242_2 彤

88 彤管新編八卷 1354

7277_1 岳

76 岳陽紀勝彙編四卷 1362

岳陽樓集三卷 1318

岳陽風土記一卷 388、686

7280_1 兵

07 兵部現行事例一卷 435

7299_3 縣

88 縣笥瑣談摘抄一卷 715

縣笥瑣探一卷 655

7332_2 驂

22 驂鸞録一卷 396

7420_0 附

16 附聖門志六卷 725

26 附釋音毛詩註疏二十卷 16

附釋音禮記注疏六十三卷 41

附釋音尚書註疏二十卷 11

7421_4 陸

00 陸廣微吴地記一卷 719

陸文裕公續集十卷 1177

10 陸元恪艸木蟲魚疏二卷 718

17 陸子野詩一卷 1238

27 陸象山先生文集三十六卷 997

陸魯望文集八卷 913

80 陸公紀京氏易傳注二卷 718

陸公紀易解一卷 718

7422_7 隋

00 隋唐嘉話二卷 759

35 隋遺録二卷 635

50 隋書詳節二十卷 314

隋書八十五卷 179、180

7423_2 隨

20 隨手雜録一卷補聞見近録甲申雜記一卷 765

40 隨志一卷 359

60 隨園食單一卷 568

7424_7 陵

72 陵縣志八卷 364

76 陵陽先生集二十四卷 1019

7521_8 體

21 體仁彙編殘卷 525

7529_6 陳

05 陳靖質居士文集六卷 1271

21 陳虚白規中指南一卷 833

22 陳山人小集二卷 1222

26 陳白陽集六卷 1215

陳伯玉文集十卷附録一卷 859

陳伯玉集二卷 859

27 陳衆仲文集七卷 1063

35 陳連安詩餘一卷 1398

38 陳海樵律詩二卷 1223

50 陳書三十六卷 177

77 陳眉公先生全集六十卷 1281

7621_5 臞

80 臞翁詩集二卷詩評一卷 1371

7622_7 陽

50 陽春白雪八卷外集一卷 1401

67 陽明先生文録五卷文録外集九卷别録八卷 1166

陽明先生則言二卷 501

7700_0 門

30 門户志畧一卷 226

7713_0 閩

07 閩部疏一卷 716

43 閩越叢談三册 395

7721_0 風

10 風雅逸篇十卷 1344

28 風俗通四卷 681

風俗通義二卷 632

風俗通義十卷 591

77 風月堂詩話三卷 1385

鳳

32 鳳洲雜録六卷 712

鳳

22 鳳山贈别一卷 1222

鳳洲筆記續集四卷後集四

卷 224

鳳池吟稿十卷 1090

7721_5 隆

00 隆慶元年雲南鄉試録一卷 307

隆慶元年江西鄉試録一卷 307

隆慶四年雲南鄉試録一卷 307

7722_0 月

00 月離表一卷 528

月離曆指四卷 528

26 月泉吟社一卷 1307

37 月洞吟一卷 1380

77 月屋樵吟四卷 1035

用

52 用拙集一卷 1215

同

00 同文備考八卷首一卷 146

周

04 周詩遺軌七卷 1352

17 周子抄釋三卷 502

22 周此山先生詩集四卷 1049

35 周禮註疏四十二卷 61、63

周禮六卷 29

周禮六卷考工記一卷 28

周禮集説十一卷 29

周禮句解十二卷 29

周禮通釋六卷 70

周禮十二卷 19、25、28

41 周顛仙傳一卷 659

44 周恭肅公集十六卷 1173

48 周翰林集補遺二卷 1064

周翰林近光集三卷 1064

50 周書五十卷 179

60 周易旁注四册不分卷 5

周易廣義殘稿不分卷 8

周易疏晦十册不分卷 9

周易參同契發揮三卷釋疑一卷 830

周易參同契[發揮]三卷釋疑一卷音義一卷 829

周易參同契發揮三卷釋疑一卷音義一卷 829

周易傳義大全二十卷 63

周易程朱先生傳義附録二十卷 4

周易解十卷 8

周易觀象補義略十三卷 10

周易兼義十三卷釋文一卷

略例一卷　61、63
周易兼義九卷音義一卷略例一卷　1
周易養蒙意見五卷　6
周易鄭康成註一卷　1
80 周益文忠公文集二百卷附録五卷年譜一卷　994

陶
05 陶靖節集十卷　851
陶靖節集十卷附録一卷　850
32 陶淵明集十卷　849
39 陶沙文選一卷　1241
77 陶學士先生文集二十卷　1091
95 陶情樂府四卷續集一卷　1406

7722_7　閒
30 閒適劇談四卷　606
77 閒居録一卷　602

7724_7　殿
77 殿閣詞林記二十二卷　274

履
00 履齋先生遺集四卷　1011

7726_4　居
40 居士集五十卷　938
88 居竹軒詩集四卷　1069

屠
00 屠康僖公文集六卷附録一卷　1146
88 屠簡肅公集十四卷　1191

7726_7　眉
00 眉庵集十二卷補遺一卷　1335

7732_0　駒
78 駒陰冗記一卷　677

7732_7　鷥
00 鷥音集四卷　1226

7733_6　騷
67 騷略三卷　642

7736_4　駱
30 駱賓王集二卷　1357

7740_7　學
00 學齋佔畢(四卷)　634
04 學詩初稾一卷　1312
學詩初稿一卷　1375
27 學約古文三卷　1346
50 學史十三卷　472
68 學吟一卷　1314、1374

7744_0　丹
76 丹陽集二十四卷　975

87 丹鉛續録十二卷 590
丹鉛總録二十七卷 590

7744_1 開

00 開慶四明續志十二卷 343
10 開元天寶遺事一卷 761
開元天寶遺事二卷 762
開元占經推步三卷 537
開天傳信記一卷 636
31 開河記一卷 693

7748_7 闕

60 闕里志十三卷 247

7750_8 舉

32 舉業正式六卷 1362

7760_1 問

12 問水集一卷 664
37 問次齋稿三十一卷 1265

7760_2 留

50 留青日札摘抄四卷 714

7760_4 醫

00 醫方捷徑二卷 524
77 醫學綱目殘卷 525
醫閭先生集九卷 1144
醫閭漫記一卷 674、713

7771_1 巴

00 巴音集一卷 1283
10 巴西文集不分卷 1041

鼠

12 鼠璞一卷 588、639

7772_7 鷗

31 鷗汀漁嘯集二卷 1192
鷗汀長古集二卷 1193
34 鷗渚徵吟一卷 1382

7773_2 艮

00 艮齋先生薛常州浪語集三十五卷 1000

閬

77 閬風集十二卷 1018

7777_2 關

17 關尹子文始真經一卷 626、823
50 關中奏題稿十卷 236

7778_0 歐

76 歐陽文忠公集一百五十三卷附録五卷 939
歐陽文忠公集五十卷 936
歐陽文忠公集殘本四卷 936
歐陽行周文集十卷 898、899
歐陽先生文粹二十卷 940

歐陽先生遺粹十卷 941
歐陽恭簡公文集二十二卷 1187

7780_1 具

71 具區集三卷 1162

巽

00 巽齋小集一卷 1310、1371

興

10 興平縣金石志一卷 463
28 興復哈密記一卷 665、673
興復哈密國王記一卷 704
47 興都營建圖式録一卷 447

輿

44 輿地廣記三十八卷 332
輿地碑記目四卷 456
輿地碑目二卷 456
輿地圖不分卷 335

7780_6 賢

03 賢識録一卷 672

7790_4 閑

50 閑中今古録一卷 675
閑中今古録摘抄一卷 711
77 閑閑老人滏水文集二十卷 1031、1032

7810_7 監

40 監本五臣音註揚子法言十卷 489
監本附音春秋公羊註疏二十卷 51

鹽

18 鹽政志十卷 407
34 鹽法奏議一卷 428
48 鹽梅志二十卷 279
60 鹽邑志林七十卷 717
83 鹽鐵論十二卷 484
鹽鐵論十卷 631

7823_1 陰

76 陰陽寶海三元玉鏡奇書三卷 548

7826_1 膳

50 膳夫經手録一卷 567

7834_1 駢

01 駢語五卷 1262

7876_6 臨

22 臨川先生文集一百卷 944
臨川草廬吴先生道學基統一卷外集三卷 1042
臨川吴文正公集四十九卷 1042

31 臨江先哲言行録二卷　270

8000_0　八

00 八音樂器總説不分卷　80
23 八代詩乘四十五卷總録一卷附録二卷　1363

人

27 人物志三卷　632
38 人海記二册不分卷　608

入

30 入注附音司馬温公資治通鑑一百卷　194

8010_2　益

32 益州名畫録三卷　551

8010_4　全

00 全唐詩話三卷　1388、1389
21 全上古三代秦漢三國南北朝文編七百四十七卷目録一百三卷　1369
47 全懿堂集二卷附録一卷　1347

8010_9　金

00 金文靖公前北征録一卷　652
金文靖公後北征録一卷　652
10 金石文隨録四册不分卷　461
金石韻府五卷　457
金石要例一卷　1391
金石補編目録一卷　465
金石萃編補正不分卷　468
金石表一卷　463
金石契一卷　710
金石録三十卷　454
金粟齋先生文集十一卷　1223
22 金山志四卷　380
30 金液大丹口訣一卷　836
40 金臺乙丑稿一卷　1201
金臺紀聞摘抄一卷　711
金志一卷　699
41 金姬傳一卷　783
44 金薤琳瑯二十卷　460
金蘭集三卷　1328
金蘭集四卷補録一卷　1326
金華文統十三卷　1341
45 金樓子六卷　572
47 金聲玉振集六十卷　659
50 金史詳校十卷　186
金史一百三十五卷　186
60 金昌集四卷　1217

72 金剛王菩薩祕密念誦儀軌
金剛頂勝初瑜伽普賢菩薩念誦法經圖卷 796
金剛頂瑜伽他化自在天理趣會普賢修行念誦儀軏 795
金剛頂瑜伽十八會指歸一卷 796
金剛頂瑜伽降三世成就極深密門 795
金剛般若波羅蜜經註解一卷 809
金剛般若波羅蜜多心經註解一卷 809
金剛摧碎陀羅尼不空羂索 795
74 金陵集一卷 1224
金陵古今圖考一卷 393
金陵野鈔十四卷 229
77 金丹正宗一卷 841

8011_6 鏡

22 鏡山庵集二十五卷 1263

8012_7 翦

79 翦勝野聞一卷 650、711

8020_7 今

00 今言四卷 224、712
23 今獻彙言三十卷 669

8022_0 介

00 介庵琴趣外篇六卷 1396

8022_1 俞

10 俞石澗易外別傳一卷 830

前

12 前北征録一卷 660、703
30 前定録一卷 637
34 前漢紀三十卷 187
前漢書一百二十卷 165
前漢書一百三十卷 166
77 前聞記一卷 654、715
80 前令鄭壺陽靖海紀略一卷 720

剪

22 剪綵集二卷 1211
29 剪綃集二卷 1310
79 剪勝野聞一卷 773

8022_7 分

91 分類補註李太白詩二十五卷 861

8033_1 無

21 無能子一卷 629

8033_2 煎

44 煎茶水記一卷 646

8033_3　慈

28 慈谿黄氏日抄分類八十八卷　498

慈谿黄氏日鈔分類九十五卷　497

37 慈湖先生遺書十八卷續集二卷　998

8034_6　尊

16 尊聖録一卷　247

17 尊孟辨三卷續辨一卷附録一卷　497

19 尊勝等靈異神呪共二十道一卷　791

8055_3　義

28 義谿世稿十二卷　1361

60 義墨堂宋朝别號録二卷　752

80 義命彙編十二卷　618

8060_1　善

02 善誘文一卷　639

21 善行録八卷　276

普

77 普賢行願品疏一卷　798

8060_6　曾

10 曾西墅先生集十卷　1115

會

23 會稽三賦一卷　390

會稽志二十卷續志八卷　343

17 會通館校正宋諸臣奏議殘本三卷　244

會通館印正文苑英華辨證十卷　1293

40 會真記一卷附録三卷　782

8071_2　毓

00 毓慶勳懿集八卷　309

8073_0　公

12 公孫龍子一卷　627

60 公是集五十四卷　931

88 公餘紀拙一卷　1193

8073_2　食

24 食貨志選三卷　428

養

10 養正圖解不分卷　504

25 養生雜纂二十二卷　616

養生大要一卷　525

33 養心亭集八卷　1180

8077_2　缶

67 缶鳴集十二卷　1101

8090_4 余

00 余文敏公文集十五卷 1204

8141_7 瓶

44 瓶花齋集十卷 1260

8211_5 鍾

20 鍾秉文烏槎幕府記一卷 723

60 鍾吕二仙傳道集二卷 837

8226_2 鍇

47 鍇聲表十七卷 149

8280_0 劍

21 劍經一卷 507

24 劍俠傳一卷 697

32 劍溪謏語七卷 1207

8282_7 矯

00 矯亭存稿十八卷續稿八卷 1183

8315_3 錢

00 錢唐遺事十卷 218

40 錢太常海石子内編一卷外編一卷 722

80 錢公亮測語一卷 721

89 錢鈔部彙考十一卷總論三卷藝文三卷外編一卷 564

8315_0 鐵

10 鐵雅先生古樂府十卷 1083

22 鐵崖文集五卷 1082

鐵崖先生詩集不分卷 1082

40 鐵柱延真萬年宫重刊紀録類編六卷 834

8377_7 館

90 館省書疏三卷 238

8471_2 鐃

40 鐃南九三府圖説一卷 716

8612_7 錫

22 錫山遺響詩十卷 1341

錦

00 錦衣志一卷 714

50 錦囊集四卷外集一卷 903、904

8712_0 鈞

12 鈞磯詩集四卷 1027

40 鈞臺集四卷 1348

銅

33 銅梁縣志二卷 369

8713_2 銀

38 銀海精微二卷 517

8718_0 欽

30 欽定宫中現行則例四卷 425

欽定國子監志六册 410

67 欽明大獄録二卷 222

歙

16 歙硯説一卷 646

歙硯史一卷 646

32 歙州硯譜一卷 646

8719_9 録

60 録異記八卷 780

8762_0 卻

57 卻掃編三卷 597

8762_2 舒

16 舒碣石先生隻立軒稿七卷 1261

8778_0 飲

32 飲冰詩集一卷 1380

8782_0 鄭

02 鄭端簡公古言數編二卷 722

鄭端簡公今言類編六卷 722

04 鄭詩十三卷 1180

鄭詩十三卷附録一卷鄭文十五卷 1179

12 鄭瑞簡吾學編餘一卷 721

48 鄭敬中摘語一卷 724

72 鄭所南先生文集一卷附録一卷 1025

8810_4 篁

48 篁墩程先生文集九十三卷外集一卷 1142

篁墩程先生文粹二十五卷 1142

8810_8 笠

36 笠澤叢書四卷補遺一卷 913

8812_7 鈐

22 鈐山堂詩鈔二卷 1175

鈐山堂集三十六卷 1174

筠

80 筠谷詩集一卷 1106

8822_0 竹

00 竹廬詩集一卷 1153

竹齋詩集一卷 1111

竹齋詩集三卷附録一卷 1026

08 竹譜一卷 648
10 竹下寤言一卷 671
22 竹巖先生文集十二卷 1131
24 竹崦盦金石目一卷 465
32 竹洲文集二十卷附録一卷 990
竹洲歸田藁一卷 1081
32 竹溪十一稾詩選一卷 1313
竹溪十一稿一卷 1374
44 竹坡老人詩話三卷 643
竹莊小稾一卷 1313
竹莊小稿一卷 1376
50 竹書紀年二卷 690
竹素山房詩集三卷補遺一卷附録一卷 1042
竹素山房詩集三卷附録一卷 1041
72 竹所吟稾一卷 1311
竹所吟稿二卷 1379
88 竹箭編二卷 1217

8824_3 符
40 符臺集一卷 1203

8850_3 箋
00 箋註唐賢三體詩法二十卷 1305
箋註陶淵明集十卷 850

8850_7 筭
08 筭譜一卷 567

筆
88 筆籌一卷 500

8860_4 箬
32 箬溪歸田詩選一卷 1180

8862_7 筍
08 筍譜一卷 647

8864_1 籌
36 籌邊一得一卷 441
38 籌海圖編十三卷 396

8871_8 篋
50 篋中集一卷 1290

8877_7 管
17 管子二十四卷 508、630
30 管窺外編二卷 498

8879_4 餘
27 餘冬序録六十五卷 607
餘冬序録摘鈔六卷 712
35 餘清樓稿二十四卷 1247

8880_4 笑
10 笑玉軒集一卷 1282

8890_2　策

22 策斷一卷　606

8890_3　纂

60 纂圖互註禮記二十卷　34

纂圖互註南華真經十卷　817

纂圖互註荀子二十卷　480、481

纂圖互註老子道德經二卷　811、812

纂圖互註揚子法言十卷　485、488

纂圖互注揚子法言十卷　488

9000_0　小

00 小亨集六卷　1044

10 小爾雅一卷　667、681

22 小山集一卷　1373

小山草十卷　1256

26 小泉奏稿一卷續録一卷　239

30 小窻自紀三卷　1284

44 小蓬萊館金石目金文一卷　465

9002_7　慵

00 慵庵小集一卷　1379

9003_2　懷

44 懷麓堂文稿三十卷詩稿二十卷文後稿三十卷詩後稿十卷南行稿一卷北上録一卷求退録三卷　1136

77 懷賢録一卷　1331

9020_0　少

22 少嶽詩集四卷　1212

25 少傳野亭劉公遺稿八卷　1151

26 少保胡端敏公奏議十卷　236

9021_2　光

31 光潛録一卷　260

9022_7　尚

08 尚論編一卷　623

50 尚書章恭毅公年譜一卷　254

尚書註疏二十卷　61、63

尚書天地圖説六卷　15

尚書白文不分卷　11

尚書疑義不分卷　13

尚書古文疏證八卷　14

尚書大傳三卷　15

常

09 常談一卷　599

88 常竹窻海鹽澉水志二卷 719

9050_2 掌

88 掌銓題稿三十四卷 241

9060_6 當

00 當奕集二卷 1224

9080_4 尖

76 尖陽叢筆十卷 609

9080_9 炎

28 炎徼紀聞四卷 707

9090_1 米

10 米元章書史一卷 644

38 米海嶽畫史一卷 551

9090_4 棠

74 棠陵文集八卷 1188

9182_7 炳

96 炳燭齋雜著七卷 726

9188_6 類

02 類證普濟本事方十卷 518

23 類編朱氏集驗醫方十五卷 519

類編古今名賢彙語二十二卷 674

類編標注文公朱先生經濟文衡前集二十五卷後集二十五卷續集二十二卷 495

類編草堂詩餘四卷 1400

類編箋釋國朝詩餘五卷 1400

類選箋釋草堂詩餘六卷 1400

43 類博稿十五卷 1130

88 類箋王右丞詩集十卷 870

9280_0 剡

31 剡源文集四卷 1039

剡源戴先生文集三十卷 1036

9306_0 怡

10 怡雲軒詩集一卷 1370

50 怡春軒集四卷 1352

9408_1 慎

12 慎刑録四卷 510

9501_0 性

16 性理大全書七十卷 499

9508_0 快

10 快雪堂集六十四卷 1243

9601_3 愧

00 愧齋文粹五卷附録一卷 1138

9701_0　恤

12 恤刑疏稿一卷　438

恤刑疏艸八卷　437

恤刑題稿一卷　437

恤刑録二卷　436

9913_6　螢

10 螢雪叢説二卷　640

9960_6　營

34 營造法式三十六卷　444